U0795162

阅读成就思想……

Read to Achieve

再读经典系列

SOCIETY

FOURTEENTH EDITION

The Basics

社会学经典入门

[美] 约翰·J. 麦休尼斯 (John J. Macionis) ◎ 著　风笑天 等 ◎ 译

第14版

中国人民大学出版社

· 北京 ·

图书在版编目（CIP）数据

社会学经典入门：第 14 版 /（美）约翰 · J. 麦休尼斯（John J. Macionis）著；风笑天等译 .— 北京：中国人民大学出版社，2019.9

书名原文：Society: The Basics（14th Edition）

ISBN 978-7-300-25400-5

Ⅰ . ①社… Ⅱ . ①约… ②风… Ⅲ . ①社会学 Ⅳ . ① C91

中国版本图书馆 CIP 数据核字 (2018) 第 006315 号

社会学经典入门（第14版）

［美］约翰 · J. 麦休尼斯（John J. Macionis） 著

风笑天 等译

Shehuixue Jingdian Rumen（Di 14 Ban）

出版发行	中国人民大学出版社		
社　　址	北京中关村大街 31 号	**邮政编码**	100080
电　　话	010－62511242（总编室）		010－62511770（质管部）
	010－82501766（邮购部）		010－62514148（门市部）
	010－62515195（发行公司）		010－62515275（盗版举报）
网　　址	http：//www.crup.com.cn		
经　　销	新华书店		
印　　刷	天津中印联印务有限公司		
规　　格	185mm×260mm　16 开本	**版　　次**	2019 年 9 月第 1 版
印　　张	30.25　插页 1	**印　　次**	2019 年 9 月第 1 次印刷
字　　数	788 000	**定　　价**	128.00 元

Preface
前言

世界给我们带来的挑战从来没有像现在这样艰巨。即使经济已经爬出了衰退，但失业率仍居高不下，全世界经济的未来仍然不确定。近几十年来，正如全世界的总体情况一样，美国的收入不平等持续上升。人们对华盛顿政府领袖的所作所为都怨声载道。我们的技术灾难给自然环境带来了威胁，各种极端天气只是给全球变暖提供了更多的证据。

一份民意调查表明，大多数美国民众对经济的未来表示担忧、对政府的表现感到不满，对地球的状况表示担心，对这样的民意调查也许没有人会感到吃惊。假如我们不能理解所遇到的问题，我们中的许多人将会感到不知所措，更不必说有所掌控。

而这正是社会学的用武之地。在过去的 150 多年，社会学家一直致力于更好地理解社会是怎样运行的。社会学家也许不能提供所有的现成答案，但是我们已经了解了许多。社会学的入门课程可以引导你进入这一令人着迷的、对世界非常有用的研究，毕竟我们对这个世界都有自己的理解，因此我们要尽自己所能进一步完善它。

《社会学经典入门（第 14 版）》，为你提供了所有有关这个世界如何运行的详尽理解。你会发现本书信息量大，而且非常有意思。在你读完第 1 章之前，你会发现社会学不仅非常有用，而且还是一个研究领域，它不仅可以改变你认识世界的方式，还打开了许多新机会的窗户。还有什么比这更让人兴奋的呢？

本版的新颖之处

- **学习目标**。每章的每个主要部分都以“通过本章，我们能够”为开头，叙述每章的学习目标。在该新版中，这些学习目标被重新组织和追踪，所有的学习目标被列在每章的开始。
- **更新社会的形塑力量**。大多数老师在社会学导论课上教给学生唯一的一件事情就是，理解社会对个人生活的形塑力量。因此，本书的每章开始都有一篇展示社会如何塑造了我们主要的人生决策的文章，以促使读者放弃认为“个人选择”是重要的这一文化常识。
- **新设计**。《社会学经典入门（第 14 版）》阅读起来极为清晰、容易，照片和排版方式也全部进行了修订和更新。
- **社会媒介更加丰富**。社会生活比以往任何时候都卷入到了形塑网络和社会运动的、以计算机为基础的技术当中。本书扩大并更新了对社会媒介的讨论。
- **更多的关于对种族、阶级和性别的学术讨论**。新版不仅将模式应用于美国社会，还高度关注社会差异维度。这一多样化焦点包括全书更多地分析种族、阶级和性别，以及新的学术。其他的差别维度还包括跨性别以及残疾人问题。“多样化思考：种族、阶级和性别”栏目关注了具体的多样化问题。
- 本版还有所有有关收入、财富、贫困、教育、就业及其他重要问题的**最新数据**。对政治发展也做了更新，包括 2015 年美国最高法院通过的全国同性恋合法婚姻的决定。

以下是对每一章内容的概述。

第1章 以社会学的视野看待我们生活的世界

更新的社会的形塑力量显示了种族、教育和年龄如何引导了人们对婚姻伴侣的选择。本章经修订后，关注了同性恋婚姻的最新状况，包括2015年美国最高法院的规定，以及上大学的比例如何反映了阶级、种族和年龄的研究。更新了世界各地妇女生育儿童的数字；高收入国家、中等收入国家和低收入国家的数字；各个种族中女性和男性的自杀模式；主要运动中不断变化的少数派的比例。本章更新的内容还包括，有关经济不平等、婚外性关系、声称是多种族的人口的比例。

第2章 文化

更新的社会的形塑力量展示了在高收入国家和低收入国家对允许堕胎的支持程度的不同。同时，还修订和扩充了对文化价值观的讨论。本章还更新了亚裔美国人、西班牙裔美国人、非裔美国人社区的收入和财富；用讲语言的种类测量一国的文化多样性；全球文盲的范围；移民的模式；世界各地所说的语言种类的下降；对官方英语的争论；考入大学的人们的生活目标；教材语言中使用的最新符号；用英文写的所有网页的比例；不断增加的到美国的移民数量。

第3章 社会化：从婴儿期到老年期

更新的社会的形塑力量通过记录没有高中文凭的人比拥有大学文凭的人花费多得多的时间观看电视，显示了阶级引导人们对大众传媒的使用。本章经修订后，对奥塞奇·奥巴塞基（Osagie Obasogie）关于盲人是如何感知种族的研究进行了新的讨论。更新了多种族人口的比例、主要媒体的政治取向、花在观看电视和使用智能手机上的时间；电视和暴力的关系；世界各地的童工比例；美国不断增加的、超过65岁的人口所占比例。

第4章 日常生活中的社会互动

更新的社会的形塑力量显示了年龄如何引导人们使用社会媒介构建互联网的程度；电影如何扩大了人们对生活在各种无能状态下所面临的挑战的认知，从而建构了现实的讨论。更新了美国不同年龄登录网站的数据；世界各地、不断增加的Facebook和Twitter的使用范围；日常生活中使用智能手机技术的后果；对幽默的历史进行了扩充讨论。

第5章 群体与组织

更新的社会的形塑力量探讨了社会阶层如何影响组织的相关机构。本章经修订后，更新了麦当劳的规模和全球范围；世界各地不断增长的有关互联网的使用比例；Facebook作为全球性网络扩张的社会效应；2014年赢得重新选举的政治领导人的数量；白人男性占据的管理性职位的不合理比例。社会中不断增加的、严重的个人隐私的丧失。

第6章 性与社会

更新的社会的形塑力量追溯了随着时间的推移，人们对同性婚姻的接受的趋势。对性取向的后天说理论展开了新的讨论，还对跨性别人群的高自杀风险展开了新的讨论。报告了发生过性关系的高中生比例的最新数据；对性吸引、性认同的最新研究；美国强奸和“熟人强奸”的范围；男、女同性恋者、双性恋者及性倒错者（LGBT）的规模。

第7章 越轨

更新的社会的形塑力量展示了种族因素使得某些类别的美国人口有更高的、因毒品而被监禁的风险。内容包括：有关监禁成本的最新研究；白领犯罪投入监狱的比例；反映公司违法的矿难；2013年记录的严重犯罪的数据；2013年对不同年龄、性别、种族和民族的“人身犯罪”和“财产犯罪”的逮捕模式的分析；还注意到了不断下降的、犯罪的性别差距。本章报告了美国警察的数量、监狱犯人的数量。提供了基于统计的关于使用死刑的探讨。关注了近期有关死刑的法律的改变。最后，更多关注了美国不断增加的、被监禁的人口的数量。

第8章 社会分层

更新的社会的形塑力量展示了种族和民族如何增加了一个美国儿童未来陷入贫困生活的概率。本章更新了一些国家的社会不平等的资料，以及关于美国经济不平等的所有测量的最新数据。包括：收入、财富，这个国家最富裕家庭的经济财富，不同类别的人口的获得教育的成就。修订后的本章还有华尔街高管的收入的近期趋势，探讨了近期经济衰退对普通家庭财富的影响。新资料表明了美国家产所有权中的种族差别、不同阶级的人们完成四年大学的概率，以及美国贫困的范围。还有关于经济衰退时代美国梦的新的讨论，以及不断增长的、低收入家庭经历的社会隔离。还有2013年贫困程度的数据、有工作的穷人的数据，以及贫困如何与年龄、性别、种族和民族相互作用，有关经济流动以及无家可归者情况的最新数据。

第9章　全球社会分层

更新的社会的形塑力量显示了一个人出生的国家如何影响到他能活到五岁的概率。本章更新了世界不断下降的婴儿死亡率；孟加拉国的制衣厂的工作；全球收入和财富的分布情况、穷人的数量；世界总体的平均收入。更新了不同发展水平的国家的数量和社会轮廓；最新的世界各地人们生活质量的联合国资料以及全球债务的最新数据。近期数据说明了世界各个地区的经济发展趋势，确认了最高收入国家和最低收入国家不断增长的经济鸿沟。还更新了在不同经济发展水平下一些国家的财富和富裕情况。最后，讨论了世界的奴隶程度。

第10章　性别分层

更新的社会的形塑力量显示了性别如何塑造了人们的目标和雄心。经修订的本章描述了第一位获得少棒联盟世界大赛比赛的女性，并更新了以下资料：美国女性和男性的预期寿命；在各种研究领域，每种性别获得的学历的比例；美国女性和男性在劳动力市场中的比例；全职工作的比例以及在许多性别定型职业中的比例；女性在大型企业中担任领导职务的比例；女性拥有的小企业的数量；女性和男性的失业率；不同性别在收入和财富方面的最新资料；娱乐圈里收入最高的女性和男性的最新资料，以及美国最富裕人群中女性所占的比例。还包括在2014年选举中反映出的女性的政治领导职位的最新统计。最新的、军队中的女性的资料。更新了有关针对女性和男人的暴力的讨论。用交叉理论来反映最新的收入数据的优势。

第11章　种族和民族

更新的社会的形塑力量显示了种族和民族如何影响人们的投票偏好，证明了美国民主党候选人在少数民族社区获得了强大的支持。经修订的本章增加了奥塞奇·奥巴塞基有关种族对于先天性盲人的意义的近期研究。本章更新了美国人口中所有民族和种族的比例和规模；美国人口中所有主要种族和民族的在家讲英语以外的其他语言的人数、占家庭户数的比例；不同种族通婚的比例；美国印第安人和阿拉斯加土著国家和部落群的数量；美国人口中所有主要种族和民族的收入水平、贫困率、入学情况、平均年龄。还包括运用社会距离量表的最新研究，表明大学生宽容态度的长期增长。本章还包括了有关警察针对非裔美国人暴力的争论性讨论，包括2014年在密苏里州弗格森发生的迈克尔·布朗枪击事件。新的讨论着重关注了不断增加的、声称自己是混合种族背景的美国印第安人的比例，以及不断增加的中产阶级中的非裔美国人的比例。

第12章　经济与政治

更新的社会的形塑力量表明种族和民族如何引导着人们从事工作的类型。最新资料有：美国和其他国家的私营和公营部门在经济产出中所占的比重。美国劳动力当中不同种族和民族所占的比例；自我雇佣的女性和男性所占比例，工会中美国工人的比例以及最新的、有关公共服务工会的权利的政治争论。更新了有关“自由工作权”法律的辩论与讨论。

本章更新了政府工作人员的人数以及政府运营的成本，在2012年和2014年选举中参加投票的人数和投票人偏好；议员和政治行动委员会的数量；近期大学生的政治走向；世界上不断下降的政治自由的最新资料。恐怖主义的程度以及由此类行为而导致的灾难的最新资料。最新的解决核武器的谈判，近期核扩散的变化，作为维护和平政策的战略防御计划（SDT）在获得支持方面所发生的改变。全球及美国军备花费以及女性在美国军队中不断增加的机会。讨论了在2016年总统竞选中，重要性不断增加的收入不平等问题以及“摇摆州”的重要性，还有总统选举团在多数州可以增加投票人数。

有关占领华尔街运动和出现超级政治行动委员会（PACs）的新讨论，还更新了有罪重罪犯投票的州法律，世界范围内恐怖袭击的数量，美国以及全世界每年的军费开支。“失业型复苏”的讨论解释了经济复苏为什么没有大大减少失业的原因。新的“辩论与讨论”栏目提出这样一个问题：美国志愿兵是否相当于创造了一个由工人阶级构成的武士阶级。

第 13 章 家庭和宗教

更新的社会的形塑力量表明，宗教组织——或没有宗教组织——如何与传统的或进步的家庭价值观相关。更新了有关祖辈在养育子女中的重要性的讨论；经历孤独与晚年家庭；作为经济衰退期缩减生活成本的策略，搬迁与亲戚共同生活的趋势。经修订后的本章更新了美国户和家庭的数量，低收入国家中 18 岁之前结婚的女孩的比例，不同阶层的父母养育孩子的成本；将西班牙裔、非裔美国人家庭和非西班牙裔白人家庭分割的收入鸿沟；美国“挂钥匙”儿童的比例；平均初婚年龄的提高；法院判令的儿童抚养费事件以及不支付的比例；针对妇女和儿童的家庭暴力的比例；2015 年的数据表明了允许同性结婚的国家的数量以及美国近期的政治改变，2015 年美国最高法院决定允许同性有结婚的权利。新数据表明美国成年人独居的比例在上升；带着年幼孩子的职业妇女的儿童照顾安排问题；各种跨种族婚姻的发生频率。

最新资料显示了美国宗教信仰的程度以及相信各种宗教的人数的比例。更新了对年轻人当中不信教趋势的讨论。扩充了对神学院中女生比例不断增加的讨论以及有关世俗化的争论。更新了通过应用电子媒介分享宗教观念的讨论。

第 14 章 教育、健康和医疗

更新的社会的形塑力量显示了种族和民族在上大学机会中的重要性。更新的全球资料比较了美国孩子和日本及其他国家孩子的学业表现。收入如何影响接受更高的教育，大学教育如何与后来的收入相联系。重新统计了美国学院和大学的数量以及上这些学校的经济成本。最新的资料引导了对社区大学及其录取多样化学生的讨论。还有高中生辍学的最新趋势、SAT 的表现、高中成绩分数膨胀，以及特许学校和磁石学校的扩散。来自国家教育统计中心的新报告记录了美国公立学校近几十年的稳步改善。有关美国学院和大学校园中性别不平衡的最新资料。

修订的本章更新了有关歧视肥胖的讨论。更新了反映提高青少年福利的全球健康模式的讨论；吸烟及由吸烟导致的疾病；对无烟烟草的使用；性别如何塑造人们的饮食失调模式；AIDS 的模式以及其他性传染疾病；最新的埃博拉病毒危机证明了贫困的生活条件与缺乏医疗照护之间的关联；安乐死。经修订后的本章还报告了如今美国政府承担了大部分的医保开销，并解释了人们可如何支付剩余的药品费用。

第 15 章 人口、城市化和环境

更新的社会的形塑力量显示了高收入国家通常比低收入国家更加关心环境问题，而美国对此的关心程度则不高。本章经修订后，开篇描述了有关全球变暖和气候改变模式的争论。本章还有最新的有关美国和世界各地最新的人口数量、生育率、死亡率，以及最新的婴儿死亡率和预期寿命、新的全球人口预测和更新的城市化趋势。在美国的大城市中，有关各种族和族裔人口的最新资料。新的内容还有关于农村地区社会生活的覆盖和扩散。新的讨论关注了世界低收入地区的城市化、水消费的改变，以及地球上雨林面积的缩减。

第 16 章 社会变迁：现代和后现代社会

更新的“社会力量”显示了哪些国家的人们更有可能或更少可能参加公共游行。经修订的本章更关注近期的社会运动，如回应针对非裔美国男性的警察暴力事件，即“黑人的命也是命”（Black Lives Matter）的政治运动；将“联邦旗”从南卡罗来纳州国会大厦取走的运动。本章还更新了预期寿命和其他人口变迁的情况。新的比较数据着重反映从 1910 年到 2010 年一个世纪以来的变迁。更新的趋势讨论表明，美国社会生活质量改善的同时也带来了烦扰。

Contents

目 录

第 9 章 全球社会分层 // 229

第 10 章 性别分层 // 251

第 11 章 种族和民族 // 277

第 12 章 经济与政治 // 305

第 13 章 家庭和宗教 // 339

第 1 章

以社会学的视野看待我们生活的世界

通过本章，我们能够：

◎ 解释社会学的视野将如何帮助我们理解社会影响着个体生活；

◎ 认识社会学思维对于发展公共政策、鼓励个人成长以及职业提升的优势；

◎ 总结社会学的主要理论框架；

◎ 描述社会学的三种研究取向；

◎ 认识性别和种族在社会学研究中的重要性；

◎ 解释为什么研究者应该从各种社会学研究方法中进行选择。

社会的力量：指引着我们选择婚姻对象

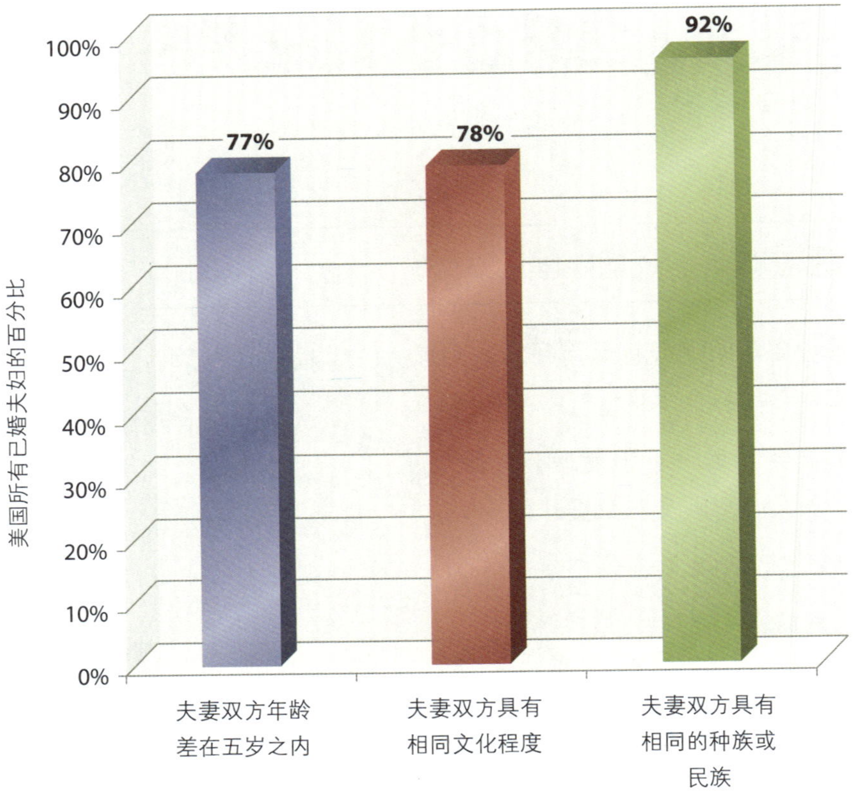

图 1–1 影响人们选择婚姻对象的因素

资料来源：U.S. Census Bureau（2014）.

我们是随便“挑选”我们的婚姻对象的吗？在美国已婚夫妻中，双方年龄差在五岁之内的占 77%；双方具有相同文化程度的占 78%；双方具有相同种族或民族的占 92%。尽管我们倾向于认为爱和婚姻是非常个人的事情，但很显然，社会在指引着我们选择配偶的过程。

本章概要

你即将开始可能会改变你生活的阅读之旅！社会学是一种新的、激动人心的理解你周围世界的方式。它将改变你的所见、你对这个世界的思考，甚至可能改变你对自己的理解。

从他第一次看到汤娅走出地铁，万尼就知道她就是“那个”他要找的人。他俩拾级而上，从街区走进一起上课的大楼。万尼试着让汤娅停下来，和她说说话。一开始，汤娅并没有注意到他。但是下课后，他们又见面了，汤娅同意和他一起喝杯咖啡。那是三个月前的事。现在，他们已经订婚了。

如果你问别人：“为什么两个人会像汤娅和万尼这样结婚呢？”保准几乎每个人都会回答说：“人们结婚是因为他们相爱。”我们大部分人都很难想象，没有爱情的婚姻能让人幸福。正因为如此，当人们相爱时，我们就会期待着他们谈婚论嫁。

但是，要嫁给谁真的只是由个人感情决定的吗？有大量的证据表明，如果爱情是婚姻的关键，那么，丘比特之箭则是由我们身边的社会来仔细瞄准的。

社会上有着许多关于我们应该嫁给谁和不应该嫁给谁的“规则”。在除了马萨诸塞州、佛蒙特州、新罕布什尔州、康涅狄格州、艾奥瓦州、纽约州、哥伦比亚特区以外的各州中，法律将总人口的一半排除在外，即禁止人们与相同性别的人结婚，哪怕这两人深深相爱。同样还有其他一些规则。社会学家发现，人们很有可能与他们年龄相近的人结婚，特别是在他们年轻的时候。同时，各个年龄段的人都会明显地与来自同一种族、有着相似社会阶级背景、大致相同的教育水平以及有身体魅力的人结婚（第 13 章将给出细节）。尽管要嫁给谁的决定最终是由个人做出的，但在他做出这个决定之前，社会早已将他的视野限定在十分狭窄的范围内。

当坠入情网时，我们做出的决定并不是简单地来自哲学家所说的“自由意志”的过程。社会学教导我们，社会世界指引我们的生活选择，就如同季节影响我们的穿衣选择一样。

社会学的视野

社会学（sociology）是关于人类社会的系统研究。而**社会**（society）则是指一定的地域范围中共享一种生活方式的人们。社会学考察社会的核心是一种被称作**社会学的视野**（sociological perspective）的特别观点。

从特殊中发现普遍

了解社会学视野的一种好的方式便是将其定义为从特殊中发现一般。这个定义告诉我们，社会学家总是从特定的个人行为中寻求普遍的模式。尽管每一个个体都是独特的，但社会却是按照一定的模式来塑造人们的生活。对于不同类别的人们（比如儿童与成人、妇女与男人、

社会学 关于人类社会的系统研究

社会学的视野 指社会学从特定人们的生活中观察普遍的社会模式的特别观点

◎照片中的儿童分别来自肯尼亚、埃塞俄比亚、缅甸、秘鲁、韩国和印度。如果出生在上述任何一个国家，那么我们的生活会有什么变化？不难发现，社会对个人是有所影响的。

有钱人与穷人），社会形塑他们生活的方式是完全不同的。我们所属的社会类别决定了我们独特的生活经历。当我们意识到这一点的时候，也就开始利用社会学的视野来观察世界了。

例如，社会力量的图示表明，社会世界是如何指引着人们从他们所属的社会类别中选择婚姻对象的。这也是为什么大多数夫妇都有着相似的年龄、相似的教育背景，以及相同的种族或民族的原因。那么，不同的社会阶层又会如何呢？社会阶层是否会影响女性择偶标准呢？在一项有关女性婚姻期待的经典研究中，莉莲·鲁宾（Lillian Rubin）发现高收入女性的典型择偶标准是体贴他人、沟通愉快、可以分享感受和经历。而低收入女性的标准则大不相同，她们希望男性不酗酒、不暴力、有稳定的工作。很明显，女性对配偶的期望与其所处的社会阶层地位有关。

本书将探讨社会力量对我们的行动、思想和感觉的影响。我们可能认为婚姻只是源于互相爱慕的个人感情，而社会学的视野则会告诉我们，诸如性别、年龄、种族和社会阶层等因素都会引导我们如何选择另一半。社会塑造了我们对配偶的要求，而将爱情看作对那个符合要求的人的感情，似乎更加准确。

从熟悉中发现陌生

首先，运用社会学的视野可以从熟悉中发现陌生。想象一下，当一个人对你说“你的所有条件都非常棒，你会是一个很好的伴侣”时，你的反应如何？我们通常会认为，人们坠入情网并决定结婚都是基于个人感情，而且这种事情使我们成为独特的人。但是，社会学的视野则为我们揭示出起初陌生的观念：是社会塑造了我们的所思和所为。

从日常生活中看社会影响

我们所生活的社会影响着我们每天在饮食、穿衣、音乐、上学、工作等一切事情上所做的决定。即使是我们所做的最“私人化”的决定，也是由社会形塑的。要了解社会如何影响个人选择，我们可以看看妇女生儿育女的决定。像择偶、怀孕以及生育几个孩子，这些都是非常私人的。但这里也有社会模式的存在。例如，在美国，每个妇女一生中平均只生育两个孩子；然而在菲律宾，这种“选择”大约是三个；在危地马拉，大约是四个；在阿富汗，大约是五个；在乌干达，大约是六个；在尼日尔，大约是七个。

为什么会有如此显著的差别？因为贫穷国家的妇女很少有受教育和经济独立的机会，她们的生活以家庭为中心，很少采取避孕措施。很显然，妇女和男人所做的生育决定与其所处的社会有重要的联系。总的来说，生活在贫穷国家的妇女比生活在富裕国家的妇女生育的孩子更多。这种差别意味着，如果你出生在另一个社会（无论你是男是女），你的生活都将与你现在的生活有很大的不同。

社会力量影响我们最个人化选择的另一个例子来自关于自杀的研究。还有什么比结束自己的生命更个人化的决定呢？但是，社会学的先驱者之一埃米尔·涂尔干（Emile Durkheim，1858—1917）表明，即使是在这方面，社会力量依然在起作用。

通过考察他所在的法国及其周边国家的官方记录，涂尔干发现，某些类别的人比其他类别的人更有可能会结束自己的生命。他发现，男性、新教徒、富人以及未婚者相对于女性、天主教徒和犹太教徒、穷人以及已婚者有着更高的自杀率。涂尔干用“社会整合”这个概念来解释这种不同：有着较多社会关系的人的自杀率较低，而个人主义较强的人的自杀率较高。

在涂尔干的时代，男性比女性拥有更多的自由。尽管有这个优势，但是自由却减弱了人与人之间的社会关系，因此增加了自杀的风险。同样地，个人主义较强的新教徒比那些相对传统的天主教徒和犹太人更容易自杀。天主教徒和犹太人的宗教信仰鼓励紧密的社会关系。富人比穷人有更多的自由，但同样，是以更高的自杀率作为代价的。

一个世纪之后，涂尔干的分析依然保持着正确性。图 1-2 向我们展示了美国六种类别的人的自杀率。2013 年，每 100 000 个白人中，有记录的自杀者为 17 个，这个比率比非裔美国人（5.6）或者西班牙裔美国人（5.3）的三倍还多。在所有类别中，男性自杀比女性更为普遍。白人男性自杀的比率（26.9）比白人女性（7.5）的三倍还多。在美国黑人中，男性的自杀比率（9.5）几乎是女性（2.1）的五倍。在西班牙裔美国人中，男性的自杀率（8.3）接近女性自杀率（2.2）的四倍。根据涂尔干的逻辑，这个结果不难理解：白人和男性的高自杀率反映了他们拥有更多的财富和自由；就像女性和有色人种的低自杀率反映了他们有限的社会选择权一样。正如涂尔干一个世纪前所做的那样，我们可以从特定个体的个人行为中发现普遍的社会学模式。

多样化快照

• 白人男性的自杀率几乎是黑人和西班牙裔女性的 12 倍。

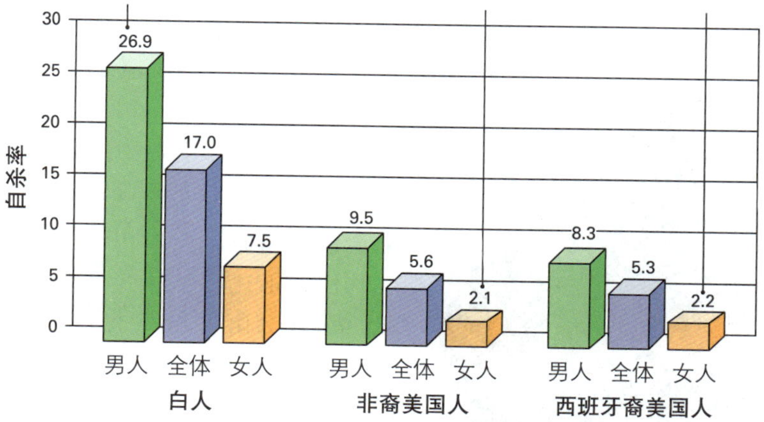

图 1-2　美国人的自杀率（区分种族和性别）

© 白人的自杀率高于黑人和西班牙裔人。在所有人口类别中，男性的自杀率高于女性好几倍。这个比率显示的是 2013 年这一年，各种类别中每 100 000 人中的自杀人数。

资料来源：Centers for Disease Control and Prevention（2014）.

通过社会学的视野观察：边缘化与危机

任何人都可以通过社会学的视野去观察世界。但是有两种情况可以帮助人们更加清楚地观察社会是如何决定人们的生活的：生活在社会的边缘和生活在社会的动荡时期。

生活在社会的边缘。有时，每个人都感觉自己是“局外人”，就像在生活的边缘。然而，对某些类别的人而言，成为局外人——不是主流群体中的一部分——却是日常经历。人们的社会边缘性越强，他们就能更好地运用社会学观点。例如，所有在美国长大的非裔美国人都知道种族在影响人们的生活方面所起到的重要作用。说唱歌手 Jay-Z 的歌表达了他所感觉到的愤怒，这种愤怒针对的不仅是他在成长过程中所经历的贫穷，还针对那些在一个充满种族歧视的社会里在暴力冲突中失去生命的无辜之人。他以及许多与之类似的艺术家创作的歌词，通过大众媒介传遍世界。这些歌词表明，某些有色人种——特别是生活在城市里的黑人——感觉他们的希望和梦想完全被社会摧毁了。但是作为主流的大多数的白人，尽管他们在一个多种族的社会中具有特权，但却很少意识到他们的种族身份以及种族身份给他们带来的特权，他们相信种族只对有色人种有影响，而对他们没有任何影响。那些处于社会生活边缘的人们，不仅仅是少数民族，还包括女性、同性恋、残疾人以及老年人，更能意识到社会的一些特征，而其他人则很少意识到。为了更好地运用社会学观点，我们必须退出熟悉的日常生活，用一种全新的好奇心来重新观察我们的生活。

社会的动荡时期。时代的迅速变迁或动荡会让每个人感觉到不稳定，它促使我们运用社会学的视野。社会学家 C. 赖特·米尔斯（C.Wright Mills）用 20 世纪 30 年代的大萧条验证了这个观点。当失业人口激增至 25%，那些无业无助的人们很快就会意识到社会的力量在他们的生活中所起的作用。他们不再说“我出了点问题，我找不到工作”。取而代之的是，他们采用社会学的方式并意识到：“经济衰退了，没有工作可找！”米尔斯相信这样使用他所说的“社会学想象”，可以帮助人们认识他们所处的社会以及社会如何影响到他们自己的生活。以下“日常生活中的社会学”专栏，将会对此进行更深入的探讨。

◎ 拥有最高特权的人往往认为每个人都可以对他们自己的生活负责。而那些处于社会边缘的人却能深刻地感觉到种族、阶级和性别会带来一系列的不利条件。说唱歌手 Jay-Z 通过音乐表达了那些生活在城市中的美国黑人所感受到的挫败感。

全球性视野的重要性

当新的信息科技甚至能将地球最远端的人彼此拉近的时候，许多学科也开始采用一种**全球性视野**（global perspective），来研究更为广阔的世界以及我们的社会在其中所处的位置。对于社会学而言，采用全球性观点的重要性是什么呢？

首先，全球性意识是社会学视野的一种逻辑上的扩展。社会学告诉我们，我们生活的社会环境决定了我们的生活经历。显而易见，我们所在的社会在更广阔的世界范围中所占据的位置，影响了每一个人。

世界上的 194 个国家可以根据其经济发展水平划分为三大类。**高收入国家**（high-income country）是那些拥有最高生活水平的国家，包括美国、加拿大、阿根廷、西欧诸国、以色列、沙特阿拉伯、日本和澳大利亚等 76 个国家。总的来说，这些国家生产并提供了世界上绝大多数的商品和服务，这些国家的居民也占有了这个星球上绝大多数的财富。从经济学角度出发，这些国家的居民非常富裕，并不是因为他们比世界上其他地方的人更加聪明或努力，而是因为他们很幸运地生活在世界上富裕的国家里。

第二类是**中等收入国家**（middle-income country），这些国家的生活水平处于世界总

日常生活中的社会学

Society: The Basics

社会学想象力：将个人问题转变为公众议题

当麦克打开信封，他感到心中一紧：手中的这封信宣告了他工作的终结。他已经在这个工作岗位上干了 11 年了！辛勤工作多年，本以为会升职，结果一切希望和梦想都在突然间破灭了。麦克感到挫败、愤恨，怪自己怎么不再多努力一点，怪自己将 11 年的时间都浪费在了这个最终被证明是没有前途的工作上。

但是，当他回到工作地点打包东西时，他很快发现自己不是孤独的。几乎所有技术支持小组的同事都收到同样的辞退信。公司将技术支持工作转移到印度去完成。在那里，公司可以提供电话技术支持，而所花的还不足在加利福尼亚雇员费用的二分之一。

周末，麦克和其他 12 个前雇员坐在客厅，互相沟通，交换意见。现在他们终于意识到，他们只是大规模的工作外包潮中的一些牺牲品。工作外包正是分析家所说的“经济全球化”的一部分。

不论是在好时代还是坏时代，社会学视野的力量都在于理解个人的生活。可以看到，我们很多特别的问题（也包括成功）不是个人独有的，而是更大范围的社会趋势的结果。半个世纪之前，社会学家 C. 赖特·米尔斯便指出他所说的社会学想象力的力量——帮助我们了解日常生活事件。正如他所言，社会是贫穷和其他社会问题的原因，而并不是个人的过失。通过社会学的想象力将人们聚在一起，同时也通过将个人问题转变为公众议题来创造改变。

在下面这段摘录 * 里，米尔斯解释了社会学想象力的必然要素：

> 当一个社会被工业化时，农民变成工人，封建制度下的地主被清除或转变为商人；当阶级产生或消亡时，一个人被雇用或被解雇，投资比率增大或减小，一个人振作起来或者破产了；当战争发生，一个卖保险的人变成了火箭发射者，一名商店职员变成了雷达探测员，一个妻子开始独自生活，孩子失去了父亲。个人的生活和社会发展的历史是无法分开解释的。
>
> 然而，人们很少用历史的变迁来定义他们所承受的困难……对于所享受的宁静生活，人们通常不将其归因于社会的大起大落。普通人很少意识到他们自己的生活模式和世界历史的发展进程之间错综复杂的关系，他们通常也不会知道这种联系意味着他们将会变成怎样的人，以及他们可能参与的历史形成。他们没有那样一种思维能力，去理解人与社会、传记与历史、自我与世界之间的相互作用。
>
> 他们所需要的是一种思维能力，这种能力可以帮助他们发现世界上正在发生什么，以及他们将会遇到什么事。这种能力就被称为社会学想象力。

你怎么想

1. 正如米尔斯所提到的，个人困境如何与公共问题相区别？可以从上文中发生在麦克身上的故事来讨论二者的区别。
2. 为什么我们经常会因我们所面临的个人问题而责备自己？
3. 如何通过运用社会学想象力来获得改变世界的力量？

* 在原文摘录里，米尔斯使用“男人”和男性代词来指称所有人。就社会性别角度而言，即使是这位直言不讳的社会批评家也反映了他所处时代的传统写作样式。

体生活水平的平均数上下。在这 70 个国家——许多东欧的国家、南非以及其他一些非洲国家、几乎所有的拉美国家和亚洲国家中的人们，住在乡村就像他们住在城市一样，走路、开拖拉机、骑摩托车、自行车或是骑动物，就像他们开汽车一样平常。他们平均接受了八到十年的教育。很多中等收入国家的内部也存在许多的社会不平等，因而一些人非常富裕（例如北非一些国家的商界精英），但是还有许多人缺乏安定的住所和足够的营养（在秘鲁利马和印度孟买的周围，人们住在简陋的小棚屋内）。

全世界余下的48个国家是**低收入国家**（low-

全球性视野 对更大范围的世界及我们的社会在其中的位置的研究

- **高收入国家** 生活水平最高的国家
- **中等收入国家** 在世界范围内，生活状况处于平均水平上下的国家
- **低收入国家** 生活水平较低的国家，大多数国民都很贫困

income country），这些国家生活水平非常低，大部分人口都是穷人。全球最穷的国家大部分在非洲，也有一些在亚洲。当然，在这些国家中有一部分人很富有，但是大多数人在糟糕的住房条件、不干净的饮用水和很少的食物中挣扎，最糟糕的是，他们几乎没有提高自己生活水平的机会。

第 9 章解释了全球贫富差距出现的原因和带来的后果。但是本书的每一章都在比较美国和其他国家，这种比较基于以下五个原因。

1. **我们生活的地方构成了我们的生活方式。** 正如上文所述的，生活在贫富不同的国家中的妇女，有着完全不同的生活，这一点在她们拥有的孩子数量上也会有所表现。要想理解和体会别人的生活，我们必须要理解国家间有怎样的差别。

2. **世界社会相互间的联系日益频繁。** 历史上，美国人鲜少留意其他国家的情况。然而，最近几十年，美国和世界的其他国家开始有了以往从未有过的密切联系。数秒内，声音、图片和文本文件便可以通过现在的数字技术在全球范围内传递。

新技术的影响之一便是世界人民现在可以共享各种口味的食品、各种款式的衣服和各种类型的音乐。例如，美国文化可能会影响一些国家，这些国家的人更可能大口吃着巨无霸和特大汉堡，随着最近流行的 HIP-HOP 音乐起舞，用英语进行交流。

而广博的世界也对我们产生了影响。我们都知道像阿诺德·施瓦辛格（Arnold Schwarzenegger，从奥地利移民至美国）和格洛里亚·伊斯特凡（Gloria Estefan，来自古巴）这样非常著名的移民者所做出的贡献。每年大约有 125 万名移民带着他们的技术和才智涌进美国，也带来他们的时尚和饮食习惯，从而大大增加了这个国家种族和文化的多样性。

3. **在世界其他地方发生的事情也会影响到美国的生活。** 跨越疆域的贸易同样创造了一种世界性的经济。大公司在世界范围内制造和销售产品。纽约的股票交易者关注东京和香港的金融市场，就像堪萨斯种麦子的农民关注格鲁吉亚的谷物价格一样。由于美国许多新的工作都涉及国际贸易，因此对于全球性的理解就显得越发重要。

4. **美国面临的许多的社会问题在其他地方更加严重。** 在美国，贫困是一个严重的社会问题，但是按照第 9 章的陈述，在拉丁美洲、非洲和亚洲，贫困问题同样存在且更加严重。与此相仿的是，尽管在美国，女性的社会地位比男性低，但是性别的不平等在其他贫穷的国家中更加严重。

5. **全球性思维可以让我们更多地认识自身。** 走在一个遥远的城市的街头，我们很难不去思考如果这件事发生在美国意味着什么。比较不同的生活方式，也可以让我们学习到许多意想不到的东西。例如在第 9 章中，我们可以看到在印度金奈的一个非法聚居地，尽管那里极端贫困，但是他们在家人的关爱和支持下能幸福地成长。为什么许多在美国的穷人却很狂暴和寂寞？是不是我们所说的能够定义“富足”生活的最核心的词——“物质”，就是度量人类幸福的最佳标准呢？

总之，在这个人类交往日益密切的世界中，我们只能通过理解其他人以及他们所生活的社会，来理解我们的生活方式以及我们自身。社会学邀请我们学会用一种新的方式看待周围的世界。但是这种邀请值得接受吗？应用这种社会学的视野又将给我们带来什么益处呢？

社会学的起源

就像个人做出的“选择”一样，重大的历史事件很少是恰好“发生”的。即使是社会学的诞生，也是强大的社会力量的结果。

社会变迁与社会学。 18 世纪和 19 世纪期间

欧洲发生的惊人的变迁，使得人们更多地思考社会以及他们在其中的位置，这加速了社会学的发展。在社会学的发展中有三种转变是特别重要的：以工厂生产为基础的工业经济的上升、城市的急剧发展，以及关于民主制度和政治权利的新思想。

一种新的工业经济。在中世纪，欧洲的大部分人都在家附近开垦土地或者从事小规模的制造业。到了 18 世纪末，发明家们利用新的能源——流水和蒸汽的力量，来运作磨坊和工厂里的大机器。结果，使得那些在家里或者在一个紧密联系的小群体中劳作的工人们，变成了在那些拥有工厂的陌生人掌控下数量更大的和单调乏味的劳动大军中的一部分。生产系统的这种变化，通过削弱那些数世纪来引导社区生活的传统，将人们带出了他们的家庭。

城市的发展。在欧洲，土地所有者都参加了那场被历史学家称作的“圈地运动”——他们用栅栏和篱笆等分隔开越来越多的田地，以便为自家的羊群创造放牧的场所，并为愈发繁荣的纺织工厂腾出场地。没有了土地，无数的佃农别无选择，他们不得不来到城市在新的工厂里寻找工作。随着城市的发展壮大，这些都市移民面临着包括污染、犯罪和无家可归在内的许多社会问题。穿过挤满陌生人的街道，他们面临着一个全新的、没有人情味的社会世界。

政治变迁。经济发展和城市的增长也带来了新的思考方式。在托马斯·霍布斯（Thomas Hobbes, 1588—1679）、约翰·洛克（John Locke, 1632—1704）和亚当·斯密（Adam Smith, 1723—1790）的著述中，我们看到了关注的焦点从对上帝和君王的道德义务转向对个人利益的追求。在这种新的政治思潮下，哲学家们谈及个人自由和个人权利。与这些观点相符的是，美国的《独立宣言》声明每个人都拥有一定的“不可转让的权利”，包括“生命、自由和对幸福的追求”。

1789 年开始的法国大革命甚至是对政治和社会传统更大的突破。法国社会分析学家亚里克西·德·托克维尔（Alexis de Tocqueville, 1805—1859）认为法国大革命所带来的社会变化是如此的巨大，以至于这些变化相当于“对整个人类的一次重生”。

一种新的社会意识。巨大的工厂、不断膨胀的城市，以及一种新的个人主义的精神——这些紧密结合在一起，使人们更多地意识到自身周围的环境。作为新学科，社会学是在英国、法国和德国诞生的——这些国家也正是变迁最大的地方。

科学与社会学。历史上，关于社会性质的问题深深吸引着人们，其中就包括才华横溢的中国哲学家孔子（前[①]551—前 479）和希腊哲学家柏拉图（前 427—前 347），以及亚里士多德（前 384—前 322）。之后，罗马统治者马克·奥里利乌斯（Marcus Aurelius, 121—180）、中世纪思想家托马斯·阿奎纳（Saint Thomas Aquinas, 1225—1274）和克里斯蒂娜·德·皮桑（Christine de Pisan, 1363—1431），以及英国剧作家威廉·莎士比亚（1564—1616）都有关于社会的著述。

然而，相对于研究现实社会的本来面目，这些思想家们对设想理想的社会更感兴趣。法国社会思想家奥古斯特·孔德（Auguste Comte, 1798—1857）在 1838 年创造了“社会学”一词，用以描述一种观察社会的新方式。这使得社会学成为新兴的学术学科之一，它要比历史学、物理学或经济学诸如此类的学科新得多。

孔德把社会学看成三个历史发展阶段的产物。在最初的历史神学阶段，即从人类历史的开始到大约 1350 年欧洲中世纪的结束，人们坚信着一种宗教的观点，认为社会表达了上帝的意愿。

孔德解释道，随着 15 世纪欧洲文艺复兴运动的到来，历史的神学论被形而上学所取代。在这一阶段，人们认为社会是一个自然的而非超自然的系统。例如，英国哲学家托马斯·霍布斯认为，社会反映的并不是上帝的完美而是

① 缩写“B.C.E.”是指“公元前”（before the common era）。在英文原著中作者使用这个缩写来代替传统的“B.C.”（before Christ），以便反映其所在的社会的宗教多样性。同样，作者用缩写 C.E.（公元，common era）取代传统的 A.D.（anno Domini 或 in the year of our lord）。

孔德的社会三阶段论

- 历史神学阶段（中世纪的教堂）
- 形而上学阶段（启蒙运动及霍布斯、洛克、卢梭的思想）
- 科学阶段（物理学、化学、社会学）

人类本性自私的弱点。

孔德所说的科学阶段开始于早期的科学家，例如波兰天文学家哥白尼（1473—1543）、意大利天文学家和物理学家伽利略（1564—1642），以及英国的物理学家和数学家艾萨克·牛顿（1642—1727）等人的工作。孔德的贡献在于，将最早应用于对自然界进行研究的科学方法引入对社会的研究中。①

孔德的方法被称作**实证主义**（positivism），即一种基于“确切的”事实，而不仅仅只是以单纯的猜测来获得知识的方式。孔德认为建立在传统和形而上学之上的知识只是一种猜测，而实证主义获得的知识则是建立在科学的基础之上。作为一名实证主义者，孔德认为社会是按照自身的规律运行的，就像自然界是按照万有引力定律和其他自然定律运行的一样。孔德相信，运用科学，人们不仅可以了解客观世界的规律，还可以了解社会的规律。

20世纪初期，社会学发展到美国，孔德思想的影响也显现出来。当今，大多数的社会学家依然认为科学是社会学至关重要的组成部分。但是，我们现在认识到，人类的行为远比行星的运动要复杂得多。我们是有想象力和自发行为的人，所以，任何严格的“社会规律”永远都不可能完美地解释人类的行为。另外，早期的社会学家们，例如，卡尔·马克思（1818—1883）被工业社会所表现出的惊人的不平等所困扰。他们希望社会学这门新学科不仅帮我们理解社会，同时也能够带来一些改变以促进更大的社会公平。

① 根据孔德的阶段说，古代希腊人和罗马人认为行星是众神；文艺复兴时期，形而上学的思想家认为它们受到星象的影响（导致了占星学的产生）；在伽利略的时代，科学家认为行星是根据自然规律运行的自然物体。

◎我们看到什么取决于我们的观点。当我们凝视星空时，情人看到的是浪漫，而科学家看到的是热反应。如何运用社会学的理论去改变从我们周围世界所看到的事物？

运用社会学的视野

运用社会学的视野在很多方面都很有用处：首先，社会学对我们生活中的一些政策法规的制定起到一定的作用；其次，对于每个人而言，运用社会学的视野能够引导我们的成长，增长我们的见识；最后，对于任何人，学习社会学是走入社会前的一个重要准备。

社会学和公共政策

社会学家常常协助制定公共政策（即那些引导人们在日常工作和社区生活中的法律和规章）包括各个方面，从废除种族歧视、学校的校车制度到离婚法案。例如，在研究离婚是如何影响人们的收入的过程中，社会学家勒诺·魏兹曼（Lenore Weitzman）发现，那些离婚的妇女都普遍经历了收入的显著减少。意识到这一事实后，美国许多州就通过了一系列法律，来增强妇女对于婚后财产的分割权，如果孩子的抚养权被判给母亲，就会增加孩子父亲所应承担的抚养义务。

社会学和个人成长

通过运用社会学的视野，我们在日常生活中将会变得更加主动、更加清醒，思考也会更加深刻。运用社会学让我们在以下四个方面受益。

1. **社会学的视野帮助我们辨别“常识”的真实性**。我们都认为一些事情是理所当然的，但是这并不意味着它们就是真实的。一个很好的例子就是认为“我们都是自由的个体，都可以对自己的生活负责”的观点。如果我们认为我们可以决定自己的命运，那我们就很可能会称赞那些非常成功的人，认为他们是优胜者，而觉得那些不怎么成功的人是先天不足。相对而言，社会学的方法促使我们去思考这样一些所谓的常识究竟是不是真实的，它们不真实到什么程度？以及它们为什么会这样广为流传？

2. **社会学的视野帮助我们识别日常生活中的机会和限制**。社会学的观点引导我们去观察。在日常游戏中，我们对于如何玩纸牌有自己的发言权。但在生活中，发牌的是社会。我们越了解这个游戏，就越会成为一个好的玩家。社会学帮助我们更多地了解世界，所以我们可以更加有效地追求我们的人生目标。

3. **社会学的视野使我们能够成为社会中的一个主动的参与者**。我们越了解社会是如何运行的，就越可能成为一名有效的公民。正如 C. 赖特・米尔斯在“日常生活中的社会学”专栏中所做的解释，正是社会学的视野将一个“个人困境”（例如失业）转化为一个“公共问题”（好工作的短缺）。一旦我们开始注意到社会是如何影响我们的，就可能会决定支持社会的现状，也可能会和他人一起去试图改变社会。

4. **社会学视野有助于我们生活在这样一个多元化的世界中**。北美居民只占世界人口的 5%，正如这本书剩余章节中所解释的，另外 95% 的人口中的许多人过着和我们完全不同的生活。但是，就像世界各地的人一样，我们总试图将我们所拥有的生活定义为“正确的”“自然的”，而且是“更好的”。社会学的视野促使我们去批判性地思考所有生活方式相对的优势与劣势，包括我们自己的。

职业生涯：“社会学优势”

今天，大学校园里的大多数学生都希望将来能够获得一份好工作。拥有社会学的学科背景对今后的职业生涯无疑是一种非常好的准备。当然，获得社会学的学士学位，对那些想继续进入研究生阶段学习，并最终成为一名中学教师、大学教授或该领域的一名研究人员的人来说，也是一个非常正确的选择。在美国，成千上万的人在大学、学院、中学里教授社会学课程。而许多专业的、为政府机关或者私人机构和企业工作的研究人员，则去收集一些重要的社会行为信息，进行评估研究。在今天这个成本意识强烈的世界里，代理商和公司都想要确定，它们的产品、项目和所制定的政策能够以最低的成本完成。要进行这类的评估研究，非常需要社会学家，尤其是那些具备高深研究技能的社会学家的参与。

另外，一群数量相对较小、但正不断扩大的人像临床社会学家一样工作着。这些社会学家们就像临床心理学家一样，将改善处于困境中的委托人的生活作为工作目标。社会学家和临床心理学家的基本区别是，社会学家关注的焦点不是个体个性的困境，而是个体社会关系网络的困境。

但是，社会学并不仅仅是为那些想要成为社会学家的人准备的。从事刑事审判的人，包括在警务部门、缓刑监督机关以及惩戒机构工作的人，都可以通过学习哪些类型的人最具有成为罪犯和受害者的危险，各种政策和法规如何有效地防止犯罪，以及人们起初为什么会转向犯罪等知识而获得“社会学优势”。同样地，从事卫生保健工作的人，包括医生、护士和技术员，也可以通过学习

◎ 今日经济中几乎每一项工作都会涉及与人打交道。因此，学习社会学对你将来的职业发展是一种很好的准备。具有“与人交往的技巧”会以什么方式帮助警官更好地完成他们的工作？

多样化思考：种族、阶层和性别

镍币和银币：美国的底层生活

对于那些低收入的劳动者，例如餐馆的服务员、免下车服务店的售货员，以及诸如沃尔玛那样的打折店的销售助理等，我们都十分熟悉。我们每天都会遇到这样的人。我们中的许多人实际上正是这样的人。在美国，“常识”告诉我们，人们所从事的工作以及他们所挣的钱的数量反映了他们的个人能力以及他们努力工作的愿望。

芭芭拉·厄莱雷奇（Barbara Ehrenreich）对此有些疑惑。为了了解低收入工作人群的世界究竟是怎样的，这位成功的记者和作家决定脱离她那种中上阶层的舒适生活，到低收入工作人群的世界中去工作和生活。她先到佛罗里达州的基韦斯特酒店，从事一份时薪 2.43 美元外加小费的服务员工作。她很快就发现，她必须加倍地努力，这种工作比她想象的要辛苦得多。一个班次下来，她已经筋疲力尽。而在与厨师平分了小费后，她每小时的报酬接近 6 美元。这一收入勉强高于当时的国家最低收入标准，且仅仅只能支付她极小的公寓的租金、购买食物以及其他最基本的消费。她希望自己不要生病，因为这种工作不提供医疗保险，因此，她付不起看病的费用。

在从事了一年多的各种低收入工作，包括在缅因州做宾馆的清洁工、在明尼苏达州做沃尔玛售货员后，她拒绝了许多的“常识”。首先，她现在知道，几千万从事低收入工作的人每天都在非常辛苦地工作。“如果你不相信，”厄莱雷奇说道，“那你就亲自做一做这些工作试试。”其次，这些工作不仅需要辛苦努力（想象一下，每小时彻底地清理打扫三间客房，且从早一直干到晚），同时还需要特殊的技能和真诚的智慧（试想一下，你一个人要同时为酒店中十桌客人服务，还要保证每位客人都满意）。她发现，平均而言，和她一起工作的人与那些以写书为生或者在大学里教书的人一样聪明、能干、风趣。

那么，为什么我们总是认为低收入的人又懒又笨呢？让厄莱雷奇吃惊的是，许多低收入的人也是这么看他们自己的。我们从一个告诉人们要相信“个人能力就是一切”的社会中了解到，实际上是通过工作来对人们进行评价的。厄莱雷奇发现，许多低收入工人遭受到持续的监督、随机的药物测试，以及其他一些与这类工作相联系的严格的规定，最终导致他们产生一种无价值感，从而变得不再去为更好的生活做任何努力。她得出结论：这种信念帮助维持了一个极端不平等的社会。在这种社会中，一些人之所以生活得非常好，是因为低收入者为此付出了一切。

你怎么想

1. 你曾经做过低收入的工作吗？如果做过，你认为你的工作辛苦吗？你具体是干什么的？有什么收益吗？

2. 厄莱雷奇认为美国的大部分富人依赖于低收入者。她这样的看法意味着什么？

3. 大多数在沃尔玛工作的人，进入大学的机会以及从事不同职业的机会有多大？

人们健康和疾病的模式，以及诸如种族、性别和社会阶层等因素如何影响人类健康的知识而获得“社会学优势”。

美国社会学协会（The American Sociological Association）报告说，社会学对于其他许多领域的工作来说也是一种绝好的准备，这些领域包括广告业、银行业、商业、教育、行政管理、新闻、法律、公共关系和社会工作。几乎在任何类型的工作中，成功都依赖于对不同类型的人在信仰、家庭模式以及其他生活方式上有何不同的理解。除非你打算从事一份无须与人打交道的工作，否则你就应当了解社会学知识的好处。

社会学理论

从观察层面深入到理解层面，我们就来到了社会学中被称为理论的重要部分。**理论**（theory）是一种关于特定的事实如何相互联系以及为什么会有这种联系的陈述。社会学理论的任务是解释现实世界中的社会行为。例如，埃米尔·涂尔干的理论认为，那些与社会整合程度较低的人（男人、新教徒、富人、未婚者），自杀的风险较高。

社会学家通过研究来检测和完善他们的理论。你也可以试着提出自己的理论。

在决定采用什么理论的时候，社会学家面

临两个基本的问题：我们应该研究什么问题？各种事实该如何联系起来？在做出采用一种或另一种理论视角的决定时，社会学家们也就选择了一种“道路指南”来指引他们的思考。换句话说，**理论视角**（theoretical approach）是一种有关社会的基本概念，它指引着思考和研究。社会学家采用三种主要的理论视角：结构–功能的视角、社会冲突的视角和符号互动的视角。表 1-1 总结了这三种理论视角的贡献。

结构–功能的视角

结构–功能的视角（structural-functional approach）是建构这样一种理论的框架，该理论将社会看作一个复杂的系统，系统的各个部分一起运作以促进社会的团结与稳定。正如该理论视角的名称所指示的那样，结构–功能视角指向**社会结构**（social structure），即任何相对稳定的社会行为模式。社会结构形成了各种场合中的生活模式——家庭里、工作场所中、教室里以及社区里的。这种理论视角也在找寻每一种结构的**社会功能**（social function），即任何能使社会作为一个整体而运作的社会模式的效应。所有的社会结构，从简单的握手到复杂的宗教仪式，都是在为保证社会的持续前进而运行的，至少是以其当前的形式。

社会功能　一种社会模式对于作为整体的社会的运转所具有的效应

显功能　任何社会模式的可知的、可预期的结果

潜功能　任何社会模式的不可知的、不可预知的结果

结构–功能视角主要归功于奥古斯特·孔德，他指出，在许多传统渐渐崩溃的同时保持社会统一性的必要。埃米尔·涂尔干这位在法国的大学里创立了社会学的人，也是基于这种视角开展其研究工作的。第三位结构–功能视角的先驱者是英国的社会学家赫伯特·斯宾塞（Herbert Spencer, 1820—1903）。斯宾塞将社会与人的身体进行比较。正如人体的各个构成部分——骨架、肌肉和各种各样的内部器官，为保证整个组织的存活而相互依赖地运行一样，社会结构也为保持社会的稳定而共同工作着。因而，结构–功能视角引导着社会学家识别社会的各种结构，同时研究它们的功能。

美国社会学家罗伯特·K．默顿（Robert K.

表 1–1　主要理论

	结构–功能理论	社会冲突、性别冲突、种族冲突理论	符号互动理论
分析层次是什么	宏观层次	宏观层次	微观层次
该理论对社会的描述是什么	社会是一个相对稳定的系统，它由相互关联的部分组成 每一部分都在为保证社会的有序运转而发挥作用 社会成员对道德正义具有大体一致的看法	社会是一个由不平等所构成的系统 社会的运转使某些类别的人得利，而使另一些类别的人受到伤害 社会不平等所引起的冲突引导着社会变迁	社会是一个正在进行的过程 人们在无数地运用符号交流的背景中发生互动 人们所经历的现实是可变的和正在变化的
该理论的核心问题是什么	社会是怎么组成的 社会的主要部分是什么 这些部分是怎么联结的 每一部分是怎么帮助社会运作的	社会是怎样对人口进行划分的 优势人群是怎样保护他们的特权的 劣势人群是怎样挑战这种体系以寻求改变的	人们如何体验社会 人们如何塑造他们所经历的现实不同的人之间、不同的情形下，行为和含义是如何改变的

Merton, 1910—2003）扩展了我们对社会功能概念的理解。他指出，任何一种社会结构都有可能拥有多种功能，只是其中的一些比另一些更为明显罢了。他对**显功能**（manifest function，任何社会模式可知的、可预期的结果）和**潜功能**（latent function，任何社会模式不可知的、不可预知的结果）进行了区分。例如，美国高等教育系统的显功能是为年轻人提供他们所需的信息和技术，以便他们在毕业后能担当工作任务。可能同样重要、但通常没有被人们认识到的，是大学作为一种“婚介所”的潜功能，即它将社会背景相似的人们聚集在了一起。高等教育的另一个潜功能是限制了失业人口，因为它将数以百万计的年轻人从劳动力市场上剥离出来，而这些人中有许多人可能很难找到工作。

然而，默顿也认识到，社会结构的影响并不都是正面的。因此，我们将任何一种可能扰乱社会正常运行的社会模式称为**社会的负功能**（social dysfunction）。在一些人看来，经济全球化、愈演愈烈的移民浪潮、收入分配不均的加剧等因素都在毁坏已有的社会模式。正如文中例子所展示的，对于社会整体来说，哪些部分是有益的、哪些是有害的，人们常常意见不一。此外，对一个群体的正功能（例如，对于华尔街经纪人而言提供高利润的银行系统），可能对另一个群体是负功能（例如，那些因为银行投资失败而失去养老金的工人，以及那些因付不起抵押贷款而最终失去安身之处的人）。

评价

结构-功能视角的主要思想是将社会看作稳定的和有序的。因此，社会学家采用这种视角的主要目标是揭示出“什么使社会正常运转”。

在20世纪中期，大多数的社会学家都赞成结构-功能论。然而，近几十年来，这种视角的影响力在下降。批评家们指出，结构-功能主义聚焦于社会的稳定和统一，而忽视了社会中阶级、种族以及性别的不平等，这些不平等导致了紧张的态势和不断的冲突。通常情况下，避而不谈冲突而仅仅强调稳定，使得这一视角有时显得过于保守。作为一种批评性的回应，社会学家们发展出社会冲突论。

社会冲突的视角

社会冲突的视角（social-conflict approach）是建构这样一种理论的框架，该理论将社会看作一个充满了不平等的舞台，而正是这种不平等带来了社会冲突和社会变迁。与结构-功能论强调社会的团结和稳定所不同的是，这种理论视角更加注重考察社会的阶级、种族、民族、性别以及年龄等因素是如何与社会的财富、权力、教育以及社会声望的不平等发生联系的。冲突分析法反对社会结构促进社会作为一个整体而运行的观点，取而代之的是注重社会模式如何在使一部分人受益的同时损害另一部分人的利益。

社会学家们运用社会冲突理论观察优势群体和劣势群体——富人与穷人、白人与有色人种、男人与女人——之间持续的冲突。很典型的是，位于社会上层的人总是试图保护他们的特权，而位于社会底层的人也总是试图为他们自己争得更多的利益。

一项针对教育体系的冲突分析向我们揭示出教育如何将阶层的不平等从上一代传到下一代。例如，中学将学生分配到大学预备班或是职业培训学校。从结构-功能的视角来看，这样一种“分轨制”使得每个人都可以获利，因为他们都获得了符合自己能力的教育。但是冲突分析认为，所谓“分轨制”往往取决于学生的社会背景，而不是聪明才智。这意味着富裕家庭的学生被划分到更高的发展轨道上，而穷困家庭的学生只能被划分到更低的轨道上。

这样一来，富家子弟往往能得到最好的教育，这使他们获得了上大学的机会，然后从事

社会冲突的视角　**建构这样一种理论的框架，该理论将社会看作一个充满了不平等的舞台，而正是这种不平等带来了社会冲突和社会变迁**

性别冲突理论　**一种聚焦于男性与女性之间不平等与冲突的观点**

种族冲突理论，**一种聚焦于不同种族、不同民族之间的不平等与冲突的观点**

女权主义　**要求男女社会地位平等**

◎ 社会冲突论指出不平等普遍存在于日常生活中。电视连续剧《与卡戴珊姐妹同行》(*Keeping Up with the Kardashians*)详细地展示了极为富有的女人的生活。那么，她们是如何依赖于社会地位低下的人们的劳动的呢？

高收入的职业。相比之下，穷困家庭的孩子没有能力为上大学做好准备，只好像他们的父母一样，在低收入的工作中为了生活苦苦挣扎。在这两种情况下，一代人的社会身份传递到下一代人身上，而学校以个人品质为由将这种实践合法化。

许多社会学家运用社会冲突论不仅仅是为了解释社会，也为了减少社会的不平等。卡尔·马克思支持工人为反对工厂主而进行的斗争。在一句著名的陈述中（被刻录在伦敦的海格尔墓地的纪念碑上），马克思声称："哲学家们只是用不同的方式解释世界，而问题的关键在于改变世界。"

女权主义和性别冲突理论

社会冲突理论的一个重要类型是**性别冲突理论**（gender-conflict theory）或**女权理论**（feminist theory），这是一种聚焦于男性与女性之间不平等与冲突的社会研究。性别冲突视角与**女权主义**（feminism）紧密相连，女权主义要求男女社会地位平等。

性别冲突理论的重要性在于，它使我们意识到，在我们社会中的许多场合，男性相对于女性都占据着主导地位：在家里（男性通常被认为是一家之主）；在工作的场所（男性可以获得更多的收入并拥有最多的权力地位）；以及在大众媒介中（又有多少摇滚歌星是女性呢）。

女权理论的另一个贡献在于，它使我们意识到女性对于社会学发展的重要性。哈利艾特·马蒂诺（Harriet Martineau, 1802—1876）被认为是第一位女性社会学家。马蒂诺出生在一个富有的英国家庭，1853 年她将奥古斯特·孔德的法文著作翻译成英文，这使得她开始成名。她后来用文献证明了奴隶制的罪恶，要求用法律保护工人，并通过组织工会来保护工人的权利。她特别关注女性在社会中的地位，并致力于教育政策的改变，以使得女性在生活中得到更大的发展，而不仅仅只局限于在家中做一个妻子和母亲。

简·亚当斯（Jane Addams, 1860—1935）是一位美国的社会学先驱。1889 年，她帮助建立了"赫尔之家"，即芝加哥的一种专门帮助安置移民家庭的住所。虽然她著述很多（她写了 11 本书和几百篇文章），但是亚当斯还是选择做一名公众活动家，而不是一名大学里的社会学者。她公开呼吁解决社会不平等和移民的问题，追求和平。她的和平主义在第一次世界大战期间遭到了激烈的争论，但多年之后，她依然获得了 1931 年的诺贝尔和平奖。

这本书的所有章节都涉及了性别及性别不平等的重要性。对女权主义和男女社会地位的更深层次的探讨请参考第 10 章。

种族冲突理论

社会冲突理论的另一个重要类型是**种族冲突理论**（race-conflict theory），这是一种聚焦于不同种族、不同民族之间的不平等与冲突的社会研究。就像男性比女性更有权力一样，平均

◎我们可以应用社会学视野去观察社会学本身。这个学科中最广为人知的领军人物都是男性。这是因为，在19世纪，女性成为大学教授的现象几乎是闻所未闻的，女性也很少承担公共生活的中心角色。但简·亚当斯是美国早期的一位社会学家。她建立了芝加哥的社会福利机构——“赫尔之家”，并在那里投入了大量的时间帮助年轻人。

而言，白人比有色人种拥有更多的社会优势，这些优势包括更高的收入、更多的教育、更好的健康、更长的期望寿命。

种族冲突理论也同时指出了有色人种对社会学的发展所做出的贡献。艾达·韦尔斯·巴尼特（Ida Wells Barnett, 1862—1931）出生于一个奴隶家庭，但是她成长为一名教师，后来又做了记者和报纸出版商。她为种族平等付出了不懈的努力，特别是终结了对黑人的私刑。她终生都在为消除种族不平等而写作和演讲。

威廉姆·艾德伍德·伯格哈特·杜·波伊斯（William Edward Burghardt Du Bois, 1868—1963）对理解美国的种族问题做出了重要的贡献。杜·波伊斯出生于马萨诸塞州的一个贫穷家庭，他曾就读于田纳西州纳什维尔的菲斯克大学，而后又在哈佛大学求学。在那里，他获得了博士学位，成为第一个获得哈佛大学博士学位的有色人士。后来，杜·波伊斯又建立了亚特兰大社会学实验室，这是20世纪初的几十年中一个重要的社会学研究中心。正如大多数遵循社会冲突视角（聚焦于阶级、性别和种族）的学者一样，杜·波伊斯认为社会学家不仅要了解社会问题，还要努力去解决社会问题。为此他研究了遍及美国的黑人社区，指出了从教育的不平等、否定人权的政治制度，到选举以及实施私刑的恐怖主义行为等无数的社会问题。杜·波伊斯呼吁与种族不平等做斗争，并参与了美国国家有色人种协进会（NAACP）的创建工作。“多样化思考”专栏对杜·波伊斯的思想做了更深层次的阐述。

评价

各种社会冲突理论在近几十年中都拥有大量的追随者，但也正如其他理论那样，社会冲突理论也受到了一些批评。因为任何冲突分析关注的都是不平等，它在很大程度上忽视了如何通过分享价值和相互依赖来促进整个社会成员间的团结。另外，批评家们认为，冲突的视角在一定程度上只强调政治目标，它们不能断言科学的客观现实。社会冲突视角的支持者们对此做出回应，他们认为所有的理论视野都有其政治后果。

对结构–功能理论和社会冲突理论这二者的一个最后的批评是，它们对于社会的描绘都比较粗略——只是按照“家庭”“社会阶级”“种族”等进行划分。第三种理论视角很少采用概括的方式来看待社会，而更多的是将社会看作个体日常生活的经历。

符号互动的视角

结构–功能的视角与社会冲突的视角都具有一种**宏观层面的定位**（macro-level orientation），即一种广泛聚焦于将社会形塑为一个整体的社会结构。宏观层面的社会学关注大的场景，就像乘坐直升机从高空中俯瞰一座城市，看到高速公路上人来人往，看到富人区与穷人区的住宅如何不同。社会学也采用**微观层面的定位**（micro-level orientation），即一种对特定的情形下社会互动的密切关注。我们可以用这种方式来探索发生在街区中的城市生活，比如观察学校操场上的孩子们如何创造出各种游戏，或者观察街道上的行人从流浪汉身旁经过时有什么样的反应。因而，**符号互动的视角**（symbolic-interaction approach）是建构这样一种理论的框架，该理论把社会看作个体日常互动的产物。

“社会”是如何从千百万人正在进行的活动之中产生的呢？一种回答是，社会不过是人们在互动过程中所建构的一个共享的现实体。这在第 4 章中做出了解释。也就是说，人类生活在一个符号的世界中，他们将意义附加在每一个真实存在的事物上，从这一页上的文字到眨一下眼睛都是

宏观层面的定位　一种广泛聚焦于将社会形塑为一个整体的社会结构

结构-功能的视角　是建构这样一种理论的框架，该理论将社会看作一个复杂的系统，系统的各个部分一起运作以促进社会的团结与稳定

社会冲突的视角　是建构这样一种理论的框架，该理论将社会看作一个充满了不平等的舞台，而正是这种不平等带来了社会冲突和社会变迁

多样化思考：种族、阶层和性别

杜·波伊斯：一位社会学先行者

美国的社会学先驱者之一——威廉姆·艾德伍德·伯格哈特·杜·波伊斯，将社会学看作解决社会问题的关键，特别是针对种族的不平等。

杜·波伊斯在哈佛大学获得了社会学的博士学位，并建立了美国的第一个社会学研究中心——亚特兰大社会学实验室。他帮助他的社会学同行以及各地的人们，认识美国社会深层次的种族隔离。杜·波伊斯指出，白人可以被简单地称为“美国人”，但是美国黑人就存在一种“双重意识”，反映出他们作为公民的社会地位，这些人永远都不可能逃脱基于他们肤色的身份认定。

在其 1899 年出版的社会学名著《费城黑人：一项社会研究》（*The Philadelphia Negro: A Social Study*）一书中，杜·波伊斯研究了费城的黑人社区，对于那些在日常生活中面临无法抗拒的社会问题的人们，他既认识到他们的长处，也认识到他们的弱点。他对当时广为流传的信念——黑人比白人低等——提出了质疑，他谴责了白人对黑人的偏见，这些偏见造成了黑人所面临的一系列问题。同时，他也批评了一些有色成功人士，他们为了得到白人的接受而切断了与需要他们帮助的黑人社区的所有联系。

尽管取得了显著的成就，但杜·波伊斯常常表示出对单纯的学术研究的不满。他认为这种研究远离日常生活中有色人种的斗争。杜·波伊斯希望改变它。为了点燃大众反对种族隔离的行动的希望，他于 1909 年参与了美国国家有色人种协进会（NAACP）的创建工作。这一组织在一个多世纪以来一直在为促进种族平等而努力。作为该组织的刊物《危机》（*Crisis*）的主编，杜·波伊斯不知疲倦地工作，向以白人为主体的社会中那些剥夺黑人幸福权利和机会的法律和社会习惯提出挑战。

杜·波伊斯认为种族问题是 20 世纪美国所面临的一个主要问题。在他早期的学术生涯中，他对消除种族隔离充满希望。然而，在他晚年的时候，他因这方面没有什么改变而感到十分痛苦。杜·波伊斯于 93 岁时，离开美国去了加纳，两年后他在那里去世了。

你怎么想

1. 如果杜·波伊斯今天还活着，你认为他是否会将种族不平等当作 21 世纪的一个主要问题？为什么会或者不会？

2. 你认为今天的美国黑人有着一种怎样的“双重意识”？

3. 社会学家可以通过怎样的方式帮助我们认识并尽可能减少种族冲突？

资料来源：根据 Baltzell（1967）、Du Bois（1967, orig.1899），Wright（2002a, 2002b）以及与 Eari Wright 的个人交谈。

微观层面的定位 **对特定的情景下的社会互动的密切关注**

符号互动视角 **是建构这样一种理论的框架，该理论把社会看作个体日常互动的产物**

如此。因此，当我们定义我们周围的环境、做出我们对于他人的评价，以及形成我们对自身的认识时，我们就创造了“现实”。

符号互动理论源自马克斯·韦伯（Max Webber, 1864—1920）的思想。韦伯是一位德国的社会学家，他强调从特定背景中的人们的观点来理解这个背景的必要性。从韦伯时代开始，社会学家们就开始从各种角度对社会进行微观层面的研究。第3章讨论了乔治·赫伯特·米德（George Herbert Mead, 1863—1931）的思想，他研究了人们的个性是如何成为社会发展的结果的。第4章介绍了欧文·戈夫曼（Erving Goffman, 1922—1982）的研究成果，他的拟剧分析法描述了我们是如何像舞台上的演员那样，扮演着自己的多种社会角色的。另一些当代的社会学家，包括乔治·霍曼斯（George Homans）和彼得·布劳（Peter Blau），则发展出社会交换分析。在他们看来，社会互动取决于每一个人从他人那里得到什么，失去什么。例如，在求爱的过程中，人们寻找那些在身体魅力、聪明才智以及社会背景等方面与自己对等的人作为配偶。

评价

不可否认，宏观层面的社会构成，例如家庭、社会阶级等是存在的，而符号互动理论则提醒我们，社会本质上是人与人之间的互动。这就是说，微观层面的社会学试图展现个人实际上是如何建构和体验社会的。但是，任何事物都有两面性，由于强调每一种社会情境的独特性，符号互动理论很可能忽略了文化以及诸如阶级、性别、种族这样的因素的广泛影响。

记住，每一种主要的理论视角都能引导你认识特定的社会事实的重要性，也以特定的方式在回答各种问题。然而，正如“日常生活中的社会学”专栏所显示的，对于社会的最充分的认识则来自对这三种视角的综合运用。

日常生活中的社会学

Society: The Basics

体育运动：不同理论的竞争

谁不喜欢体育运动？儿童和青少年可能会进行两种以上有组织的体育运动。对于那些没有亲身参与体育运动的成年人来说，身边的电视机里充满了体育新闻，报纸的整版版面都在报道球队、运动员和得分。对于这样一个存在于美国社会每天生活中的、非常熟悉的元素，这三种理论方法能给予我们怎样的社会学见解呢？

结构–功能的视角

根据结构–功能论，体育运动的显功能有：提供娱乐、保持身体状况良好的手段，以及一种危害相对较低的发泄过多精力的途径。体育运动还有许多潜功能，从建立社会关系到创造工作机会。也许体育运动最重要的潜功能是鼓励竞争，这是我们的社会生活方式的核心。

当然，体育运动也会产生负效应。例如，学院和大学为了在运动场上取得胜利，有时在招收新学生的时候，会更多地考虑学生的运动技能而不是他们的学习能力。这样一种情况不仅降低了一个学校的学术水平，还欺骗了运动员，使得他们在学习上只花了很少的时间，而这些学习其实是为他们今后的职业做准备的。

社会冲突的视角

社会冲突的分析指出了体育运动是如何与社会的不平等相联系的。一些体育运动的价格是很高昂的——例如网球、高尔夫、航海和滑雪，所以，参与者往往都只限于富人。但是橄榄球、棒球还有篮球，则几乎能够被任何收入水平的人所接受。因此，人们从事什么体育运动不单单是一个选择的问题，同时也反映出他们的社会地位。

性别冲突或女权主义理论引导我们意识到，纵观历史，男性几乎主宰了体育运动的世界。例如，1896 年举行的第一届现代奥林匹克运动会就禁止妇女参加比赛；20 世纪的大部分时间中，小联盟比赛也禁止女子参加。传统的观念认为女孩子和妇女缺少体育运动所需要的力量和体力，同时，如果她们参与体育运动，她们将面临失去女人味的风险。尽管现在奥林匹克和小联盟比赛都已经向女性敞开，就像对男性敞开一样。但是，女性相对于男性仍然居于次要位置，特别是在能够获得更高收入和更高社会声望的运动项目上。

种族冲突理论提醒我们，我们的社会长期以来一直在职业运动中排除有色人种。尽管如此，在最近几十年中，为有色人种提供的机会则有所扩大。1947 年，杰基·罗宾逊（Jackie Robinson）打破了“肤色的界限”，作为美国的第一位黑人运动员参加了美国全国棒球比赛。50 多年后，职业棒球协会在所有球队中都取消了具有传奇意义的罗宾逊的 42 号球衣。2010 年，美国黑人（占美国人口的 13%）在全美棒球联盟运动员中占了 10%，在全美橄榄球联盟运动员中占了 67%，而在全美篮球协会运动员中占了 77%。

但是种族歧视仍然在职业运动项目中存在。图 1–3 显示了 2014 年一项对大联盟棒球比赛中种族问题研究所得出的一个结果。白人运动员大部分集中在中央“思考的”位置，比如投球手（白人占 69%）和接球手（白人占 52%）。相反，黑人投手仅占 3%，接球手中则完全没有黑人运动员。同时，内场中黑人只占 8%，而以要求“速度和反应能力”为特征的外场位置中占 25%。

谁从体育竞赛中获利最多？虽然有许多运动员能够得到巨额的薪水，他们的球队也能得到数百万球迷的支持，但体育竞赛所产生的巨大利益都被很少的一部分人——主要是男性白人——控制着。总之，体育竞赛在美国是与性别、种族和经济权力的不平等密切联系在一起的。

符号互动的视角

在微观层面上，一场体育比赛是一种复杂的、面对面的互动。一方面，体育比赛受到运动员所分配的位置和比赛规则的影响。另一方面，运动员的表现也是自发的和不可预见的。根据符号互动的理论，我们认识到体育竞赛很少是作为一个系统，而

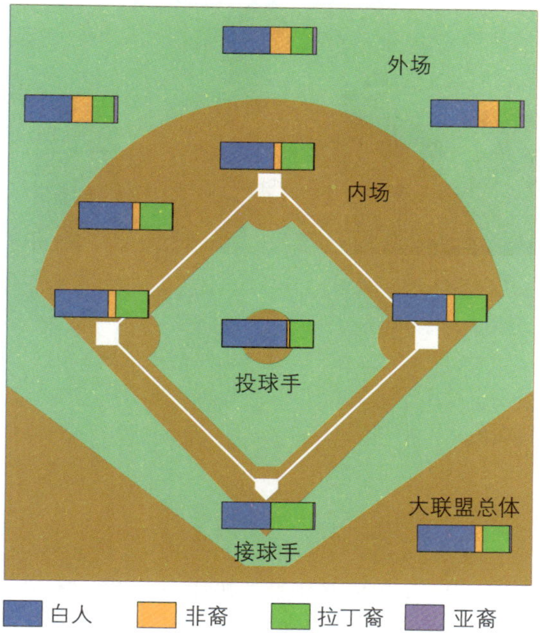

图 1–3　职业棒球赛的“阵式”

◎ 在职业棒球赛中，白人运动员在内场中间位置的可能性较大，而有色人士更可能在外场。你怎样看待这样一个模式？

资料来源：Institute for Diversity and Ethics in Sport（2014）.

更多的是作为一个正在进行的过程。

从这个观点出发，我们也希望每一个运动员能够从不同的角度去理解比赛。有些运动员享受激烈的竞争；而对有些运动员来说，对于体育运动的热爱可能远远大于赢得比赛本身。另外，任何运动员的行为都会随着时间的流逝而改变。一位职业棒球比赛中的新手在最初的几场大型比赛中可能会感到不自在，但是他会在队伍中慢慢地找到相对舒适的感觉。

不同的理论视角为我们提供了观察体育运动的不同眼光，然而，没有哪种理论视角是优于其他的。为了充分领悟社会学视野的超凡本领，你应该熟悉这三种理论视角。

你怎么想

1. 描述有关体育运动的宏观视角与微观视角的不同。

2. 提出三个有关体育运动的问题，以反映三种理论视角所关注的不同焦点。

3. 你如何运用三种理论视角来分析其他的社会模式，比如职场或家庭生活？

◎ 2013 年的电影《42 号》（*42*）描述了职业棒球运动员、棒球大联盟中第一位黑人选手杰基·罗宾森的生活。在美国无数的社区中，运动依然是社会生活中的一种重要元素。社会学的主要理论视角可以帮助我们理解运动在社会中的角色。

从事社会学研究的三种方式

所有的社会学家都想了解社会世界。但正如某些社会学家倾向于采用某种理论视角一样，许多社会学家也有对某种方法论的使用偏好。以下部分描述了三种做社会学研究的途径，即实证社会学、解释社会学以及批判社会学。

实证社会学

一种常见的社会学研究的方法是**实证社会学**（positivist sociology），即基于对社会行为的科学观察来研究社会。正如之前解释的，实证研究通过运用**科学**（science，一个逻辑的系统，通过直接和系统的观察来发展知识）来发现事实。实证社会学有时也被称作经验社会学，因为这种研究方法是建立在**经验证据**（empirical evidence，即可以通过我们的感官得到核实的信息）的基础上。

科学研究常常挑战那些被我们所接受的"常识"。下面是五个被广泛坚持但不被科学证据支持的信念。

1. **穷人比富人更有可能犯法**。不对。如果你定期观看像《美国警察》（*COPS*）这类的电视节目，你可能会认为警察只会抓那些来自"坏"居住区的人。第 7 章将会解释，官方的抓捕统计中穷人比例的确很高，但是，研究也表明，警察和检举人可能对那些有钱人更加仁慈。例如，一个好莱坞明星在商店里偷了东西或者

实证社会学 基于对社会行为的科学观察来研究社会

经验证据 那些可以通过我们的感官得到核实的信息

科学 一个逻辑的系统，通过直接的和系统的观察来发展知识

酒后驾车都是如此。某些法律条文更多的是以一种对穷人定罪较多、对富人定罪较少的方式制定的。

2. **美国是一个中产阶级的社会，在这个社会中，人们基本上都是平等的**。假的。第 8 章中的数据表明，美国家庭中 5% 最富裕的家庭掌握着全国总财富的 65%，而有近一半的家庭则几乎没有一点财产。在美国，最富有的人与普通人的差距从来没有像现在这么大。

3. **大部分穷人不愿意工作**。错误。第 8 章所描述的研究指出，这一陈述对某些穷人来说是正确的，但不能代表大多数穷人。事实上，在美国，超过三分之一的穷人是儿童和老人，他们不属于应该工作的人群。

4. **男女两性在行为上的差别是人类的本性**。错误。正如第 2 章中所解释的，许多被我们称作"人类本性"的东西，实际上是由我们所生活的社会所建构的。进一步说，正如第 10 章所指出的，一些社会所定义的"女人气的"和"男性化的"与我们所定义的不一样。

5. **人们因相爱而结婚**。并非总是如此。正如已经讨论过的，在美国，许多社会准则引导着人们对配偶的选择。在世界范围内，如第 13 章中解释的，研究指出在大多数社会，婚姻是由父母安排的，与爱情没有什么关系。

这些例子确认了古老的说法："那些与实际相反的已知带给我们的麻烦，同无知带给我们的麻烦一样多。"

我们被不断教育要相信那些被广泛接受的"真理"，也不断受到大众媒体中专家建议的抨击，同时还感觉到那种要接受周围人意见的压力。但作为成年人，我们需要更加批判性地评价我们所看到的、所读到的以及所听到的。而社会学能够帮助我们做到这一点。

变量操作化 在对变量赋值前确切地说明所要测量的内容

- **信度** 测量的一致性程度
- **效度** 实际测量的正是你想测量的

概念、变量与测量

让我们进一步了解科学是如何运作的。科学的一个基本元素是**概念**（concept），即一种用简化的方式来表示世界某个部分的精神产物。社会学家使用概念来描述社会生活的各个方面，比如“家庭”和“经济”；还可以使用概念，如“性别”和“社会阶级”，来对人们加以分类。

变量（variable）是取值随着情况的改变而改变的概念。例如，一个人们熟悉的变量是“高度”。不同个人的“高度”的取值则互不相同。类似地，“社会阶级”的概念可以通过“上层阶级”“中产阶级”“工人阶级”或者“下层阶级”等不同的取值来描述人们的社会地位。

变量的使用依赖于**测量**（measurement），即在一个特定场合中确定一个变量的数值的过程。一些变量容易测量，就像护士测量你的血压一样。但是测量社会学的变量要复杂得多。因为任何变量的取值在一定程度上都依赖于它是如何界定的。

好的研究要求社会学家将**变量操作化**（operationalize a variable），这意味着在对变量赋值之前要确切地说明所要测量的内容。例如，在测量“社会阶级”的概念之前，你必须明确地决定你将打算测量什么，比如说，收入水平、受教育年限或者职业声望。

统计

社会学家也面临着如何处理众多人口数的问题。比如，你如何报告数千人、数百万人的收入？从数据洪流中并一定能得出有意义的信息，也不能增进我们对作为整体的人们的了解。为了解决这个问题，社会学家使用描述性统计量来说明一个大总体的平均水平如何。最常用的描述性统计量是平均数（一组数据的算术平均水平，将所有的数值加在一起除以个案数）、中位数（处于从最低到最高的一组数据正中央位置的数值），以及众数（在一组数据中出现次数最多的数值）。

信度与效度

一个有用的测量必须是可信的和有效的。**信度**（reliability）指的是测量的一致性程度。如果一次次重复测量的结果都是一样的，那么这个测量就是可信的。但是一致性并不保证有效性，**效度**（validity）意味着实际测量的正是你想测量的。有效的测量不仅意味着一次又一次地击中目标的同一个位置，而且是击中确切的位置——靶心。

假设你想知道在你的学校中，学生有多么“虔诚”，你可能会询问他们参加宗教活动的频率。但是，去教堂做礼拜与虔诚真的就是一回事吗？可能不是。因为人们参加宗教活动的原因有很多，其中一些原因和宗教没有关系；还有一些精神教徒完全不参与有组织的宗教活动。因此，即使一项测量得出一致性的结果（即它是可信的），但还是有可能它所测量的并不是我们想要测量的（因此缺乏效度）。好的社会学研究是建立在仔细的测量之上的，而这一点对研究者来说总是充满挑战。

相关和因果

科学研究真正想要得到的是两个变量之间的关系。**相关**（correlation）是指两个（或更多个）变量一起发生变化的关系。但是社会学家想知道的不仅是变量如何变化，还有一个变量如何引起另一个变量的变化。科学的理想是找到**因果关系**（cause and effect），即其中一个变量的变化会引发另一个变量发生变化的关系。正如之前提到的，埃米尔·涂尔干发现社会整合程度（原因）影响了各种类别人们的自杀率（结果）。社会学家将原因变量称为**自变量**（independent variable），而将结果变量称为因变量（dependent variable）。理解因果关系的价值在于，它能帮助研究者预测一种行为模式如何

因果关系 其中一个变量的变化会引发另一个变量发生变化的关系

- **自变量** 原因变量
- **因变量** 结果变量

引发另一种行为。

但是，两个变量的共同变化并不意味着它们就是因果关系。比如，美国在一月的结婚率达到最低水平，而这个月全美的死亡率最高。这是否意味着人们因为不想结婚而死亡，或者因为他们死亡而不结婚？当然不是。对低结婚率和高自杀率更合理的解释是，一月全美大部分地区寒冷且经常伴随暴风雪天气（或许还结合了节后抑郁的影响）。

当两个变量同时变化但是其中任何一个的变化都不会影响到对方时，社会学家将这种关系称作**伪相关**（spurious correlation），或虚假相关。两个变量之间的伪相关常常源于第三个变量。例如，犯罪行为在那些住在拥挤住宅里的青年人中十分普遍，但并不是因为住房拥挤而引起青年人“变坏”。住房拥挤和犯罪都源于第三个变量——贫穷。要确立真正的因果关系，我们必须证明：（1）变量明显相关；（2）自变量（或者说原因变量）发生在因变量之前；（3）没有证据表明存在一个第三变量能够导致这两个变量的虚假相关。

客观性的理想

科学的指导性原则之一是保持**客观性**（objectivity），或者说，个人在进行研究时保持中立。理想的状态是，客观的研究用事实说话，而不受个人价值观和研究者的偏见影响。当然，在现实中，要让任何一个人达到完全中立是不可能的。不过，仔细审视科学研究的准则将有助于客观性的最大化。

德国社会学家马克斯·韦伯指出，人们总是选择价值关联的研究主题，即调查者关心的话题。同时，他提醒研究者，一旦工作开始，就要在研究过程中保持价值无涉，即专注于去发现实际如何，而不是他们认为世界应该如何。对于韦伯来说，这种差别使得科学与政治分离。研究者（不像政治家）要保持开放的心态，不论结果是否符合个人观点，都要接受研究得出的结论。

尽管大多数社会学家承认我们不可能做到完全的价值无涉，甚至也不可能意识到我们所有的偏见，但韦伯的观点在社会学中依然具有非常重要的影响。此外，应该记住的是，社会学家并不是“平均水平”的人：他们大部分都是受过高等教育的白人男性和女性，而且比人口总体具有更加自由的政治态度。要记住，社会学家就像其他任何人一样，也会受到他们的社会背景的影响。

解释社会学

不是所有社会学家都同意科学是唯一的、甚至是最好的研究人类社会的方法。这是因为，与行星或自然世界中其他元素不同的是，人类在被测量方面要比我们身边的对象困难得多。显然，人具有主体性，能赋予自身行为意义，而这种意义难以被直接观察到。因此，社会学家发展出第二种研究取向——**解释社会学**（interpretive sociology），即聚焦于发现人们赋予

◎科学研究的一条原则是，社会学家以及其他的研究者在工作中应该保持客观性，从而保证他们的发现不会受到其个人价值观和信念的影响。但是这样一种超然的态度会成为人们敞开思想、分享信息的障碍。因此，社会学家必须决定保持多大程度的客观性，以及在多大程度地表达自己的情感。

社会世界含义的社会研究。作为这种研究框架的先驱，马克斯·韦伯认为合适的社会学焦点是解释，或者说是理解人们在其日常生活中创造的意义。采用这种方式的社会学家通过运用实证的方式，也能够很好地测量行为，但是他们更大的目标则是通过行为来发现人们对这种行为所赋予的意义。

意义的重要性

解释社会学并不是完全拒绝科学，而是改变了研究的焦点。解释社会学在以下三个方面与实证社会学有区别。第一，实证社会学聚焦于行动，即人们做什么，因为这是我们能够直接观察的；解释社会学则聚焦于人们对他们的行动的理解。第二，实证社会学认为，我们所能观察到的都是客观现实，因而客观现实是存在于“那里的”；而解释社会学认为现实是主观的，是由人们自己在其日常生活的过程中建构的。第三，实证社会学聚焦于外在的行为，趋向于使用定量的资料，即对人们行为的数量化测量；而解释社会学则聚焦于“内在的”意义，趋向于使用定性的资料，通过这种资料，研究者试图发现人们如何理解其周围的世界。第四，实证主义的视角最适合在实验室里进行研究。在那里，研究者只是站在一旁，对人们的行为进行仔细的测量。相反，解释的取向则声称通过与人们互动、关注主体意义、了解人们如何对其日常生活进行说明，可以获得更多的信息。正如本章将解释的，这类研究更适合在人们真实生活的情境下进行。

韦伯的理解概念

马克斯·韦伯认为解释社会学的关键在于理解。解释社会学家不仅仅观察人们做什么，还希望分析他们的意义世界，进而理解人们为什么这样做。研究对象的主观思想和感情是解释社会学家关注的焦点，而这些则是实证社会学家不太考虑的，因为它们难以测量。

解释社会学并不拒绝观察人们行为的实践，也不拒绝使用数量化的测量。许多社会学家将观察人们的行为（实证的）与努力探索人们对他们的行为和社会世界的理解结合起来。

批判社会学

像解释的取向一样，批判社会学是针对许多社会学家所看到的实证社会学的局限性而发展起来的。然而，这一次它所针对的问题则是科学研究最重要的原则——客观性。

实证社会学认为，现实是存在于“那里的”，研究者的任务就是去研究和说明社会是如何运作的。但是，卡尔·马克思拒绝了社会作为一种有着固定次序的“自然的”系统的观点，奠定了批判取向的基础。他声称，如果假定这一点，就等于说社会不可能被改变。从这一点来看，实证社会学聚焦于现存的社会，最终支持维护社会的现状。与此相反，**批判社会学**（critical sociology）则是聚焦于社会变迁所需要的社会研究。

变迁的重要性

批判社会学并非无视“事实”。例如，运用这一取向的研究者可以很好地借助科学的方法去了解美国的收入不平等有多么严重。但是，与实证社会学提出“存在多少不平等”的问题所不同的是，批判社会学家提出道德和政治的问题，比如“我们应该有这么多不平等吗”，或者“社会应该以目前的样子存在吗”。

他们对这一问题的典型回答是：“不应该如此。”所以，批判社会学并不拒绝运用科学去了解社会世界发生了什么。但是批评社会学拒绝那种要求研究者试着保持“客观”并将自己的工作限制在研究现状之上的科学中立性。

作为对马克思的观点的一种回应，近期有一种对批判的取向的说明认为，这种类型的社会学的实质“并不仅仅是研究社会世界，而是要使它朝着民主和社会公正的方向变化”。在做出关于社会应该如何改进的价值判断时，批判

研究取向

实证社会学 基于对社会行为的科学观察来研究社会

解释社会学 聚焦于发现人们赋予社会世界的含义的社会研究

批判社会学 聚焦于社会变迁所需要的社会研究

社会学拒绝了韦伯关于社会学是一种价值无涉的科学的目标的说法，代之以强调研究者应该在促进更大的社会平等方面成为社会活动家。

运用批判取向的社会学家不仅仅寻求改变社会，同时也希望改变研究自身的特征。他们经常将自己与其研究对象视为一体，鼓励他们帮助决定应该研究什么以及如何去研究。研究者与研究对象常常利用他们的发现去为弱势人群代言，去促进实现更为平等的社会的政治目标。

作为政治的社会学

实证社会学家反对采取这种方式，他们批评道，在一定程度上，批判社会学家（无论是女权主义者、马克思主义者或是某些其他批判取向）成了政治家，放弃了科学的客观性，因而无法纠正自身的偏见。批判社会学家则回应说，所有的研究都是政治的——它们要么要求变迁，要么不要求变迁。他们还指出，社会学家无法选择他们的工作是否与政治有关，但他们却可以选择支持什么立场。

批判社会学是一种将知识用于行动的激进主义的取向，它不仅寻求理解世界，还要求改变世界。总的来说，实证社会学对于非政治的或者持保守主义政治观点的研究者更有吸引力；而持有自由主义到激进左派政治观点的研究者更容易被批判的社会学吸引。

研究取向与理论

我们现在已经考虑了各种研究取向和各种理论视角。在研究取向与社会学理论之间存在着联系吗？虽然不存在精确的联系，但这三种研究取向（实证、解释与批判）的任意一种，都和本章前面所介绍的某一种理论视角有着紧密的联系。实证社会学与结构-功能视角相联系，这是因为二者都关注理解社会现状的科学目标；解释社会学与符号互动视角相联系，二者都关注人们赋予其社会世界的意义；而批判社会学则与社会冲突视角相联系，因为二者都以减少社会不平等为目标。

表 1–2 对三种做社会学研究的方式之间的差异提供了一种简要的评论。许多社会学家偏爱其中一种取向而不喜欢另一种取向。由于每一种取向都可以提供有用的见解，因此，熟悉所有三种取向是一个很好的主意。

影响社会研究的几个问题

性别和种族在社会学研究中有着重要的影响，我们现在来讨论这些因素。

性别

最近几年，社会学家开始意识到研究受到性别的影响。**性别**（gender）是作为一个女性或男性的社会成员的个人特征和社会地位。玛格丽特·艾克勒（Margrit Eichler）指出性别可以通过以下五种方式影响研究。

1. **男性中心**。**男性中心**（androcentricity，从字面上说指“聚焦于男性”）指的是从男性的

表 1–2　社会学中的三种研究取向

	实证社会学	解释社会学	批判社会学
什么是现实	社会是一个有序的系统，客观现实存在于“那里”	社会不断地互动。人们通过赋予其行为意义来建构现实	社会是一种不平等的模式。现实是一类人控制着其他人
我们如何研究	采用科学的取向，研究者仔细地观察行为，收集经验的、最理想的是定量资料	寻求“深入的”观察，而不是外在的行为，研究者聚焦于主观意义，收集定性资料，发现人们对其世界的主观感受 研究者是参与者	寻求超出实证主义对于现存世界的研究，研究者受政治的指引，将研究作为带来所渴求的社会变迁的策略 研究者是一个社会活动家
对应的理论视角	结构-功能视角	符号互动视角	社会冲突视角

视角来看待问题。有时，研究者表现出似乎只有男性的活动才是重要的，从而忽视了女性所做的一切。多少年来，研究职业的社会学家只关注男人的有报酬的工作，完全没注意到传统上由妇女所担当的家务劳动和照料孩子的工作。显然，寻求理解人类行为的研究不能够忽视人类的另一半。

女性中心（即从女性的视角来看待世界）也会使好的社会学研究受到局限。然而，在男性占优势的社会里，这一问题并不经常出现。

2. **概括过度**。当研究者运用来自单一性别的人的资料得出有关“人类”或“社会”的结论时，这种问题就会出现。例如，通过与少数男性公共官员的交谈来收集资料，然后得出有关整个社区的结论，这也是概括过度的一个例子。

3. **性别文盲**。完全忘记考虑性别变量被称作“性别文盲”。男性与女性的生活在许多的方面有着不同。如果一项有关美国步入老年期的人的研究忽视了大部分老年男性都与他们的妻子一起生活，而老年女性则更多地单独生活的事实，它就会犯性别文盲的错误。

4. **双重标准**。研究者千万注意不要采用不同的标准来评价男性和女性。例如，一个用“男人和妻子”来表示一对夫妇的家庭研究者可能会将男人定义成“户主”，并将他作为重要的人，同时会假定妇女在家庭中只是从事“辅助性的工作”。

5. **妨碍**。性别会导致研究产生歪曲的另一种方式是，如果研究对象对研究者的性别有反应，就会妨碍研究的进行。例如，莫林·焦万尼尼（Maureen Giovannini）在研究西西里的一个小社区时发现，许多男人只把她当作一名女性，而不是把她当作研究者。一些人认为一个女性单独与一个男人谈话是不合适的；另一些人则拒绝让焦万尼尼进入他们认为女性禁止入内的地方。

把焦点集中在某一种或另一种性别的对象身上进行研究并不存在错误。但是，所有的社会学家，以及那些阅读他们工作成果的读者，应该意识到性别在任何研究中的重要性。

◎ 如果你只是询问男性对象的态度或行为，那么你可以得出关于“男性”的结论但不能推广到“人们”。研究者要如何做才能确保研究资料能支持关于全体社会成员的结论呢？

研究伦理

像所有科学研究者一样，社会学家必须意识到他们的工作可能对研究对象或者社区有伤害或者有帮助。由于这一原因，美国社会学协会（ASA）——北美主要的社会学家专业协会——制定了正式的从事研究的指导原则。

社会学家在他们的工作中，必须努力做到既熟练又公正。社会学家必须公开所有的研究发现，不能省略重要的资料。他们必须使自己的研究结果可以为那些想要复制这一研究的研究者所利用。

社会学家还要必须保证参与研究项目的对象不会受到伤害。如果研究的进行在某种意义上威胁到参与者，研究者就必须立即停止他们的工作。即使研究者面临官方（比如警察局和监狱）要求公开保密信息的压力，研究者也要保护研究项目参与者的隐私。研究伦理要求参与者的知情同意，这意味着研究对象要充分地理解研究所具有的责任和风险，并且在研究开始之前同意参与。

另外一个重要的指导原则涉及经费。社会学家必须在他们发表的结果中写明所有经费支

多样化思考：种族、阶层和性别

研究拉美裔美国人的生活

乔治：如果你打算研究拉美裔美国人，你必须先了解一下他们的文化。

迈克：我正在访问许多不同的家庭，访问拉美裔美国人有什么特别的地方？

乔治：坐下来，我告诉你一些必须知道的……

由于我们的社会存在多元文化，社会学家们常常会研究一些与他们自己不同的对象。事先了解一些其他类型的人们的生活方式，可以使得研究的过程相对顺利，也可以确保在研究的过程中不会引起情感上的伤害。

格拉尔杜·马林（Gerardo Marin）和芭芭拉·凡·欧斯·马林（Barbara Van Oss Marin）指出了在对拉美裔美国人——当前美国最大的少数民族——展开研究时应注意的五个方面。

1. **谨慎用语**。马林夫妇指出，“拉美裔美国人”是美国人口普查局使用的一种方便的标签。说西班牙语和葡萄牙语的少数人认为他们是“拉美裔美国人”。他们大部分认为自己来自一个特定的国家，比如秘鲁、古巴、阿根廷，或者西班牙。

2. **注意文化差异**。大体上，美国人的特征是个人主义的和带有竞争性的。相反，许多拉美裔美国人更重视社区和合作的价值。一个外来人可能认为拉美裔美国人的行为是循规蹈矩的或过于轻信他人的，但事实上，他们只是希望对别人有所帮助。研究者还应该认识到，拉美裔美国人同意某个特定的观点或许仅仅只是出于礼貌。

3. **预料家庭相互作用**。拉美文化很强调家庭的忠诚。向被调查对象了解其他家庭成员的情况可能导致他们感到不自在甚至愤怒。马林夫妇补充说，如果一个研究者希望与一位拉美裔的妇女在家里单独谈话，那么这可能会激起来自她丈夫或父亲的怀疑或者毫不客气的反对。

4. **掌握好你的时间**。马林夫妇解释说，西班牙文化把关系的质量看得比简单地完成工作更重要。一个非拉美裔的研究者由于不希望耽误被访者家庭的晚餐而试图匆忙地对一个拉美裔家庭进行访问，可能会被认为是无礼的。因为他会被认为是没有以一种更友善的和更轻松的节奏进行访问。

5. **考虑到个人空间**。最后，拉美裔美国人比许多非拉美裔美国人明显有着更近的接触距离。因此，研究者如果坐在与被访者相对的房间的另一边，就会显得有点不友好。如果拉美裔的被访者移到一个比非拉美裔的研究者觉得合适的距离更近的位置时，研究者也可能错误地认为拉美裔美国人有些“亲热过头”。

当然，拉美裔美国人相互之间也不一样，就像其他任何类别的人群那样。上述这些概括应用到一些人身上，可能比应用到另一些人身上更合适。但是，无论开展什么研究，研究者都应该意识到文化的不同变化，特别是在美国这个由数以百计、各具特色、不同类型的人群所组成的、具有多元文化的社会中。

你怎么想

1. 举例说明如果研究者对研究对象的文化不敏感，就有可能影响到研究。

2. 为了避免这个专栏中所提到的各种问题，研究者应该如何做？

3. 与来自各种文化背景的人一起讨论研究进程，有哪些问题是各种不同文化背景的人都关注的？有哪些是不同的？

持的来源。他们也应该避免为了经费而去做与研究兴趣冲突的研究。如果一个组织从自身目的出发希望影响研究结果，那么研究者绝不能接受该组织提供的资金。

美国联邦政府在研究伦理方面也扮演着一定的角色。每所寻求从美国联邦政府那里获得基金从事包括人类对象在内的研究的大学和学院，都必须成立伦理审查委员会（IRB）以评价基金申请者，并保证研究不会违反伦理标准。

最后，还存在全球范围内的研究伦理问题。在到另一个国家开始研究之前，研究者必须对那个社会足够熟悉，以便理解那里的人们可能会把什么看成违反隐私或者个人危险的来源。就像在美国这样的多元文化社会里，将同样的规则应用到那些与研究者的文化背景不同的人们的研究中一样。以下的“多样化思考”专栏为局外人研究在西班牙社区中处理敏感性问题方面提供了一些有用的技巧。

为什么研究者应该从每一种社会学研究方法中进行选择

研究方法（research method）是进行研究的系统计划。社会学研究通常运用的四种方法是：实验、调查、参与观察，以及现有资源的使用。没有哪种方法比其他的方法更好或者更差。更准确地说，与一个木匠选择特定的工具做特定的事情一样，研究者根据他准备研究什么人以及他希望了解什么来选择某种方法。

检验假设：实验

实验（experiment）是一种在高度控制的条件下探究因果关系的研究方法。实验紧密地依据科学的逻辑，去检验特定的**假设**（hypothesis），即对两个（或多个）变量之间可能的关系的一种陈述，通常采用“如果……就……”的形式来陈述：如果某件特定的事情发生了，就会出现某种特定的结果。

实验通过四个步骤收集证据来拒绝或者不拒绝假设：（1）说明哪个变量是自变量（变化的原因），哪个变量是因变量（即结果，被改变的事物）；（2）测量因变量原始的值；（3）使因变量受到自变量的影响（“原因”或“处置”）；（4）再次测量因变量看看发生了什么变化。如果所期望的变化的确发生了，实验就支持了假设；如果变化没有发生，就必须修改假设。

成功的实验依赖于对所有可能影响实验测量结果的因素的严格控制。在实验室最容易进行控制，但是正如社会学家所说，在日常生活地点进行实验，即“田野实验”，则有利于研究者在自然环境下观察研究对象。

实验示例：斯坦福县监狱

监狱可能具有暴力的背景，但是，这仅仅是由于待在那儿的都是“坏人”的缘故吗？或是像菲利普·津巴多（Philip Zimbardo）所怀疑的，监狱自身也会在一定程度上产生暴力行为？为了回答这个问题，津巴多设计了一项被他称为“斯坦福县监狱”的极度迷人的实验。

津巴多认为，一旦进入监狱，即使是精神健康的人也会具有暴力倾向。因此，津巴多将监狱背景作为自变量，认为这种背景能够导致暴力（因变量）。

为了检验这一假设，津巴多和他的研究小组首先在加州斯坦福大学校园内以心理学大楼为基础，建构了一座看起来和真的一样的“监狱”。然后，他们在当地的报纸上刊登广告，以提供报酬的方式招募年轻人参加为期两周的实验项目。对于 70 个响应者中的每一个人，他们都安排了一系列的身体和心理的检查，最后挑选了最健康的 24 人。

下一步就是随机地将其中的一半人作为“犯人”，另一半人作为“看守”。研究计划要求犯人和看守在仿制的监狱中一起度过两周时间。在城市警察将作为犯人的对象从他们的家里“逮捕”后，他们就开始了作为犯人的实验。经过搜寻并将这些人铐上手铐以后，警察开车将他们带到当地的警察局，在那里，他们被采集了指纹。然后，警察将这些“犯人”转运到斯坦福监狱。到了那里，看守将他们锁在牢房里。津巴多打开摄影机观察现场将会发生什么。

实验远远超出了任何人事先的想象。看守和犯人不久后都变得十分痛苦并且相互敌对。看守通过指派犯人空手打扫厕所等任务来羞辱犯人。对犯人来说，他们则抵抗和辱骂警察。在四天之内，研究者开除了五名犯人，他们表现出“极端的精神忧郁，哭叫、情绪激动以及严重的焦虑”。到第一周结束时，情形变得如此的糟糕，使得研究者不得不取消了实验。

在“斯坦福县监狱”中所呈现的结果支持

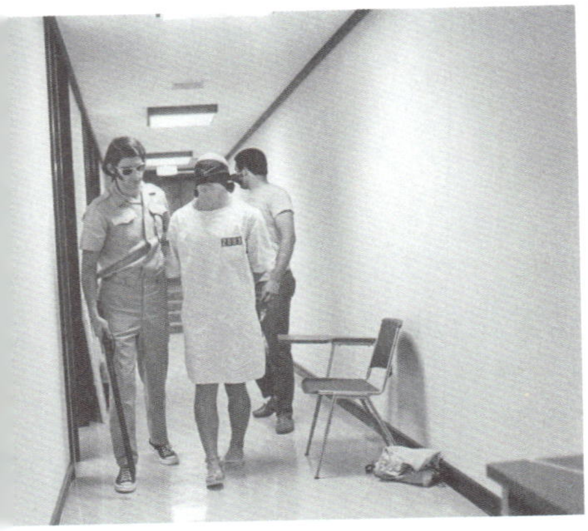

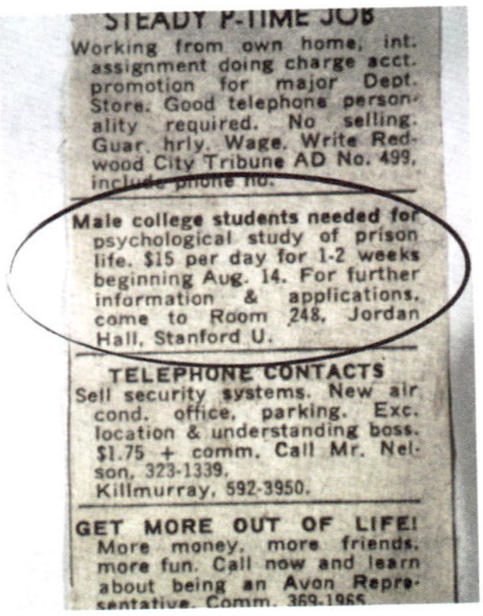

STEADY P-TIME JOB
Working from own home, int. assignment doing charge acct. promotion for major Dept. Store. Good telephone personality required. No selling. Guar. hrly. Wage. Write Redwood City Tribune AD No. 499, include phone no.

Male college students needed for psychological study of prison life. $15 per day for 1-2 weeks beginning Aug. 14. For further information & applications, come to Room 248, Jordan Hall, Stanford U.

TELEPHONE CONTACTS
Sell security systems. New air cond. office, parking. Exc. location & understanding boss. $1.75 + comm. Call Mr. Nelson, 323-1339, Killmurray, 592-3950.

GET MORE OUT OF LIFE!
More money, more friends, more fun. Call now and learn about being an Avon Representative. Comm. 369-1965

◎菲利普·津巴多的研究有助于解释为什么在我们社会的监狱中暴力是常见的部分。同时，他的工作证明了社会学研究对研究对象所构成的危险，研究者必须遵守保护参加研究者的伦理守则。

了津巴多的假设，即监狱暴力根植于监狱自身的社会特征，而不是在于看守和犯人的个性。这一发现提出了有关我们社会中的监狱问题，并要求进行基本的改革。津巴多的实验还表明了研究在威胁研究对象的身体和精神状况方面所具有的潜力。这种危险并不总是像这个例子那么明显。因此，研究者必须像津巴多那样，在他们工作的各个阶段和研究结束时仔细考虑对研究对象的潜在伤害，并在研究对象将会遭受到伤害时终止研究。

评价

在“斯坦福县监狱”的研究中，研究者选择做实验是基于检验假设的目的。在这个案例中，津巴多和他的同事们想要考察监狱本身（而非看守和犯人的个性）是否也引起监狱暴力。实验证明，即使是“健康”的看守和犯人，暴力依然发生在监狱中。事实证明了他们的假设。

询问：调查研究

调查（survey）是这样一种研究方法：在问卷调查和面对面访谈过程中，被调查对象对一系列的陈述或问题做出回答。它是所有研究方法中应用最广泛的，它特别有利于研究不能被直接观察的事物，比如政治态度和宗教信仰。

调查的目标是某些总体，比如未婚妈妈或者生活在威斯康星州乡村的成人。其他诸如预测选举结果的政治民意测验那样的调查，将全国的所有成年人作为总体。显然，要接触数以百万计的人是不可能的。因此，研究者通常是研究样本，通过选择远小于总体数量的个体来代表整个总体。调查 1500 个人的样本往往就能准确预测整个国家人口的公众舆论。

除了选择对象，调查还必须设计如何询问问题和记录答案。最常用的方法是给调查对象一份问卷，问卷中列出一些陈述或问题。研究者通常会让调查对象为每一项选择可能的回答，就像考试中的选择题一样。但是有的时候，研究者会让调查对象自由地回答，无论什么意见都可以表达。当然，这种开放型问卷意味着，随后研究者不得不从非常宽泛的回答内容中提取其含义。

在访问中，研究者会分别向被访者提出一系列问题，这解决了问卷调查中一种常见的问题：一些调查对象不将问卷返还给调查者。而且，访问使得被访者可以按自己的方式作答，研究者也可以用后续问题来明确答案或者更深入地探讨。但在访问过程中，研究者必须防止影响被访者，哪怕是十分细微的方式，比如当被访者回答问题时竖起眉毛。

◎焦点小组是调查的一种类型。在这类调查中，研究者对一小组代表目标总体的对象征询他们对某些问题或产品的意见和看法。图片中的大学生正在按社会学教授的要求，评价她在导论课中所采用的教科书。

调查研究示例：对非裔美国人精英的研究

成功的非裔美国人是否能摆脱种族主义带来的刺痛？作为坦帕大学历史上第一位黑人教职人员，社会学家路易斯·本杰明（Lois Benjamin）的答案是否定的。为了了解种族主义是否能影响到最成功的非裔美国人，本杰明开始着手调查研究。

本杰明于 1991 年选择了对研究对象进行访问而不是发送问卷，这是因为，首先，她希望介入与她的对象进行交谈的过程中，可以提出后续的问题，同时也可以探讨一些她不能事先预期的主题。其次，种族主义是一个敏感的主题。一个有帮助的研究者能够使研究对象在回答这些痛苦的问题上更容易些。

由于访问将花费大量的时间，本杰明不得不限制研究对象的数目。她建立了一个由 100 名男人和妇女组成的样本。随着她制定访问日程表、在全美各地奔波、与每一位被访者交谈，即使是这个小小的样本也花去了她两年多的时间。此后，她又花了两年多的时间分析这些被访者的类型，决定哪些谈话内容与种族主义有关，以及写作她的研究结果。

她从她所认识的人开始访问，并请他们推荐其他人。这种方式被称作雪球抽样，因为所包括的个体数目会随着时间的推移越来越大。雪球抽样是一种做研究的便捷方式——我们从熟悉的人开始，他们再向我们推荐他们的朋友和同伴。但是雪球抽样不能得到一个代表更大总体的样本。本杰明的样本可能包括了许多具有相似意向和目的的个人，同时只与那些愿意公开谈论种族问题的人交谈，也肯定是有偏差的。她意识到这些问题，力图使自己的样本在性别、年龄以及所生活的地区等方面具有多样性。在下面的“多样化思考”专栏中给出了关于本杰明的被访者的一个概览，以及关于如何阅读表格的一些提示。

本杰明将其访问建立在一系列开放形式的问题的基础上，这样，她的对象就能够表达任何他们想说的事情。正像通常所发生的那样，访问是在各种各样的情景中进行的。她与被访者在（她的或者他们的）办公室、旅馆或车上见面。无论在哪里采访，本杰明都对访谈进行录音，因而她不会因为记录而分散注意力，访问的时间一般持续两个半小时到三小时。

就像研究伦理所要求的，本杰明对参与者承诺完全匿名。但是她研究中的许多男人和妇女——包括像全美城市联盟前主席弗依·乔丹（Vernon E.Jordan Jr.）和威尔伯福斯大学第一位女校长伊冯·沃克-泰勒（Yvonne Walker-Taylor）这样著名的人——已经习惯了受到大众的注意，都允许本杰明使用他们的真名。

对于自己的研究，最让本杰明感到吃惊的是许多人是如此渴望接受访问。这些在生活中往往日理万机的人们，似乎完全不顾他们自己手头的事情而全力投入本杰明的研究项目中。本杰明还报告说，一旦进入了访问，许多人都非常地动情——在访谈的某些时刻，她所访问的 100 个对象中大约有 40 人哭了。很显然，对他们来说，本杰明的研究提供了一个释放长期压抑在内心的情感的机会。本杰明自己又是如何反应的呢？她报告说，她与他们一起哭。

在本章早些时候所描述的研究取向中，你可以看到，本杰明的研究最适合解释社会学（她探讨了对她的对象来说种族意味着什么的问题）和批判社会学（她做这项研究的部分原因就是要证明种族偏见依旧存在）。她的许多对象报告说，他们担心种族主义某一天会不利于他们成功的基础。另一些人说，一种带有种族色彩的“玻璃天花板”阻碍着他们达到我们社会中的最高地位。本杰明得出结论说，尽管非裔美国人的社会地位有所改善，但是，美国的黑人依然能感觉到种族敌意所带来的痛苦。

评价

本杰明教授之所以采用调查作为她的研究方法，是因为她想询问许多问题，并直接从对象那里搜集信息。当然，她收集的一些信息也可以通过问卷调查获得。但考虑到话题的敏感性和复杂性，她还是选择了访问。在与对象长达数小时的一对一互动中，本杰明让他们感到放松，与他们探讨个人遭遇，并紧接着提出相关的问题。

多样化思考：种族、阶层和性别

在研究中使用表格：路易斯·本杰明关于非洲裔美国精英的研究

假如你想呈现有关多样性人口的大量信息，如何才能快速、轻松地做到这一点呢？答案就是使用表格。表格在非常小的空间里提供了许多信息，所以，学会阅读表格能够提高你的阅读效率。当你看到一个表格时，先看看它的标题以便了解它包含什么方面的信息。下列表格的标题告诉你，它展现了参与路易斯·本杰明的研究中的100个对象的基本概况。从表1–3的表头，你可看到描述这些男人和妇女的八个变量。沿着每一列往下看，标出了不同的类别，以及各占的百分比。

从表1–3左边的上端开始，我们看到：本杰明的样本中大部分是男性（63%的男性，37%的女性）；年龄方面，大部分回答者（68%）处于人生的中年阶段；大部分人生长在美国南部、北部或中部那些黑人占优势的社区中。

这些人的确是专业领域的精英。在这些人中，一半的人获得了哲学博士学位（32%）或者医学或法学博士学位（17%）。看到了他们所接受的广泛的教育（本杰明本人的工作就是一名大学教授），我们应该不会对他们中最多的一部分人（35%）在教育机构工作而感到奇怪。在收入方面，这些人也很富裕，在1990年，他们大多数人（64%）的年薪就已高于50 000美元（即使是今天，也只有41%的全职人员可以获得这个档次的薪水）。

最后我们发现，这100个人在他们的政治观点上普遍是偏左的。这在一定程度上反映了他们所接受的广泛的教育（导致了激进的思想），以及在学术倾向上倒向政治领域中自由党的一边。

你怎么想

1. 为什么表格中的这些统计数据是一种传达大量信息的有效途径？

2. 看这张表，你知道其中大多数人花了多长时间成为精英的吗？解释你的答案。

3. 你能发现非裔美国人精英有别于同等白人精英的地方吗？如果能，是哪些地方？

表 1–3　　100个能人：路易斯·本杰明的非裔美国人精英

性别	年龄	童年种族背景	童年生活地区	最高教育程度	工作部门	收入	政治取向
男 63%	35岁以下 6%	大部分黑人 71%	西部 6%	哲学博士 32%	学院或大学 35%	多于50 000美元 64%	极左 13%
女 37%	36到54 68%	大部分白人 15%	北部或中部 32%	医学或法律博士 17%	私人营利性 17%	35 000～50 000美元 18%	自由主义 38%
	55岁以上 26%	混血人种 14%	南部 38%	硕士 27%	私人非营利 9%	20 000～34 999美元 12%	中立 28%
			东北部 12%	学士 13%	政府 22%	低于20 000美元 6%	保守派 5%
			其他 12%	以下 11%	自营 14%		随大流 14%
					雇佣 3%		不知道 2%
100%	100%	100%	100%	100%	100%	100%	100%

资料来源：Adapted from Lois Benjamin, *The Black Elite: Facing the Color Line in the Twilight of the Twentieth Century*（Chicago：Nelson-Hall, 1991）, p.276.

在实地：参与观察

参与观察（participant observation）是指，研究者通过参与人们日常的生活来对人们进行系统的观察。参与观察使得研究者可以在任何自然的情景下研究日常的社会生活，从夜间俱乐部到宗教神学院都适用。文化人类学家通常采用参与观察（他们称之为田野工作）的方法来研究其他社会，并把他们的研究结果称为民族志。

在实地研究的开始阶段，大部分研究者的头脑中并没有特定的假设。事实上，他们可能也没有认识到应该提出什么样的重要问题。因此，大部分的参与观察是探索性的和描述性的。它采用解释社会学的视角，得到定性的资料，而不是定量的数据。与实验和调查相比，参与观察具有更少的必须遵守的规则。但恰恰是这种灵活性允许研究者去探索不熟悉的事物和适应未曾预料的情况。

参与观察者试着进入情景，但不能影响其他人已有的行为。他们要扮演两种角色：一方面，要获得一种内在的观察，他必须成为这一背景中的一个参与者——即要与研究对象“一起消磨时间”，几个月甚至几年，力图按照他们的方式去行为、去思考，甚至去感受；另一方面，研究者作为观察者，要跳出实地，运用社会学的视野去观察被人们认为理所当然的社会模式。

由于单个的研究者扮演着这样一种中心角色所形成的个人印象，批评者认为参与观察缺乏科学的标准。然而，这种个人的方式也具有一种优势：一队显眼的社会学家进行的正式调查会破坏许多的社会情景，而一个熟练的参与观察者却常常可以获得对人们行为的内在观察。

参与观察的例证：对密西西比州杰克逊镇无家可归者的研究

你曾经对在一个新的、陌生地方生活充满好奇吗？对于年轻的社会学者约瑟夫·希柯·埃伍德兹（Joseph “Piko” Ewoodzie）来说，这个问题一直是他生活的中心。他出生在西非的加纳，青少年时期随家人来到美国。他的父亲是一位传教士，这一工作需要他的家庭经常搬迁。在搬迁的过程中，埃伍德兹不得不寻找融入不同的新社区的方式。这些新的社区从中西部的伊利诺伊州到东海岸的纽约，从低收入的南布朗克斯，到十分富裕的怀特普莱恩斯（白原市）。

2012 年，埃伍德兹回到了中西部，开始从事他的社会学博士论文的研究。由于已经对美国的某些地区比较熟悉，埃伍德兹一直以来都希望亲自去了解美国南部诸州的生活究竟是怎样的。此外，他还对那些有时被称作“穷人中的穷人”的无家可归者的生活非常关注。所以，他决定对密西西比州杰克逊镇的无家可归者群体展开研究。他尤其希望了解这一生活在城市边缘的群体通常是如何解决充饥问题的。

就像任何一个从事社会学研究的人那样，埃伍德兹也在考虑自己的研究方法。他应该去设计一份问卷，然后到杰克逊镇的中心去让那些看上去像无家可归者的人填写问卷吗？或者他应该试着在当地大学的校园里弄一间办公室，然后邀请那些无家可归的人到他的办公室坐下来接受当面访问吗？很显然，这两种策略都行不通。此外，埃伍德兹不仅仅是想要收集无家可归者饮食方式的资料，他还渴望亲身经历他们的社会世界，去发现他们究竟是如何生活的，他们在哪里居住，和哪些人打交道。所以，他决定搬到杰克逊镇，亲自进入一个无家可归者聚集的社区生活。简言之，他决定成为一名参与观察者。

虽然埃伍德兹明白参与观察是他进行研究的正确方法，但他依然不确定要达到他的研究目标应该采取哪些确切步骤。在他来到杰克逊镇的第一个星期的一个早上，他在桃色咖啡店停了下来。他要吃早餐，这看起来是个不错的选择。这地方为他提供了很好的尝试与当地人接触的机会。一位自称斯特拉夫人的妇女独自负责烧烤并兼做招待。埃伍德兹在柜台边坐下，当培根还在吱吱作响时，他试图想出下一步该做什么。是告诉她自己是一个学社会学的学生，还是告诉她自己的兴趣在于研究食物？

过了一会儿，他鼓起勇气参与了他后面一个小房间中一帮小伙子的交谈。他们正在谈论一场篮球赛，幸运的是，他正好前天晚上在电视上看了这场比赛。他与他们交谈，直到谈话的主题转换到他一点都不了解的、令人尴尬的事情上，他就停止了参与。他第一天的工作就已经让他懂得开始实地研究的过程可能会有多么困难。

当埃伍德兹在接下来某些天再到桃色咖啡店时，总有两位同样的绅士待在那里。他与他们相互问候，然后开始交谈。这一次，他们交谈的内容涉及十分广泛的主题。再后来的某一天，他似乎能非常自然地与两位绅士、斯特拉女士以及其他一些顾客进行交谈了。埃伍德兹很好地将自己变成这里的“常客”。现在，他开始通过与他人交谈来了解杰克逊镇的生活了。研究者将研究的这一阶段称为经历“逐渐适应”新的社会场景的阶段，是特别需要耐心和坚持的一步。在这个例子中，对埃伍德兹十分有帮助的一件事是他的口音，这种口音让人一下子就能识别他不是一个南方人。当人们听到他的口音时，总是感到十分好奇并很快就询问他来自哪里。当他们听说他来自加纳，当地人——这里的妇女都是非裔美国人——都想知道那里的生活。

这种交谈为埃伍德兹询问有关杰克逊镇的生活打开了话匣子。但是，他需要更深入一步，因为他的焦点在于对无家可归者的研究。通过与咖啡店的人们的接触，他了解到“帮助中心”（Opportunity Center）——一个在附近的作为无家可归者日间庇护所的设施。他研究的下一步就是探访这个“帮助中心”。

当埃伍德兹第一次到达这个被人们亲切地称为“OC”的帮助中心时，他遇到了在登记处工作的罗伊和比利。他后来发现，当时他们都是无家可归者。在短短几天中，埃伍德兹便与罗伊和比利成了朋友。他们都愿意帮助他，为他提供有关这家帮助中心以及那些无家可归者的信息。

埃伍德兹后来了解到，通常情况下，这家帮助中心一天要为大约100个男人和十几个妇女服务。为他们提供放置个人物品的地方、接听和打电话，以及卫生间和洗澡的地方。同时，OC也成为这些人申请工作或寻求政府帮助时的地方。这一设施也成为大部分无家可归者的社会中心，即一个可以待在那里了解其他人在做什么，以及交流新的获得食物和居住机会等信息的场所。

关于杰克逊镇救济贫民的施舍处以及避难所的情况，罗伊和比利是很好的信息来源。他们还告诉埃伍德兹许多无家可归者吃饭、睡觉或者闲逛的地方的信息，比如公园、教堂、公共汽车站等。有了这些新的信息，埃伍德兹知道要完成他的研究下一步该做什么了。几个月来，他每天都在实地工作10～12个小时，走访了所有这些设施和场所。在这一过程中，他完全沉浸于杰克逊镇无家可归者的生活之中。

罗伊和比利的帮助揭示出实地研究中关键信息员的重要性。这些人不仅仅是信息的来源，同时也起着向社区中的其他人介绍研究者的作用。利用关键信息员，研究者可以很容易地进入他的社会网络。在一个新的背景中熟悉并接触人，特别是能够说“我是罗伊和比利的朋友，他们告诉我应该和你联系”，显然对获得额外的信息非常有帮助。但是，利用关键信息员也存在一定的风险。因为任何一个人都会有自己的熟人圈子，关键信息员的引荐也会以一种或另一种方式“束缚”或影响研究。此外，在其他人的眼里，关键信息员的名声——无论好坏——常常会给研究者带来影响。所以，尽管关键信息员在早期是有帮助的，但一个熟练的参与观察者很快会去寻求更大范围的接触。

在后来的几个月里，埃伍德兹每天的大部分时间都用于与无家可归者交谈。他了解到他们的生活，了解到他们如何度过每一天。在他与这些人更熟悉之后，他就更多地向他们解释自己的研究项目。由于他在与他的研究对象建立有意义的关系方面花了大量时间，因此他们中的大部分人不仅愿意与他交谈，还愿意提供有关他们生活的私密细节——研究者在单独一次接触中用问卷或者访谈无法收集到的个人细节。埃伍德兹也将这种热情的接待归功于南方人好客的文化传统。

作为参与观察方法的典型研究者，埃伍德兹一边进行交谈一边记笔记。有时，当他不能够记下全部信息时，他就忍着不去卫生间以便省出几分钟写下详细的笔记。有时，他用他的智能手机来记录谈话，但这仅仅是在他询问了被访者并得到被访者的允许时才这样做。每一个白天，他都在实地观察，晚上则在公寓中花好几个小时的时间，将未经加工的记录转化成研究的详细记录。

◎ 参与观察是社会研究的方式之一，这种方法允许研究者在某种“自然的”背景中研究人们的日常生活。参与观察最好的一面是使你成为自己现实生活表演的主角。但是，一次需要好几个月的时间生活在与家乡大不相同的陌生背景中始终是一种挑战。在这里，埃伍德兹观察到当地一所大学的学生为无家可归者提供食物。

当他为期几个月的实地研究即将结束时，埃伍德兹对自己所了解的情况进行了反思。一些无家可归者有亲戚住在杰克逊镇或附近，他们有时会与家人待在一起。但是他所认识的大部分无家可归者都是自己住并且有规律地出现在这家帮助中心，以及各种救济贫民的施舍处和避难所。他所研究的大部分人都是失业者，有一些人有一点劳动收入，但大部分人都是从政府那里得到收入帮助。令他十分吃惊的是，这些人花在医药、衣物这样的必需品、娱乐，以及用于支付他们酗酒或吸毒嗜好的费用，远比他们花在吃饭上的费用多。

在埃伍德兹的研究中也许最令人吃惊的发现是，杰克逊镇典型的无家可归者很少有一天都吃不到食物的。镇上有四五家贫民救济站会定期为他们供应食物，教会团体和其他组织每周也会有好几天提供食物，有时来自附近大学的学生也会从校园食堂带来剩饭剩菜在附近的公园给无家可归者。所以，只要一个人与 OC 相关的社会网络有稳定的联系，他就不会饿肚子。当然，对于吃什么几乎没有选择，食物的质量往好了说也是参差不齐。此外，食物也不是一整天都有。早餐和中餐差不多是可以保证的，晚餐则不太确定。结果，大多数无家可归者都会从一天中较早的餐食中留一点“储备”，以便在晚上没有餐食的时候食用。

从参与观察研究中，埃伍德兹了解到的东西比他一开始想要了解得更多。他看到，对于这群无家可归的男人来说，所面临的最大挑战实际上并不是食物的缺乏。也许他们最为关注的是十分有限的安全性以及收容所的充足性。由于城市中无家可归者的人数大于收容所所提供的床位数，因此并不是每个无家可归的人都能够找到一处安全的室内空间，特别是在寒冷的和下雨的天气时更是如此。他们关注的第二个方面是，无家可归者经常去的许多地方的公共交通的缺乏。通过调查，埃伍德兹得出结论，对于无家可归者来说，最大的、长时期的需求是要提高他们文化技能，他认为这种技能是他们能够寻找工作、获得工作、保持工作的基础。

这种类型的研究经常被形成和制定公共政策的政府相关部门以及其他的组织所采用。埃伍德兹希望他的研究结果在超越维持无家可归者目前的状态，朝着拓展他们成为自食其力的社区成员的机会方面发挥作用。

评价

为了研究密西西比州杰克逊镇的无家可归者，约瑟夫·埃伍德兹选择了参与观察的研究方法。这是一个很好的选择，因为他没有一个特定的假设需要检验，一开始也不确切地知道会发现什么问题。尽管埃伍德兹不得不花好几个月的时间在实地考察，但他只需用很少的钱就能完成研究。通过搬到杰克逊镇，参与并观察城市里各种为无家可归者服务的设施中的社会生活，埃伍德兹渐渐能够建立起对典型的无家可归人群生活方式的详细描述和理解。

运用可得的资料：现有的资源

不是所有的研究都需要研究者自己收集新的资料。有时候社会学家也分析他人收集的现有的资料和数据。

在美国，社会科学中最被广泛运用的统计资料是由政府机构收集的，比如美国人口普查局。而在联合国和世界银行的各种出版物中，可以获得世界各国的资料。

运用可得的资料可以节省时间和金钱。这种方法对那些预算有限的社会学家特别有吸引力。更重要的是，政府的资料通常都比大部分研究者自己能够获得的资料要好。

当然，运用现存的资料自身也存在一些问题。一方面，可得的资料可能不会刚好是你需要的那种形式。例如，你或许能够查到你所在学校付给教授的平均工资，但是却不能区分分别支付给男性教授和女性教授的平均工资。另一方面，我们对现有资料的精确性多多少少总会有些疑问。前面我们描述的埃米尔·涂尔干关于19世纪自杀的研究就运用了官方统计。但是，涂尔干根本没办法知道一个被界定为自杀的死亡事件到底是不是一个意外事件。

运用现存资料的例证：双城记

为什么有的城市住着许多著名的人，而有的城市几乎找不出一个名人呢？对于生活在今天的人，历史资料可以作为洞悉过去的敲门砖。E. 迪格尔·巴尔茨尔（E. Digby Baltzell）1979年的一项获奖研究——波士顿清教徒和费城教友派信徒，就很好地展示了研究者如何能够利用可得的资料展开历史研究。

这项研究以巴尔茨尔偶然拜访缅因州的鲍多因学院（Bowdoin College）为开始。当他走进鲍多因学院的图书馆时，他看见墙上的三个人的肖像，分别是著名作家纳撒尼尔·霍桑（Nathaniel Hawthorne）、著名诗人亨利·瓦兹沃斯·朗费罗（Henry Wadsworth Longfellow），以及美国的第14任总统富兰克林·皮尔斯（Franklin Pierce）。他很快了解到这三个伟大的人物都是1825年毕业于鲍多因学院的同班同学。巴尔茨尔很惊讶，怎么可能这样一个小学校这一年内毕业的名人比他的母校——更大的宾夕法尼亚大学——整个历史上毕业的所有名人还要多。为了解答这个问题，巴尔茨尔迅速翻阅历史文献，看看新英格兰造就的名人是否真的比他出生的宾夕法尼亚州还多。

巴尔茨尔的数据来自哪里？他查阅了《美国名人辞典》（*Dictionary of American Biography*），此书20册记载了诸如政治、法律以及艺术等众多领域超过13 000个杰出男女。从词典中，巴尔茨尔知道了谁是伟大人物，他还意识到词典中谁的传记越长，人们就认为这个人越重要。

当巴尔茨尔确定传记记载最长的75个人时，他发现了一个显著的模式，即到目前为止，马萨诸塞州拥有的名人数是最多的，75位顶尖成功者中有21个属于马萨诸塞州。新英格兰州加总起来据称有31个。相比较而言，宾夕法尼亚州只有两个，而整个大西洋中部地区的州的名人加起来也只有12个。再进一步看看，巴尔茨尔发现新英格兰的大部分伟大的成功者都是在波士顿及其周围城市长大的。此外，截然相反的是，几乎没有一个比较知名的人物是来自他所在的费城这个比波士顿要大得多的城市的。

什么能够解释这种显著的模式呢？巴尔茨尔从德国社会学家马克斯·韦伯那里受到了启发。韦伯认为，一个地方的功绩记载受当地的主要宗教信仰的影响（参见第13章）。巴尔茨尔从波士顿和费城之间的宗教差异中发现了解释其疑惑的答案。波士顿最初是个清教徒的殖民地，由高度重视追求卓越和公共成就的人建立。相反，费城则居住着贵格会信徒，他们信仰平等，避免引起公众注意。

清教徒和贵格会信徒都逃离了英格兰的宗教迫害，但是一旦他们在新地方定居，两种宗教信仰又导致了极不相同的文化模式。波士顿的清教徒认为人类具有原罪，所以他们构造了一种以家庭、教堂和学校规范人们行为的严格的社会。而清教徒们则赞扬努力工作，将其视为赞美上帝的途径，他们认为取得公共成就是受到上帝祝福的一种可靠标志。简言之，清教徒提倡一种人们既追求又尊敬成就的纪律严明的生活。

相反，费城的贵格会信徒将其生活方式建立在人性本善这一信念之上。他们不需要寻求什么强硬的社会制度来将人们从罪孽深重之中“拯救”出来。他们信仰平等，所以即使是那些富裕起来的人也不认为自己比别人好。因此富人和穷人以同样的方式谨慎地生活着，相互劝

◎意外观察到三位名人——纳撒尼尔·霍桑、亨利·瓦兹沃斯·朗费罗以及富兰克林·皮尔斯——都是一所很小的新英格兰学校的同班同学，使得社会学家 E. 迪格尔·巴尔茨尔去分析新英格兰州和宾夕法尼亚州不同的宗教伦理是如何影响到成功模式的。

诚对方高调地追求名望甚至竞选政府公职。

在巴尔茨尔的社会学想象力中，波士顿和费城就像两种社会“试管”，清教徒被注入了一支试管，贵格会信徒被注入了另一支。数世纪以后，我们会发现两支试管里发生了不同的“化学反应”。这两种信仰体系导致了人们对待个人成就的不同态度，从而又形成了各个地区的历史。今天，我们知道波士顿的肯尼迪家族（尽管是天主教徒）是那个城市众多家族中唯一一个证实了清教徒对赞誉和领导能力的追求的家族。相反，在费城的整个历史中都从来没有过一个家族拥有这样的公众声望。

巴尔茨尔的研究运用了科学逻辑，但是也通过展示人们如何理解他们的世界来阐明了解释的方法。他的研究提醒我们，社会学研究为了适用于特定的问题常常运用多种混合的研究方法。

评价

巴尔茨尔教授选择用现存资料进行研究的主要原因在于，这是一种了解历史的好办法。对于那些生活在过去、不可能进行访问的人，《美国名人辞典》提供了大量的信息。当然，现存资料不是为了回答当代社会学家的问题而存在的。因此，使用这些文件档案需要具有批判的眼光和创造性的思考。

整体总结：社会学研究中的十个步骤

以下十个步骤将在进行社会学的研究项目中为你提供引导。

表 1–4　四种社会研究方法总结

	实验	调查	参与观察	现有资料
运用	适用于说明变量之间关系的解释性研究 产生定量资料	适用于收集不能直接进行观测的问题的信息，比如态度和价值 可用于描述性和解释性研究 产生定量或定性资料	适用于对“自然”情景中的人进行的探索性和描述性研究 产生定性资料	适用于探索性、描述性或者解释性研究 能获得定性的和定量的任何一种资料
优势	为说明因果关系提供最大的机会 重复研究相对容易	抽样、运用问卷、允许调查大量的人口 访谈能获得深入的回答	允许对“自然”行为的研究 通常较为不耗费财力	节省时间和收集资料的费用 使得历史性研究成为可能
局限	实验背景具有人为特质 除非研究环境是受到严格控制的，否则结果会有偏差	问卷必须精心设计，可能会产生低回收率 访谈耗费财力和时间	耗时 很难重复研究 研究者必须平衡好参与者和观察者的角色	研究者对资料中可能出现的偏差没有控制 资料可能只是部分适用于目前的研究需要

1. **你的主题是什么**？保持好奇心并运用社会学的视野，就能帮助你随时随地想出展开社会研究的主意。选择一个你认为重要的问题进行研究。

2. **他人有哪些研究成果**？你可能不是第一个对你选择研究的问题感兴趣的人。去图书馆或者互联网查看一下其他研究者在你研究的主题上已经应用了哪些理论和方法。回顾现存已有的研究，注意出现过的问题，以避免重复以前的错误。

3. **你的问题具体是什么**？你是否想要探索一个比较新的社会环境？描述某一类人？研究变量间的因果关系？如果你的研究是探索性的或是描述性的，确定你的研究目标，并对变量进行操作化。

4. **你需要什么来完成研究**？你能利用的时间和经费有多少？是否需要特殊的设备或技能？你能否独自完成研究？

5. **是否存在道德伦理上的顾虑**？研究是否会伤害什么人？为了尽量降低造成伤害的概率，你会如何设计你的研究？你是否会向被调查者承诺研究的匿名性？如果你承诺了，你将如何保证能维持匿名性？

6. **你会使用什么研究方法**？考虑到所有主要的研究策略，以及多种方法的结合使用。记住，最好的研究方法取决于你提出什么样的研究问题以及你所能获得的资源。

7. **你将如何记录资料**？你使用的研究方法将指导你如何收集资料、准确地记录所有的信息，并确保以后（在你开始书写研究结果之前可能还要几个月的时间）能派上用场。谨防任何的个人偏见出现在你的研究中。

8. **资料告诉你些什么**？根据你最初的研究问题来研究收集到的资料，决定如何解释你所收集到的资料。如果你的研究涉及一个特定的假设，你必须决定是要证实、反驳还是要更正这个假设。记住，根据你所采用的不同理论研究方法，对结果将有多种的解释，而你应该将所有的解释都考虑进去。

9. **你的结论是什么**？准备一份陈述你的结论的最终报告。注意研究中出现的问题以及未得到解决的问题，以此来评价你自己的研究。

10. **如何分享你的研究成果**？考虑在课堂上，甚至是专业的社会学家的会议上做一个陈述。关键是为了和别人分享你的研究成果，并得到他们的回应。

在下面的“争鸣与辩论”专栏中探讨了社会学视野的使用，回顾了本章中出现的许多观点，同时也能帮助你运用所学的知识回答一个重要的问题：社会学家的概括总结和我们日常生活中常听到的刻板印象有什么不同？

争鸣与辩论

社会学只不过是刻板印象吗

吉娜：（她将目光从她的笔记本上移开）今天在社会学的课堂上，我们讨论了刻板印象（stereotype）。

玛西娅：（正将精力集中在科学实验上）是啊，这里就有一个现成的例子——舍友不喜欢在学习时被打扰。

吉娜：我好学的朋友，我们都有刻板印象，即使教授也不例外。

玛西娅：（变得有点感兴趣）比如说？

吉娜：钱德勒教授今天在课堂上说如果你是新教徒，你就很可能会自杀。然后亚妮娜——那个来自厄瓜多尔的女孩说，大致意思是，“你们美国人很有钱，但是你们对婚姻不慎重，乐于离婚！”

玛西娅：我哥哥上周对我说，“每一个人都知道，要打职业篮球赛，你必须得是一个黑人！”这就是一个刻板印象！

像其他人一样，大学生总是很快地对人们进行概括总结。正如本章说明的，社会学家也喜欢寻找日常生活中的社会模式并加以归纳总结。然而，社会学的初学者可能很想知道归纳总结与刻板印象有什么区别。例如，前面吉娜和玛西娅所说的是恰当的归纳还是错误的刻板印象？

刻板印象是应用于对某个群体中的每一个人的

简化描述。上文提到的这些陈述都是错误的刻板印象的例子，原因有三：第一，描述的不是一般现象，每个句子对一类人群中的每个人用完全相同的方式描述；第二，每个句子都忽略了事实，歪曲了事物的真实性（尽管很多刻板印象的确包含了事实的某一个因素）；最后，一个刻板印象通常由偏见激发而来，听起来更像是一种诋毁，而不是来自公平的观察。

好的社会学做出概括，但它必须满足以下三个条件。

第一，社会学家们不会随便地将概括的结果应用于某个类别中的每一个人。吉娜记起教授说（尽管不是教授的原话）的是新教徒的自杀率高于天主教徒或犹太教徒。根据本章之前的内容，这个说法是正确的。但是，吉娜对课堂内容的表述不正确——“如果你是新教徒，你就很可能会自杀”。这个句子不是规范的社会学表述。它不是一个恰当的概括，因为大多数的新教徒并不是这样。仅仅因为某一个朋友，因为他是新教徒且他要自杀，就仓促地得出这个结论是错误的（想象一下，你拒绝借钱给恰好是名浸礼会教徒的室友，而理由仅仅是“因为你可能会自杀，所以我可能永远也收不回我的钱”）。

◎社会学的课堂是一个从常见的刻板印象中找到真相的好地方。

第二，社会学家们依据可靠的事实进行归纳。亚妮娜的说法更加恰当的版本是：按照世界的标准，美国民众有着很高的生活水平。在我们的社会中，几乎每个人都会结婚，并都希望维持婚姻；虽然美国人的离婚率居世界之首，但也只有很少的人离婚。

第三，社会学家们总是努力地保持公正，期待获得真相。玛西娅的哥哥关于美国黑人和篮球的陈述是一种刻板印象，而不是规范的社会学表述。这其中有两个理由：第一，上述说法明显不是事实；第二，它更像是由种族偏见产生的说法而不是对事实的考察。

重要的是，规范的社会学概括与刻板印象是不同的。大学里的社会学课程是一种极好的背景，它教会你从事实中得到真相，而不是被普通的刻板印象遮住眼睛。课堂上鼓励讨论，并提供了你所需要的真实信息，让你判断一个特定的陈述是一个恰当的社会学概括，或只是一个有害的或不公正的刻板印象。

你怎么想

1. 你能想出有关社会学家的一个常见的刻板印象吗？是什么？阅读过这一专栏后，你依然认为这是恰当的吗？

2. 你认为一门社会学课程可以帮助你纠正人们的刻板印象吗？为什么？

3. 你能想出你自己的某一刻板印象，而这一观念可能被社会学的分析所质疑吗？

日常生活中的社会学

Society: The Basics

为什么两个人要结婚

在本章的开始部分，我们就提出了这个问题。常见的回答是，人们因为相爱而结婚。但是正如本章所解释的，社会在我们日常生活中起着指导作用，影响着我们的行动、思考和感觉。以下这三张图片，每张都展示了一对夫妇。我们假设他们都是“相爱的”。在每个案例中，你能否为故事提供一些其他的内容？通过观察他们所代表的群体，请解释一下社会如何发挥作用，能让他们两个人走到一起。

◎著名歌手碧昂丝·吉赛尔·诺斯（Beyoncé Giselle Knowles）在纽约麦迪逊广场花园与她的丈夫 Jay-Z 一起演出。他们在 2008 年结婚，从中你看到了什么社会模式？

◎2014 年，大卫·柏卡（David Burtka）和尼尔·帕特尼克·哈里斯（Neil Patrick Harris）结婚了。他们俩从小一起长大。十年以前，当他们开始约会时，很少有人会想到在十年之后同性婚姻将会在美国成为合法婚姻。

◎2011 年，《花花公子》（*Playboy*）的创始人、86 岁的休·海夫纳（Hugh Hefner）娶了 26 岁的克丽丝泰尔·哈里斯（Crystal Harris）。从这一关系中你看到了什么社会模式？

提示

社会在许多层面发挥作用。思考一下：（1）关于同性恋和异性恋婚姻的规则；（2）关于人们可以和哪一类人结婚的法律；（3）种族和民族的重要性；（4）社会阶级的重要性；（5）年龄的重要性；（6）社会交换的重要性（婚姻关系中的每个人为对方提供了什么）。所有社会都会通过各种强制规则来规定人们应当或不应当与谁结婚。

从你的日常生活中发现社会学

1. 分析你父母的、其他家庭成员的婚姻，还有不同阶级、种族、年龄等不同背景的朋友的婚姻。你可以发现什么证据来说明社会引导了被我们称为“爱情”的感觉？

2. 正如本章所说，我们所处的历史时期、所生长的社会，以及我们的阶级地位、种族、性别都会影响我们整个一生的个人经历。这是否意味着我们无法决定自己的命运呢？不！事实上，我们越了解社会是如何运行的，就越能够把握自己的生活。例如，你对婚姻、运动或者本章所讨论的其他主题的加深理解是如何改变你的思维方式或你所做的决定的？

第2章

文化

通过本章，我们能够：

◎ 了解作为人类生存策略的文化的发展；

◎ 确认文化的共同要素；

◎ 分析一个社会的技术发展水平怎样影响其文化；

◎ 讨论文化差异的维度与文化变迁；

◎ 运用社会学的宏观理论，以获得对文化的更好理解；

◎ 对文化限制了人类自由或扩展了人类自由两方面发表评论。

社会的力量：引导我们对诸如堕胎这类社会议题的态度

◎ 调查问题："请告诉我，你认为堕胎是始终合法、从不合法，还是介于二者之间？"
◎ 对来自哥伦比亚、约旦、墨西哥、印度、日本、美国、荷兰、瑞典等国家的调查。

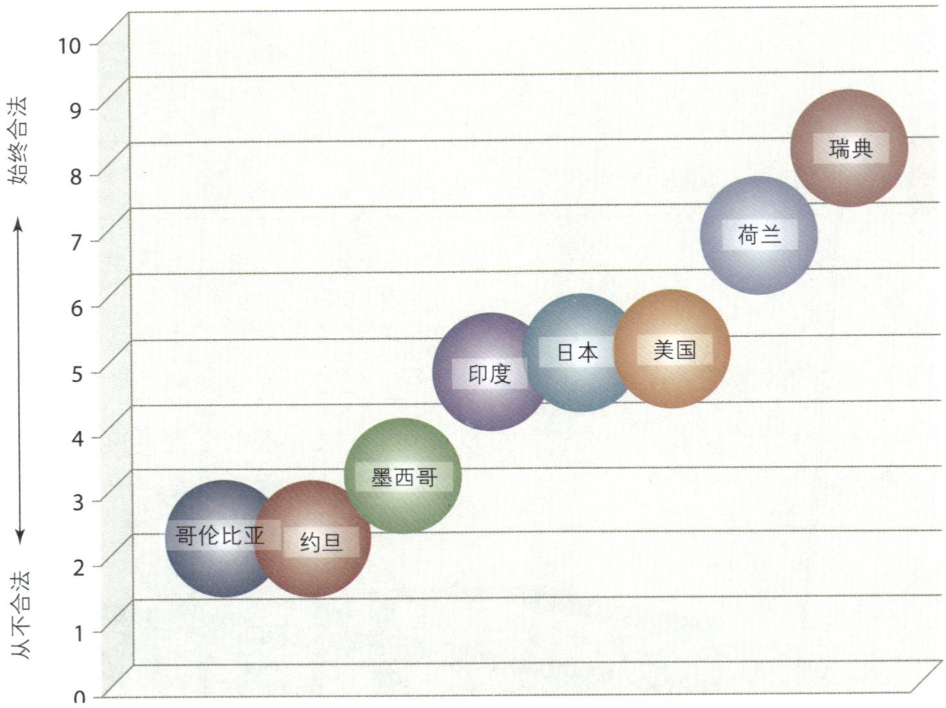

图 2-1　不同国家的人对于堕胎的态度

资料来源：World Values Survey（2015）.

我们所持有的有关堕胎的态度仅仅是"私人"观点吗？假如我们比较一下世界各地的人们对这一问题的态度，我们就会发现各国之间有很大的不同。例如，生活在瑞典的人们通常视堕胎为合法，而生活在哥伦比亚的人们几乎从不这么认为。在美国，对这一议题持分歧意见的公众人数旗鼓相当。经由全球视野下的比较，我们发现社会引导了人们关于各议题的态度，而这就是我们称之为文化的生活方式的一部分。

本章概要

本章重点关注“文化”这一概念，即指一个社会的整个生活方式。“文化”（culture）与“培养”（cultivate）的词根相同，这表明聚居在某一社会的人们，随着时间的推移而在事实上渐渐“养成”他们的生活方式。

李民俊（音）目不转睛地盯着他的计算机屏幕。他的妻子苏宾（音）拉过一把椅子，坐在他旁边。

“我正努力完成我们投资活动的组织。”民俊用韩语解释道。

“我没有想到我们能用自己的语言在线完成这些，”苏宾看着屏幕说道，“太好了，我非常喜欢这样。”

并不仅仅是李民俊和苏宾有这样的感受。回溯到1990年，一家大型投资经纪公司嘉信理财（Charles Schwab & Co.）的行政人员聚集在旧金山的公司总部，讨论扩展他们公司业务的途径。他们提出的一个想法是，如能对美国社会日益增加的民族和种族的多样性给予更多的关注，公司将因此获益。他们特别指出由美国人口普查局（Census Bureau）提供的数据，该数据显示，在旧金山乃至整个美国，亚裔美国人的数量正快速增长。数据也显示了亚裔美国人通常在经济上都很不错。的确如此，今天亚裔美国人一半以上家庭年收入在76 000美元以上。

在1990年的那次会议上，嘉信公司的领导者决定发起一个关注多样性的行动，安排公司三名主管人员对亚裔美国人公司加强了解。这一行动果真获得了巨大的成功，目前嘉信公司雇用了300多名会讲韩语、汉语、日语、越南语以及亚洲其他语种的员工。拥有这些懂得英语以外的语言的业务代表非常重要，因为有研究表明，大多数来到美国的亚裔美国人，宁愿用他们的母语进行交流，特别是在处理像投资这样重要事务时更是如此。此外，公司还建立了韩文、中文和其他亚洲语言的网站。成千上万名使用英语之外的母语的亚裔美国人，与欢迎他们的公司建立起开放式账户关系，李民俊和苏宾仅仅是其中的两位。

2013年，亚裔美国人花出去3250亿美元，嘉信公司目前已经获得了亚裔美国人的巨大投资份额。任何一个追随嘉信公司做法的公司都会是明智的。而其他在美国占有更大市场份额的民族和种族群体是非裔美国人（2013年花费5800亿美元以上）和西班牙裔美国人（2013年花费6870亿美元）。

像嘉信这样的公司已注意到这样一个事实，即美国是世界上最具文化多样性的国家。这一文化的多样性反映了美国吸纳了来自世界各国移民的悠久历史的事实。人们已经发现世界各地的生活方式存在差异，这不仅表现在语言、穿着上，还表现在首选食品、音乐偏好、家庭模式以及是非观念上。一些地区的家庭养育有很多孩子，而其他地区的家庭则很少；一些地区孝敬老年人，而其他地区则推崇年轻人。一些地区的人热爱和平，而另一些地区的人却崇尚武力；全世界人们皈依数千种宗教信仰，而对于什么是礼貌与粗鲁、漂亮与丑陋、令人愉快与让人厌恶，世界各地的人们也有着自己独特的观念。人类这种容纳如此多的不同生活方式的能力令人惊奇，实际上也反映了人类文化的问题。

什么是文化

文化（culture）是指共同构成人们生活方式的思维方式、行为方式和物质产品的总和。文化包括我们的思想、我们的行为方式以及我们所拥有的一切物质产品。

文化既联系我们的过去，又指引我们的未来。要理解文化是什么，必须考虑到文化的精神方面和物质方面。**非物质文化**（nonmaterial culture）是指，一个社会成员所创造的包括从艺术到禅宗等在内的所有思想的总和。相反，**物质文化**（material culture）是指，一个社会成员所创造的包括从扶手椅到拉链等在内的任何有形事物。

文化不仅影响我们的行为方式，而且影响我们的思维方式和感受方式——我们通常却错误地称之为“人类本性”的要素。生活在巴西热带雨林地区好战的亚罗马谟族人（Yanomamö），视侵犯行为为天生而正常，但世界其他地区比如马来西亚的士美族人（Semai）却能和平相处。美国和日本文化都特别强调成就和勤奋工作，但与日本社会非常珍视集体和谐相比，美国社会的成员更重视个体主义价值观。

考虑到世界上文化差异的程度以及人们倾向于认为自己的生活方式是“自然的”，旅行者进入一个不熟悉的文化环境时，经常感到全身不自在就不足为奇了。

这种不自在便是**文化震惊**（culture shock），即当人们经历一种不熟悉的生活方式时所产生的迷惑。当我们在国外旅行的时候，文化震惊的体验会更加强烈。以下的“全球性思考”专栏讲述了一位美国研究者第一次拜访生活在南美亚马孙河地区亚罗马谟族人家园的故事。

文化 共同构成人们生活方式的思维方式、行为方式和物质产品的总和

非物质文化 一个社会成员所创造的思想

物质文化 一个社会成员所创造的有形事物

1月2日，秘鲁的安第斯山脉高地。在这偏远的高原上，生活着一群贫穷的相依为命的人们。这里的文化是建立在家庭成员间以及附近邻里间世世代代相互合作的基础上。今天，我们花了一个小时观察了一座新房的修建过程。一对年轻的夫妇请来他们的亲戚和朋友，这些人大概早上六点半就到了，并且立刻开始动工。到了正午，大部分的工作都已完成。这对夫妇为他们提供了一顿大餐、酒水和音乐，这样的盛宴在工程剩下的时间里就没间断过。

没有哪一种特定的生活方式对人类来说是“天然的”，尽管世界上大部分人都会这样评价自己的行为。在秘鲁安第斯山小型社区中，人们自然产生的合作意识，与许多生活在像芝加哥或纽约这样城市的人们自然产生的竞争意识，是有很大差异的。这种差异来自这样的事实，即作为人类，我们需要联合起来共同创造我们的生活方式。世界各地的其他动物——从蚂蚁到斑马——都有着十分相似的行为，因为它们的行为是由本能驱使的，这些物种对生物进化进程没有控制能力。少部分的动物——特别是大猩猩和同种的灵长类动物——拥有有限的文化。研究人员通过观察发现，它们会使用工具并能将简单的技巧传授给它们的下一代。但人类的创造能力远远超过其他任何形式的生物，并由此产生了无数的“人类”方式。简而言之，只有人类依靠文化而非本能创造其生活方式，并以此确保生命的延续。要了解人类文化是如何形成的，我们需要回顾一下人类这一物种的演化历史。

文化和人类智力

科学家告诉我们，我们这个星球已经有45亿年的历史。生命只是出现在距今10亿年左右。往前推移到距今20亿年到30亿年期间，我们发现那是恐龙统治地球的时间。直到约6500万年前，这些巨型动物从地球上消失，地球上才开始出现灵长类的动物，由此，历史才掀开关键的一页。

灵长类动物出现的重要意义在于，在所有动物中，相对于其体型，它们是拥有最大脑容

全球性思考

面对亚罗马谟族人：体验文化震惊

一艘铝制的小汽艇正沿着泥泞的奥里诺科河（Orinoco River）稳步前行，这条河位于南美洲广袤的热带雨林深处。人类学家拿破仑·沙尼翁（Napoleon Chagnon）到亚罗马谟族人家园领地进行为期三天的考察，考察已接近尾声。亚罗马谟族是地球上技术最为简单的社会之一。

大约有 12 000 名亚罗马谟族人散居在委内瑞拉和巴西边界的村庄里。他们的生活方式和我们的大不相同。亚罗马谟族人穿得很少，他们生活的地方没有电、机动车、手机，也没有大多数人认为理所当然的其他便利设施。他们用于狩猎和作战的武器是传统的弓箭。大部分的亚罗马谟族人对外部世界一无所知，因此沙尼翁的到来对于亚罗马谟族人来说，就像沙尼翁面对他们时所感到的一样陌生。

下午两点，沙尼翁已经快要到达他的目的地了。湿热的天气几乎让人难以忍受。他大汗淋淋，在周围一群蚊虫的叮咬下，他的脸和手已经开始肿胀。但他是如此兴奋，以至于几乎没有察觉到这些痛苦，因为再过几分钟他就可以与他未曾了解过的人面对面了。

当汽艇滑上岸的时候，沙尼翁的心脏怦怦直跳。他和他的向导爬下汽艇，拨开茂密的矮树丛，朝着附近有声音的村庄走去。沙尼翁向我们描述了接下来发生的事情：

> 我抬起头立刻屏住了呼吸，我看见一大群粗壮的、裸体的、满身是汗的、面目可怕的人正从拉满弓的箭杆下盯着我们。巨大的绿色烟草叶插在他们较为原始的牙齿和嘴唇之间，这使他们看起来更加丑陋，一股股深绿色的令人恶心的黏性液体从他们的鼻孔中滴落下来，有些还在鼻孔中悬挂着——这些液体很长，黏在他们的胸膛上或从他们的下巴上滴落下来。
>
> 我还发现，十几条凶猛的、没有喂饱的狗正抓着我的腿，纠缠着我，好像我将要成为它们的下一顿美餐一样。我正手握笔记本无助可怜地站在那儿。之后，一股植物和污物腐烂的气味向我袭来，我几乎要被恶心得吐出来。我非常恐惧，对于一位想要和你们一起生活、研究你们的生活方式并想要成为你们朋友的人来说，这是一种怎样的欢迎方式？

对于沙尼翁来说，幸运的是，亚罗马谟族的村民认出了他的向导，于是放下了他们手中的武器。尽管这个下午沙尼翁的安全已经得到保证，但他仍然对自己无力弄明白周围的人感到十分震惊。这种感觉一直持续到他回家后的一年半内。他想知道自己当初为什么要放弃物理学去研究人类文化。

你怎么想

1. 你能回忆一下你自己与上述描述相类似的一次经历吗？解释一下所发生的。
2. 你认为你曾让别人感到过文化震惊吗？从这一经历中你学到了什么？
3. 对于生活在不同文化系统的人们来说，为什么毫无不适地互动是一件费劲的事情？同时，这样做有什么好处吗？

量的动物。大约在 1200 万年前，灵长类动物开始沿着两个不同的方向演化，其中一支的进化使得人类与其联系最紧密的类人猿相分离。大约在 500 万年前，我们远古的人类祖先从中非的树上爬下来，开始在空旷的草原地区四处迁徙。这时，人类开始直立行走，懂得集体狩猎的好处，并开始使用火，还能利用一些工具和武器，搭起简易的帐篷，披上了新式的简陋服饰。石器时代的这些成就可能显得微不足道，但它们标志着我们的祖先开始了截然不同的进化过程，他们最原始的生存策略意味着他们正在创造着文化。到了大约 25 万年前，我们这一物种——智人终于出现了。人类进化并没有中止。到了大约四万年前，多少与我们有些相像

◎ 世界各地人们创造了多种多样的生活方式，这些差异首先表现在外貌上。比较图中所展示的来自埃塞俄比亚、印度、缅甸、中国西藏、美国的女性，以及来自中国台湾、肯尼亚、厄瓜多尔、澳大利亚男性的外貌差异。虽然内在差异表现并不突出但更为重要，因为文化也深刻影响了我们的生活目标、正义感，甚至是我们最为内在的自我感受。

的人开始在地球上蔓延开来。有着较大脑容量的“现代”智人迅速地发展起了文化，这一点可以从发掘自这一时期的智人使用过的工具和创作的壁画中看出来。

到了大约 12 000 年前，中东地区（今天的伊拉克和埃及地区）永久居住区的建立和专门职业的出现标志着“文明的诞生”。这个时候，被我们称为“生物本能”的力量几乎消失了，取而代之的是更有效的生存策略，即有目的地改造自然环境，以为人类服务。从那时开始，人类以无数的方式反复改造世界，最终形成了今天迷人的文化多样性。

文化、国家和社会

“文化”这一词汇使人联想到诸如“国家”“社会”等其他类似的词汇，尽管每个词汇的意义略有不同。“文化”指的是人们共享的生活方式；“国家”是一个政治实体，一块有着指定边界的领土，比如美国、加拿大、秘鲁或津巴布韦；“社会”是指生活在一个国家或其他特定领土范围内人群之间的有组织互动。

那么，美国既是一个国家，也是一个社会。但包括美国在内的很多国家，其文化是多样性的，也就是说，这些国家的人们遵循多种多样的相互融合（有时相互冲突）的生活方式。

有多少种文化

美国有多少种文化？确认文化种类的最好方法是数一数所有不同语言的数量。美国人口普查局列出了美国这个国家使用的382种语言——其中一半左右（169种）是土著语言，其余语言是由来自世界各国的移民带来的方言。

根据专家记载，全球范围内有7000多种语言，表明了许多独特文化的存在。然而，目前世界各地所使用的语种正在减少，现在大约4000种语言的使用人数不到一万人。专家预测，在未来几十年里或许将有成百上千的语言消失，而到21世纪末，世界上的一半语言可能会消失。濒临消失的语言名单包括格勒语（Gullah）、宾夕法尼亚德语（Pennsylvania German）、波尼语（Pawnee）（全部都在美国使用）、Han语（加拿大西北部使用）、Oro语（在巴西亚马孙地区使用）、撒丁语（Sardinia，使用于欧洲撒丁岛）、阿拉姆语（Aramaic，基督教徒语言，仍在中东地区拿撒勒使用）、女书（在中国南部地区使用的语言，这是目前所知道的唯一一种妇女专用文字）、Wakka Wakka语以及其他几种在澳大利亚使用的土著语。正如你所预料的那样，当一种语言濒临灭绝的时候，最后说这种语言的人就是这个社会最古老的成员。口语在全球范围内衰退的原因是什么？主要原因是全球化本身，包括高科技通信、日益增长的国家间的移民以及不断扩张的全球经济。

文化的要素

尽管不同文化间存在巨大的差异，然而它们却有着共同的要素，这些要素包括符号、语言、价值观和规范。我们首先讨论所有文化中共同的最基本的要素——符号。

符号

如同所有的生物一样，人类运用感官去体验周围的环境，但不同的是人类还尽力去赋予世界以意义。人类将世界的构成元素转化为符号。**符号**（symbol）是指任何由共享某种文化的人们公认的、承载有特定意义的事物，例如一个单词、一个口哨、一面有涂鸦的墙、一盏闪烁着的红灯和一个举起的拳头——这些全都是符号。我们可以发现人类具有创造并使用符号的能力，这些符号具有不同的含义，例如，眨眼这一简单行动可能表示兴趣，也可以表示理解甚至是侮辱的意思。

社会一直在创造新的符号。“日常生活中的社会学”专栏描述了伴随日益增长的计算机交流而发展出的一些网络符号。

我们是如此依赖文化符号，以至于我们认为它们是理所当然的。然而，当有人反常规地使用某种符号时，我们会敏锐地地意识到这一符号的重要性。例如，有人在政治示威时，会焚烧国旗。进入一个我们所不熟悉的文化时，也会提醒我们联想到符号的力量；文化震惊实际上是我们无法在陌生环境中“理解”符号含义的体现。无法理解文化符号的含义会使人们产生迷失感和孤独感，无法确定如何行动，有时甚至会感到害怕。

◎世界各地的人们不仅用口语交流，还运用肢体语言沟通。由于不同文化间的手势各不相同，这些手势偶尔可能成为造成误解的源头。例如，普通的“竖起拇指”的手势，我们常用来表示“干得好”的赞许之意，而这一手势在伊朗等国家则代表“滚蛋”“去你的”。

日常生活中的社会学

Society: The Basics

短信世界中的新符号

莫利：gr8 to c u!
格雷格：u 2
莫利：jw about next time
格雷格：idk, lotta work!
莫利：np, xoxoxo
格雷格：thanx, bcnu

符号的世界一直在改变。人们创造新符号的原因之一是人们创造了新的交流方式。今天，大约 90% 的美国成人使用手机，其中 80%（尤其是年轻人）经常使用手机发信息。研究者报告称，18～24 岁的手机用户平均每天收发信息 100 多条。

以下是一些最为常用的短信交流符号。

b：be（是）；
bc：because（因为）；
bff：best friends, forever（永远是最好的朋友；
b4：before（之前）；
bbl：be back later（稍后回来）；
brb：be right back（马上就回来）；
btw：by the way（顺便一提）；
cu：see you（再见）；
cya：see ya（再见）；
def：definitely（一定）；
……

你怎么想

1. 类似于上述这样的符号的创造表明了文化具有什么样的特征？
2. 你认为使用这些符号进行交流是一种好的方式吗？它会导致混淆或误解吗？为什么？
3. 你还能想到你目前所使用的其他新符号吗？

资料来源：Rubin（2003）, Berteau（2005）, Lenhart（2010）, and Pew Research Center（2014）.

文化震惊是一个双向的过程。一方面，当旅行者进入与其本来生活方式完全不同的群体中时会体验到文化震惊。例如，把狗当作家庭宠物饲养的北美人可能会遭到东非马萨伊人（Masai）的阻止，因为后者不重视狗，并且从不饲养狗。同样，旅行者可能也会十分震惊地发现，在印度尼西亚和韩国的某些地区，人们把狗肉烧烤着吃。

另一方面，当旅行者在违反当地人行为方式时，也可能会使当地人遭受文化震惊。北美人在印度饭店叫一份牛排时，可能会在不知不觉中冒犯了印度人，因为印度人认为牛是神圣的，是绝对不能吃的。环球旅行可能会经历无数次这类的误解。

符号的意义即便在某个社会范围内也会有所不同。在美国，裘皮大衣对于一部分人来说是成功的象征，而对于另一部分则意味着非人道地虐待动物。前些年，在一场关于南加利福尼亚州议院悬挂联邦旗帜的争论中，有人视旗帜为地区骄傲的象征，而也有人视之为种族压迫的体现。

语言

幼年时代的一场疾病让海伦·凯勒（Helen Keller, 1880—1968）成了聋哑人，从此切断了她与符号世界之间的联系，使她的社会性发展受到极大限制。

直到她的老师安妮·曼斯菲尔德·沙利文（Anne Mansfield Sullivan）用符号语言打破了海伦·凯勒的隔离，她才开始认识到她作为人的潜质。这位后来成为著名教育家的了不起的女人，回忆了她第一次理解语言概念的时刻。

在金银花清香味道的吸引下，我们走下小径朝水井房走去。有人正在汲水，我的老师将我的一只手放在喷水管下。当一股清凉的水流泻到我的手上时，她开始慢慢地，然后快速地在我的另一只手上拼写出“水”这个单词。我静静地站着，我的整个注意力都集中于她手指的移动上。突然我感觉到一种模糊的意识，好像是曾经被遗忘的东西——一种重新思维的兴奋；不知怎么的，语言的谜底突然被揭开了。我终于知道水就是流过我手心的一种物质。这个活的字唤醒了我的灵魂，给予我光明、希望、快乐、自由！

语言（language）是文化世界的核心，即允许人与人之间进行交流的一套符号系统。人类已经创造了许多字母来表达成千上万种我们所说的语言。图 2-2 中列出了几个例子。尽管文字书写的规则不同：西方社会的大多数人从左往右写，而在北非和西亚的人往往从右往左写，东亚的人们从上往下写。

在今日世界的 7000 种语言中，哪一种语言最广为使用？如图 2-3 所示，汉语（包括普通话、广东话以及数十种其他方言）是最广为使用的母语，这意味着差不多有 12 亿人在家说汉语。英语是广为使用的第二种语言，在世界上大多数国家是通用的。

图 2-2 人类语言：符号的多样性

◎这是英文“read”这个单词在数千种人类与他人交流的语言中的 12 种写法。

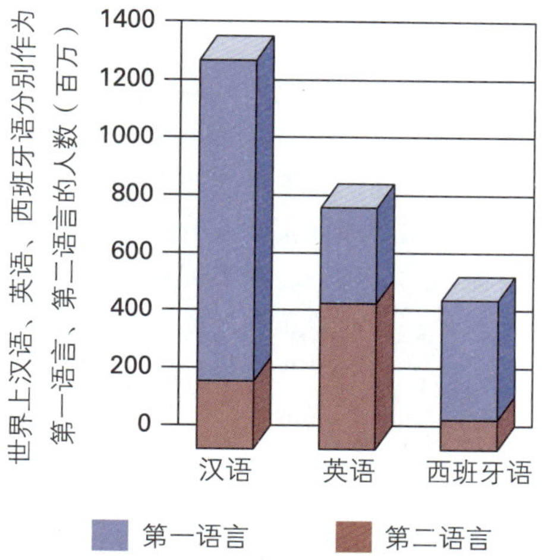

图 2-3 全球视野下的语言

◎“第一语言”指的是孩子首先学习的语言和普遍在家说的语言。大约有 12 亿人把汉语作为第一语言，远远超过将西班牙语（4.14 亿人）和英语（3.35 亿人）作为第一语言的人数。英语是最广为使用的第二语言，在世界上大多数国家也是通用的。

资料来源：Lewis, Simons, and Fennig（2014）.

语言不仅仅使得交流成为可能，还是文化传承的关键。**文化传承**（cultural transmission），即文化由一代人传递给下一代人的过程。正如我们身体中存有祖先的基因一样，我们的文化也包含着祖先创造的无数符号。语言是打开数世纪以来不断累积的人类智慧的钥匙。

纵观整个人类历史，每个社会都曾通过口口相传来传播文化，这一过程被社会学家称为“口头文化传统”。大约 5000 年前，人类发明了文字，然而那个时候仅有少数有特权的人才能学习读和写。直到 20 世纪，高收入国家自豪地宣称全民普及了识字。然而，仍然有 10% 的美国成年人（超过 2000 万人）基本上还是文盲，在日益要求掌握读写技能的社会中不具有读写的能力。而在低收入国家，至少有三分之一的

语言 允许人与人之间进行交流的一套符号系统

文化传承 文化由一代人传递给下一代人的过程

萨丕尔-沃尔夫假说 人们通过语言的文化透镜来看待和理解世界的观点

成人不会读写。

语言技能不仅让我们可以联系过去，同时也激发了人类的想象力，通过新的方式联结符号，创造一个几乎无限可能的未来。语言使得人类与其他物种相区别，人类因此成为唯一具有自我意识的物种，它意识到自身虽有局限性和难免一死，却能梦想和期望一个比现在更好的未来。

语言塑造现实吗

运用切罗基语（Cherokee，一种美洲印第安语）思考并说话的人，他所体验到的世界会与其他诸如用英语或西班牙语思考的北美人不同吗？爱德华·萨丕尔（Edward Sapir）和本杰明·沃尔夫（Benjamin Whorf）认为，答案是肯定的。因为每种语言都有其自身特有的符号，这些符号是服务于构建现实的材料。他们进一步指出，每一种语言都有在其他任何符号系统中无法找到的措辞或短语。最后，如同通晓多种语言的人所了解到的那样，所有的语言都将符号和独特的情感融合在一起，其结果是单一的概念在说西班牙语的人那里所“感受到”的，与说英语或汉语的人那里所“感受到”的或许不同。

萨丕尔－沃尔夫假说（Sapir-Whorf thesis）可以规范地表述为：人们通过语言的文化透镜来看待和理解世界的观点。然而，在萨丕尔和沃尔夫发表了他们的著作之后的几十年里，学者们对这一假说一直心存疑虑。普遍认为，因纽特人因为有很多词汇来描述“雪”而使他们经历的“雪”与其他民族不同，这一认识是不对的。因纽特人的语言与英语对“雪”大致有差不多的词汇。

因此，语言如何塑造了我们的现实？目前的观点认为，尽管我们确实从语言符号中获取现实，但却没有证据支持像萨丕尔和沃尔夫所声称的“语言决定现实”这一观点。例如，我们都知道，远在孩子学习“家庭”这个词之前，他们就已经有了关于家庭的概念；同样，成年人在为他们的发明物命名之前，就可以构思出新的思想或想象出新的东西。

价值观 文化上规定的、用来确定什么是可行的、好的、美丽的标准，从而为社会生活提供广泛的指南。价值观是共享某种文化的人们用来做出关于如何生活的选择标准

信念 人们坚持认为是真理的特定思想

价值观和信念

是什么使好莱坞电影中的角色如詹姆斯·邦德（James Bond）、劳拉·克罗夫特（Lara Croft）家喻户晓的？他们都是身强体壮的个人主义者，豪放不羁，依靠他们个人的技能和聪明才智挑战“制度”。我们在羡慕这些明星人物的同时，也在支持某种价值观。**价值观**（values），即文化上规定的、用来确定什么是可行的、好的、美丽的标准，从而为社会生活提供广泛的指南。价值观是共享某种文化的人们用来做出关于如何生活的选择标准。

价值观是支撑信念的主要原则。**信念**（belief），即人们坚持认为是真理的特定思想。换句话说，价值观是关于善恶的抽象标准，而信念是个人考虑事物正确与否的特殊想法。举例来说，由于大部分美国成人信奉为所有的人提供均等机会这一价值观，因此，他们相信只要称职，妇女也可以担任美国总统，正如希拉里·克林顿竞选美国总统所展示的那样。

美国文化的核心价值观

由于美国文化混合了来自世界其他国家的生活方式，因此是高度多样性的。即便如此，社会学家罗宾·威廉姆斯（Robin Williams）总结了在美国广为传播并被许多美国人视为生活方式的十大核心价值观。

1. **机会均等**。大多数美国人主张的不是条件均等，而是机会均等。他们坚信社会应为每个人提供基于个人才华和努力的发展机会。

2. **个人成就和个人成功**。美国人的生活方式鼓励竞争，每个人所获得的报酬应该反映其自身的价值。一个成功的人应被给予应得的“赢家”尊称。

3. **物质舒适**。在美国，成功通常意味着赚钱和享受金钱所能买到的一切。尽管我们有时

候会说“钱无法买到幸福”，但是大多数人仍一直追逐财富。

4. **活动和工作**。广受大众欢迎的美国英雄，从网球冠军维纳斯·威廉姆斯（俗称“大威”）和塞雷娜·威廉姆斯（俗称“小威”）到《美国偶像》（*American Idol*）的获胜者，都是胜任工作的“行动家”。美国文化主张积极行动，反对消极反应；主张控制事件的发展，反对消极接受命运的安排。

5. **实用主义和效率**。美国人崇尚实用，反对空谈理论；主张“实干”，反对“空想”。许多年轻人在父母亲那里听到这样的建议：“享受你所学的，但要主修那些能够帮助你找到工作的课程。”

6. **进步**。尽管美国人很怀旧，但他们大多是乐观主义者，相信现在比过去更好。他们欢呼进步，把“最新的”当作“最好的”。

7. **科学**。美国人期待科学家解决问题，提高人民的生活品质。他们认为他们是理性的、合乎逻辑的人，对科学的关注或许有助于解释美国人（特别是男性）瞧不起将感情和直觉作为知识来源的文化倾向。

8. **民主和自由企业**。美国人相信个人拥有政府不应剥夺的许多权利，认为一个公正的政治制度是建立在政府领导人由成人自由选举以及经济是对个体消费者选择做出反应的基础上的。

9. **自由**。比起集体主义的一致性，美国人更崇尚个体的首创精神。尽管他们接受每个人都有对他人最基本的责任，但是他们相信人们应该有追求其个人目标的自由。

10. **种族主义和集体优越性**。尽管美国人具有很强烈的机会均等和自由的理念，但大多数人仍根据性别、种族、民族和社会阶级来评判个人。总的来说，美国文化对男性的评价高于女性、白人高于有色人种、有西北欧背景的人高于那些其祖先来自世界其他地区的人。虽然美国人喜欢把美国描述成一个平等的国家，但毫无疑问，他们中的有些人比其他人“更加平等”。

价值观：通常彼此和谐有时却相互冲突

在很多方面，文化价值观是一致的。威廉姆斯列举的这十大价值观包含了我们生活方式中价值观丛的很多例子。例如，我们的生活方式强调活动和勤奋工作，这是因为我们期望努力会获得成就和成功，从而获得更大的物质享受。

然而，有时某种核心价值观与其他价值观是相互冲突的。比如，威廉姆斯列举出的第一个价值观和第十个价值观：美国人主张机会均等，但是他们或许仍因为性别或种族的原因而歧视他人。价值观冲突造成了社会的张力，并往往会导致我们产生各种信念间棘手的平衡性问题。有时，我们认为一种价值观比另一种价值观更重要，例如，我们主张机会平等，但同时又反对同性婚姻。在此情形下，我们其实是要学会在矛盾中生活。

价值观：因时而变

像文化的其他元素一样，价值观也会随时代而变迁。美国人过去一直崇尚勤奋工作。但伴随美国人口越来越多元化，越来越多的人怀

◎ 电视节目《美国之声》（*The Voice*）的流行如何体现了这里所列举的美国文化的许多核心价值观？有才干的人在其前进道路中不断克服挑战的观念深深植根于美国文化中。索耶·弗雷德里克斯（Sawyer Fredericks）是一位在纽约州乡下农场长大且在家接受教育的 16 岁歌手兼词曲作者。2015 年，在他成为赢得《美国之声》电视节目竞赛最年轻的选手之后，其职业生涯获得起飞。现在他拥有一份唱片合约，在 YouTube 网站上有许多流行的视频。

疑勤奋工作是否真的应该排第一位。对于所有种族和民族类别中的大多数人来说，一门心思地工作让位于对休闲的日益重视——把时间花在工作以外的诸如阅读、旅行或者社区服务上，这些休闲能够为人们提供乐趣和满足感。尽管强调物质舒适的重要性的趋势日显突出，但越来越多的人正通过反思以及其他精神活动来追求个人成长。

价值观：全球视角

世界各地的价值观因文化不同而异。一般而言，高收入国家的核心价值观与低收入国家的核心价值观有所不同。

由于较低收入国家通常贫困人口较多，这些国家往往更为重视生存。这意味着这些国家的人更关注生理上的安全和经济上的保障。他们关注的问题是有没有足够吃的食物，晚上有没有安全睡觉的地方。此外，低收入国家倾向于尊奉传统，庆祝过去，强调家庭和宗教信仰的重要性。这些国家的权力大多掌握在男性手中，尤为不鼓励或者禁止像离婚和堕胎这类行为。

高收入国家更为崇尚个人主义和自我表现。这些国家十分富有，以致大部分人认为生存是理所当然的。这些国家的人们把注意力集中于考虑他们更喜欢哪种“生活方式”以及如何追求最大的个人幸福。此外，这些国家的民众倾向于世俗理性，不怎么强调家庭的纽带和宗教信仰，而强调人们应为自己着想，对与自己不同的人宽容以待。在高收入国家，妇女具有与男性同等的社会地位，离婚和堕胎这类行为获得广泛的社会支持。图 2-4 有选择地展示了世界上部分国家在文化价值观上的区别。

规范

大多数美国人热衷于四处闲谈“谁受欢迎”“谁不受欢迎”。然而，美国印第安社会成员却通常会谴责这类行为是粗鲁的、制造事端的行为。这两种模式展现了规范的作用。**规范**（norm）是一个社会用以指导其社会成员行为的规则和期待。在日常生活中，人们通过认可、奖励或者惩罚等方式彼此做出反应，从而与文

全球快照

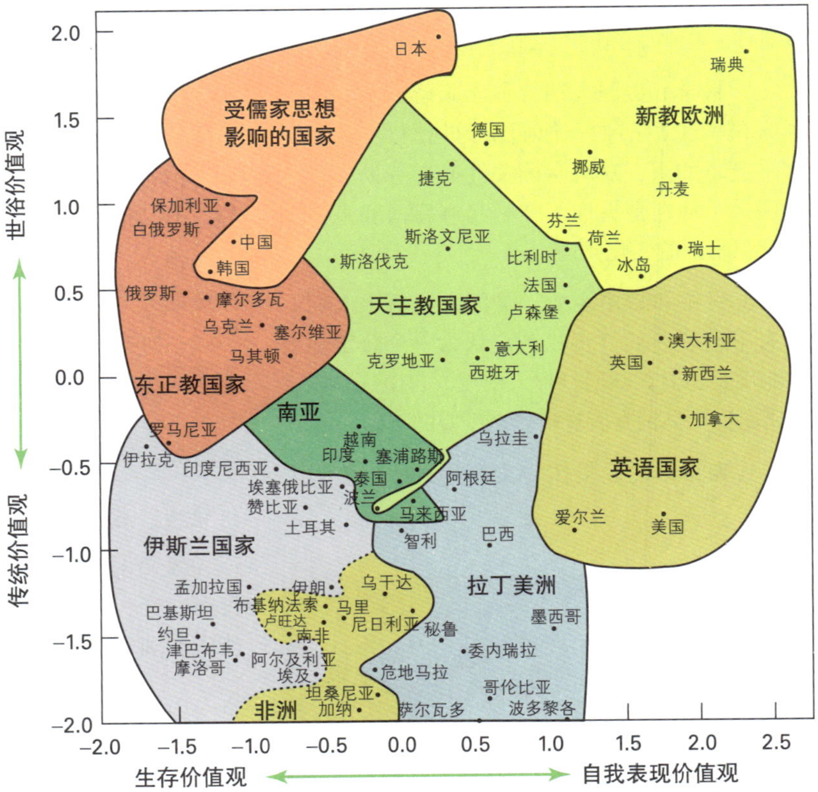

图 2-4 部分国家的文化价值观

© 高收入国家的模式通常倾向于世俗-理性的，并崇尚自我表现。相反，低收入国家的文化倾向于比较传统并关注经济生存的问题。然而，世界上每个地区都有其独特的文化模式和宗教传统，这些模式和传统影响了这些国家的价值观。观察一下上图，你能看出什么模式？相比于英国、瑞典以及其他高收入国家，美国的文化价值观如何？

资料来源：Inglehart & Welzel（2014）.

规范　一个社会用以指导其社会成员行为的规则和期待

- **民德**　广泛被遵守且具有重大道德意义的规范
- **习俗**　常规的或临时的互动规范

化规范保持一致。

民德与民俗

美国早期的社会学家威廉·格雷厄姆·萨姆纳（William Graham Summer）意识到，我们生活中的一些规范比另一些规范更重要。萨姆纳发明了“**民德**”（“mores”，发音为“more-rays”）一词，来指代广泛被人们遵守且具有重大道德意义的规范。某些民德包含了禁忌，比如，我们的社会中坚决主张成人不应与小孩发生性关系。

人们很少重视**习俗或民俗**（folkway），即人们常规的或临时的互动规范。问候得当和着装得体就是这方面的例子。简而言之，民德区分是非，而习俗在礼貌和粗鲁之间划出界线。没打领带去参加正式宴会的人可能会因为违反习俗而让人皱眉头，而如果他只打领带去参加宴会，则会因为违反民德而招致人们强烈的反应。

社会控制

民德和习俗是日常生活中基本的行为规范。尽管我们有时候也会抵制要求遵从的压力，但这些规范使我们与他人的交往变得更加有序和可预期。遵守或破坏社会规范都会从他人那里得到回报或惩罚的反应。社会约束——不论是赞许的微笑还是皱起的眉头——充当一种**社会控制**（social control）的机制，即社会调节人们思想和行为的努力。

我们在学习社会规范的同时，也获得了评价自身行为的能力。我们做错事的时候（比方说，我们从互联网上下载了一篇学期论文）可能会产生羞耻感（他人谴责我们的行为时产生的痛苦感）和内疚感（我们对自身的一种负面评价）。在所有生物中，只有文化的动物才能体验到羞耻感和内疚感。这可能正如作家马克·吐温在评价人类时所认为的那样，人类“是唯一会脸红的动物——人类也需要这种脸红”。

理想文化和现实文化

价值观和规范并没有像它们要求我们应该怎样做那样，描绘出我们的实际行为。我们必须承认理想文化总是不同于现实文化——日常生活中实际发生的事情。例如，大部分女性和男性都一致认为婚姻中的性忠诚很重要，大多数人都宣称没有辜负这一标准。尽管如此，一项研究表明，大约有 17% 的已婚人士在婚姻关系存续的某个期间对他们的配偶曾有过不忠行为。但是文化的道德标准一直都很重要，即便这些标准有时会遭到破坏。这让我们想起一句古老的谚语：“依其言而行事，勿观其行而仿之。”

技术和文化

除了像价值观和规范这类符号性的要素之外，每种文化还包括范围广泛的人类有形创造物——“人工制品”。中国人用筷子而不是用刀叉来吃饭；日本人在地板上铺席子而不是地毯；印度的许多男性和女性喜欢穿宽松飘垂的长袍，而美国人比较热衷于穿紧身的衣服。某些人的物质文化对于外来者来说，就如同其语言、价值观和规范那样让人感到陌生。

一个社会的人工制品部分地反映了其隐含的文化价值观。好战的亚罗马谟族人仔细地制作他们的武器，小心翼翼地在他们的箭头上涂上毒物。相反，美国社会强调个人主义和独立

技术　人们用以改变他们周围生活方式的知识

- **狩猎和采集社会**　使用简单的工具来猎取动物和采摘植物果实
- **园艺社会**　用手工制作的工具去种植作物
  - **畜牧社会**　驯养动物
- **农业社会**　运用畜力或其他更强有力的能源拉动的犁进行大面积的耕作
- **工业社会**　通过高级能源驱动大型机器的商品生产
- **后工业社会**　运用计算机技术进行信息生产

◎美的标准，包括颜色和日常生活环境的设计，在各种文化之间存在很大的差异。这对来自南非的恩德贝勒夫妇着装鲜艳，他们的房子也同他们的衣服一样色彩鲜艳。相反，北美和欧洲社会的人很少使用明亮的颜色和复杂的细节进行装饰，因此他们的房子和着装看上去显得柔和一些。

自主，这也有助于解释为何美国人对机动车辆格外重视：美国有超过2.5亿辆机动车辆——每个有驾照的司机拥有不止一辆机动车。近些年来，油价居高不下，很多汽车都注意节能高效。即便如此，大型皮卡和SUV继续畅销，毋庸置疑，美国文化对坚定的个人主义的强调纵容了这一趋势的发展。

物质文化除了反映价值观外，还反映了一个社会的技术发展水平。**技术**（technology），即人们用以改变他们周围生活方式的知识。一个社会的技术越复杂，其社会成员就越有能力为自己塑造这个世界。

吉哈德·伦斯基（Gerhard Lenski）认为，一个社会的技术发展水平对于决定该社会可能出现什么样的文化思想和人工制品是至关重要的。因此，伦斯基指出了“社会文化进化”——表示社会获取新技术时所发生的历史变迁——的重要性。根据技术发展的四个重要阶段，历史变迁展现为狩猎和采集社会、园艺和畜牧社会、农业社会，以及工业社会。

狩猎和采集社会

最古老、最简单的生活方式存在于**狩猎和采集社会**（hunting and gathering），即使用简单的工具来猎取动物和采摘植物果实。从人类祖先最早出现的300万年前直到1800年左右，地球上大多数人都是狩猎者和采集者。但到今天，这种技术只支持少数社会，包括加拿大西北部的卡斯卡印第安人（Kaska Indians）、中非的俾格米人（Pygmies）、非洲西南部的科伊桑族人（Khoisan）、澳大利亚的土著居民（Aborigine），以及马来西亚的士美族人。狩猎者和采集者通常要花费大部分时间去寻找猎物和可食用的植物。这一社会的规模小，通常几十口人以一种游牧的形似家庭的方式居住。他们在吃光一个地区的植物后就得四处流动，或跟随迁徙的动物而前行。

每个人都帮助寻找食物，即便是年幼的和年长的人也竭尽所能。妇女通常采集果实，为他们提供最主要的食物来源，而男子则承担大部分狩猎工作。由于他们所完成的任务同等重要，不同性别的人有着相同的社会重要性。

狩猎者和采集者没有正式的领袖。他们或许会寻求一名巫师或祭司，这些人拥有一定的社会地位但也不会免除这些人寻找食物的日常工作。简而言之，在狩猎与采集社会，人们的生活方式简单而平等。

在大自然力量面前，技术简单让狩猎者和采集者显得很脆弱。暴风雨和干旱能轻易地破坏他们的食物供给。如果有人遭遇了重大事故或者遭遇疾病，他们一般也无能为力，很多人在孩童时期就夭折了，仅有一半的人能活到20岁。

伴随拥有强大技术的人们日益逼近他们，狩猎和采集社会逐渐消失。幸运的是，有关他们生活方式的研究为我们提供了有关社会文化进化史以及我们与自然界有着根本联系的宝贵信息。

园艺和畜牧社会

大约10 000年前出现了**园艺社会**（horticulture），即用手工制作的工具去种植作物。大约 6000 年前，锄头和挖掘棒（用于在地上打孔以种植一些种子）首先出现在土壤肥沃的中东和东南亚地区。中南美洲也学会培育植物，但岩石土壤和多山地形强迫很多社会成员即便在获得了上述新技术的情况下，也必须继续狩猎和采集。

在特别干旱的地区，社会并不寻求种植庄稼转而寻求**畜牧**（pastoralism），即驯养动物。整个美洲、非洲、中东以及亚洲，很多社会混合了园艺社会和畜牧社会两种类型。

种植植物和饲养动物允许很多社会喂养成百上千的人口。畜牧者保持着游牧的生活，但园艺者形成了定居点。在园艺社会，一定的物质剩余意味着不需要每个人都去获取食物。一些人可以自由地去制作手工艺品，从而成为商人或专职于祭司。相比于狩猎与采集社会，园艺与畜牧社会更加不平等，其中一部分家庭开始演变为统治精英阶层。

由于狩猎者和采集者对大自然几乎没有什么控制力量，他们一般相信有很多神灵居住在世界上。然而，伴随着他们获取种植作物和饲养动物的力量后，他们开始相信有一个作为创造者的上帝的存在。犹太教和基督教都起源于畜牧社会，“牧师”这个词就是很好的证据，信仰这些宗教的人们有着视守护大家的上帝为“牧羊人”的共同理念。

农业社会

大约 5000 年前，技术进步导致了农业的出现。**农业**（agriculture），即运用畜力或其他更强有力的能源拉动的犁进行大面积的耕作。农业技术首先出现在中东，并渐渐扩展到世界其他地方。畜力拉动的犁、轮子、书写、数字以及新金属等发明改变着社会，历史学家称这一时期为“文明的开端”。

犁把土壤翻转过来，这就使得土地可以世世代代耕作，其结果使得农民得以在一个地方永久性地居住下来。由于有能力生产更多的剩余食物并通过动物拉动的马车进行运输，农业社会的人口达到数百万的规模。伴随着农业社会成员在工作中越来越专业化，货币作为交换的通用形式，取代了早先的以物易物的制度。农业技术的发展一方面扩大了人们的选择并导致城市人口的增长，另一方面也使得社会生活更加个人主义，人情味也越来越淡漠。

◎ 生活在技术简单的社会中会是怎样一种情形呢？这就是电视节目《幸存者》（*Survivor*）所揭示的主题。对于其成员来说，技术简单的社会提供给其成员什么样的优势呢？在你看来又有什么缺点呢？

农业社会还带来了社会不平等的巨大增长。大多数人生下来就是农奴或奴隶，只有极少数精英阶层能够脱离劳动，培养出基于哲学、艺术和文学研究的“高雅”生活方式。男性在所有层面都获得了明显超出女性的权力。

全球各地拥有简单技术的人的生活方式高度相似，只是因为气候的地区差异才会导致生活方式的些许不同。但农业技术赋予人们足够的力量去控制世界，从而使文化多样性得到迅速增长。

工业社会

伴随着社会用新型能源取代人力和畜力，工业化过程出现了。在正式意义上，**工业**（industry），即通过高级能源驱动大型机器的商品生产。1775 年左右，蒸汽机在英国诞生，极大地推动了生产力的发展，也极大地改变了文化发展的进程。

在农业社会，人们在其家园附近的地方劳作，但工业社会的大多数人都在陌生人管理下的大型工厂里工作。在这一方面，工业化进程把传统文化价值观抛在一边，而传统的文化价值观指引的、以家庭为中心的农业生活方式长达数世纪。

工业也使得这个世界看起来变得更小。19世纪，铁路和轮船使得人们比以前更快捷地跨洲越海。到了20世纪，伴随汽车、飞机、收音机、电视机和计算机的发明，这一进程还在继续。

工业技术也提高了人们的生活水平，延长了人口寿命。由于工业化的工作要求越来越多的技能，学校教育变得通行起来。此外，工业社会还减少了人们在经济上的不平等，稳步地扩大了人们的政治权利。

显而易见，工业社会比起仅仅依赖简单技术的社会“更为先进”。毕竟，工业社会提高了人们的生活水平，延长人均预期寿命到70岁甚至更长——两倍于亚罗马谟族人的寿命。但随着工业强化了个体主义和扩展了个体自由，它也削弱了人们的传统社区。不仅如此，工业也让人们滥用自然环境，进而威胁到人类生存的共同家园。尽管先进技术赋予我们更多的可节省了劳力的机器以及无数形式的药物治疗，但也导致了病态的压力水平，制造了足以瞬间毁灭人类这一物种所创造的一切的武器。

后工业信息经济

超越伦斯基所讨论的四种类型社会，我们会看到包括美国在内的很多工业化国家现在已经迈入一个后工业时代，这一时代越来越多的经济生产充分利用了新的信息技术。**后工业主义**（postindustrialism），即运用计算机技术进行信息生产。如果说工业社会生产以工厂为中心并以制造有形物为目标，那么后工业社会生产则以设计、编程、存储和应用思想和信息的计算机和其他电子设备为中心。

信息经济的出现改变了定义生活方式的技能。机械操作技能不再是成功的唯一标志。人们发现他们必须学会运用符号去说、写、计算、创造影像和声音的工作能力。这一变化的结果之一是，人们运用计算机工作并生产出新的词语、新的音乐和新的影像，我们的社会现已具备了前所未有的创造符号文化的能力。

文化多样性：一个世界里的多种生活方式

当我们在纽约街头吃着热狗或站在洛杉矶校园里听到几种不同的口音时，我们就能够了解到美国文化的多样性。历史上的封闭，使得日本成为所有高收入国家中文化最为单一的国家。比起日本，经历了几个世纪的大量移民，美国已成为所有高收入国家中文化最具多样性的国家。

从1820年（此时美国政府开始跟踪移民）到2014年，大约有8200多万人移民到美国。伴随着每年大约130万人的移民，美国文化的多样性在不断提高。一个世纪以前，几乎所有移民都来自欧洲；现在，几乎80%的新来移民则来自拉丁美洲和亚洲。

为了解美国人的真实生活，我们必须跳出去，从更宽广的文化模式和人们共享的价值观去理解美国文化的多样性。尽管美国（文化）已经是多样性的了，但还有一些国家的文化多样性更大。

高雅文化和流行文化

文化的多样性不仅涉及移民而且涉及社会阶级。在日常谈话中，我们通常使用“文化”这个词指代诸如古典文学、音乐、舞蹈、绘画等艺术形式。我们将定期地去歌剧院或电影院的人称为“有文化的”，因为我们认为他们在欣赏“生活中更加美好的事物”。

我们给予普通民众以较低的评价，假定他们的日常文化没有多少价值。我们总是倾向于认为海顿的音乐比嘻哈文化“更富有文化”，燕粗麦粉要比玉米面包精良，马球运动比乒乓球要优雅得多。

这些差异源自许多文化模式对于某些社会成员更易获得。社会学家们用**“高雅文化”**（high culture）这个词指代区分出一个社会精英阶层的文化模式，用**“流行文化”**（popular culture）这个词指代在社会大众中广泛传播的文化模式。

高雅文化 区分出一个社会精英阶层的文化模式

流行文化 在社会大众中广泛传播的文化模式

常识或许认为高雅文化比流行文化优越，但是社会学家们并不认同这样的判断，原因有两个：第一，社会精英和普通民众并不享有相同的品味和兴趣，这两种类型的人在许多方面都存在差异；第二，我们是因为高雅文化内在地比流行文化好些，还是仅仅因为高雅文化的支持者拥有更多的金钱、权力和地位，从而高度赞扬高雅文化的呢？例如，小提琴（violin）和小提琴（fiddle）之间并没有什么不同。然而，当这个乐器在为具有更高社会地位的人演奏古典音乐时就是“violin”，而在为较低社会地位的民众演奏他们所喜欢的乡村音乐时就成了“fiddle”。

我们应当记住，国家的文化是由所有人的生活模式组成的。而且，美国民族的文化也一直在创造之中——不仅仅来自那些其名字我们比较熟悉的人的贡献，还包括生活在这个国家最贫穷社区的人们的贡献。下面的“多样化思考”专栏提供了一个很好的案例。

亚文化

亚文化（subculture）这个词是指，将一个社会的人口分为几个部分的文化模式。开着改装过的摩托车的车手、以瑜伽为中心建立自己生活的人、俄亥俄州的足球迷、南加利福尼亚的“海滨团体”、艾尔维斯（即“猫王”）的模仿者以及荒野露营者都展示了亚文化模式的特征。

将人们划分到某个亚文化类别中很容易，但往往并不准确，因为几乎每个人都参与到多种亚文化中，而不必对其中任何一种亚文化投入太多的精力。

然而在某种情况下，文化差异使人们相分离，以至于产生悲剧性的结果。想一想东南欧的前南斯拉夫国家吧，其在 20 世纪 90 年代的内战硝烟就是由极端的文化多样性引燃的。这样一个人口相当于洛杉矶大都市地区的小国，使用两套字母表，拥有三个宗教教派，说四种语言，是五个主要民族的家园，被分为六个独立的共和国，并接受了周围七个国家的文化影响。使这个国家陷入内战深渊的文化冲突表明，亚文化不仅是一个令人喜欢的多样性文化的来源，而且也是导致社会紧张甚至是暴力行为的根源。

许多人将美国称为“熔炉”，在这里许多民族融为一个单一的“美国”文化。但考虑到如此多样性的文化，“熔炉”形象究竟有多么准确呢？一方面，亚文化不仅涉及差异还包括等级问题。我们经常将拥有权力的人所推崇的模式称作“主导的”或“主流的”文化，而把处于劣势地位的人们的生活方式称为“亚文化”。难道科罗拉多州阿斯彭富裕的滑冰者的文化模式与洛杉矶滑板者的文化模式相比，就是更高层次的亚文化吗？因此，一些社会学家宁愿强调文化多元主义来平等看待社会中的娱乐领域。

文化多元主义

文化多元主义（multiculturalism）是一种承认美国文化的多样性并促进所有文化传统平等性的观点。文化多元主义明显转变了过去的观念，过去，美国社会低估了文化的多样性，并

◎真人秀节目是以流行文化而不以高雅文化为基础的。美国当红真人秀《甜心波波来啦》（*Here Comes Honey Boo Boo*）记录了乔治亚州七岁小女孩阿兰娜·汤普森（Alana Thompson）和她父母亲在乡下的日常生活。尽管一些批评者认为这档节目“低俗”，而另一些人则称节目是对低收入家庭的“真实”写照。

主要根据欧洲移民特别是英语移民的标准来定义其自身。今天，美国在是应该继续关注历史传统还是强调当代文化多样性之间出现了激烈争论。

呈现在每枚美国硬币上的拉丁文“E pluribus unum”的意思是“许多中脱颖而出的一个”。这一格言不仅象征着美国国家政治上的联合，同时也包含着一个理念，即来自世界各地的各种移民经历共同创造了美国新的生活方式。

但一开始，许多文化并没有融合到一起，而是形成了一个等级。等级顶端的是英国人，在美国历史的早期已构成美国人口的大多数，并使英语成为在这个国家占主导地位的语言。接下来，来自其他文化背景的人被建议在“他们的长辈”之下塑造自己的生活方式。其结果是，“融合”实际上是一个英国化的过程，即采取英国人的生活方式。正如文化多元主义者所认为的那样，在美国的早期历史中，美国社会就把英国人的生活方式构建为理想的生活方式，每个人应该效仿这种生活方式，并以这种生活方式作为评判的标准。简而言之，文化多元主义者指出，文化的运行支撑了社会的不平等。

从那时开始，美国历史学家一直从英国人及其他具有欧洲血统的人的角度来记录重大历史事件，很少去关注土著美洲人、非洲或亚洲后裔的视角和成就。文化多元主义者把这种现象批评为**欧洲中心主义**（Eurocentrism），即欧洲（特别是英国）的文化模式占统治地位。文化多元主义的支持者莫莱菲·凯特·阿桑特（Molefi Kete Asante）认为：“就像15世纪的欧洲人禁不住相信地球是宇宙的中心一样，今天，许多人发现不认为欧洲是世界的中心是很困难的。”

一个具有争议的问题涉及语言。一些人认为英语应该成为美国的官方语言。到2015年，美国已经有31个州的立法机关颁布法律将英语指定为官方语言。但是大约6200万人——占人口总数的20%，在家说的是英语之外的语言。西班牙语是使用最为普遍的第二语言，同时在这个国家中还能听到几百种其他语言，包括意大利语、德语、法语、菲律宾语、日语、韩语、越南语以及许多美洲土著语言。

文化多元主义 一种承认美国文化的多样性并促进所有文化传统平等性的观点

欧洲中心主义 欧洲（特别是英国）的文化模式占统治地位

非洲中心主义 对非洲文化模式的强调和提升

文化多元主义的支持者认为，这正是与美国日益增加的社会多样性保持一致的方式。随着美国亚裔和西班牙裔人口的迅速增加，美国人口普查局预测到2043年，非洲、亚洲、西班牙血统的人口将成为美国的主要人口。

不仅如此，支持者还声称，文化多元主义是增强非裔美国孩子学业成绩一个很好的途径。为了反对欧洲中心主义，一些主张多元文化的教育家呼吁**非洲中心主义**（Afrocentrism），即对非洲文化模式的强调和提升。在经历数世纪对非洲社会及非裔美国人文化成就的轻视和忽略之后，他们认为这是十分必要的。

虽然最近几年文化多元主义不乏支持者，但也遭到了同样多的批评。反对者认为文化多元主义鼓励分裂而不是统一，因为它促使人们认同自己群体的生活方式，而不是将国家视为一个整体。此外，批评者们认为，文化多元主义事实上伤害了少数族裔自身。文化多元主义政策（从非裔美国人研究到全非裔人宿舍）似乎一样是在支持美国一直以来努力克服的种族隔离。而且在低年级阶段，非洲中心主义的课程强迫学生只学习来自单一观点的某些主题，这可能会导致儿童不能接受更广泛的重要知识和技能。

最后，全球反恐战争已吸引了人们对多元文化主义的注意。放眼全球，我们面临着既要尊重文化之间的差异，同时又要捍卫人类生活和言论自由的核心价值观。例如，无论是在西方还是在世界的其他地区，都有人认为，美国和其他富裕国家将它们的生活方式强加给别人。在一个文化差异和冲突的世界中，对于宽容以及和平相处，我们还有很多东西要学习。

多样化思考：种族、阶层和性别

诞生在旧城区的大众文化：现场音乐制作（打碟）和嘻哈音乐

亚伦·杰拉尔德·奥布莱恩特［Aaron Jerald（AJ）O' Bryant］可能怎么也没想到他会改变美国文化。20世纪60年代，他出生在一个难以成功的社会中。他家位于收入很低的曼哈顿下东城的非裔美国人社区。13岁时，他成了孤儿，被迫搬到南布朗克斯与祖母生活在一起，这里距离远近闻名的当地帮派成员聚集点比较近。20世纪70年代，南布朗克斯社会问题丛生。由于工厂倒闭，该地区失去了成千上万的高薪制造业工作，失业和贫困攀升。毒品泛滥、暴力和犯罪成为家常便饭。亚伦·杰拉尔德十几岁的时候，认为暴力就是表达个人挫折感的方式。他在街上或学校寻衅滋事，以至于因为把一名学生扔出窗外而被学校开除。他的祖母让他在当地一所专为"危险的"年轻人开设的学校就读，但他发现教室里几乎没有什么让他喜欢的。几年之内，他就辍学了。

像其他地方的年轻人一样，亚伦·杰拉尔德也想获得他人的尊重。他对音乐情有独钟。20世纪70年代伴随"唱片骑师"（DJ）的出现，亚伦·杰拉尔德被阿弗里卡·班巴塔（Afrika Bambaataa）、大师弗劳尔斯（Grandmaster Flowers）以及唱片骑师彼得·琼斯（Peter Jones）等迷住了。也许最重要的是，他崇拜一个名叫库尔·赫克（Kool Herc）的唱片骑师。亚伦·杰拉尔德回忆起他第一次见到库尔·赫克时的情形："布朗克斯的人正在议论纷纷，'有一个家伙叫赫克，这家伙是个疯子。'当时他就在塞奇威克大街上的公园里。接下来我就坐在公园里看到这个家伙吸引了一大群人围观。"亚伦·杰拉尔德迷上了这一音乐场景，并打算成为场景的一部分。

然而，亚伦·杰拉尔德对音乐制作压根不了解，但他与其他音乐制作人常常混在一起。他们渐渐熟悉了如何操作转台和播放唱片，明白播放什么唱片，也明白人们喜欢听唱片的哪一部分。于是他们制定了一套完整的将足以界定打碟业界未来的规则与惯例。

1977年夏天，亚伦·杰拉尔德在当地公园进行了第一次公开演出。来自纽约各地的人们纷纷赶来观看这场演出，其中包括一位名叫"七星滑雪"（Lovebug Star Ski）的著名音乐制作人；也有来自亚伦·杰拉尔德所在社区的居民过来捧场。亚伦·杰拉尔德开始以音乐制作人的形象示众，他的名声也渐渐远扬了。亚伦·杰拉尔德不再对毒品交易感兴趣，他成了当地的英雄。亚伦·杰拉尔德解释道："那些在公园附近开店的家伙愿意为我提供啤酒以及任何我想要的制作音乐的东西，因为音乐吸引了很多人，为他们赚了大钱。"

伴随他参加的一些"战斗"，音乐制作人之间的竞争（不同于帮派团伙文化中为赢得尊重而进行的竞争），亚伦·杰拉尔德的声誉渐增。在一次比赛中，音乐制作人之间来回切换，打碟一个小时，谁能够让人群越疯狂，谁就能胜出。

亚伦·杰拉尔德的突破来自挑战一位名叫弗拉什（Flash）的音乐制作人，弗拉什是南布朗克斯打碟的明星人物，而且挑战是在弗拉什的地盘上进行的。一开始，亚伦·杰拉尔德考虑到永远不要动摇弗拉什在自己的地盘的地位而拒绝参加。但他的导师"七星滑雪"坚持让他参加，亚伦·杰拉尔德最终同意了。

比赛的那天晚上，500多人涌进弗拉什邻近的迪克西俱乐部（Dixie Club）。即便在比赛开始之前，全场都是为弗拉什欢呼的喧闹。亚伦·杰拉尔德开始他演出的时候，弗拉什拉上了一套全新的昂贵的设备，这无疑让亚伦·杰拉尔德更心虚了。他以三个曲子开始——节奏对于大多数听众来说既时髦又新鲜。当他从一个唱片转移到下一个唱片时，听众同他一起沉醉其中。当"七星滑雪"跳上音乐舞台应和他的旋律时，亚伦·杰拉尔德让全场疯狂。

弗拉什接着进行了他的演出，他做了他一贯的很棒的表演。人群为他们当地的音乐制作人欢呼，但每个人都明白这两个男人都上演了令人印象深刻的表演。在更宽广的南布朗克斯音乐制作舞台上，亚伦·杰拉尔德完成了一个创举，这一创举毫无疑问让他获得了远离身边危险的毒品和帮派社会世界的机会。

尽管亚伦·杰拉尔德以及许多像他那样的年轻

人没有成为纽约报纸的新闻头条，但是他们创造了一种新的音乐表演风格——打碟，至今仍在全美校园依然流行。从那场运动中诞生的音乐风格——嘻哈或说唱音乐，已经成为这个国家年轻人最流行的音乐类型。

你怎么想

1. 打碟是大众文化的一部分还是高雅文化的一部分？为什么？

2. 在新的文化模式创立者方面，这个故事告诉了我们什么？

3. 你能想出诞生在低收入人群中其他方面的文化模式吗？

资料来源：Ewoodzie, Joseph. *Break Beats in the Bronx*：*Rediscovering Hip Hop's Early Years*. Chapel Hill, NC：UNC Press, forthcoming.

反文化

文化多样性也包括对传统观念或行为的公然反对。**反文化**（counterculture），指的是强烈反对被社会广为接受的文化模式。

例如，在 20 世纪 60 年代期间，以年轻人为主体的反文化抵制主流文化，认为主流文化过于强调竞争、以自我为中心和物质主义。相反，嬉皮士以及其他反文化主义者推崇集体主义和合作的生活方式，这种生活方式认为“存在”应优先于“做事”，自我成长的能力或“扩张的自我意识”比拥有豪华的房子和汽车这类物质财富更应受到珍视。这类差异使一些人“放弃”了大社会。

反文化方兴未艾。在极端情况下，存在于美国的军事小团伙（由出生在美国的人组成）或宗教激进团伙（来自其他国家），其中一些团伙从事旨在威胁我们生活方式的暴力活动。

文化变迁

也许这个世界最基本的人类真理就是“所有的事物都会成为过去”。即便是恐龙，曾经在这个星球上繁衍生息了 1.6 亿年，到如今遗留下来的也只是化石。人类能否再存活数百万年呢？我们能够确定的是，只要我们依赖于文化，人类记录将会持续不断地变迁。

图 2-5 显示了 1969 年（20 世纪 60 年代正值反文化的高峰期）到 2014 年间大学一年级学生的态度变化。有些态度的变化很缓慢：像前代人一样，今天大部分的学生还是希望成立一

学生快照

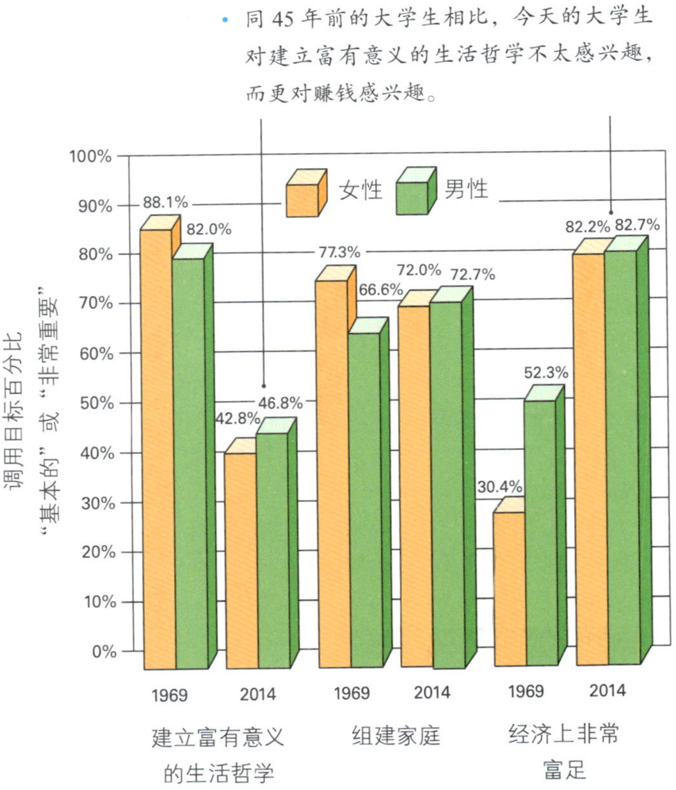

图 2–5 大学一年级学生的生活目标，1969—2014 年

◎研究者对 1969 年以来的大学一年级学生进行了调查研究。尽管他们对诸如家庭重要性这类事情的态度几乎没有发生改变，但对于其他生活目标的态度却发生了很大的改变。

资料来源：Astin et al.（2002）and Eagan et al.（2014）.

个家庭。但是现在的学生再也没有兴趣像 20 世纪 60 年代大学生那样关注生活哲学，而对赚钱更感兴趣。

文化系统某方面的改变通常会引起其他部分的改变。例如，现在的女大学生对赚钱更加感兴趣，因为这些女生比她们的母亲或祖母更有可能成为劳动力大军的一员。为收入而工作不会改变她们组建家庭的兴趣，但却提高了首次结婚的年龄和离婚率。这种联系证明了**文化整合**（cultural integration）的原则，即一个文化系统中各组成要素之间具有密切的联系。

文化堕距

文化体系中有些文化元素比其他元素变迁得要快。威廉·奥格本（William Ogburn）研究发现，技术进步通常都很快，物质文化（比如用品）新要素的出现要快于非物质文化（比如观念）所能赶上的速度。奥格本把这种不一致性称作**文化堕距**（culture lag），即由于某些文化要素的变迁快于其他要素，从而扰乱了一个文化体系的事实。例如，在一个妇女能够借用另一个妇女的卵子生育小孩的世界中，这个卵子与取自完全陌生人的精子在实验室里完成受精，在这种情况下，我们如何运用传统观念来确定父母亲的身份呢？

文化变迁的原因

文化变迁以三种途径进行。

第一，发明，即创造新的文化要素的过程。发明为我们带来了电话（1876 年）、飞机（1903 年）、计算机（20 世纪 40 年代后期）等，物质文化的每样东西都给我们的生活方式带来了巨大的冲击。这样的例子还包括最低工资法（1938 年）、学校种族隔离制度（1954 年）、妇女庇护所（1975 年）等非物质文化的重要元素。发明的过程在持续进行，正如每年有成千上万向美国专利局提出申请的发明所显示的那样。

第二，发现，它包括认识和更好地理解业已存在的事物——可能是一颗遥远的恒星或另一种文化的食物或女性的运动能力。许多发现来源于艰辛的科学研究，而有些发现只是依靠意外的运气。例如在 1898 年，当玛丽·居里（Marie Curie）将一块岩石无意地放在一张摄影用的纸上时，发现这块岩石的放射物曝光在纸上，居里夫人因此发现了镭。

第三，文化传播，即文化特质从一个社会传播到另一个社会。由于新的信息技术允许在几秒钟内向全球传递信息，因此文化传播的影响从来没有像今天这样来得深远。

当然，我们自己的生活方式为世界贡献了许多重要的文化要素，从计算机到爵士音乐。当然，文化传播也以另一种方式发挥作用，我们所穿的大部分衣服、用的家具以及我们所戴的手表、所花的钱，来自多种文化。

讨论“美国文化”一定是恰当的，特别是在我们把美国的生活方式与其他社会的文化相比较时。但这类关于文化变迁的讨论向我们表明文化总是复杂的、变迁的。在以下的“多样化思考”专栏中，在简要回顾摇滚乐历史的基础上，为我们提供了文化多样且具动态特征的极好案例。

种族中心主义和文化相对主义

12 月 10 日，摩洛哥的一个乡村里。我们看到许多同行旅行者正在参观一家小陶瓷工厂，因此毫不怀疑北美人是世界上最大的消费者。我们很高兴发现有中国或印度手工编制的地毯、土耳其精雕细凿的金属制品，在摩洛哥这里也能收集到十分漂亮的彩色精美瓷砖。所有这些物件都是非常廉价的，但它们之所以廉价，重要原因之一是令人吃惊的：许多来自中低收入国家的产品都是由儿童生产的——有些甚至只有五六岁——他们为每小时几美分长年累月地工作。

在美国，我们认为青少年阶段是天真无邪、无忧无虑的时期，不必承担成年人例行工作的负担。然而在全球各地的经济滞后的国家中，很多家庭却依靠儿童赚取的收入来补贴家用。因此，一个社会的人们认为是正确和自然的事物，在别的社会可能会让人感到困惑甚至感到不道德。也许正如中国哲学家孔夫子所说的：“性相近，习相远。”

◎在世界上的低收入国家中，大多数孩子不得不从事劳动以贴补家用。这个背着柴火的年幼小孩来自老挝，每天都得工作几个小时。基于我们认为孩子的童年本应属于学校，生活在高收入国家的人由此谴责这种雇用童工的现象是一种民族优越感（种族中心主义）吗？

每一个人能够想象得到的想法和行为在世界其他地方几乎都是平常的，这种文化上的变化会使旅行者既激动又不安：澳大利亚人向下按开关打开灯，北美人则向上按才打开灯；英国人靠道路的左侧行驶，北美人则靠道路的右侧行驶；日本人给城市街区命名，北美人则给街道命名；埃及人与人交谈时喜欢靠得很近，北美人则习惯保持几英尺距离的“个人空间”；在摩洛哥许多偏远的地区厕所里没有卫生纸，这使北美人感到十分不便，一想到有些摩洛哥人用左手来清洁洗手间卫生，就足以让北美人退却了。

考虑到某种特殊的文化正是每个人现实生活的基础，各个地方的人们都会表现出种族中心主义也就毫不奇怪了。**种族中心主义**

种族中心主义，用自己的文化标准评判另一种文化的做法

文化相对主义，以文化自身的标准来评价一种文化的做法

（ethnocentrism），即用自己的文化标准评判另一种文化的做法。一定程度的种族优越感对于人们在感情上与他们的生活方式保持联系是有必要的。但种族中心主义也会产生误解，有时甚至会引发冲突。

每一个文化系统的成员都倾向于更喜欢自己所熟悉的，对于异于自己的东西保持警惕之心（非我族类，其心必异）。古罗马人把这种差异观念发挥到了极致，“非我族类”不是“陌生人”就是“敌人”。甚至语言也具有文化上的偏见。几个世纪以前，欧洲和北美的人把中国称作“远东”。但对于这个当时中国人所不知道的词，实际上是一种具有种族中心主义倾向的表达，以自我为中心，把远离自我的东方地区称为“远东”。

种族中心主义逻辑上的替代是**文化相对主义**（cultural relativism），即以文化自身的标准来评价一种文化的做法。文化相对主义对旅行者来说是很难被接受的：它不仅要求人们对陌生的价值观和规范保持开放的心态，还需要具备将自己所熟悉的文化标准放到一边的能力。即便如此，随着世界上人们之间的联系越来越多，对其他文化的了解变得越来越重要。

正如本章开头所讲述的，美国的商业机构正在研究具有多元文化人口的市场价值观。同样，商业人士正逐渐意识到在全球化经济中，成功要依赖于对世界各地文化模式的了解。例如，IBM 公司现通过建立 35 种语言的网站为他们的产品提供技术支持。

这一趋势是对过去的改变，过去许多公司采取了一些对文化多样性缺少敏感性的市场战略。“Coors”的广告语的意思是“让它放松”，但它却使说西班牙语的消费者感到大吃一惊，因为这一广告语在西班牙语里可以理解为这啤酒会引起腹泻。如果布拉尼夫航空公司将它的宣传口号“在羽毛里飞”不小心翻译为西班牙语，那就变成了“裸飞”的意思。同样地，美

多样化思考：种族、阶层和性别

早期摇滚乐：种族、阶层和文化变迁

20 世纪 50 年代，摇滚乐作为美国流行文化的一个主要部分开始出现。稍早以前，主流的“波普”（pop）音乐绝大部分对象为白人成人。歌曲由专业的作曲家谱写，由经营多年的唱片公司录音，由包括佩里·科莫（Perry Como）、埃迪·费舍尔（Eddie Fisher）、多丽丝·戴（Doris Day）以及佩蒂·佩姬（Patti Page）等在内的著名艺术家表演，而且每位大名鼎鼎的表演者都是白人。

20 世纪 50 年代是美国种族隔离严重的时代。种族隔离意味着白人文化和黑人文化是不同的。在非裔美国人亚文化世界里，音乐有着不同的声音和节奏，其音乐风格有爵士舞、福音唱法、节奏布鲁斯等。所有这些音乐风格都由非裔美国人作曲者和表演者在黑人所有的唱片公司协同制作，并通过电台向几乎是清一色的黑人听众广播。

20 世纪 50 年代，阶层也将音乐划分为几个不同的世界，甚至在白人中间也是如此。乡村音乐和西部音乐代表着一种在贫困白人特别是生活在美国南部人群中流行的音乐风格，是另一种音乐亚文化。与节奏布鲁斯歌曲一样，乡村音乐和西部音乐有自己的作曲者和表演者、唱片公司和电台。

没有“交叉”音乐，这也意味着几乎没有哪位表演者或哪首歌曲会受到另一世界的欢迎。这种音乐隔离一直到 1955 年伴随摇滚音乐的诞生才开始被打破。摇滚是一种将许多业已存在的音乐元素的新混合，吸取了主流流行音乐元素，也包含了乡村音乐和西部音乐元素，特别是节奏布鲁斯的音乐元素。

新摇滚音乐综合了音乐的很多传统元素，但又以一种新的方式，即年龄的方式将社会割裂开来。摇滚音乐是第一种明显与年轻人文化相联系的音乐，摇滚在青少年中风行一时，而他们的父母亲却一点儿也不欣赏和理解。摇滚音乐表演者对“成人”文化持反叛立场。摇滚歌手看起来像曾被父母称为“少年犯”或宣称要变得“酷”（一个大多数父母甚至不理解的概念）的年轻人。

年轻人的偶像是留着络腮胡、立起衣领、穿着黑皮夹克的表演者。到 1956 年，一位来自密西西比州图珀洛（Tupelo）的名叫艾尔维斯·普雷斯利（Elvis Aron Presley，即猫王）的南部白人贫穷男孩成为无可置疑的摇滚新星。受乡村传统影响，普雷斯利熟悉乡村和西部音乐。在他举家移居田纳西州的孟菲斯后，他学习了几乎所有的黑人福音音乐和布鲁斯摇摆乐。

◎ 艾尔维斯·普里斯利（中）把节奏音乐和布鲁斯歌手［如胖妈妈桑顿（左）］、乡村和西部音乐明星［如卡尔·帕金斯（右）］的音乐元素综合在一起。摇滚音乐的发展例证了美国文化千变万化的特征。

普雷斯利成为第一位摇滚乐的超级明星，这不仅因为他天资聪颖，还因为他获得了巨大的市场交叉力量。在他早期的精选辑中，普雷斯利打破了美国音乐中许多种族和阶层隔离之墙。

到 20 世纪 50 年代末，流行音乐也在许多新的方向上得以蓬勃发展，创造了包含轻柔摇滚、山区乡村摇滚以及黑人或白人杜沃普（Doo-wop）摇滚乐团。20 世纪 60 年代，摇滚乐变得更流行，包括民间音乐、冲浪音乐和英国披头士（the Beatles）领衔的“英伦入侵”。

披头士乐队一开始非常接近于摇滚乐清晰、流行的一面，但不久他们与另一支以“反叛的”服饰和街头战士外形而自豪的滚石乐队（the Rolling Stones）分享了公众的注意力。到那时，音乐发展成了一个巨大的商业，披头士和滚石乐队的重摇滚融合进了民间“软摇滚”。此外，主流摇滚乐伴随着“摩城之音”［Motown，发源于节奏布鲁斯，因“汽车城”底特律而命名］和“灵魂”（soul）音乐等一系列乐队的诞生，而造就了许多美国黑人明星。

在美国西海岸，旧金山发展出一种不同的、政治色彩较为浓厚的摇滚乐。爵士对摇滚世界的影响也在回归，创造了“爵士摇滚”。

对摇滚乐在最初几十年内的简单回顾，展示了种族和阶层在影响亚文化模式当中的力量。同时它也展示了文化的生产已成为一个巨大的商业。但最重要的是，它向我们展示了文化不是一个静止不变的死板系统，而是一个不断变迁、适应并随时代发展而重塑自我的动态过程。

你怎么想

1. 我们的生活方式影响了摇滚乐。你认为摇滚乐的出现在哪些方面改变了美国文化？

2. 在音乐发展的整个历史过程中，大多数演唱者都是男性。这告诉我们美国提倡一种什么样的生活方式？今天，流行音乐乐坛依然由男性统治吗？

3. 你能继续把美国音乐变迁的故事延续到今天吗（考虑一下迪斯科、重金属摇滚乐、朋客摇滚乐、说唱音乐以及嘻哈文化）？

资料来源：Based on Stuessy & Lipscomb（2008）.

国东方航空公司的宣传口号“我们每天赢得我们的翅膀”变成“我们每天向天堂飞去”。甚至家禽巨人弗兰克·普度（Frank Purdue）也成了糟糕的市场企划的受害者，他的宣传语“硬汉才能做出嫩鸡”翻译成西班牙语就是“一个性感激情的男人将使小鸡变得可爱”。

但是文化相对主义其自身也存在许多问题。假设几乎任何一种行为在世界的某个地方都是一种规范，那么是否意味着每件事物都同样地正确呢？印度和摩洛哥家庭让他们的小孩每天工作数小时并从中获利，难道存在一些这样的事实，就可以证明雇用童工是正当的吗？既然我们都是同一个物种的成员，那么肯定存在一些适当行为的普遍标准。但是这些标准是什么呢？为了建立这样的标准，我们如何避免将我们自身的标准强加给他人呢？对于这些问题，没有简单的答案。但是当我们面对一个陌生文化实践时，在弄清楚“他们”对这个问题的看法之前，最好避免做出自己的判断。同时请记住，用其他人可能看你的生活方式那样来思考你自己的生活方式。毕竟，我们所获得的东西大部分来自学习他人，学习他人是对我们自身更好的洞察。

是全球文化吗

如今，我们能比过去更频繁地看到许多相同的文化在世界各地活跃。走在韩国的首尔、马来西亚的吉隆坡、印度的金奈、埃及的开罗以及摩洛哥的卡萨布兰卡的街道上，我们可以看到人们穿着牛仔裤，听到熟悉的音乐，看到许多我们国家的人也在使用的同类产品的广告。我们是否在见证一个单一的全球文化的诞生呢？

由于商品、信息和人员的流动，全球各个国家和地区比以往任何时候都联系得更加密切。

1. **全球经济：商品流动**。国际贸易从来没有这么庞大。全球经济已经使许多相同的消费品——从汽车、电视节目到音乐和流行时尚——在全球范围内蔓延开来。

2. **全球通信：信息流动**。互联网和以卫星为基础的通信使人们能够在事件发生的同时，体验发生在数千英里[①]之外的事件的情景和声音。手机通信为世界各地的人们提供了即时联系，正如新技术使得一种语言书写的短信可以通过另一种语言送达。尽管不到三分之一的用户以英语作为第一语言，但世界大多数网页都以英文形式呈现。这一事实有助于解释图 2–3 所展现的原因，即英语正迅速成为世界大多数地区首选的第二语言。

3. **全球移民：人口流动**。对世界其他地区的了解刺激了人们迁居到他们想象生活会变得更好的地方。

此外，现代交通技术，特别是飞机旅行使得迁移变得比以往任何时候更加便捷。结果是在大部分国家中，出现了为数庞大的移民。美国大约有占人口总数 13% 的 4000 多万移民。

这些全球间的联系使得全球的文化变得越来越相似。即便如此，全球文化这个命题依然存在三个重要的局限性。首先，商品、信息和人口的流动在世界各地是不均衡的。一般而言，城市地区（商业、通信和人口的中心）有着强劲的相互联系的纽带，而许多偏远乡村地区仍然相互隔离。此外，北美和西欧日益强大的经济和军事力量意味着这些地区对世界其他地区

① 1 英里约等于 1.609 千米。——译者注

的影响远超过其他地区对该地区的影响。

其次，全球文化命题假定任何地方的人们都能够买得起各种各样的新商品和新服务。如第 9 章中所解释的那样，世界很多地区极度的贫困甚至剥夺了人们拥有安全可靠生活所需的生活必需品的权利。

最后，尽管目前在世界各地都能看到许多文化实践，但各个地方的人们对同一事物并没有赋予相同的含义。看了有关哈利·波特的书，日本儿童与他们在纽约或伦敦的同伴会获得同样的体验吗？同样地，我们喜欢来自世界各地的食物，但是却对生产这些食物的人的生活一点都不了解。简而言之，每个地方的人们仍然透过他们自身的文化镜头来看待这个世界。

◎放眼全球，家庭是社会生活方式的一部分。从结构–功能角度来看，我们或许会问，这种普遍性特质是否反映了这样一个事实，即家庭执行了其他方式不易完成的重要任务，家庭执行的是什么任务呢？

文化的理论分析

社会学家肩负着特殊的使命，即理解文化是如何有助于我们认知自身以及周围世界的。这里我们将分析几种理解文化的宏观理论视角。从微观层次探讨文化的个人体验，即强调个体在其日常生活中如何不仅遵守文化模式而且创造新的模式，这是第 6 章的重点（见“日常生活中的社会学”专栏）。

结构–功能分析：文化的功能

结构–功能分析视角把文化解释为满足人们需要的复杂策略。借用唯心主义的哲学原理，这一视角认为价值观是文化的核心。换句话说，文化价值观指引我们的生活，赋予我们的行为以意义，并将人们整合起来。无数的履行着各种各样功能的文化特质维持着社会的运转。

功能主义的思维方式有助于我们理解一种不熟悉的生活方式。想想阿米什的农民用一队马匹在俄亥俄州农场耕种上千英亩的土地。他们的耕作方法或许违背了讲究效率的美国文化价值观，但从阿米什人的角度来看，艰辛的工作对于建立具有高度宗教性的生活方式所需的磨炼来说是在履行着特定的功能。大家在一起长时间地工作，不仅使阿米什人产生自我满足感，还加强了家庭的联系，团结了当地的社区。

当然，阿米什人的做法也存在着功能紊乱。艰辛的工作和严格的宗教戒律对一些最终要离开该社区的人来说要求过于严厉了。另外，太强烈的宗教信念有时会妨碍妥协和折中的实现；宗教实践中轻微的差异已经使得阿米什人分裂为几个不同的社区。

如果文化是满足人们需要的策略，那我们或许期望能在世界上找到许多共同的模式。**文化普遍性**（cultural universal），指的是每种已知文化的共同特质。通过比较几百种文化，乔治·默多克（Gorge Murdock）确认出许多文化的普遍性要素。其中一个共同的要素是家庭，每个地方的家庭在控制生殖和监督小孩抚养方面都起着重要的作用。在各个地方也都有丧葬仪式，因为所有人类社区都要处理死亡这个现实问题。作为一种缓解社会压力的安全方法，开玩笑也是文化的普遍性特征之一。

评论

结构–功能分析视角的力量在于，它向我们展示了文化是如何运作以满足人类需要的。然而，由于过于强调一个社会占主导地位的文化模式，这一视角在很大程度上忽略了存在于包括我们自己在内的很多社会的文化多样性。而且，由于这一视角过于强调文化的稳定性，它低估了文化变迁的重要性。简而言之，文化体系不像结构–功能主义者让我们相信的那样稳定。

社会冲突分析：不平等和文化

社会冲突分析视角强调了文化和不平等之间的联系。从这个角度来看，任何文化的特质要想让某些社会成员受益，就要使其他社会成员付出一定的代价。

为什么某些价值观最初能够在社会中占统治地位？许多社会冲突理论家，特别是马克思主义者认为文化是由一个社会的经济基础决定的。卡尔·马克思宣称，“不是人类的意识决定人类的社会存在，而是社会存在决定人类的意识”。社会冲突理论以唯物主义为哲学基础，唯物主义认为一个社会的物质生产制度（比如我们的资本主义经济）对这个社会的文化具有决定性的影响。唯物主义者的这种分析方法与结构–功能主义者的唯心主义倾向形成了鲜明的对照。

社会冲突分析将我们文化中所推崇的竞争和物质成功的价值观与资本主义经济相联系，而这一经济是为这个国家中富裕的精英阶层的利益服务的。资本主义文化进一步向我们灌输，富裕的、拥有特权的人们比其他人工作得更艰辛或更持久，因此他们应当享有相应的财富和特权。它也鼓励我们将资本主义视为“自然的”，阻止我们努力降低经济的不平等性。

然而，不平等的张力最终爆发了各种要求社会变迁的运动。两个历史例子是民权运动和妇女运动。更近的例子是占领华尔街运动，这一运动一直关注我们社会日益增长的社会不平等。所有这些运动都寻求更大的社会平等，但运动都遭到了现状维持者的反对。

女权主义分析：性别和文化

马克思认为，文化植根于物质资料生产。因此，社会文化极大地反映了资本主义经济制度。女权主义者认同马克思主义有关“文化是冲突的竞技场”的论断，但他们认为这种冲突植根于性别。

性别（gender）指的是社会成员隶属于或男性或女性的个人特质和社会位置。从女权主义角度来看，性别是社会不平等的重要维度，这一主题在第 10 章“性别分层”中有详细的检视。正如该章所言，男性在职场中比女性有更多的机会，男性的收入相应地也比女性多。男性在美国政治体系中也拥有更大的权力，比如，美国至今历任总统都是男性。此外，在日常生活层面，男性在典型的家庭中也行使着最大的权力。

女权主义者宣称我们的文化被性别化了。这便意味着我们的生活方式体现了“男性比女性更加重要”的价值观。这种不平等尤其体现在我们使用的语言当中。在传统婚礼誓言中的用词上，我们倾向于说“男人和妻子”；我们几乎从来没有听到“女人和丈夫”的说法。同样，男性化的“王”（king）传递了几乎总是积极正面的“权力”和“威望”的意义。与之相比，女性化的“女王”（queen）有着多重的含义，但其中一些是消极负面的。

我们的文化不仅规定了男性相对于女性的统治权，我们的生活方式也视这种男性统治为“天然的”。这一信仰体系借助于宣称性别不平等不可改变而为性别不平等辩护。

简而言之，文化模式体现并支撑了性别的不平等。文化模式在某种程度上也使这种不平等永恒化，一直把它带向未来。

评价

社会冲突分析视角认为文化系统没有平等地满足人类的需求，反而允许一部分人统治另一部分人。马克思专注于经济不平等，认为文化集中体现了资本主义制度；女权主义关注性别并认为文化是男性统治的体现。所有这些维度的不平等都被构建在我们的生活方式中。同时，这些不平等也产生了要求改变现状的压力。

然而，通过强调文化的裂隙和分歧，所有社会冲突分析视角低估了文化模式具有整合社会成员作用的一面。因此，我们应该结合运用社会冲突分析视角和结构-功能分析视角才能获得对文化更加全面的理解。

社会生物学：进化论和文化

我们知道文化是人类的创造物，但是人类的生物性是否会影响这一过程的展开呢？既涉及生物学又涉及社会学的第三种理论视角是**社会生物学**（sociobiology），即探讨人类的生物性如何影响人们创造文化方式的一种理论视角。

社会生物学建立在查尔斯·达尔文（Charles Darwin）在其 1859 年所著的《物种的起源》（*On the Origin of Species*）一书中提出的进化论的基础上。达尔文认为，有机生物体经过了长时间的自然选择后发生了变异，并遵循四个简单的原则。第一，所有的生物都为了繁殖其后代而生存。第二，繁殖的蓝图存在于生物的基因当中，即生命最基本的单元，它能将上一代的特征遗传给下一代。第三，基因中的一些随机变异允许物种在特定的环境中“试验”出新的生命模式。这些变异使得某些有机物比其他生物更好地存活下来，并将它们的优势基因遗传给其后代。第四，经过成千上万代的演变，这一基因模式提高了繁殖的存活率并占据了主导地位。如生物学家所说，通过这一方式一个物种适应了自然，占主导地位的遗传特征作为有机体的“本性”而被保留。

社会生物学家声称大量的文化普遍性特征反映了这样一个事实，即所有的人类都是同一生物物种的成员。正是我们共同的生物学基础，促成了在普遍的性行为中存在显而易见的“双重标准”。如性学研究者阿尔弗雷德·金赛（Alfred Kinsey）所说：“在世界任何地方的任何人中，男性都比女性更渴望与不同的性伴侣发生性行为。”但原因何在？

我们都知道，孩子是女性卵子和男性精子结合的产物。但是，单独一个精子和单独一个卵子的生物重要性是非常不同的。对于一名健康的男子来说，通过测试表明，在其大部分生命历程中，精子是一种“可再生的资源”。一名

◎ 从进化论的视角看，社会生物学家解释了不同的生殖策略导致了一个双重标准：男性比女性更加趋向于将女性当作性的对象。尽管这一观点可能是对的，但许多社会生物学家对此进行了反驳，他们认为，就像此图中所展示的行为一样，应该更准确地理解为男性占统治地位的文化结果。

男子在一次射精中可以释放出数亿个精子——技术上足以让北美的每个妇女怀孕。然而，一个新生的女性卵巢已经包含了她所终其一生的卵泡，或未受精的卵子。一名女性通常每月从卵巢当中释放出一个卵细胞。因此，尽管男性在生物上能够成为成千上万个小孩的父亲，但是女性只能生育较少数量的孩子。

鉴于这种生物学上的差异，男性可以通过性滥交——热衷于与任何有意的性伴侣之间的性行为，能够有效地复制他们的基因。但是女性看待生殖的眼光则完全不同。每位妇女为数不多的怀孕，要求她怀胎九个月后生产，然后需要照料孩子很多年。因此，对女性来说，有效的生殖取决于谨慎地选择一个配偶，他的品质（从他陪伴在女性身边的可能性开始）要有利于他们孩子的存活以及之后的成功生产。

这一双重标准不仅涉及生物学问题，还涉及男性统治女性的历史问题。但是社会生物学家认为这一文化模式像其他模式一样，存在一个隐含的“生物学逻辑”。简单来说，世界各地存在双重标准，是因为男女生物学上的差异导致了各地的男女两性支持与众不同的生殖策略。

评价

社会生物学已经形成了有关某些文化模式的生物学基础的有趣理论。但这一视角仍具有争议，原因主要有两个。

第一，有些批评者担心，社会生物学可能会让一个世纪前所主张的种族或性别优越性的生物学争论死灰复燃。然而，维护者反驳说社会生物学拒绝了过去那种种族优越性的伪科学。事实上，他们认为，社会生物学团结了所有的人类，因为所有的人都共享一个进化史。社会生物学宣称男性和女性在某些方面确实存在文化上无法克服的生物学差异，但这远不等于宣称男性比女性更重要，社会生物学强调男性和女性对于人类繁殖都很重要。

第二，批评者认为，社会生物学家没有多少证据来支持他们的理论。到目前为止的研究表明，生物力量并没有在任何严格意义上决定人类的行为。相反，人类却在一个文化体系内学习如何行为。那么社会生物学的贡献仅仅在于解释了为什么有些文化模式似乎比其他文化模式更容易学习。

由于对文化进行分析的任何一种视角都需要广泛地关注社会的运行，因此，上述这三种视角都是宏观层次的分析视角。表 2–1 总结了这三种理论视角的主要见解。

第 4 章所探究的符号互动理论，将从微观层次上详细考察日常情境中的人类行为。

文化和人类自由

本章都在引导我们思考一个重要问题，即作为文化性动物，人类在何种程度上是自由的？文化是将我们同他人和过去相联系了吗？文化提高了我们个人思考和独立选择的能力了吗？

作为约束的文化

作为符号的创造物，人类离不开文化而生存。但这种创造文化的能力也的确让人类面临着一些弊端。我们或许是唯一能给我们自己取名字的动物，但生活在一个符号的世界里意味着我们也是唯一体验孤独的生物。此外，文化主要是一个习惯的问题，它限制了我们的选择范围，促使我们不断地重演令人感到苦恼的模式，例如，每个新生的一代都存在种族偏见和性别歧视。

我们的社会强调通过竞争取得成就，这一价值观促使我们追求卓越，然而同样的竞争行为也使我们与他人相隔阂。物质的东西在某些方面让我们感到舒适，但是却让我们远离了从亲密关系和精神力量中所获得的安全感和满足感。

表 2–1 应用理论：文化

	结构–功能理论	社会冲突理论	社会生物学理论
分析层次是什么	宏观层次	宏观层次	宏观层次
什么是文化	文化是一个社会成员相互合作以满足自身需求的行为系统	文化是一个让部分人受益而使另一部分人受损的系统	文化是一个部分受人类生物性影响的行为系统
文化的基础是什么	文化模式植根于一个社会相对稳定的核心价值观和信仰中	马克思宣称文化植根于一个社会的物质生产 女权主义理论认为文化冲突植根于性别	文化模式植根于人类的生物进化
该理论的核心问题是什么	一种文化模式如何帮助社会运转 在所有的社会中都能够发现的文化模式是什么	文化模式如何使一些人受益而使其他人受损 一种文化模式如何维护社会的不平等	一种文化模式如何帮助一个物种适应其生存的环境

作为自由的文化

无论好坏，人类都是文化性动物，正如蚂蚁和蜜蜂是它们生物种群中的囚徒一样。但是二者之间却有一个关键性的区别。生物本能创造一个现成的世界；相反，当我们为自己建立和重建一个世界时，文化却在敦促我们做出选择。没有什么比我们自身社会文化的多样性以及世界上更大的人类多样性更能证明这种自由的存在了。

了解更多的文化多样性是社会学家们的一个共同目标。无论我们生活在什么地方，我们对周边环境的文化运行了解得越充分，我们就越要准备去享受文化提供给我们的自由。

日常生活中的社会学

Society: The Basics

我们拥有什么样的线索去了解一个社会的文化价值观

任何社会的价值观——也就是说，那个社会认为是重要的——在日常生活中的各个方面得以体现，包括人们的拥有物及其行为方式。“解读”我们自己的文化价值观的一个有趣方法是看看我们所赞美的“超级英雄”。看一看下面三幅照片中所展示的角色，描述一下是什么使得这个角色很特别。每个角色在文化术语中又代表了什么？

◎超人第一次出现在 1938 年的《动作漫画》(*Action Comics*) 中，当时美国正艰难地走出经济大萧条并面临着日益迫近的战争威胁。从那时起，超人一直是电视节目和一系列好莱坞电影中的重要角色。大多数超级英雄的特征之一是他们都有一个秘密的身份；在这种情况下，超人的日常身份是“温和的新闻记者”克拉克·肯特 (Clark Kent)。

◎大众传媒中塑造的具有特殊能力的英雄很少包括女性。黑寡妇最早出现在 1964 年的《漫威漫画》(*Marvel Comics*) 中，最近出现在《复仇者联盟》(*The Avengers*) 和 2016 年的《美国队长》(*Captain America: Civil War*) 的电影中。有趣的是，她不具备超能，但可以巧妙地利用高科技设备。

◎长期以来，另一个对于我们文化很重要的超级英雄是蜘蛛侠。在电影《蜘蛛侠》(*Spider-Man*)中，彼得·帕克(Peter Parker，面临邪恶时即转变成蜘蛛侠)与玛丽·简·沃特森(Mary Jane Watson)秘密相爱。男英雄一次又一次将女主角从危险中解救出来。但在真实的超级英雄风格中，蜘蛛侠不允许自己听从内心的召唤，因为超能意味着必须承担更大的责任并将之放在优先位置。

提示

超人(还有所有超级英雄)把我们的社会定义为好的。毕竟，超人为“真理、正义和美国方式”而战。许多超级英雄都吸取了美国文化史中伟人的故事，包括像摩西和耶稣这样的宗教人物：他们有着神秘的出身(我们从来没有真正了解他们的真实家庭)，他们受过伟大的道德挑战的“检验”，他们最终成功克服了所有障碍(然而，今天的超级英雄往往使用武力和暴力获得成功)。拥有一个“秘密身份”意味着超级英雄可以过着普通人的生活(也意味着我们普通人能想象成为超级英雄)。但为了集中注意力对抗邪恶，超级英雄必须置他们的工作于任何罗曼蒂克的兴趣之前(“工作第一！”)。黑寡妇小时候就成了孤儿(保持其出身的某种神秘感)，但她打破了超级英雄的模式，偶尔也追求浪漫的兴趣。

从你的日常生活中发现社会学

1. 每一文化的成员，当他们决定以什么样的方式生活时，总是参照“英雄”的角色模型，并以之作为激励。在现代社会中，大众传媒在制造英雄角色过程中扮演了极其重要的角色。用什么样的特质去定义流行文化中的“英雄”，比如克林特·伊斯特伍德(Clint Eastwood)扮演的电影角色“警探哈里”、西尔维斯特·史泰龙(Sylvester Stallone)扮演的电影角色“洛奇”和“兰博”，以及阿诺德·施瓦辛格主演的电影《终结者》(*the Terminator*)？

2. 你知道在你的校园里有人来自别的国家或来自同你所熟悉的完全不同的文化背景的吗？努力参与到与你的生活方式截然不同的同学的对话中。努力发现一些你从一个角度加以接受或习以为常的东西，而他人对这些东西则从另外一个角度看待。努力理解其中的原因。

第3章

社会化：从婴儿期到老年期

通过本章，我们能够：

◎ 描述社会互动是如何成为个性发展基础的；

◎ 解释六种主要的社会化理论；

◎ 分析家庭、社会、同辈群体和大众传媒是如何引导社会化过程的；

◎ 讨论我们的社会是如何将生命历程划分为若干不同的人生阶段的；

◎ 描述全面制度化的运作特征。

社会的力量：决定我们会看多长时间的电视

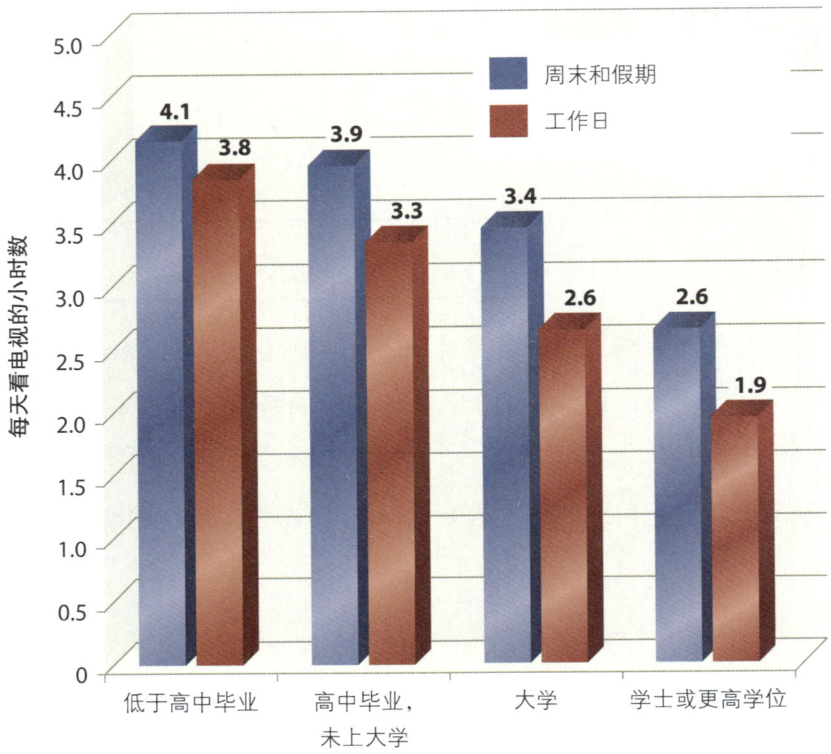

图 3-1　美国不同学历的人收看电视的时间

资料来源：U.S. Department of Labor, Bureau of Labor Statistics（2014）.

当我们决定花时间坐在电视机前时，这个决定在多大程度上是有意识的？从上图中可知，那些学历低于高中毕业的人明显会花更多的时间用于看电视，他们每周坐在电视屏幕前的时间大致是拥有大学文凭的人的两倍。尽管我们倾向于认为是我们自己决定了是否看电视（就像我们使用其他大众传媒一样），但其实是社会在这方面引导了我们的行为，正如同它在其他方面引导我们一样。

本章概要

我们已经在第 2 章中了解了文化这一宏观层面的内容，现在我们将转向微观层面，去了解个体是如何通过社会化过程成为社会成员的。

1938 年的一个冬日，一位社会工作者快步走向位于宾夕法尼亚州乡村的一间农舍，调查一起疑似虐待儿童案。这位社会工作者进入农舍后，很快发现了躲在二楼储藏间的五岁小女孩。这个女孩名叫安娜，她被固定在一把破旧的椅子上。为了让她不能移动，安娜的双手被绑着高举在头上面。女孩衣着肮脏，手臂和双腿消瘦得像火柴一样。

安娜的境遇悲惨。1932 年，一个未婚且患有精神疾病的 26 岁女性生下了她，这位女性同自己严厉的父亲住在一起。由于对女儿未婚生子感到愤怒，安娜的外公不愿让孩子住在他的房子里，因此在安娜出生后的前六个月中，她被辗转于好几个福利机构。但安娜的母亲无力支付她的照料费用，所以安娜又回到了充满敌意的外公家。

为减少外公的怒气，安娜的母亲把安娜安置在储藏间里，只给她足够的牛奶来维持生存。她就待在那里——一天又一天，一月又一月，基本上没有人和她交流——这样度过了漫长的五年。

听闻安娜获救，社会学家金斯利·戴维斯（Kingsley Davis）立刻前去探望。他在济贫院中找到了与当地官员在一起的安娜。戴维斯大吃一惊，这个憔悴的女孩不会大笑，不会说话，甚至不会微笑。安娜完全没有任何反应，就好像孤零零地生活在一个空无人烟的世界中一样。

社会经历：我们人性的关键

社会化对人的发展所起到的作用是如此基础，以至于有时我们忽视了它的重要性。但是在这里，通过那个被隔离的孩子的悲惨案件，我们能够想象失去社会接触，人类将会变成什么样。尽管肉体上是活着的，但安娜似乎很难成为一个“人”。我们从中可以看出，如果没有社会经历，孩童就不能以一种有意义的方式行动或交流，跟人相比起来就会更像是个物体。

社会学家使用**社会化**（socialization）这个词来指称人们用以发展人类潜能和学习文化的终生的社会经历。其他生物物种的行为大部分或全部受生物因素影响，人类则与它们不同，需要有社会经历才能习得文化并生存下去。社会经历同样是形成**人格**（personality）的基础，人格是我们通过内化——吸收和领会——周围的事物来构建的。可是如果像安娜的个案所呈现的那样，我们没有社会经历，人格就很难发展起来。

人类的发展：自然因素与后天教养

安娜的个案清楚地表明，人类需要依靠他人来提供关心与教养，这不仅是为了生命体的成长，还是为了人格的发展。然而在一个世纪以前，人们错误地认为人类生来就拥有决定他们人格与行为的本能。

生物科学：自然的角色

第 2 章中曾提到过，查尔斯·达尔文在 1859 年颇具开创性地提出了进化论，导致人们相信人类行为是天生的，单纯就是我们的一种

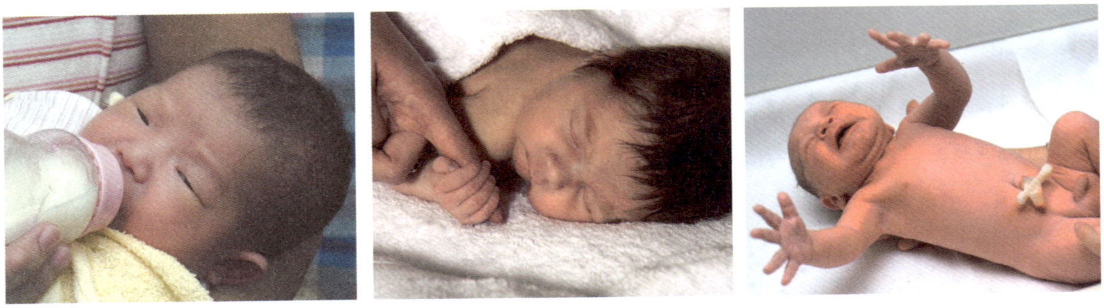

◎ 人类婴儿显示出大量的行为反射，即为增强存活能力而呈现的生物上的行为模式。吮吸反射在出生前就已经开始了，它能使婴儿获取所需的营养；抓握反射通过活动婴儿的手指来使手部握紧，这样婴儿就可以跟家长保持接触，日后还可以抓取物体；拥抱反射由惊吓引发，婴儿既会向外挥舞胳膊，之后还会把胳膊收回来交叉放在胸前。这个动作在之后的几个月就会消失，它很可能发源于我们人类祖先的进化过程中，这样，一个婴儿在跌落时就能抓住父母的体毛。

"自然属性"。这种见解引发了下列说法：美国经济系统反映了"人类与生俱来的竞争性"；有的人"一出生就是罪犯"；女性"生来"就是感性的，男性则"生来"就是理性的。

试图去理解文化差异的人们也误解了达尔文的理论。世界大开发的年代让欧洲人认识到，在不同的社会，人类的举止是千差万别的，但欧洲人将这些差别归因于生物因素而非文化因素。尽管这种做法是不正确的，并且非常具有破坏性，但宣称来自技术落后社会的成员在生物意义上欠缺进化，因而他们"欠缺人类属性"却是一件很容易的事情。这种种族中心主义的思想替殖民主义做了辩护：如果他们看起来并不是像你一样的人类，那么为何不利用他们呢?

社会科学：教养的角色

在20世纪，对人类行为的生物学解释遭到了抨击。心理学家约翰·B. 华生（John B. Watson, 1878—1958）发展了名为行为主义的理论。该理论认为，行为不是天生的而是后天习得的。因此，来自世界各地的人们同样都是人类，其不同只表现在各自的文化模式上。简而言之，华生将人类行为的根源归于后天教养而非自然因素。

如今，社会科学家对将任何人类行为描述成与生俱来的提法持非常谨慎的态度，但这并不意味着生物因素在人类行为中不起作用，毕竟人的生命离不开身体的各种机能。我们也知道，儿童往往可与家长分享他们的生物特征（比如身高和头发的颜色），遗传因素在智力、音乐和艺术才能以及个性（例如你怎样应对挫折）等方面发挥了重要作用。然而，你能否发展起来你所继承的潜能，取决于你后天被教养的情况。举例来说，除非儿童在生命早期使用自己的大脑，否则大脑就不会得到全面开发。

在承认自然因素的重要性的同时，我们可以正确地说，后天的教养对塑造人类行为具有更重要的作用。更准确地说，教养就是我们的自然属性。

社会隔离

正如安娜的故事所展示的，将个体从人类社会中分割开来非常不利于个体的成长。基于伦理因素，研究者并不能为了研究而将个体彻底置于被隔离的环境中。但在过去，他们曾在非人类的灵长类动物身上研究过被社会隔离的后果。

对猴子的研究

在1962年的一项经典研究中，心理学家哈利·哈洛（Harry Harlow）和玛格丽特·哈洛（Margaret Harlow）将恒河猴——它们的行为在很多方面像极了人类——放置于各种不同的社会隔离环境中。他们发现，为期六个月的彻底隔离（提供足够的食物）严重破坏了猴子们的发展。在回归猴群之后，这些猴子表现出非常消极、焦虑和恐惧。

随后哈洛夫妇在笼子里给恒河猴宝宝放了一个人造“妈妈”。它由电线团做成，头部是木制的，乳房部位用哺乳管子连接了橡皮奶头。这些小猴也都活了下来，可是回归猴群后却不会与其他同伴交流。

第三组的猴子情况好一些。它们也被与猴群隔离，只跟穿着毛巾布、用电线网做的人造“妈妈”待在一起。每只猴子都紧紧地挨着它的妈妈。由于这组的猴子的发展相对前两组的猴子而言受到较少的破坏，因此哈洛夫妇总结认为，猴子得益于跟假妈妈的亲密接触。这个实验证实了父母亲切地哄抱婴儿有多么重要。

最后，哈洛夫妇发现，隔离时间为三个月的猴宝宝能够康复。但达到大约六个月，隔离就会对猴宝宝的情感和行为产生不可逆的破坏后果。

对被隔离儿童的研究

被虐童家人所隔离的儿童的悲惨案件展示了人类在被剥夺社会经历后而遭到的损害。接下来，我们要回顾三起这样的案件。

安娜：后来的故事

安娜后来的故事与哈洛夫妇的发现殊途同归。在被人们发现后，安娜接受了大量的药物干预，很快表现出了进步。当金斯利·戴维斯十天后再去探望她时，他发现安娜变得更加警觉，甚至有了些微笑（这也许是她生命中的第一次微笑）。过了一年，安娜虽进展缓慢但取得了稳定的进步。她表现得对他人有了更多的兴趣，并逐渐学会了行走。一年半以后，她能够自己吃饭，也会跟玩偶玩耍了。

不过，就像哈洛夫妇之前预计的那样，五年的社会隔离已经造成了持久性的破坏。八岁时，安娜的精神发展水平还不及一个两岁的孩子。直到十岁的时候，安娜才开始使用单词。因为安娜的母亲智力迟钝，或许安娜也跟她母亲一样。安娜在十岁时死于血液病症，这有可能与她早期遭受虐待有关。

◎ 我们的人格发展主要依赖于我们所处的环境。当一个孩子的世界被暴力撕碎，就会产生严重且持久的破坏（包括失去信任的能力）。这幅画是由一个每天生活在城市暴乱中的叙利亚儿童画的。这样的生活经历会给一个年轻人对于人际信任纽带的信心和包容度带来怎样的影响啊？

第二个案例：伊莎贝拉

第二个案例涉及另一个女孩，她几乎与安娜在同时期被发现，跟安娜的境遇差不多。在超过六年的彻底隔离后，这个名叫伊莎贝拉的女孩像安娜一样表现出缺乏反应。但是伊莎贝拉得益于由心理学家指导下的强化学习计划。在一周之内，伊莎贝拉已经尝试去说话了，一年半以后，她掌握了大约 2000 个单词。心理学家推断，强化学习计划的努力使得伊莎贝拉在短短两年内获得了平时需要在六年内完成的常规发展。到 14 岁的时候，伊莎贝拉进入了六年级，尽管曾经经历过苦难折磨，可她正走在通往正常生活的路上。

第三个案例：吉尼

一个更为近期的儿童隔离案例是一名被父母虐待的加利福尼亚州女孩。自打两岁起，吉尼就被绑在坐便椅上，关进一间黑暗的车库里。1970 年，13 岁的吉尼获救，她体重只有 59 磅，精神发展水平相当于一岁的孩子。经过强化训练，吉尼逐渐恢复了心理健康，但是她的语言能力仍然停留在比她年纪小的孩子的水平。现在，吉尼生活在残疾人发展之家，她几乎不发出任何声音。

评价

所有的证据都指向了社会经历对人格发展至关重要的作用。人类虽可以从被虐待和短期隔离中康复，但这里还有一点——仅从少量研究案例中很难精确地确定康复的具体时间——什么样的童年隔离会对人的发展产生持久性的损害。

理解社会化

社会化是一个贯穿生命始终的复杂过程。下面的讨论强调了六位研究者的研究，包括西格蒙德·弗洛伊德（Sigmund Freud）、让·皮亚杰（Jean Piaget）、劳伦斯·科尔伯格（Lawrence Kohlberg）、卡罗·吉利根（Carol Gilligan）、乔治·赫伯特·米德，以及埃里克·H. 埃里克森（Erik H. Erikson），这些学者对我们理解人类发展做出了持久性的贡献。

西格蒙德·弗洛伊德的人格要素论

西格蒙德·弗洛伊德（1856—1939）生活在维也纳，当时大部分欧洲人都认为人类行为是由生物因素构成的。弗洛伊德接受了精神创伤医生培训，逐渐将自己的研究定位在人格与精神错乱研究上，并最终创建了著名的精神分析理论。

人类的基本需求

弗洛伊德认为，生物因素在人类发展中扮演了主要的角色。尽管不像其他物种的个案那样拥有特殊技能的本能，但他提出一种理论，即人类自出生起就表现出拥有了两种基本的需求或驱动力。第一种需求就是对性和情感关系的需求，弗洛伊德称之为“生命本能”，或者“性本能”。第二种需求是我们都拥有的一种侵略性的驱动力，他称之为“死亡本能”，或“死的愿望”。这两种相反的力量在无意识层面运作，创造出深层次的内部张力。

弗洛伊德的人格模型

- **本我** 人类的基本驱动力
- **自我** 个体有意识地为平衡天生的快感（即索取的需要）和社会的要求而努力的结果
- **超我** 被个体内化了的文化价值观和规范

弗洛伊德的人格模型

弗洛伊德将上述这两种需求与来自社会的影响合并，共同放入人格模型中，模型由三部分组成：本我、自我和超我。**本我**（id）代表了人类的基本驱动力，它们是无意识的，并需要立即得到满足。本我根植于生物属性，在人出生之时就表现出来。它会让一个新生儿产生一系列对关注、触摸和食物的需求。但是社会却反对以自我为中心的本我，这就是为什么大多数儿童学到的第一个词语是“不”的原因。

为避免受挫，儿童必须学会在现实世界中生存。这就要通过**自我**（ego）来实现。自我是个体有意识为平衡天生的快感（即对索取的需要）和社会的要求而努力的结果。当我们开始意识到自己独特的存在，同时面对我们不能拥有我们想要的一切这个事实时，自我就产生了。

在人类的人格中，**超我**（superego）指的是被个体内化了的文化价值观和规范。超我作为我们的道德心而存在，它告诉我们为什么我们不能拥有我们想要的一切。当儿童逐步意识到父母的要求时，超我就开始形成。当他们渐渐理解个体行为应当遵守文化规范时，超我便发展成熟了。

人格的发展

对于以本我为中心的孩子而言，世界是一个令人困惑的身体知觉混合物，要么带来快感，要么带来痛楚。一旦超我发展起来，儿童便学会了关于正确和错误的道德概念。换言之，最初儿童只有通过身体才能感知快乐（比如被搂着或抱着），但在三四年后，他们会根据对自己的行为是否违背文化规范的判断（做出了“正确的事情”）来感知快乐或不悦。

本我和超我总是保持一种对抗的状态，不过对于一个能进行良好的自我判断的人来说，自我在调控着上述两种对抗力量。弗洛伊德称，倘若在儿童时期这种对抗没有被平衡好，今后它将会表现为人格失衡。

在超我的形式中，文化压抑了自我需要，迫使人们看到自己的渴望以外的事物。通常，自我的要求与社会的要求彼此竞争，其相互妥协的后果就是会产生弗洛伊德所说的高尚化。高尚化将自我的需要重新带回到社会可接受的行为上。举例来说，婚姻能使性冲动以一种社会可接受的方式得到满足，体育竞技则可作为攻击行为的宣泄口。

评价

在弗洛伊德时代，很少有人能接受性作为人类的一种基本驱动力。近期更多的批评指出，弗洛伊德的研究是将人类置于男性视角而低估了女性。弗洛伊德的理论也很难被科学地检验。但是弗洛伊德确实影响了后来研究人类人格的每一个人。他对于社会学的重要性在于，弗洛伊德提出的我们内化了社会规范，以及孩童时期的经历会对人格产生持久性影响等观点。

让·皮亚杰的认知发展理论

瑞士心理学家让·皮亚杰（1896—1980）致力于研究人类认知，即人类是如何思考和理解的。通过观察自己的三个孩子的成长过程，皮亚杰好奇的不仅是孩子们懂得了什么，还有他们是如何了解世界的。皮亚杰进而划分了认知发展的四个阶段。

感知运动阶段

第一阶段为**感知运动阶段**（sensorimotor stage）。在这一人类发展层次，个体只是通过他们的感觉来体验世界。大约在生命的最初两年，婴儿只通过五种感觉来认识世界：触觉、味觉、嗅觉、视觉和听觉。对于小孩子来说，"认知"是以感觉告诉他们的事情为依据的。

前运算阶段

大约在两岁时，儿童进入**前运算阶段**（preoperational stage）。在这一人类发展层次，个体首次使用语言和其他符号。此时，儿童开始利用想象力在头脑中思考世界。但是处于二到六岁的"前运算期"的儿童仍然只能运用具体的经历和物体来理解世界。他们能认出他们"最喜欢"的玩偶，但却无法解释哪种类型的玩偶是他们的最爱。

由于缺乏抽象思维，儿童这时无法判断形状、重量和体积。在皮亚杰一个最著名的实验中，他将两个可辨识的杯子放在桌子上，杯里装着同样多的水。他询问好几名五六岁的孩子，每个杯子里的水量是不是一样的。孩子们点头表示水量是一样的。然后，孩子们看到皮亚杰拿起其中一个杯子，将里面的水倒进另一个更高更窄的杯子里，于是这个高杯子的水面看起来更高。他再次询问孩子们每个杯子里的水量是否相同，他们坚持认为那个高杯子装了更多的水。大约到七岁，儿童才能够进行抽象思考，才会意识到不同杯子的水量始终没变。

具体运算阶段

接下来是**具体运算阶段**（concrete operational stage）。在这一人类发展层次，个体第一次察觉他们周围的事物的因果联系。在七岁到十一岁，儿童特别关注事物是怎样发生、为什么会发生的。而且，这阶段的儿童能够从一个特定事件或物体中发掘不止一种象征意义。例如，如果你对一个五岁的孩子说"今天是星期三"，那么她有可能回答："不对，今天是我生日！"——这说明在一件事上她只会使用一种象征。但是一名处于具体运算阶段的十岁儿童则可能会回答："没错，而且今天也是我的生日。"

形式运算阶段

皮亚杰模型中的最后一个阶段是**形式运算**

皮亚杰的发展阶段

感知运动阶段	前运算阶段	具体运算阶段	形式运算阶段
在这一人类发展层次，个体只是通过他们的感觉来体验世界	在这一人类发展层次，个体首次使用语言和其他符号	在这一人类发展层次，个体第一次察觉他们周围事物的因果联系	在这一人类发展层次，个体能够抽象地、批判地思考

阶段（formal operational stage）。在这一人类发展层次，个体能够抽象地、批判地思考。大约在12岁，儿童已不再单纯地看到具体的情境，而是开始抽象的思考。举个例子，假如你问一个七岁的孩子“长大后你想做什么”，你很可能会得到一个诸如“当老师”之类的具体答案。但是大部分十几岁的孩子思考得更为抽象，他们可能回答“我想做一份能够帮助他人的工作”。由于获得了抽象思维的能力，孩子们还学会了理解隐喻。当听到“你呆呆地在想什么”（原文词汇直译为“给你的思想一分钱”）这个词组时，小孩子会向大人要一枚硬币，而十几岁的大孩子则会意识到这是一种人们礼貌地请求亲密行为的做法。

评价

弗洛伊德看到了人类被来自生物和文化这两种相对抗的作用力撕扯，皮亚杰则发现人的思想既是活跃的也是富有创造力的。皮亚杰将世界展开形成四个阶段，这种区分既考虑了生物属性上的成熟，也考虑到了人的社会经历。

然而，不同社会中的人们是否都将会经历皮亚杰所划分的全部四个阶段呢？在变化缓慢的传统社会中生活，很可能制约个体抽象思维和批判性思考的能力。就算是在美国，可能也有30%的人从未进入到形式运算阶段。

劳伦斯·科尔伯格的道德发展理论

劳伦斯·科尔伯格在皮亚杰理论的基础上研究了道德论断，或者说个体是如何将情境界定为正确或错误的。在这里，发展过程同样被分为几个阶段。

对世界有过痛苦和欢乐体验的年幼儿童（皮亚杰所说的感知运动阶段）处于前习俗道德发展水平。换言之，在这一早期阶段，“正确”意味着“我感觉它很好的事物”。例如，一个小孩子只会去抓取桌子上那种看起来闪亮亮的东西，这就是为什么小孩子的家长会在家里到处设防、保护儿童的原因。

科尔伯格所提出的第二阶段习俗发展水平，直到儿童十几岁的时候才会出现（与皮亚杰的最后一阶段相对应，即形式运算阶段）。在这一阶段，由于学会了根据那些能取悦父母和符合文化规范的事物来界定正确和错误，青少年们放弃了一部分自我中心主义。个体在这个阶段还开始通过形成道德判断而不是简单地看看人们做了什么来确定事物的意义。举例来说，他们明白为了喂饱饥饿的儿童而偷东西，与偷一部iPod卖掉换成口袋里的零花钱是完全不同的。

在科尔伯格提出的最后一个道德发展阶段即后习俗发展水平，人们已超越了社会规范，所考虑的是抽象的道德准则。此时他们思考的是解放、自由或公正，或许还会争论一些现在是合法的、但至今未必是正确的事情。1955年在亚拉巴马州的蒙哥马利，美国黑人活动家罗萨·帕克斯（Rosa Parks）拒绝在公交车上让出她的座位，她违反了这座城市的种族隔离法，目的就是为引起社会对种族不平等法律的关注。

评价

就像皮亚杰的成果一样，科尔伯格的模型根据不同的阶段解释了道德发展情况。但是这个模型能否适用于所有的社会，到现在还并不确定。而且，很多美国人明显没有达到道德论断的后习俗水平，尽管其中的原因尚不明确。

科尔伯格的研究存在的另一个问题是他的研究对象全都是男孩。通过向所有人归纳男性研究对象的研究结果，他承认了一个常见的研究错误，参见第1章。这一问题推动了他的同事卡罗·吉利根去调查性别是如何影响道德论断的。

卡罗·吉利根的性别与道德发展理论

卡罗·吉利根在比较了女孩和男孩的道德发展情况后，得出的结论是，两性对事物的正确性存在不同的判断标准。

吉利根认为，男孩具有一种公正视角，它靠的是正式规则来界定正确和错误。不同的是，女孩拥有一种关怀和责任感视角，通过对私人关系和情感忠诚的关注来评判情境。例如，就像男孩会认为偷盗是错误的，因为它违背了法

◎儿童时期是学习判断正确和错误标准的关键时期。然而，根据卡罗·吉利根的理论，男孩和女孩对什么是“正确的”的界定是截然不同的。阅读过吉利根的理论后，你可以猜出图中这两个孩子正在争论什么吗？

律，而女孩则更可能去想为什么这个人会偷东西，并且会说，这个人偷东西是为了养活家庭，因而对其产生同情。

科尔伯格将男性这种以规则为基础的论断视为优于女性以个人为基础的论断。吉利根意识到，非人情性的准则在工作场合支配了男性生活，而私人关系则对充当母亲和照料者的女性起到更大的作用。接着，吉利根提出疑问，为什么我们要把男性的判断标准作为全社会的规范来评判每个人呢？

评价

吉利根的理论使我们对科学研究中的人类发展和性别议题理解得更加透彻了。不过仍有一个问题，那就是自然因素或者后天教养是造成男女差异的原因吗？在吉利根看来，文化环境存在于工作中，这一观点在其他研究中同样被论述过。南希·寇德若（Nancy Chodorow）指出，普遍而言，在孩子们成长的原生家庭中，母亲比父亲给予子女的教养更多。因为女孩与母亲更相像，所以她们会较为注重对他人的关怀与责任。相反，男孩变得更像父亲，他们经常离开家庭，形成与父亲相似的那种注重正式和公平的人格。也许当更多的女性在工作场合展开她们的生活时，男性和女性的道德论断会渐渐变得接近。

乔治·赫伯特·米德的社会我理论

乔治·赫伯特·米德（1863—1931）创立了一套关于社会行为主义的理论，该理论解释了社会经历是如何发展起个体人格的。

自我

米德的中心概念就是**自我**（self），它由自我意识和自我想象构成，是个体人格的一部分。米德的天才之处在于，他将自我看作社会经历的产物。

第一，米德认为，自我在出生之时并没有形成，它是后天发展起来的。自我不是身体的一个部分，在出生时并不存在。米德反对将人格视为生物意义上的驱动力（像弗洛伊德强调的那样）或生物意义上的成熟（像皮亚杰所说的）。

第二，自我只有在社会经历中才能发展起来，也就是个体与他人互动的时候。假如没有社会互动，就像我们从被隔离儿童的案例中看到的那样，身体会成长，但是自我并不会出现。

第三，米德继续指出，社会经历是各种符号的交流。只有当人们使用语言，做摆手的动作或是一个微笑的时候，意义才被创造出来。我们能够通过奖励和惩罚来训练一只小狗，但是小狗并没有赋予它的行动以意义。而人类则不同，他们几乎可以在每一个行动中发掘其中的意义。

第四，米德认为，对意义的追求引导着人们去想象他人的意图。简言之，我们想象他人潜在的意图，从他人的行动中得出结论。小狗会对你做的动作做出反应；人类则会对你的所作所为中隐含的想法做出反应。小狗可以被训练到走廊帮你拿来下雨天需要的雨伞，可是因为小狗并不理解人的意图，所以假如它找不到雨伞，它就无法产生人类的反应——没有雨伞就去寻找一件雨衣来替代。

第五，米德解释道，理解他人的意图需要我们站在他人的视角上来想象情境。通过使用符号，我们设想自己“处于他人的位置”，并将自己作为他人来看待。因此在我们自己行动之前，我们甚至已能预料到他人将如何回应我们。

简单的扔皮球运动要求我们置身于自己之外，想象他人会怎样接住抛出的皮球。所有社会互动都包含了站在他人视角来看待我们自己——米德称这个过程为扮演他人的角色。

镜中我

当我们与他人互动时，我们周围的人就变成了自己的一面镜子（人们称之为“照镜子”的物体），从中我们能够看到自己。也就是说，我们对自己的看法依赖于我们认为别人如何看待我们。比如，假如我们觉得别人认为我们很聪明，我们就会用同样的方式看待自己。但如果我们觉得别人认为我们十分笨拙，那么我们自己也会认为自己很笨。查尔斯·霍顿·库利（Charles Horton Cooley, 1864—1929）使用“**镜中我**”（looking-glass self）这个词来表达自我形象，这种自我形象产生于我们认为他人如何看待我们。

主我和客我

米德的第六点说的是通过扮演他人角色，我们形成自我意识。这件事的另外一种表达方式就是，自我由两个部分组成。自我的其中一个部分是作为主体来运作的，它是活跃的、自发无意识的。米德称自我这种活跃的一面为“主我”（个体的主观形式的代名词）。自我的另一个部分是作为客体来运作的，也就是说，我们去想象他人是如何看待我们的。米德称自我的这种客体化的一面为“客我”（个体的客观形式的代名词）。全部社会经历都包括这两个方面：我们发起一个行动（“主我”，或称自我中主体的一面），然后我们接下来的行动要基于别人是如何回应我们的（“客我”，或称自我中客体的一面）。

自我的发展

根据米德的理论，自我发展的关键在于学会去扮演他人的角色。婴儿由于缺乏社会经历，因此只能通过模仿来扮演他人角色。他们的模仿行为中并不包含对潜在意图的理解，所以此时婴儿是没有自我的。

当儿童学会使用语言和其他符号时，自我就以玩耍的形式呈现出来了。玩耍中包含了诸多假想的角色，这些角色都是以一些**重要他人**（significant others）为蓝本的。重要他人是对个体社会化具有特殊重要性的人们，比如说父母。玩“妈妈和爸爸”的游戏能帮助小孩子从家长的视角来想象世界，这是非常重要的活动。

逐渐地，儿童学会一次扮演多个不同的他人角色。这种能力使他们从两个人之间简单的玩耍（例如说话、抓人游戏）转向更为复杂的多人参与游戏（例如棒球）。到了七岁左右，大多数儿童具有了参加群体运动的社会经历。

图 3-2 展示从模仿到玩耍再到游戏的进展过程。但此外还有自我发展的最后一个阶段。游戏是在某一种情境下扮演重要他人的角色，而日常生活要求我们根据文化规范来指导自己，就像任何一位社会成员一样。米德使用“**概化的他人**”（generalized others）这个词来指代普遍的文化规范和价值观，我们以它们为参考标准来评价我们自己。

随着生命的进展，自我也跟着我们的社会经历保持同步变化。可是，无论世界如何形塑我们，我们始终是具有创造性的生物，有能力对我们周围的环境做出反应。因此，米德得出结论，我们在自己的社会化过程中扮演了非常关键的角色。

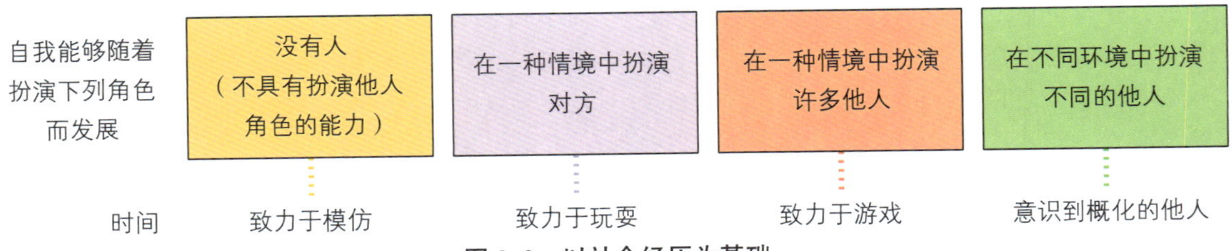

图 3-2　以社会经历为基础

◎乔治·赫伯特·米德将自我的发展描述为一个不断获取社会经历的过程。也就是说，当我们能够扮演越来越多的他人角色时，自我就得到了发展。

◎乔治·赫伯特·米德写道：“我们无法在我们自己和他人之间画出一条绝对区分线。”这个说法有助于解释了我们生活中那些重要他人的特殊重要性。图中的父亲是怎样对他儿子的自我产生影响的？

评价

米德的研究探索了社会经历的特点。在人类的符号互动中，他认为他已经找到了自我与社会的根源。

米德以整个社会为视角，不加入任何生物因素。认同弗洛伊德（他人为我们的基本驱动力来源于身体）和皮亚杰（他的发展阶段论与生物意义上的成熟紧密相连）观点的人们，指责这一点是米德的理论中所存在的问题。

要注意，千万不要把米德关于主我和客我的概念跟弗洛伊德的本我和超我概念相混淆。对于弗洛伊德来说，本我根植于我们的生物性，但米德拒绝自我中的任何生物因素（尽管他从未清晰地描述本我的根源）。另外，本我和超我总处于连续斗争中，但主我和客我却是共同合作的状态。

埃里克·H. 埃里克森的发展八阶段论

尽管一些分析指出童年是人格形成的关键时期，但埃里克·H. 埃里克森（1902—1994）将社会化置于一个更加宽广的视野中。他解释说，我们在整个生命周期中都在不断面临各种挑战。

第一阶段：婴儿期——来自信任的挑战（与之相对的是不信任）。从人一出生到大约 18 个月，婴儿开始面对来自生命的第一个挑战：对周围环境的安全建立一种信任感。家庭成员在婴儿如何应对所面临的挑战中非常关键。

第二阶段：童年时期——来自自我管理的挑战（与之相对的是怀疑与羞怯）。下一个挑战发生在儿童三岁的时候，儿童需要学习以适当的方式来应对世界。自我控制的失败可能会导致儿童怀疑自己的能力。

第三阶段：前学校时期——来自主动性的挑战（与之相对的是内疚）。四五岁的孩子必须学会应对自己的环境——包括家庭以外的人，否则就会因未能实现家长和他人的期望而感到愧疚。

第四阶段：青春前期——来自勤奋的挑战（与之相对的是自卑）。在 6 ～ 13 岁时，儿童进入了学校。他们会交朋友，并越来越注重自己的意志。他们要么会对自己的成就感到骄傲，要么会因未能做到而感到害怕。

第五阶段：青春期——来自获取自我认同的挑战（与之相对的是混淆）。在十几岁的年纪，青少年努力去建立自己的身份。在某种程度上，青少年依靠他人来获得自我认同，但他们也希望自己是独一无二的。几乎所有的青少年在他们努力建立自我身份认的同时，都经历过混淆状态。

第六阶段：青年期——来自亲密关系的挑战（与之相对的是隔离）。年轻的成人所面临的挑战是建立并维系与他人的亲密关系。交一些关系密切的好朋友（特别是坠入爱河）可以平衡对亲密关系的需要与保持自我独立的需要。

第七阶段：中年期——来自展示差异的挑战（与之相对的是自我沉浸）。中年期的挑战就是去促成他人的生活，他人可能是在家庭、工作单位和更广阔世界中。如果这一点失败了，人们就会变得以自我为中心，沉湎于他们自己的世界中。

第八阶段：老年期——来自完整性的挑战（与之相对的是绝望）。当生命的尾声来临之时，人们希望回顾自己的一生，这一生是完整的、令人满意的。对于那些沉浸于自我的人来说，老年期只会因错失机会而带来无尽的失望。

评价

埃里克森的理论将人格的形成视为一个贯穿整个生命的漫长过程。在一个阶段成功后（就是说，当婴儿获取了对周围的信任时），我们才具备进入下一个阶段的条件。然而，并非每个人都会精确地依次面对埃里克森提出的这些阶段。倘若在某个阶段挑战应对失败了，是否就注定此人在未来的那些阶段也会失败，这一点也尚不明确。像之前我们对皮亚杰观点的讨论中提出的那样，一个更大的问题是，生活在其他文化环境和其他历史时期的人是不是也会认为成功的生活方式就是按埃里克森划分的阶段那样。

总之，埃里克森的模型指出，包括家庭和学校在内的诸多因素形塑了我们的人格。在下一小节中，我们将具体来看看这些对社会化颇具重要性的推动者。

社会化的推动者

我们拥有的每一种社会经历至少都会以一种微弱的方式影响着我们。不过，有一些类似的机构会对社会化过程产生特殊影响。这些机构包括家庭、学校、同辈群体和大众传媒。

家庭

家庭在许多方面影响一个人的社会化，它对于大多数人来说，都可能是所有社会化的推动者当中最重要的一个。

儿童生命早期的教养

婴儿完全需要依靠他人的照料而生存。提供一个既安全又充满关爱的环境的责任就落在了父母和其他家庭成员身上。在长达好几年里——至少要到儿童进入学校——家庭同样需要完成教给孩子技能、价值观和信仰的任务。总的来说，研究表明，没有什么比一个充满了爱的家庭更能培养出乐观、适应能力强的孩子。

并不是所有的家庭都明白父母有意识地教养的作用。儿童学到的知识还可以来自家长给他们创造的环境。儿童学会将自己判断为强壮的还是孱弱的，聪明的还是愚蠢的，充满爱心的还是勉强容忍的——像埃里克·埃里克森所说的那样，儿童认为世界是可靠的还是充满危险的——很大程度上取决于家长和其他照料者所提供的环境的质量。

种族和阶层

通过家庭，父母赋予了孩子一种社会身份。在某种程度上说，就像第 11 章中讲到的，社会以不断变化的多种多样的方式来界定种族。举例来说，近几十年中，很多人将自己的身份认定为多种族混合，也就是包含两个或更多的种族类别。2014 年，美国人口调查局报告指出，在 2013 年，940 万民众或者说 3% 的美国人口都认为自己是多种族成分的。这个比例是 2000 年报告的 1.4% 的两倍之多。该比例无疑还会继续升高，这大概是因为美国出生人口的 6% 现在都将自己记录为多种族成分。

种族同样会影响我们如何看待自己和他人。很多人将种族视作建立在诸如肤色这样的物理特性之上的显著分类。奥塞奇·奥巴塞基 2013 年采访了一些先天性的盲人，发现他们头脑中的种族跟视力健全人的十分相似。这一发现表明，比起通过我们的眼睛“看到”的种族，我们更容易学会将种族“视为”一种社会用以区分其成员的结果。

像种族一样，社会阶层在形塑儿童人格中也扮演了非常重要的角色。不管出生于较高还是较低社会地位的家庭中，儿童都逐渐意识到他们的家庭地位会影响别人如何看待自己，也会影响他们怎样看待自己。

此外，研究表明，阶层地位不仅决定了家长在子女身上花多少钱，还决定了家长在此方面的预期。处于各种社会阶层背景的家长们都希望自己的子女能获得成功，在社会上与众不同。但是当家长被要求从诸多特性中选出他们希望自己子女能具有的那个特性时，下层社会的家长比上层社会的家长更倾向于选择“顺从”

◎富有的家长能给予孩子比金钱更多的优势。研究表明，他们会给孩子讲很多事情，这将促进孩子的智力发展。所有的家长都可以通过谈话来对子女产生助益。

作为孩子的一个关键特性。相反，富裕的家长比低收入家长更可能培养出“只想着自己”的孩子。

是什么原因导致这种差异？梅尔文·科恩（Melvin Kohn）解释道，下层社会成员通常受教育程度有限，在严密监控下从事着常规工作。他们指望自己的子女能保持相同的社会地位，于是鼓励子女顺从，甚至会通过打孩子这样的体罚方式来达到这个目的。由于富裕家庭的家长接受了更多的学校教育，他们常常从事那些要求独立、具有想象力和创造力的工作，所以他们总是试着去激发自己的孩子也拥有这样的品德。不管是有意还是无意，所有家长的做事方式都会鼓励子女沿着自己的足迹发展。

富有的家长更有可能推动自己的子女去实现目标，他们一般会给子女提供大量的休闲活动项目，包括体育运动、旅行和音乐课。这些丰富的活动——生长在低收入家庭的孩子很难获得——形成了文化资本，文化资本能推进孩子的学习，并给这些日后可能成为成功人士的孩子树立自信心。

正如“日常生活中的社会学”这个专栏所展示的，社会阶层同样会影响成长过程所需要的时间。

学校

学校扩展了儿童的社会世界，让他们跟与自己背景不同的人们相互交往。只有遇到与自己不同的人，儿童才能逐渐理解诸如种族和社会地位这些事情的重要性。一旦他们理解了，他们就更可能跟来自同一阶层、种族和性别的朋友们聚成一群。

性别

学校与家庭一起将儿童社会化为社会性别。研究表明，男孩更多地从事身体活动，并喜欢在户外运动。女孩则更愿意帮助老师做大量的房间整理等琐碎工作。男孩还会在教室中做出更多的攻击行为，而女孩则普遍更安静，举止更合规则。

孩子们学到什么

生活在富裕家庭和贫困家庭的孩子，他们的学校教育情况是不一样的。正如第 14 章中解释的，来自富裕家庭的孩子通常比那些贫困家庭的孩子拥有更多更好的学校教育经历。

儿童在学校学到的东西远超出正式规定的课程。学校同时会非正式地教给学生很多东西，它们共同被称为隐性课程。就像“蜜蜂”这个词的拼写之类的活动，不但是教给学生如何拼写单词，更是把人区分为“成功者”和“失败者”。有组织的体育运动帮助儿童锻炼了体力和技能，而且也给儿童上了人生重要的一课——合作与竞争。

对大多数儿童来说，学校还是他们首次接触的科层组织。校园生活以非人情化规则和严格的时间表为基础。毋庸置疑，这些都是大型组织的特点。年轻人日后即将进入这些组织中工作。

同辈群体

进入学校后，儿童会发现同辈群体的存在，这个群体具有相同的兴趣爱好与社会地位，成员年龄相仿。与家庭和学校不同，同辈群体令儿童脱离了成年人的直接监管。在同辈群体中，儿童学会了怎样去建构人际关系。同辈群体也为儿童提供了讨论一些有趣话题的机会，而这些话题是成年人不会跟儿童分享的（如穿着打扮和流行音乐），或者是成年人不允许的（如性）。

有一件再普通不过的事，那就是家长总是

日常生活中的社会学
Society: The Basics

我们已经长大了吗？对成年的定义

索利：（看到好几位刚吃完晚饭的同学从宿舍走廊穿过）朋友们！今天是杰瑞米21岁的生日。我们打算去汽车酒吧庆祝一下。

迈特：（摇头）我不知道，兄弟。我还有个实验没有做完。这不就是一个新的生日而已嘛。

索利：这不仅仅是一个新的生日，朋友。他21岁了——他成年了！

迈特：（讽刺地）要是长到21岁能让我变成一个成年人，我就不会仍然对自己的人生那么无能了！

◎ 从大学毕业在成为成年人的过程中的意义是什么？

你是已经成年了，还是仍处于青春期？进入21岁有没有让你“已经长大”？根据社会学家汤姆·史密斯的说法（Tom Smith），在我们的社会中，并没有一个标志来宣布成年期的到来。他通过对1398名18岁以上有代表性的样本调查后指出，许多事情都能帮我们确定一个年轻人是否“已经长大”。

调查中提到，在今天的美国，认定一个人成年的唯一最重要的转变就是学业的完成。但是另一件事情也非常重要：史密斯还将成年与参加全职工作、获得在经济上供养全家的能力、不再与父母同住，以及最后步入婚姻殿堂并成为父母等事件联系在一起。换言之，几乎每一个美国人都认为只有完成了上述所有事情的人才是一个完整意义上的“成年人”。

那么这些转变在人的什么年龄才可能全部完成呢？平均而言，答案是26岁。但是这个平均数掩盖了一种基于社会阶层的重要差异。那些没能考上大学的人（在低收入家庭成长的人当中这个现象更加普遍）通常在20岁之前就离开学校，一年或两年后全职工作、独立生活、结婚和成为家长这些事就会接踵而来。那些出生于特权阶层的人们则有可能上大学，甚至会继续进入研究所或专业学院深造。进入成年期的过程因此会被推后十年，那时他们已经超过30岁。

你怎么想

1. 你认为自己是个成年人吗？为什么是，或者为什么不是？
2. 你觉得成年期开始于什么年龄？女性和男性的成长模式有差别吗？请解释。
3. 你认为社会阶层在一个人成长为成年人的过程中具有怎样的重要性？

表现出对孩子交友的关心。在这个迅速变化的社会中，同辈群体拥有巨大的影响力，长辈和年轻人之间会因为“代沟”而表现出不同的态度。同辈群体的重要作用一般会在青春期达到顶峰，那时年轻人将从家庭中分离出来，他们会把自己当作成年人来看待。

不过，家长对孩子的影响之强烈甚至会蔓延整个青春期。同辈群体可以影响孩子们对音乐或电影这种事情的短期兴趣，而家长则会对上大学之类的长期目标产生更加重大的影响。

最终，我们的邻居或同学其实都是由同辈群体构成的。就像第5章中所解释的那样，个体倾向于以积极的眼光来看待自己的群体，同时可能贬低其他群体。此外，人们受到他们所想加入的同辈群体的影响，社会学家管这个过程叫作**预期社会化**（anticipatory socialization），个体此时会学习能够帮助自己获得其所渴望的地位。举例来说，在学校，青年们可能会模仿他们所向往的同辈群体中成员的行为方式和内部语言。日后，希望成为法庭成员的年轻律师会遵守法庭成员的态度和行为，这样才能被法庭团体所接受。

大众传媒

8 月 30 日，科尔岛，苏格兰西海岸。

我们最后一次登上这座遥远的岛屿时，那里还没有通电，大多数当地人讲一种古老的盖利克语。由于电缆从大陆延伸过来，家庭拥有了电灯、现代化的设施、电视和链接着互联网的电脑。今天，大部分岛民都有手机，可以像大家一样给整个英国甚至全世界的人发送信息。技术与新社会媒介使得这个遥远的地方变成一个更加广阔、可联通的世界，也使这里发生了众多改变：岛屿自身文化中的那些最后痕迹都在迅速消失，只剩下一点点传统舞蹈和音乐。如今，来自大陆的人构成了岛上的大多数人口，他们开着汽车乘轮渡过来，在他们的休假住所中欢度时光。现在所有人都使用英语交流。

大众传媒（mass media）是用来给大众传递非人格化的交流信息的工具。传播媒介表示媒介能够联结人群。海量传媒是交流技术（最早是报纸，然后是广播、电视、电影和互联网）大规模传播信息的结果。一个世纪前，家庭和地方社区对社会化过程具有重大控制力；今天，大众传媒成为这些传统社会化推动者的有力竞争对手。

大众传媒之所以如此重要，不仅是因为它们如此强大有力，更是因为它们的影响完全不同于来自家庭、当地学校和同辈群体的影响。简言之，大众传媒给人们带来许多想法和想象，反映了广阔的社会和整个世界。

在今天的美国，大众传媒对人们的态度和行为拥有无限的影响力。现在，76% 的家庭拥有个人电脑，72% 的家庭接入了互联网。

电视机发明于 19 世纪 30 年代，在第二次世界大战后成为主要媒介。现在，97% 的美国家庭至少拥有一部电视机（拥有电话的家庭数量与之相同）。在拥有电视的家庭中，90% 同时拥有电缆或卫星连接。图 3–3 显示，美国拥有电视机的比例是全世界最高的。美国几乎所有人都会花时间看电视，但是正如本章在一开始所指出的那样，教育水平低的人会花更多的时间看电视，这种模式同样适用于玩电子游戏。

大众传媒扩张的程度

“被粘在电子管上”的我们现在怎么样呢？调查数据显示，80% 的美国成年人有规律地看电视，平均每人每天会看四个小时。上了年纪的则会每天看大约六个小时的电视。儿童和青少年比一般的成人看电视的时间少，可他们都

全球快照

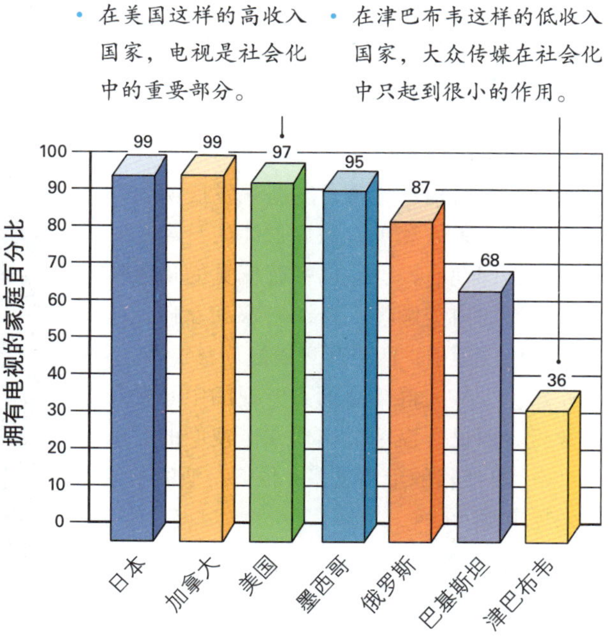

图 3–3　全球视野下的电视拥有情况

© 电视无论在高收入国家还是中等收入国家都非常流行，这些地区几乎每户都拥有至少一部电视机。

资料来源：International Telecommunication Union（2014）.

把时间花在电脑和智能手机上了。美国黑人儿童比西班牙裔儿童看电视时间稍微多一点点，比白人儿童则多出不少。

大约三分之二的美国儿童报告称他们主要在用餐时间看电视，超过70%称家长并没有限制他们每天坐在电视屏幕前的总时间。幼儿偏爱于看电视和打游戏；当他们长大一点，看音乐电视节目和在网上冲浪逐渐在看电视活动中占据了相当大的比例。任何年龄的男孩子都喜欢电子游戏，而女孩子都倾向于音乐电视节目。

在当今的社会中，儿童学习阅读之前，观看电视成了他们日常例行的公事。随着他们的成长，儿童花在看电视上的时间与他们上学或跟家长互动的时间一样长。根据研究，观看电视除了给儿童带来下列影响外，并无其他变化：观看电视的时间越长，儿童的认知发展越慢，他们会变得越来越消极，越来越少使用自己的想象力，身体变得肥胖的风险也越高。并不是电视直接对孩子有害，而是观看电视占据了儿童与父母和同辈群体互动的时间，以及锻炼身体和其他能促进个体发展与健康活动的时间。

电视与政治

喜剧演员弗雷德·艾伦（Fred Allen）曾经用双关语讽刺道，我们之所以把电视称为“媒介”①是因为它“很少做得很棒”。由于诸多原因，电视（以及其他大众传媒）招致了大量的批判。一些自由评论称，在电视发展的大部分历史当中，种族和少数民族群体的身影几乎没有出现，即使有，也是以带有偏见的角色呈现出来（比如由美国黑人扮演管家和女佣，亚裔美国人扮演园丁，西班牙裔扮演新移民）。不过近些年，少数人群体逐渐离电视的中心舞台越来越近。西班牙裔演员出现在电视中的时间是20世纪70年代的十倍之多，他们扮演的角色也越来越丰富。

从另一个角度来讲，保守评论家控诉电视和电影产业已被自由的“文化精英”所控制。这些文化精英们宣称，近年来，“政治上正确”的媒介提出了自由主义的主张，包括女权主义和男同性恋权利，但并非所有人都同意。其中一些人反驳道，随着福克斯新闻频道（Fox News）的流行，表明电视节目让政治光谱的两极模糊不清。近期一项针对各种传媒渠道中的观众的政治辨别力的研究，证明了大众传媒中包含着现存的各种广泛的政治意见。在媒体的内容里，我们的选择可以从左派的《纽约客》（*New Yourker*）与《石板》（*Slate*）杂志，到中间派的CBS新闻和《今日美国》（*USA Today*），再到右派福克斯新闻与拉什·林堡秀（*Rush Limbaugh Show*）。

电视与暴力

1996年，美国医学会（American Medical Association，AMA）发布了一个令人吃惊的声明，即电视和电影里的暴力如此广泛传播，以至于会危害公共健康。调查证实，三分之二的美国成年人称他们要么不再看电影，要么关掉了电视，以此来作为对过度暴力的回应。毫无疑问，电视节目中确实有暴力成分。几乎三分之二的电视节目包含暴力。在这种场景中，大多数进行暴力行为的角色丝毫没有表现出悔恨，而且也没有受到惩罚。

公众对大众传媒中暴力的担心尤其体现在儿童身上。大约三分之二的家长说他们“特别担忧”太多的媒体暴力被呈现在孩子面前。研

◎ 提到暴力，大众传媒以电子游戏的形式延伸到世界中，尤其在年轻男孩中非常流行。在众多包含高级别暴力的颇有争议的游戏里，最典型的就是《侠盗飞车5》（*Grand Theft Auto V*）。你认为当前的级别密码足以引导家长和购买电子游戏的儿童吗？你会建议给游戏内容设定更多的限制吗？

① 原文medium的另一含义为“中等的”。——译者注

究发现，儿童花在看电视和打电子游戏上的总时间与攻击行为存在相关关系，这些攻击行为包括打架、很早就使用酒精及其他非法毒品，甚至睡眠障碍。2011 年，美国儿科学会提议：儿童看电视的时间应当被限定在每天两小时内，家长应全面禁止小于两周岁的儿童看电视。

回到 1997 年，电视产业采用了一种节目分级系统。不仅如此，2000 年后生产的电视还具有一个“内容控制芯片”，它可以使家长锁住那些他们不愿意让儿童观看的节目。但是让家长控制儿童在各种各样的电子设备中接触暴力可没那么简单，而电子设备现在正广泛地被青年人所使用。当然，我们或许会想，观看包含性或暴力的节目本身是不是对青年人产生危害的原因，或者举例来说，那些得不到父母关爱或遭受了其他危险因素的儿童是否会不再看更多的电视？不管怎样，我们肯定会问，为什么大众传媒从一开始就包含了这么多性和暴力？

电视和其他大众传媒不仅以娱乐和教育节目丰富了我们的生活，也增进了我们对多样文化的了解，唤起了我们对当前事务的讨论。然而与此同时，媒体——特别是电视——具有形塑我们思考方式的力量，这仍然是一个具有高度争议的话题。

评价

本小节告诉我们社会化是非常复杂的，在我们的成长过程中许多不同的要素都会塑造我们的人格。另外，这些要素并不总是一起发生作用的。比如，儿童从同辈群体和大众传媒中获得的知识可能与儿童在家庭中学到的相互冲突。

除了家庭、学校、同辈群体和大众传媒之外，生活的其他方面同样在社会学习中具有重要作用。对于大多数美国人来说，这些方面包括工作地点、宗教组织、军队和社会俱乐部。最后，社会化不只是一种简单的学习，还是一个将我们从各种途径吸收的信息进行平衡的复杂行为。在对我们所接收的全部信息进行分类和权衡的过程中，我们形成了自己独特的人格。

社会化和生命历程

尽管儿童时期对社会化过程具有特殊的重要性，但学习一直贯穿我们的生命始终。对生命历程的回顾，揭示出我们的社会根据年龄划分了人的经历，即儿童时期、青春期、成年期以及老年期。

儿童时期

下一次你逛商场买运动鞋的时候，不妨查看一下柜台上的鞋子是哪里制造的。大多数品牌都生产于印度尼西亚这样的地区，这些地方提供给劳工的工资远低于美国。鞋子上并不会标出的是，这些产品中许多都是由儿童制造的，他们没有去上学，而是在工厂中劳动度日。世界上大概有 1.68 亿童工，其中 59% 从事农业劳作。全世界童工几乎有半数在亚洲，三分之一多在非洲。这些孩子中大约有一半都在进行全职劳动，这样的劳动给儿童的身体和精神健康都会带来很大风险。相对于他们的付出而言，童工的工资少得可怜——通常来讲，每小时大概 50 美分。童工在非洲和亚洲是非常普遍的现象。

儿童整天在工厂里工作的想法可能会令那些高收入国家的人民感到惊讶，因为我们认为儿童时期——大致上是生命的头 12 年——是一个充满学习和玩耍的无忧无虑的阶段。但是就像历史学家菲利浦·阿瑞斯（Philippe Ariès）所说的那样，“儿童时期”这个概念在人类历史中是一个相当新的提法。在中世纪，四五岁的儿童会被像大人一样对待，人们期望他们会自己照顾自己。

我们为我们使用的儿童时期这一概念辩护，并指明一个事实，即儿童在生物上并未发育成熟。但是回顾历史、环顾世界，儿童时期的概念并非产生于生物因素，而是植根于文化当中。在富裕的国家，并不是每个人都需要参加工作。因此，儿童时期可以延长，让年轻人有足够的时间去学习将来在高科技工作场合所需要的技能。

由于儿童时期在美国持续如此长时间，因此当儿童看起来突然长大了的时候，一些人会非常担心。某种程度上，这种“儿童过快成长

◎近几十年间，一些人担心美国社会缩短了儿童时期，促使儿童越来越快地成长。电视节目《幼儿和皇冠》（*Toddlers and Tiaras*）中，小女孩的着装打扮和言谈举止都像成年女性一样。像这样的电视节目会不会造成“儿童成长过快综合征”？你是否觉得这是个问题？为什么？

综合征”源自家庭的变化——包括高离婚率和父母双方都是劳动力——这种变化使儿童缺少监管。此外，电视里“成人”节目将诸如性和暴力这样的成人意识带到青少年的生命中。一位儿童电视频道的执行官说，今天，10～12岁的孩子拥有上一代12～14岁孩子的兴趣和经历。也许与50年前的孩子相比，这就是为什么现在的孩子压力更大、焦虑感更强的原因。

青春期

工业化将儿童时期创建为一个独立的生命阶段，与此同时，青春期作为儿童时期和成年期之间的缓冲期而出现。通常我们把青春期，或称十几岁的年纪，与情感和社会焦虑联系起来，因为青少年正努力建立他们自己的身份认同。我们很愿意再次将青少年的叛逆与混乱归因于青春期的生理变化。可事实上，它是文化上断裂的结果。另外想一想，一个18岁的少年需要承担大人的责任去参战，但他却没有权利去喝一杯啤酒。简而言之，青春期就是一个充满社会矛盾的时期，个体已不再是儿童，但却还没有成为大人。

就像所有生命阶段一样，青春期对于每个来自不同社会背景的青少年而言会大不相同。大部分工薪阶层家庭的青少年高中一毕业就立即进入了成人的世界，参加工作，生儿育女。然而，家庭较为富有的青少年却拥有进入大学甚至是研究所的资源，他们的青春期被延长到20岁甚至是30岁。

成年期

如果生命历程的各个阶段都是基于生理变化，那么界定成年期会是一件非常容易的事情，无须考虑成年期究竟始于何时。在这个时期，人们大多获得了人生成就，包括追求一种职业和建立一个家庭。到此时，人格已基本上形成，尽管个体环境中的一些显著变化（例如视野、离婚或重大疾病）可能导致自我的重要变化。

成年早期

在整个成年早期，也就是40岁之前，青年们学着自己来管理日常事务，他们经常需要同时应付好几件相互矛盾的重要之事：上学、工作、伴侣、孩子和父母。在这个生命阶段，许多女性试图“同时兼顾”，这种行为模式反映了一个事实，即我们的文化将抚养孩子和家务劳动的主要责任都推给了女性，即便是她们在外工作的时候也同样如此。

成年中期

在成年中期，即大约40～65岁，人们感觉自己生命中的重要事件都已完美地完成。他们开始意识到健康的脆弱性，这是他们在年轻时通常不会去思考的事情。尤其是把自己的青春都奉献于家庭的女性会发觉，成年中期令人在情感上十分难以忍受——子女已经长大，不再需要太多照料，丈夫变得钟情于自己的事业，这都会给一些女性的生活带来难以填补的空白。许多离婚的女性还需要面对严重的经济问题。由于上述原因，成年中期的女性重返学校、寻找新的工作的情况日益增多。

对所有人来说，年龄的增长意味着经历身体衰退期，这是我们的文化给女性带来的特殊挑战。因为姣好的面容对女性至关重要，所以皱纹和白发的出现令她们内心备受打击。随着年龄增长，男性也有他们自己特殊的问题。一些人不得不承认，他们不会再追求早期的职业目标了。另一些人意识到事业上的成功已不足挂齿，家庭和个人健康才更加重要。

老年期

老年期——比成年期更晚的几年，也是生命的最后一个阶段，大概从 65 岁开始。随着人类寿命的延长，老年人口的增长速度跟全美人口的增长速度一样快。如图 3–4 所示，美国大约十个人中有七个已经达到 65 岁，老年人口的数量现在已经超过青少年的人数。到 2060 年，美国年长者的总数将再次翻倍，超过 8800 万，国内人口将有一半年龄超过 43 岁。

我们只能开始去想象“美国老龄化”带来的全面后果：越来越多的人从劳动力市场中退休，不工作的成年人——已经是 1990 年的 10 倍之多——的比例将增多，对于健康护理和其他社会产品与服务的需求不断上升。但是也许更重要的是，老龄人口会经常出现在日常生活中。21 世纪正在继续，青年人和老年人将有更多的互动。

人口老龄化是**老年学**（gerontology）的关注点，老年学是关于老龄化和老年人的研究。老年学家的研究既涉及正在老去的人口的身体方面，又涉及社会方面。

老龄化与生物学

白头发、皱纹和衰退的精力通常始于中年时期。大约在 50 岁以后，骨骼变得更加易碎，伤口愈合需要更长的时间，罹患慢性疾病（例如关节炎和糖尿病）和出现危及生命情况（例如心脏病和癌症）的风险持续增加。感觉能力（味觉、视觉、触觉、嗅觉，特别是听觉）在上了年纪后便不再那么敏锐了。

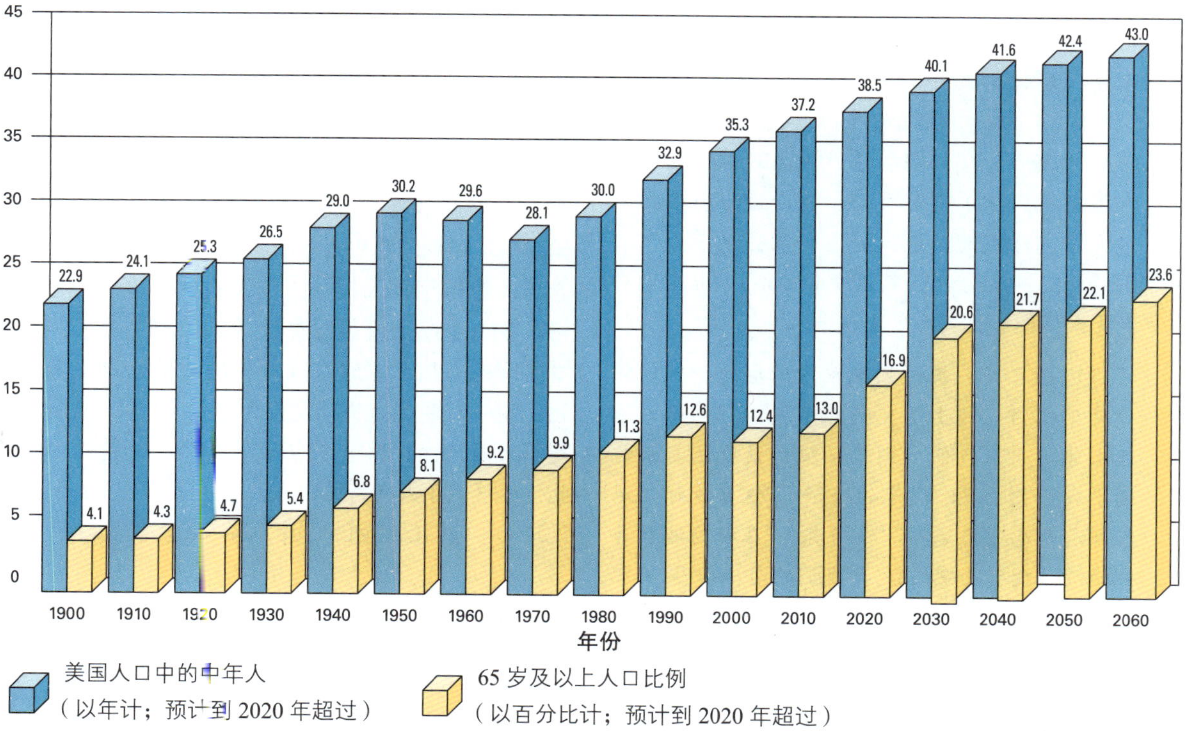

图 3–4 美国社会的老龄化

© 美国人口中超过 65 岁的比例在 20 世纪翻了三倍。中年人口现在已超过 37 岁，并将继续增长。

资料来源：U.S. Census Bureau（2014）.

即便如此，大多老年人并没有残疾，也没有因自己的身体状况而感到沮丧。2013 年，只有16%的年老者称自己无法独立行走15英里远，不到 5% 的人在医院和疗养院中要求辅助护理。大约 13% 的人在购物、做家务或其他日常活动中需要他人的帮助。总的来说，年龄在 65 岁及以上的人口中仅有 24% 的人将自己的健康状况描述为“一般”或“很差”；76% 的人都会认为自己的综合状况是“良好”到“非常棒”。平均而言，老年人的健康状况正在稳步提升中。

老龄化与文化

文化决定了我们怎样理解变老这件事。在低收入国家，较高的年龄带给人很大的影响力，并获得他人的尊重，因为年老者控制着大部分土地，从人生经历中获得了无尽的智慧。基于上述原因，前工业社会总是呈现**老人统治**（gerontocracy）的形式，在这种社会组织形式中，老年人拥有最多的财富、权力和声望。

工业化降低了老年人的社会地位，将更多的财富、权力和声望给予了年轻人。这种趋势看起来会继续下去：尽管平均而言，美国总人口正在老龄化，但这个国家的公司主管们却越来越年轻化，其平均年龄由 1980 年的 59 岁降至今天的 53 岁。在工业社会，老年人通常不跟自己的成年子女一同居住，快速的社会变迁令许多老年人所了解的事物已变得过时，起码年轻人是这样看的。那么对工业社会来说，一个最普遍的问题是**老人歧视**（ageism），也就是对老年人口的偏见与不公正待遇。

11 月 1 日，抵达斯里兰卡的堪迪。我们的小货车吃力地爬上了陡峭的山坡。在葱翠的草地上休息时，我们看到了壮观的景色，美景打断了我们关于逐渐变老的谈话。“这么说你的国家并没有老年之家？”我问道。“在科伦坡和其他城市，我确定应该有，”我们的司机回答，“但是并不多。我们不像你们美国人。”“这句话是什么意思？”我问，语气变强硬了些。他的眼睛仍然盯着道路：“我们不会离开自己的父母而独自居住。”

毋庸置疑，逐渐变老在美国是令人深思的。在我们年轻的时候，成长意味着扮演新的角色、承担新的责任。到了老年期，相反的事情发生了。人们丢弃了原来的角色，包括身份、欢愉和声望。当人们从熟悉的日常工作中退休时，有的人发现了悠闲的消遣方式和新的活动，有的人则失掉了自我价值感，承受着彻底的无聊之苦。

老龄化与收入

进入老年期意味着生活中收入的减少。然而今天，美国老龄人口的情况比以往强得多。在 1960 年，大约 35% 的老年人十分贫穷；到了 2013 年，这个数字稳定在 9.5%——比全美人口贫困率 14.5% 还要低。一代人以前，老年人承担着最高的贫困风险；而现在，这样的风险主要存在于不足五岁的儿童身上。

是什么发生了变化？数量不断增加的老年夫妻在他们工作的年头能挣双倍的工资，这让他们存下了更多钱。此外，良好的健康状况允许老年人继续工作并取得收入。政府的计划现在变得十分慷慨，因此政府全部开支的几乎一半现在都被用于援助老年人，在儿童方面的投入基本上仍然保持不变。不过，近期的经济低迷毁掉了好多这样的有利条件，人们失去了自己赖以生存的部分养老金，现在更多的工人再也没有了任何退休津贴。

如果很多老年人都相当努力，那么他们会比许多年轻人创造更多的收益。自 1980 年开始，老年人使得年收入 35 611 美元的中位数平均增长了 51%（按定值美元算）。但年龄在 25 ～ 34 岁之间的人口，家庭收入的中位数是 52 702 美元，同一时期的增长幅度仅为 1%。今天，美国老年人通常拥有超过 17 万美元的资产净值。因此，尽管老年人在持续收入上落后于年轻人，但近几十年他们已经创造了比年轻人更多的收益。

死亡与临终

纵观大部分人类历史，低下的生活水准和有限的医疗技术意味着由事故或疾病导致的死亡很可能出现在生命中的任何一个阶段。不过今天，86% 的美国人的死亡年龄超过了 54 岁。

在观察了若干个临终者后，精神病医生伊丽莎白·库伯勒–罗斯（Elisabeth Kübler-Ross）将死亡描述为一种包括五个不同阶段的有序过渡过程：第一阶段，个体通常会对死亡表现为抗拒，也许是因为恐惧，也许是因为我们的文化总倾向于忽视死亡的现实；第二个阶段是愤怒，个体面对死亡时会觉得死亡是一件极度不公平的事情；第三阶段，个体以谈判取代愤怒，这时个体幻想着拥有通过与上帝达成协议来避免死亡的可能性；第四阶段是顺从，往往伴随着心理崩溃而产生；最后一个阶段，对死亡态度的彻底调整需要无怨接受。在这一时点，个体不再被恐惧和焦虑吓瘫，他的生命正在终结，而他开始着手去寻找安宁，希望使大部分事物的时间都静止。

近期的同类研究显示，库伯勒–罗斯的解释将临终过程过于简单化了——并不是人人都会经历这几个阶段，也并非人人都按照她所描述的顺序来行事。与此同时，这项研究还帮助我们将关注点集中于死亡和临终。随着老年女性和男性数量的增加，我们可以预期我们的文化对死亡的概念将变得越来越友善。近年来，美国民众已经能够更加公开地讨论死亡，未来趋势是认为走向死亡要好于一种漫长的磨难。更多的已婚夫妇现在开始为死亡做法律上和经济上的打算。这种开放的想法可能会减少生者的些许痛苦，这是一种为女性做的考虑，女性往往要比她们的丈夫更长寿。

生命历程：模式与演变

对生命历程的总体回顾直指两个主要结论。第一，虽然生命的每个阶段都与成长的生物过程相联系，但生命历程更可谓一种社会建构。基于这个原因，其他社会中的人很可能经历一个十分不同的生命阶段，就此而言，也可能所有阶段都不尽相同。第二，在任何社会中，生命历程的各个阶段都会呈现出特定的问题和过渡，这包括学习新的事物，或者更多时候是没有习得通晓的常规。

社会依据年龄来划分生命历程，而诸如阶层、种族、族群和性别等其他力量同样会形塑人们的生活。这就是说，本章中所描述的基本模式对于各种不同类型的人而言，其适用程度或多或少会有所不同。

人的生活经历同样千差万别，这取决于在社会发展历史中他们出生于哪个时期。**世代群**（cohort）就是在某些方面非常相近的一类人，通常年龄相仿。因为同属于某个特定年龄群体的成员一般会受到同样的经济和文化潮流的影响，所以他们倾向于拥有相似的态度和价值观。例如，出生在 20 世纪四五十年代的人，成长于经济扩张的时代背景下，这使得他们具有乐观的态度。而今天的大学生成长在经济不确定的年代，所以他们对未来欠缺信心。

再社会化：全面制度化

社会化的最后一种类型是 300 万名以上的美国人都经历过的，它包括被囚禁——往往与自己的意愿相违背——在监狱中或是精神病院 。这是一个**全面制度化**（total institution）的世界，在这种设置中，人被从社会中隔离开来，并被行政管理人员操控。

根据欧文·戈夫曼的说法，全面制度化有三个重要特征。其一，管理人员监控日常生活的所有方面，包括居民（常被叫作“犯人”）在何时何地吃饭、睡觉和工作。其二，全面制度化之下的生活是被控制的，也是标准化的。每

◎ 世代群是指一群拥有共同生活经历、年龄相仿的人。就像 20 世纪 60 年代滚石演唱会上的观众，当时他们大多是青年，如今这些乐队的诸多粉丝仍然是那群人，但他们都已经 60 多岁了。同样，米克·贾格尔（左）已经 70 多岁了。

◎ 电视剧《女子监狱》(*Orange Is the New Black*)向我们展示了监狱里的世界。监狱是一个全面制度化的典型。在监狱里，犯人们穿着同样的衣服，在狱警的直接监视和控制之下每天重复着同样的活动。我们能想象监狱会对犯罪的年轻人做些什么？你认为监狱在多大程度上跟我们想象的一样？

个人摄取同样的食物，穿着一样的制服，从事一样的活动。其三，正式规则支配着犯人每天例行公事的时间、地点和方式。

这种严格纪律的目的就是**再社会化**(resocialization)，通过谨慎的控制环境来彻底改变一个犯（病）人的人格。监狱和精神病院用围栏、有木栅栏的窗户和锁住的门来将犯人进行物理隔离，限制他们接触电话、邮件和来访者。这些设置就是他们的整个世界，工作人员很容易改变犯人的人格，或者至少令他们服从。

再社会化是一个包含两部分的过程。首先，工作人员要瓦解掉新来的犯人的原有身份。举例来说，犯人必须上交个人财物，包括衣服和用以保持个体独特样貌的装饰物。取而代之，工作人员提供给犯人标准化服装，这样每个人就看起来都一样。工作人员要求新来的犯人“自我禁欲”，这包括搜身、剃头发、药物检查、录指纹以及安排编号。一旦进入高墙内，个体就失去了隐私，因为看守们会例行公事地巡查他们的居住空间。

第二，工作人员还试图通过一套奖惩系统来建立犯人新的自我。对于高墙之外的人来说，读书、看电视或是打一通电话看起来是一种极小的快乐，可是在全面制度化的严格环境之下，获取这种简单的特权是犯人们保持顺从的强大动力。被关押的时间通常取决于犯人对工作人员的配合程度。

可是其他人呢？社会化是会碾碎我们的个性，还是会使我们发挥出自己富有创造性的潜能？以下的“争鸣与辩论”专栏将深入讨论这个问题。

争鸣与辩论

我们在社会中是自由的吗

麦克：社会学真是一门有意思的课程。自从我的教授告诉我们如何以社会学的眼光来看待世界，我就开始意识到“我是谁”“我在哪里”等问题都要从社会中找答案。

科姆：(偷笑)哦，这么说是社会让你变得这么聪明、这么机智，而且这么帅了？

麦克：不是这个意思，那些都是我的特点。但是我发现，念大学和踢足球可能并不全是我的特点。我是说，起码这跟社会阶层和性别有关。人们是什么样的，同他们生活于其中的社会分不开。

本章强调了一个关键主题：社会形塑了我们的所思所感和所作所为。如果真是这样，那么我们究竟在哪种意义上是自由的呢？为了回答这个重要的问题，想一想木偶家族，我们从小就记住的那些电视电影里的木偶明星。观看青蛙柯米特、猪小姐和其他戏剧角色的滑稽表演时，我们几乎相信它们就是真实的，而不是后台或台下那些被控制的物体。社会学的视角指出，人类就像木偶一样，我们也受控于舞台背后的力量。毕竟，社会赋予了我们文化，并且用阶层、种族和性别塑造了我们的生活。若真如此，我们还能称自己是自由的吗？

社会学家以不同的理论回答了这个问题。政治自由主义者的答案是，个体在社会中并无自由——事实上，作为社会的产物，我们永远都不会自由。但是假如我们不得不生活在一个权力笼罩着我们的社会中，那么有一件十分重要的事需要我们去做，那就是让我们的世界变得更具有社会公正性。我们可以努力去降低不平等、致力于削弱阶层差异，排除那些对包括女性在内的少数人群体的机会存在限制的障碍。一个更保守的答案是，没错，社会确实塑造了我们的生活，但是我们同时也该意识到我们仍然能够保持自由。因为首先，我们相信自己有自己的生活方式，从这个意义上来说社会看起来并不是压迫性的；其次，就算我们在我们不愿接受的社会壁垒下前进，我们仍然是自由的，因为社会永远不能控制我们的梦想。我们的国家从革命到建立，尽管充满曲折，但她的历史充满了一个又一个关于人民不懈追逐个人目标的故事。

上述讨论都可以在乔治·赫伯特·米德对社会化的分析中找到。米德明白，社会向我们提出要求，有时制约了我们选择的自由。但他同时看到，人类是自然且富有创造力的，有能力去适应社会，既能接受社会的制约又能努力带来改变。米德意识到了社会的力量，同时仍肯定了人类具有评价、批判以及最终选择和改变的能力。

在增进了对社会塑造我们生活的理解后，这有没有给予我们更大的"剪断牵线"的力量，让我们决定自己的生活状态？

也许到最后，我们或许看起来很像木偶，但是这种感觉只是表面上的正确。至关重要的区别在于，我们有能力停下来，抬头看一看牵动我们的"那根线"，然后决定我们应如何看待它，甚至大胆地反过来拉一拉这些线。如果我们的拉力足够强大，我们就能做到比想象中更多的事。正如玛格丽特·米德（Margaret Mead）曾经强调的："永远不要去怀疑少数深思熟虑且坚定的民众能够改变世界。确实，这件事从来都如此。"

你怎么想

1. 你是否认为我们的社会给予男性的自由多于女性？为什么是，或为什么不是？

2. 你认为社会中的大多数人能否控制自己的生活？为什么？

3. 学习了关于社会化的知识，是增强还是减少了你对自由的感受？为什么？

日常生活中的社会学

Society: The Basics

我们什么时候长成大人

正如本章中解释的，许多要素都参与到我们从生命的一个阶段向另一个阶段发展的过程中。从全球看来，我们社会的不寻常之处在于，并没有一个事件清晰地告诉大家是否抵达了成年期的里程碑。有很多重要的事情可以算是，比如说，当人们完成了高中学业（毕业典礼）或者进入了婚姻殿堂（婚礼）。看一看下面展示的这些图片。从每一张图片中，我们能在多大程度上看出社会界定了从生命的一个阶段向另一个阶段的过渡过程？

◎在亚利桑那州的圣卡洛斯保护区，年轻的阿派奇姑娘跳起了日出之舞，这标志着她们向成年期的过渡。根据阿派奇民族的传统，一位老年人认真地绘制了一幅画，画中每个姑娘都拿着一个特殊物体，它象征着女孩对健康长寿和心情愉快的生活的向往。世界上许多社会将这样的成年仪式举行时间安排在女孩第一个月经周期中。你认为他们为什么会这样做？

◎在生活于埃塞俄比亚奥莫谷的哈默人中，年轻的男孩必须要经历一个测试才能完成他们向成年男性的转变。通常当男孩表达自己想要结婚的愿望时，这个测试就被启动了。这个社会中的每个人都会见证这一仪式，男孩必须跃过女孩家挑选出来的排成一排的公牛。如果他能够成功三次，那他就可以被宣布成了一个男人，婚礼也将举行（标志着女孩向女人的转变）。我们的社会有没有什么与此类似的仪式或事件，标志着我们向成年期的转变呢？

◎这些生活在韩国首尔的青年男女正在参加儒家仪式，这标志着他们变成了成年人。这项仪式在人们20周岁生日时举行，它将年轻人界定为社会中的完全行为人，并提醒他们应当承担起社会所期望他们承担的责任。假如在我们国家也有一个这样的仪式，它应该在什么年龄举行呢？个体的社会阶层会对这项仪式的时间产生影响吗？

提示

每一个社会建构生命历程的方式都各不相同，包括生命中有哪些阶段被定义为非常重要，不同的阶段对应生命里的哪几年，以及从一个阶段到另一个阶段的明确过渡标志是什么。基于文化上对个体选择和个体自由的强调，许多人会说“你感觉你几岁，你就是几岁”，并且也会让大家自己来决定这些事情。步入成年期后，我们的社会却并没有明确呈现——本章中的专栏指出了进入成年期包含了诸多要素。所以说我们在图片中看到的这些流行的“成人仪式”其实在我们的社会中并不存在。要记住，对于我们来说，阶层在这个过程中发挥着很大作用，富裕家庭的青年待在学校，直到他们到了20岁甚至30岁才会全面进入成年期。最后，在经济不景气的年头，年轻人到了20多岁仍与父母同住的比例高居不下，这将会延迟整整一代人进入成年期的时间。

从你的日常生活中发现社会学

1. 放眼美国各州，很多家庭为庆祝年轻人从高中毕业而精心策划着大聚会。从哪些方面来说这种事件可被视为标志着个体进入成年期的仪式？人们是否将高中毕业作为标志着成年期开端的事件？在这方面，社会阶层会如何产生影响？

2. 从哪种意义上来说人类是自由的？阅读完本章后，请你说说你认为自己能够在多大程度上决定自己的生活。请注意，本章中提到的一些学者（例如西格蒙德·弗洛伊德）曾认为社会对我们自由行动的能力存在严格的限制；相反，还有一些学者（特别是乔治·赫伯特·米德）宣称人类拥有十分重要的创造力。你对人类自由的程度有什么自己的见解？

第 4 章

日常生活中的社会互动

通过本章，我们能够：

◎ 解释社会结构如何帮助我们理解日常生活情境；

◎ 说明地位对于社会组织的重要性；

◎ 说明角色对于社会组织的重要性；

◎ 描述我们是如何建构社会现实的；

◎ 运用戈夫曼的理论来分析一些生活中熟悉的场景；

◎ 对日常生活的以下三个方面：情感、语言和幽默进行社会学分析。

社会的力量：引导我们如何建立社交网络

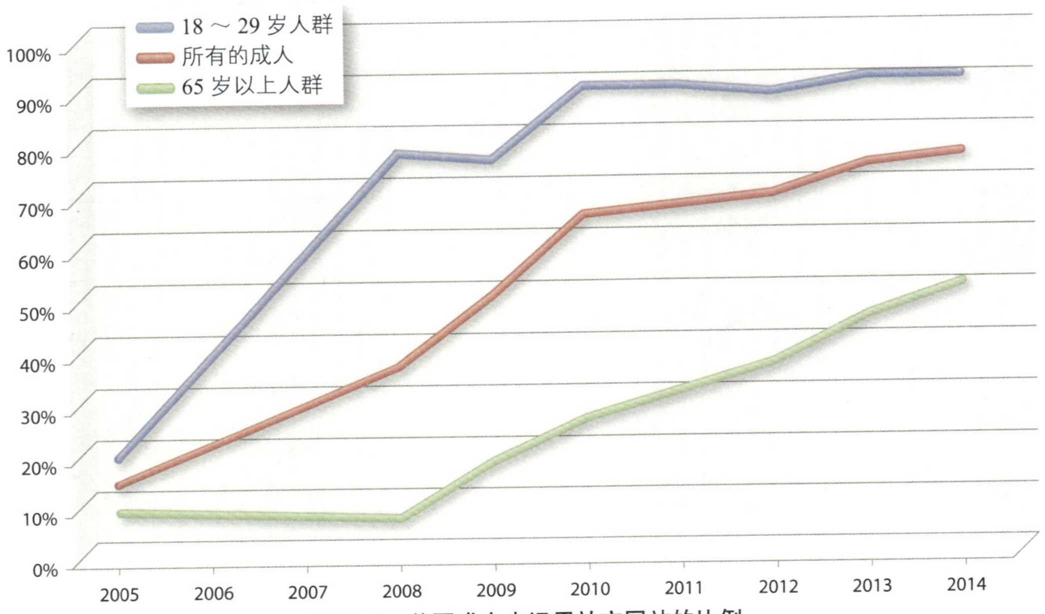

图 4–1　美国成人中运用社交网站的比例

资料来源：Pew Research Center（2014）.

我们总是以为，运用社交网站是一种个人选择，可事实是否真的如此呢？在 2005 年，只有 10% 的美国成人使用诸如 Facebook 这样的社交网站；到了 2014 年，大约每四个美国人中就有三个使用社交网站。但是，年龄成为预测社交媒体使用者的风向标：65 岁及以上人群中使用社交网站的比例不足一半，而 18 ～ 29 岁人群中使用社交网站的比例则高达 89%。

本章概要

本章从微观的角度来观察社会，考察了日常社会互动的模式。首先，本章界定了一些重要的社会结构单位（如地位、角色），它们引导着我们的行为并将我们与他人联系起来。其次，探讨了我们是如何在社会互动中构建社会现实的。最后，将上述学习要点应用于三种日常体验——情绪、性别及幽默。

哈罗德与希碧正驱车前往位于佛罗里达州劳德尔堡的朋友家中。他们费了很大的劲来寻找棕榈街，但 20 分钟过去了，还是没找到。

“哈罗德，你看，”希碧忍不住发话了，“前面有人，我们去问问路吧。”听到这里，哈罗德狠狠地把住了方向盘，并开始低声抱怨：“我知道我在哪儿，我可不想跟陌生人浪费口舌！跟着我没错的！”

“我知道，你明白现在身处何处，哈罗德，”希碧双眼直视前方回应道，“但是，我认为你并不清楚你要去哪里。你怎么就不买台车载导航仪呢？”

此刻，哈罗德与希碧已经多次迷路了。他们不明白为什么对于目前的状况越来越生气，并开始相互埋怨。

究竟怎么了？像大多数男人一样，哈罗德不能忍受自己迷路。绕的弯路越多，对自己就越不满意。而让希碧无法理解的是，哈罗德为何就不能停下车来，询问一下怎样前往棕榈街。希碧心想，如果由她来开车，肯定早就到达目的地了，也许现在正舒舒服服地跟朋友聊天呢。

为什么男人都不愿问路呢？因为男人更渴望彰显自身的能力与独立，这使得他们只要一寻求帮助就会浑身不自在，也不愿接受他人的帮助。此外，向某人寻求帮助，就意味着“你知道我所不知道的”。如果能够再多给哈罗德一些时间，让他自己找到那条街，并且在整个过程中维护其自尊，那么这才是哈罗德认为的正确方式。

而女人们则更倾向与他人保持一致，努力与外界保持联系。在希碧看来，求助才是明智之举，唯有通过信息交流才能建立与社会的联系，顺利完成任务。因此，希碧认为，问路就像哈罗德坚持要自己找路一样，再自然不过了。显然，如果双方无法理解对方的想法，迷路就必然会带来矛盾。

诸如上述的生活体验正是本章的重点。核心概念为**社会互动**（social interaction），指的是人们在与他人的联系中如何采取行动并做出反应的过程。首先，我们提供给大家几个重要的社会学概念，它们是构成日常体验的基石；然后，再让我们共同踏上一条神奇之旅，来看看面对面的互动是如何创造我们的生活现实的。

社会结构：日常生活的指南

10 月 21 日，越南胡志明市。今早我们离船上岸，沿着码头前往胡志明市——这个曾被一代人称为西贡的市中心。政府门前的警卫透过厚重的铁门向我们挥手，而栅栏外挤满了揽客的车夫，他们都驾着越式出租车，即前部置有小型车厢的改装自行车。在接下来的 20 分钟里，我们不断地向这些脚踩踏板、等待生意的车夫们摆手、摇头以示拒绝。这种压力着实让人不舒服。当我们打算穿过街道时，居然发现没有任何交通信号灯或驻足标识，而来来往往的自行车、摩托车、越式出租车和小型货车在整个街道上川流不息。当地人似乎早已习以为常，横穿街道时会在随时可能逼近他们的车辆洪流之中寻找相对安全的地段行走。直接走入车流中？还背着我们的孩子？没办法，我们确实是这样做的。在越南，就得这么干才行。

每个社会成员必须依赖社会结构（关于想法与行动的文化模式）才能明白各种日常情境的意义。大家从上述我们在越南街头的感受中可以看到，当社会规范不清晰时，这个世界有时候是令人困惑的，甚至是可怕的。那么，现在就让我们仔细看看社会是如何确立日常生活规范的。

地位

在每个社会中，人们都会运用**地位**（status，即个人所拥有的社会位置）来构建他们的日常生活。这个词通常也意味着“声望”。譬如，我们会说，与一个刚录用的助教相比，大学校长的地位更高。但就社会学的意义而言，校长和教授只不过是在高校体系中占据了不同位置而已。

地位作为我们社会认同中的一部分，有助于界定我们与他人的关系。正如社会学奠基者之一的齐奥尔格·西美尔（Georg Simmel）所指出的，在与他人交往之前，我们需要知道这个人是谁。

地位丛

我们每一个人都会同时拥有许多地位。**地位丛**（status set），则是指个人在特定时间内所拥有的全部地位。一位少女可能既是其父母的女儿，又是其弟弟的姐姐，同时还是学校的一名学生，以及其所在足球队的守门员。

地位丛会随着生命过程的变化而变化。孩子长大后会为人父母，学生毕业后可能成为律师，单身贵族结婚后会成为人夫（或妇），而丧偶或离异则使人回到单身状态。同样地，加入社团或找到工作，将会扩大我们的地位丛；一旦退休或离开社团，我们的地位丛就会相应地缩小。这样，随着生命历程的发展，人们在不断地获得或失去许多地位。

先赋性地位与自致性地位

社会学家根据人们获得地位的方式，将地位划分为**先赋性地位**（ascribed status）与**自致性地位**（achieved status）。前者是指个人与生俱来的，或通过后天努力也无法改变的社会地位。譬如，女儿、古巴人、青少年或寡妇。先赋性地位的重点在于，获得该地位时，我们几乎没有任何选择的余地。

相反地，自致性地位指的是个人自愿获得的、能够反映其能力与努力的社会地位，诸如荣誉学生、奥运选手、护士、软件工程师、警官、小偷等都属于此范畴。

当然，在真实世界中，多数地位往往是先赋性地位与自致性地位的综合体。换言之，人们的先赋性地位会影响到其后天获得的地位。比如，拥有律师地位的人往往出生于相对殷实的家庭。类似地，越是不如意的地位（如罪犯、吸毒者、失业人员），则越可能由来自贫困家庭的个人获得。

主要地位

通常，某些地位会比其他的地位更为重要。**主要地位**（master status）是指对于社会认同极其重要的、贯穿个人整个生命过程的一种社会地位。对多数人而言，职业是一种主要地位，因为它充分体现了个人的社会背景、受教育程度及收入等信息。而在某些场合里，姓名则可能成为一种主要地位。比如，如果你是布什或肯尼迪家族的成员，那就可能获得更多的关注与机会。

主要地位不仅会带来积极的影响，还会带来消极的影响，比如，某些重病。有时候，人

地位 个人所拥有的社会位置

先赋性地位 个人与生俱来的，或通过后天努力也无法改变的社会地位

自致性地位 个人自愿获得的、能够反映其能力与努力的社会地位

地位丛 个人在特定时间内所拥有的全部地位

主要地位 对于社会认同极其重要的、贯穿个人整个生命过程的一种社会地位

们会因为癌症或艾滋病而疏远这些患者，即使他们是自己最好的朋友。又比如，所有的社会中，妇女的机会都是有限的，这种事实使得性别成为一种主要地位。甚至有时候，身体的残疾也会成为一种主要地位。尽管我们只是关注他人的残疾，不过这样也很不人道。“多样化思考”专栏将会向我们详细呈现这一过程。

角色

第二个重要的社会结构单位是**角色**（role），

角色 拥有特定社会地位的个人所期望的行为

角色丛 由单一地位所衍生的一系列角色

指的是拥有特定社会地位的个人所期望的行为。个人拥有地位并履行角色。例如，处于学生的位置，使得你必须履行上课和完成功课的角色。

地位属性与角色都会因文化的不同而有所差异。在美国，叔叔这一地位既可以指你父亲的兄弟，也可以指你母亲的兄弟；而在越南，叔叔这个词在父亲和母亲家族中的含义不尽相同，故双方承担的责任也各异。在每个社会中，

多样化思考：种族、阶层和性别

当身体残疾作为一种主要地位时

在某些人的眼里，身体残疾就如同种族、阶级或性别一样，成为界定他人的标志。在以下访谈中，两名妇女为我们揭示了身体残疾是如何成为主要地位的，即身体残疾掩盖了她们的其他特征。

第一位被访者：唐娜·芬奇，29 岁，盲人，拥有社会工作专业硕士学位，现与丈夫、孩子住在俄克拉何马州的摩斯科格镇。

“多数人并不期望残疾人长大，总把他们当作孩子……他们认为残疾人不该有约会，也没必要工作，甚至认为最终会从这个世界上消失。我并不是说，每个人都是如此。但就我自身而言，相较于其他孩子，我心智成熟得更早，而感情方面则较晚熟。直到最近的四五年，我才感受到世界的真实模样。”

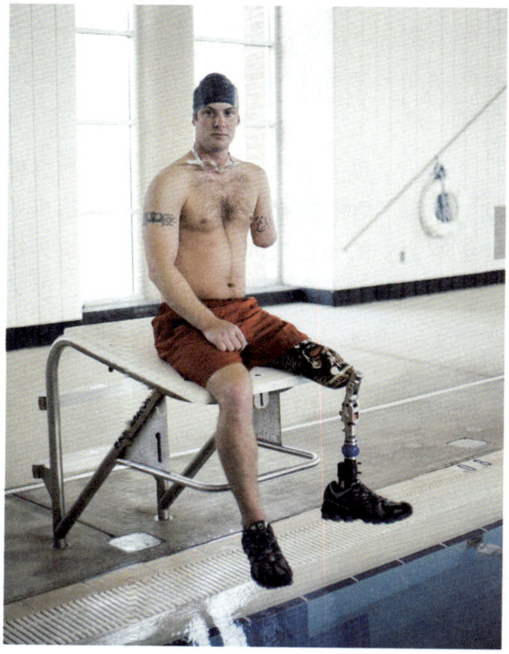

◎现代技术使得大多数因战争被截肢的士兵存活下来。你认为，失去手臂或大腿会如何影响一个人的社会认同和自我认同呢？

第二位被访者：罗丝·赫尔曼，已退休，盲人，同时还患有脊髓脑膜炎，现居于纽约市郊。

“你可能会问我，现在的人们是否与 20 世纪二三十年代的人有所不同。实际上，差不多——他们仍然惧怕残疾人。我不清楚用‘惧怕’这个词是否准确，但至少让人觉得不太舒服。可是，这种感觉我还是能理解的，因为我也曾经历过。有一次，我向一个人问路，想知道乘坐哪部电梯才能由地铁站直达街面。于是他开始给我指路，可我听得一头雾水。所以，我就问‘你能给我带路吗’，他欣然应允，并一把扶住我。碰巧我的导盲犬也在同一边，我就请他扶住我另一条胳膊。只听他说，‘不好意思，我只有一只胳膊。’我连忙答道，‘没关系，我握着你的夹克也行。’说实在的，握着一个空荡荡的没有胳膊的袖子，太滑稽了。”

你怎么想

1. 是否出现过疾病或残疾对你的生活造成重大影响的状况（即当疾病或残疾成为一种主要地位时）？如果有，他人的反应如何？

2. 上述这种主要地位是如何影响某些人的品格的？

3. 过度肥胖（或瘦弱）是否能成为一种主要地位属性？请说明原因。

资料来源：Orlansky and Heward（1981）.

尽管有些社会允许对于一个角色能够有更多的个性表达，但实际的角色表现会根据个人的特质而表现出差异性。

角色丛

由于我们会同时拥有众多地位（即地位丛），因此每天的生活就是多种角色的集合。罗伯特·默顿（Robert Merton）引入了**角色丛**（role set）这个概念来概括由单一地位所衍生的一系列角色。

图 4–2 向我们展示了一个人同时拥有的四种地位属性，及其各自衍生的一系列角色丛。首先，这位女士作为一名教授，会以教师的角色与学生互动，同时以同事的角色与其他学院的人员交流。其次，在作为研究者开展工作时，她会以实地调研者的角色收集与分析资料，并利用这些资料完成她的著作（此时的角色是作家）。再次，她还是妻子，这种地位属性使她拥有婚姻角色——对她丈夫而言，既是爱人又是性伴侣，双方共同承担家务劳动。最后，这位女士还处于“妈妈”的位置，使得她承担照顾孩子的责任（母亲的角色），同时对于居住社区内的学校及其他组织扮演者公民的角色。

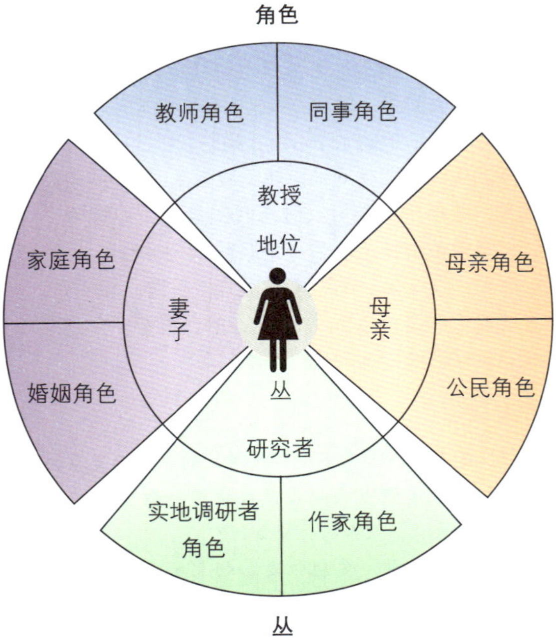

图 4–2　地位丛和角色丛

© 地位丛包含了个人在特定时期所拥有的所有地位。地位丛界定了我们在社会中的身份，而与每种地位相联结的众多角色限定了我们的行为。

综观之，人们用以界定其生活的主要角色在每个社会都不尽相同。在收入较低的国家，人们在学生角色（教育）上花费的时间较少，家庭角色对于社会身份往往意义重大。而在收入较高的国家里，人们在教育上投入的时间较长，家庭角色对于社会身份的意义自然就不那么重要。这种差异性还表现在家务劳动的分配上。

角色冲突与角色紧张

在高收入的现代化国家中，人们普遍感到各种地位与角色所带来的责任间的挤压。就像大多数母亲所证实的，既要抚养子女，又得在外工作，确实让人身心疲惫。当然，目前有越来越多的父亲也加入此行列。其实，这就是社会学家所界定的**角色冲突**（role conflict），即两个及以上的地位所衍生的角色之间的冲突。

当我们试图对自己所拥有的众多角色逐一做出反应时，会让人不知所措，此时便陷入一种角色冲突的状况。对角色冲突的反应之一，就是抉择哪些角色是不得不放弃的。比如，由于忙乱的竞选议程干扰了正常的家庭生活，不止一个竞选者决定放弃参选。人们也会为了能够继续停留在事业成功的“快车道”上而推迟生育。

即使是单一地位所衍生的角色之间也可能发生冲突。**角色紧张**（role strain），是指由单一地位所衍生的角色之间的紧张。比如，一位大学教授平时很乐意与学生们打成一片，但又必须与学生保持一定的距离，这样才能保证对所有的学生一视同仁。简言之，即使是扮演附属于同一地位的不同角色，有时也是左右为难的权衡过程。

减小角色冲突的策略之一在于，将我们的生活进行分区。这样，我们就能在一定的时空扮演一个地位属性所要求的角色，而在另一个

角色冲突　**两个及以上的地位所衍生的角色之间的冲突**

角色紧张　**由单一地位所衍生的角色之间的紧张**

完全不同的情境下扮演另一个地位属性所要求的角色。这与我们熟知的“回家不工作，工作不想家”的道理是一样的。

角色隐退

在海伦·罗丝·富赫斯·伊博（Helen Rose Fuchs Ebaugh）由一名天主教修女成为大学的社会学者之后，她便以自己的亲身经历来研究角色隐退，即人们从重要的社会角色中脱离出来的特定过程。通过研究诸如前修女、前医生、前夫、前酒鬼等一系列带有“以前”色彩的角色，她找到了成为“以前”角色过程中的共同特征。

在伊博看来，当人们开始怀疑自己是否还有能力继续扮演某种特定角色时，这个过程就开始了。人们会一直在心中描述替代性的角色，但当此想法发展到极致时，他们便决定开始追求新的生活。即使开始新的生活，以前的角色仍继续影响人们的生活。以前的种种烙印会通过早期的角色阻挠自我印象的更新。譬如，以前曾为修女的女性可能不敢轻易尝试时髦的着装。

这种“以前”角色也使得人们必须同早期结识他们的个人重新建立联系，并且还得面对学习新的社会技巧的挑战。例如，伊博在报告中指出，数十年后，当前修女们在教堂约会时，她们会吃惊地发现，少女时所了解到的两性交往规范与现在的情形大相径庭。

现实的社会建构

1917 年，意大利作家路伊吉·皮兰德娄（Luigi Pirandello）写了一部名为《诚实的快乐》（*The Pleasure of Honesty*）的话剧。剧中的主人公安吉洛·鲍多维诺（Angelo Baldovino）才华横溢，人生阅历丰富。当安吉洛·鲍多维诺踏入伦尼（Renne）的豪宅时，他以一种奇特的开场白来介绍自己：

> 我们总在塑造自己。让我来解释一下为什么。当我一踏入这个家门，我就迅速变成我应该且能够表现出来的样子——这就是自我塑造。换言之，站在你们面前的我，取决于我期望与你们建立什么样的关系。当然，反过来你们也是如此。

安吉洛·鲍多维诺的自我介绍提示我们，尽管行为由地位与角色所主导，但我们依然能够塑造自我，决定不同场合中事件的发展。或者说，“社会事实”并非像我们所认为的那样一成不变。

“现实的社会建构”（social construction of reality）这个词语概括了人们通过社会互动，能动地创造社会现实的过程。这个理念为第 1 章的符号互动理论奠定了基础。正如安吉洛·鲍多维诺所暗示的，在每个人的心中总有一小部分“社会现实”不那么明确，尤其是在陌生的环境中。因此，我们会根据情境与目的来呈现自我，并努力把握事态的发展。当他人也有类似反应时，社会“现实”便形成了。实际上，社会互动是一种复杂的协商过程，社会现实便是在这种协商中构建起来的。我们至少对大部分日常情境中正在发生的事件进行协商。但人们如何看待事件的结果，则取决于其各自的背景、兴趣与意图。

通常被人们称为“街头烦恼”（拦路虎）的现象，实际上就是构建社会现实的表现形式之一。在皮瑞·托马斯（Piri Thomas）的传记文学《走进阴暗的街道》（*Down These Mean Streets*）中，皮瑞·托马斯回忆了在西班牙黑人社区中的一次遭遇。傍晚，年轻的皮瑞·托马斯正在回家的路上，突然发现当地帮派的头目温科拦住了他的去路，并被其手下包围了。

> “约翰尼·格林戈先生，你有什么要说的吗？”温科故作漫不经心地问道。
>
> “想清楚了，”我在心里对自己说道，“一定得设法冲出他们的包围，我会没事的。”“我想，作为第 104 大街的人，想必你们都听说过，”我顿了一下，“许多街头帮派之所以能够取胜，靠的就是一拥而上，然后拳打脚踢。你们不会也想这样吧？”我希望这番话能迫使温科走出来跟我单打独斗，以证明他自己不是以多欺少。但他的表情没有丝毫的改变。
>
> “也许，我们并不这么看。”

中计了！我在心中暗自高兴，这个家伙乖乖地掉进了我的圈套……

“我当然不是说你，”我顺势答道，“在我们那儿，他们就是这么干的。”

温科开始有点不安，一声不吭。无疑，我的话语击中了他的软肋。他手下的喽啰们现在都将目光投向了我——与对我群起而攻之相比，他们倒更愿意看我俩一决高下。“就按你说的做。”温科回答道。

我知道，我已经赢了。当然，还是有一场恶战等着我。但是，这比同时应付十个甚至更多的小混混，一对一的打斗要好得多。如果我输了，我肯定会被他们揍一顿；如果我赢了，也许仍不可避免地要被揍——意识到这一点，我接下来的措辞格外小心。“其实，我既不认识你，也不认识你的手下。但是，我觉得他们很了不起，一点也不像小流氓。”

当我提到“他们”的时候，故意把温科划到这个圈子之外。这样，温科和他手下的小混混被我成功地分裂为两个阵营。因此，温科就不得不独自出来，接受我的挑战。对于他自己及其手下，这都是一种实力的证明。当然，他还得保住他的地盘。温科从门口的台阶上走了下来，问道：“单挑？格林戈？”

上述情景极具戏剧性——时而一触即发，时而峰回路转。人们就是在这样的过程中能动地建构社会现实的。当然，并非所有情景中每个人的身份都是平等的。假设在皮瑞与温科单挑时，警察驱车而至，这两个年轻人的恩怨估计就得在监狱中才能了结。

托马斯定律

通过与黑帮首领温科的斗智斗勇，皮瑞·托马斯最终获得了整个帮派的认同。上述发生在西班牙黑人社区的一幕，正是托马斯定律的鲜活再现。**托马斯定律**（Thomas theorem）因其创始人 W.I. 托马斯（W.I.Thomas）而得名，是指假定真实的情境在其结果中也是真实的。

应用到社会互动中，托马斯定律则意味着，尽管社会现实由于其可塑性在初期具有一定的“弹性”，但最终它在结果上会逐渐趋于稳定或一致。如上所述，当地的帮派成员看到皮瑞·托马斯敢于挑战时，皮瑞·托马斯在他们眼中就是值得尊敬的。

常人方法学

大多数时候，我们认为社会现实理应如此。为了更有利于了解我们所创造的世界，哈罗德·加芬克尔（Harold Garfinkel）在 1967 年首创了**常人方法学**（ethnomethodology），以研究人们是如何理解日常生活中的共同情境的。这种方法的前提认为，人们日常的行为互动主要依赖于一些共同的假定。例如，当你向某人提到“你好吗”这个简单的问题时，通常你只是想大致地了解这个人的近况，但也可能你的确想知道这个人是否有身心困扰或手头紧张。然而，对于被问者而言，他可不认为你会对他这些鸡毛蒜皮的小事感兴趣，你只不过是“客套”而已。

有目的地打破常规这一法则，是揭示我们日常共同生活假定的方法之一。例如，当下次

◎ 在现实的建构中，调情是再平常不过的经历了。男女向对方做出浪漫的暗示，双方各自心领神会，然而，这种互动必须在暧昧而轻松的氛围中进行，以便双方能够无所顾忌地及时脱身。

别人向你打招呼时，你就把你最近一次的体检结果一项项地告诉他，或者详细描述早上醒来之后你的种种遭遇，看看这个人的反应如何。同样地，为了试探谈话时人们所能忍受的最近距离，你也可以在对话过程中慢慢地向对方靠近，通过对方的反应来做出判断。

实际上，我们对日常互动的“游戏规则”都了然于心，因此上述行为的结果可想而知。对方极有可能会被我们的意外之举弄糊涂或激怒，然而，对方的这种反应不仅让我们知道互动规则的具体内涵，也让我们明白这些规则对于日常现实的重要性。

现实的建构：阶层与文化

人们并不是空穴来风地构建日常的体验。我们在具体情景中的行为与看法取决于个人的兴趣。譬如，在繁星点点的夜晚仰望天空，恋人们会感受到浪漫，科学家们则会发现氢原子融合为氦气的过程。社会背景也会影响到我们的看法，这也就是西班牙黑人区的居民与曼哈顿的富有阶层相比，感受迥异的原因。

社会现实的构建在全球范围内差别更大。让我们来看看下面这些生活场景：在伦敦，候车的人们通常会有序地排队等待上车，而在纽约却很少看到这种现象；在沙特阿拉伯，法律禁止妇女驾驶车辆，而这道禁令在美国则是闻所未闻；在美国，“短途步行”也就是穿越几个街区或是几分钟的路程，而在秘鲁的安第斯山脉，则意味着好几英里的山路。

关键在于，人们往往是根据自己身边的文化来构建社会现实的。第2章曾解释过，一些特定的姿势在不同地域的含义也不尽相同。因此，缺乏经验的游客往往会陷入一种不受欢迎的、自己也不愿看到的状况。类似地，在一项大众文化的研究中，乔艾伦·夏弗利（JoEllen Shively）分别向欧洲绅士、美洲土著男子放映同一部西方影片。结果发现，这两组被试都声称很喜欢这部影片，但原因各异。白人男子认为这部影片讴歌了西部开拓者及其征服自然的精神，而美洲土著男子则在这部影片中看到了一场土地与自然的庆典活动。正是迥异的文化背景，导致他们对影片的不同看法。

除此之外，影片还对我们的现实生活起到了反作用。在2012年，纽约残疾人电影节放映了有关自闭症、失明、脑性麻痹和精神疾病的影片。其他十个城区也放映了这些影片，激发了大众对于这些应对重大个人挑战的特殊人群及其家庭的关注。

社交媒体越来越重要

现实的社会构建通常以面对面的社会互动为主。但是近年来，计算机技术正在介入这一过程。**社交媒体**（social media）被界定为联结人们与社会活动的技术。尽管早期的社交媒体是以报纸和其他印刷媒体为代表，但由于计算机技术能够联结更多的受众而后来者居上。同时，以计算机为基础的技术强调互动性，这就使得个体不仅是接收信息，还能向他人发送信息。

在过去，当人们因共同的兴趣爱好而组成一个社团时，他们需要集中于一个特定的地域。即使是在二三十年前，也很少有人料想到计算机技术为社会互动带来翻天覆地的变化。当然，现在大多数国家的人们都可以参与各种各样的网络社区，与世界各地的志同道合者交往。这些社交活动的参与者可能来自地理空间的任何一个角落，他们可能早就相识，或者素未谋面。

公众对于社交网站使用数量的激增见证了社交媒体的扩张。Facebook于2004年正式运营，如今在全球范围内已有14亿的用户。类似地，Twitter在2006年作为一款社交与微博系统首次启动，用户能够以此发送和接受短信息。如今，其注册用户已激增至2.88亿。

有些社会学家认为，社交媒体的出现将人们以一种新的方式联结到一起，但同时也削弱了同一地域内人们的社会联系。比如，在大学宿舍中，近在咫尺的两位舍友各自忙于跟网友互动而几乎不曾关注对方。90%的美国成年人坦言，自己常常因家人使用电子设备（沉浸在网络世界）而被忽略。这种争论跟100多年前电话技术普及之时如出一辙。

社会的每一次重大变革都将引发争议和讨论，社交媒体的崛起也不例外。但是，毋庸置疑的是，这种趋势正在重塑日常生活的方方面面，无论是人们进行社会运动的方式还是寻求浪漫的途径。

拟剧论的分析：自我呈现

欧文·戈夫曼也是一位研究社会互动的学者，他认为人们的日常互动就如同舞台上的角色扮演。假设我们以导演的角色来观察日常生活的舞台，实际上我们就是在进行**拟剧论分析**（dramaturgical analysis），即从剧本角色扮演的角度来研究社会互动。

拟剧论为我们提供了关于地位与角色等相关概念的新视角。这里，地位就如同戏剧中的一部分，角色作为戏剧脚本，为剧中人物提供了台词和动作。戈夫曼将每个人的"扮演"称为**自我呈现**（presentation of self），即个人努力在他人心中形成某种特定印象的过程。这个过程源于个人角色扮演的理念，故有时亦被称为印象管理。

角色扮演

当我们在各种生活情境中呈现自我时，会有意识（或无意识）地向他人透露某种信息。整个角色扮演通常包括如何穿着（即戏服）、可利用的工具（即道具），以及语调和姿势（即表演风格）。而且，我们会根据不同的场景（即舞台背景）来调整角色的扮演。譬如，我们在饭馆里可以开怀大笑，但进入教堂时会有意识地压低自己的声音。我们还会通过设计种种舞台背景（如家庭或办公室），来引导他人给予我们期待的反应。

应用实例：医生的办公室

下面我们来看看，一名外科医生是如何利用其办公室向候诊的患者传达特定信息的。在美国，医生普遍享有较高的权威与声望，这一点从其办公室就能感受得到。首先，医生并不是随处可见的，即患者必须先经过被戈夫曼称为"前台"的一些场景或人物（如接待员、门卫等），再由这些"前台"人物决定患者何时何地能见到医生。只要随意地往候诊室一瞥，通常就会发现，患者们都一脸焦急地等待着被召唤至里面的诊疗室。毋庸置疑，在这里，医生及其属下掌握着主动权。

资料来源：2002 David Sipress from cartoonbank.com. All rights reserved.

舞台的"后台"则由诊疗室及医生的私人办公室构成。当进入医生的私人办公室时，患者便会看到一大堆道具（如专业书籍、学位证书），让人觉得这个医生够专业。而医生往往端坐于办公桌之后，办公桌越大，表明其权威越高；相比之下，通常仅为患者提供一把椅子而已。

医生的着装与言行则透露出更多的信息。白大褂（即戏服）虽然发挥着防止衣服变脏的实际功效，但更重要的，其社会功能在于让人一眼就能判断其职业；而脖子上的听诊器和手中的医学图（及更多的道具）也起到同样的作用。在交谈中，医生常会用到深奥的术语，尽管这会令患者一头雾水，但也再次强调了医生的主导地位。最后，我们还可以发现，患者会对医务工作者使用"医生"这个尊称，而医生对患者则直呼其名，由此进一步表明了医生在二者关系中的统治地位。显然，作为医生的角色行为只不过透露了这样的信息："我会帮助你，但你得听我的。"

非语言交流

小说家威廉·桑赛姆（William Sansom）描述了一位虚构的、在西班牙海滨度假的英国游客普里迪先生：

> 他刻意避开众人的目光。首先，他要让可能的旅途同伴都明白，他与他们毫无干系。他直视着他们，眼神迷茫，好像海滩上空无一人。偶尔有球抛向他这边，他会颇感意外，随后不以为然地笑笑，自顾自地将球扔回去……
>
> 他收起沙滩浴巾和钱包，一并放到干净的防沙袋中（细心而又有条理的普里迪），然后站起来伸了个懒腰（大猫普里迪，像猫咪一样伸了懒腰），拾起身旁的拖鞋（总之，自由自在的普里迪）。

无须只言片语，普里迪先生已经向为之侧目的人表明了一切。这就是**非语言交流**（nonverbal communication）的过程，即主要通过肢体动作、姿势与面部表情而非语言来进行沟通。

人们通常会运用身体的各个部分（即肢体语言）来传达信息。面部表情是最重要也是最典型的肢体语言之一。比如，微笑代表欢乐。我们还可以将其细分为友善的普里迪先生在沙滩上腼腆的微笑、见到老友的不亦乐乎、打翻咖啡时恼怒而尴尬的笑容，以及赢得某重要赛事后疲惫而满足的笑容。

眼神的交流是非言语交流的另一个重要组成部分。通常，我们会运用眼神邀请对方参与社会互动。有时，某人经过房间时的不经意一瞥，可能会引发一场热烈的讨论；相反，有意地躲开他人的目光则会阻碍交流。同时，我们的双手也会“说话”。在我们的社会中，手势一般都会夹杂着其他东西，传达诸如侮辱、要求搭便车、发出加入团队邀请，或者命令止步。另外，姿势也是口头语言的补充。比如，做威胁状地指着某人，实际上是口头警告的一种加强。类似地，当我们说“我不知道”时，耸耸肩会更令人觉得你对此不感兴趣；当我们说出“赶紧”这个词时，并快速挥舞手臂，则是进一步催促对方行动。

在每天的互动中，肢体语言不仅是我们向观众传递信息的一种重要方式，也是我们从他人行为中“读取”信息不可或缺的手段。对于那些语言表达受限的人群而言，肢体语言尤为重要。类似地，对于那些存在某些生理障碍的人群（如听力退化的老人），“读取”肢体语言能够帮助理解。

身体语言与谎言

任何演员都知道，再完美的表演都可能有破绽。在日常行为中，任何无意识的肢体语言都会泄露我们的真实想法。例如，一个男孩正在向母亲解释为何晚归，但他母亲却对其解释深表怀疑，因为男孩的目光躲闪，不敢正视母亲。电影明星在电视采访中声明自己在餐厅雅座里的丑闻“没什么大不了的”，可她那紧张得发抖的双腿似乎说明“肯定还有别的什么”。由于非语言的交流难以控制，因此它常常为我们破解谎言提供了线索。正如测谎仪所显示的，当一个人撒谎时，会出现呼吸急促、脉搏加速、出汗及血压上升等症状。

要想分辨假扮的行为往往很难，因为没有任何身体姿势能告诉我们这个人在撒谎。但是，由于任何行为都会包括较多的肢体语言，因此很少有人能够不露破绽地撒谎，从而引起细心的观察者的疑心。揭穿谎言的关键在于，观察整个过程中是否有前后矛盾之处。

性别与行为表现

与男性相比，由于女性在社会化过程中被认为是需要依赖他人的，因此她们对于肢体语言会更敏感。研究表明，相较于男性不太了解女性的心思，女性更容易“读懂”男性。正如下文将要诠释的，性别也是自我呈现的关键要素之一。

举止

举止，即我们行动和展现自我的方式，暗示了社会权力的大小。简单说，权力越大的人，行事越无拘无束。如果你是公司的老板，那么给人脸色、拿腔作调或者将脚跷到办公桌上都是可接受的。类似地，权力较大者可随时打断他人的谈话，而权力较小者则会通过保持安静来表示尊重。

女性在权力中通常占据相对弱势的地位，故举止也成为一个具有性别色彩的议题。正如在第 10 章中将会提到的，在美国，38% 的妇女从事文职或服务行业的工作，而其领导通常为男性。因此，在日常互动中，女性会比男性更注重自己的举止，表现出对男性的服从。

空间的运用

个人行为需要怎样的空间呢？权力在这里起到了关键作用。你拥有的权力越大，你能占有的空间越多。通常，男性会比女性要求更多的空间，不论是在人面前踱来踱去，还是随意地坐在一张凳子上。为什么？我们的传统文化往往将“优雅”作为衡量女性的标准，即女性占有的空间越少越好；而男性则以“势力范围”作为评价标准，即男性能够控制的范围越大越好。在 2014 年，纽约市地铁官员发起了一项运动以遏制“大爷式占座”（manspreading）的行为——即分开膝盖、一人占两座，这主要表现在男性乘客身上。

不过，对两性而言，**个人空间**（personal space）是指个体认为实际隐私的周围领域。在美国，人们在谈话时一般会与对方保持几英尺的距离；而在整个中东半岛，人们则会站得更近些。而且，男性（由于拥有更大的社会权力）常会侵入女性的空间。反过来，如果女性侵入男性的个人空间，则无疑是给男性发出性暗示。

直视、微笑与触摸

眼神的交流有利于互动。谈话时，女性会比男性进行更多的眼神交流。但是，男性有他们自己的眼神交流方式：直视（盯着你）。当男人直视女人时，通常宣示着他们的社会统治地位以及将女性视为其性目标。

笑容常常表示欢乐，可有时候也是一种试图取悦他人或表示臣服的信号。就此而言，在男权社会中，女性要比男性笑的次数多，这一现象就不难理解了。

相互的触摸，意味着亲密的关系与关心。除了较亲密的关系之外，触摸常常发生在男女之间（在我们的文化中极少会发生在男性之间）。在共同讨论病例时，男大夫轻拍女护士的肩头；穿越街道时，年轻男性会轻碰女性朋友的背部；或者，男教练在教授滑雪技巧时，会手把手地向女学生演示。在上述行为中，触摸的初衷并不具有侵犯性，也不会引起对方的强烈反应，实际上它是一种宣称男性统治女性的微妙仪式。

理想化

在人们各种行为表现的背后，往往蕴含着众多复杂的动机。即便如此，戈夫曼仍建议我们从理想化的角度去构建我们的行为。即我们试图让他人（当然也包括我们自己）相信，我们的所作所为反映了理想的文化准则，而非一己之利。

让我们重回医患互动中，看看理想化的具体表现。在医院里，医生们通常具有所谓的“查房”的举动。在进入患者的病房后，医生伫立于患者的床头，默默地阅读患者的检查结果。

◎社会环境下，男性通常比女性占据更多的物理空间，这也体现出男性的社会权力相对较大。最近，纽约市地铁官员发起了一项运动以遏制“大爷式占座”的行为，即在拥挤的车厢内男性往往占据多个座位。

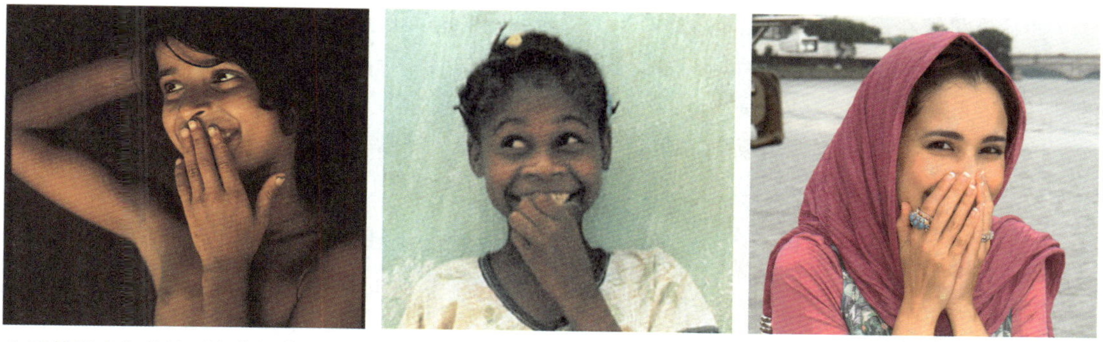

◎ 手势因文化差异而存在很大的不同。然而，世界各地的人们会通过窃喜、露齿微笑或嬉皮笑脸，来反映他们不以为然的态度。所以，在全世界各地，我们都可以看到人们在情不自禁地微笑。

随后，医生与患者之间会有一个简短的对话。理想状态下，上述过程还应包括医生对患者的身体检查。

然而，在现实中并非总是如此完美。一名医生可能在一天中需要查访数十位患者，因而不太可能记得每个病患的具体情况。所以，阅读检查结果只不过是让医生回想起患者的姓名和病情，显然，医疗照顾的这种非个性化也破坏了文化中对于“医生应该关注每一个人的健康”的要求。

无论是医生、教授还是其他的专业人员，都将其职业选择的动机理想化。比如，其工作会被形容为“为社会做贡献”“帮助他人”“服务社区”，甚至是“响应上帝的召唤”。而他们却很少承认更普遍的、“光环”更少的职业选择动机——这些职位所带来的财富、权力、声望及闲暇时光。

在日常生活中，我们会不同程度地运用理想化的过程。当面对自己很讨厌的人时，是否还得以礼相待？你是否不得不在一堂无聊的课上表现得兴趣盎然？类似的欺骗伎俩在生活中随处可见。即使我们怀疑他人行为的虚假性，有时候也不愿拆穿。具体原因将在下面探讨。

窘迫与机智

无论人们对自己的行为多么小心翼翼，仍不可避免地会遇到窘境。譬如，知名的演说家在校园巡讲时不断地念错学校的名字；总教练在赛季末庆功会上准备致辞时却没意识到餐巾仍塞在领口里；迟到的学生浑身湿透地跑进教室，引起他人侧目。如此造成的后果就是窘迫——一种因弄糟的行为而导致的不舒服感，戈夫曼称之为“丢脸”。

经过理想化的行为通常会隐含一些虚假的行为，因此陷入窘境总是存在一定的危险性（或意味着随时可能被拆穿）。而且，大部分行为之所以能够进行下去，需要多方面的配合甚至是欺骗，故一时粗心有可能带来功亏一篑。

然而，一个有趣的事实是作为“观众”的我们常会忽视行为表演中的缺陷，以免让“演员”陷入尴尬的境地。我们可以直接指明某人的错误（如“对不起，你裤子的拉链开了”），但我们宁可委婉地给予提示，以帮助对方避免陷入更尴尬的局面。在安徒生的童话《皇帝的新装》（*The Emperor's New Clothes*）中，走在游行队伍中的皇帝一丝不挂的真相被一个小男孩一语道破。要在如今，这个小男孩肯定会被训斥，并被认为是不礼貌的。

在实际生活中，作为“观众”的成员通常会帮助“表演者”掩盖有漏洞的演出，使之继续下去。那么，现场的机智就相当于帮助某人“挽回面子”。譬如，某位貌似权威的专家发表了不合时宜且错误的言论，现场的观众可能会机智地略过这段论述，就像他从未讲过这番话，或者对此一笑而过。抑或，现场的观众只是说“我知道你本意并非如此”就表明自己确实听到了，但认为没必要中断这次演讲。正是因为意识到这一点，我们才不难理解林肯的一句名言：“机智是一种描述他人如何看待自己的能力。”

为什么机智在现实生活中如此普遍？因为，陷入窘境不仅令“表演者”不舒服，对于在场的其他人员也是如此。就如同演员忘记台词时台下的观众会着急一样，当看到他人笨拙的行为表演时，人们就会联想到自己在生活中的行为也不会有多高明。社会构建现实，其作用就好比挡住汹涌海水的大堤——当一个社会成员的行为造成了漏洞，其他成员会立马帮忙修补。毕竟，在构建社会现实的过程中每个成员都肩负责任，没人愿意看到其坍塌。

总之，戈夫曼的研究表明，尽管行为在某些方面是无意识的，但它远比我们所认为的有规律。四个世纪以前，莎士比亚已经在其经典的文字中有过类似领悟，让我们至今记忆犹新：

整个世界是个大舞台，

所有的男男女女不过是表演者：

你方唱罢我方登台；

每个人在其一生中扮演着不同的角色。

——《皆大欢喜》(*As You Like It*)
第 2 场，第 7 幕

日常生活中的互动：三种实际应用

在本章的最后部分，通过具体分析日常生活的三个方面——情绪、语言与幽默，向大家阐明社会互动的要素。

情绪：情感的社会构建

情绪（人们更习惯称之为情感）在日常生活中扮演着重要角色。实际上，我们的所作所为反而没有我们的感受影响力大。情绪看起来很私人化，因为它们是内在的。即便如此，情绪还是引导着我们的情感生活，如同社会引导着我们的日常行为。

情绪的生物性

通过一项对全世界人类的研究，保罗·艾克曼（Paul Ekman）总结出六种世界各地的人们的基本情感：高兴、悲伤、愤怒、恐惧、厌恶与吃惊。同时还发现，世界各地的人们用以表达上述情感的表情基本相同。他认为，这主要是某些情绪反应已经“根植”于人类，即这些反应在我们的面部特征、肌肉组织及中枢神经系统中是“既定程序”。

原因何在？纵观人类的进化过程，情感的确具有生物本能性的根基，但它们更发挥着一种社会功能：维持集体生活。情感能够让我们克服私心，建立与他人的联系。这样，情感的地位随着文化力量的提升而突显出来。

情绪的文化性

不管怎样，文化确实在引导人类情感的方面扮演着重要的角色。艾克曼认为，首先，文化明确了究竟是什么引发情绪反应。无论人们将与老友的分离视为乐事（激发幸福感）、侮辱（带来愤怒感）、怅然所失（带来悲伤感）或者匪夷所思（令人吃惊与敬畏），这一切都与文化息息相关。其次，文化为情感的表达提供规范。例如，大部分美国人认为，就情感表达方面而言，面对自己的家人比面对同事更加放松。类似地，我们通常期望孩子能够向父母敞开心扉，而父母却倾向于在孩子面前有所隐瞒。再次，文化引导我们如何看待情感。有些社会鼓励情感的表达，而有些社会则要求其成员克制情感、“三缄其口”。性别在其中也扮演着重要角色。

◎对大部分美国人而言，这些表情传达了愤怒、恐惧、厌恶、高兴、吃惊与悲伤等信息。世界上其他地方的人们是否也是这样定义表情的呢？研究发现，所有的人类都会以相同的方式向他人表达上述的基本情感。但是，通过说明不同情境的含义，文化主要担负着激发某种情感的功能。

◎许多人都认为，情绪只不过是我们生物性构成的简单元素。的确，人类的情绪有其生物性基础。但是社会学家却发现情绪的引发机制是由文化来塑造的，包括表露情绪的时间、地点及对象。类似地，每个社会都有禁止情绪外露的特定场合。观察每张图片，请解释：为什么宫殿的卫兵、职业网球赛的场内助理以及那些面对军官检阅的士兵都必须“面无表情”？

至少，许多文化传统中认为女性更易流露情感，但若男性也“多愁善感”则被视为软弱，是不被社会鼓励的。当然，在某些文化中，这种模式没有如此明显，甚至是完全颠倒的。

工作中的情绪

在美国，与工作状态相比，大多数人在家中能更自如地表达他们的感受。阿里·拉塞尔·霍克希尔德（Arlie Russell Hochschild）认为，这是因为一般的公司试图控制的不仅是员工的行为，还包括他们的情绪感受。让我们来看看以下场景：飞机上，空姐微笑着为乘客提供饮料。或许，这种微笑是为乘客服务时发自内心的喜悦，但是霍克希尔德却得出截然不同的结论：这种微笑，只不过是航空公司要求其员工所应有的工作态度。因而，我们可以发现，戈夫曼所描述的“自我呈现”不仅包括表层的行为，还包括情感的“深层活动”。

了解上述模式之后，我们就不难理解构建社会所认可的情绪，并将此作为日常现实的过程之一，社会学家称之为“印象管理”。在下面的“争鸣与辩论”专栏中，讲述了决定堕胎的妇女的特殊情感经历，其中，终止妊娠的个人看法起着决定性作用。

语言：性别的社会建构

正如第 2 章所阐明的，语言是将一个社会成员植入被我们称为文化的符号网络的桥梁。语言的交流并不仅仅停留在表面，还包含着更深层次的含义。性别就是这么一个深层面的体现。无论是在权力还是价值观上，语言对男女两性的界定都有所不同。

语言与权力

一个年轻人颇为得意地骑着他的新摩托，边超赶其同伴边炫耀道：“难道她不是很漂亮吗？”表面上，这个问题与性别一点关系也没有。然而，为什么这个小伙子用“她”来指称自己的摩托车呢？

答案在于，男性通常运用语言来建立自己对周围事物的控制。一名男性之所以将摩托车（或轿车、轮船及其他物品）冠以女性意味的代词，是因为这样能够反映其对事物的所有权。或许，这也解释了为什么在美国及世界有些地区的妇女在婚后会按照传统改用其丈夫的姓氏的原因。由于当今许多已婚妇女十分重视自身的独立性，因此她们（至少 10%）越来越倾向于保留自己的姓氏，或将两个家族的姓氏结合起来。

语言与价值观

通常，英语作为一门语言具有典型的男性特质，无论什么词汇都体现了更宏观的价值观、力量及重要性。比如，单词“virtuous”的

争鸣与辩论

情绪管理：妇女堕胎经历

丽兹：我就是不能怀孕！我明天就去医院堕胎。现在这个节骨眼儿上，我不能要孩子！

珍：我真是不敢相信，丽兹，你怎么能这么做！想想看，假设这个孩子活下来了，若干年后你对自己现在的所作所为会怎么看？

如今，鲜少有什么话题能像堕胎这样引发诸多争议。在一项有关女性堕胎经历的研究中，社会学者詹妮弗·基斯（Jennifer Keys）发现，情感的潜规则引导着女性对终止妊娠的看法。

詹妮弗·基斯认为，政治上的正义催生了情感的潜规则。反堕胎运动将堕胎视为个人的悲剧，是“对未出生儿童的谋杀”。既然堕胎被如此定义，那么，通过堕胎来终止妊娠的妇女就大错特错，她们将会为此而感到悲伤、内疚及遗憾。在这种立场的施压下，一些妇女不堪这些情感的重压而纷纷患上“堕胎综合征”。

而对堕胎持肯定态度的人们则有着截然不同的观点。在他们看来，如果妇女遭遇的是意外怀孕，那堕胎则是可以接受的医疗补救办法。因此，终止妊娠的妇女感到的不应是内疚，而是解脱。

在詹妮弗·基斯的研究中，她对40名最近有过堕胎经历的女性进行了深度访谈，发现无论被访者对于堕胎的态度如何，上述理解都会影响被访者在整个过程中的感受。诚然，这种对现实的理解反映了当事人自身对堕胎的看法。但同时，这些女性的伴侣和朋友则会明显地强化她们对此事件的特定感受。例如，在本次研究中，有一名叫艾伊的年轻女性，她的一个好朋友也怀孕了。在这个朋友了解到艾伊的状况后，她兴奋地大叫道：“恭喜你啊！我们将会一起做妈妈了！”这些话构建了一个“情感法则”——怀孕是件好事，同时也传达给艾伊一个信息——如果艾伊打算堕胎，她会感到内疚。而在相反的情况中，乔的男友则被她怀孕的消息吓坏了。他认为，自己还不具备做一名父亲的能力，因此不假思索地脱口而出：“我宁可被一把枪顶着我的脑袋，也不愿要这个孩子。”他的这种恐慌不仅意味着将怀孕定性为错误的，同时对乔也是一种警告。显然，从男友的反应中我们可以看到，决定堕胎意味着从一个严重的问题中解脱出来。

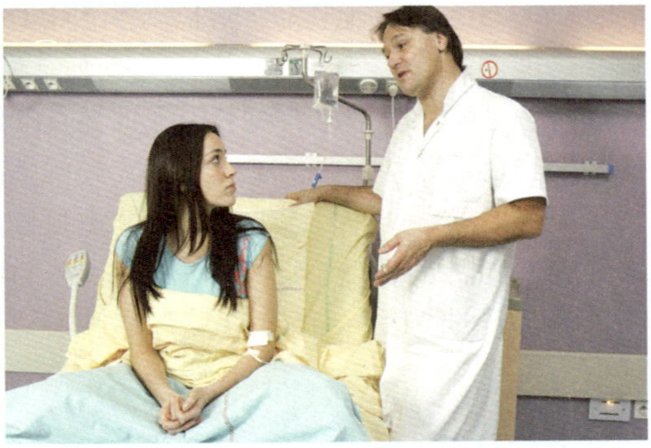

◎ 医生和护士针对女性堕胎所使用的词汇能够在一定程度上左右患者的情绪体验。

通过运用某些特定的词汇，医务工作者对女性堕胎的这一现实构建也发挥着影响力。交谈时使用“孩子”（baby）这个词的医生及护士往往会促使患者形成反堕胎的立场，并引发悲伤、内疚等情绪体验。相反，如果他们使用诸如“妊娠组织”“胎儿”或“子宫容纳物”等词语，则会促使患者倾向于人工流产的立场，并将其视为一项减轻痛苦的小手术。奥莉维亚开始使用从医生那儿听来的术语“胚胎的产物”来形容怀孕，而丹尼斯则这样描述堕胎的过程：“将多余的细胞从我身体里拿走。不得不承认，当想到这是一个生命的时候，我确实有些难过，可我浑身都是有生命的啊，有成千上万个细胞组织呢。”

人工流产后，大多数妇女都反映自己会主动地调整情绪。艾伊解释道：“我从来不用‘孩子’这个词。我不断地告诉自己，它还没成形呢，那里什么都没有。我必须牢牢记住这一点。”另一方面，詹妮弗·基斯发现，只要是持有反对堕胎立场的被访者就会用到“孩子”这个词。吉娜解释说：“我确实把它看作一个孩子。事实的真相是，我扼杀了我孩子的生命……一想到这个，就会让我悲伤不已。但是，看看我所做的，也许我更应该内疚。”换言之，由于吉娜认为自己的所作所为是错误的，因此她会主动地唤起内心的愧疚感，以此作为对自己的部分惩罚——这是詹妮弗·基斯对其反应的总结。

你怎么想

1. 请用自己的语言概括，什么是“情感潜规则”？

2. 试用“潜规则引导的情感”来解释结婚这种情感体验。

3. 通过本文的讨论，我们的情感并非像我们所认为的那般个人化，你认为这个说法有道理吗？

◎现实中，我们大多数人都曾有过一不小心惹怒老板而被严厉指责的经历。你认为，处于不同权力职位的男女职员是否都能向老板表达自己的愤怒？或者说，我们是否更多地忍受了来自某一性别的管理者的指责？

意思是“有道德的”或“出色的”，源于拉丁文“vir”，意为“男性”；而形容词“hysterical”的意思是“歇斯底里的”，则源于希腊文“hystera”，意为“子宫”。

在我们所熟悉的许多方式上，语言都赋予了两性迥异的价值观。例如在英语中，传统的男性词汇（如“国王”与“贵族”），都具有阳性的含义；而与其对应的词汇（如“皇后”“女士”“夫人”）则具有阴性的含义。相似地，运用后缀“-ette”与“-ess”来表示女性，这种做法常会使源生词的重要性降低。比如，男性指挥（major）通常比女性指挥（majorette）的地位高。这种类似的关系在男主人（host）与女主人（hostess）、男教师（master）与女教师（mistress）等词汇中都可以体现出来。语言既是反映社会态度的一面镜子，反过来又起到了强化的作用。

如果考虑到性别在日常生活中的重要性，我们也许就不会惊讶为何男女双方在沟通时存在一定的问题。实际上，有些人很严肃地认为，两性看起来讲着迥异的语言。

现实的运转：幽默的社会建构

幽默在日常生活中发挥着重要的作用。每个人听到笑话都会开怀大笑，但很少有人去仔细想想究竟是什么让某些东西更有趣。我们可以运用本章中衍生的众多观点来解释，人们是如何利用幽默来“玩转”社会现实的。

幽默的基础

幽默是社会现实建构的产物。当人们创造出两种截然不同的事实并将之对比时，幽默就出现了。通常来说，有一种社会现实是“司空见惯”的，即人们在特定的情境下所期望发生的；而另一种社会现实则是“不合惯例”的，即对既有文化模式的不期然违反。因而，幽默来源于对同一种情境的不同界定，这些界定相互矛盾、模棱两可或者具有双重含义。

将各种社会事实与幽默相结合的方法不计其数。你会发现，在下列语境中很容易形成事实间的对比效果：前后矛盾的陈述，如“怀旧并不是曾经的定义”；自我重复的陈述，如尤吉·贝拉（Yoga Berra）的诗文“随处皆是似曾相识的感觉”；或者，语言的混搭，如奥斯卡·王尔德（Oscar Wilde）的台词“工作是对嗜酒者的紧箍咒”。甚至是音节上的稍许转换，也能达到同样的效果。正如在乡村民谣中所唱到的：“I'd rather have a bottle in front of me than a frontal Lobotomy.”这句歌词如果直译，就没有了音节转换所带来的幽默感。

当然，制造一个笑话也可以反其道而行之。这样一来，当听众被引导着期望一个非同寻常的答案时，往往却得到了一个极其普通的答案。例如，某位记者采访了臭名昭著的大盗威利·萨顿（Willy Sutton），在问到他为何要抢劫银行时，他干巴巴地回答道：“因为那是金钱的老家。”所以，无论笑话是如何制造出来的，只要关于事实的两种定义的差异越明显，幽默的效果就越好。

在讲述笑话时，喜剧演员会使用不同的技巧来强化这种反差，使得笑话更加有趣。常用的技巧有：首先，将“司空见惯”的事实以与另一个演员谈论的形式描述出来，然后转向听众（或摄像机）来传达第二个“出乎意料”的台词。在马克斯兄弟的电影中，格鲁乔（Groucho）评论道：“除了狗之外，书籍是人类最好的朋友。”随后，他提高嗓门，把目光投向摄像机，补充道：“但在狗肚子里太黑了，以至于啥也不能读！”如此转换方向，无疑增强了两种社会现实的反差。按照同样的逻辑，唱独角戏的喜剧演员会通过“但严肃地来讲，各位……”这种笑话中的插科打诨，把对正常情况的期待“重新植入”听众的心中。英国六人喜剧团体蒙提·派森（Monty Python）的成员约翰·克里斯（John Cleese）常用的口头禅就是“现在，让我们意外的是……”

喜剧演员通常会非常留意他们的表演行为——恰到好处的语言及“抖包袱”时机的把握。如果喜剧演员在现实之间制造的反差越明显，笑话就越有趣；相反，不注重上述细节，则会使笑话索然无味。正是由于幽默的关键在于社会现实之间的碰撞，因此我们可以明白为什么笑话的高潮部分被称为“点睛之笔”。

幽默动力学：“明白！”

在某人给你讲完一个笑话后，你是否也曾不得不承认“我还没明白呢”？为了“明白”幽默，你必须了解司空见惯的与不合常规的社会现实，这样才能够领会到它们之间的差别。如果一个喜剧演员遗漏了某些重要信息，这个笑话可能就无法达到预期的效果。在这种情况下，作为听众，就不得不高度关注这个笑话中已经提到的要点，然后靠自己的力量将缺失的部分填充进去。我们来看一个简单的例子：电影制片人哈尔·罗齐（Hal Roach）在其百岁寿诞的聚会上曾做过如此评论：“如果我早知道自己能活到 100 岁，那我应该更加好好地照顾自己！”这里，是否明白这个笑话，取决于是否意识到：为了能够活到 100 岁，罗齐本应该加倍呵护自己。或者，就像我 95 岁的老父亲经常说的：“到我这个年纪，绿香蕉都不用买了！”“当然，谁知道他还能活多久呢！”我们心里会这么想着来“结束”这个玩笑。

这里还有一个更为复杂的笑话：如果你同时遇到一个失眠症患者、诵读困难症患者和不可知论者，你能联想到什么？答案是：一个人整夜不眠，怀疑附近有狗。要明白这个答案，你必须了解到：失眠症是指睡眠方面的障碍，诵读困难症则会让人把词语中的字母颠倒过来看，而不可知论者则怀疑上帝的存在。

为什么喜剧演员会让其听众做诸如上述的努力来理解一个笑话呢？原因在于，要想“明白”一个笑话，我们就得拼凑其所需要的所有碎片——而在此过程中，我们会不断地获得一些乐趣。获得的乐趣越多，我们就越能享受这个笑话。另外，相对于那些无法“明白”某个笑话的人而言，“明白”这个笑话会使你成为“自己人”。我们都曾经遇到过因不理解某个笑话而带来的挫败感：担心自己被认为是蠢笨的，同时还伴有一种因不能分享笑话的乐趣而产生的被排斥感。有时候，人们也会非常有技巧地解释某个笑话，以免对方有被忽视的感觉。但是，老话说得好，如果连一个笑话都得被解释得清清楚楚，那它就没那么好笑了。

幽默的话题

世界各地的人们，有时会心一笑，有时会开怀大笑，使幽默成为人类文化中的基本元素之一。但由于世界各地的人们生活在不同的文化氛围中，幽默很少能够“放之四海而皆准”。

10 月 1 日，日本横滨。你能够与居住在地球另一端的人们分享笑话吗？晚餐时，我让两个日本女学生给我讲个笑话。“你知道‘蜡笔’吗？”其中一个问道。我点点头。“你在日本怎么能找到一根蜡笔？”我表示不知道。当她看到我的反应，特别是当说到什么东西听起来像“蜡笔、蜡笔”时，她禁不住大笑起来，她的同伴也跟着笑起来。而我和我的妻子则绷着脸，尴尬地坐在一旁。在她给我们解释了日语“给我”的发音听起来与“蜡笔”的发音非常相像之后，我的脸上才勉强挤出了一点笑容。

日本人认为幽默的东西，对中国人、南非人或者美国人则不尽然。甚至一个国家的社会差异，也意味着不同类型的人们会在不同情境下发现幽默。美国新英格兰人、南部人及西部人都有着各自独特的幽默，这种情形对于诸如

© 由于幽默往往涉及对现有惯例的挑衅，美国大多数的喜剧演员［包括乔治·洛佩兹（George Lopez）］都只是社会的“旁观者”——他们出身卑微，多为有色人种或少数民族的后裔。

拉美裔人与北欧裔人（种族差异）、15 岁的少年与 50 岁的中年人（年龄差异）、建筑工与马术骑手（职业差异），也是同样的道理。

但对每个人而言，具有双重含义或争议的话题常常会带来幽默。在美国，我们大多数人刚开始听到的笑话是关于孩提时的身体功能的，而孩子们并不以此为乐。然而，对“隐秘行为”甚至某个特定身体部位的简单提及，都会令孩子们开心不已。

那么，是否存在能够跨越文化鸿沟的笑话呢？答案是肯定的，但它们必须涉及人类的普遍体验，比如，拿朋友当垫背的：

我想起了许多笑话，但似乎没有一个有效果。对我们文化知之甚少的人，要想理解关于美国的笑话并非易事。是否有更具普遍性的、大家都能接受的笑话呢？这里有个不错的小笑话。两个人正在树林里走着，突然遇到了一只大黑熊。其中的一个家伙迅速蹲下身去并系紧了跑鞋的鞋带。“杰克，”他的同伴说道，“你在干吗呢？你没这只熊跑得快！”“我不必比这只熊跑得快，”杰克答道，“但我必须跑得比你快！”闻者大笑。

在幽默中所发现的争议常常游走在“有趣”与“病态”之间。中世纪时，人们使用“幽默”一词，意指调整人体健康的体液平衡。现代研究者也有证据证明，幽默在减压和提高免疫力等方面的作用，正应了那句老话“笑一笑，十年少”。然而，在极端情况下，那些不拘泥于习俗的人们也会冒着被认为是越轨者（放荡不羁）或有精神病的风险（毕竟，在我们心中早已形成了一种刻板印象：只有精神病患者才会肆无忌惮地大笑，而且精神病院长久以来就因“怪笑农场”而著称）。

因此，在每个社会集团中，某些特定的话题由于太过敏感而不能作为笑料谈论。当然，你仍然可以拿这些话题来开玩笑，但很可能被批评这个笑话很“病态”（或自己被贴上“病态”的标签）。人们的宗教信仰、悲惨事件或者惨绝人寰的犯罪行径都是病态笑话的来源，或者根本都不好笑。即使是在 2001 年“9·11”恐怖事件发生的五年之后，也没有任何关于遇害者的笑话。

幽默的功能

幽默之所以随处可见，是因为它对潜在的破坏性情绪起到安全阀的作用。换言之，幽默提供了一种相对轻松的方式来讨论某些敏感话题。即使是无意中谈论到有争议的问题，人们只需说一句“我什么也没说，只是开个玩笑而已”就能用幽默化解这种尴尬的局面。

人们也常常用幽默来缓解不自在的情境所带来的紧张情绪。一项医学调查研究显示，大部分患者都试图与医生开玩笑，以此来自我放松。

幽默与冲突

幽默可能是欢乐的来源，但也能被用以奚落他人。譬如，与女性开玩笑的男性常在言谈中表现出某种性别歧视。类似地，关于同性恋者的笑话也暴露了性取向。当一个（或双方）党派不愿将冲突公开化时，真正的冲突会以幽默为伪装表现出来。

“打击式”的笑话可能以牺牲他人为代

价，从而使某类人感觉愉悦。通过收集与分析来自多个社会的笑话素材，克里斯蒂·戴维斯（Christie Davies）坚信：在当今大多数世界中，种族冲突是潜藏在幽默背后的驱动力。典型的种族式笑话在取笑弱势群体时，也令笑话的叙述者产生高高在上的感觉。如果我们考虑到美国社会的盎格鲁-撒克逊传统，就会发现波兰裔及其他少数民族长期以来一直是美式笑话的嘲弄对象。同样地，北加拿大的纽芬兰人、苏格兰的爱尔兰人、印度的锡克教徒、德国的土耳其人以及尼日利亚的豪萨族，也同样处于这种尴尬的境地。

处于弱势地位的人群也会开强势人群的玩笑，但会小心翼翼的。美国女性会取笑男性，就像非洲人、美洲人以取笑白人为乐，穷人以取笑富人为乐。综观全世界，人们会在领导身上寻开心。在一些国家，某些职员甚至因玩笑开过了火，对领导不敬而被拘捕。

总之，幽默远比我们想象的重要。实际上，它是帮助我们从常规世界中获得精神解脱的一种方式。因而，就不难解释为什么美国的喜剧演员大部分来自历史上的边缘性阶层，包括犹太人、非裔美国人。只要保持幽默感，我们就可以宣告自身的自由而非现实的奴隶。面带微笑，能够让我们满怀信心地提升自我，使世界更美好，哪怕是一点点的努力。

日常生活中的社会学

Society: The Basics

我们如何构建起我们经历的社会现实

莎士比亚曾感叹“世界是个大舞台”，本章就给出了有力的证明。而且，倘若如此，互联网则是迄今为止最新且最宏伟的舞台。正如戈夫曼所阐明的，当我们使用诸如 Facebook 之类的网站时，我们正是按照自己希望留给他人的形象来进行自我呈现的。无论是我们所写下的自身的每个故事，还是网页的版面设计，都会给任何想要“搜索我们”的看客留下印象。看看以下 Facebook 的一个网页，仔细观察每个细节。这个小伙子明显地想给我们留下什么印象？你从“字里行间”又能发现什么？换言之，是否有某些信息——这个小伙子试图隐瞒，但却被你发现了？或者，至少是他避而不谈的？你认为，他的“自我呈现”的可信度有多高？再看看下方的一个年轻姑娘的 Facebook 网页，试做同样的分析。

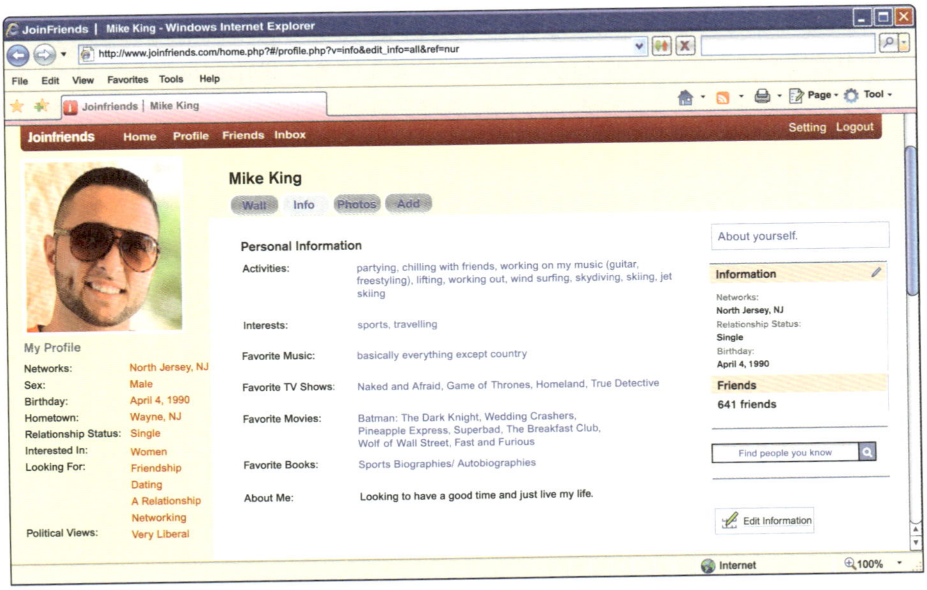

提示

自我呈现中的每个细节几乎都会向他人透露我们自身的信息，因此，在网站上收集到的所有信息（如上图）都是至关重要的。有些信息是刻意安排的，譬如，人们写下的文字和精心挑选后上传的照片。而有些信息则可能是无意识的，但是会被某个细心的访问者发现。

- 个人档案的长度与风格（是不是列了一长串的个人特长及成就呢？或者标榜自己幽默又谦逊？）
- 所使用的语言（糟糕的语法可能表明此人的文化程度不高）
- 撰写个人档案的具体时间段？在白天还是晚上（如果一个人在周六晚上 11 点还在修改其个人档案，那么，他就不可能是如自己所标榜的派对动物）？

从你的日常生活中发现社会学

1. 试列举你向他人“自我呈现”的五种重要方法。比如，如何装扮自己的房间，如何穿衣打扮，或在教室里的行为如何。请思考，在每种情境中，你试图传达自己的哪些信息。面对不同的对象，你是不是表现出了不同的自己？如果是这样的，请说明缘由。

2. 在接下来的 24 小时里，当有人问及“你好吗”“最近怎么样”时，你试着一五一十地说出自己的实际情况。不妨看看，当你如实回答一个礼貌性问候时，会发生什么？仔细观察对方的反应及其肢体语言，试做出总结。

3. 通过本章的阐述，可以看到，我们每一个人都参与了这个被称为“日常现实”的社会建构过程。因此，也意味着我们每个人都为塑造自己正在经历的社会现实贡献着一分力量。如果将这种理念应用于个人自由，看看文中所提供的素材在何种程度上验证了以下说法：人们能够自主地塑造自己的生活。

第 5 章

群体与组织

通过本章，我们能够：

◎ 理解各类群体对社会生活的重要性；

◎ 描述大型正式组织的运作过程；

◎ 总结大型组织在 20 世纪所发生的变化。

社会的力量：让个人融入群体

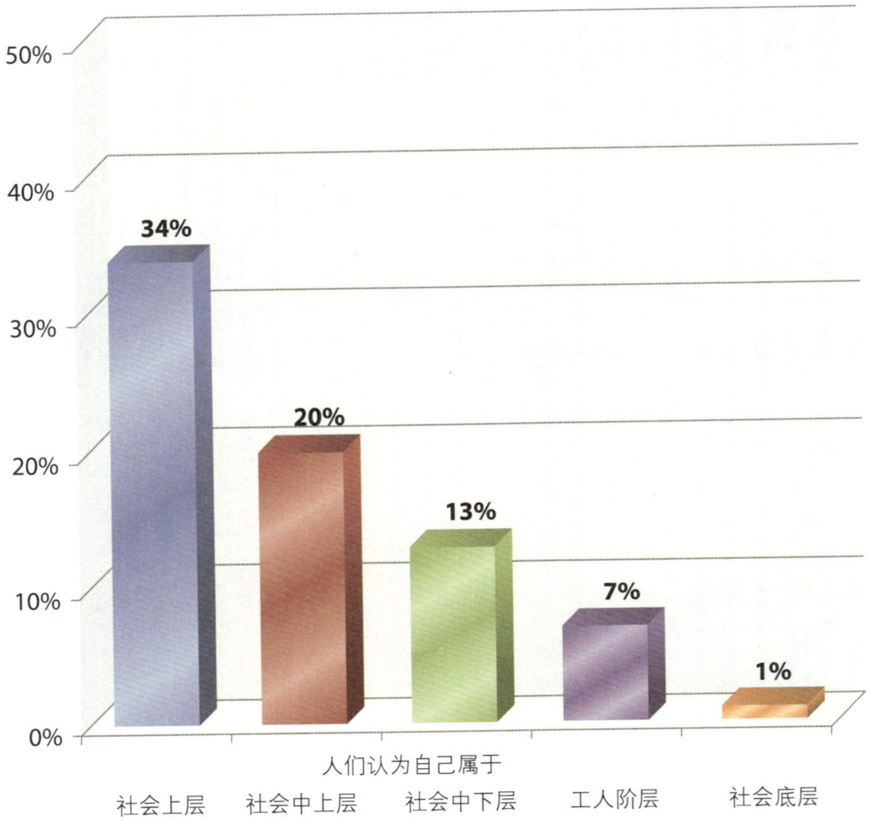

图 5-1 美国不同社会阶层的成人加入专业协会的比例

资料来源：World Values Survey（2015）.

你所在的社会阶层影响你加入的群体与组织了吗？专业组织吸引了诸如医生、护士、律师、高校教师之类的人群。而人们所在的社会阶层影响着他们加入这类组织的可能性——那些认为自己属于社会上层的人加入专业组织的可能性是工人阶层的五倍，而自认为属于社会底层的人则几乎不会加入专业组织中去。成为群体和组织的成员并不仅仅是个人选择，它还是社会组织形式的反映。

本章概要

日常生活中我们大量的时间都是在社会学家所谓的社会群体和正式组织中度过的。本章首先分析社会群体，包括小群体以及大群体，并比较两者的不同之处。然后转向关注在现代社会中履行各项职责的正式组织。

工作了一天，胡安和乔治走进一家麦当劳餐厅。“伙计，我饿了，”胡安边朝点餐队伍走去边喊道，“瞧这些肉，我要把它们全部吃掉。”而最近刚从危地马拉的小村子移民到美国的乔治，正在用社会学的眼光打量这间屋子：“这里不仅仅是吃的，我在这里看到的是美国！”

正如我们在下文中将谈到的那样，事实的确如此。回到 1948 年，当麦当劳开始书写传奇的时候，在美国加利福尼亚州的帕萨迪纳市，几乎没有人注意到莫里斯・麦克唐纳（Maurice McDonald）和理查德・麦克唐纳（Richard McDonald）兄弟俩新开张的餐馆。麦克唐纳兄弟俩被后人称为“快餐”文化的基本经营理念是，向大众快速低价地提供食物。兄弟两人培训雇员从事专业化的工作：有人负责烤汉堡，有人负责“包装”汉堡、炸薯条、拌奶昔，最后把食物递给顾客，整个过程就如同装配流水线。

过了几年，麦克唐纳兄弟赚了钱，又开了几家类似的餐厅，其中一家位于圣伯纳迪诺。1954 年，一位奶昔搅拌器的经销商雷・克拉克（Ray Kroc）路过此地并拜访了该餐厅。

克拉克对兄弟两人餐厅运营系统的运作效率很感兴趣，他看中整个连锁快餐的潜力。三人达成伙伴计划。1961 年，随着销售额的迅速增长，克拉克买下麦克唐纳兄弟（已经回去经营他们最初的餐厅）的特许经营权，并书写了有史以来最成功的传奇之一。现在，麦当劳已经成为全球最广为人知的品牌，36 000 多家麦当劳餐厅为全美以及全球其他 118 个国家的 6900 万人口提供餐饮服务。

麦当劳的成功不仅仅是汉堡包和薯条普及的证明。引导公司经营的组织原则也逐渐统治了美国以及其他地区的社会生活。正如乔治所观察到的那样，这桩小生意不仅变革了餐饮业，还改变了人们的日常生活。

在本章中，首先让我们来审视一下**社会群体**（social group），即日常生活中我们与之互动的人群的集合。你将了解到 20 世纪以来群体生活的范围扩大了许多。从家庭、邻里以及小型商业组织的范围扩展开来，我们的社会现在正日益依赖于被社会学家称为**正式组织**（formal organization）的大型商业公司和其他科层组织的运作。本章的主要目的在于，理解群体生活这种规模的扩大，并体会这对我们作为个体而言意味着什么。

社会群体

几乎每个人都希望有归属感，这是群体生活的本质。社会群体，是指由两个或两个以上的人组成的、彼此认同与互动的人群。人们以夫妻、家庭、朋友圈、教堂、俱乐部、商业组织、邻里以及大型组织的方式聚集在一起。无论群体是如何形成的，它都是由拥有共同的经历和利益、对团体具有忠诚感的人组成的。社会群体的成员在保持个性的同时，也将他们自己视为特殊的“我们”。

当然，并非所有个体的聚集都能形成群体。一个国家中具有共同特征的一群人，例如女性、自有住房者、军人、百万富翁、大学毕业生和天主教徒就不属于群体，而是一种**类别**

(category)。虽然他们清楚地知道其他人和自己一样具有相同的属性，但大部分人彼此间是陌生的。与之类似的还有坐在大讲演厅里的学生，他们在一个很小的有限空间内彼此互动。这种在一个区域内形成的松散人群的聚集与其说是群体，不如说是**群众**（crowd）。

但是，合适的环境能够很快地将群众转变为群体。停电、恐怖袭击之类的突发事件都能使陌生人迅速团结在一起。

初级群体和次级群体

朋友间经常笑着打招呼："嗨，你好吗？"通常的回答是："很好啊，谢谢，你怎么样？"这种回应与其说是如实回答，不如说是习惯性的应对。真的去解释你在做什么会让大多数人觉得尴尬，甚至会把人吓跑。

根据团体成员间感情的亲密程度，社会群体可以分成两种类型。按照查尔斯·霍顿·库利（Charles Horton Cooley，1864—1929）的观点，**初级群体**（primary group）是指群体成员共享亲密持久的关系、规模较小的社会群体。群体成员由初级关系所联结，共同度过大量的时光，做各种各样的事情，彼此间感觉非常了解。总而言之，群体成员间真心地关心彼此。家庭是每个社会中最重要的初级群体。

库利将个人性的、紧密整合的群体界定为"初级的"，是因为他们是我们生命历程中经历最早的一些群体。在社会化过程中，家庭和朋友对个体态度、行为和社会认同的形成非常重要。

初级群体成员在很多方面互相帮助，他们看重的是群体本身，而不视之为达成目的的手段。换句话说，人们更倾向于认为是家庭和友谊把"属于彼此"的人们联结在一起，初级群体成员相互间视同伴为独一无二、不可替代的。

社会群体 由两个或两个以上的人组成的，彼此认同与互动的人群

初级群体 群体成员共享亲密持久的关系、规模较小的社会群体

次级群体 群体成员追求某个具体的目标或行为、大型的、非个人的社会群体

◎ 人是群居性的。群体规模可大可小，可以是临时的，也可以是持久性的，可以是以血缘、文化遗产为基础的，也可以是因某些共同的兴趣而聚在一起。

尤其在家庭中，情感和忠贞将家庭成员联系在一起。兄弟姐妹虽然不一定总是生活在一起，但他们永远是手足，是一家人。

与初级群体不同，**次级群体**（secondary group）是群体成员追求某个具体的目标或行为、大型的、非个人的社会群体。次级群体的绝大多数特征与初级群体中对应的特征相反。次级关系涉及的是一种几乎没有感情联系、彼此间缺少私人了解的关系。大多数次级群体存在时间较短，群体的形成与解体并不特别重要。如大学里修读某门课程的学生们便属于次级群体，他们在课堂上彼此互动，但学期结束后可能就不再见面。

次级群体的规模要比初级群体大得多。十几人甚至是上百人在同一家公司上班，但他们中的大多数遇到时只是彼此匆匆一瞥、点头之交而已。在某些情况下，随着时间的推移，次级群体也会转换为初级群体，譬如共事多年且关系密切的同事。但通常而言，次级群体的成员并不将他们自己视为"我们"。当然次级关系也未必是敌对的、冷冰冰的。学生、同事以及商业伙伴间的互动即使不涉及私人情感，通常

也会相当愉快。

与初级群体成员不同，次级群体成员加入群体是目标导向性的，而初级群体成员的结合则是私人情感导向性的。初级群体成员基于家庭关系或个人性格品质的考虑，通过“他们是谁”来判定其他人是否属于本群体，次级群体中的成员则考虑“他们是什么”，也就是说，他们想得更多的是能为彼此做些什么。在次级群体中，每个人心里都有一本账，清楚自己能给别人带来什么以及会得到怎么样的回报。这种目标导向性使得次级群体成员间的交往往往是形式上的，彼此间礼貌而客气。在次级关系中，我们如果问“你怎么样了”，别期望会获得真实的情况。

表 5-1 对初级群体与次级群体的特征进行了回顾总结。需要明确的是，表中所列举的群体特征仅是一种理想型，而现实中大多数群体两者的特点都兼而有之。例如，大学校园中的女性群体规模可以是相当大的（因而是次级群体），但是成员间可能有高度的认同感，彼此间相互协助（又似乎是初级群体）。

许多人认为在居住小城镇或者农村地区的人之间大多以初级关系为纽带，而居住在大城市的人更多以次级关系纽带为特征。这种想法部分正确，但是在城市中——尤其是单一种族或者单一宗教信仰居民的居住地，邻里关系非常密切。

群体领导

群体是如何运作的？领导人是群体动力的要素之一。虽然小规模的朋友圈没有领导人，但大多数的大型次级群体仍需要领导发号施令。

两种领导角色

群体受益于两类领导角色。**工具型领导**（instrumental leadership）是关注于群体目标实现的领导类型。成员依赖工具型领导人制订计划，下达命令，实现群体目标。与之相反，**表意型领导**（expressive leadership）属于关注群体福利的领导类型。表意型领导更多的是考虑如何提升群体士气，化解群体紧张感与冲突，对如何实现群体目标相对关注较少。

由于工具型领导常致力于工作的完成、群体目标的实现，他们与其他成员的关系往往是正式的次级关系。工具型领导发号施令，根据成员对群体贡献的大小给予奖惩。而表意型领导与成员间营造的是一种更私人的初级关系。他们在成员遇到困难时给予同情与支持，维护群体团结，用幽默的言语化解紧张气氛。通常成功的工具型领导能得到成员更多的尊敬，而表意型领导能获得成员更多的喜爱。

三种领导类型

根据决策风格的不同，社会学家将群体领导划分为三种类型。

独裁型领导带有浓厚的工具色彩，独自决定群体决策，要求成员服从命令。虽然这种领导风格通常得不到成员的喜爱，但在紧要关头，雷厉风行的独裁型领导往往受到欢迎。

民主型领导带有更多表意型的成分，在决策过程中会听取全体成员的意见。虽然在紧急情况下或紧要关头，民主型领导不如独裁型领导有用，但这种领导方式通常能群策群力，用

表 5-1 **初级群体与次级群体**

	初级群体	次级群体
关系的性质	私人情感导向性	目标导向性
关系的持久性	通常是长期的	可变的，通常是短期的
关系的广度	广泛的，通常共同参与许多活动	狭隘的，通常共同参与的活动很少
对关系的认知	群体本身就很重要	群体是达到目标的手段
例子	家庭、朋友圈	同事、政治组织

创造性的方式解决问题。

放任型领导几乎任由群体成员自行决策。在提升团体目标方面，放任型领导风格最为低效。

群体遵从

群体借由提高群体的遵从性来影响成员的行为。遵从性提供了安全的归属感，但在极端情况下，群体压力将导致不愉快甚至是危险。有趣的是，所罗门·阿西（Solomon Asch）和斯坦利·米尔格拉姆（Stanley Milgram）的研究显示，即使是陌生人也能促使群体保持一致。

阿西实验

所罗门·阿西在1952年招募了一批学生，假称要进行视觉感知研究。在实验开始前，除一名真正的被试外，他对其他所有人都预先告知了实验的真正目的——向被试施加压力。阿西安排6～8名学生围坐在桌边，在大家面前展示一条“标准”线段，如图5-2中的卡片1所示，要求学生从卡片2中找出哪条直线与卡片1中的直线长度相等。

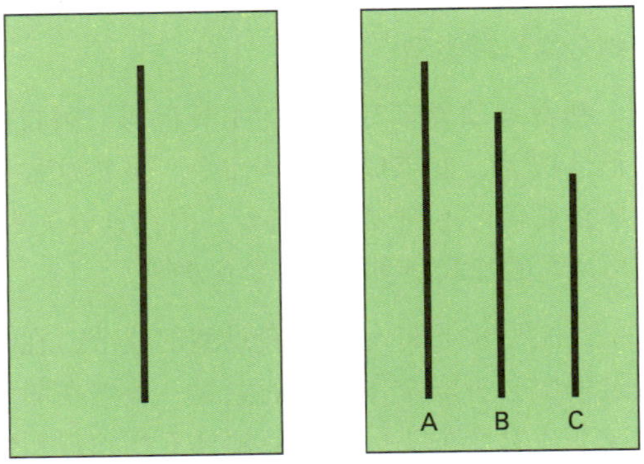

图5-2 阿西群体遵从性实验中使用的卡片

© 在阿西实验中，被试被要求找出卡片2中与卡片1长度相同的线段。大多数被试同意了所在群体中其他人给出的错误答案。

资料来源：Asch（1952）.

任何一个视力正常的人都能很容易看出正确答案是卡片2中的线段A。实验之初，每个人都做出了正确判断。但在阿西的秘密助手们给出错误的回答后，剩下的那名真正的被试（被安排坐在桌边，最后一个回答问题）变得困惑不解，心神不安。

实验结果究竟如何呢？阿西发现三分之一的被试最终会选择做出与其他群体成员相一致的错误选择。很显然，许多人宁愿改变自己的判断以消除因“不合群”而带来的不安，即使压力来自根本不认识的陌生人。

米尔格拉姆的研究

阿西的学生斯坦利·米尔格拉姆也设计了一套测量群体遵从的实验。在他具有争议性的研究中，研究者告知男性被试，他们将要参加一项实验，研究惩罚对学习效果的影响。米尔格拉姆逐一指定每名被试扮演教师，并安排其他人（实际是米尔格拉姆的助手）作为学生待在隔壁房间里。

教师看着学生坐在看起来像是真的“电椅”上。实验者在学生手腕上涂上电极糊，告诉教师这是为了“防止起水疱和烧伤”；然后在学生的手腕上粘上电极，并用皮带把学生绑缚在椅子上，告知教师这是为了“防止学生受到电击时乱动”。实验者一再向教师保证，虽然电击比较疼，但不会对学生造成永久性的身体伤害。

实验者随后带教师回到隔壁房间，告诉他们“电椅”和房间中的“电休克仪”相连。当然，“电休克仪”只是个仿真设备，上面贴着写有“电休克仪，型号ZLB，戴森仪器设备公司，渥森市，马萨诸塞州”字样的标签。电休克仪前的调节纽标有从15v（标示“轻微电击”）到300v（标示“强度电击”）到450v（标示“危险：剧烈电击”）不等的电压强度。

坐在“电钮”前面，教师大声朗读一对单词，然后教师复述第一个单词，学生复述第二个。如果回答错了，教师将对学生施以电击。

实验人员告知教师，电击从最低的15v开始，学生每出错一次，电压增加15v。教师们服从了安排。当电压增加到75v、90v、150v，可以听到学生的呻吟声；120v时，学生发出痛苦的呼喊；电压加到270v，学生开始大声喊叫；电压继续增强到315v，学生猛踢墙壁；再提高电压，学生昏厥了过去。在最初的实验中，所有扮演教师角色的40名被试中，没有一人在电压增加到危险的 300v 时对实验流程提出质疑，甚至有 26 名被试（约三分之二的比例）将电压提高到可能致命的 450v。即使米尔格拉姆本人也对被试如此毫不犹豫地服从权威感到吃惊。

随后，米尔格拉姆修正了研究方案，希望了解如果不是由权威而是由普通人下达电击命令，效果将会如何。方案思路类似于阿西实验，由群体施加压力来迫使个体做出错误的选择。

这次，米尔格拉姆安排了一组三名老师，其中两人是他的实验助手。学生回答错误时，三人各建议一个电压，选择最小的强度给予电击。这种安排给了那些被试执行自己的想法，施以较低电击的权力。

每次学生回答错误时，助手都向小组中第三名成员施加压力，要求增加电流强度以保持群体的一致性。结果群体中的被试给学生的电击强度比他们单独操作时高出了三四倍。由此，米尔格拉姆得出结论，即使命令不是源于权威而是普通群体，人们也会倾向于服从领导，即使所作所为意味着会伤害其他人。

贾尼斯的群体思维

欧文·L. 贾尼斯（Irving L. Janis）认为专家也会屈从于群体压力。在分析了美国一系列外交政策后，他指出美国外交政策的失误，如第二次世界大战中的珍珠港偷袭事件，就与当时最高政治领导人的群体遵从有关。

常识认为群体讨论有助于决策的制定。贾尼斯却指出，为达成一致意见，群体成员经常会忽视其他人的建议。这个过程被称为**群体思维**（groupthink），即群体成员为保持一致性而导致群体决策偏颇的倾向。

1961 年美国入侵古巴的猪猡湾事件是群体思维的经典案例之一。回顾整个事件，约翰·F. 肯尼迪（Jone F.Kennedy）总统的顾问亚瑟·小施莱辛格（Arthur Schlesinger Jr.）对自己在内阁会议的关键讨论中保持沉默感到内疚。当时内阁讨论的气氛拒绝任何不同的意见，坚持主张施莱辛格后来被称为“可笑的”决策。群体思维可能也是 2003 年美国政府断定伊拉克存有大规模的杀伤性武器而决定对其开战的影响因素之一。有教授提出，即便是大学教师交流了彼此的政治观点后，即便这些观点是极端自由主义倾向的，他们也会屈从于群体思维。

参照群体

个体是如何评估自己的态度和行为的？通常人们会借助于**参照群体**（reference group），即人们在评价和决策时作为参照点的社会群体。

年轻人在想象家人对自己约会对象的态度时，正是把家人作为参照群体。上级主管想象下属雇员对新休假制度的反应时，将雇员作为了参照群体。这两个例子说明，参照群体既可以是初级群体，也可以是次级群体。在任何情况下，人们将参照群体作为心理参照点，说明他人的态度会影响到个体行为。

个体也将自己未加入的群体作为参照群体。求职面试时，做好充分的准备意味着要按照求职公司的着装风格着装。遵循自己未加入的群体的行事风格，是获得群体接纳的有效策略，这解释了预期社会化的过程，预期社会化的内容在第 3 章中有所论述。

斯道夫的研究

第二次世界大战期间，塞缪尔·A. 斯道夫（Samuel A.Stouffer）和同事对参照群体展开了一项经典的研究。斯道夫调查士兵在所在部队中的晋升情况。你可能会认为晋升速度快的特种部队士兵会对晋升更为乐观，斯道夫的研究却得出了完全相反的结论。他发现，军队中晋升速度慢的陆军部队士兵反而对晋升更为乐观。

理解斯道夫观点的关键在于，了解士兵们的参照群体是什么。在晋升速度比较慢的部队中服役的士兵，周围的人升职速度同样不快。也就是说，虽然他们自己没有升迁，但其他人也一样，因此没有被剥夺感。然而，在升迁比较快的部队中的士兵，会感觉到其他人比自己升迁得更快更频繁。这种想法一旦在头脑中产生，即使是已经升职的士兵也会觉得不公平。

问题在于，我们既不会孤立地判断自身情况，也不会把自己与所有人都做比较。我们通常不是依据绝对的、客观的标准来评价在自己

内群体 成员对之有尊重感与忠诚感的社会群体 外群体 成员对之有竞争感或对立感的社会群体

生活中所处的位置，而是在与特定参照群体的对比中，形成关于自身状况的主观印象。

内群体与外群体

每个人都有比较认同的群体，或是因为政治主张，或是因为社会声望，或仅是因为着装风格。在大学校园中，思想左倾的激进学生通常瞧不起联谊会的成员，认为他们过于保守；联谊会的成员又不喜欢被他们认为读书太过用功的“计算机狂”。不同社会背景的人往往对其他群体的成员持欣赏或否定的态度。

这种态度解释了群体动力的另一核心要素：内群体与外群体的对立。**内群体**（in-group）是成员对之有尊重感与忠诚感的社会群体。与内群体相对，**外群体**（out-group）而是成员对之有竞争感或对立感的社会群体。内群体与外群体的区分基于以下理念：群体内的“我们”拥有群体外的“他们”所不具备的特质。

群体间的紧张会加深群体界限，赋予个体更明确的社会认同感。但内群体成员通常过高评价自身所在群体，过低评价各种外群体。

权力也对群体间关系产生影响。强势的内群体会将其他群体视为社会地位较低的外群体。美国历史上，无数城镇的白人都曾将其他有色人种视为外群体，从社会、政治、经济等方面加以压制。随着负面观点的持续内化，少数民族族裔不断努力，试图摆脱负面的自我形象。在这一过程中，内群体与外群体培养着各自成员的群体忠诚感，社会冲突也随之产生。

群体规模

以后，如果你有机会参加聚会或是集会，试试第一个到，你会看到一些与群体动力有关的有趣现象。大概在第六名客人到达之前，之前到达的人通常围在一起交谈。随着更多客人的到来，谈话的人会分成两个小群体，甚至更多群体。伴随聚会的进行，群体会不断地分化。这个过程说明群体规模在成员互动过程中扮演了重要的角色。

为理解这一现象，首先来统计一下二至七人之间产生的社会关系的数目。如图 5–3 所示，两个人之间形成一对关系；增加至三人，关系数量增加到三对；第四人加入后，形成六对关系。每增加一名新的成员，都会与旧有成员形成互动，群体中关系数目会呈几何级数增长。当第七人加入谈话时，两两之间就形成了 21 对关系。当群体成员间关系数量过多时，群体通常分化为若干小群体。

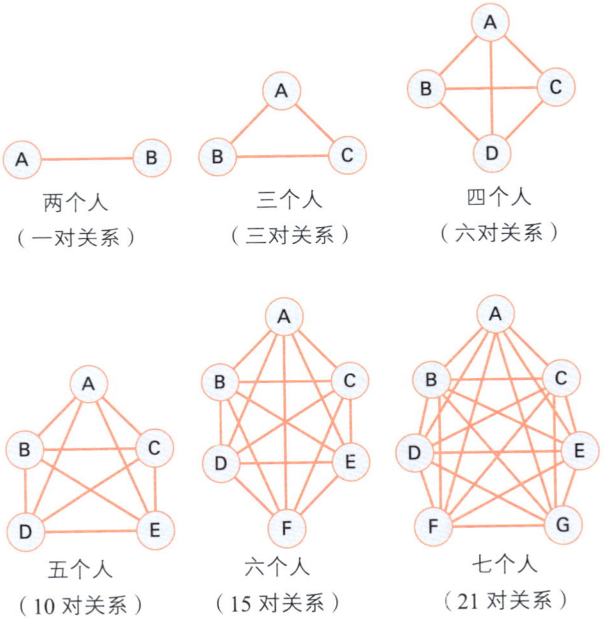

图 5–3 群体规模与关系

◎ 随着群体成员数量的增加，成员间关系的数目随之加速增长。当六人或七人参与谈话时，群体通常会分成两组。为什么小群体中的群体关系比大群体更为密切？

二人群体

德国社会学家齐奥尔格·西美尔对最小规模群体的社会动力展开研究。他将两名成员组成的社会群体界定为**二人群体**（dyad，在希腊语中为“成对”的意思）。西美尔指出，由于没有第三方的介入，二人群体的社会互动比大规模的群体更为密切。恋爱关系、婚姻关系与密友间的关系都属于二人群体性质的关系。

二人群体就像只有两条腿的凳子，非常不稳定。群体成员必须互相为对方考虑，以维持群体关系；任何一方退出，群体都会瓦解。因此，为保证婚姻的稳定性，二人构成的婚姻关系受到法律、经济以及宗教关系的保护。

三人群体

西美尔也对**三人群体**（triad）进行了研究。三人群体，是指由三名成员组成的社会群体，三人中两两互动，包含三对社会关系。由于群体中任何两人之间关系紧张或对立时，第三者都可以充当调解人，缓解气氛，因此三人群体较二人群体更为稳定。三人群体的群体动力解释了为什么二人群体中的成员（如夫妻双方）出现冲突时，常找第三者（譬如律师）调解纠纷。

此外，三人群体中的两人可能联合起来把他们的观点强加给第三人，或者其中两人的关系相对更加密切，第三人感觉到被排斥。举个例子，当三人群体中的两个人彼此爱慕对方时，他们就能体会到什么叫作“二人成伴，三人不欢”。

群体规模超过三人时，群体将更加趋于稳定，一两名成员的退出不会导致群体解体。但群体规模的扩大减少了只存在于小规模群体中的密切的人际互动。这也是为什么大型群体更多地以正式的制度规范而不以私人关系为基础构建的原因。

◎ 三人群体包括三名成员。由于三人群体中任何两人之间的冲突可经第三人调解，因而较二人群体更为稳定。即便如此，三人群体中也会出现两人间关系更为密切，孤立第三人的情况。

社会多元化：种族、阶级与性别

群体动力还受到种族、民族、阶级和性别因素的影响。彼得·布劳（Peter Blau）指出，社会多元化通过以下三种方式来影响群体间的互动。

1. **大型群体的内分化**。布劳指出，群体规模越大，其内部成员形成小群体的可能性就越大。为使校园更为多元化，大学会招收大量的外籍学生。外籍学生增加了群体异质性，但随着人数的增加，他们容易形成自己的社会群体。其本意是为促进多元化，但结果可能导致群体间的分离。

2. **异质性群体的外部化**。群体内部越多元化，其成员与其他群体互动的可能性越高。一个招募各类社会背景成员、不限性别的校园团体，比单一社会类别的团体有更多的群体互动。

3. **行动受限导致社会隔离**。社会群体由于行动受限与其他群体隔离（例如有自己的宿舍和就餐处），其成员不太可能与其他人交往。

网络

网络（network）是指较弱的社会联系网。网络就像是一个“模糊”的群体，群体成员偶然相遇，但没有边界感和归属感。如果将群体比作“朋友圈”，网络就是向外扩张的“社会网”，向外界扩展，覆盖众多人口。

最大的网络是互联网中的万维网（World Wide Web of the Internet）。互联网在全球区域的普及并不平衡。互联网在美国和西欧国家富裕国家中更为普及，在非洲和东南亚的贫穷国家中普及率相当低。

一些网络近似于群体，例如毕业后仍通过电子邮件和电话保持联系的大学同学。在绝大多数情况下，网络包括我们认识的或认识我们的人，即使我们很少与这些人联系，甚至根本不联系。曾有一位颇有名气的女性社区组织者说过："我在家接到电话，在电话里对方问'你是罗西尼·那瓦罗吗？有人让我找你。我有一些问题……'"

网络的联系常常使我们觉得这个世界很小。在一项经典实验中，斯坦利·米尔格拉姆要求实验被试从堪萨斯州和内布拉斯加州给住在波士顿的陌生收件人发信。实验者并没有提供收件人地址，只是要求被试通过可能认识收件人的熟人传递信件。米尔格拉姆发现，平均经过六次转手，信件就会被送达收件人手中。根据实验结果，他推断认为任何两人之间所间隔的人不会超过六个［即六度分离（Six Degrees of Separation）］。但后人的研究对他的结论提出了质疑。朱迪思·克莱因菲尔德（Judith Kleinfeld）对米尔格拉姆的原始数据进行分析后指出，米尔格拉姆的实验中的大多数信件（300封中的240封）并没有寄到收件人手里。收到信的人多是有钱人，这一事实使克莱因菲尔德认为，和普通人相比，富人更容易被找到。而伯纳德·麦道夫（Bernard Madoff）的行为给予该论断极佳的注释。诈骗犯伯纳德·麦道夫借助自己庞大的商业社交网络招募了5000多名投资者，每名新加入的投资者又会发展新的下线。在这场历史上规模最大的庞氏金字塔骗局中，牵涉其中的投资者和公司损失超过500亿美元。

网络关系虽然属于弱关系，但却是一项有用的资源。移民想要在新国家扎根，商人想要扩展生意，或是大学毕业生想要找工作，你认识谁与你知道什么同样重要。

网络建立在大学校友、俱乐部、邻里、政治党派以及个人兴趣爱好的基础上。显然，一部分网络会聚集一些拥有更多财富、权力和声望的人群，这说明"优越社会关系"有多么重要。特权人群所形成的网络（譬如奢华的乡村俱乐部），属于颇有价值的一类社会资本，更有可能带给人高薪工作。

一部分人群拥有较其他人更为密集的网络关系，他们与更多的人保持联系。例如，一群住在大城市里、接受过良好教育的富有的年轻人，他们组成了最大规模的社会网络。而网络是动态变化的，每隔七年，该网络中就会有半数人被换掉。

性别也塑造着网络。虽然男性与女性的网络规模相同，但女性网络包含更多的亲属（更多的女性），男性的网络则包含更多的同事（更多的男性）。研究显示，女同学关系网的影响力弱于男同学关系网。即便如此，在两性日益平等的美国，男性与女性的网络也趋于同质。

社交媒体和社交网络

长期以来，网络通过弱社会联系网将数十人、数百人甚至上千人有效地联系在一起。最近数十年随着以计算机技术为基础的社交媒体的发展，网络规模持续扩大。**社交媒体**（social media）是一种让人们参与到社会活动之中的技术。

在过去数十年间，以计算机为基础的社交媒体经历了爆发式的发展。以Facebook为例，它最初只是哈佛大学二年级学生马克·扎克伯格在2003年做的一个社交网站，网站注册只限于哈佛校内学生。很快，网站便发展成了我们今天所熟知的雏形；一个月内，校园里半数的学生都注册了这家网站。后来，越来越多的高校学生开始使用Facebook，高中生也加入进来。到2006年，只要你年满13岁、有电子邮箱、有电脑就能登录Facebook。截至2011年，

◎ 2010年的电影《社交网络》（*The Social Network*）讲述了Facebook网站的诞生过程。如今Facebook已成为全球最大规模的社交网络之一。思考一下，在美国以互联网为基础的社交网络是如何改变社会生活的？

Facebook 的用户已经达到六亿，用户规模是美国人数总数的两倍。截至 2014 年，Facebook 的注册用户超过 13 亿。如今，Facebook、Twitter 和其他社交网络已经把全世界联系起来。

正式组织

100 多年前，大多数人生活在家庭、朋友圈以及邻居这种小群体中。现在，人们生活中涉入了更多的**正式组织**（formal organization），一种为有效达成目标而构建的大型次级群体。这类组织（比如商业企业和政府机构），因其去情感化以及正式计划的氛围而区别于家庭和邻里。

设想一下，整合 3.16 亿人口的美国社会是何等的神奇，修路、收税、教育或是邮递信件这些都要整合起来。要想完成上述事务中的绝大部分任务，我们必须依赖各种不同类型的大型正式组织。

正式组织的类型

阿米塔伊·兹欧尼（Amitai Etzioni）根据成员加入组织的原因的不同，将组织划分为三类：功利型组织、规范型组织和强制型组织。

功利型组织

功利型组织（utilitarian organization）的成员为了获得报酬而进入组织工作，成员按照业绩获取酬劳。例如，大型企业为其股东带来利润，向雇员支付薪水。虽然绝大多数人为了谋生必须加入功利型组织，但加入哪个组织（企业、政府还是学校）是个人的选择。

规范型组织

成员为了追求他们认可的道德目标而不是报酬加入**规范型组织**（normative organization）。这类组织又被称为志愿者协会，包括社区服务团体（例如家庭教师协会、狮子会、妇女选民联盟、红十字会）、政党组织和宗教组织。放眼全球，居住在美国以及其他政治氛围较为民主的高收入国家的民众更有可能加入志愿者协会。近期调查研究发现，2014 年，美国有 74% 的大一新生参加了某项志愿活动。

强制型组织

强制型组织（coercive organization）中成员的加入是非自愿的。他们因惩处（监狱）的形式，或治疗的原因（精神病院）被迫加入其中。该组织具有特定的外在特征，如紧锁的大门、装有栅栏的窗户和保安的监视。为彻底改变个体的态度和行为，组织将“犯人”或“病人”隔离一段时间。第 3 章曾提到，全控机构的权威将改变个体的自我认知。

单一组织可以同时具备上述三种类型的特征。譬如精神病院，对病人而言属于强制型组织，对精神病医生而言则属于功利型组织，对医院志愿者而言属于规范型组织。

正式组织的起源

正式组织的历史可以追溯到数千年前。掌管早期帝国的精英们依靠政府官员收税、打仗，以及修建不朽的建筑（如中国的长城和埃及的金字塔）。

早期组织有两个局限性：第一，缺少有效的技术手段帮助人们实现长途旅行、快速交流以及收集、存储信息；第二，精英统治的前工业社会有自己的传统文化。韦伯指出，**传统**（tradition）包含了代代相承的行为价值观与信仰。它束缚了组织变革的效率与能力，导致社会的保守。

与之相反，韦伯将现代的世界观称为**理性**（rationality），即一种思维方式，强调审慎地、实事求是地去思考完成某项特定任务最有效的方法。理性世界观很少关注过去，并欢迎任何能使事情做得更快更好的改变。

韦伯强调，“组织社会”的发展取决于**社会的理性化**（rationalization of society），即人类主要思维模式从传统到理性的历史性变化。随着

社会的理性化 人类主要思维模式从传统到理性的历史性变化

传统 代代相承的行为、价值观与信仰

理性 一种思维方式，强调审慎地、实事求是地去思考完成某项特定任务最有效的方法

人们的情感联结让位于关注科学、复杂技术以及“科层制”组织结构的理性思维，现代社会变得“祛魅化”。

科层制的特征

科层制（bureaucracy）是为有效完成任务而理性构建的一种组织模式。为提高效率，科层制的成员经常制定和修订政策。想要了解科层组织的影响力和影响范围，你可以试着想象一下，美国四亿多部电话中的任何一部都能在数秒钟之内让你与家中、公司里、汽车上甚至远在落基山脉偏远山区背包旅行的人通话。如此迅捷的通信远超古人的想象。

电话系统依赖于电学、纤维光学以及计算机等技术的发展。但如果没有科层制来管理和记录每部电话的通话信息（电话的通话对象、通话时间、通话长短），并在每个月通过账单将这些信息告知三亿多的电话用户，该套系统将难以运行。

究竟科层制的哪些特征有助于提升组织效率？马克斯·韦伯明确了理想状态下科层组织所具有的六个特征。

1. **专门化**。我们的祖先曾花费大量时间找寻食物和住所。而科层制中，成员各有高度专门化的分工。

2. **职务分等**。科层制的成员处在自上而下的等级制度中。组织中，每个人在接受上级管理的同时，对其下属进行监督。科层组织类似于金字塔型的结构，少数人处在上层位置，大多数人位于底部。

3. **成文规则**。成文的规章制度引导着科层体系的运行。理想状态下，科层体系以完全可预测的方式运行。

4. **绩效制**。科层制中，工作人员根据技术能力确定职务。科层体制依照制定好的标准，评估新雇员的表现并决定其是否被录用。这与传统方式中任人唯亲、不考虑能力的用人方式完全不同。

5. **非人格化**。规章制度在科层制中是第一位的，优先于个人的意志。在规章制度面前，客户与员工一视同仁。这种非人格化的管理又被称为“面无表情的官僚”。

6. **文件档案制度化**。有学者认为，科层制的核心不在于人而在于文案工作。与小群体临时性的、面对面的交流特征不同，科层组织的运营依赖正式的书面备忘录和报告，因此也累积了大量的文档。

科层组织通过悉心挑选雇员，控制个人偏好和主张所带来的不可预测性影响，从而有效提高了运营效率。表 5–2 总结了小型社会群体与大型科层组织之间的区别。

组织环境

任何组织都不是在真空环境中运作的。组织的发展不仅取决于其发展目标和管理体制，也依赖于它所生存的**组织环境**（organizational environment），即影响组织运行的、组织之外的因素。影响因素包括技术手段、政治经济发展

表 5–2　小型群体与正式组织

	小型群体	正式组织
成员行为	趋同的	明确的、高度专门化
分层体系	通常是非正式的或不存在	分工明确，与职务相对应
规范	通用的规范，未明文实施	明文的规章制度
成员标准	可变的；以私人情感和血缘关系为基础	工作职位与技术能力挂钩
关系	可变的；典型的初级关系	典型的次级关系，选择性的初级关系
沟通方式	典型临时性的，面对面的	典型形式化的，书面化的
关注点	私人情感导向性	目标导向性

趋势、人口模式、当前事件、可供给的劳动力数量以及其他组织。

复印机、传真机、电话系统、电脑等技术手段对当代组织有重要的影响。电脑有助于雇员获得较以往更多的信息，接触更广泛的人群，同时也有助于管理人员更加密切地监控下属的工作。

政治经济发展趋势亦对组织产生影响。所有组织都受益于或受损于周期性的经济增长或衰退。绝大多数产业除了需要面对海外竞争，还需要应对国内法律的监管，如新的环保标准。

人口模式也是影响组织的要素之一。人口的平均年龄、总体受教育水平、当地的社会多元化程度和社区规模决定了可供给的劳动力数量和质量，以及组织所提供的产品与服务的市场划分。

当前事件也会对组织发展产生重大冲击，即使组织远离事件发生地。欧洲经济的不稳定、2012 年奥巴马再次当选美国总统，诸如此类的事件都对政府机构和商业组织的运行产生了影响。

其他组织同样能形塑组织环境。为应对竞争，医院必须应对保险业的索赔以及其他机构对医生、护士和医护人员的申诉。同时，医院也需要了解附近的便利设施、可提供的设备配置和操作程序，以及它们的价格。

科层制非正式性的一面

韦伯理想状态下的科层制对组织行为的每个方面都做了详细的规定。然而在现实组织中，雇员非常有创造性地（也非常坚决地）抵制科层制下的成文规则。虽然非正式性意味着在完成工作方面的投机取巧，但它提供了组织适应与发展所必需的弹性。

非正式性部分源于组织领导者的个性与性格。对美国企业的研究证实，个人的品质与习惯（包括个人魅力、人际交往技巧、发现问题的能力）对组织成就都会产生重要的影响。

独裁型、民主型和放任型三种领导类型（参见本章前文）反映了人的个性和品质。现

© 韦伯指出，理想状态下科层制的运作是理性和高效的。在现实生活中，正如电视秀节目《我为喜剧狂》（*The Mindy Project*）所演的那样，真正大型组织的运作与韦伯的理想型差别很大。

实中，一些组织的领导人会滥用组织权威谋求个人私利。2008 年金融危机中破产的银行和保险公司的高管都在获得高额赔偿费后才离职便是一例。在企业里，也有领导因其下属的努力工作而受到好评。在对领导表现所起的作用上，秘书的重要性远超人们想象（重要性远远超出他们的职位头衔以及获得的薪水）。

组织非正式性的另一面体现在沟通上。函件和书面文档是组织内部发布信息的正规途径。但雇员利用非正式的网络，或者说“小道消息”，迅速传递信息，尽管这些消息并不总是正确的。由于高层常常希望重要的信息对员工保密，因此通过电子邮件和口口相传方式传播的小道消息对普通员工而言格外重要。

电子邮件的使用使得组织管理变得扁平化，即便是底层职员也能越过主管与领导直接沟通或者及时与同事交流。但一些组织并不认可这种开放式的沟通渠道，对公司中电子邮件的使用做出了限制。微软公司（创始人比尔·盖茨有一个不公开的电子邮箱地址，以避免每天被几百条信息骚扰）研发了一套“屏蔽”系统以过滤邮件，只接收被许可的人的信息。

科层制下的成员运用智慧和新的信息技术，试图打破严格规章制度的桎梏，创建人性化的工作程序和氛围。鉴于此，我们应该近距离地了解一下科层制的缺陷。

科层制的缺陷

人们依赖科层制有效地管理日常生活，但许多人也对大型组织过分的影响力表示担忧。有人认为科层制操控员工、使人迷失本性，威胁政治的民主。下文将对科层制的缺陷一一展开讨论。

科层制的异化

马克斯·韦伯认为科层制是生产力模式的典范，但他也敏锐地察觉到科层制导致成员的非情感化。去情感化在提高组织效率的同时，也导致了工作僵化，容易忽视客户个性化的需求。员工以标准化的模式、去情感化地接待每一位服务对象。例如，2008 年美国军方在发给伊拉克及阿富汗战争中殉职士兵家属的信中，统统以“某某某”来代称收信人。

韦伯指出，正式组织使员工成为“永不停转的机器上的一个小螺丝钉”，导致组织的异化。虽然构建正式组织的本意是为人类服务，但人类也可能毁于他们为之服务的正式组织。

科层制的无效率和仪式主义

2005 年五一国际劳动节，当新奥尔良和其他海湾区域的人们正在为卡特里娜飓风过后的生存而拼搏的时候，在亚特兰大一间旅馆的会议室里，600 名消防队员正等着联邦紧急事务管理局（FEMA）的官员们下达任务。这些官员先安排他们听了一场“机会均等、性骚扰和客户服务”的演讲，然后发给每人一摞印有联邦紧急事务管理局电话号码、用于疏散受灾地区人群的小册子。一名消防员站起来朝官员吼道：“太荒谬了，我们是来救人的，你竟让我们做这个？”但联邦紧急事务管理局的官员斥责他们：“你现在的身份是机构雇员，必须服从命令，听从安排。”

这种组织运作的无效率被称为文牍主义（red tape），其得名源于 18 世纪消极怠工的英国政府官员总是用红布带将官方文件档案捆成一扎一扎的，用于形容重要的工作拖延着没有完成。

罗伯特·默顿认为，文牍主义赋予了人们熟知的概念——群体遵从以新的含义。他提出新概念**科层制仪式主义**（bureaucratic ritualism），即严格遵循成文的程序规则，损害组织目标的情况。程序规则只是实现目标的手段，并非行动的目的，否则关注焦点将会背离组织的既定目标。2001 年“9·11”恐怖袭击发生后，美国邮政管理局不顾联邦调查局的反对，仍将收信人为奥萨玛·本·拉登的信件发往阿富汗的邮政机构。结果导致美国国会修改相关法规。

科层惯性

科层制下的员工少有努力工作的功力，但他们总有各种理由保住自己的饭碗。即使已达成组织目标，科层组织仍然存在，维持现状。正如韦伯所说的：“科层制这种社会结构一旦建立起来，就很难被摧毁。”

科层惯性（bureaucratic inertia），是指永久设置科层组织的倾向。正式组织往往会越过组织设定的目标自我扩展。美国农业部在全国 55 个州的几乎所有县都设有办事机构，即使美国七分之一的县有农场且仅有 1% 的人口在农场工作。政府部门的年度预算（大约 1300 亿美元）远远超出全美所有农场的净收入。组织会通过修正目标以维持组织运行，现在的农业部不仅负责农业事务，同时还负责其他一系列工作，包括营养与环境研究。

寡头政治

20 世纪早期，罗伯特·米歇尔斯（Robert Michels，1876—1936）便指出科层制与**政治寡头**（oligarchy）有关。所谓寡头政治，是指由极少数人统治许多人。按照米歇尔斯提出的“寡头政治铁律”，科层制金字塔式的结构导致少数领导人掌握组织的全部资源。

韦伯将科层组织的高效率归功于管理体系中严格的责任分级制度。但米歇尔斯认为，由于官员有能力并常会动用他们所掌握的信息、资源和媒体以满足个人利益，因而分层式结构会削弱民主。

此外，当公司的董事和公共官员宣称他们“无权评论”地方新闻媒体时，当美国总统宣称

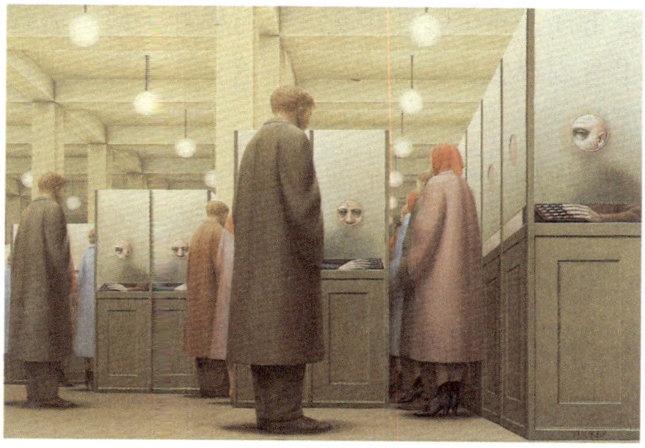

◎乔治·图克（George Tooker）的绘画“政府机构”生动反映了科层制对人的浪费和虚耗。画中的人物均着以千篇一律的单调色彩，客户被简化成一个个期望以最快速度被处理掉的个案。职员的位置与客户隔开，他们面无表情，只关注于数字，却忽视了为客户提供真诚的帮助（注意画面中每个职员的手都放在计算器上）。

资料来源：乔治·图克，政府机构，1956，大都市艺术馆。

拥有“行政特权”而否决国会议案时，科层制的推波助澜加大了普通民众与科层官员之间的距离。源于科层制金字塔式结构的寡头统治最终减轻了领导人对下属和人民所承担的责任。

党派竞争、议员连任设限制度，以及三权分立的政治体制有效阻止了美国政府陷入完全寡头政治的境地。即便如此，在美国政治竞争中，那些拥有曝光率、权力和资金的在职竞选人仍具有明显的竞争优势。2014 年中期选举的候选人中，82% 参议员和 95% 众议院议员都谋得了连任。

正式组织的演化

科层制的缺陷——尤其是制度导致的异化以及寡头政治的趋势，源于组织的两个特性——分层与刻板。对韦伯而言，科层制是一个组织管理严密的体系：顶层的规章制度引导组织成员各项行动依规章制度行事。100 年前的美国，组织机构运用韦伯的理念形成了“**科学管理**”（scientific management）的组织模式。科学管理是指运用科学的原则来运行企业或其他大型组织。我们首先分析科学管理这一组织模式，然后来了解其在 20 世纪所遇到的三重挑战，这些挑战导致新组织模式——弹性组织（flexible organization）——的产生。

科学管理

弗雷德里克·温斯洛·泰勒（Frederick Winslow Taylor）曾下过一个简单的结论：绝大多数的美国企业效率相当低下。企业管理者不知道如何提高产量，而工人一直沿袭前人的工艺技术。泰勒提出，为提高效率，企业必须运用科学的原理。

科学管理包括三步。第一步，管理者详细了解每个工人的工作任务，明确操作流程以及每个流程所耗费的时间。第二步，管理者分析资料，制定更佳的操作流程以提高工作效率。例如，管理者需要考虑给每个工人配备不同的工具，或者重新排定工作流程。第三步，依照确定的方法，管理者指导并激励工人完成或超额完成生产任务。如果工人一天内能生产 20 吨生铁，管理人员所要做的就是指导他们如何进一步改进流程，提高效率，做到多劳多得。泰勒认为，如果科学管理原则得以充分运用，将会增加企业利润，提高工人报酬，降低消费者的购买价格。

一个世纪以前，汽车产业的先驱亨利·福特（Henry Ford）是这样评价科学管理的：“如果 12 000 名工人每人每天少做 10 个多余的动作，那他们一天将少走 50 英里路，少消耗走 50 英里路所需的能量。”20 世纪早期，福特汽车公司和其他企业采用了泰勒的管理原则，有效提高了生产效率。当代企业仍然对生产的每个环节进行详细检视以提高效率和利润。

在科学管理的原则下，权力掌握在雇主和管理人员手中，他们基本不关注工人的想法和意见。现代社会中，正式组织面临着来自种族、性别、海外竞争加剧以及变化的工作性质等多重挑战。下文中，我们将对每种挑战给予简要分析。

第一重挑战：种族与性别

20 世纪 60 年代，批评家指出，大型企业以及其他组织存在用人方面的不公。这些组织在用人时并未坚持韦伯“以能取人”的原则，而将女性与少数族裔拒之门外，实权职位的用人更是如此。“以能取人”是一种相对公平的用人方式，也是招揽人才、提升组织效率的有效途径。

特权模式与排他模式

如图 5-4 所示，即使在 21 世纪的头几年，占美国人口 32% 的非西班牙裔白人男性占据了 63% 的管理职位。占人口 32% 的非西班牙裔白人女性仅担任了 25% 的管理职位。其他少数族裔所占的比例更是远低于此。

罗莎贝丝·莫斯·坎特（Rosabeth Moss Kanter）指出，拒绝雇用女性与少数族裔实际上忽视了占美国半数以上的人才。而且在组织中，人数较少的少数族裔和女性职员常会觉得自己是被社会隔离的外群体——会感到不自在，不受重视，缺少升迁机会。有时候在组织里表现出色或者工作优秀只是因为这个人恰好是男性而已。

坎特指出，要想更持续地实现组织变革与发展，组织必须变得更为开放，施行“直通车”式的激励制度，从员工中选拔优秀人才，让职员工作更为卖力，更加忠于公司，最终提高工作绩效。相反，一个职位毫无上升空间的组织会让员工成为效率低下、“行尸走肉”式的人，没有人会去倾听他们的想法和意见。开放的组织则鼓励负责人了解所有雇员的想法，而这将有利于决策的改进。

“女性优势”

部分组织研究人员认为，女性拥有一些特殊的增强组织实力的管理技巧。黛博拉·坦南（Deborah Tannen）的研究结果表明，女性更为“关注资讯”，为了弄清楚事情，她们会随时准备提问题。而男性比较“关注形象”，认为居于特定的职位却向他人请教问题会影响自身的形象。

在另一项女性管理人员的研究中，萨莉·赫尔格森（Sally Helgesen）发现另外三种与性别有关的管理模式：第一，女性较男性更注重沟通技巧，更愿意分享信息；第二，女性领导人具有更多的弹性，给下属更多自由发挥的空间；第三，与男性相比，女性重视各类组织运行的相互关联性。赫尔格森将这三种模式统称为女性优势（female advantage），这

多样化快照

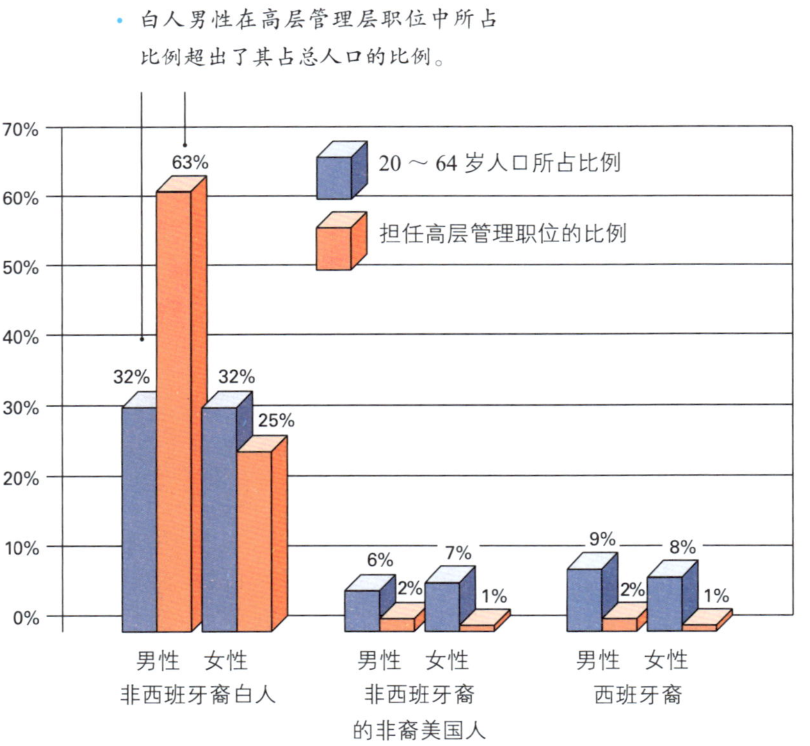

图 5-4 2013 年美国私营企业管理职位按种族、性别、民族分类的分布比例

◎ 相对其人口规模，白人男性在私营企业中担任了更多的管理职位，而白人女性与其他族裔的情况与之相反。你认为原因是什么？

资料来源：U.S. Census Bureau（2014）and U.S. Equal Employment Opportunity Commission（2014）.

种优势有助于公司更为弹性和民主。

总之，传统科层制面临着这样的挑战：为了充分利用员工的经验、想法和创造性，科层制不应该考虑种族与性别，应该更为开放、更为富有弹性。其结果将更符合公司的底线——更丰厚的利润。

第二重挑战：日本的工作组织

1980 年，让美国企业界备感不安的是，他们发现国内卖得最好的汽车不再是雪佛兰、福特、普利茅斯，而是日本产的本田雅阁。而之后的几十年中，日本丰田汽车已经超越美国通用成为全球最大的汽车制造商。这是一个相当大的变化。一直到 20 世纪 50 年代，“日本制造”还是廉价与低质量的代名词。但世事变迁，日本汽车工业的成功（不久之后，延伸到电子制造、相机和其他产品的公司）很快使得分析家一窝蜂似的去研究“日本的工作组织”。这个小国家是如何挑战美国世界经济中心位置的？

日本的组织反映了该国强烈的集体主义精神。与美国人所强调的刚毅的个人主义不同，日本人更崇尚合作。实事上，日本的正式组织更近似于大型的初级群体。430 多年前，威廉·乌奇（William Ouchi）指出日本与美国的正式组织存在五点差异。第一，日本企业对于新招入的员工，支付一样的薪水，新员工也承担相同的责任。第二，日本企业推行终身雇佣制，培养员工高度的忠诚感。第三，由于员工终身为企业服务，日本企业施行通才式管理，培训员工获得整个公司运作的整体知识。第四，在日本，虽然由企业领导人最终对组织效益负责，但他们通过“品质圈”的方式，使企业员工参与到组织决策过程中，员工讨论、分析工作问题，向上级提交决策提案。第五，日本企业在员工的生活中发挥了极大的作用，企业为员工提供住房抵押贷款，资助休闲旅游，安排社会活动。和美国类似的企业相比，上述措施激发了日本员工对企业更为强烈的忠诚感。

但日本的公司也并非事事如意。20 世纪 90 年代后，日本经济陷入持续 20 多年的低迷。受经济衰退的影响，大多数的日本企业不再推行终身雇佣制，乌奇提到的很多福利也遭到削减。但长远看，日本商业组织的前景还是光明的。

近年，广受赞誉的丰田公司也遭遇了挑战。在扩大产能成为全球最大的汽车制造商后，由于制造缺陷，丰田公司被迫召回数百万辆汽车。召回事件反映出丰田的迅猛扩张是在以牺牲成功的核心要素——产品质量——为代价的。

第三重挑战：变化的工作性质

除了面临全球竞争加剧以及要求就业机会均等的挑战外，传统组织的压力还来自工作本身性质的改变。在第 2 章中，我们介绍了社会从工业社会到后工业社会的转型。人们不再在工厂里用笨重的机器生产产品，更多的人开始运用计算机以及其他的电子技术提供或处理信息。后工业社会是一个以资讯组织为特征的社会。

由于高强度繁重的工作已成为常规性的工作事务，泰勒对科学管理的概念做了进一步发展。工人铲煤，将铁水浇入铸模，在装配流水线上焊接车身板件，为修建摩天大楼把热铆射入钢梁中。泰勒时代，大多数产业工人都是外国移民，学历很低，几乎不懂英语。因此，劳动力自身有限的劳动技能和工业时代工作的性质使得泰勒将工作视为一系列模式化的任务，管理人员制订计划，由工人操作执行。

而在信息时代，许多工作与工业时代的大不相同：设计师、艺术家、作家、作曲家、程序员、商人以及其他职业的工作，需要人们发挥想象力与创造力。下面列举了当代组织与 100 年前的组织的几点区别。

1. **创造上的自主性**。正如惠普公司的一位主管人员所说的：“从加入惠普公司的第一天起，员工便承担了重要的责任，公司鼓励他们成长。”当代组织中掌握信息时代技能的员工被视为重要的组织资源。主管人员只是制定组织生产目标，但并不规定员工该如何完成那些需要想象力和发现力的任务。这为高技能的员工提供了自由发挥才能的空间，意味着只要员工能提出好的创意，公司就不需要有太多的日常监督与管理。

2. **竞争性的工作团队**。当代组织通常会给工作团队自由解决问题的空间，并对提出最佳解决方案的团体给予最高的奖励。日本最先采用这种竞争性工作团队的策略，它能够激发团队中每个人的创造性，并减少传统组织常发生的异化现象。

3. **扁平化组织**。为了创造性地解决问题，组织采用了员工分担职责的方式，组织层级呈现为扁平的形状。如图 5–5 所示，这种组织模式中指令链环节大为减少，取代了传统的金字塔式的科层组织。

4. **更大的弹性**。工业时代典型的组织结构是一种从上至下的刚性结构。这种组织虽然可以完成大量的工作，但创造性不足，难以迅速地应对大环境的改变。而信息时代理想的组织模式则更为开放和富有弹性，不仅能提出新的理念，还能迅速应对风云变化的全球化市场。

这些变化对正式组织意味着什么？正如戴维·布鲁克斯（David Brooks）所说："机器不再是健康型组织效仿的衡量标准。现在的标准是生态系统。"当代智能型公司寻求的是有才华的创造型人才（"美国在线"的主楼被称为"创意中心一号"），并培养其才华。

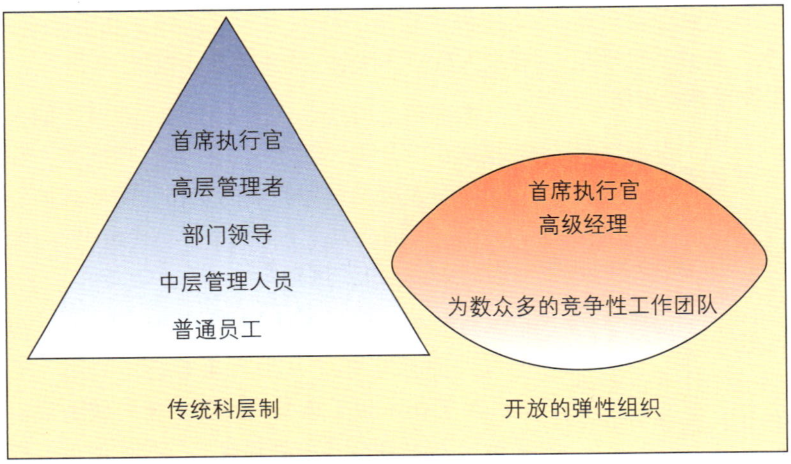

图 5–5　两种组织模式

◎科层制组织的传统模式属于金字塔式结构，有明确的指令链。命令自上而下地传达，业绩报告自下而上地呈递。这类组织制定大量的规章制度，员工工作高度专门化。更为开放、富有弹性的组织是扁平状的，形状像橄榄球。与传统模式相比，扁平化组织的管理分层较少，决策职能由组织内部共同承担，集思广益。员工以团队形式工作，掌握组织运作的整体性知识。

但是，现代社会中也有许多工作根本不需要创造力。更确切地说，在后工业时代，经济发展是借由两种差异性很大的工作模式——高技能的创造型工作和低技能的服务型工作推动的。快餐业工作属于程序化的高度管理型工作。与信息时代典型的创造型团队工作相比，它与一个世纪前工厂中的工作更为类似。因此，在当代一些组织采用更为扁平化、弹性化的组织模式时，其他组织则继续采用传统的刚性组织结构。

社会的"麦当劳"化

本章一开始就曾指出，麦当劳取得了巨大的成功，36 000 多家麦当劳餐厅遍布全球。仅日本就有超过 3100 家麦当劳餐厅，欧洲有 7600 家。全球规模最大的麦当劳餐厅位于伦敦，餐厅拥有 500 名雇员，能同时容纳 1500 多人就餐。

麦当劳不仅是一家连锁餐厅，作为美国文化的符号，全世界的人都把麦当劳与美国联系在一起。民意调查显示，即使在美国国内，98% 的学龄儿童认得麦当劳叔叔的标志，他的知名度与圣诞老人不相上下。

更重要的是，引导麦当劳发展的组织原则正在统治美国社会。美国文化变得"麦当劳化"，我们生活中的许多方面都在模仿这家餐馆的连锁模式：父母在带有统一标识的全球连锁店给孩子买玩具；人们驱车到便利店做十分钟的免下车换油；日益普及的电子邮件、语音信箱、即时通信工具取代了人们面对面的沟通；越来越多的人度假跑到度假胜地或者参加旅行社包办的旅行团；电视用十秒钟摘要剪辑的方式播放新闻；大学入学招生人员根据 GPA 和 SAT 成绩来评估素未谋面的学生；教授

◎ 信息时代最好的工作，包括在众所周知的谷歌公司上班，只要员工能提出好的创意和理念，就可以获得相当的个人自由。与此同时，其他的许多工作与一个世纪前的工厂一样，例如在麦当劳的前台上班，员工每天都是重复性的常规工作，公司执行严格的人员管理。

给学生指定的是抄袭的教材，用出版公司批量出版的试题测验学生。诸如此类，不胜枚举。

四项原则

所有这些事情都有哪些共同点呢？乔治·瑞泽尔（George Ritzer）指出，社会的麦当劳化构建在四项组织原则的基础上。

1. **效率**。雷·克拉克这位于 20 世纪 50 年代为麦当劳扩展推波助澜的市场天才，规定员工要在 50 秒内把汉堡、薯条、奶昔送到顾客面前。目前麦当劳推出的最受欢迎的食物是脂肪蛋挞，整个早餐就这一份三明治。在麦当劳，顾客在柜台取餐，出门的时候可以顺手把垃圾处理掉或把自己用的盘子叠起来。更方便的是，客人开车经过回收窗口时，可以顺便把剩余的垃圾扔进去。这种效率无疑是人们日常生活的核心要素。单凭"效率"这个理由，人们便认为事情越快做完越好。

2. **可预测性**。高效率的组织希望组织中的所有事情都是可预测的。麦当劳按统一配方烹调食物。公司政策引导着每一项工作的运行。

3. **一致性**。麦当劳第一版的操作手册规定，每个生汉堡重 1.6 盎司①，直径 3.875 英寸②，脂肪含量 19%。每片奶酪重量精确到 0.5 盎司。每根薯条厚度为 0.28 英寸。

在每个人的家庭、学校和工作单位周围，到处都是按照标准化方案设计并批量生产的物品。不仅是人们所处的环境，而且连个人的生活经历（无论是美国国内的州际旅行还是待在家里看电视）都比以往任何时候更一致。

在世界的任何一个地方，人们走进任何一家麦当劳餐厅，都会吃到相同的三明治，喝到相同的饮料，尝到相同的甜点。③ 这种一致性源于高度理性化的系统，它详细规定了所有的行为，不允许任何变动。

4. **控制**。麦当劳系统中最不可靠的因素是员工。毕竟每个人的心情都会时好时坏，有时候会漫不经心、胡思乱想，想换种方式做事情。为把这种人为的不可控因素的影响降到最低，麦当劳用机械化的设备，以固定的温度和固定的时间生产食品。在麦当劳，甚至收款机上标的都是每种食品的图标，以便员工在记录客户的点餐时尽可能地简单。

与麦当劳模式类似，自动柜员机取代了银

① 1 盎司≈28.35 克。——译者注

② 1 英寸≈2.54 厘米。——译者注

③ 随着麦当劳的全球化，它会根据当地的口味添加或改变一些产品。例如，在乌拉圭，消费者能吃到荷包蛋汉堡（汉堡面上加了一个荷包蛋）；挪威的消费者可以尝到烤鲑鱼三明治；而荷兰有素食汉堡（纯蔬菜的汉堡）；在泰国，麦当劳提供卤肉汉堡（汉堡里的碎猪肉用红烧酱调味）；日本的麦当劳则推出了照烧鸡肉三明治（用大豆和生姜调味的鸡肉）；在菲律宾，麦当劳推出了麦式意大利面（加了番茄酱和一点点热狗的意大利面）；在印度，由于印度人不吃牛肉，麦当劳推出了素食麦香堡。

行；人们用自动面包机制作面包，而自己只用站在旁边看；自动化的养鸡场生产大量的鸡和鸡蛋。在超市，客户自行付费结账的激光扫描仪淘汰了收银员。人们通常都在商场购物，而商场里的一切，从温度、湿度到商品和货物的种类，都经过精心的安排和布置。

理性还是非理性

毫无疑问，在现代社会中，麦当劳的效率原则被广为运用。但任何事情都有两面性。

马克斯·韦伯担心，随着人类的不断理性化，正式组织会抑制人的想象力，扼杀人文精神。正如韦伯所预见的，尽管理性系统提高了效率，但剥夺了人性。麦当劳化就是一例。四项原则中的任何一项都在关注如何抑制人的创造性，限制人的选择和自由。作为对韦伯的回应，瑞泽尔指出，“麦当劳化最终的非理性化意味着人们将失去对理性系统的掌控，反过来受制于该系统”。或许麦当劳也意识到了这点——公司扩大经营范围，提供更多高档食品，例如更精美、更新鲜、更健康的超值炭烧咖啡和沙拉拼盘。

◎美国国家安全局（NSA）位于犹他州的数据中心能够存储百倍于互联网容量总和的数据信息。2013 年国家安全局对电话和邮件的全面监控触发了全国性的恐慌，人们愤怒地指出这种行为是对个人隐私的极大侵犯。你是否愿意为了国家打击海湾地区的恐怖主义而允许你的个人通信被监控？

组织的未来：截然相反的趋势

在 20 世纪早期，美国的大型组织大多采用了韦伯科层制的组织形式。这些组织在很多方面都有点类似于一位猛将领导下的军队，将军向下属的上尉和中尉下命令，这些在工厂工作的步兵执行上级的命令。

随着 1950 年左右后工业经济的出现，以及海外竞争的加剧，越来越多的组织朝着扁平化、弹性化的方向发展，鼓励员工的交流与创造。这种“智能组织”比以往更有创造性。更重要的是，高技能的员工拥有更多创新的自由，韦伯所担心的组织异化现象也有所减少。

但这只是事情的一方面。在过去的 50 年里，虽然后工业经济提供了许多高技能型的工作岗位，但它也创造了比以往更多的常规性的服务型工作岗位。在当今的美国社会，快餐业是低收入劳工最大的聚集地，提供的工资只比报酬最低的流动工人高一些 。瑞泽尔把这种类型的工作称为“麦克工作”，它提供的报酬比高技能型员工能得到的要少得多。在快餐业、电话销售行业等类似的行业中，规定工作程序的自动化流程倒是与弗雷德里克·泰勒在 100 年前提到的内容非常相似。

组织的弹性给予表现优异的员工以更多的自主权，但普通员工却随时面临裁员的风险。面对全球化的竞争，组织迫切需要创造型员工，但也同样迫切需要尽可能削减例行公事式的、重复性的工作职位，以降低成本。最终的结果是，一部分员工比以前收入更高、发展得更好，而其他人则整天为保住饭碗而担忧，努力工作以勉强维持生计。我将在第 8 章中对此进行详细的论述。

美国组织的生产效率为全世界所艳羡。全球很少有地方能像美国那样将邮件迅捷、可靠地投递到目的地。组织未来的发展趋势对一部分人而言可谓前途光明，但对另一部分人而言则前景黯淡。就像下面的“争鸣与辩论”专栏所谈到的，组织对个人隐私的威胁日益增大——人们在展望组织的未来时应牢记这一点。

争鸣与辩论

计算机技术、大型组织与侵犯隐私

杰克设计好了他在 Facebook 上的网页，上面有他的姓名、学校、E-mail、照片、简历和兴趣爱好。全世界数十亿人都能看到这些信息。

和新客户的见面就快要迟到了，莎拉驾车经过一个主要路口，在信号灯由黄转红的瞬间冲了过去。电子眼拍下这一违章，记录下了莎拉的车牌和她当时坐在驾驶席的情景。七天后，莎拉收到交通法庭的出席传票。

胡里奥浏览邮件时发现一封来自数据服务公司的信件。在信中，数据服务公司告知胡里奥，大约 145 000 人的姓名、住址、社会安全号码以及信用档案被卖给了自称是商人的犯罪分子，他的信息也在其中。其他人可能利用这些信息以及胡里奥的名字获得信用卡或者申请贷款。

这些案例说明了一个问题：当代的组织——掌握了比以往任何时候都多的信息资料，并且他们的掌握程度超出了大多数人的认识——对个人隐私的威胁越来越大。大型组织对社会的运行而言是必要的。在某些情况下，组织确实能够运用或出售资料信息来帮助我们。但身份盗用的案件在不断增加，个人隐私的保密度在不断下降。

过去小城镇的生活给人感觉没有任何隐私可言。但至少别人知道你一些事情的同时，你也知道他们的一些事情。现在，陌生人却能在我们不知情的情况下随时获取我们的相关信息。

隐私的泄露部分源于日益复杂的电脑技术。你是否意识到，你发的每封电子邮件以及你访问的每个网站都会在电脑上留下记录？绝大多数的记录都能被陌生人、雇主和其他公共官员检索到。

美国经济的特点是导致隐私泄露的另一原因。为什么越来越多的组织想源源不断地获得个人隐私信息？原因很简单，售卖隐私信息能带来经济收益。

当今隐私的泄露还与正式组织的数量和规模有关。就像本章所谈到的，大型组织去情感化地对待每个人，他们迫切需要信息资讯。毫无疑问，受大型组织与日益复杂的电脑技术的共同影响，美国绝大多数人都很关心谁知道自己的什么事情，以及他们会怎么利用这些信息。

近几十年来，美国个人隐私的保密度正在不断下降。20 世纪早期，州政府讨论汽车驾照的问题时，政府为每个拿到驾照的人建立了一份档案。现在只要点击按钮，政府官员不仅能把资料传给警方，还能提供给其他组织。美国国税局和社会保障局，以及其他一些为士兵、学生、失业人员和穷人提供福利的政府机构，都收集了堆积如山的个人信息。

现在商业组织做的是与政府机构几乎相同的事情。个人的许多选择最后都会被记录在公司数据库中。大多数美国人都用信用卡——当今美国有十亿多张信用卡，平均每人有五张——负责“信用核查”的公司收集相关信息并提供给任何一个询问的人。

不仅在交通路口，而且在商店、公共建筑、停车场以及大学校园里都装有微型摄像头。监控个人行为的监测探头的数量每年都在迅速增加。就某种意义而言，所谓的安全摄像头能加强公共安全——比方说，震慑行凶抢劫犯甚至恐怖分子——但却是以牺牲人们仅存的一点儿少得可怜的隐私为代价。英国或许是全球安装监测探头最多的国家，一共安装了 400 万个的安全摄像头。伦敦常驻居民每天出现在闭路电视监控系统画面中约 300 次，他们的所有“行踪”都被记录在电脑里。纽约市在地铁中安装了 4000 个监测探头，官员宣称这有助于阻止类似于 2013 年波士顿马拉松爆炸案那样的恐怖袭击。配备有高分辨率相机的传统飞行器和无人机能帮助警察和官员追踪全城市民和车辆的运动轨迹。

近年来，美国政府稳步扩大对公民的监控范围。2001 年“9·11”恐怖袭击事件发生后，联邦政府逐步采取措施加强国家安全［包括《美国爱国法》(*the USA PATRIOT Act*)］。现在，美国政府官员不仅更为密切地监控谁进入了美国，还监控每个美国公民的行为。日益加强的国家安全与个人隐私难以共存。

一些法律保护措施仍然在发挥作用。美国 50 个州都有相关法律赋予公民权利，可以核查由雇主、银行和信用局保留的个人信息记录。1974 年的《联邦隐私权法案》(*The federal Privacy Act of 1974*)对政府机构间个人信息的交流做出了限制，并允许公民检查核对大多数的政府文件。为应对日益升级的身份盗窃，美国国会有可能通过更多的法案规范信用信息的出售。但侵犯人权和个人隐私的风险与日俱增。最近一项分析指出，未来数年间政府几乎可以利用相关技术监控和记录人们所说或所做的每一件事情。许多公共组织和私营组织都保存有人们的信息资料，专家预测有 90% 的美国家庭的信息记录在某处的数据库中。当前的法律还能够保证隐私仍然是我们生活的一部分吗？

你怎么想

1. 你认为公共场所架设安全摄像头是加强了个人安全还是降低了个人安全？为什么？

2. 为保障个人安全所付出的代价值得吗？你怎么看自动收费技术（如电子收费系统）？这一技术让你快速通过高速公路收费站的同时也记录下“你去哪儿，什么时候经过的”之类的个人信息。

3. 你认为法律能够保障个人隐私吗？还是说人们的个人隐私正在逐渐消失？

资料来源：Heymann（2002）, O'Harrow（2005）, Tingwall（2008）, Werth（2008）, Hui（2010）, Stein（2011）, and Rainie & Anderson（2014）.

日常生活中的社会学

Society: The Basics

现代社会的组织方式是什么样的

本章阐述了自 1948 年第一家麦当劳餐厅开业以来，引领快餐业的原则——效率、可预测性、一致性、控制——在社会中的广泛运用。现在给你一个机会通过若干熟悉的日常事务来辨别麦当劳化的要素。在所给的三幅图中，你能指出是哪两幅图反映了麦当劳化的哪些特定要素吗？与之相关的组织模式和技术以什么方式提高效率、可预测性、一致性和可控制性？在下图中，你认为有哪些不属于麦当劳化的要素？为什么？

◎ 图中那样的小型邻里商店在美国曾随处可见。但随着大卖场式的折扣店和快餐连锁店的扩张，小型零售店的数量越来越少。为什么小型零售店会消失？在它们消失的过程中，人们失去了零售店所反映出的哪些社会特质？

◎ 20 世纪 70 年代早期，ATM 机（自动柜员机）在美国日益普及。任何一名持银行卡的客户都无须通过银行柜台出纳就能完成某项银行操作（比如取钱）。为什么 ATM 机反映了社会的麦当劳化？你喜欢用 ATM 机吗？为什么？

◎ 在许多超市的收银台，顾客通过连着电脑的激光扫描仪识别所购商品及其价格，然后自己用信用卡或借记卡付款，将商品装袋。

提示

社会的麦当劳化在某些方面使人们的生活更为便捷，也使社会变得更加非人格化，人际接触的范围日趋缩小。虽然这种组织模式能够满足人们的需求，但它迫使人们的生活必须服从于机器的需求，组织模式因此走向反面而终结。马克斯·韦伯担心人类社会将会过度理性化，从而迷失了本性。

从你的日常生活中发现社会学

1. 学院或大学是否受到社会的麦当劳化进程的影响？教师千篇一律的大班授课是麦当劳化的例子吗？为什么？试举出你所知的大学校园中麦当劳化的其他例子。

2. 你曾经有过用 ATM 机或在折扣店自助购物的经历吗？试着举几个例子，谈谈你从中得到了哪些方便和好处，它又给你带来哪些坏处？

第 6 章

性与社会

通过本章，我们能够：

◎ 描述性既是一个生物学问题，又是一个文化问题；

◎ 解释美国人的性态度的变迁；

◎ 分析塑造性取向的因素；

◎ 讨论几个当前与性有关的、富有争议的问题；

◎ 运用社会学的主要理论分析性问题。

社会的力量：塑造我们对社会有关性问题的态度

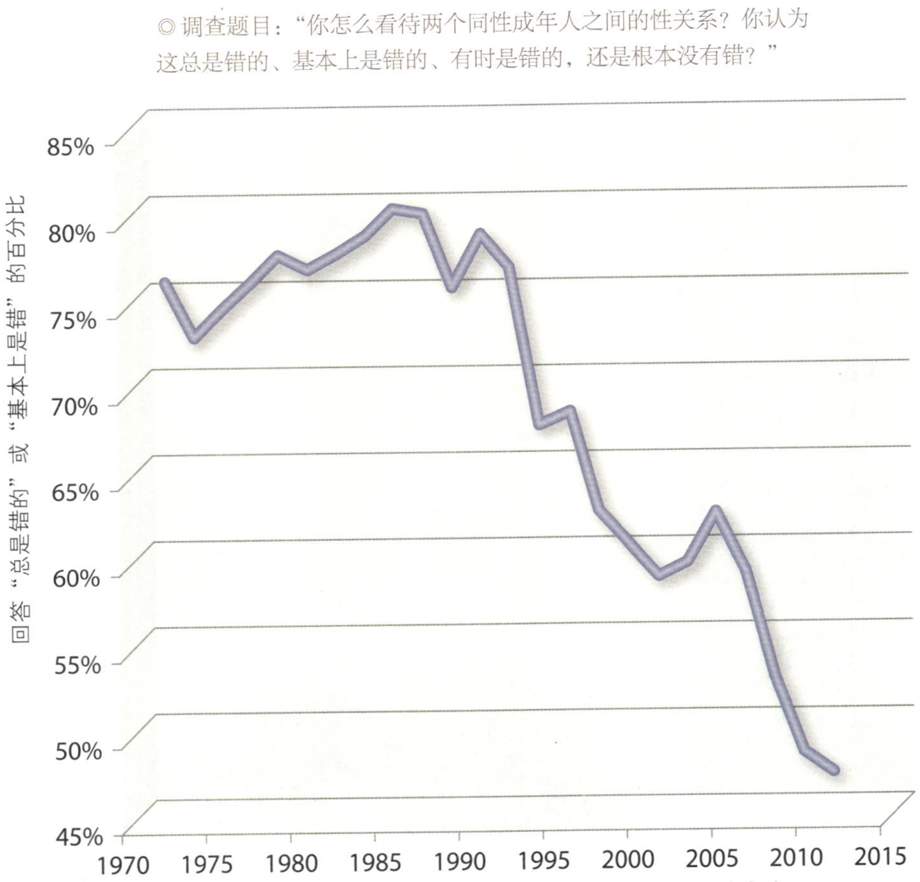

图 6-1　美国人在各年代看待同性成年人之间的性关系的态度

资料来源：Smith et al.（2013）.

社会塑造了我们对性问题的观念吗？回溯至 1973 年，超过 75% 的美国成年人认为同性恋关系是错误的。然而到了大约 1990 年，人们的这一态度开始改变，到了 2012 年，表示不赞成的比例不超过人口的一半。公众对同性恋关系态度的改变是同性婚姻急剧增长的主要原因，现在多数美国成年人持支持态度。虽然我们倾向于认为我们的态度是个人自主选择的，但是更大的社会也在起作用。

本章概要

性，没有人怀疑它是我们生活的一个重要方面，但是，正如本章所解释的，性远非仅仅与生育相关的生物过程。正是社会，包括文化和不平等模式，塑造了人类性行为，并指导着我们日常生活中的性意义。

帕梅·古德曼（Pam Goodman）和朋友詹妮弗·代欧思（Jennifer Delosier）、辛迪·托马斯（Cindy Thomas）沿着走廊边走边聊着。这三个年轻的女孩是杰弗逊市杰弗逊高中二年级的学生，杰弗逊市是美国中西部的一个小镇。

"放学后做什么？"帕梅问道。

"我不知道，"詹妮弗回答，"也许托德正过来呢。"

"带上照片，"辛迪补充道，"我们这样去。"

"闭嘴！"帕梅一边笑一边结结巴巴地说，"我几乎不认识托德。"三个女孩大笑起来。

不必惊讶，年轻人花大量时间去思考和谈论性。但是正如社会学家彼特·比尔曼（Peter Bearman）发现的，性不仅只是谈谈。比尔曼和他的两名同事进行了一项研究，他们对中西部小镇杰弗逊市一所高中的 832 名高中学生进行了保密性访谈，表明 573 人（69%）在之前的 18 个月中至少有过一次"性的和浪漫的关系"。有如此众多的学生，但不是所有的学生都有活跃的性活动。

比尔曼期望了解性活动，以便理解年轻人当中的性传播疾病（STDs）。为什么性传播疾病率如此之高？为什么社区中会有几十个年轻人突然"暴发"疾病？

为找到这些问题的答案，比尔曼及其同事请学生们划出自己的性伴侣（当然，承诺不公开任何隐私信息）。这一信息使他们得以从性活动的角度追踪同学之间的关系，从而得出了一个令人吃惊的模式：性活跃的学生通过共同的伙伴彼此相互关联，大大超出所有人的预期。总而言之，共同伙伴联结了一半的性活跃的学生，如图所示。

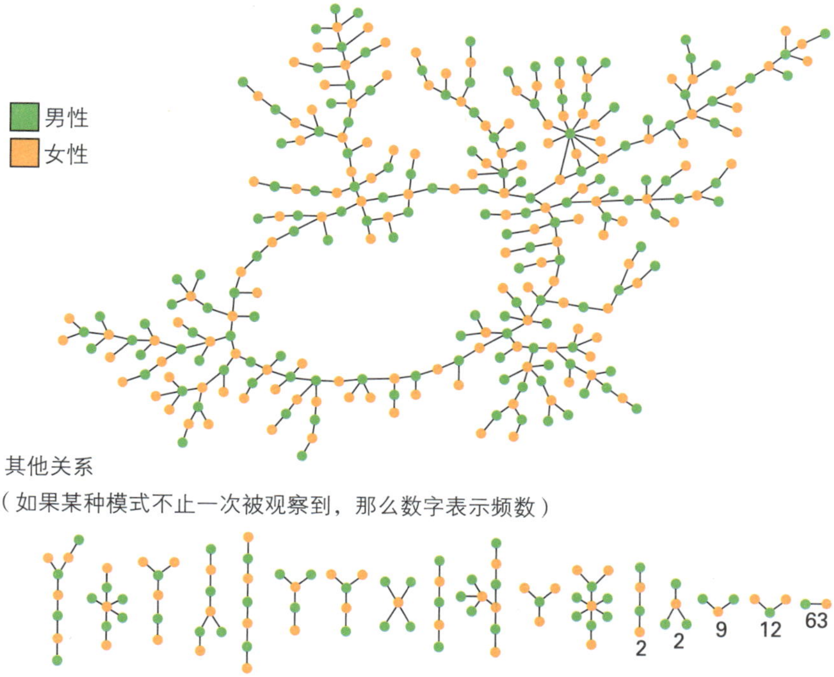

资料来源：Bearman, Moody, & Stovel（2004）.

◎ 我们认为，美在于观众的眼睛，也就是说文化在确定魅力标准上起着重要作用。这里照片上的所有人——来自肯尼亚、亚利桑那、沙特阿拉伯、泰国、埃塞俄比亚和厄瓜多尔——对于他们自己社会中的人们来说是美的。同时，社会生物学家指出，全球每个社会的人们都会被年轻所吸引。正如社会生物学家指出的，人们被年轻所吸引的原因在于魅力选择建立在繁衍生育的基础上，而这正是在人的成年早期很容易完成的。

意识到人们之间的联系会有助于我们理解STDs（性传播疾病）如何在短时间内从一个被感染者传播给另一个人。比尔曼的研究也表明了研究可以教给我们大量有关人类性的知识，这是社会生活的重要方面。你也会看到美国在过去的一个世纪在性态度和性行为方面发生的急剧变化。

理解性问题

每天你的思想和行为有多少与性问题有关？如果你与大多数人一样，你的答案将会是“有很多”，因为性问题不只是发生性关系，更是一个几乎随处都能发现的主题——在运动场、校园、工作场所，特别是在大众传媒上。性产业（包括色情和卖淫），在美国都是达几十亿美元的产业。性对于我们如何考虑自身以及他人如何认识我们，都起着重要的作用。因此，几乎在社会生活中的所有领域，性都发挥着某种作用。

尽管性是日常生活的重要组成部分，然而，美国文化长期将性视为禁忌；即使在今天，仍有许多人避免谈论性。其结果是，虽然性可能带来很多快乐，但也造成混乱、焦虑，有时候甚至是彻底的恐惧。即使是科学家，长期以来也将性作为研究的禁区。直到20世纪中叶，研究人员才将注意力转向这一社会生活中的重要维度。从那时起，正如本章所解释的，我们对人类性行为有了相当多的发现。

性：一个生物学的问题

性（sex）指的是女性和男性之间的生物差别。从生物学的观点看，性是人类繁衍的途径。女性的卵子和男性的精子，每个都包含了23对染色体（指导机体成长的生物编码），两者结合形成受孕胚胎。这些染色体中的一对，将决定孩子的性别，母亲提供一个X染色体，父亲提供一个X或Y染色体。如果父亲提供的一个X，则

第一性征　用于生育的生殖器官、组织

第二性征　除了生殖器之外的身体发育，以在生理上区分成熟的男性和女性

形成女性（XX）胚胎，如果父亲提供的是 Y 染色体，则形成男性（XY）胚胎。这样，一个孩子的性别在受孕的瞬间就在生物学上被确定了。

胚胎的性别指引它的发展。如果胚胎是男性，睾丸组织将产生大量的睾丸激素，荷尔蒙催发男性生殖器的生长（性器官）；如果睾丸激素很少，胚胎则发育出女性器官。

性与身体

身体上的某些差别使男性和女性区别开来。从出生开始，这两种性别就有不同的**第一性征**（primary sex characteristic），即用于生育的生殖器官、组织。在青春期，当人们性发育成熟时，另外的性差别开始出现。这时，人们发展出除了生殖器以外的**第二性征**（secondary sex characteristic），从生理上区别成熟的男性和女性。性成熟的女性有着较宽的臀部用于生育，可以产乳的胸部用来喂养婴儿，柔软、丰满的组织以提供怀孕期和哺乳期需要贮存的营养。典型的成熟男性长出更发达的肌肉，有着更茂密的体毛、更雄浑的声音。当然，这是总体差别；有些男性比有些女性更矮小、有更少的体毛、更尖的嗓音。

记住，性与性别不是一回事。性别是一种文化因素，指的是文化赋予的男性或女性的个人特质和行为模式（包括责任、机会和特权），第 10 章解释了性是社会不平等的重要维度。

两性人

性并不总是像我们刚才描述的那么清晰分明。**两性人**（intersexual people）是指这些人的身体（包括生殖器官）既具有女性特征，又具有男性特征。两性人既是天生的，又是非常少见的，涉及的人数还不到一个社会总人口的 1%。两性人的另一个古老的名称是双性人（hermaphrodite）。它源自“hermaphroditus”一词，指希腊神话中的神赫尔墨斯（Hermes）和阿芙罗狄蒂（Aphrodite）的孩子，它具有两种性别。一个真正的两性人既有女性的卵巢，又有男性的睾丸。

然而，我们的文化要求性别明确清晰，一个事实证据就是在新生儿出生时，父母会被要求登记孩子的性别是男或是女。在美国，一些人对双性人的反应是混乱甚至恶心。但是，在别的文化中却很不一样。比如，东非的普科特人（Pokot）几乎很少关注这种简单的生理上的差错，那伐鹤人怀着敬畏看待两性人，认为在他们身上具有女人和男人的全部潜力。

性倒错

性倒错（transsexual）指的是那些感到自己是某种性别，即使在生理上他们是另一种性别的人。据估计，在美国，每 1000 人当中就有一两个人感到身陷错误性别，他们强烈要求变成另一种性别。有时，许多被称为性倒错的人蔑

◎我们通常认为一个人是男性还是女性是件非常清楚的事情，但是性倒错的人不适合这样简单的分类。2008 年，34 岁的托马斯·比特（Thomas Beatie）怀孕并生下健康的女婴，一年后，他又生下一个男孩。出生时为女性的比特通过外科手术去除了胸部，并从法律上将他的性从女改变为男性，却又选择了怀孕。对于类似例子，你有什么看法？

视女性和男性应当看起来怎样、应当如何行事的传统观念。一些人更进一步地，重新选择性别，通过手术选择他们的生殖器，通常伴随着处置荷尔蒙。这个医疗过程是很复杂的，要用数月甚至几年的时间，但这有助于许多人获得最终从外表变成他们心里想要的性别的快感。

性：一个文化上的问题

性有其生物学的基础。但是正像人类行为的所有元素一样，性无疑也是一个文化问题。生物学可以解释一些动物的交配仪式，但是人类没有类似的生物过程。虽然存在着生物上的“性驱力”，使人们发生性行为并感受到性的快乐，但是，我们的生物学没能指出人类的性有任何特殊的地方，正如我们的食欲不能说明任何特别的饮食方式或餐桌上的行为规范。

文化间的变异

几乎每一种性行为在不同的文化之间都表现出重要的差别。阿尔弗雷德·金赛和他的同事在对美国人的性行为进行的开拓式研究中发现，大多数的伴侣报告称他们在性交中唯一采用的姿势是面对面，即女人在下面，男人在上面。但在地球的另一边，太平洋岛屿地区的多数伴侣从不采用这种性交姿势。事实上，当他们从西方传教士知道这种时，他们开玩笑说，这是一种奇怪的“传教士姿势”。

即使是表达爱这一简单行为，不同社会之间也不相同。多数美国人喜欢在公共场合接吻；中国人只是在私人场所接吻；法国人会公开地接吻，经常是两下（一边脸颊一下）；比利时人会亲吻三次（从任一边脸颊开始）；新西兰的毛利人会摩擦鼻子；多数尼日利亚人从不接吻。

不同的文化对端庄的表达也不相同。如果一位正在浴盆洗澡的女士被惊扰了，你认为她会遮盖身体的哪个部位？海伦·科尔顿（Helen Colton）的报告是：老挝的妇女会遮盖胸部，萨摩亚的妇女会盖上肚脐，苏门答腊岛的妇女会盖住膝盖，而欧洲的妇女会用一只手遮住胸部，另一只手遮住阴部。

从全世界来看，有些社会对性很限制，另一些社会则比较开放。比如，在亚洲很多国家，人们对性爱采取严密控制的规范，因此，很少有人婚前发生性行为。而在美国——至少在最近几十年——婚前性行为已成为常态，一些人甚至在没有强烈义务感的情形下选择发生性关系。

乱伦禁忌

当谈及性，是否有一些任何社会都认同的方面？答案是，是的。一种文化上的普遍性——全世界各个社会都可以发现的事物——就是**乱伦禁忌**（incest taboo），禁止在某些亲属之间发生性关系或者结婚的规定。在美国，无论是法律还是文化道德都禁止近亲之间（包括兄弟姐妹之间、父母和子女之间）发生性关系或者结婚。但是，另一个文化差异的例子说明，一个社会中的乱伦禁忌究竟包括哪些家庭成员，不同的州的规定也不相同。

一些社会（像北美纳瓦霍人）将乱伦禁忌只用于母亲及家族中的母系成员。纵观整个历史，许多国家的贵族成员可以在亲属间通婚。也有的社会（包括古代秘鲁和埃及）记录着允许贵族兄弟姐妹间通婚，以便保持某个家族内的权力。

为什么某种形式的乱伦禁忌普遍存在？部分原因在于生物学，任何物种近亲之间的繁衍都会增加后代患上精神或身体疾病的概率，但是为什么，在所有物种中只有人类遵守乱伦禁忌？这一事实提示人们控制近亲之间的性行为是社会制度的一个必要部分。首先，乱伦禁忌限制了家庭成员间的性竞争（比如说，排除了父母和孩子之间的性）。其次，由于家庭关系确定了人们彼此间的权利和义务，近亲之间生育后代绝对会混淆亲属关系；如果一个母亲和儿子生育了一个女儿，那么，这个女孩该认为这个男人是父亲还是哥哥？最后，由于要求人们与他们直系家庭成员之外的人结婚，因此他们在试图组成新的家庭时，就会超出近亲的范围，这样，乱伦禁忌使社会在更大的范围得到了整合。

乱伦禁忌一直是美国社会甚至是全世界的一个性规则。但是，许多其他的性规则也已历经变化。在20世纪，正如下一部分所解释的那样，我们的社会经历了性革命和性反革命。

美国人的性态度

在美国，人们怎么认识性？美国人对性的文化取向一直是有些自相矛盾的。大多数欧洲移民将鲜明的“正确的”性观念带到美国，典型的就是把性限制为婚内生育，早期新英格兰的清教徒定居者要求在态度和行为上严格一致，对任何性“过错”施以严厉的惩罚，即使这种行为发生在家中的秘密场所。这些性规则从那以后一直延续着。20 世纪 60 年代后期，有几个州在法律上禁止商店销售避孕套。直到 2003 年，最高法院才取消这些规定。有 13 个州的法律禁止同性间的性行为。即使是在今天，禁止已婚人士与非配偶之间发生性行为的“通奸法”仍在 24 个州有明文规定，仍有六个州明文规定了“私通法”，禁止未婚伴侣间的性行为。

但是这只是问题的一方面。正如第 2 章所解释的，由于美国文化是个人主义的，许多美国人相信：只要没有对别人造成直接伤害，人们应当有自由尽可能地去做他们想做的事情。人们在自己家这种私密场所做的事情与他人无关，这种观念使得性成为一种个人自由和私人选择。

当谈及性，美国是限制式的还是开放的？答案是两者皆有。一方面，许多美国人仍然视性行为为个人道德的重要标志（对女性来说，要求比男性更严格）。另一方面，性越来越成为人们每天都接触的大众传媒的一部分。近期的一项研究得出结论，年轻人感到他们观看的多数电视节目以及收听的音乐都包含性主题。而且，研究者也得出结论，播出性内容的电视节目的数量一直在增加。我们正是在这样一个复杂的背景下，开始分析美国在过去的一个世纪里，在性态度和性行为方面所发生的改变。

性革命

整个 20 世纪，美国人目睹了性态度和性行为的深刻变化。这一变化的第一个征兆来自 20 世纪 20 年代的工业化，上百万的妇女和男性从农场和小镇迁入不断扩大的城市。在那里，青年男女远离他们的家庭，在工作场所遇到新结识的人们，他们享受相当多的性自由，这十年成为人所共知的“咆哮的 20 年代”。

20 世纪 30 年代和 40 年代，大萧条和两次世界大战减缓了变化的速度。但是，在第二次世界大战后，即 1945 年之后，阿尔弗雷德·金赛带来了后来被称为“性革命”的时代。金赛和他的同事们于 1948 年出版了第一份他们对美国人性的研究报告，这令所有美国人感到震惊。它之所以能引起全国性的骚动，更多的是因为它由科学家来研究性，而性曾经是一个许多人即使在家中私密场所也不易谈论的话题。

金赛还有些有趣的事情要说。他的两部著作之所以能够成为畅销书，部分是因为它们揭示了普通美国人远远不是多数人以前想象的那

◎经过 20 世纪，美国人的社会态度变得更加能够接受大多数的性行为。你认为这种开放度的增加会带来哪些益处？又有什么负面效果？

样在性问题上很保守。这些书鼓动着人们对性采取一种新的开放姿态，这对性革命的兴起起到了推动作用。

20 世纪 60 年代后期，性革命真正开始了。青年文化占据了公共生活的主导，像“性、毒品和摇滚”以及“如果感觉好，那就去做”总结了对性的新的、更自由的态度。出生于 1946—1964 年间生育高峰期的一代人，成为美国历史上第一代伴随着新的性观念成长起来的人群。这种性观念认为性是人们生活的组成部分，不论他们是否已婚。

新技术在性革命中也发挥着作用。1960 年发明的避孕丸，不仅避免了怀孕，而且使性更为方便。不像避孕套或者避孕膜，必须用于性交时，避孕丸可以有规律地提前服用，就像每天补充维生素。现在女人和男人可以在不做任何特殊准备的情况下发生性关系。

由于在历史上妇女比男性更多地受到性规范的约束，性革命对妇女有着特别重要的意义。社会传统的“双重标准”允许（甚至鼓励）男人在性方面积极，但是期望妇女保持贞节一直到结婚，婚后要保持对丈夫的忠诚。图 6–2 的调查数据说明性革命使得这种双重标准正趋向缩小。1933—1942 年出生的人们（他们现在 70 多岁至 80 多岁），有 56% 的男性、16% 的女性报告说，在 20 岁时，他们有两个或更多的性伴侣。这与生于 1953—1962 年生育高峰期的人们（现在的他们 50 多岁至 60 多岁）相比，差别很大，这些人是在性革命以后到达 20 岁的。在这些人当中，62% 的男性和 48% 的女性报告自己在 20 岁之前有两个或者更多的性伴侣。性革命总体上增加了性活动，但是它对女性行为的改变要比对男性的改变大得多。

随着社会更加富裕以及女性机会的增加，人们对性的态度也更为开放。

性反革命

性革命使性成为日常生活讨论的话题，使性活动更多地成为一种个人选择的事情。然而，到 1980 年，标志着 20 世纪 60 年代晚期和 70 年代性自由的社会风气被一些人批评为美国道德下降的证据，于是性反革命开始了。

从政治上讲，性反革命是一种保守的呼吁，呼吁人们重返“家庭价值”，从性自由返回到批评家所认为的、老一辈人所持有的视性为责

多样化快照

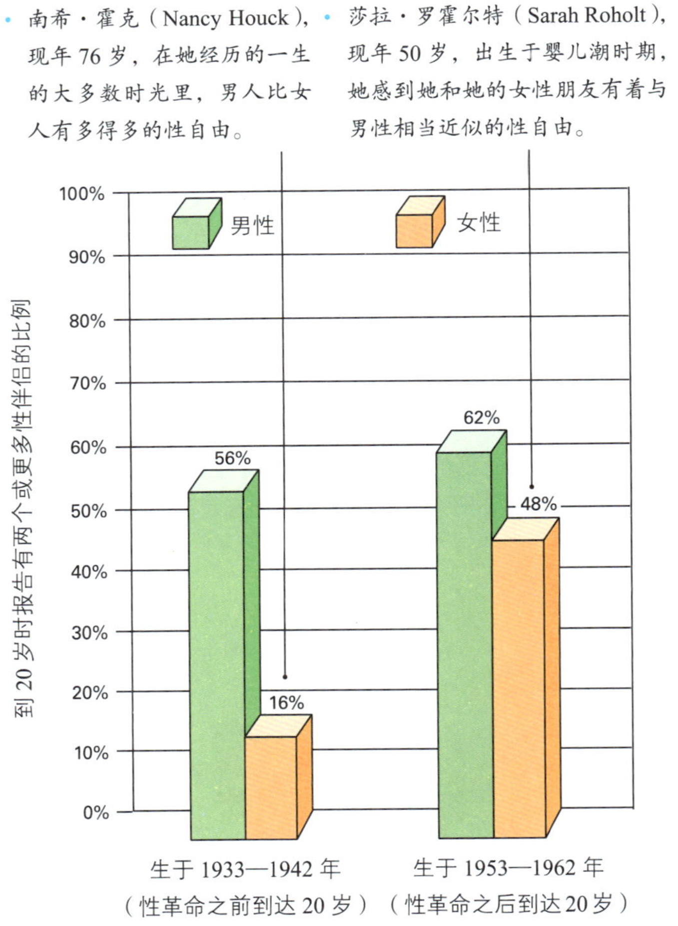

图 6–2 性革命：双重标准正在缩小

◎到 20 岁时，较之女性，尽管有更多的男性报告说有过两个或更多的性伙伴，但是性革命极大地缩小了这一性别差异。

资料来源：Laumann et al.（1994：198）.

任的价值观，对性革命的批评，不仅只是反对“自由爱情观”，而且针对像同居（未婚就在一起生活）和未婚生育的潮流。

回溯以往，性反革命并没有在很大程度上改变了这种性观念，即认为人们应当自我决定什么时候以及与谁发生性关系。但是不论是出于道德的原因还是考虑到性传播疾病，更多的人开始选择限制性伙伴的数量或者根本不发生性行为。

性革命是否结束了？现在，的确有许多人更加小心地选择性行为，但是正如本章后面部分所解释的，如今，人们更多地接受婚前性以及更加包容各种性取向，表明性革命正在进行中。

婚前性行为

考虑到性革命和性反革命，在美国，人们的性行为究竟发生了多大改变？一个有趣的趋势是，年轻人会发生婚前性行为，即在结婚之前发生性关系。

首先，考虑一下美国成年人怎样认识婚前性行为。表 6–1 表明，约有 27% 的人认为婚前性关系“总是错的”或“基本上是错的”。近 16% 的人认为婚前性行为“有时是错的”，约有 54% 的人认为婚前性行为“完全没有错”。较之上一代人，今天的公共舆论已经大大接受了婚前性行为，但是，即便这样，我们的社会对此问题的看法仍然是多种多样的。

现在，让我们看看实际是怎么做的。经过一段时间，女性已发生了显著改变。金赛的研究报告说：“在生于 20 世纪早期的人们当中，约有 50% 的男人、但仅有 6% 的女性在 19 岁之前有过婚前性行为。”对生于第二次世界大战后生育高峰期的人们的研究表明，在男性当中，婚前性行为略有增加，而在女性当中，婚前性行为有较大的增长，增长了约三分之一。最新的研究表明，在高中高年级之前，有 47% 的青年男女有过婚前性关系。这一比例被种族和民族打破，在非洲裔美国学生中这一比例为 61%、西班牙裔为 49%、白人为 44%，而亚裔美国人中为 23%。但是，高中生的性经历其活跃程度是有限的——只有 15% 的学生报告说有四个或以上的性伙伴。其他研究报告称，在 15 ～ 24 岁的年轻人当中，有 70% 的女性和 68% 的男性说，他们发生过性行为。在过去 20 年里，追溯研究高中生性生活的统计报告称，有这种类型性行为的年轻人的比例呈现逐渐下降趋势。

通常的观念认为年轻人中口交的比例更高。这种选择反映了人们避免怀孕风险的事实。另外，许多年轻人认为口交不必“从头至尾”。近期研究表明，有过口交的 15 ～ 19 岁的年轻人的比例，男孩为 48%，女孩为 46%，与有性交的比例（47%）基本一样。因此，大众传媒所宣称的美国人当中存在“口交传染病”是言过其实的。

最后，极少数的年轻人会选择节欲（不发生性交）。许多年轻人也会选择不发生口交，认为那与性交一样可能传播疾病。即使这样，仍有研究证明，婚前性行为如今在年轻人当中已被广泛接受了。

成人之间的性

从大众传媒来看，美国人在性方面非常活跃。但是流行说法是否反映了现实呢？劳曼的研究是自金赛开拓式研究之后规模最大的性研究。他发现，美国人当中性活动的频率变化幅度很大，三分之一的成年人报告每年与伴侣间只有几次性行为或者根本没有性行为，另有三分之一的成年人每月有一次或几次性行为，还有三分之一的人每周与性伴侣有两次或者更多的性行为。简单地说，实际上没有唯一的模式能描述美国人的性活动。

尽管在像《欲望都市》（*Sex and the City*）这样的电视节目中，我们可能看到“时髦单身”的流行形象，但是已婚人群仍是性行为频率最高的人。已婚人群也报告，与性伴侣的性生活无论是在情感上还是在肉体上的满意程度都是最高的。

婚外性行为

婚姻以外的性情况是怎样的？这种行为通常被称为“通奸”，在美国是被广泛指责的（社会学家宁愿使用更为中性的词“婚外性”）。表 6–1 表明，约 90% 的美国成年人认为一个已婚

表 6–1 美国成年人怎样看待婚前和婚外性行为

◎ **问卷调查问题：**“对于美国社会在性道德和性态度方面正在发生的变化一直有许多讨论。如果一个男子和一个女子婚前发生性行为，你认为这总是错的，还是基本上是错的，或只是有时是错误的，还是完全没有错？你又怎么看待一个已婚的人发生婚外性行为？”

	婚前性行为	婚外性行为
总是错的	21.0%	78.4%
基本上是错的	5.5%	11.9%
有时是错的	15.8%	6.7%
完全没有错	54.1 %	1.2%
不知道 / 没有回答	3.6%	1.8%

资料来源：*General Social Surveys,1972—2012: Codebook* (Chicago: National Opinion Research Center, 2013), pp.421-22.

的人与婚外伴侣发生性关系“总是错的”或者“基本上是错的”。婚内性忠诚规范一直并且仍然是美国文化的重要组成部分。

但是，实际行为却不符合文化观念。研究报告表明，约有 17% 的已婚人士报告说有过对配偶的不忠。

研究者还报告说，男性的这一比例（约 19%）高于女性（约 12%）。换一种说法就是，81% 的男性和 88% 的女性在婚姻中保持对配偶的性忠诚。研究表明，年轻人比老年人婚外性行为的发生率更高，低社会地位的人比生活条件好的人发生婚外性的比例更高，没有宗教信仰的人发生婚外性行为的可能性更大。正如我们预料的，那些报告婚姻生活不幸福的人发生婚外性行为的可能性更大。

生命周期中的性

性行为模式随年龄而变化。在美国，多数年轻男女在 17 岁时性行为开始活跃。当他们长到 25 岁时，约 90% 的男性和女性报告说，在过去的一年中至少和一位性伴侣发生过性行为。

总的来说，成年人报告说一年当中有 62 次性生活，大概一周一次多。年轻些的成年人报告说一年最高有 84 次性生活。在过了 40 岁以后，这个数字下降到 64 次，到成年人到达 70 多岁时，进一步下降到一年约 10 次。

从另一个角度说，到大约 60 岁时，不到一半的成年人（男性为 54%，女性为 42%）说他们在过去的一年中有一次或以上的性生活，到 70 岁时，只有 43% 的男性和 22% 的女性报告说有同样频率的性行为。

性取向

性取向（sexual orientation）是一个人对另一个人的浪漫的、情感的吸引。在所有人类社会中的规范都是**异性恋**［heterosexuality（hetero 是希腊词，意思是“两个中的另一个”）］，意味着对异性的性吸引。然而，在每个社会，有相当一部分人有**同性恋**［homosexuality（homo 是希腊词，意思是“同样的”）］经历，即对同性的吸引。记住，人们并不一定非此即彼只是被男女两种性别吸引的程度不一样。

性取向并非鲜明清晰的，这一观点已被**双性恋**（bisexuality）的存在所证实。双性恋即对男女两种性别的人都有性吸引。一些双性恋者受男性和女性吸引的程度是一样的，而另一些双性恋者则更多地被一种性别吸引。最后，**无性人**（asexuality）指的是不被任何一种性别所吸引的人。图 6–3 描述了每一种性取向与他人的关系。

性吸引与性行为不是一回事，记住这一点很重要。许多人甚至大多数人都曾被某个同性所吸引过，但是极少数人会发生同性性行为。这在很大程度上是因为我们的文化不鼓励这种行为。

在美国和世界其他地区，只有异性恋是符合社会规范的，因为从生物上讲，正是异性性

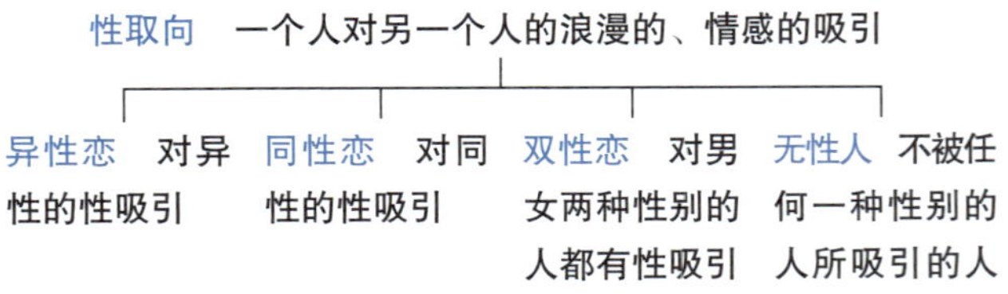

多样化快照

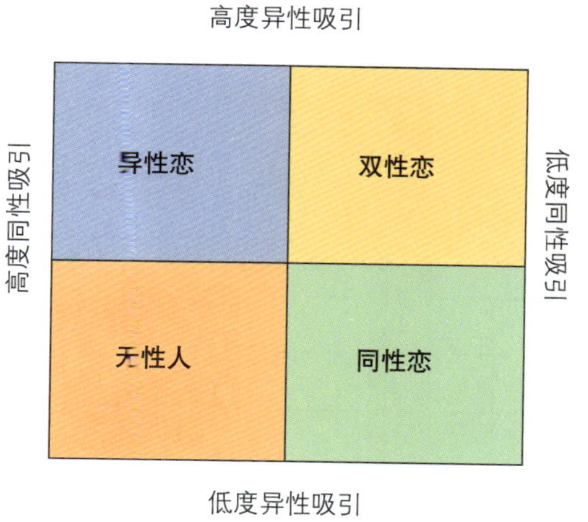

图 6–3　四种性取向

◎ 一个人的同性性吸引和异性性吸引是两个明显不同的维度，二者通过各种不同的方式组合产生出四种主要的性取向。

资料来源：Adapted from Storms（1980）.

关系使人类得以繁衍。即使这样，多数社会还是能够包容同性恋。在古希腊，上层男性视同性恋为关系的最高形式，部分原因是他们轻视妇女，认为她们智力低下。但正如男人们看到的，异性恋是有必要的，只有这样他们才能有孩子，但当时"真正"的男人宁愿要同性关系。

什么使我们具有某种性取向

对于人们刚开始是如何获得某种性取向这一问题的争论十分激烈。这些争论可以归纳为两种观点：性取向是社会的产物；性取向是生物学的产物。

性取向：社会的产物

这一理论认为，任何社会的人们都赋予性行为以某种意义。这些意义在不同地方、不同时期也不相同。比如，正如米歇尔·福柯（Michel Foucault）指出的，直到一个世纪之前，才有明确的"同性恋"的说法，当时，科学家、最后是公众开始用同性恋来界定这种人。从整个历史看，毫无疑问，许多人都有被我们称为"同性恋经历"，但是无论是他们自己还是别人并不认为这种行为有什么特殊的地方。

人类学的研究表明，不同的社会，同性恋的模式也有很大不同。在西伯利亚，比如说库兹因纽特人有一种仪式，在此仪式期间，男人像女人一样穿戴、做女人的工作。居住在新几内亚东部高地的萨摩亚人也有一种仪式，在这一仪式上，年轻的男孩对年长的男性进行口部性行为，他们相信吃精液会增强他们的男子气。在墨西哥东南部，古代的宗教认为上帝既是男性又是女性，当地的文化界定人们不仅是男或女，而且还有 Muxes（发音 MOO-shays）第三种性类型。Muxes 是指那些穿着和行为举止像女人的男人，他们中的一些人仅在某些仪式场合那样，另一些则总是那样。全世界如此多样化的模式表明性的表达不是由人类生物性确定的，而是由社会建构起来的。

性取向：生物学的产物

有越来越多的研究表明，性取向是先天的，或者说植根于人类的生物学，正如人们生下来就是右撇子或者左撇子一样。西蒙·莱沃伊（Simon LeVay）论证了这一观点，将性取向与人的大脑结构联系了起来。莱沃伊研究了同性恋男性和异性恋男性的大脑，发现他们的下丘脑（hypothalamus）数量有微小但重要的差别，而下丘脑正是人脑中调节荷尔蒙的部分。他认为，这种解剖学上的不同，对形成不同的性取向有一定的作用。

基因也会影响性取向。一项对 44 对兄弟的研究（他们都是同性恋）发现，33 对有着特殊的 X 染色体基因类型。而且，同性恋兄弟也有着相当多数量的同性恋男性亲属——但是这些亲属都属于母系一方。这些证据使一些研究者思考在 X 染色体上可能存在"同性恋基因"。近些年来，一些研究者提出了性取向的表观遗传（epigenetic）理论，即性取向不是直接由基因造成的，而是由出生后的荷尔蒙和大脑的生物性发展进程引起的。这一理论与生物性在指导性取向方面所起的关键作用有关，也与生物性为以下事实提供了一个解释，即迄今为止，没有谁认定出了"同性恋基因"。

评价

越来越多的证据支持性取向源于生物学或

“自然”，尽管关于这一过程是如何起作用的还处在研究中。后天养育可能也起了某些作用。多数认为自己是同性恋的人也有一些异性恋的经历，正如许多认为自己是异性恋的人也有一些同性恋经历。因而，解释性取向是一件复杂的工作。

这里对于男性同性恋和女性同性恋者也有一个非常重要的政治问题。性取向在一定程度上根植于生物学，同性恋者没有办法选择他们的性取向，正如他们无法选择他们的肤色。如果是这样，男同性恋和女同性恋难道不应当同非裔美国人一样，期望得到免于歧视的法律保护吗？

有多少同性恋人口

美国人口中有多大比例是同性恋者？这个问题很难回答，因为正如我们前面解释的那样，性取向不是完全清晰的分类形式。另外，不是所有人都愿意跟陌生人甚至家庭成员讨论自己的性状况。阿尔弗雷德·金赛估计，大约有 4% 的男性和 2% 的女性有绝对的同性恋取向，尽管他指出，多数人在人生的某个时候经历过同性吸引。

调查研究结果表明，如何界定同性恋会导致同性恋人口数量发生很大的差异。一些社会学家认为，同性恋占总人口的比例为 10%，这一比例大约是美国成年人说他们曾经感到受到某个同性吸引的比例。但是感到“一些吸引”与“去做”是两个不同的问题。正如图 6–4 所示，在 15 ～ 44 岁的美国人当中，5.1% 的美国男性和 14.2% 的美国女性报告说，在他们人生的某个时间有过同性恋行为。那么这就涉及性别认同问题。当问及他们怎么定义自己的性取向时，只有 1.8% 的男性和 1.2% 的女性认为自己是“部分”同性恋者或“完全”同性恋者。

在近期的调查中，约 1.2% 的美国男性和 3.9% 的美国女性认为自己是双性恋。但是，双性恋经历在年轻人当中，特别是在大学校园看起来相当普遍（至少在一段时间）。许多双性恋者不认为自己是纯粹的同性恋者或异性恋，他们认为自己的行为既有同性恋因素，又有异性恋因素。

多样化快照

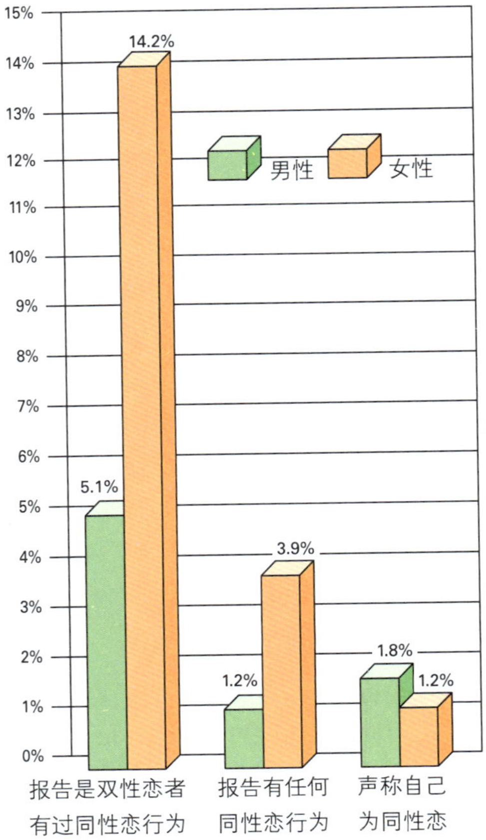

图 6–4　美国双性恋或同性恋人口的比例

◎尽管女性比男性更多地报告说有过同性恋经历，但是男性比女性更多地声称自己是同性恋者。

资料来源：Centers for Disease Control and Prevention（2014）.

同性恋权利运动

近年来，关于性取向的公共舆论呈现出相当大的变化。在世界许多国家，公众对同性恋的态度在不断趋向接纳。回溯至 1973 年，正如本章开头所呈现的，约有 75% 的美国成年人认为同性恋关系“总是错的”或“基本上是错的”。尽管这一比例在 20 世纪 70 年代和 80 年代变化幅度很小，但到 2012 年，这一比例下降到 46%。

大学生通常比普通人群更能容忍同性恋关系，我们看到了类似的趋势。1980 年，正如图 6–5 所示，约有一半的大学生支持法律禁止同性

学生快照

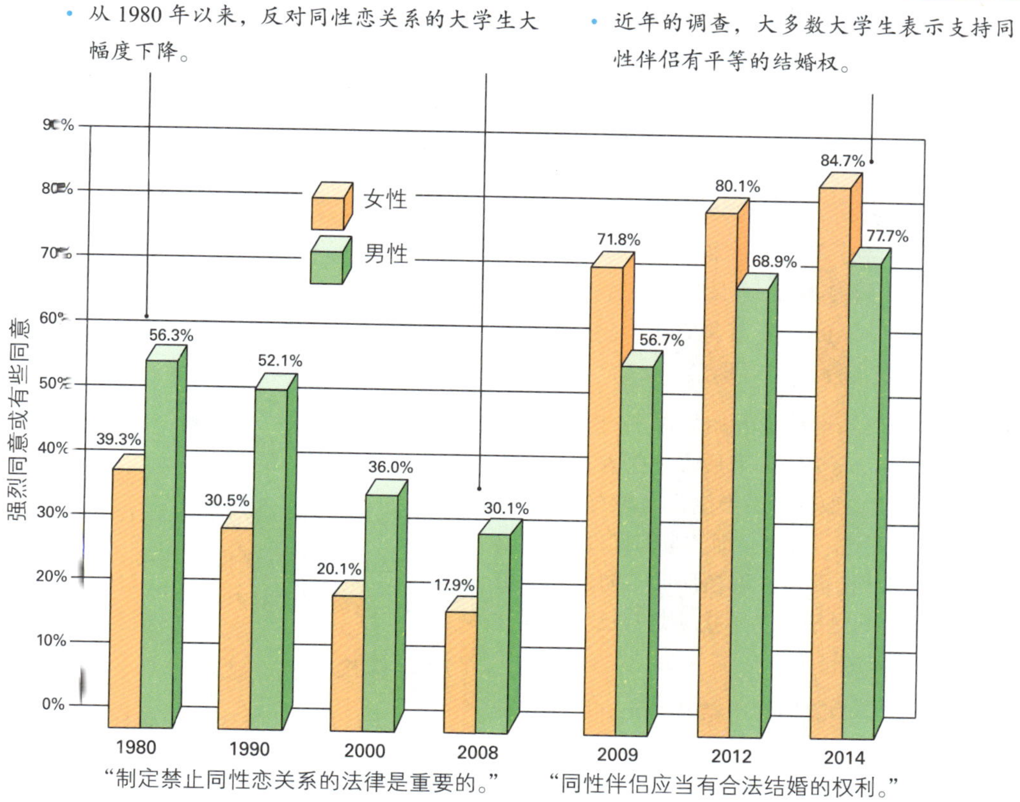

图 6–5 1980—2014 年美国大学一年级学生中反对同性恋关系的态度

◎ 从历史趋势来看，大学生对同性恋关系越来越趋向于容忍，大多数人都持此种观点。80% 的大学一年级学生报告说他们支持合法同性婚姻。

资料来源：Astin et al.（2002）and Eagan et al.（2014）.

恋关系；在后来的十来年中，这一比例急剧下降。对此问题的最新调查，询问了大学生是否支持同性伴侣拥有结婚权。表格数字显示，到 2014 年，超过 75% 的大学生支持同性婚姻。

在很大程度上，这一变化是同性恋权利运动带来的结果，这一运动开始于 20 世纪中期。在那之前，美国多数人还没有公开讨论同性恋，公司（包括联邦政府和军队）解雇同性恋（甚至只是被指责为同性恋）雇员也是很普遍的事

◎ 推动社会接受同性恋的一个因素是在大众传媒上公开出现同性恋人物，特别是在电影和电视节目当中。拉弗恩 · 考克斯（Laverne Cox）是一个变性人，在电视节目《女子监狱》（*Orange Is the New Black*）中塑造了一个变性人物索菲亚 · 博赛特（Sophia Burset）。你怎么评价大众传媒中的变性人？

情。精神健康专家也采取强硬态度，将同性恋视为一种“疾病”，甚至把同性恋者关进精神病院，期望他们得到“治疗”。

面对如此偏见，不足为奇的是，多数同性恋者保持在“秘密”状态，严守着他们性取向的秘密。但是，20世纪60年代，同性恋权利运动取得了进展。早期的一个里程碑式的事件发生在1973年，美国精神病协会（APA）宣布同性恋不是一种疾病，而只是“一种性行为形式”。2009年，APA进一步地宣布不应当将心理治疗运用于让同性恋者“重新做人”。

同性恋权利运动也开始使用“**同性恋恐惧症**”（homophobia）一词来形容一些人害怕和担心与同性恋者或双性恋者产生亲密的人际接触 。同性恋恐惧症这一概念，即“害怕同性”，使这一问题摆在社会面前：不是质问“同性恋人群有何过错”，而是质问“不接受与自己性取向不同的人们有何过错”。

2004年，美国许多市镇开始允许同性恋伴侣结婚，尽管宣布的这些结合后来在法律上是非法的。但是同性婚姻于2004年在马萨诸塞州成为合法的，10年以内有36个州宣布其合法。2015年，美国最高法院宣布，要求所有州都给同性婚姻注册，也要承认其他州的同性婚姻。这一决定有效地终结了同性婚姻合法性的全国争论。

跨性别者

随着同性恋运动使同性恋者及双性恋者获得了承认，社会也开始更多地容忍挑战传统性模式的人们。**跨性别者**（transgender）是一个广泛的概念，意指挑战传统文化规范对女性和男性应当如何表现和举止的装扮和行为。跨性别者并不根据传统的标准来考虑他们自己或表现他们的性别，而是颠覆了传统的关于女子气或男子气的传统观念，赞同将女性特质和男性特质相混合或者也许是完全相反。

跨性别者不是一种性取向。跨性别者可能认为自己是同性恋、异性恋、双性恋、无性人，作为这些类别的混合或者完全相反的形式。

研究人员估计，每1000个成年人中约有3个人有跨性别认同，这相当于有约700 000人。讨论女同性恋、男同性恋、双性恋及跨性别（统称LGBT）正在变得普遍。因为某些人可能认同的不止一种类别，故对于LGBT人数没有一个确切的数字，但是估计几乎占美国成年人口的4%，即约有900万人属于LGBT人群。

跨性别者冒着非常高的被排斥和遭歧视的风险以及身体暴力或性暴力。报告有过这些经历的大多数人来说，事件是如此严重以至于会导致他们考虑或企图自杀。

性问题与争论

今天，性在美国社会中居于许多争论的核心。这里我们考察四个主要问题：少女怀孕、色情、卖淫和性暴力。

少女怀孕

因为发生性行为有导致怀孕的风险，所以这一行为要求高度的个人责任感。青少年可能在生物学上足够成熟可以怀孕，但是许多人在感情上还没有成熟到了解他们行为的后果。调查表明，估计每年美国有625 000的青少年怀孕，她们中的大多数都是意外怀孕。美国十几岁少女的生育率高于所有其他高收入国家，几乎是加拿大的两倍。

在所有类型的种族和民族中，父母的低受教育程度和低收入大大增加了年轻女孩性活动活跃和意外怀孕的可能性。另外，与生活在双亲家庭的年轻女孩相比，与单亲妈妈和继父一起生活或处在其他家庭形式的女孩在19岁怀孕的可能性比前者要高三倍。使情况更糟糕的是，意外怀孕增加了年轻女孩（将做年轻爸爸的男孩也是如此）不能完成高中教育的风险，以及将来最终生活在贫困中的风险。

性革命是否提高了少女怀孕的程度？也许令人吃惊的是，回答是否定的。1950年，美国青少年中怀孕的比例要高于现在，部分原因在于那时人们结婚的年龄更早。另外，由于流产是违法的，许多人怀孕后会快速结婚。结果，

◎ 未婚少女怀孕曾经是一种社会禁忌，现在已变成大众传媒的一部分，像 MTV 的《少女妈妈》（*Teen Mom*）及《16 岁与怀孕》（*16 and Pregnant*）。这种节目清楚地表达出年轻妈妈将要面临的许多挑战。你期望这些节目反映美国的少女怀孕比例吗？请解释。

虽然有许多怀孕的青少年，但是接近 90% 的都已结婚或很快结婚。近年来少女怀孕水平下降到了几十年来的最低点。然而，尽管这一比例降低了，但是约有 80% 的女孩是未婚的。这些个案中，略微多数的（60%）女孩留下她们怀着的孩子，而其他的女孩则因未能保胎而在前期自然流产（26%）或者选择堕胎（14%）。

色情

色情（pornography）是指试图带来性冲动的、直接暴露性的事物。然而，关于如何界定什么是色情或不是色情是一件争论已久的事情。美国最高法院考虑到不同的人们如何看待性描写也不相同，因而将权利交给地方社区，由他们自己决定什么类型的信息是侵犯了“正派的社区标准”，什么是“没有任何可取的社会价值”。

先将界定放在一边，色情在美国非常普遍：X 级录像片、“色情热线”电话、色情暴露的电影和杂志，成千的互联网站造就了每年超过 100 亿美元的繁荣产业。美国的多数色情产业在加利福尼亚州创造，绝大多数的色情消费者是男性。

在传统上，人们站在道德的立场批评色情。全美调查证实，60% 的美国成年人关心“性方面的信息导致道德的崩溃”。然而，如今色情也被视为权利问题，因为多数色情贬低妇女，将她们描写成男人的性玩物。

一些批评家还指出，色情是造成针对妇女暴力的原因之一。尽管很难在人们观看色情和人们怎么行动之间提供科学的因果关系，但公众对色情与暴力表示关注，几乎一半的成年人认为色情鼓动了男人强奸。

尽管所有地方的人们反对带有攻击性的色情资料，但也有许多人认为应有言论自由、应保护艺术表现的价值原则。无论怎样，保守派（站在道德的立场反对色情）、自由派以及女权主义者（出于政治原因谴责色情）之间不大可能的联盟正在造成限制色情的压力。

卖淫

卖淫（prostitution）即性服务的出售。卖淫经常被称为“世界上最古老的职业”，自从有人类历史记录以来就一直广泛存在。在今天的美国，约十一分之一的成年男性报告说曾在某个时间购买过性服务。由于多数人认为性是两人亲密关系的表达，因此他们觉得用性来换取金钱是不妥当的。结果，在美国除了内华达州的农村，所有地方的卖淫都是违法的。

在全世界范围，卖淫在经济水平低下的国家最为普遍，在那些地方，父权制强大，传统文化规范限制了女性赚钱的能力。

卖淫的种类

多数卖淫的（许多人宁愿用道德上中立的词“性工作者”）是妇女，她们可以分为不同种类。用电话召唤的妓女，她们是高级卖淫者，一般都很年轻、富有魅力、受到良好教育，她们通常通过电话安排自己与客人的“约会”。任何大城市报纸的分类广告上都有大量的“陪同服务”广告，通过这种方式，妇女（有的是男性）提供陪伴和性服务来换取金钱。

位于中间等级的卖淫者是“按摩院”或妓院雇用的、被经理控制的妓女。这些性工作者对客户没有多少选择权，服务换取的金钱也较少，还不到她们收取嫖资的一半。

性工作者科层制中位于最底层的是街头卖

淫者，是在大城市“街头工作”的人。一些女性街头卖淫者处于男皮条客的控制下，他们拿走了多数嫖资。另外，许多卖淫者是吸毒分子，她们出卖身体以便有钱购买她们需要的毒品。这两类人群是受暴力侵犯的高风险人群。

性工作者的生活是多样的，有的挣得比别人多，有的则处在很大的暴力风险当中。但是有研究指出，这类人中的大多数有一点是一样的：他们认为他们的工作是低贱的。正如一位研究者所指出的，这一分钟性工作者被崇拜为“最美的女性”，而下一分钟她又被贬低为“淫妇”。

许多卖淫者为异性提供服务。然而，同性恋卖淫者也为金钱出卖性。研究者报告，许多同性恋卖淫者由于他们的性取向遭到家庭和朋友的反对后，终止了出卖性。

这是没有受害人的犯罪吗

在美国几乎所有的地方，卖淫都是违法行为，但是，许多人认为卖淫是没有受害人的犯罪（根据第7章的定义，“越轨”包括了没有明确受害人的犯罪）。结果，美国警察部门不是严格执行卖淫法，而只是偶尔扫黄。这一政策反映了人们对于控制卖淫的愿望，同时也承认了要完全消灭卖淫是不可能的。

许多人对卖淫持“听之任之”的态度，声称成年人应当按照他们喜欢的方式去做事，只要不是被别人强迫去做某件事。但是，卖淫真的没有受害人吗？性交易使许多妇女被虐待，遭受暴力，对扩散性传播疾病（包括艾滋病）也起到一定作用。另外，许多贫穷的妇女——特别是在低收入国家——陷入出卖性的生活困境。东亚的泰国有200万卖淫者，占所有女性劳动力的约10%。而女性开始卖淫的年龄越早，受到伤害的风险就越高。在泰国从事卖淫工作的约一半都是少女——她们很多甚至在十几岁时就开始工作——她们通常遭受身体虐待和情感伤害，并冒着感染HIV的高风险。

过去，人们关注的焦点一直是挣钱的性工作者妇女。但是，如果没有男性一方的需求，卖淫根本不可能存在。因此，现在的执法更可能针对试图购买性服务的嫖客们。

◎纪录片《猎场》（*The Hunting Ground*）提供了一个对大学校园性骚扰问题的近距离的、令人不安的描述。电影调查了美国大学校园中强奸和其他性骚扰的范围，包括受害人的个人讲述，图片中的这个年轻女孩就是其中之一。你所在的学校采取了什么措施和政策来应对性暴力问题？

性暴力：强奸和约会强奸

从理想上来说，性活动发生在两个成年人彼此同意并拥有爱情关系的情形下。然而事实上，性可能被仇恨和暴力所扭曲。这里我们考察两种类型的性暴力：强奸和约会强奸。

强奸

尽管一些人认为强奸只是被性欲所激发，但实际上，它是力量的一种表达——一种使用性来伤害、污辱或控制另一个人的暴力行为。2014年，根据美国司法局的调查，每年约有80 000名妇女向警方报告被强奸。这只反映了报告了的案例。实际的强奸数量几乎可以肯定是此数字的几倍。

官方政府将强奸定义为“违背妇女意志、强迫妇女发生性关系”。这样，官方的强奸统计数据仅包括受害人为妇女的被强奸者。但是，也有男性被强奸——约占所有个案的11%。多数强奸男性的男人不是同性恋者，而是异性恋者。他们的冲动不是被性欲所激发的，而是被主宰另一个人的欲望所激发的。

约会强奸

一个普遍的神话是说强奸是陌生人干的。

然而，事实上，只有约 15% 的强奸符合这一模式。所有已知强奸案中有 85% 涉及互相认识的人们——更多的时候是彼此关系相当好的，这些犯罪通常发生在亲密的环境中，特别是在家里或校园。因此，我们用“约会强奸”或“熟人强奸”这一名词来指代男人强迫认识的女性发生性关系的性暴力行为。

第二个经常与约会强奸相联系的神话是，被强奸的妇女一定是做了某些鼓励男人、使他认为她想发生性关系的事情。也许受害者同意与侵犯者出去，也许她甚至邀请他到她的房间里，但是，这样做并不证明强奸比其他的肉体侵害更有理由。

虽然强奸是对肉体的侵害，但它常常会给人留下感情和心理的伤疤。除了肉体上被侵犯的残忍，被熟人强奸还破坏了受害者对他人的信任能力。在 18 岁以下的被强奸者中，三分之二的被强奸者遭受的心理创伤尤其严重，三分之一的 12 岁以下的受害者感到受伤的情况更为严重。家不是远离强奸的庇护所：18 岁以下的所有受害者中有三分之一被她们的父亲或继父侵犯。

约会强奸是否普遍？在一项针对美国高中女生的抽样调查中，约 10% 的女生报告遭受到她们约会的男生的性暴力或身体暴力。约 15% 的高中女孩子和 6% 的高中男孩报告说被强迫、违背自己的意愿发生性关系。受害的风险在年纪不到 15 岁的性活跃的女孩当中特别高。

近些年来，没有什么地方比大学校园更广泛地讨论到约会强奸问题了。在大学校园里，约会强奸的风险很大。大学环境有助于年轻人很容易建立友情、增进信任。与此同时，许多年轻的大学生还需要更多地学习关于关系和自身认识的知识。正如“日常生活中的社会学”专栏所解释的那样，大学环境虽然鼓励社交，但却几乎没有提供多少社会规范来指导年轻人的性经历。为了应对这一难题，现在许多学校

日常生活中的社会学

Society: The Basics

什么时候性仅仅是性：“勾搭”校园文化

布雷尼：我妈妈曾经告诉我，直到结婚以后她才和我爸爸发生性关系。

凯蒂：我猜想时代真的已经改变了！

你是否曾处于某种性情景中不知道应当如何应对？多数大学强调两项重要规则。首先，必须只有在双方明确表示同意的情况下才能发生性活动，这一同意原则使“发生性关系”区别于约会强奸。第二，任何人都不应该在明知道会使对方染上性传染病的情况下还与对方发生性关系，特别是对方不知道这一危险的时候。

这些规范都是非常重要的。但是，它们几乎没有谈及“性意味着什么”这一更大的问题。比如说，什么时候发生性关系是“对的”？你必须真正了解另一个人吗？如果你确实发生了性关系，你是否一定会再见到那个人？

两代人之前，对于校园性有不成文的规则。约会是求爱过程中必经的步骤。也就是说，“出去走走”是男女评价彼此是否可能作为结婚对象的一种方式。在性关系中，他们对自己想要什么、自己的感觉如何非常敏锐。因此，平均来看，结婚年龄一般在 20 多岁。许多大学生在校期间就订婚、结婚了。在这种文化风气下，性成为与义务相关联的一部分——对另一个人能否成为结婚伴侣的严肃的兴趣。

今天的校园性文化有了很大不同。部分原因在于现在人们结婚要迟得多，求爱文化几乎消失了，在最近的一次全美调查中，约 75% 的女性指出一种新的校园模式——“勾搭”文化（hooking up）。究竟什么是“勾搭”？多数人是这样描述的：“一个姑娘和一个小伙子在一起发生肉体接触——从亲吻到发生性关系，而不必期望更进一步地发展其他关系。”

学生对调查的回答说明“勾搭”有三个特点：首先，多数“勾搭”的伴侣彼此几乎不了解；其次，一个典型的“勾搭”通常涉及在校园聚会中喝过酒的人们；最后，多数女性对“勾搭”文化持批评态度，对这种遭遇非常不满。当然，一些勾搭过

的女性（和男性）只是简单地走开，很高兴彼此既可以享受性，又不必负责任。但是，在付出了性所释放的强烈激情后，“勾搭”经常使一个人想知道下一步会怎样：“你明天会给我打电话吗？”“我会再见到你吗？”

该调查询问了近来刚经历了“勾搭”的女性，问她们一天之后对这一经历感觉如何。多数回答者说她们感觉“很糟”，约 50% 的人感到“失望”和“困惑”，25% 的人感到“被利用了”。很显然，对多数人来说，性不仅仅是肉体接触。另外，由于今天的校园性伴侣对性剥削的指挥非常敏感，因此有必要制定更明确的公平游戏的标准。

你怎么想

1. 你所在的学校，“勾搭”模式普遍吗？

2. 你怎么看待不受责任约束的性的优点？这种关系的缺点是什么？

3. 男性和女性在回答上述问题时是否会有什么不同？请解释。

资料来源：Based in part on Marquardt & Glenn（2001）.

通过校园工作坊来积极揭露强奸的秘密。另外，现在人们更多地关注酒精滥用，也增加了性暴力的可能性。

性的理论分析

应用社会学的各种理论视角可以让我们更好地理解人类性行为。接下来，我们将讨论三种主要理论，表 6–2 强调了每种理论的主要论点。

结构–功能分析

结构–功能视角强调任何社会模式对社会总体运行的贡献。由于性行为会产生非常重要的后果，因此社会要规范这一行为。

规范性行为的需要

从生物学的视角来看，性可以使我们的物种繁衍。但是，文化和社会制度规范人们和“谁”生育、“何时”生育。比如，多数社会谴责已婚的人和配偶之外的人发生性关系。放纵而不是抑制性激情，会威胁家庭生活，特别是

表 6–2　应用理论：性

	结构－功能理论	符号互动理论	社会冲突理论 / 女权主义
分析层次是什么	宏观层次	微观层次	宏观层次
性对社会的重要意义是什么	社会依靠性行为繁衍，社会利用乱伦禁忌和其他规范控制性行为	性活动在世界许多文化中是变化的。关于性行为，一些社会比另一些社会允许个体有更多的自由	性和社会不平等相关。美国社会对女性的性行为的规范比男性更多，这是男性统治女性的社会模式的组成部分
性在时代变迁中发生改变了吗？性行为发生了怎样的改变	是的。随着生育控制技术的进步，使性与生育相分离，社会放松了对性的一些控制	是的。人们赋予贞操意义和其他性方面的东西都是社会建构起来的，会发生改变	既改变了，又没有改变。一些性标准放松了，但社会仍然用性规范限制女性。正如同性恋者被社会的异性恋偏见所损害

对子女的抚养。

乱伦禁忌普遍存在的事实清楚地证明，没有哪个社会能容许完全自由地选择性伙伴。已婚夫妇之外的家庭成员间的生育会打破整个亲属制度，并且令人绝望地搅乱整个人际关系。

在历史上，性的社会控制是严格的，最主要的原因在于性通常会带来生育。我们看到这些控制都是在“合法”生育（婚内）和“非法”生育（婚外）的传统区分中起作用的。但是，一旦社会发展出生育控制技术，性规范就会变得更加宽容。美国已经出现这种情况了。在整个20世纪，美国人的性与基本的生育功能相分离，而变成主要是作为一种亲密形式，甚至是娱乐形式。

潜功能：以卖淫为例

卖淫显然是有危害的，因为卖淫会传播疾病、压迫女性。但是，是否能用潜功能来帮助分析为什么卖淫如此广泛地存在？根据金斯利·戴维斯（Kingsley Davis）的分析，卖淫为许多没有现成渠道满足性需求的人们提供了一种满足方式，这些人包括士兵、旅行者、外表缺乏魅力的人，或者太穷困无法吸引一个人作为婚姻伴侣的人。一些人赞成卖淫，因为他们想要一种没有“麻烦”关系的性。正如一位分析家所说的，“男人不必为性付出代价，他们付过钱就可以离开”。

评价

结构-功能理论有助于我们看到性在社会组织中扮演的重要角色。乱伦禁忌和其他文化规范说明社会一直在关注一个人和谁发生性关系，特别是和谁生育。

功能主义者的分析有时忽视了性别；当金斯利·戴维斯写到卖淫对社会的益处时，他真正谈的是对一些“男性”的好处。另外，功能主义理论几乎没有关注性模式随着时代在变迁这一事实，正如性模式在全世界范围有相当的不同。为正确分析性的变迁和性的多样化，现在我们转向符号互动理论。

符号互动理论

符号互动理论强调当人们互动时，他们如何建构起了日常现实。正如第4章中的“日常生活中的社会学”专栏所解释的那样，有时人们建构的现实相当不同，因此，一个群体或社会的看法与另外一个的看法可能有很大不同。同样，我们对性的理解可能也确实会随着时代而改变，正如在不同的社会，性是不同的。

性的社会建构

几乎所有有关性的社会模式在20世纪都发生了重大的改变。一个很好的例子就是贞操的重要性在改变。一个世纪以前，我们社会的规范——至少对女性——是婚前保持贞洁。这一规范非常严厉，因为当时缺乏有效的方法控制生育，贞操是能确保男人的准新娘不会怀上别的男人的孩子的唯一方式。

今天，在一个使用生育控制技术将性与生育相分离的社会中，人们对性活动的定义是不同的。针对性的态度变得更加宽容，结果，贞

◎在人类历史上，对妇女的性控制是一个普遍的主题。中世纪时，欧洲人发明了“贞操带”——一种为防止妇女性交而锁住其腹股部位的金属器械（也许还会影响身体的其他机能）。虽然这种器械今天已经几乎不为人知，但是对性的社会控制仍在继续。你能举出几个例子吗？

操规范已经相当弱化了。在美国，生于 1963—1974 年的人中，只有 16.3% 的男性和 20.1% 的女性报告，初婚前保持贞操。当然，在这些人当中，有一些可能认为贞操规范是重要的；另一些则可能认为，贞操可以完全不必遵守。

同样，天主教堂的牧师应当独身这一规范受到官方的保护，其作为一种方法来确保牧师放弃婚姻和孩子，更多献身于教堂的工作。然而，直到 12 世纪——基督之后的一千多年，天主教堂仍然实行此规范。很显然，牧师是否应当单身在不同的宗教机构是有分歧的。

最后一个性是由我们的社会建构起来的例子，与年轻人有关。一个世纪之前，人们在儿童时代对性方面一无所知。然而，最近几十年来，想法已经改变。尽管没有多少人鼓励孩子们之间的性行为，但是，十个里面有九个美国成年人相信小孩子在十几岁之前应当在公立学校接受性教育，这样，当他们长大些时，能够对他们的行为做出理智的选择。

全球的比较

全世界，不同的社会赋予性以不同的意义。比如，人类学家鲁思·本尼迪克特（Ruth Benedict）花费了多年时间研究东南部新几内亚的美拉尼斯亚人的生活方式。她报告说，当那里的小孩彼此进行性尝试时，成年人很少关注他们。美拉尼斯亚的父母之所以忽视孩子们的性行为，是因为在青春期之前，性不可能导致生育。而美国的多数家长可能做出同样的反应吗?

在不同的文化当中，性活动也不一样。在美国，未成年男孩的男性环切术（去掉所有或部分阴茎的包皮）很普遍。但是，这种情况在世界绝大多数地方很少见。这种手术有时被错误地用来表示女性环切术（一种去掉女性阴蒂的手术），这在美国及世界多数地方非常罕见，但在非洲和中东的部分地方很常见（有关这一手术的更多资料，更准确地叫作“女性割礼”，请看第 10 章中的“多样化思考”专栏）。

评价

符号互动理论的重点在于，揭示我们熟悉的社会模式具有被建构起来的特点。通过了解人们是如何“建构”性的，我们可以更好地理解历史上以及世界各地所发现的性态度和性行为的多样化。

这一理论的局限之一是，并非所有性活动都是如此变化多样的。不管什么地方的男人都是更可能从性方面而不是其他方面看待女性。一定有一些更宏大的社会结构对这一广泛存在的模式起着作用，正如我们在下一部分社会冲突理论中所看到的那样。

社会冲突与女权主义的分析

正如你在前面章节中看到的，社会冲突理论（特别是性别冲突或性别主义）强调不平等这一维度。该理论表明性如何既反映了社会不平等模式，又有助于揭露这一模式。女权主义理论是一种集中分析性别不平等的社会冲突理论，它把性和男人压迫女人相联系。

性：反映社会不平等

回忆一下我们对卖淫的讨论，这一违法行为在美国几乎到处存在。卖淫法的执行充其量也是被不公平地执行，特别是当涉及谁和谁不会被拘捕时。这里存在的性别偏见很明显：尽管卷入其中的是两个人，但记录表明，警察极为可能拘捕卖淫女（权力较小的一方）而不是（权力更大的）男嫖客。还涉及阶层不平等：正是街头卖淫者——她们收入最低，大多数为少数民族——面临被捕的风险最高。我们不禁想问：如果和男性有平等的经济机会，是否会有如此多的女性走上卖淫的道路?

而且，美国社会中哪些人最可能被从性方面界定？答案又一次是那些拥有较少权力的人们：女性相对于男性，有色人种相对于白人，同性恋者相对于异性恋者。这样看来，性作为人类生活的自然组成被社会用于贬低某类人的价值。

性：创造社会不平等

社会冲突理论家——特别是女性主义

◎ 从社会冲突的视角看，性不仅仅是人类的“自然属性”部分，因为它被社会建构为某种行为模式，性还在社会不平等中扮演着重要角色：通过从性方面界定女性，男人将她们贬低为物。你认为，这里表现的行为是“自然的”还是“社会的”？为什么？

者——指出，性是男女之间不平等的根源。用性来界定女性等于将她们从整个人类中贬值为男人们的玩物。英文“色情”（pornography）一词就源自希腊词汇“porne”，意即“妓女”或“娼妇”，这没有什么可奇怪的。

如果男人从性方面界定女性，就很容易将色情——几乎都是由男性来消费的——视作一个权力问题。因为色情典型地表明了女性集中于取悦男性，它支持了男性有权统治女性的观念。

男人在生育健康照顾方面也拥有针对女性的权力。2012 年，美国全国由州议会提出了 400 多部法律，来限制女性及其医生做出有关堕胎的决定权。近些年来，许多州立法机构——多数由男人组成——提出在做出终止怀孕前，妇女必须承担候诊时间，查看胎儿超声波影像，经历各种不必要的医疗检查。正如前密歇根州州长詹妮弗·格兰霍姆（Jennifer Granholm）所建议的，男人可以通过想象一个由 80% 的妇女组成的立法机构更好地评价这一基于性别的权力不平衡。这个立法机构要求男人在获得伟哥处方前，开出由性伴侣出具的证明他们性无能、阳痿的证明信，或者要求男人一边听医生指着将要终结的百万计的“人类前生命”，一边观看他们睾丸的超声波。

一些像格兰霍姆这样的改革者想结束限制妇女选择权的立法，但是一些激进批评家怀疑权力因素能否从异性恋关系中消除掉。多数社会冲突理论家不反对异性恋，但是他们的确赞成，性也的确贬低了女性。我们的文化经常用运动的词语（男人“给女人打分”）和暴力的词语（比如“使劲干”“命中”，都是既用于战斗，又用于性的动词）来描述性。

一份由非裔美国女权主义者以及少数派社区开发的近期报告关注于生育公正。因为许多妇女和男人在争论妇女是否能够流产或者控制她们自己的身体，生育公正运动指出这方面对许多妇女是不利的，她们真的不能对自己的生活做决定。只有当美国的女性拥有社会的、经济的和政治的平等时，才会有生育公正。从另一个角度看，理解导致那些社会条件，比如非裔美国妇女的流产率比白人妇女高出三倍的社会条件是重要的。

酷儿理论

最后，社会冲突理论将目标不仅对准男性对女性的统治，还对准了异性恋对同性恋的统治。近些年来，由于同性恋者得到了公众的接纳，社会学中开始出现了同性恋者的声音。**酷儿理论**（queer theory）是指美国社会中挑战异性恋偏见的研究成果。

酷儿理论的开始是主张我们的社会是以**异性恋主义**（heterosexism）为特征的，异性恋主义指的是将任何不是异性恋的人贴上“酷儿”（queer）标签的观念。我们的异性恋文化使大量人群成为受害者，包括同性恋者、双性恋者、两性人、性倒错者，甚至无性人。虽然多数人同意歧视女性（性别主义）和歧视有色人种（种族主义）的偏见是错误的，但是异性恋被广泛接纳，有时在法律范围内更是被接受。比如，美国军队不可能仅仅因为一个女兵行为做事“像个女人”就从法律上指控她，因为这是明显的性别歧视案例。但是，直到2010年底法律改变之前，军队可以而且确实开除了性活跃的同性恋者。

异性恋也是日常文化的组成部分。比如，当我们描写某些事物是“色情的”时，我们真正所指的难道不是对异性恋者的诱惑吗？

评价

社会冲突理论表明性既是不平等的原因，也是不平等的结果。它特别有助于我们理解男性对女性的权力以及异性恋人群对同性恋者的统治。

同时，这一理论忽视了另一事实：许多人并不认为性是一个权力问题。相反，许多情侣享受着充满生机的性关系，认为这增强了彼此的责任感。另外，社会冲突理论很少关注美国社会为减少不平等所采取的措施。今天的男人较之几十年前，更加不可能将女性视为性玩物。在工作场所，最重要的问题之一是确保所有雇员远离性骚扰。公众的不断关注减少了工作场所的性污辱（详见第10章）。同样地，有充分证据表明同性恋权利运动已经使同性恋者获得了更多的机会以及社会对同性恋人群的接纳。

本章结束之际，考察一下与性有关的、也许是最富于争议的问题：**堕胎**（abortion），即有意终止怀孕。根据2008年进行的全球调查，大约20%的怀孕会以堕胎结束。另外，研究者得出结论，所有堕胎的一半都是在“不安全的”年份做的。对任何国家来说，经济发展水平与堕胎率紧密相关。在全世界范围内，86%的堕胎发生在经济不发达国家，占了“不安全”堕胎的98%。不安全率高的一个主要原因是，多数国家要么禁止、要么对妇女拥有堕胎的能力加以非常严格的限制。

自1973年以来，美国最高法院开始从法律上支持妇女可以堕胎。但是，对于这一程序的争论还在继续——一些人视之为道德问题，另一些人则将其看成性别之间的社会平等的基础。看起来在这一充满争议的问题上没有中间立场。以下“争鸣与辩论”专栏会帮助人们理解为什么会是这样。

争鸣与辩论

堕胎争论

弗兰克：争论堕胎的人们又在校园游行了。

马文：赞成还是反对？

弗兰克：二者都有。我不能确定哪个先来，但有人说已经有论战了……

一辆黑色大蓬货车开到城市繁忙的沿街铺面。两个妇女从前面座位上站起来，警惕地观察着街道。过了一会儿，一个向另一个点点头，她们打开了后门，让第三个妇女从蓬货车里出来。两个女人站在她的左右，迅速地将其护送进大楼里。

这一情景看起来像是两个联邦法院执行官将罪犯带进警察局，但实际上，它记录的是两名门诊工作人员帮助一个决定做堕胎手术的妇女。她们为什么如此小心？任何阅读过近几年报纸的人都了解全北美对堕胎诊所的愤怒对抗。一些反对者甚至将矛头指向实施堕胎手术的几个医生并杀死了他们。每年约120万人在美国做堕胎手术。这是今天争论最激烈的问题之一。

堕胎并不是一直像今天这样富有争议。在殖民地时期，接生婆和其他医治者帮助别人堕胎几乎不会受到社区的反对，法律也完全允许。但是，大约在1850年，争议开始出现。当时，早期的医疗医生想要消除来自接生婆和其他传统健康提供者的竞争，后者的收入大多来自中止怀孕。到1900年，医疗医生取得了成功，使每个州都通过了禁止堕胎的法律。

这样，法律大大减少了堕胎的数量。保留下来的那些只能“暗地里”做，尽可能地在秘密状态下进行。许多想堕胎的女性——特别是贫穷的女性，几乎没有其他选择，只能寻找没有证照的“背街的”堕胎医生的帮助，由于不卫生的条件和使用危险的医疗技术，以致时常导致悲剧的发生。

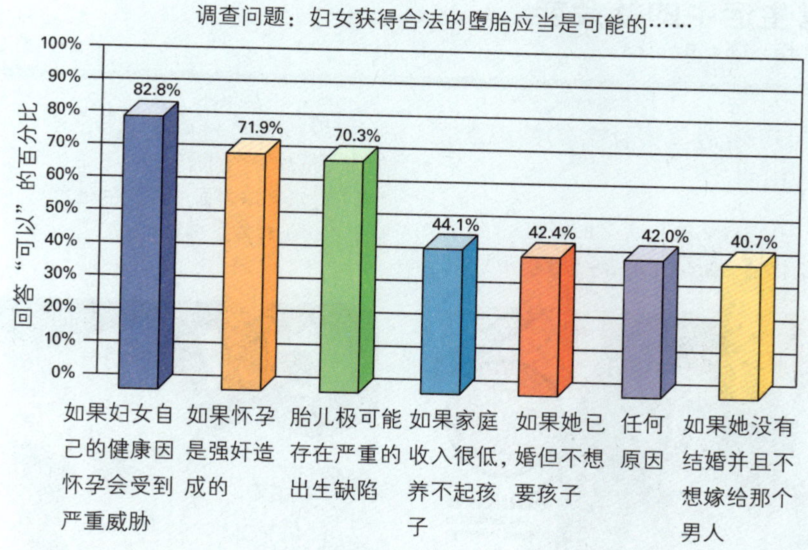

◎ 公众对合法流产的支持程度有赖于问题出现的情形。

资料来源：NORC（2011：397-399）.

到 20 世纪 60 年代，反对禁止堕胎法的呼声日益高涨。1973 年，美国最高法院（在 Roe 诉 Wade 和 Doe 诉 Bolton 案件中）做出里程碑式的决定，破除了所有州立禁止堕胎法。这一行动使妇女在全国范围内可以合法地堕胎。

即使如此，堕胎争论仍在继续。一方自称“亲选择派”，支持妇女有选择堕胎的权利。另一方自称“亲生命派”，反对堕胎，认为堕胎在道德上是错误的；他们期望推翻最高法院 1973 年的决定。

堕胎争论双方的支持状况如何？最近一项全美范围的调查向成年人做了抽样调查，询问：“如果一个怀孕妇女因为任何原因想要堕胎，是否应当获得合法的堕胎？”其中 42% 的人回答“可以”（可将他们视为亲选择派阵营），54% 的人说“不可以”（表现了亲生命派立场）；剩余 4% 的人没发表意见。

更近距离的考察表明：不同的情形使人们看待这一问题时产生重大差别。数据表明，如果怀孕严重威胁女性的健康，如果怀孕是遭到强奸的结果，或者胎儿存在严重缺陷，在这些情形下，多数美国成年人赞成合法堕胎。约 42% 的人支持在任何情况下堕胎，但是接近 83% 的人支持仅在某些特定情形下可以堕胎。

许多亲生命派立场的人强烈感到堕胎等于杀死了未出世的孩子——自从 Roe 诉 Wade 案判决后，约有 5000 万孩子被堕掉。对他们而言，人们绝没有权利用这种方式结束无辜的生命。但是，亲选择派主张，同样地，妇女必须能控制她们自己的身体。如果怀孕决定了女性的生命历程，那么妇女永远不能与男性在平等的条件下竞争，无论是在学校还是在工作场合。因此，合法、安全的堕胎是妇女全面参与社会的必要条件。

你怎么想

1. 较为保守的亲生命派认为堕胎是一个道德问题，较为自由的亲选择派视流产为权利问题。比较这些立场，说明保守派和自由派如何看待色情问题。

2. 调查表明，男人和女人对堕胎的意见几乎相同。对此，你是否感到吃惊？为什么？

3. 你认为，关于堕胎的争论为什么常常如此激烈？美国对这一问题能否找到中间立场？请解释。

日常生活中的社会学

Society: The Basics

大众传媒对于塑造美国社会的性观念是如何发挥作用的

性绝不仅是“自然的”或“生物性的”概念，世界各地的文化赋予人类性以各种意义。下列照片显示出大众传媒（以下为流行杂志）是如何反映我们的文化对于性的看法的。在每一个案例中，你能“解密”出杂志封面所传递的信息吗？你认为这一信息在多大程度上是真实的？

◎像这样的杂志几乎在美国的每一个超市和折扣店的结账处都能找到。仅从封面来看，你对美国社会有关妇女的性方面会得出什么结论？

◎有关男人性方面的信息与女人一样直接。根据这本杂志，你能发现哪些有关男子气的信息？你发现了什么有关异性恋偏见的证据吗？

提示

这些类似的大众传媒资料不仅可以告诉我们有关性方面的信息，还能告诉我们应当成为哪种类型的人。性对于女人来说被赋予了许多重要意义，它给女性压力，使她们看上去对男性来说很迷人，用她们的性来吸引男人被定义为成功的生活。类似地，变得有男人气意味着成功、老于世故、负责，能吸引合意的女人。大众传媒几乎总是根据异性恋的规范来欣赏性的。

从你的日常生活中发现社会学

1. 请看《时尚》（*Cosmopolitan*）杂志封面，你从中发现了哪些异性恋偏见的证据？请解释。

2. 根据对本章的阅读，哪些证据支持了“性是由社会建构的”这个观点？

第7章

越轨

通过本章，我们能够：

◎ 解释社会学如何解决生理学和心理学对越轨分析的局限性；

◎ 了解结构-功能理论在越轨上的应用；

◎ 了解符号互动理论在越轨上的应用；

◎ 了解社会冲突理论在越轨上的应用；

◎ 识别美国以及全球犯罪模式；

◎ 分析刑事司法系统的运行机制。

社会的力量：不同种族的人，面临被监禁的风险系数一样吗

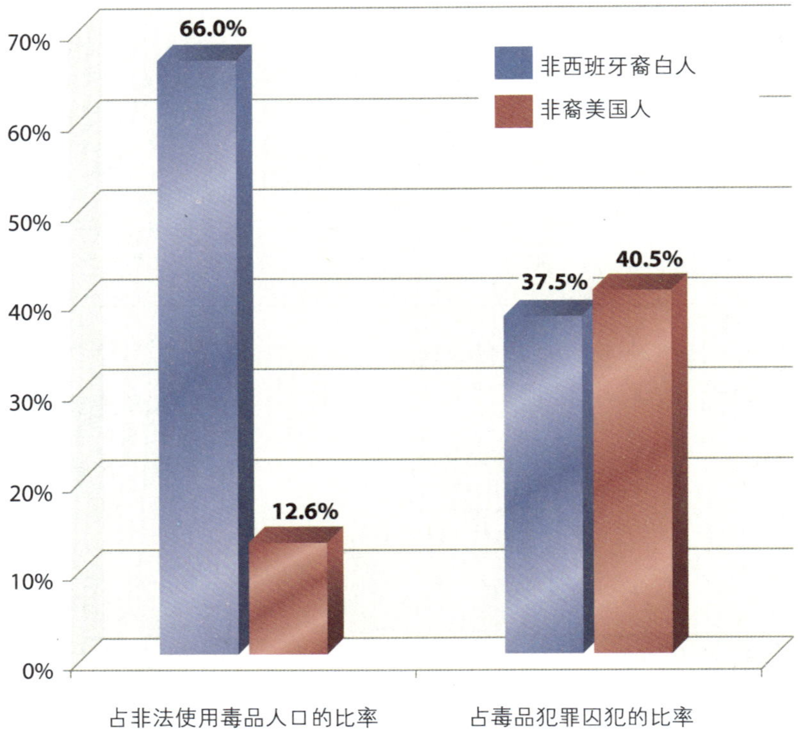

图 7–1 影响因毒品而被监禁的概率

资料来源：U.S. Department of Justice（2014）and U.S. Department of Health and Human Services（2014）.

是否每个人——不论种族——如果非法使用毒品，他们面临被监禁的风险系数都一样？根据报告，非西班牙裔白人占 15 岁以上人口非法使用毒品的 66%。相比之下，非法使用毒品的非裔美国人占 12.6%。然而，在国家监狱的毒品犯罪囚犯中，非裔美国人占 40.5%，是报告中非法使用毒品的人口所占份额的三倍。而非西班牙裔白人占毒品犯罪囚犯的 37.5%，仅稍高于非法使用毒品的人口所占份额的一半。人们非法使用药物的种类，加上社会对毒品和种族的看法结合在一起，使非裔美国人因这些罪行被监禁的风险高得多。

本章概要

常识可能认为有些事情是“正确的”和“错误的”，我们倾向于认为（或者希望）大多数人至少在大部分的时间里，知道其中的区别。但是横亘于“好”与“坏”之间的界线是多变的，因为它是由社会创造的。本章将探讨如何以及为什么社会同时创造和鼓励遵从和越轨。本章还介绍了犯罪的概念和调查了刑事司法系统的运作情况。

“我就像迷失在另一个层面的家伙，一个城市里的陌生人，不知道该往何处去。”布鲁斯·格洛弗（Bruce Glover）在离开他的家乡密歇根底特律市 26 年后再归来时追述那段在一个州监狱的漫长岁月时这样说道。格洛弗在 30 岁时因抢夺一位女士的戒指被捕，并被判有罪而锒铛入狱。

他现年 56 岁，摇着头继续说：“母亲去世时，我都不在她身边。我失去了一切。”出狱那天，他无处可去，也无路可走。他没有驾照，也没有任何身份证件，导致无法在社会中找到一份工作和一个居住的地方。格洛弗甚至没钱买合体衣服，无力融入社会重新开始。他只得回到监狱官员那里寻求帮助。在得到某个国家机构的援助后，他才最终得到了一些救济和一个暂时的住处。

本章探讨的问题包括犯罪和罪犯，提出了为什么某些人比其他人更容易成为罪犯和受害人的疑问。此外，本章还解释了美国的刑事司法系统如何处理罪犯的问题，以及为什么社会首先需要制定正确和错误的标准的问题。正如你将看到的，法律只是复杂的社会控制系统的一部分：至少在绝大多数的时间里，社会教导我们去遵守无数的规则。下面，我们将通过界定几个基本的概念来开始探究。

什么是越轨

越轨（deviance）被认为是违犯了文化规范。几乎所有的人类行为都是由规范来指导的，所以越轨这个概念非常宽泛。有一种越轨是**犯罪**（crime），即违犯了社会正式颁布的刑法。甚至违法所包含的行为也是宽泛的，从较小的交通违规到性攻击和谋杀都被算在内。

大多数我们所熟悉的不遵从行为被认为是消极地违反规范，例如，从书店里偷书、攻击他人，或者酒后驾车。但是我们也特别地把那些守法的人——课堂上讲话太多的学生或者对新的计算机技术过分热情的人——视作越轨，即便是我们在一定程度上尊重他们。越轨行为或者态度——不管是积极的还是消极的——都有一些使我们把某个人当作“局外人”的不同要素。

并不是所有的越轨都包含着行为乃至选择。某些类型的人的存在对于其他人来说就是不适。对于年轻人而言，老年人或许看起来就毫无希望地被“淘汰出局”了；而对于异性恋者而言，同性恋者的存在可能会引起他们的不适。肢体健全的人通常把残疾人视为另类，就像富人因为穷人不能达到他们的标准而可能避开穷人一样。

社会控制

我们都要受到**社会控制**（social control），即社会企图规范人们的思想和行为。社会控制的过程通常是不正式的，就像父母亲表扬或者批评自己的小孩，或者朋友们取笑某位同学的音乐或衣着志趣等。然而，严重的越轨可能涉

越轨 **违犯了文化规范**

犯罪 **违反了社会正式颁布的刑法**

社会控制 社会企图规范人们的思想和行为

刑事司法系统 对违法行为做出反应的组织，包括警察、法院、监狱官员

及**刑事司法系统**（criminal justice system），即对所谓违法行为做出正式的反应的组织，包括警察、法院、监狱。

一个社会怎样界定越轨，谁会被贴上越轨的标签，以及人们会对越轨做些什么，所有这些都与该社会的组织方式有关。然而，人们渐渐认识到，就像本章所解释的那样，越轨的根源深植于社会之中。

◎越轨总是一个差异问题。越轨出现在日常生活中，就像我们遇到其外貌和行为不同于我们所认可的“正确的”标准的那些人一样。这幅照片中谁是“越轨者”呢？源自谁的观点？

生物学的视角

第 3 章指出，一个世纪以前，多数人认为，或者更准确地说，多数人误认为，人类行为是其生物本能的结果。因而人们在早期对犯罪的研究兴趣集中在对其生物原因的探讨上。一位在监狱工作的意大利外科医生塞萨雷·隆布罗索（Cesare Lombroso，1835—1909）在 1876 年归纳出罪犯有如下生理特征：前额低、下巴和颊骨凸起、秃头，以及手臂很长。换言之，隆布罗索认为罪犯看起来像我们的祖先类人猿。

如果隆布罗索再仔细一点观察，他就会发现他将之与犯罪联系起来的那些生理特征遍及所有的人。现在我们知道了，那些将罪犯从非罪犯中区分出来的生理特征根本就不存在。

20 世纪中期，威廉·谢尔登（William Sheldon）采用了一个完全不同的视角，认为身体结构可能预示着犯罪。他反复核对了几百个青年男子的体型和犯罪记录，得出结论说肌肉发达、体格健壮的男子最有可能犯罪。格卢克夫妇（Sheldon Glueck and Eleanor Glueck）证实了谢尔登的结论，但是也警告说强健的体格并不必然会引起或预示着犯罪。他们认为，父母亲对体格强健的儿子通常有些淡漠，反过来他们长大后对别人也会缺少敏感。而且，在一种自我实现的预言中，那些认为肌肉发达的男孩子会成为小流氓的人，可能会以他们期望的攻击性行为的方式去对待这些男孩子。

今天，遗传学研究致力于探索生物学与犯罪之间的可能的联系。一些研究已经表明，这种联系可能存在。威斯康星州立大学的科学家在 2003 年报告了一项关于犯罪的研究成果，这项研究涉及 400 个男孩，历时 25 年。研究者从每个男孩身上采集了 DNA 样品，并记录下他们所有的违法情况。研究者的结论是，遗传因素（尤其是有缺陷的基因，比如能产生大量的某种酶）连同环境因素（尤其是小时候被虐待）对成年人犯罪和暴力行为有强烈的解释力。他们还注意到，多因素比单因素对犯罪的解释力更强。

评价

生物学的理论对犯罪所做的解释是有限的。目前最佳的猜测是用生物学的特征结合环境因素去解释某种严重的犯罪。但生物学视角最大的问题是，我们所界定为越轨的行为大多数都是身体很正常的人干的。

另外，因为生物学的视角关注的是个人，它起初并没有关注某些行为是怎样被定义为越轨的。所以，尽管对于人的生理如何影响其行为，我们还有很多东西值得去了解，但是当下的研究已经把重点放到了对社会影响因素的探讨上。

人格因素

像生物学理论一样，心理学对越轨的解释

集中在个人人格的异常上。某些人格特征是固有的，但是多数心理学家认为人格主要是由社会经验塑造的。因此，越轨被看作社会化"不成功"的结果。

沃尔特·雷克利斯（Walter Reckless）和西蒙·迪尼茨（Simon Dinitz）在 1967 年的经典研究例证了心理学的视角。他们首先请多位老师把一些 12 岁的男学生分成两类：可能惹上法律纠纷的和不可能惹上法律纠纷的。接下来，他们对这两类孩子及其父母进行访谈，以评估每个孩子的自我概念及其与他人如何相处。他们通过分析结果发现："好孩子"表现出了强烈的道德意识（弗洛伊德所谓的超我），能够应对挫折，并遵从文化规范和观念；相反，"坏孩子"表现出道德意识比较薄弱，对挫折缺乏忍受力，与传统文化不合拍。

正如我们所期望的，这些"好孩子"和警察打交道的机会比"坏孩子"要少一些。因为所有这些孩子都生活在一个违法行为普遍的地区，调查者把不违法归功于一种控制越轨冲动的人格。基于这个结论，雷克利斯和迪尼茨把他们的分析称为**抑制理论**（containment theory）。

在最近的另一项研究中，研究者对 500 名孪生兄弟展开了从出生一直到 32 岁的跟踪研究。以双胞胎作为研究对象，便于研究者在控制社会阶层和家庭环境的条件下对兄弟俩进行比较。当他们还是幼儿的时候，父母、老师、研究者就对这些孩子进行观察，进而评估他们的自我控制水平、抗挫折能力和忍耐力。与沃尔特·雷克利斯和西蒙·迪尼茨早期的研究结论相呼应，研究者发现孪生兄弟中童年时期评估成绩较低者几乎都会遇到麻烦，包括犯罪。

评价

生物学家已经阐明人格模式与越轨有一定联系。一些重刑犯是心理变态者，他们感觉不到罪恶和羞愧，不害怕惩罚，而且对他所伤害的人没有同情心。更普遍的是，自我控制能力和抗挫折能力被认为有助于遵循规范。然而，像我们在生理因素的案例中所注意到的那样，大多数恶劣的犯罪是心理正常者实施的。

© 为什么类似于这幅照片中的街头赌博经常被认为违犯了法律，但是在花式赌场里玩同样的游戏却不被认为是违法呢？

生物学的视角和心理学的视角都把越轨看作个人的特征。在解释越轨与社会的组织方式有更强的关系方面，上述两个视角所持的理由的价值都很有限。现在我们转向社会学的视角。社会学的视角探讨的是，对与错的观念来源于什么地方，为什么人们把一些违反规范者界定为越轨，而把其他违反规范者又不当作越轨，权力在这个过程中扮演着什么样的角色。

越轨的社会基础

尽管我们倾向于将越轨视为自主的选择或者个人的自我缺陷，但是所有的行为——越轨和遵从——都是由社会塑造的。本章在后面的部分将会详细阐述。在此，我们确定了三大越轨的社会基础。

1. **越轨根据文化规范的不同而变化**。根本就没有哪种思想或行为天生就是越轨的，只有与特定的文化规范联系起来才会变成越轨。不同地方的文化规范不同，越轨也会发生相应的变化。美国内华达州的法律允许在其农村地区卖淫，尽管卖淫在美国的其他州是违法的。在得克萨斯州西部的一条新高速公路上的司机，可以合法地以每小时 85 英里的速度行驶，而这种速度在美国其他地方将会立即引起警察的注意。美国只有两个州（犹他州和夏威夷）没有任何形式的合法赌博，其余48个州都有。美国有39个州设有赌场，有28个州在印第安人保留区设有赌场，另外14个州设有赛马赌场。开车时发信息在两个州是合法的，但在44个州是违法的（其他四个州禁止年轻司机开车时发信息）。你认为每个人都认可生牛奶对我们的身体有益吗？别轻易下结论：出售生牛奶在美国10个州是合法的，而在其他州则被禁止或被严格控制。

另外，大多数城镇至少有一部独一无二的法令。例如，在新泽西州的利堡，边走路边发信息是违法的；在阿尔巴马州的莫比尔，穿细高跟的女鞋是违法的；在密苏里州的派恩劳恩，法律禁止穿松松垮垮的低腰裤；在阿拉斯加州的朱诺，把火烈鸟带入理发店是违法的；在得克萨斯州的南帕德拉岛，法律禁止打领带；在伊利诺伊州的展望山，法律禁止饲养鸽子或者蜜蜂；在堪萨斯州的托皮卡，法律禁止打雪仗；在马里兰州的黑尔索普，法律禁止在公共场合热情接吻；而比华利山则规定了在网球场上打一次球所允许使用的网球个数。

纵观世界，越轨更是五花八门。阿尔巴尼亚把一切在公开场合表露宗教信仰的行为都视为违法，例如天主教徒在自己胸口划“十”字；古巴禁止公民拥有个人电脑并限制使用互联网；越南可能会起诉那些碰到了外国人的公民；马来西亚的妇女不被允许穿紧身牛仔裤；沙特阿拉伯禁止在情人节销售红色的花；伊朗不允许妇女化妆，禁止任何人演奏说唱音乐 。

2. **人们成为越轨者是其他人界定的结果**。任何人都会偶尔违反文化规范。你在闲逛的时候自言自语过吗？或者你从办公室“借”过钢笔吗？这些行为是否被定义为精神疾病或者违法，取决于其他人对此如何看、如何定义，以及如何回应。

3. **规范和人们定义违反规范的方式涉及社会权力**。卡尔·马克思断言，法律是权力阶层保护自我利益的工具。若街角的无家可归者发表反对政府的言论，就有可能因扰乱社会治安而被捕。在选举运动中，一位市长候选人发表完全一样的言论，却会得到警察的保护。简而言之，规范以及我们如何适用规范，反映出社会的不平等。

越轨的功能：结构–功能分析

结构–功能视角的核心观点为，越轨是社会组织的必要部分。埃米尔·涂尔干在一个世纪前就提出了这个观点。

涂尔干的基本观点

在对越轨的先行研究中，涂尔干语出惊人：越轨并非异常。实际上，越轨履行着以下四大基本功能。

1. **越轨能够确认文化价值和规范**。与其他的态度和行为相比，人作为道德动物对某些态度和行为会更喜欢。但是，对于美德的任何限定都要依赖于对立的邪念。没有恶与罪过，可能根本就没有善与正义。对于界定和支持道德，越轨是必要的。

2. **对越轨的反应能够澄清道德的边界**。通过定义某些越轨者，人们可以在对与错之间勾勒出一条边界。例如，一所大学通过惩罚考试舞弊的学生就在诚实学习和舞弊之间划出了边界。

3. **对越轨的反应能够增强人们的团结**。严重的越轨会特别地引起人们的公愤。涂尔干认为，人们在群情激愤中会重新确定把人们团结起来的道德纽带。例如，在2014年8月，一位纽约市男子因轻微罪行被警察在逮捕时锁喉窒息死亡。事件发生后，美国各地的人们一起参加了游行示威，反对警察对非裔美国人使用致命武力。

4. **越轨能够激励社会变迁**。越轨者摒弃社会的道德边界，这意味着现状是可以选择的，鼓励有所变化。涂尔干断言，今天的越轨能够成为明天的道德。例如，摇滚乐在20世纪50年代被指责为不道德的，但仅仅几年以后就成了一项价值几十亿美元的产业（见第2章的“多样化思考”专栏）；近年来的嬉皮士街头音乐（hip-hop music）也在走着同样的路子。

◎涂尔干认为，越轨是社会组织的必要组成部分，发挥着重要的作用。几个手无寸铁的非裔美国人死于警察手中，全美各地的人们为此团结在一起走上街头发声，他们想要表达的内容显而易见——生命皆重要。在你的校园里发生过能引起类似反应的事件吗？

一个实例：马萨诸塞海湾的清教徒

凯·埃里克森（Kai Erikson）对美国马萨诸塞海湾的清教徒所做的经典研究，为涂尔干的理论带来了活力。埃里克森指出，连清教徒这样一个诫训严明、高度虔诚的群体都制造了越轨以澄清他们的道德边界。事实上，涂尔干早已想到了清教徒，他写道：

> 让我们设想，一个社会里全是圣人，一所修道院里全是堪称模范的人。在这里不存在完全意义上的犯罪，那些在外人看来无关紧要的过错也会像平常的普通犯罪那样招致耻辱……同样的原因，完美而正直的人会严肃地评判自己哪怕是最小的过失，而多数人只有真的犯下了罪行才会有这种严肃的态度。

越轨不是一些“坏家伙”的问题，而是“好的”社会生活的必要条件。

任何社会都能发现越轨，但是越轨的性质取决于人们想去澄清的道德问题。例如，清教徒经历了许多“罪恶的波潮”，包括 1692 年爆发的众所周知的巫术事件。对于每次的反应，清教徒们都会通过赞美某些成员和声讨其他人越轨来回应正当信仰的范围问题。

埃里克森发现，即使犯罪发生了改变，清教徒所界定的越轨者的人口比例随着时间的流逝也总是保持稳定的。他推断这种稳定性证实了涂尔干的主张：社会创造越轨者是为了突显变化着的道德边界。换句话说，清教徒通过持续地定义少数人为越轨者维持了他们社会的道德形态。

默顿的紧张理论

某些越轨对于社会的运行来说可能是必要的，但是罗伯特·默顿认为很多越轨是由特殊的社会安排所导致的。特别是越轨的程度和性质取决于社会是否提供达到文化目标（例如财务上的成功）的手段（例如学校教育和就业机会）。图 7–2 表示的就是默顿关于越轨的紧张理论（strain theory）。

遵从是指通过被认可的手段去追求文化目标。因而美国的“个人成名史”展现的总是某个人通过才干、学校教育和努力工作获取了财富和声望。但是并不是每一个希望实现传统意

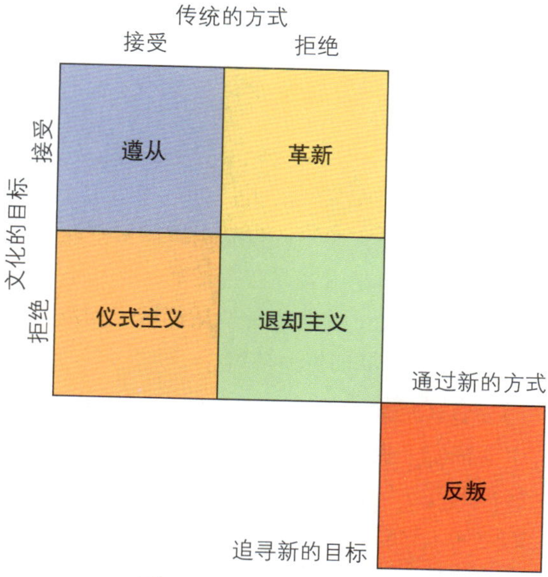

图 7–2 默顿的紧张理论

◎罗伯特·默顿把个人的文化目标的观点与获取文化目标的传统方式结合起来，区分了各类越轨者。

资料来源：Merton（1968）.

义上的成功的人都有实现自己心愿的机会。例如，如果穷人家的孩子按照常规行事，他们就没什么希望获得成功。按照默顿的理论，文化对财富的强调与缺乏致富的机会之间的紧张可能怂恿一些人，尤其是穷人，从事偷盗、毒品交易或者其他形式的街头犯罪。默顿把这种越轨称为革新，即使用非传统的手段（街头犯罪）而不是传统的方式（辛勤工作）去实现文化上被认可的目标（财富）。

无力达到一个文化目标可能促成另一类越轨，默顿称之为仪式主义。例如，许多人对变得富有没那么在乎，但为了使自己成为至少是值得尊敬的人，会严格坚守规则（传统方式）。

对无力成功的第三种反应是退却主义——既拒绝文化目标又拒绝手段，以至于个人有效地实现了“不参与”。一些酒鬼、瘾君子和贫民窟的居民就是退却主义者。退却主义的越轨在于他们非传统的生活方式以及他们看起来愿意按照这种方式生活。

对失败的第四种反应是反叛。像退却主义者那样，诸如激进的“活命主义者”之类的反叛者既拒绝成功的文化定义，又拒绝传统的获取成功的手段。但是他们更进了一步，对于现有的社会秩序，他们支持形成一个反文化的可供选择的办法。

越轨亚文化

理查德·克罗沃德（Richard Cloward）和劳埃德·奥欣（Lloyd Ohlin）进一步发展了默顿的理论，提出犯罪不仅仅是由有限的合法的机会引起的，还是由容易接近的非法的机会引起的。简而言之，越轨或者遵从都源于构成与一个人生活相关联的机会结构。

臭名昭著的歹徒霸王卡邦（Al Capone）的生活证实了克罗沃德和奥欣的理论。作为贫穷移民的儿子，霸王卡邦面临着贫穷和种族偏见的障碍，这些障碍减少了其获取传统意义上的成功的机会。在1920—1933年期间，美国颁布了禁酒令，禁止出售含有酒精的饮料。年轻的霸王卡邦发现在他附近有人能够教他如何非法卖酒——非法的机会来源。克罗沃德和奥欣预

◎ 年轻人断绝了合法的机会通常促使形成所谓的越轨亚文化。帮派亚文化是年轻人获取归属感和尊重的一种方式，尽管主流文化对这种归属感和尊重持否定态度。

言，诸如霸王卡邦的犯罪组织或者街头帮派之类的犯罪亚文化，会在机会结构促成犯罪行为的地方得以发展。

但是，当人们不能识别哪些是合法的或者哪些是非法的机会的时候，会发生什么呢？越轨可能采取两种形式：一种是冲突亚文化的形式（诸如武装的街头帮派），在这种亚文化中挫败和渴望尊重会引发暴力；另一种是退却主义亚文化的形式，在这种亚文化中，越轨者不参与，可能酗酒或滥用其他的毒品。

艾伯特·科恩（Albert Cohen）提出，行为不良在底层的青少年当中是非常普遍的，因为他们获取传统意义上的成功的机会最少。被社会忽视的他们通过创造一种有过失的亚文化来寻求自尊，这种亚文化恰恰把这些青少年所有的特征界定为有价值的。尽管整体上赢取不了任何社会的认可，但这种亚文化可能满足一个年轻人在地方上“成为大人物”的愿望。

沃尔特·米勒（Walter Miller）补充说，有过失的亚文化有如下特征：（1）麻烦，即与老师和警察之间频繁发生冲突；（2）健壮，即看中体格的大小和力量，在男性当中尤其是这样；（3）机灵，即在街头成功、比其他人更聪明和避免被利用等方面的能力；（4）需要刺激，即寻求颤抖、冒险和危险；（5）相信命运，即感觉到对自己的生活缺乏控制；（6）渴望自由：经常向权威人物表示愤怒。

最后，伊莱贾·安德森（Elijah Anderson）

说明，贫穷的城市街区中的大多数人都设法遵守传统的或者正面的价值观。然而，面对街区犯罪和暴力、警察的漠不关心甚至敌意，以及有时候甚至被父母忽视，一些年轻人决定依据“街头法则”（street code）去生活。为了展示他们能幸存于街头，一个年轻人展示出了勇敢地抵抗任何威胁的“胆量”。追随这种街头法则，这个年轻人相信，与其不被他人尊重，还不如在暴力中死亡。有些人在设法规避危险，但是对于这些被排挤到社会边缘的年轻人来说，他们死在监狱里的风险非常高。

评价

涂尔干做出了重要贡献，指出了越轨的功能。然而很显然，社会共同体并不总是在对犯罪的反应中集合而成的。有时候畏惧犯罪会使得人们退出公共生活。

默顿的紧张理论因为解释越轨的类别（例如偷盗）胜于其他（例如激情犯罪或心理疾病）而遭到批评。另外，并不是每个人都像紧张理论所提出的那样在传统的财富方面追求成功。

克罗沃德和奥欣、科恩、米勒这几个人总的观点——越轨反映社会的机会结构——已经被后来的研究所证实。然而，这些理论的不足之处在于，假定每个人都共享相同的判断对与错的文化标准。此外，如果不仅是把入室行窃或偷盗汽车列为犯罪，还将诈骗和公司高管与华尔街富豪的其他罪行也列入犯罪，那么许多高收入者就会被算在罪犯之列。

最后，所有的结构-功能理论都提出，任何违反重要规范的人都将被贴上越轨的标签。然而，就像我们在接下来要解释的那样，变成越轨者实际上是一个高度复杂的过程。

标签越轨：符号互动理论

符号互动的视角解释的是人们在日常生活的情境中如何定义越轨。基于符号互动的观点，我们对越轨和遵从的界定非常灵活。

标签理论

符号互动理论的主要贡献是标签理论。**标签理论**（labeling theory）认为，越轨和遵从的主要起因不在于人们做了什么，而在于他人对人们行为的反应。标签理论强调越轨的相对性，认为人们可能用众多不同的方式去定义同一个行为。

看看这些情景：一位大学生从室友的抽屉里拿了一件衣服去周末旅行；在一座偏远的城市，一位按照习俗结了婚的妇女和她过去的男朋友发生了性行为；一位市长把一个重大的市政合同给了一位竞选活动的主要捐助者。我们可能把第一种情境界定为粗心、借用或者行窃；对第二种情境的界定主要取决于这位妇女的行为在回家以后是否被外人知晓；对第三种情境的界定取决于这位市长是选择了一位最佳的承包人还是只是偿还政治债务。事实上，社会建构是一个变化多端的过程，包括察觉、定义和反应等环节。

初级越轨和次级越轨

埃德温·雷梅特（Edwin Lemert）说，某些违反规范的行为（比如逃学、未成年就喝酒），只是惹起他人轻微的反应，对个人的自我概念并没有什么影响。雷梅特称这些偶然的有趣事件为初级越轨。

但是如果他人注意到了某人的越轨并且利用它，那将会发生什么呢？一个人的某种行为被定义为初级越轨后，这个人就可能开始改变，他可能通过语言、行为或者奇怪的穿着、拒绝关键性人物、不断地违反规则去获得一种越轨的身份。雷梅特把自我概念的改变称为次级越轨。他解释说：“当一个人开始采用……越轨行为可能成为一种防御、攻击或者调整的方式，以应对在社会互动中产生的问题……越轨就成为次级越轨了。”例如，人们开始把一个年轻人描写为一个“酒鬼”，就构建了初级越轨。于是人们可能把他从自己的朋友圈子中排挤出去，他可能会更痛苦，于是会喝更多的酒，会去寻找那些认可他喝酒的同伙。这些行为标志着次级越轨的开始，获得更深层次的越轨者身份。

污名

次级越轨标志着被欧文·戈夫曼称为“越

轨生涯”（deviant career）的开始。如果人们采用更强烈的错误方式来待对越轨行为，越轨者就会典型地获得一种污名。**污名**（stigma）这种强有力的消极标签会极大地改变一个人的自我概念和社会身份。

污名一旦作为主要身份（见第4章“日常生活中的社会学”专栏）发生作用，社会身份的其他方面就无法抵抗，于是这个人在他人心目中就变得不可信任，被社会所孤立。当人们认为某个人是离经叛道的，这个人就在不经意间获得了污名。有时候整个社会通过被哈罗德·加芬克尔（Harold Garfinkel）称为“堕落仪式”（degradation ceremony）的东西，给一个人正式地打上污名的烙印。在犯罪审判中能见到这样的例子，某些中学生往往就是以这种方式走向犯罪的，而不是相反。在社会面前，个人更倾向于用消极的方式去面对被贴上的标签。

回溯性的标签和规划性的标签

人们一旦给某个人打上了污名的烙印，就可能给他贴上**回溯性的标签**（retrospective labeling），即根据现在的越轨去解释他的过去。例如，当发现一名牧师对一个小孩子进行了性骚扰以后，人们就会反思这名牧师的过去，或许会想：“他总是对他身边的孩子为所欲为。”回溯性标签很可能歪曲一个人的过去，从而更加强化了越轨者的身份。

同样地，人们也可能给一个打上污名烙印的人贴上**规划性的标签**（projective labeling），也就是说，人们用越轨者的身份去预测他将来的行为。关于这个牧师，人们可能说：除非他被抓，否则他会继续猥亵儿童。在某个人的社会世界中，这样考虑事情的人越多，他成为真正的越轨者的可能性就越大。

作为越轨的标签差异

一个无家可归者在寒冷的夜晚拒绝被警察收容，他是试图独立生活，还是“发疯”呢？人们倾向于把那些激怒或威胁他们的行为当作越轨甚至是精神病，而不单单是当作“差异”来对待。

精神病学家托马斯·萨茨（Thomas Szasz）指责人们过急地将精神病的标签应用在那些仅仅是我们不喜好的差异上。他继续指出，避免这种现象产生的唯一途径就是完全放弃这种精神病的观念。世界上到处都是在观念和行为上有“差异”的人，他们可能惹恼我们，但是这些“差异”不是界定某人为精神病的缘由。萨茨声称，此类标签只不过是强迫遵从强势人群的标准，把强势人群的意志强加在其他人身上罢了。

大多数精神康复治疗的专业人士拒绝精神病不存在的观念，但是他们承认批判性地反思我们如何定义“差异”是重要的。首先，相对于癌症患者或其他身体有毛病的人，精神病患者不应遭到更多的责备。因此，患了精神的或身体的疾病不构成被贴上“越轨者”标签的理由。其次，没有诊断精神病知识的普通人应该避免使用此类标签，致使人们遵从某种行为标准。

©2012年，詹姆斯·埃根·福尔摩斯（James Egan Holmes）走进科罗拉多州奥罗拉（Aurora）的一家电影院，枪击了观看电影的人，造成12人死亡，70人受伤。在被捕接受审判时，他以精神错乱为由拒不认罪。2015年，陪审团驳回了精神错乱这一说法，福尔摩斯12项一级谋杀罪名成立，被判处终身监禁，不得假释。撇开法院的裁决，我们是否可以因为一个人犯下可怕的罪行，就轻易地对他的心智产生怀疑？“发疯”和“有罪”区别在哪里？请做说明。

标签理论 认为越轨和遵从的主要起因不在于人们做了什么，而在于他人对人们行为的反应

污名 一种强有力的消极标签，会极大地改变一个人的自身定位和社会身份

越轨行为的医学化 把道德的和法律的越轨转化为一种医学的情形

用医学的方法处理越轨

标签理论，尤其是萨茨和戈夫曼的思想，有助于解释我们的社会推定越轨的方式的重要变化。在过去的 50 或者 60 多年中，精神病学和医学的影响在逐渐扩大，这导致了**用医学的方法来处理越轨**（medicalization of deviance），也就是把道德的和法律的越轨转化为一种医学的情形。

用医学的方法处理越轨有利于改变贴在某个人身上的一系列标签。用道德上的术语来说，我们用“坏的”或“好的”来评价一个人的行为。然而，医学的科学目标传递的不是道德判断，而是使用诸如“有病的”或者“健康的”之类的临床诊断。

举例来说，直到 20 世纪中期，人们还通常把酒鬼看作容易受饮酒快感诱惑的道德意志薄弱者。然而，医学专家们逐渐地重新定义了酒精中毒，以致现在大多数人认为酗酒是一种致使人“有病的”而不是“坏的”的疾病。同样地，肥胖、吸毒上瘾、虐待儿童、男女乱交和其他在过去通常被认为是存在严重道德问题的行为，在今天都被广泛地定义为疾病。患者需要的是帮助，而不是惩罚。

标签制造的差异

我们是把越轨定义为道德问题还是医学问题，会有三个结果。首先，它会影响到由谁来对越轨做出反应。一个冒犯公众道德的行为通常会招致众多社会成员或者警察的反应。然而，一个医学标签却把这种情况置于包括法律顾问、精神病学家和医生在内的临床专家的控制之下。

其次，是人们如何对越轨做出反应。道德的视角把越轨者定义为应遭受惩罚的冒犯者。然而在医学上，越轨者是需要治疗的病人。惩罚是为了惩治犯罪而设计的，但治疗程序是为病人量身定做的，可以包括一个专门医生所能想到的、有助于预防未来疾病的任何治疗。

最后，也是最重要的，这两种标签在越轨者的个人能力上是不一样的。从道德的观点来看，不管我们是对的还是错的，至少要对自己的行为负责。一旦被定义为“有病的”，我们就被看作不能控制（如果是“精神病”，甚至是不能理解）自己的行动。那些被贴上无能标签的人反过来必须服从治疗，这通常又违背了他们的意愿。单是这个原因，试图在医学的情形下定义越轨，需要非常谨慎。

萨瑟兰的差异交往理论

任何行为模式，不管是常规的还是越轨的，都是一个在群体中发生的过程。依据埃德温·萨瑟兰（Edwin Sutherland）的理论，一个人是趋向于遵从还是越轨，取决于他与那些鼓励或者拒绝常规行为的人接触的数量。这就是萨瑟兰的差异交往理论（Sutherland's differential association theory）。

许多研究证实，如果年轻人相信他们的同类群体的成员鼓励不良行为，他们就更可能犯下行为过失。最近，一项研究集中调查了八年级学生中的性行为。如果年轻的姑娘有一位鼓励性关系的男朋友或者有一些认可性行为的女

◎所有的社会群体都教导其成员一些鼓励某种行为的技能和态度。最近几年，关于大学校园的讨论都集中在狂欢豪饮的危险上，狂欢豪饮在美国每年都要致使几十人死亡。狂欢豪饮这个问题在你的校园里严重吗？

性朋友，那么她们很可能就有性行为。同样，男孩子也被朋友们鼓励在性方面积极主动，朋友们会因此在同类群体中给予他很高的地位。

赫希的控制理论

社会学家特拉维斯·赫希（Travis Hirschi）提出了控制理论，认为社会控制取决于人们对自己行为的结果的预期。赫希假定任何人都会遇到一定的越轨的诱惑，但是考虑到会毁了前程，大多数人都没有违反规范。对某些人来说，仅仅设想一下家人和朋友的反应，就会望而却步。另一方面，那些觉得自己即使越轨了也没什么损失的人则可能变为越轨者。

值得一提的是，赫希将遵从与四类不同的社会控制联系起来。

1. **依附**。强烈的社会依附鼓励遵从。个体越依恋父母、老师、朋友、学校或其他结构，发生越轨行为的可能性就越小。

2. **机会**。一个人可利用的合法机会越多，遵从的好处也就越多。换句话说，接触合法机会能鼓励整合和阻止越轨行为。相反，一个对未来的成功没有信心的人更可能转向越轨。

3. **连累**。一个人越广泛参与合法活动，诸如就业、升学或体育比赛之类，就越能约束越轨行为。与之相反，等着事情发生的闲散人员更有时间和精力做出越轨行为。

4. **信仰**。强烈地信仰传统道德和尊重权威人物会抑制越轨倾向。相反，道德意志薄弱的人（尤其是缺乏监管的人）更难抵制诱惑。

赫希的分析包含许多早期的关于越轨行为的原因的观点。要注意的是，与个人相关的社会权力、家庭和社会环境可能影响越轨行为发生的风险。

评价

各种符号互动理论都把越轨看作一个过程。标签理论没有把越轨与行为联系起来，而是把越轨与他人的反应联系起来。因而，一些人被定义为越轨者，而另外一些有同样言行的人却没有越轨。次级越轨、越轨生涯和污名等概念都展示了被贴上标签的越轨者是怎样变成一个永久的自我概念的。

然而，标签理论有几个局限。首先，因为标签理论对越轨采用非常相对的观点，所以它忽视了诸如谋杀之类的行为几乎在任何地方都要受到谴责的事实。因此，标签理论只在应用于诸如男女乱交或者精神病之类的不怎么严重的问题时才非常有用。其次，关于越轨标签的后果研究没有清楚地展示出越轨的标签是引起进一步越轨还是阻碍越轨。最后，并不是每个人都能容忍被贴上越轨的标签，一些人会积极地寻求摆脱。例如，为了唤起对社会不公的注意，人们参加不合作主义的活动甚至自愿遭受逮捕。

社会学家认为萨瑟兰的差异交往理论和赫胥的控制理论对我们认识越轨做出了重要贡献。但是为什么社会规范和法律起初就把某些行为定义为越轨呢？社会冲突分析将在下一部分集中阐释这个问题。

阶级、种族和性别理论：越轨与不平等

社会冲突的视角将越轨与社会不平等联系起来。就是说，什么人或什么事会被贴上越轨的标签，取决于社会上由哪些人掌握着权力。

越轨与权力

亚历山大·拉兹斯（Aleander Liazos）指出，我们倾向于将那些被我们当作“刺儿头”和“荡妇”而加以遣散的人定义为越轨者。他们并不坏，也对社会无害，只是这些人没有权力。拥有越轨污名的往往是街角的流浪妇人和失业者，而非企业污染者和国际军火商。

社会冲突理论从三个方面阐释这种模式。首先，所有的规范，尤其是任何社会的法律，总体上都体现富人和有权势的人的利益。那些通过获得富人和权贵的财产所有权或者倡导更加公平的社会以占取他们财富的人，被定义为“公贼”或者“政治激进分子”。社会冲突视角的主要倡导者卡尔·马克思认为法律和其他的

表 7–1　应用理论：越轨

	结构–功能的理论	符号互动的理论	社会冲突的理论	种族冲突和女权主义理论
分析层次是什么	宏观层次	微观层次	宏观层次	宏观层次
越轨的含义及其在社会中扮演的角色	越轨是社会组织的基本组成部分；社会通过界定越轨来规定其道德边界	越轨是社会在互动中所建构的现实的一部分；当人们给某事物贴上越轨的标签的时候，越轨就会产生	越轨是社会不平等的结果；包括法律在内的规范反映着社会上有权势的人的利益	越轨是种族和性别不平等的结果；越轨标签更容易应用于女性和少数种族
关于越轨的重要观点	越轨具有普遍性：所有的社会都存在越轨	越轨是变化的：任何行为或个人都可能被贴上越轨者的标签，也可能不被贴上越轨者的标签	越轨是政治性的：没有权势的人成为越轨者的风险很大	越轨是控制的一种手段：有权势的人利用其抹黑他人以达到控制的目的

社会制度支持富人的利益，或者像理查德·昆尼（Richard Quinney）提出的："资本主义的法律是由资产阶级制定的，支持资产阶级，反对工人阶级。"

其次，即使有权势的人的行为出现了问题，他们也有办法抵制越轨的标签。近些年卷入公司丑闻的经理们大部分仍只是被拘留，坐牢的很少。

最后，人们普遍相信规范和法律是自然的，是好的，从而遮蔽了规范和法律的政治特征。因为这个原因，尽管我们谴责不平等的法律的适用，但我们也很少去思考法律本身是否真的公平这一问题。

越轨和资本主义

在马克思主义传统中，史蒂文·斯皮策（Steven Spitzer）认为越轨的标签适用于那些妨碍资本主义运转的人。首先，因为资本主义是以财产私有制为基础的，那些威胁他人财产的人，尤其是盗取富人财产的穷人，是被贴上越轨标签的首要人选。相反，利用穷人的富人被贴上越轨标签的可能性很小。例如，房东向穷房客索要高额房租并逐出无力支付房费的房客，他们不被认为是犯法，只是在"做生意"而已。

其次，因为资本主义依靠的是生产性的劳动，那些不劳动或者不愿劳动的人就存在被贴上越轨标签的风险。社会上许多人认为，即使不是他们自己的过错，失业者也是莫名其妙的越轨者。

再次，资本主义依靠对权威人物的尊重，致使那些抵制权威的人被贴上越轨的标签。逃学或者与父母和老师顶嘴的小孩，与老板或者警察不配合的成年人，就是这方面的例子。

最后，那些直接挑战资本主义现状的人可能被定义为越轨者。劳工组织者、激进的环境保护论者和反战激进主义分子，就是这方面的例子。

事情的另一方面是，社会给支持资本主义运转的任何东西贴上正面的标签。例如，获胜的运动员享有名人地位，因为他们表达了个人成就和竞争的价值观，这二者对资本主义来说都是重要的。斯皮策也注意到，我们视使用走私毒品（大麻、迷幻剂、海洛因和毒品）为越轨，但鼓励那些促进适应现状的毒品（例如酒精和咖啡因）。

资本主义制度也设法去控制那些不适合该制度的人。老人、有精神疾病或者身体残疾的人和罗伯特·默顿所谓的退却主义者（对酒和其他毒品上了瘾的人）更是社会的一份"昂贵但相对无害的负担"。斯皮策称这些人受到社会福利代理机构的控制。但是那些资本主义制度的公然挑战者，包括市中心区的下层阶级和革命者（默顿所谓的革新者和反叛者），受到刑事司法系统的控制，而且在社会危机的时刻，他们还要受到诸如国民警卫队之类的军事力量的控制。

要注意的是，社会福利系统和刑事司法系统都在因为社会问题而责备个人，而不是责备系统本身。福利接受者被认为是不足取的揩油者，对他们的困境表达了愤怒的穷人被贴上了聚众闹事者的标签，任何挑战政府的人都会被烙上激进分子的印记，那些设法非法地获取某些东西（这些东西他们永远不能合法地获取）的人会被当作公共的罪犯加以围捕。

白领犯罪

华尔街的一位名叫迈克尔·米尔根（Michael Milken）的股票经纪人在1987年上了报刊头条，他因为交易欺诈行为被监禁。米尔根引起人们的注意并不是因为从那时起，霸王卡邦让大家一年当中赚了55亿美元（一天大约150万美元）。

米尔根实施的是**白领犯罪**（white-collar crime）。埃德温·萨瑟兰将社会职位高的人在其职业过程中所犯下的罪行定义为白领犯罪。白领犯罪不涉及暴力，很少让警方注意到枪击的场景。更准确地说，白领罪犯是利用他们的职位去使自己和他人致富，这个过程中经常会引起严重的公共危害。因为这个原因，社会学家有时称，与容易在大街上发生的犯罪相反，白领犯罪是容易在政府办公室和公司会议室发生的犯罪。

最普通的白领犯罪是银行挪用、商业欺诈、贿赂和违反反托拉斯法（antitrust violations），这些要求商业具有竞争性。萨瑟兰解释说，这些白领犯罪通常会被追究民事责任，很少被追究刑事责任。民法规范个体当事人之间的商业交易行为，而刑法规定个人对于社会的道德责任。因而在现实中，有人输了民事官司，赔偿损害或伤害，但是没有被贴上罪犯的标签。更甚的是，大多数对白领犯罪的指控是指向组织而非个人，这样公司官员也就受到了保护。

当白领罪犯被控诉和宣告有罪时，他们通常会逃避惩罚。一项政府研究发现，那些犯有欺诈罪的人交纳了不到他们的欠款的10%就结束了惩罚，多数人为了避免赔偿而设法隐藏或转移财产。在那些犯有更严重的挪用罪行的白领罪犯中，仅仅只有大约一半的人曾经在监狱里服过刑。一份统计资料表明，在美国联邦法院判罪的挪用者中，仅仅55%在监狱服刑，其余的只是被处以缓刑或罚金。像一些分析家所指出的，除非法院判处更长的刑期，否则白领犯罪依然会很普遍。

◎2013年电影《华尔街之狼》（*The Wolf of Wall Street*）用悲观的视角展现了充斥着欺骗和腐败的“锅炉房”经纪人近几十年的蓬勃发展。对一些人来说，这些经纪人的阴暗交易就是白领犯罪的例子，是涉及高社会地位的个人的犯罪行为。对其他人来说，整个华尔街都腐败到足以被认为是企业犯罪的一个例子。在这些企业中，公司通过任何必要的手段来从事谋取利润的非法行为。

公司犯罪

有时候是整个公司而不只是个人违犯了法律。**公司犯罪**（corporate crime）是指一家公司或者代表公司行动的人的违法行为。

从出售已知有缺陷或有危险的产品到故意污染环境，都属于公司犯罪。最近几年，许多大的美国公司的倒闭与公司官僚相关的犯罪行为，致使上万人失去了工作和退休金。甚至更严重的是，美国在2009—2014年这几年中，有127名煤炭工人死于矿难，数百人死于因多年吸入煤尘而引起的“黑肺”病。在美国，每年与工作危害有关的死亡人数高达数千人，将近百万的人严重受伤无法工作。

白领犯罪 社会地位较高的人在其职业过程中所犯下的罪行

公司犯罪 一家公司或者代表公司行动的人的违法行为

有组织的犯罪 提供非法商品或服务的交易

© 电视连续剧《海滨帝国》(*Boardwalk Empire*)让观众窥视了这个国家历史上帮派流氓的生活。你认为大众媒介是如何准确地描述有组织的犯罪的呢？请给出解释。

有组织的犯罪

有组织的犯罪（organized crime）指的是提供非法商品或服务的交易。有时候犯罪组织强迫人们和他们交易，比如某帮派向店主敲诈"保护费"。然而在大多数案例中，有组织的犯罪涉及把非法商品和服务（包括毒品、性、赌博）销售给自愿的买家。

有组织的犯罪在美国已经活跃了一个多世纪。其运作的范围向移民中间扩张，移民们觉得美国社会不愿和他们共享机会。一些雄心勃勃的人（诸如前面描述的霸王卡邦）取得了成功，尤其是在禁酒令期间（1920—1933 年），当时美国政府禁止生产和销售酒类。

意大利的黑手党是一个众所周知的有组织的犯罪的例子。但是其他的犯罪组织中有非裔美国人、哥伦比亚人、古巴人、海地人、尼日利亚人和俄罗斯人，以及其他几乎所有的种族。今天，有组织的犯罪所指的行为范围更宽泛，从出售非法的毒品、卖淫、信用卡欺诈，到向非法移民出售假证件都算。

种族冲突理论：仇恨犯罪

人们认为，越轨反映着不同人群的相对权力和特权。我们将首先通过观察民族敌意如何激发民族犯罪来分析这种模式，然后探讨性别与越轨的联系。

仇恨犯罪（hate crime）是指罪犯被种族的或者其他的偏见所激发而实施的一种针对某个人或者某个人的财产的犯罪行为。仇恨犯罪可能对某个人的种族、宗教信仰、祖先、性倾向性或者身体残疾表现出敌意。联邦政府在 2013 年记录了大约 5928 例仇恨犯罪 。

1998 年，怀俄明州立大学的学生、男同性恋者马修 · 谢泼德（Matthew Shepard）犯下了残忍的杀人罪行，令全美震惊。这起案件是由两个仇恨同性恋的人所激发的。但这种犯罪并非孤立的案件。美国国家反暴力节目中报道说，据全美反暴力联合会 2014 年调查，在 2013 年里发生了 18 起针对同性恋的谋杀案和 2001 起仇恨犯罪。那些与多重污名斗争的人，诸如有色人种的男同性恋者，尤其可能成为牺牲品。然而这也可能发生在任何人身上：在 2013 年，有 23% 的出于种族仇恨的犯罪是针对白人的。

2013 年，美国有 45 个州和联邦政府制定法律，加大对由仇恨而激发的犯罪的处罚力度。支持者是满意了，但是反对者指称，这种基于罪犯的态度就增加处罚的法律是惩罚"政治上错误的"思想。我们将在接下来的"多样化思考"专栏中详细讨论仇恨罪法案。

女性主义的视角：越轨与性别

2009 年，苏丹的几位妇女遭到"穿着不合体统"的指控，被判以监禁。还有几位妇女因为穿长裤的罪名被拔了十根眼睫毛。

虽然上述例子是特殊的例子，但事实上，世界上任何社会对女人的规范控制都要比对男人的规范控制严格一些。在历史上，我们的社会把家庭置于妇女生活的中心位置。甚至在今天的美国，妇女在工作场所、政治、运动和军事等领域的机会比男性要受到更多的限制。

在世界的其他地方，正如前面的例子所表明的那样，对妇女的限制依旧很多。在沙特阿拉伯，妇女不能投票以及合法驾驶机动车；在伊朗，敢于在公众场合露出头发或化妆的妇女会遭受鞭打；不久前，尼日利亚法院判定一名离婚妇女非婚生育，并以石刑判处她死刑；之后出于对她孩子的考虑免除了死刑。

多样化思考：种族、阶层和性别

关于仇恨犯罪法：惩罚的是行为还是态度

在10月份一个凉爽的夜晚，19岁的非裔美国人托德·米切尔（Todd Mitchell）与朋友们站在他们位于威斯康星州基诺沙市的公寓楼前。他们刚看完电影《密西西比在燃烧》（*Mississippi Burning*），正在对影片中一个白人打了一个年轻的正在跪着做祷告的黑人男孩的片段感到愤愤不平。

米切尔问："你们想不想试试当白人的感觉？"几分钟后，他们看见街对面一个白人男孩走向他们。米切尔喊道："来了一个白人男孩。抓住他！"这群人围住白人男孩，对他进行血腥殴打，使其昏迷倒在地上。攻击者还把男孩的网球鞋拿走作为战利品。

警察很快逮捕了青少年，并控告他们的殴击行为。米切尔作为主犯接受审判，陪审团裁定他犯有由种族仇恨驱使的严重殴击罪。米切尔被判入狱四年，而不是通常的两年刑期。

像这个案子所例证的，如果罪犯是被针对某类人的偏见所激发，仇恨犯罪法对犯罪的惩罚会更严厉。支持者给出了三个论据，以赞同仇恨犯罪法。首先，罪犯的意图在衡量犯罪的责任方面总是重要的，而认为仇恨是一种意图并不新奇。其次，仇恨犯罪的牺牲品，比其他目的的犯罪的牺牲品所受到的伤害更大。最后，被种族或者其他偏见所激发的犯罪，比为金钱而犯下的罪行更能点燃公众的情绪之火。

相反，批评者认为，虽然有一些仇恨犯罪案例包括绝对的种族主义，但是大多数是年轻人的冲动之举。批评者坚持认为，更为重要的是，出于仇恨的犯罪的法律对保证言论自由的《第一修正案》（*First Amendment*）是一种威胁。仇恨犯罪法允许法院不但针对行为而且还针对态度对犯罪进行判罚。哈佛大学法学教授阿兰·德肖维茨（Alan Dershowitz）警告说："和仇恨顽固差不多，我更畏惧试图控制公民精神的法院。"简而言之，按照批评者的观点，仇恨犯罪法适用于穷人，惩罚信仰胜于惩罚行为。

1993年，美国最高法院支持了对托德·米切尔的判罚。司法规定政府不应该惩罚个人的信仰，这是无异议的。但是他们认定，当信仰成了犯罪动机的时候就不再受到保护。

◎你认为蓄意的破坏行为应该以仇恨犯罪被起诉吗？换句话说，相对于"正常的"涂鸦，对故意在墙上喷漆的行为的惩罚应该更严厉吗？为什么？

你怎么想？

1. 你认为被仇恨激发的犯罪比被贪欲激发的犯罪更具危害性吗？为什么？

2. 你认为诸如非裔美国人之类的少数民族应该和白人一样去服从仇恨犯罪法吗？为什么？

3. 你是支持还是反对仇恨犯罪法？为什么？

资料来源：Terry（1993）and A.Sullivan（2002），and Hartocollis（2007）.

性别也出现在本章前面你所阅读到的越轨理论中。例如，罗伯特·默顿的紧张理论根据金融的成功来定义文化目标。传统上，至少这个目标与男性的生活更加有关，因为女性被教化着根据关系，尤其是婚姻和母亲身份来定义成功。更加关注女性的理论可能会承认，由文化中平等的理念所产生的紧张会与基于性别的不平等的现实相冲突。

根据标签理论，性别影响我们如何定义越轨，因为人们一般都用不同的标准去判断男性和女性的行为。此外，因为社会把男性置于比女性权力更大的位置上，男性经常逃避那些牺牲女性的行为所引起的直接责任。在过去，那些骚扰或攻击女性的男性只不过会被贴上温和的越轨者的标签，有时候会完全逃脱惩罚。

相反，那些受害的女性可能必须让他人（甚至是陪审团的成员）确信，她们不应该因为自己遭受性骚扰而责备他人。有研究证实了一个重要事实，即人们是否定义一种情形为越轨，以及如果是越轨，那么谁是越轨者取决于观众和行为者的性别。

最后，尽管关注社会的不平等，很多社会冲突的分析并没有涉及性别问题。就像冲突理论提出的那样，如果经济上的劣势是犯罪的初级原因，为什么女性（其经济地位比男性更糟糕）犯罪远少于男性呢？

评价

根据社会冲突理论，资本主义社会在财富和权力方面的不平等造就了该社会的法律和法律如何被适用。因而，刑事司法系统和社会福利系统充当了政治代理，控制了那些对资本主义制度造成威胁的人。种族冲突理论强调了一个事实，即民族和种族不同会让我们社会的一些成员看起来像是越轨者。同样，性别对于是否为越轨的判定有很大关系。

像批评研究越轨的其他视角一样，也有人批评社会冲突理论。首先，社会冲突的视角提出法律和其他的文化规范是由富人和有权势的人直接创造的。至少，这种观点过度简单化了，因为法律也保护工人、消费者和环境，有时候法律也反对公司和富人的利益。

其次，社会冲突分析认为，只有到了社会不平等地对待其成员的程度，犯罪行为才会涌现出来。然而，像涂尔干所说的，不管经济制度如何，不管社会的不平等程度如何，任何社会都存在越轨。

最后，请记住，虽然阶级、种族和性别仍然影响着认定越轨的过程，相比一个世纪前，我们今天的社会已经在用更平等的方式去对待所有人。

犯罪

犯罪是指违犯了由地方、州或者联邦政府所颁布刑法的行为。所有的犯罪都由两个要素组成：行为本身（或者在一些案件中，未能履行刑法所要求的义务）；犯罪的目的（在法律术语中指犯罪意图或者犯罪的动机）。目的是一个程度的问题，从故意行为到过失不等。因过失而犯罪的人并不是要去故意伤害某人，但是其行为（或者不作为）在某种程度上导致了伤害。例如，检举人在决定是否以一级谋杀罪、二级谋杀罪或者过失杀人罪去指控某人时，需要衡量犯罪目的的程度。可供选择的是，他们也认为有些杀人事件是有理由的、是自卫的。

犯罪的类型

在美国，联邦调查局（FBI）收集关于犯罪的信息，并且定期在一份名为《美国的犯罪》（*Crime in the United States*）的出版物上报告结果。以下两种主要的犯罪类型组成了美国联邦调查局的《犯罪索引》（*crime index*）。

针对人身的犯罪（crimes against the person）也称暴力犯罪，指对他人直接使用暴力或以暴力相威胁。暴力犯罪包括谋杀、一般的杀人罪（法律上定义为“某人故意杀害另一个人”）、恶性攻击（“一个人为了施加严重的或者恶性的身体伤害而非法袭击他人”）、暴力强奸（“违背女性的性意愿而暴力侵害其肉体”）和抢夺（“通过强制或以强制相威胁的方式，或者，通过暴力或将其置于恐惧之中的方式，占取或设法占

针对人身的犯罪 也称暴力犯罪，指对他人直接使用暴力或以暴力相威胁

无受害人的犯罪 没有明显的受害人的违法行为

针对财产的犯罪 也称财产犯罪，指盗窃他人金钱或财产的犯罪

取他人有价的东西，比如，他人的照料、监管和控制等”）。

针对财产的犯罪（crimes against property），也称财产犯罪，指偷盗他人财产的犯罪。财产犯罪包括入室行窃（“非法进入某建筑物去实施严重的犯罪或者盗窃”）、盗窃（“非法取走、运走、引导走或者驾走他人的财产”）、偷盗汽车（“盗窃或者设法盗窃机动车辆”）和纵火（“任何故意或者恶意地烧毁或设法烧毁他人的私人财产的行为”）。

第三种犯罪没有包括在主要的《犯罪索引》之内，是**无受害人的犯罪**（victimless crimes），这种违法行为中没有明显的受害人，也称之为没有抱怨的犯罪。无受害人犯罪包括非法使用毒品、卖淫和赌博。然而，无受害人犯罪这个术语是令人费解的。年轻人必须偷盗或者维持吸毒的习惯才会犯罪，而无受害人的行为为何是犯罪呢？一位年轻的孕妇因为无节制地吸烟而永久地伤害了她的婴儿，算什么情况呢？或许我们认为实施这类犯罪的人既是罪犯又是受害人更准确一些。

因为公众对无受害人的犯罪的观点区别很大，各个地方的法律也不一致。在美国，尽管赌博和卖淫在极其有限的地区是合法的，但是这两类行为在整个国家都是普遍的。

犯罪统计

美国联邦调查局收集的统计资料表明，从1960年到1990年，犯罪率一直在上升，随后犯罪率开始下降。即便如此，警察计算出每年还是有超过千万宗严重的犯罪。图7-3展示了各种严重的犯罪的趋势。

阅读犯罪统计资料的时候总是要谨慎，因为犯罪统计表只包括警察知道的犯罪。几乎所

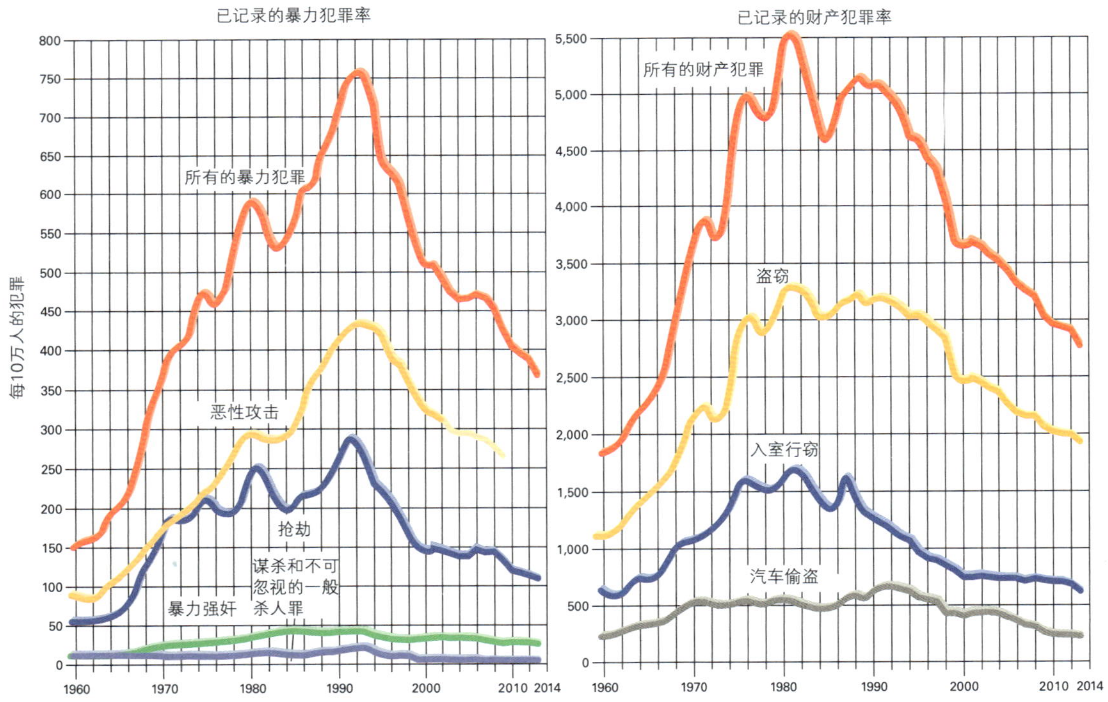

图 7-3 1960—2013 年美国的犯罪率

© 曲线图描绘的是最近几十年间各种暴力犯罪和财产犯罪的犯罪率。自从大约1990年以来，犯罪率趋向于降低。

资料来源：U.S. Department of Justice，Federal Bureau of Investigation（2014）.

有的杀人案件都被报道过，但是攻击，尤其是相互认识的人之间的攻击，通常都没有被报道。警察对财产犯罪的记录甚至更少，损失较小的案件尤其没有被记录。

研究者采用“受害人调查”来核对官方的犯罪统计资料，他们询问一个有代表性的样本，他们是否经历过犯罪侵害。2013 年进行的受害调查表明，严重犯罪案件的数量实际是警察报告显示的两倍多。

街头犯罪：一个轮廓

使用政府的犯罪报告，我们能够对那些最有可能因为暴力和财产犯罪而被逮捕的人给出一个大体的类型描述。

年龄

官方的犯罪率在处于青春期的人当中急剧上升，在接近 20 岁的那几年达到顶峰，然后随着年龄的增大而下降。年龄处在 15 ～ 24 岁的人口只占美国人口的 14%，但在 2013 年这类人占所有因暴力犯罪而被逮捕的人的 35.6%，占所有因财产犯罪而被逮捕的人的 40.7%。

性别

尽管男女两类性别大概各占美国人口的一半，但警察在 2013 年所逮捕的财产犯罪罪犯中有 62.2% 是男性，女性只占 37.8%。换句话说，因为财产犯罪而被捕的男性几乎是女性的两倍。在暴力犯罪案件中，男女性别间的差异甚至更大，因暴力犯罪而被逮捕的罪犯中，男性占约 79.9%，女性只占约 20.1%（超过了 4：1）。

我们如何去解释这类明显的性别差异？或许是一些法律执行官员不愿把妇女定义为罪犯。事实上，就全球范围来看，男女两性在犯罪率上的最大差异发生在那些对女性的机会限制得最严格的社会。然而在美国，男女两性在逮捕率上的差异很小，这可能说明了美国社会的性别平等在增加。在 2001—2013 年间，被逮捕的女性上升了 15.5%，而被逮捕的男性下降了 9.6%。

社会阶级

美国联邦调查局没有评定被逮捕的人所属的社会阶级，所以得不到类似于以年龄和性别来统计犯罪分布那样的统计数据。但是研究始终显示，街头犯罪在社会地位较低的人群中更普遍一些。

然而，阶级和犯罪之间的联系比其表面上所表现出来的更复杂。首先，许多人认为穷人比富人缺乏价值，富人的财富和权力使他们成为受尊敬的人。尽管犯罪——尤其是暴力犯罪，在最穷的市中心区是一个严重的问题，但是大多数这类犯罪都是少数顽固犯罪分子所为。生活在贫穷地区的多数人根本就没有犯罪记录。

社会身份和犯罪之间的联系也取决于犯罪的类型。如果我们不局限于街头犯罪，扩大犯罪的定义，把白领犯罪和公司犯罪也包括在内，“普通的犯罪”看起来忽然就会更多，而且可能出现在家财万贯的家庭中。

民族与种族

民族和种族与犯罪率有很强的联系，尽管其原因很多且很复杂。官方的统计资料显示，在 2013 年因为触犯了联邦调查局《犯罪索引》中已有的罪名而被逮捕的人当中有 68.9% 是白人。然而，按照各自在美国的总人口中所占的

© 社会对某些行为是否被允许或者违法的界定有时候非常微妙。比如，几乎每个地方都禁止卖淫嫖娼，然而电影制片人付费让人在摄像机前做出性爱行为却完全合法。

比例，非裔美国人的被捕率比白人的被捕率更高。非裔美国人占美国人口的13.2%，但在因财产犯罪而被捕的人当中，非裔美国人占29.0%（白人占68.2%），因为暴力犯罪而被捕的人当中，非裔美国人占38.7%（白人占58.4%）。

这种被逮捕的非裔美国人与非裔美国人总人口不成比例的现象出现有以下几个原因。

第一，种族在美国是与社会身份紧密相关的。像我们已经解释的那样，这影响着参与街头犯罪的可能性。许多生活在富人中间的穷人会感觉到社会是不公平的，因而更可能诉诸犯罪来获得他们的份额。

第二，黑人和白人的家庭模式不同：71.5%的非西班牙裔黑人的小孩（与53.2%的西班牙裔小孩和29.3%的非西班牙裔白人的小孩相比）是单身母亲所生的。单亲家庭会带来两种风险：小孩得到的监管更少，以及面对更大的贫穷风险。有接近38%的非裔美国人的小孩是在贫困家庭中长大的（白人小孩的相应比例是11%），因此没有人会对非裔美国人有如此高比例的犯罪率感到惊讶。

第三，偏见促使白人警察更容易去逮捕黑人，也促使市民更情愿去告发非裔美国人，因此有色人种犯罪过多。

第四，要记住官方的《犯罪索引》不包括那些因为酒后驾车、白领犯罪等所引起的逮捕。

◎“你长得很像这幅素描中描绘的某个正在考虑实施犯罪的人。”

资料来源：The New Yorker Collection 2000. David Sipress from cartoonbank. All rights reserved.

这种统计上的遗漏助长了把有色人看作典型的罪犯的观点。如果我们把犯罪的定义放宽一些，把酒后驾车、商业欺诈、挪用、股票诈骗和偷漏所得税等包括进来，白领罪犯的比例就会急剧上升。

我们也要切记，那些被逮捕率高的群体成为犯罪牺牲品的风险也更高。例如，在美国，非裔美国人死于被杀害的可能性几乎是白人的六倍。

最后，某些人群的被逮捕率异乎寻常的低。亚洲人的后代占总人口的大约5.5%，但其被逮捕的人数只占所有被逮捕的人数的1.3%。像第11章所解释的那样，亚裔美国人有比平均水平更高的教育成就和收入。亚裔美国人的文化也强调家庭团结和纪律，这两者都抑制了犯罪行为。

全球视野下的犯罪

按世界的标准，美国的犯罪率是高的。尽管最近的犯罪率趋向于下降，但在2013年，美国仍然有14 196起谋杀，这意味着每隔39天就会发生一起谋杀。在诸如纽约之类的美国大城市，几乎没有哪一天没有人被杀害。

美国的暴力犯罪率和财产犯罪率比欧洲高几倍。这方面的差异在美国和亚洲国家之间更大。尤其是日本，日本的暴力犯罪率和财产犯罪率在世界上是最低的。

埃里奥特·柯里（Elliott Currie）提出，犯罪根源于美国文化对个人经济上成功的强调，且经常以损害牢固的家庭和邻里关系为代价。美国也有非凡的文化多样性，这是几个世纪的移民的结果，当然这也可能导致冲突。另外，美国经济上的不平等比其他大多数高收入国家都严重。因而，结合穷人间的相当大的挫折来考虑，美国的社会结构相当虚弱，且会提高犯罪水平。

助长美国社会的暴力的另外一个因素是私人广泛拥有枪支。研究表明，美国69%的谋杀受害者死于枪杀。美国枪杀死亡率比加拿大的高出七倍多，加拿大严格限制私人拥有手枪。

到2015年，美国历史上因枪杀死亡人数（一直在上升）首次超过因交通事故死亡人数（一直在下降）。

在美国各个地区，私人拥有的枪支数量在逐渐下降。在20世纪70年代，一半的美国家庭至少拥有一支枪。到20世纪90年代中期，这一比例下降到约40%。2012年进行的调查表明，仅在三分之一左右的美国家庭中，发现一支或多支枪。尽管如此，美国的枪支数量（约2.85亿支）依旧比成年人多，这些枪支的40%是那种通常在暴力犯罪中使用的手枪。在很大程度上，枪支所有权反映了人们对犯罪的恐惧，然而容易在这个国家获得枪支，也使犯罪更具致命性。

枪支管制的支持者指出，严格枪支所有权将会减少美国的谋杀数量。例如，法律禁止绝大多数人拥有枪支的国家加拿大每年谋杀案件的数量（505起）低于大都市纽约（688起）、芝加哥（608起）和洛杉矶（594起）的谋杀案件数量。但是像枪支管制的批评者所指出的，法律控制枪支所有权并不会使枪支置于罪犯的手之外，罪犯几乎总是能够非法地获得枪支。枪支管制在打击犯罪的战争中并不是什么具有魔力的子弹：每年被刀杀害的美国人的数量超过了被所有类型的武器杀害的加拿大人的数量。

美国支持和反对枪支控制的人数不相上下，52%的人认同保护枪支的个人拥有权比较重要，46%的人则认为控制枪支拥有权更重要。然而，2012年发生在康涅狄格州桑迪胡克小学的20名儿童和6名成年人被枪杀的事件，让这场辩论格局发生了变化。这种悲剧性的大规模杀戮震惊了整个美国，从而整合了支持枪支控制的力量。

犯罪率在世界一些最大的城市里是很高的，包括秘鲁的利马、巴西的圣保罗和菲律宾的马尼拉，这些城市的人口急剧增长，而且有数百万的绝对贫困人口。然而，在大城市的外面，低收入社会的传统特征及其牢固的家庭使地方社会可以非正式地控制犯罪。

某些犯罪类型一直是跨国性的，诸如恐怖主义、间谍、军火走私。但是我们今天正在许多领域出现的全球化扩大了犯罪。非法的毒品交易是近来的一个相关案例。在一定程度上，美国的非法毒品问题也是一个“需求”问题。也就是说，可卡因和其他毒品在美国的需求量大，许多人为了抓住致富的机会冒着被逮捕甚至暴死的风险去从事毒品交易。但是问题的“供给”方与问题本身一样重要。南美国家哥伦比亚一直将生产可卡因视为其国民经济的重要组成部分。与此类似，进入美国的可卡因约90%来自墨西哥，这至少富裕了该国一部分人（同时导致更多的暴力行为发生）。很明显，毒品交易和许多其他的犯罪与美国和其他地方的社会经济环境密切相关。

◎ 当诸如销售非法毒品等经济活动发生在法律调节的边界之外，人们更可能采用暴力而不是法庭去解决纠纷。在中美洲，与毒品相关的暴力导致其谋杀率达到世界最高水平。

不同的国家对付犯罪有不同的策略。死刑的采用提供了一个相关的例证。2013年778例记录在案的死刑中，超过80%的死刑发生在伊朗、沙特阿拉伯和伊拉克。自从1985年以来，已有67多个国家不再施行死刑。

美国的刑事司法系统

刑事司法系统是一个社会正式的社会控制系统。我们将简要地介绍美国的刑事司法系统的关键要素：警察、法院和惩罚与矫正系统。然而，我们首先要理解一个处在整个系统根本层面的重要原则，即程序正当的思想。

程序正当

程序正当是一个简单但是又非常重要的思想，即刑事司法系统必须在法律的范围内操作。这个原则在美国宪法的前10次修改中被打下了基础。美国的宪法，即我们所知道的《权利法案》（*the Bill of Rights*），是1791年议会通过的。美国宪法为受犯罪控诉的任何人提供各种各样的保护，包括辩护的权利、拒绝做不利于自己的证明的权利、面对所有原告的权利、同一桩犯罪不接受第二次审问的自由和没有正当的法律程序就不能剥夺生命、自由或财产自由。此外，美国宪法给予所有人迅速、公开、有陪审团参加的审判的权利，不能过度保释，也不能有"残酷的和不同寻常"的惩罚。

在一般的术语中，程序正当这个概念意味着遭到犯罪控诉的任何人必须收到：（1）清楚的程序通知单；（2）控告的听证期间有依法提供辩护的机会；（3）一个公正地衡量证据的法官或陪审团。

程序正当限制了政府的权力，着眼于这个国家对个人的权利和自由的文化支持。当然，在多大程度上决定政府的运作，还是一个正在进行的过程，这个过程弥补了司法系统，尤其是美国最高法院的许多工作存在的不足。

警察

警察是服务于刑事司法系统和社会人口之间的基本纽带。原则上，警察通过执法来维持公共秩序。当然，要监管3.16亿人的行为，美国的626 942名全职警官要做的事情实在太多。结果，警察在对于哪些情形要加以注意和如何处理这些情形等方面使用大量的个人判断。

警察如何履行他们的职责呢？在一项对美国五个城市的警察行为的研究中，道格拉斯·史密斯（Doglas Smith）和克丽斯蒂·维谢尔（Christy Visher）认为，因为警察必须行动迅速，他们会根据以下六个方面的因素来很快地对情形进行估计。第一，警察认为情形越严重，就越有可能实施逮捕。第二，在决定是否实施逮捕方面，警察会考虑到受害人的愿望。第三，嫌疑犯越是不合作，被逮捕的可能性就会越大。

◎ 如果警察想要有效地处理他们每天所要面对的众多不同的情形，就必须有判断力。同时，警察公平待人也很重要。2014年，史坦顿岛警察拿下非法贩卖香烟埃里克·加纳（Eric Garner）后，其中一名警察对他锁喉并致其死亡。我们应该用什么样的标准去指导警察使用武力来限制犯罪嫌疑人？

第四，警察更可能"关照"那些有被捕记录的人，可能是因为被捕的经历使人想起罪行。第五，有旁观者在场会增加逮捕的可能性。根据史密斯和维谢尔的说法，如果把这种遭遇从大街上（犯罪嫌疑人的地盘）移到警察局（执法人员在这里有优势），有旁观者在场会促使警察对情形采取更强硬的控制。第六，即使其他方面都一样，警察逮捕有色人的可能性也比逮捕白人的可能性要大，他们觉得非洲人或拉丁美洲人的后裔犯罪嫌疑人不是更具危险性，就是更可能是有罪的。

法院

逮捕以后，由法院确定嫌疑犯是有罪的或者清白的。在原则上，美国法院依靠一种对抗性的程序，包括审判现场的律师（一位代理被告，另一位代理这个州），律师监控着法律的程序。

然而在实践中，约97%的违法案件在法院露面之前就通过**"辩诉协议"**（plea bargaining）解决了。"辩诉协议"是一种法律的沟通，即原告减小控诉，以换取被告的有罪请求。例如，某个州可以给一名被指控入室行窃（或许是拥有入室行窃的工具）的被告较小的控诉，以换取对方有罪的请求。

“辩诉协议”是很普遍的，因为这为刑事司法系统节省了审判的时间和费用。如果对案件的事实没有什么分歧，审判通常就是没必要的。另外，因为进入刑事司法系统的案件数量在成倍地增长，原告即使想，也不能审判每一桩案件。通过快速地解决他们大部分的工作，法院可以把他们的资源整合到最重要的案件当中去。

但是“辩诉协议”强制被告（假设被告是清白的）恳求有罪。一个人可以在审判中行使他的权利，只是要承担这样的风险：一旦被查明有罪，就要遭到更严重的判罚。而且，低收入的被告是在公设辩护队的指导下进入审判程序的，这些律师典型地工作过度而所得报酬又过低，他们甚至对最重要的案件也只能投入很少的时间。在 2012 年的一项决定中，美国最高法院认识到，尽管认罪谈判也许有效，但它可能通过削弱了对抗性的程序和被告的权利而损害程序正当。

惩罚

2011 年，一个晴朗的星期六早上，在亚利桑那州的图森，国会议员加布里埃尔·吉福兹（Gabriella Giffords）坐在一个位于超市前面的折叠式桌子旁边。早上 9 点 58 分，她还在“国会就在你身边”活动现场通过扩音设备大声说：“我的首次‘国会就在你身边’活动现在开始，请大家安静下来，让我知道你们在想什么。”此后不久，一辆出租车驶抵路边，下来一个乘客——一位有暴力倾向、陷入困境的年轻男子。他支付了 20 美元车费，然后径直走向吉福兹女士，掏出装有 31 个弹药筒的格洛克 19 式手枪。枪击持续了 15 秒钟。20 人受到枪击，其中 6 人死亡。

诸如此类的案件促使我们去思考导致这类暴力事件的原因是什么，也促使我们去考虑社会对于此类行为应该做出何种反应。在图森枪击案中，罪犯似乎

© 电视剧《金装律师》（*Suits*）展示了刑事司法系统会仔细权衡被告是有罪还是无辜。但如此处所解释的那样，仅有 3% 的刑事案件是通过正式审判得到解决的。

陷入了严重的心理疾病，因此存在一个他在多大程度上要对自己行为负责的问题。当然，一般的情况是，犯罪嫌疑人遭到逮捕，接受审判，责任问题就解决了。如果要对该行为负责任，接下来的步骤就是惩罚。

一个社会为什么要惩罚做了坏事的人呢？学者们的回答有四种理由：补偿、威慑、复原和社会保护。

补偿

惩罚的最古老的理由是满足人们的**补偿**（retribution）的需要，补偿是一种道德的复仇行为，通过它，社会使罪犯遭受到与由其罪行所引起的同样多的苦楚。补偿依赖于社会的道德平衡的观念。当犯罪行为颠覆了社会的道德平衡，社会要用同等标准的惩罚来修复道德秩序，像远古的谚语所说的那样，“以眼还眼，以牙还牙”。

在中世纪，多数欧洲人把犯罪视为一种需要做出苛刻反应的罪过（对上帝和社会的攻

惩罚的四种理由

补偿 一种道德的复仇行为，通过它，社会使罪犯遭受到与由其罪行所引起的同样多的苦楚

威慑 设法通过惩罚来阻碍犯罪行为

复原 一种革新罪犯以预防再犯的计划

社会保护 通过暂时的关押或者永久地服刑致使罪犯无力再进一步犯罪

击)。在今天，尽管批评家指出补偿对于罪犯的改过自新没有什么作用，但是许多人认为复仇是惩罚的充分原因。

威慑

惩罚的第二个理由是**威慑**(deterrence)，即设法通过惩罚来阻碍犯罪行为。威慑基于18世纪的启蒙思想，即作为能计算的、理性的动物，人如果认为惩罚的痛苦超过了犯罪的快乐，就不会违法。

作为一种革新的尺度，威慑是响应基于补偿的苛刻惩罚而出现的。如果刑罚并不能阻止偷窃，为什么要因为偷窃而把一个人置于死地呢?随着威慑这一概念在工业社会被接受，死刑和罪犯的身体毁损在多数高收入的社会被诸如关押之类比较温和的惩罚形式所代替。

惩罚能在两个方面威慑犯罪。特殊的威慑被用于使个体罪犯确信犯罪是不合算的。通过普通的威慑，惩罚一个人可以起到警示他人的作用。

复原

惩罚的第三个理由是**复原**(rehabilitation)，即一种革新罪犯以预防再犯的计划。复原是连同19世纪的社会科学一起发展的。从那时起，社会学家就主张犯罪和其他的越轨起源于以贫穷和缺乏父母监管为特征的社会环境。在逻辑上，如果罪犯的越轨是习得的，那么他们也能够学会遵守规范，问题的关键在于控制他们的环境。少年管教所或者感化院提供了被控制着的环境，越轨者在那里可以学习到正确的行为(回想在第3章中对整套制度的描述)。

如同威慑一样，复原也促使罪犯遵从规范。与只是简单地给罪犯制造痛苦的威慑和补偿相反，复原鼓励建设性的改进。与要求罪罚相当的补偿不同，复原因人而异地对待每一个罪犯。这样，同样的罪行鼓动的是类似的补偿行动，而非不同的复原计划。

社会保护

惩罚的最后一个理由是**社会保护**(societal protection)，即通过暂时的关押或者永久地服刑致使罪犯无力进一步犯罪。像威慑那样，社会保护对于惩罚是一种理性的方法，旨在保护社会免受犯罪之害。

当前，美国大约有220万人被监禁。尽管近年来犯罪率在下降，被关押的囚犯数自1980年以来却一直在增长。被关押犯人的增加，既反映了公众对待犯罪的态度更加强硬，也体现了因毒品犯罪而被捕的人在增加。结果就是，现在，美国每100个成年人就有一个在监狱、或被判处了缓刑或假释，其数量比世界上有些国家如(塞舌尔小岛国)的人口还要多，导致一些评论家声称美国是一个监禁国。虽然几十年前颁布的“强硬”政策最初因减少街头犯罪被称赞，但现在分析家认为，将这么多人送往监狱实际上可能推高了贫穷率。

评价

表7-2总结性地回顾了惩罚的四种理由。然而，对惩罚的结果的精确评估并不是一个简单的任务。

表7-2 总结惩罚的四种理由

补偿	惩罚的最古老的理由。惩罚是社会对道德过错的复仇。原则上，惩罚在严厉程度上应该等同于越轨本身
威慑	一种现代早期的方法。越轨被认为是社会需要控制的社会破坏。人被认为是理性的和自我本位的。威慑是能起作用的，因为惩罚的痛苦超过了越轨的快乐
复原	一个与社会科学的发展相联系的现代策略。越轨被认为是社会问题(例如贫穷)或者个人问题(例如精神疾病)的结果。社会条件在改善。矫正措施根据犯人的情况因人而异
社会保护	一种比复原更容易执行的现代方法。如果社会不能或不愿使罪犯复原，也不能革新社会条件，人们可以通过关押罪犯或死刑而得到保护

补偿的价值在于，涂尔干所主张的通过惩罚越轨者来增强社会的道德意识。出于这个原因，惩罚在传统上是一个公共事件。尽管美国最后一起公开的死刑发生在 70 多年前的肯塔基州，但今天的大众传媒让公众确信死刑是在监狱的高墙内执行的。

惩罚震慑了犯罪吗？尽管我们广泛地使用惩罚，我们的社会还是有较高的累犯率（先前被判罪的人后来再犯罪）。在美国州立监狱里的犯人中，75% 的人有被监禁的前科，被释放的人有三分之二在三年内又被逮捕。如此看来，惩罚真正地震慑了犯罪吗？根据调查，所有犯罪中只有 46% 的暴力犯罪和 36% 的财产犯罪为警察所知，而被警察所知的这些犯罪中，只有大约 20% 的人被逮捕。当我们意识到多数犯罪都逃脱了惩罚时，古语“恶有恶报”听起来就不可信了。

监狱通过不让罪犯进入社会来提供短期的社会保护，但是对长期地改造他们的态度和行为并没有什么作用。或许我们不应该期望监狱能复原同监犯人，因为根据萨瑟兰的差异交往理论，把罪犯关押在一起数年可能会强化犯罪的态度，提高犯罪的技能。被关进监狱也给罪犯打上了污名的烙印，出狱后难以找到工作。此外，监狱割断了罪犯与外面的社会关系纽带，根据赫胥的控制理论，这让罪犯们更可能一被释放又犯下新的罪行。

死刑

在惩罚所涉及的问题里面，或许最具争议的问题就是死刑。1973—2015 年，美国的法院判处了 8400 起死刑，其中 1394 起死刑得以执行。有 33 个州的法律允许对犯一级谋杀罪之类的罪犯处以重罚。尽管多数州都允许死刑，但在 2014 年只有七个州有可能执行死刑。在 2014 年初，整个美国有 2979 名死囚，加利福尼亚、得克萨斯、佛罗里达和宾夕法利亚这四个州就占了一半以上。

死刑的反对者们指出：有研究表明，作为一种犯罪的威慑力，死刑的价值是有限的。诸如加拿大之类禁止死刑的国家，并未见到谋杀案数量的上升。批评者们还指出，美国是唯一定期执行死刑的西方高收入国家。由于公众对死刑日益关注，死刑在逐渐减少，从 2000 年的 85 例降到 2014 年的 35 例。

民意调查显示，支持对谋杀罪处以死刑的美国成年人占 60%，并且这个比例一直比较稳定。大学生群体也持相同的态度，大约有 60% 的大一学生支持死刑。

但是支持死刑的法官、刑事检察官和陪审团成员却越来越少。第一个原因是，近年来犯罪率在下降，公众对犯罪的畏惧感在降低，对实行最严厉的惩罚也不再那么有兴趣。

第二个原因是，公众关注死刑执行的公平性。运用新近的 DNA 分析技术检测旧的犯罪现场的证据，可以发现许多犯罪嫌疑人因误判而定罪。整个美国，在 1973—2015 年期间，有超过 150 人在被判处死刑后被释放，包括 20 人经新 DNA 技术检测后证明清白。截至 2015 年，对死刑公平性的关注让俄勒冈州、华盛顿州、科罗拉多州和宾夕法尼亚州州长宣布暂停执行死刑。

◎ 为了增加威慑犯罪的惩罚力量，死刑长期都是公开执行的。这张照片是美国最后一次公开执行死刑的情景：1937 年 8 月 16 日，22 岁的雷尼·贝思（Rainey Bethea）站在肯塔基州的欧温斯波洛的一个绞刑台上，等待被处死，周围挤满了孩子和大人。因为大众传媒在全美国都报道了这桩处决事件，所以各州之后就秘密地执行死刑了。

死刑适用下降的第三个原因是，现在有更多的州允许法官和陪审团对重刑犯判处以不得假释的终身监禁。这种惩罚不需要执行死刑，社会也免受颇具危险性的犯罪的侵害。

最后一个原因是，鉴于起诉死刑案件的成本高昂，现在许多州都在回避死刑。首先，死刑案件要求做更多的法律事务，需要优秀的辩护律师，经常还需要公费办案。其次，这类案件通常需要各类“专家”（包括医生、精神科医生）提供的证词，支付给专家的费用也会增加审判成本。最后，判处死刑需要不断收集证据，多次起诉，这也需要成本。所有这些因素综合起来，死刑的成本明显要超过判处终身监禁。各州选择回避死刑的原因也就显而易见。

反对死刑的组织在法庭上对死刑提出了挑战。例如，2008 年，美国最高法院支持使用致命的注射，但被指控该程序增加了惩罚的残酷性和不寻常性，违反了宪法。2012 年，加利福尼亚州的人民投票通过公投来维护死刑的使用，尽管该州在过去 38 年仅执行了 13 个死囚。2014 年，奥巴马政府开始研究死刑中的种族偏见的证据。2015 年，最高法院同意听证了一起可能会影响今后死刑使用的案件。总的来说，目前还没有迹象表明美国将废弃死刑，但远离死刑是发展趋势。

社区矫正

矫正监狱使罪犯远离社区和人群，监狱的宗旨应该是阻止很多人犯严重罪行。但是有证据表明，这对多数罪犯的复原并没有什么作用。此外，监狱的运转需要昂贵的成本。研究表明，监禁一个罪犯一年监狱需花费大约 31 286 美元，这是除最初的建造监狱设施设备以外的支出。

社区矫正（community-based corrections）是一种对传统监狱的替代，即罪犯身处社会而不是监狱高墙内接受矫正的项目。全美国有许多城市和州已经采用了社区矫正。社区矫正有三个优势：（1）减少成本；（2）减轻监狱里犯人的过度拥挤；（3）在做到监管罪犯的同时还能消除罪犯的牢狱之苦和缠身的污名。一般而言，社区矫正与其说是惩罚还不如说是革新。因此，这类项目通常适用于那些罪行不严重的犯人和看起来将来继续犯罪可能性不大的犯人。原则上，社区矫正可以降低刑事司法系统的成本。然而，有限地实施这种做法并没能导致美国的监狱人口显著下降。

缓刑

社区矫正的一种形式是缓刑，即允许罪犯待在社区里，处在法院能够施加影响的情形之下，包括定期的监管。法院可以要求缓刑犯接受咨询服务、参加戒毒计划、参加劳动、避免和那些“臭名昭著的罪犯”取得联系，或者其他认为适当的事情。有特色的是，缓刑犯必须按既定的时间表定期到法官（缓刑监督官）那里报到，以确信各项方针得到了遵循。如果缓刑犯不能适应法院规定的各项条件或者犯下了新的罪行，法院可以撤回缓刑，收监关押。

震慑式缓刑

有一种相关的策略是震慑式缓刑，即法官判定罪犯接受短时间的监禁，然后延缓余下的刑期，实行缓刑。因而震慑式缓刑是监禁和缓刑的混合体，被用于让罪犯意识到没有诉诸全面关押这种情形的严肃性。在一些案子中，震慑式缓刑在一种特殊的“海军新兵训练营”的设施下被采用，犯人可能在军事化的“营地”度过一到三个月时间，目的是想教导犯人遵守纪律和权威。

假释

假释是指把犯人从监狱里释放出来，余下的刑期到当地的社区去服刑，接受缓刑监督官的监管。尽管一些判罚明确地否认了假释的可能性，但多数罪犯在服完一定的刑期以后都符合了假释的条件。这个时候，假释委员会会评估提前释放罪犯的风险和好处。如果给予假释，假释委员会会监视罪犯的行为，直到刑期结束。如果罪犯没能遵守假释的条件，或者因为其他的罪行被逮捕，假释委员会可以撤回假释，重新把罪犯关进监狱直至服完刑。

评价

研究人员对缓刑和假释的效果进行了深入

的研究。他们对缓刑和假释的评价并不一致。毫无疑问，这些项目比传统的关押更经济一些，也为重刑犯腾出了监狱空间。然而有研究指出，尽管缓刑和震慑式缓刑看起来对某些人奏效，但并没有明显地减少累犯。作为一种在犯人当中鼓励好的行为的一种手段，假释对于监狱官也是有用的。但是那些被假释的人当中的犯罪率还是很高，以致许多州一概地停止了假释项目。

这些评价指出了一个让人清醒的事实：刑事司法系统不能消除犯罪。像在以下"争鸣与辩论"专栏中所解释的那样，尽管警察、法院和监狱不能影响犯罪率，但犯罪和其他形式的越轨不只是"坏人"的行为，还影响到社会自身的运转。

争鸣与辩论

暴力犯罪率下降，原因何在

杜安：我学的是刑事司法专业，我想当个警察。美国的犯罪太严重了，警察要保持低的犯罪率。

莎蒂：我学的是社会学专业。关于犯罪，我认为没有那么简单……

20 世纪 80 年代，犯罪率急剧上升。几乎每个人都生活在暴力犯罪的恐惧之中。在许多大一点的城市，被杀害和受伤的人数使整个社区看起来像个战区。人们对这个问题似乎束手无策。

然而在 20 世纪 90 年代，严重的犯罪率开始下降，直到 2000 年，未曾料到的好现象出现，不止一代人没见过这么低水平的犯罪率。为什么呢？研究者指出了是以下几个原因导致的。

1. 年轻人口的减少。我们已经注意到，实施暴力犯罪的往往是年轻人（尤其是男性）。在 1990—2000 年之间，15 至 24 岁的人口下降了 5%（部分原因是堕胎在 1973 年合法化）。

2. 警察的变化。犯罪的下降（以及更早时期的犯罪的增加）多数都发生在大城市。纽约市的谋杀案，从 1990 年的 2245 起下降到 2013 年的仅仅 335 起。犯罪减少的部分原因是，纽约市采用了一项社区警务政策，该政策意味着警察不仅仅只关心实施逮捕，还要关心在犯罪发生前预防犯罪。警察熟悉他们巡逻的地区，阻止年轻人在外闲荡或发生其他较小的违规行为，这样警察能够检查出他们隐藏的武器（携带枪支会被逮捕，已经传开了），在大城市里工作的警察也更多。在 20 世纪 90 年代，洛杉矶的警察加起来超过了 2000 名。在那个时期，他们为洛杉矶的暴力犯罪率下降做出了贡献。

3. 更多的囚犯。1985—2014 年，美国监狱里的囚犯数量从 75 万名飙升到 220 万名。囚犯增加的主要原因是法律严格要求许多犯罪，尤其是毒品犯罪，都要判罚监禁。大规模的监禁有了效果。如一个分析家所提出的："如果再关押 100 万人，犯罪率就会受到影响。"

4. 较好的经济状况。美国的经济在 20 世纪 90 年代繁荣起来了。失业的人数减少，更多的人找到了工作，从而减少了一些人由于经济上的绝望而走向犯罪的可能性。其中的逻辑很简单，即更多的就业等于更少的犯罪。政府数据显示，截至 2013 年底，犯罪率持续在下降。

5. 衰退中的毒品交易。许多分析家认为，减少暴力犯罪率的最重要的因素是毒品可卡因的交易下降。可卡因大约是在 1985 年出现的，当年轻人（尤其是市中心区的年轻人和越来越多的携带枪支的年轻人）成为盛行的毒品交易的一部分时，暴力就蔓延开来。然而，在 20 世纪 90 年代早期以前，随着人们明白了可卡因给整个社会带来的损害，可卡因的流行开始下降。这种现实，连同稳定的经济进步和对毒品犯罪更严厉的判罚，有助于暴力犯罪发生好转。

这张最近的照片看起来更像 10 年或者 20 年前的情况。但是一位研究者警告说："现在看起来要好一些……那只是因为 20 世纪 90 年代早期的情况

◎犯罪率下降的原因之一是这个国家有超过 200 万人被关进了监狱。这已经引起了监狱设施的过度拥挤，例如图片中的加利福尼亚州的奇诺市（Chino）监狱。

太糟糕了。因此，我们不能自欺欺人地认为一切问题都解决了。还早着呢！”

你怎么想

1. 你支持社区矫正的政策吗？为什么？
2. 你认为人们支持或反对建造更多监狱的论据是什么？
3. 这里所提到的所有因素中，你认为哪种因素对犯罪控制来说是最重要的？哪种因素是最不重要的？为什么？

资料来源：Winship & Berrien（1999），Donahue & Leavitt（2000），Rosenfeld（2002），Liptak（2008），and C.Mitchell（2008），Antlfinger（2009），and U.S. Department of Justice，Federal Bureau of Investigation（2012）.

日常生活中的社会学
Society: The Basics

英雄和恶棍：帮助我们（至少是大多数时候）遵守规则

像本章所解释的那样，每个社会都有一套社会控制系统，鼓励尊崇社会规范，阻止越轨或违规。一方面，社会通过建构英雄和恶棍来实现这个目的。当然，英雄作为榜样，我们应该仰视。恶棍不是榜样，被人们瞧不起。各类组织创造英雄和恶棍，以指导日常行为。在下面的例子中，谁被塑造成了英雄？为什么？在生活中，鼓励人们遵从的价值和行为是什么？

◎高等院校用各种各样的方式制造英雄。这里，我们看到的是马里兰州华盛顿学院的校长在最近的毕业典礼上颁发索菲亚·凯尔奖（Sophie Kerr Prize）。这个奖项有五万美元的奖金，颁发给那些克莱尔·汤普金斯（Claire Tompkins）式的、写作优秀短篇小说能力强的英语专业学生。在这个例子里，英雄是什么？获得各种荣誉或赞美，就被定义为英雄吗？恶棍又是什么？高等院校又是如何制造恶棍的？

◎宗教组织也使用英雄去鼓励某种行为和信仰。罗马天主教教堂把圣母玛利亚和一万多名善男信女定义为“圣徒”。一个人因为什么原因才能获得这个荣誉呢？对于其他人来说，圣徒能起到什么作用？

◎许多运动都有自己的名人堂。传奇勇猛的棒球手贝比·鲁斯（Babe Ruth）享有非同一般的地位，去纽约市古柏城的棒球名人堂瞻仰其形象的纽约市儿童络绎不绝。使一个运动员成为传奇的品质是什么？仅仅是因为其能把棒球击打得有多么远那么简单吗？

提示

在一个没有英雄和恶棍的社会，没有人会关心人们如何思考或者如何行动。社会制造英雄作为榜样，激励我们去追随。社会通过强调某个人生活的一个方面而忽视其他的许多方面去塑造英雄。例如，贝比·鲁斯是一位伟大的棒球运动员，但是他的私生活有时候并不令人称道。或许正是这个原因，天主教教堂从不考虑把某个人列为圣徒的候选人，直到这个人去世，而且通常是去世很久以后才有可能。

从你的日常生活中发现社会学

1. 在运动队、兄弟会和联谊会，甚至在大学教室里的学生中，也制造英雄和恶棍吗？你能解释制造的过程和原因吗？

2. 依据本章所提供的素材，我们可能认为“越轨是人为制造的差异”。或者如涂尔干所主张的，越轨是社会生活的一部分，越轨是被建构的，社会需要越轨。私下里做一个包含十种消极特征的行为清单，这些消极行为是别人针对你的，或者是你自己针对别人的。对照你的清单，试图去决定这份清单对我们所生活于其中的社会意味着什么。换句话说，为什么这些差异对我们社会的成员制造了某种差异？

第 8 章

社会分层

通过本章，我们能够：

◎ 在全球社会中应用种姓、阶级和精英的概念；

◎ 将社会学的主要理论应用于社会不平等的主题；

◎ 分析一个社会的科技和社会分层之间的关联；

◎ 描述美国收入和财富的分布情况；

◎ 评估美国社会流动的程度；

◎ 讨论美国的贫困模式和不断扩大的经济不平等。

社会的力量：塑造贫困生活的可能

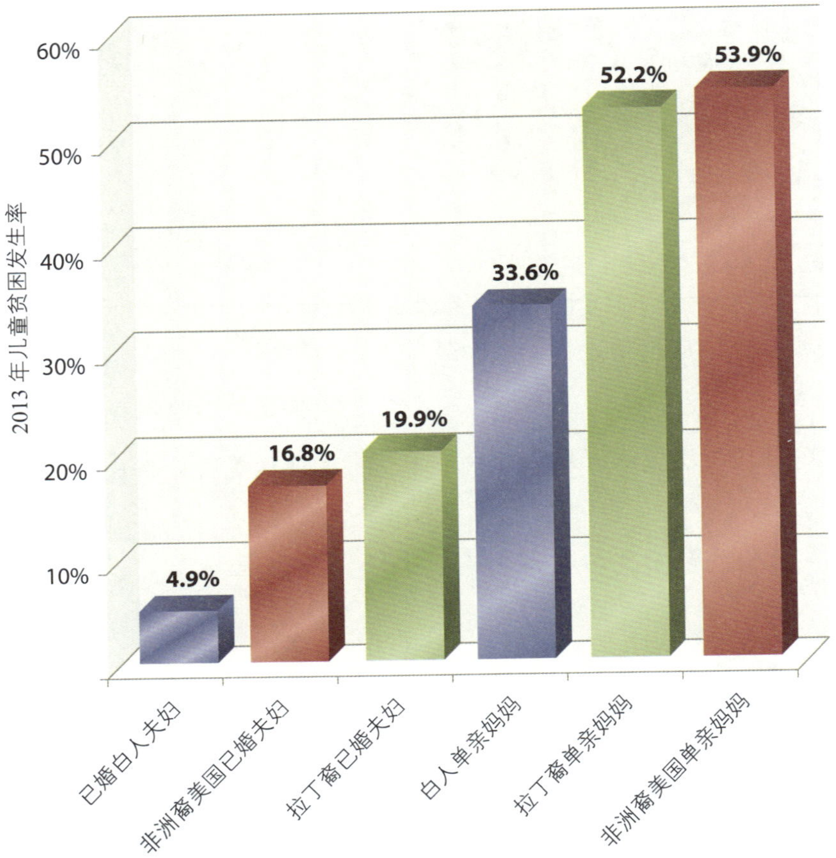

图 8-1 美国家庭类型

资料来源：U.S. Census Bureau（2014）.

一个社会成员生来就贫困的概率有多大？我们的社会地位反映了我们的人种、种族，甚至还有我们父母的婚姻状况。在美国，4.9% 的已婚夫妇生育的白人小孩（大约每 100 个小孩里就有五个小孩）是穷人。相比之下，非裔美籍小孩陷入贫困的概率是白人小孩的三倍以上，而拉丁裔美籍小孩陷入贫困的概率是白人小孩的四倍多。除了非洲裔和拉丁裔小孩，单亲母亲生养的小孩陷入贫困的概率甚至更高。

本章概要

本章介绍了社会分层的概念。这一概念是很重要的，因为我们的社会地位几乎影响着我们生活的一切。本章定义了社会分层的概念，通过历史和今天的多元社会来测量不平等的机制，并近距离展示了美国的不平等。读者将会看到美国社会的不平等程度要比大多数人想象的高。

1912 年 4 月 10 日，泰坦尼克号邮轮从英格兰南安普顿港出发，开始了穿越大西洋直至纽约的处女航。作为新工业化时代的象征，这艘巨轮搭载了 2300 名男人、女人和小孩。对于大多数乘客而言，一些乘客过得比我们今天能想象的还要奢侈得多。相比之下，贫穷的乘客拥挤在下甲板前往美国，他们希望能在那里过上更好的生活。

两天后，船员收到这一区域内有冰山的无线电警报，但并没有对此重视。然后，快到午夜的时候，当船迅速向西行驶时，瞭望台愕然发现正前方有一个巨大的物体正在从黑色的海面上升起。轮船猛力转舵，但片刻后，泰坦尼克号与一座像船体一样高的巨大冰山相撞，船体受到冲击，像一个巨大的锡罐被撕开。

海水灌入底层船舱，把船像弓一样拉开。在 25 分钟的冲撞里，警报响起，人们冲向救生艇。凌晨两点，船头完全被淹没，船尾高高地升出海面。几分钟后，船上所有的灯都熄灭了。数百名抱着甲板无助的乘客和船员在那些蜷缩在救生艇里的人的注视下，安静地度过了生命中的最后时刻，之后船体裂成两半，沉入寒冷的大西洋。

超过 1600 人的巨大伤亡使泰坦尼克号的沉没在世界各地成为头条新闻。用社会学的视角去回顾这一可怕的事件，我们可以看到某些乘客比其他人有更高的生还概率。和那个时代对性别的传统观念一致，妇女和儿童先登上救生船，因此 80% 的死者是男性。阶层也是能否得救的一个因素。超过 60% 的头等舱乘客被救起，因为在上层甲板上，警告首先响起，救生艇也准备到位。有 36% 的二等舱乘客生还，而只有 24% 的三等舱乘客逃脱厄运。在泰坦尼克号上，阶层不仅仅意味着食宿环境的优越，更是一个关乎生死的问题。

泰坦尼克号上的乘客的命运戏剧性地说明了社会不平等是如何影响人们的生活方式的，甚至有时能影响人们的生死。本章探讨了一个重要概念，那就是社会分层，并检视在美国的社会不平等。

什么是社会分层？种姓和阶级制度

每一个社会都有不平等的烙印，有一些人比其他人有更多的财富、更高的教育机会、更好的健康状况和更大的权力。**社会分层**（social stratification）被定义为一种制度，在这种制度下，社会将人们分为不同的阶层，这是基于以下四个重要原则。

首先，社会分层不仅仅是个体差异的反映，更是一个社会的特征。很多人都认为社会地位来源于个人天赋和成就，因此，我们往往会夸大我们所能控制自己命运的程度。难道在泰坦尼克号的头等舱乘客有更高生存概率是因为他们比二等舱和三等舱的乘客更擅长游泳吗？并非如此，这只是因为他们在船上的特权地位。同样地，出生在富裕家庭的孩子比出生在贫困家庭的孩子，更有可能享受健康，更可能取得较好的学业成绩，更可能赢得事业的成功，更可能有更长的寿命。穷人和富人都没有创造社会分层，而是这种制度在塑造着我们所有人的生活。

其次，社会分层通过代际传承。我们只要看看父母如何把社会地位传递给孩子就可以看到，分层是社会的一个特征，而不是个人的特性。一些人，尤其是在工业社会中的一些人，的确经历了社会流动（在社会阶层中地位的变化）。社会流动既可能向上，也可能向下。我们称颂的极少数人，如来自巴西的吉赛尔·邦辰（Gisele Bundchen）和来自美国的说唱歌手Jay-Z，这些人都没有读完高中，但他们还是设法成名致富。有些人在社会阶层中向下层流动，是因为商业失败、疾病、离婚或经济衰退和失业率上升。更常见的是，人们水平流动，他们从一个工作切换到一个处于同一社会水平的工作。大多数人的社会地位在一生中都是不变的。

再次，社会分层是普遍的，也是变动的。社会分层随处可见，但不同社会中不平等的概念和程度是有差异的。在一些国家，不平等主要是在声望上；在另外一些国家，财富和权力是不平等的根源。此外，一些国家的不平等程度要比其他的国家高。

© 在这张关于在无家可归者收容所进餐的人的图片中，个人贫困的经历被呈现得非常清晰。主流社会学观点认为，虽然我们对社会分层的影响各有体悟，但在很大程度上，我们的社会地位是社会（或世界社会）结构的机遇和奖励的结果。从生存的本质来讲，我们都是社会分层的产物。

最后，社会分层不仅涉及不平等，还涉及信仰。所有不平等系统不仅给予了一些人更多，而且定义了这些安排是公平的。例如对社会不平等的界定，对在不同社会中的人们不平等原因的解释。

在比较社会不平等时，社会学家会在封闭系统和开放系统之间进行区分。封闭系统较少允许社会地位的流动，开放系统则允许更高的社会流动性。封闭系统被称为种姓制度，开放系统被称为阶级制度。

种姓制度

种姓制度（caste system）是基于属地或出生的社会分层。种姓制度是闭合的，因为出生决定了一个人未来的全部，很少甚至没有基于个人努力的社会流动。人们在其出生的严格等级中生活，没有变好或变坏的可能。

一个例子：印度

世界上许多农业社会都是种姓制度的社会。尽管印度的经济发展迅速，但大量人口仍然住在传统的村庄里。在那里，种姓制度是日常生活的一部分。传统的印度制度包括四大种姓（caste或varnas，后者为梵文词，意思是“颜色”）：婆罗门、刹帝利、吠舍和首陀罗。在地方一级，这些种姓是由成百上千的亚等级阶层构成的。

从出生开始，种姓地位决定了一个人一生的方向。首先，除农业是向所有人开放以外，每个等级的家庭从事某种类型的工作，如牧师、战士、理发师、皮革工人、街道清洁工，等等。

其次，种姓制度要求嫁娶必须在同一等级中。如果人们与其他等级的成员有“混合”的婚姻，那么他们的孩子该属于什么等级呢？社会学家把同一等级内的婚姻模式称为同族婚姻（endogamous marriage，endo词根源于希腊词“within”）。依照传统——这种做法现在是罕见的，只存在于偏远农村地区——印度父母在他们的孩子们成年之前，会为孩子选择未来的结

◎在印度农村地区，传统的种姓制度至今仍然影响着人们的生活。这个女孩属于四个基本等级之下的“惹不起”的类别，她和她的家人都是给别人洗衣服的，负责清洗被血液或人的排泄物“弄脏”的衣物。这些工作被较高种姓地位的人定义为肮脏的工作。相比之下，在城市里，种姓已经让位于阶级制度，个人成就在社会阶层、收入和消费扮演更重要的作用，而这是社会地位的关键。

婚对象。

再次，种姓通过限制人们和“自己的同类”交往来指导人们的生活。规范通过教化来强化这种做法，例如，较高等级地位的人在与较低地位的人交往中会被“污染”。

最后，种姓制度依赖于强大的文化信仰。印度文化是建立在印度教传统上的，这种传统认为，承担所属等级的工作、接受安排的婚姻是道德义务。

种姓和农业生活

种姓制度是农业社会的典型特征，因为农业需要人们一辈子的辛勤工作。通过道德责任感的教化，种姓制度确保人们一生只从事一项工作，并愿意做与他们父母相同的工作。因此，种姓制度在被正式取缔之后，仍然在印度的农村地区存在了70多年之久。在工作和结婚伴侣方面，生活在印度的工业城市的人们比农村人有更多的选择。

长期被等级统治的另一个国家是南非，尽管种族隔离的种族制度不再合法，而且在逐渐衰退。参见下面的“全球性思考”专栏。

种姓和阶级制度

种姓制度 基于属地或出生的社会分层

阶级制度 基于出生与个人成就的社会分层

精英制度 基于个人特质的社会分层

阶级制度

因为一个现代经济体必须吸收比农业更多的职业，所以它必须在不同领域发挥人们的潜能。教育和专业化的过程推动了**阶级制度**（class system）——基于出生和个人成就的社会分层——的产生。

阶级制度比种姓制度更加开放，所以获得教育和技能的人们可能会实现社会流动。因此，阶级界限变得模糊了，甚至血缘亲属可能会有不同的社会地位。把人们按肤色、性别或社会背景进行归类在现代社会是错误的，因为所有人都有政治权利，在法律面前有平等的地位。而且，工作不再固化于出生，它允许存在一些个人选择。更强的个体性也表现为择偶的自由。

精英

精英（meritocracy）的概念涉及基于个人特质的社会分层。因为工业社会需要发展农业之外的广泛能力，分层不只是基于出生的随机性，还基于成就（merit，这个词来自拉丁语，意思是“获得”）。它包括一个人的知识、能力和努力。对成就的衡量对个人的职业和职业成就来说是重要的。通过扩大精英阶层，工业社会扩大了机会公平，使人们期望基于个人绩效的不公平的奖励。

一个纯粹的精英从不存在，但在这种制度下，社会地位将完全取决于一个人表现出的能

全球性思考

种族即种姓：来自南非的报告

杰罗姆：噢，我了解过南非的种族歧视，很高兴这种歧视已成为历史。

瑞吉：但种族不平等远没有结束。

南非位于非洲大陆的最南端，其国土面积与美国的阿拉斯加州相当，却有5400万人口。非洲原住民被白种人统治了300年。最早是荷兰的商人和农场主，他们在17世纪中叶占领了这里，然后是英国人，19世纪上半叶在这一片区域建立了殖民统治。到20世纪早期，英国人接管了整个国家，宣布成立南非联邦。

1961年，南非宣布脱离英国，成立南非共和国，但大多数黑种人的自由几十年来仍得不到保障。为了确保对黑种人的政治控制，白种人建立了隔离制度，又称种族区隔制度。隔离制度在1948年被写入法律中，否认黑人的公民身份和权利、土地所有权和所有政治诉求。作为低下的种姓，黑种人文化程度低，工作卑贱，收入微薄。中上层白种人至少拥有一名黑种人管家。

作为少数的白种人宣称，隔离制度能够保护他们的文化传统，免受他们认为是低等的人的影响。当黑种人反抗隔离制度时，白种人使用残忍的军事镇压来维护他们的权力。尽管如此，温和的抵抗——尤其是来自寻求政治诉求和经济机会的年轻黑人——逐渐迫使国家改变这一制度。来自其他工业化国家的批评加剧了这种压力。在20世纪80年代中期，随着南非政府对混血和亚洲血统的人赋予有限的政治权利，这一潮流开始转向。接下来，所有人都获得了组建工会的权利，以往这仅限于白种人的工作和财产权。官员也废除了隔离法案中公共场所的隔离制度。

随着反抗隔离制度的领导人尼尔逊·曼德拉被释放，改革进程在1990年加快。1994年，第一次面向所有种族的全国选举造就了曼德拉总统，正是他结束了几个世纪的白种人统治。

尽管发生了这一巨大的政治变革，南非的社会分层仍然基于种族。即使拥有财产权，25%的南非黑人和50%的青年黑人没有工作，45%的人口生活在国家的贫困线以下。最糟糕的是，大约700万乌库勒勒勒卡人生活在贫困线以下，这些人在科萨语中是指边缘人。海边的索韦托可能听起来像一个夏天的度假地，但它是一个位于约翰内斯堡市的棚户区，这里挤满了包装箱、波纹金属、纸板和其他废弃材料，是成千上万人的家。

近年来，南非越来越呈现出繁荣迹象，已经建成了一些购物中心，大多数街道被铺设。但是，仍有三分之二的家庭每年的生活开支低于6500美元，最贫穷的10%的家庭没有通电，也没有室内污水系统。在一些街区，女性排队轮流用一个水龙头，一个水龙头可供多达1000人。就业难以实现，所有成年人的失业率约为25%，其中年轻人的失业率为33%。

南非前总统雅各布·祖马（Jacob Zuma）在任期间，领导着这个仍然受到种族歧视历史盘剥的国家。旅游业的兴起有望迎来经济的繁荣，但经济仍然由白种人主导。南非只有向所有人民提供真正的机会，才能摆脱过去。

你怎么想

1. 种族如何在南非成为一种种姓形式？
2. 虽然种族隔离不再是法律的一部分，但为什么种族不平等仍然影响着南非？
3. 在美国，种族是否是种姓的一部分？请回答并解释你的答案。

资料来源：Mabry and Masland（1999），Murphy（2002），McGroarty and Maylie（2012），Statistics South Africa（2014），and World Bank（2015）.

力和努力取得的成就。这样的制度会有持续的社会流动，根据他们的最新表现，使作为个人的社会范畴不断地向上或向下流动。

种姓社会用不同的方式定义美德，强调对制度的忠诚。这种忠诚，即尽职尽责地遵守一个人出生时的社会地位。因为在一个人能知的才能或兴趣被了解之前就分配好了工作，种姓制度浪费了人的潜力。另一方面，由于种姓制度明确赋予每个人在社会中的“位置”和职业类型，所以非常稳定，而且有序。对秩序一定程度的需要使得即使是工业和后工业化社会仍然保留一些种姓元素，如财富的代际传承，而不是成为完全的精英国家。完全的精英制度会让个人的社会地位持续变动。这种极端的社会流动性将会瓦解家庭和其他社会群体。毕竟，经济表现不是全部：我们会完全按照我们的朋友或家庭成员在家庭外工作的成功程度来评价他们吗？可能并不会。工业社会中的阶级制度在朝着精英主义迈进，以提高生产力和效率，但同时保留种姓（例如家庭），可以维持秩序和社会团结。

地位一致性

地位一致性（status consistency）是一个人在社会不平等的各个社会空间的社会地位的一致性程度。种姓制度很少有社会流动性，因此具有很高的地位一致性。这意味着，在同一社会类别中，一类人在财富、权力和威望上与该种姓集团中的其他所有人一样，具有相同的相对地位。然而，阶级的流动性使得人在社会阶层上移动，因此，导致地位一致性相对较低。例如，在美国，大多数具有高等学历的大学教授享有很高的社会声望，但只能获得中等的收入。较低的地位一致性意味着很难去界定一个人的社会位置。因此，不同阶级之间的界限要比不同种姓之间的界限更难以确定。

种姓和阶级：英国

阶级制度中的种姓制度和精英统治结合较好的国家是英国（大不列颠，包括英格兰、威尔士、苏格兰和北爱尔兰）——一个具有悠久农业历史的工业国家。

贵族时期的英格兰

在中世纪，英格兰建立起了类似于种姓制度的贵族制度。贵族包括教会的领导成员，他们被认为传递上帝的旨意。一些神职人员是当地的牧师，他们不是贵族的成员，过着朴素的生活。但最高级别的教会人员居住在宫殿里，并拥有广袤的庄园，这是他们财富的主要来源。法国和其他欧洲国家的教会领导人是典型的上层人士，同样拥有可以改变当时政局的强大权力。

在法国和其他欧洲国家中，第二等级的贵族是世袭贵族，他们只占人口的 5%。皇室中，位于权力结构顶部的国王和王后以及其他贵族（包括几百个以被授以公爵、伯爵和男爵为主的家族），共同拥有国家的大部分土地。

贵族中的大多数人因为土地而富有，有许多仆人服侍他们，有很多普通农民为他们劳作。因为所有的工作都由他人承担，贵族成员没有职业，并认为所有获取收入的工作都是低级的。他们将时间用于练习骑马和作战技能，并在艺术、音乐和文学中培养高雅的品位。

为了防止他们的大量土地的所有权在他们去世时被继承人分割，贵族制定了长子继承法，它要求所有财产由最年长的儿子或其他男性亲属继承。因此，年轻的儿子不得不去找其他的生活来源。这些人中有些人会成为教会的领袖，他们将像以前一样生活，并通过让同一家庭的成员同时经营两者，来帮助教会和国家联系在一起。贵族中的其他年幼儿子或成为军官或法官，或接受其他被认为是尊贵的职业。在一个不允许女性继承父亲的财产，且妇女很少有机会自谋生计的时代，贵族的女儿完全要依靠于婚姻。

随着工业革命的发展，英国的经济日益繁荣，一些居住在城市的普通人拥有足够的钱来挑战贵族的权威。对精英的越发重视、经济的重要性日益增强，以及教育和法律权利的扩大，最终模糊了贵族和普通人之间的差异，并产生了阶级制度。

也许这是一个时代的标志，现在需要钱的贵族开始出售传统的爵位。例如，1996 年，戴安娜王妃的兄弟斯宾塞伯爵用 30 万英镑的价格出售了他的一个爵位——温布尔登勋爵，以重新装修他的一所大房子的水暖。

今日英国

英国拥有阶级制度，但来自英国贵族过去的种姓元素仍然在社会地位方面发挥作用。少数英国家庭继续拥有相当大的继承财富，享有高度的声望，在优秀的大学接受教育，是有重大的政治影响力的社会网络的成员。传统的君主——伊丽莎白女王二世是英国的国家元首，议会上议院由“贵族同行”组成，其中约一半有高贵的出身。然而，政府的控制已经延伸到下议院，首相和其他领导人通过成就赢得选举而不是基于他们的出身。

另一个更开放制度的标志是，2011 年，女王的孙子威廉王子和凯瑟琳·米德尔顿（Catherine Middleton）结婚了。而凯瑟琳又是一个平民（尽管是来自一个相对优越的家庭），因此可以说是她“上升”到新的位置。

在贵族阶层以下，有大约 25% 的英国人属于中产阶级。有些人从职业和企业获得丰厚的收入，更可能通过股票和债券的形式进行投资。在中产阶级以下，也许有 50% 的英国人认为自己是“工薪阶级”，通过服务工作或体力劳动获得适度的收入。剩下的 25% 的英国人组成了下层阶级，这些穷人缺乏稳定的工作或全职工作，且获得的收入不足以维持基本的生活。底层的英国人居住在这个国家的北部和西部地区，这些地区的矿山和工厂被关闭的现象随处可见。

英国种姓因素和精英统治的结合产生了一个高度分层的社会，向上或向下流动的机会都存在，这与美国的情况一致。从历史上看，英国社会的种姓因素较之美国的情况更加明显，口音便能够反映这一事实。在任何社会，尽管几代人相互融合，独特的言语模式仍然能发展。美国人把口音作为推测一个人居住或长大的地方的线索（我们可以很容易地识别一个中西部的“twang”或南部的“drawl”）。然而，在英国，口音更是社会阶层的标志（高级人说“国王的英语”，但大多数人说话“像普通人”），所以英国人的两种口音存在差异，正如俗话说的那样，“一个人被一种共同的语言分开”。

意识形态：社会分层背后的动力

社会如何在资源的不公平分配中实现继替？高度层级化的英国贵族持续了几百年。两千年以来，印度人接受了出身决定特权还是贫困的观念。

社会等级制度的一个主要原因就是意识形态，它是确保社会配置和不平等模式合法化的文化信念。信念（例如，富人是聪明的，穷人是懒惰的）就是这样一种意识形态，它通过将不平等定义为公正来实现自我合法化。

柏拉图和马克思的意识形态

按照古希腊哲学家柏拉图（前 427—前 347）的观点，每一种文化都会认定某一类型的不平等为公正的。尽管卡尔·马克思认同这一点，但他比柏拉图更具有批判的眼光。马克思批判资本主义社会用“市场法则”来为财产和权力集中在小部分人手中进行辩护。他进一步指出，资本主义的法律定义了个人的财产权，这就把财产限制在一个家庭中，并允许实现代际传递。总之，在马克思看来，文化和制度都青睐社会的精英，这是既有社会分层体系长久持续的原因。

意识形态的历史模式

意识形态随着社会经济和技术的变迁而变

◎ 2011 年，威廉王子——英国王位的第二顺位继承人，和平民凯瑟琳·米德尔顿结婚了，随后凯瑟琳被授予“剑桥公爵夫人”。他们现在把她的家庭视为皇室的一部分，追溯皇室一千多年的历史——一个在英国阶级制度中仍然存在的种姓因素。

化。因为农业社会依赖于人们终其一生的农业劳动，所以发展出社会地位必须履行道德责任的等级制度。随着工业资本主义的出现，精英统治的意识形态逐步兴起，这种意识形态把财富和权力作为个人良好表现的奖励。这意味着穷人——在封建社会通常是慈善活动的救济对象——被鄙视为因个人原因而导致贫困且不值得同情。这种苛刻的观点与赫伯特·斯宾塞（Herbert Spencer）的观点类似，参见“多样化思考”专栏。

历史表明，改变社会分层是相当困难的。然而，对现状的挑战时常出现。例如，认为“女性应该待在家里”的传统观点，已经让位于当下女性的经济机会。南非持续的种族平等进程也表明种族隔离的意识形态遭到了普遍的反对。

全球快照

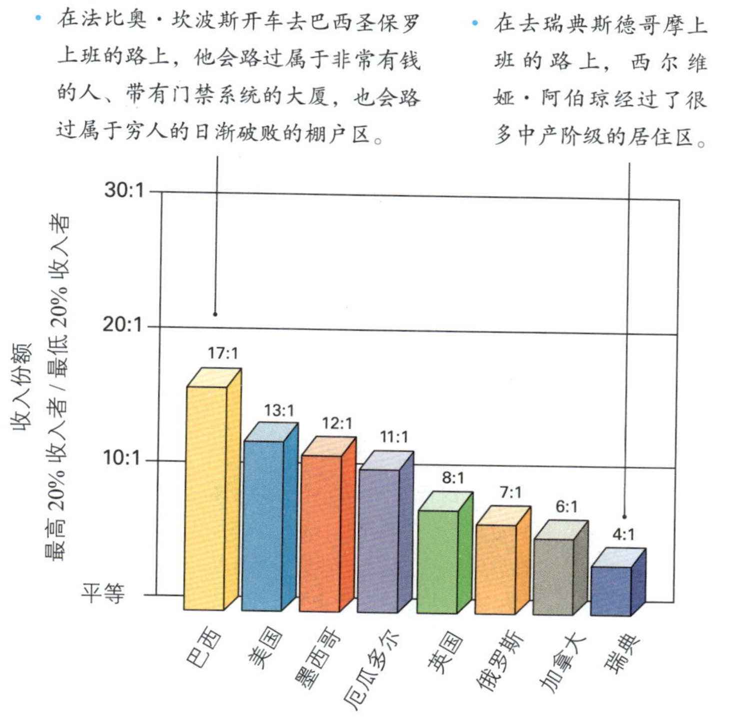

图 8–2 部分国家的经济不平等（2014 年）

© 许多中低收入国家的经济不平等程度要高于美国，但美国的经济不平等程度比很多高收入国家要高。

资料来源：U.S. Census Bureau（2014）and World Bank（2015）.

社会不平等理论

为什么社会分层一直存在？社会学理论为社会不平等的原因和后果提供了不同的见解。我们在这里阐释三种理论视角：结构–功能理论、社会冲突理论和符号互动理论。我们从结构功能理论开始谈起，这一视角由金斯利·戴维斯（Kingsley Davis）和威尔伯特·摩尔（Wilbert Moore）在很多年前提出，认为社会分层起着至关重要的作用。

结构–功能理论：戴维斯–摩尔论题

戴维斯–摩尔论题（The Davis-Moore thesis）认为，社会分层能够对社会运行产生积极的后果。然而，试问戴维斯和摩尔能否解释这样一个事实——为什么有些形式的社会分层在任何社会中都会出现？

戴维斯和摩尔指出，现代社会有很多职位，不同的职位的重要性不同。某些工作（比如洗车或者接听电话）是相对容易的而且可以由任何人胜任；而另外一些工作，比如设计新一代计算机或者进行人类器官移植，是非常困难的，需要那些少数有天赋的人经过广泛而昂贵的训练才能胜任。

因此，戴维斯和摩尔解释道，职位的功能越是重要，社会就应该给予这个职位以更高的回报。这种策略有利于提高生产力和生产效率，因为收入、声望、权力和闲暇能够鼓励人们从事重要的工作，并且能更好地、持续时间更久、更加努力地做好这些工作。总之，作为社会分层的基础所在，不均等的回报同样有利于促进社会整合。

多样化思考：种族、阶层和性别

阶级的含义：成为富人是"适者生存"吗

杰克：我爸聪明得让人难以置信！

弗兰克：你的意思是说你爸很富有，拥有我难以想象的大生意。

杰克：难道你认为人不需要聪明就能变得富有吗？

这是一个让所有人困惑的问题。人们的社会地位在多大程度上受制于其智力？多大程度上取决于他们的努力？还是出生在恰当的家庭？抑或纯粹是运气？

人们倾向于将社会地位和包括智力在内的个人能力联系起来，美国比大多数社会更认同这一观念。大家都知道马克·扎克伯格一手缔造了Facebook，他曾经上过《时代》(*Time*)杂志的封面，他有累计达到300亿美元的个人财产。这很容易让人认为这位从哈佛大学辍学的人是一个很聪明的人。

但是社会地位和智力相关的观念由来已久。我们都听过"适者生存"，它把我们的社会描述成一个竞技场，优秀者获得胜利，劣者被淘汰。这个词是由一位社会学的先驱赫伯特·斯宾塞提出的，他对社会不平等的观点在今天依然广为流传。

生活在英格兰的斯宾塞，紧紧跟随自然科学家查尔斯·达尔文（1809—1882）的研究。达尔文的生物进化论认为，一个物种在经历了很多代之后会发生身体上的变化，从而更好地适应自然环境。斯宾塞错误地把达尔文的理论应用在社会运行上，但其实社会并不会按照生物规律运行。在斯宾塞扭曲的观点下，社会变成了竞技场，适者获得财富，劣者变得穷困潦倒。

无须惊讶，尽管斯宾塞的观点是错误的，但仍然在当时处于发展期的美国工业家中流行起来。靠石油发家的约翰·D.洛克菲勒（1839—1937）在周末学校中为孩子朗诵斯宾塞的"社会福音"。在洛克菲勒看来，大型企业的成长，以及企业主获得的惊人财富，仅仅是适者生存这一自然基本法则的结果。斯宾塞和洛克菲勒都很少对穷人抱有同情，他们将贫穷看作不适应社会竞争的表现。斯宾塞反对社会福利计划，认为税收是对"适者"的惩罚，而社会福利是对"劣者"的鼓励。错误运用达尔文的理论，富人无视其他人的存在，把存在的不平等当作不可避免的，在某种程度上是自然的法则。

现在的社会学家指出，我们的社会并非斯宾塞所谓的精英统治。公司或个人积聚大量财富并不必然对社会有益。近年来那些花费成百上千万美元购买刺激贷款金融产品的人最终伤害了所有人。然而，斯宾塞关于适者应该处在社会顶层的观点，仍然在这个充斥着非常不平等和个人主义文化的社会中广为流传。

你怎么想

1. 你认为我们社会中的不平等在多大程度上可以用"适者生存"来解释？为什么？
2. 你为什么认为斯宾塞的观点在今天的美国依然很流行？
3. 你是否认为你得到多少就代表你对社会有多大贡献？为什么？

戴维斯和摩尔认为，只要让人们自由地从事他们想从事的工作，所有社会就都是平等的。平等同时意味着，对同一份工作而言，表现好和表现差就应该能获得同样的回报。这样一种制度显然会削弱人们努力工作的动机，降低社会的生产效率。

戴维斯-摩尔论题提出了社会分层的原因，但并没有详细地陈述社会应该给予不同职位什么样的报酬或不平等的回报程度。它仅仅指出了一个社会中重要的职位应该给予足够的回报，从而让有天赋的人从不重要的工作中摆脱出来。

评价

尽管戴维斯-摩尔论题对理解社会分层有着重要的贡献，但它也引发了大量的质疑。莫尔文·图明（Melvin Tumin）首先提出了质疑：我们如何评估一个职业的重要性？或许社会给予医生的高回报，部分是由于医学院校有意识地限制医师的培养，从而导致社会对医师的需求上升。

此外，社会回报实际上反映了一个人对社会的贡献吗？2014年，全球最高薪运动员——拳击手弗洛伊德·梅威瑟（Floyd Mayweather）的年收入约为1.05亿美元，其两天的收入比奥巴马总统全年的工资还要多。会有人说拳击比领导一个国家更重要吗？那在伊拉克或阿富汗服役的美国士兵呢？面对战斗的风险，美国陆军新晋下士一等兵在2015年的基础薪资加上住房和粮食福利只有22 000美元。我们也可能想知道2008年华尔街大金融公司倒闭的原因。似乎有理由认为这些公司高层做出了一些不利甚至有害的决定，但他们的薪水依然是天文数字。即使美林公司在最糟糕的一年结束时损失了270亿美元，也不得不为700多名员工发放了超过100万美元的奖金。高盛集团首席执行官劳埃德·布兰克费恩（Lloyd Blankfein）为自己支付了价值1260万美元的股票分红（这笔收入相当于一个下士575年的工资）。尽管他的公司在2010年的盈利下降，但是这一年金融业的薪酬和福利创下了历史新高。政府监管力度的加强和盈利不佳导致大多数华尔街公司在2011—2014年期间削减人员工资和奖金。即便如此，正如一位分析师所说，“虽然支出可能令人失望，但仍远远高于大多数人会看到的”。企业高管对社会的贡献是否值得获得如此巨额的薪资？

其次，图明指出，戴维斯和摩尔忽略了社会分层的种姓要素如何阻止个人才能的发展。富有的孩子有机会提升自己的能力，而这是许多有天赋的穷孩子从未拥有过的。

再次，生活在一个非常重视金钱的社会中，我们倾向于高估高薪工作的重要性，从事股票经纪人或贸易国际货币工作的人真的有助于为人们带来更多的福祉吗？出于同样的原因，我们很难看到任何不赚钱的工作的价值，例如育儿、创意写作、交响乐演奏，或只是作为有需要帮助的人的好朋友。

最后，通过提出社会分层有利于所有社会，戴维斯-摩尔论题忽视了社会不平等如何危害社会，甚至促进冲突。一定程度的不平等可能会鼓励人们更努力地工作，或者接受更高的教育，以便找到薪水更高的工作。但是，过度的不平等，特别是有限的向上流动性，可能会扼杀人们的上进心，让人们接受永远无法领先甚至无法获得经济保障的观念。如此一来，人们将社会视为根本不公正，这种信念可能会导致他们寻求更激进的变革。这种批评引出社会冲突路径，社会冲突路径为社会不平等提供了一个截然不同的解释。

©奥普拉·温弗瑞（Oprah Winfrey）的年收入超过1亿美元，这使得她的身价超过了30亿美元。在戴维斯-摩尔论题的指导下，思考为什么社会对某些人回报的名声和财富比其他人更多呢？卡尔·马克思会如何回答这个问题？

社会冲突理论：卡尔·马克思和马克斯·韦伯

社会冲突理论认为，社会分层化并不是使整个社会受益，而是对一部分人有利，对其他人不利。这一论点大量吸收了卡尔·马克思的观点，同时还有来自马克斯·韦伯的贡献。

马克思主义：阶级冲突

正如马克思所看到的那样，工业革命承诺了一个满足需求的人类社会。然而，在马克思的一生中，资本主义经济对改善大多数人的生活的作用很小。马克思开始致力于解释一个明显的矛盾：在一个如此富裕的社会中，怎么会有这么多的穷人？

在马克思看来，社会分层植根于人们与生产资料的关系。人们要么拥有生产性财产（如工厂和企业），要么将劳动力出售给他人。在封建时期的欧洲，贵族和教会拥有生产性土地，农民以务农为生。在工业资本主义时期，贵族被拥有和经营工厂及其他生意、以追求利润为目的的**资本家**［capitalist，有时称为资产阶级

◎回到20世纪30年代的大萧条时期，那些陷入困境的穷人的"帐篷城"，在美国的大部分地区都可以找到。大萧条已经结束，但贫穷仍然存在。最近的经济衰退引发了帐篷城的复苏，包括这张图片所示的位于加利福尼亚州萨克拉曼多市外的帐篷城。结构－功能理论如何解释这种贫困？社会冲突理论又是如何解释的呢？

(bourgeoisie，这是一个法语单词，意思是"城镇居民")]所取代。农民成为通过出卖劳动获取工资的**无产阶级**(proletarian)。资本家和无产阶级有着对立的利益诉求，他们被大批财富和权力分隔开来，使得阶级冲突不可避免。

马克思生活在19世纪，那个历史时期的美国，少数工业家正在积累巨大的财富。领导美国进入工业时代的商业巨头包括钢铁业的安德鲁·卡内基(Andrew Carnegie)、摩根大通(金融业和钢铁业)，以及约翰·雅各布·埃斯特[(John Jacob Astor)，从事房地产业，埃斯特是泰坦尼克号最富有的乘客之一，也是乘客在船沉没时遇难的少数富人之一)]。他们都住在由数十名仆人组成的梦幻版的豪宅里。即使按照今天的标准，他们的收入也是惊人的。例如，卡内基在1900年的收入是2000多万美元(相当于今天的超过5.7亿美元)，一个普通工人每年的工资大约仅为500美元。

资本家 拥有和经营工厂及其他生意、以追求利润为目的的人

无产阶级 通过出卖劳动力以获取工资的人

马克思认为，多数工人会一直致力于推翻资本家。马克思认为，资本主义会导致自身的衰落，因为它使工人越来越贫穷，并且几乎无法控制他们生产的产品或生产方式。在资本主义社会下，工作产生异化，孤立和困苦的经验让他们很无力。

为了取代资本主义，马克思想象出一个满足所有人需要的、而不仅仅是精英人士需要的社会主义制度："无产阶级人士没有什么可失去的，除了他们的住房。他们有一个世界要去占领。"

评价

马克思对社会学思想产生了巨大的影响。但他呼吁推翻资本主义社会的革命思想也使他的著作带来很大的争议。

对马克思主义最强烈的批评之一是它忽略了戴维斯－摩尔论题的核心思想：一个不平等的分配制度有助于安排人们从事不同的工作，激励人们努力工作。马克思把回报从工作表现中分离出来；他的平等主义理想是基于"根据每个人的能力，按照自己的需要"的原则。然而，马克思主义的辩护者对这种批评的回应是：为什么我们假设人类本质上是自私的而不是社会性的？个人回报不是激励人们履行社会角色的唯一途径。

第二个问题是，马克思所断言的革命变革并没有发生，至少在发达的资本主义社会还没实现。接下来将讨论为什么没有发生。

为什么马克思主义革命没有发生

尽管马克思曾断言资本主义终将灭亡，但为什么产业工人没有推翻资本主义？拉尔夫·达伦多夫(Ralf Dahrendorf)在1959年提出了四个理由。

1. **资产阶级的碎片化**。现在，数千万的股东拥有绝大多数的大公司。公司的日常运营掌握在为数众多的经理人手中，他们可能是，也可能不是大股东。随着股权的普遍化，大约有一半的美国家庭至少拥有股票。越来越多的人与资本主义制度有着直接的利益。

2. **高质量的生活水平**。正如第12章所

蓝领工作 职业声望低，通常是体力劳动

白领工作 职业声望高，通常是脑力劳动

表明的那样，一个世纪前，大多数美国工人都在工厂或农场从事**蓝领工作**（blue-collar occupation）。这一类工作声望低，通常是体力劳动。现在大多数工人都从事**白领工作**（white-collar occupation），这类职业声望高，通常是脑力劳动。这些工作集中在销售、客户服务、管理和其他服务领域。今天大部分的白领都不认为自己是"工业社会的无产阶级"。同样重要的是，尽管存在通货膨胀，但 20 世纪美国人的平均收入增长了近十倍。在此期间，每周工作的小时数实际上也减少了。因此，尽管最近经济紧缩，但今天典型的工人比一个世纪前的典型工人要好得多，这是结构性社会流动性的一个例子。生活水平提高的结果是，更多的人乐于接受现状。

3. **日益增多的工人组织**。今天的工人有权组织工会和其他组织，这些组织对管理层提出要求，通过减缓工作进度和罢工来确保自己的诉求得以满足。因此，在不危及资本主义制度的情况下，劳资纠纷是能得到解决的。

4. **强有力的法律保障**。在过去的一个世纪，新的法律使工作环境更加安全，现在失业保险、残疾保障和社会福利为工人提供了更大的经济保障。

一个相反的观点

发展表明，在美国社会，许多资本主义矛盾得到了缓和。然而很多观察家仍然认为，马克思对资本主义的分析仍然是合理的。第一，社会财富仍然高度集中，美国 37% 的私有财产被 1% 的人口所拥有。第二，与一个世纪前的工厂工作相比，今天许多的白领职位并没有为人们提供足够的收入、安全保障和满意度。第三，如今尽管不是全部，但有许多工人受到高失业率、公司裁员、工作机会流向海外、工作受益被削减以平衡预算等问题的困扰。第四，现在工人所享受的收入和收益正是马克思所描述的阶级冲突的结果。近几年，美国威斯康星州、

◎ 农业社会中的社会不平等程度要比工业社会中的社会不平等程度更高。一个统治者至高无上权力的表现就是这一纪念性的建筑，它是普遍人民多年无偿劳动的成果。虽然印度的泰姬陵是世界上最美丽的建筑之一，但它是作为一个人的陵寝而被建造的。

俄亥俄州和其他州的工会和政府之间的持续冲突表明，工人们仍然在为其应得的权益而斗争。第五，虽然工人得到了一些法律保护，但普通人仍然要面对一些法律无法克服的不利因素。因此，社会冲突理论家们认为，即使美国没有发生社会主义革命，但马克思对资本主义的论述仍然是合理的。

马克斯·韦伯：阶级、地位和权力

马克斯·韦伯同意卡尔·马克思的社会分层会引发社会冲突的观点，但他指出，马克思的两阶级分析模型过于简单。他声称社会分层涉及三个不同维度的不平等。

第一个维度是经济上的不平等。在马克思看来，这是至关重要的概念，韦伯称之为阶级立场。韦伯并没有将阶级界定为明确的类别，而是将其视为一个从高到低的连续体。韦伯的第二个维度是地位或社会声望，第三个维度是权力。

韦伯的社会经济地位分层体系

马克思将社会声望和权力视为对经济地位的简单反映，并没有将它们视为不平等的独立维度。但韦伯指出，现代社会的地位一致性往往比较低：一名地方官员也许拥有很大的权力，但他却有可能只获得较少的财富或社会声望。

于是，韦伯将工业社会的社会分层描述为一个多维度的等级体系，而不是明确界定的阶级等级。受韦伯观点的影响，社会学家们使用**社会经济地位**（socioeconomic status，SES）来指代基于多个社会不平等维度的综合排名。

历史上的不平等

韦伯认为，他有关社会不平等的每一个维度在人类社会历史的不同时期都表现得非常突出。地位或社会声望是农业社会差异的主要维度，以荣誉的形式存在。这些社会的成员通过遵守适用于其特定等级的文化规范来获得声望。

工业化和资本主义的发展终结了建立在出身基础上的等级制度，但造成了严重的财富不平等。因此，在工业社会中，人与人之间的关键差别在于经济维度上的阶级差异。随着时间的推移，工业社会见证了科层制国家的兴起。强大的政府和各类其他组织的广泛分布，使权力在分层体系中更加重要。

这种历史分析指出了韦伯与马克思的根本差别。马克思认为社会可以通过废除生产性财产的私有制来消除社会分层。韦伯则对推翻资本主义会大大缩小社会分层程度的观点表示质疑。韦伯认为，废除财产私有制可能会减少经济差异，但由于政府的扩大和权力集中在少数政治精英的手上，而使社会的不平等程度上升。

评价

韦伯对社会分层的多维视角对社会学家产生了深远的影响，并使得社会经济地位等级的观念流行起来。评论者（特别是那些支持马克思主义观点的人士）则认为，虽然社会阶层界限可能变得模糊，但工业和后工业社会仍然显示出明显的社会不平等模式。

正如我们在2012年美国总统竞选期间所听到的那样，美国最近经济不平等程度有所提高。虽然有些人支持韦伯的多维度分层体系，但另一些人认为，鉴于这种经济不平等现象的趋势，马克思对富人和穷人对立的看法更接近事实。

符号互动理论：日常生活中的分层

因为社会分层与整个社会的组织方式有关，所以社会学家（包括马克思和韦伯）通常将其视为一个宏观层面的问题。但是，社会分层的微观层面的分析也很重要，因为人们的社会地位影响着他们的日常互动。表8-1概括了三种

表8-1　应用理论：社会分层

	结构-功能理论	社会冲突理论	符号互动理论
分析层次是什么	宏观层次	宏观层次	微观层次
社会分层概念界定	社会分层是对整个社会有利的一种不平等回报体系	社会分层是让一部分人受益，一部分人受损的资源分配体系	社会分层是引导人们日常生活中互动的因素
社会地位决定因素	在竞争性经济中，社会地位反映个人的天赋和能力	社会地位反映社会的资源分配方式	我们所消费的用品都或多或少地反映了我们的社会地位
社会回报是否公平	公平。不平等的回报通过激励人们努力工作和创新观念，从而促进经济生产。重要的工作往往应得到更多的回报的观点被广泛接受	不公平。不平等的回报仅仅将社会区分为有产者和无产者。社会不平等遭到普遍的反对	也许是公平的。人们可能认为不平等是公平的，也可能认为是不公平的。人们有可能将社会地位视为自我价值的体现，把不平等当作个人差异的反映

社会理论方法对社会分层研究的贡献。

在大多数社区，人们主要与其具有相同社会地位的人交往。这种交往模式源于社会分层的事实，人们往往倾向于与那些和自己一样的人一起生活。在较大的公共场所，如大型购物中心，我们经常看到由外表和购物习惯相似的个人组成的夫妻或群体。与此同时，社会地位差异很大的人通常保持着一定的距离。例如，穿着考究的人可能会绕过人行道，甚至穿过街道去昂贵的餐厅，以避免与他们认为是无家可归者的人接触。

最后，大概每个人都意识到，我们的穿着、我们驾驶的汽车（或我们坐的公共汽车），甚至我们在校园小吃店订购的食物和饮料，都在某种程度上反映我们的身份和品味。社会学家用**炫耀性消费**（conspicuous consumption）来指代购买或使用某些商品以彰显自身的社会地位的现象。不使用饮水机而选择瓶装水，也表明你有额外的金钱去花费。其实没有人需要驾驶着一辆价值十万美元的汽车到处游荡，但是能够驾驶这样的汽车本身已经表明一个人自身所达到的成就。

评价

社会分层的微观视角有助于我们发现日常生活中的社会不平等模式。与此同时，这种视角的局限性在于，没有论及社会不平等模式广泛存在的方式和原因，而这恰恰是结构-功能视角和社会冲突视角的重点。

社会分层与技术：全球视野

将本章的各种观察综合在一起，可以发现特定社会的技术与该社会的社会分层模式之间的关系。这一分析借鉴了吉哈德·伦斯基在第 2 章中讨论的社会文化进化模式。

狩猎和采集社会

由于技术简单，猎人和采集者只能获得日常生活必需品。有些人获得的可能比别人多，但是群体的生存取决于所有人的共享。因此，人没有类别之分，也不存在孰优孰劣。

园艺、畜牧和农耕社会

随着技术进步产生了剩余的生产资料，社会不平等就上升了。在园艺和畜牧社会中，小部分精英控制了大部分的社会剩余。大规模农业使得农作物产量更高，同样加速形成了不平等——空前地把贵族置于凌驾于大众之上的神圣地位。

工业社会

工业化让不平等有所减缓。出于对发展个人潜能的需要，精英群体掌权，并削弱了传统贵族力量。工业生产力也提高了历史上贫困人口的生活水平。专业化的工作要求全民接受教育，大幅度减少了文盲的数量。受过教育的民众在政治决策中寻找发言权，要求减少社会不平等，减少男性对妇女的控制。

随着时间的推移，即使财富集中化程度有所降低（这与马克思的预测相矛盾），到了 20 世纪 20 年代，最富有的 1% 的美国家庭拥有全社会 40% 左右的财富，这个数字在 20 世纪 80 年代下降到 30%。这主要是由于税率的原因——收入越高的人赋税越高——用以承担新政府造福穷人的项目。这种趋势有助于解释为什么马克思主义革命会发生在非常不平等的农业社会，如俄罗斯（1917 年）、古巴（1959 年）和尼加拉瓜（1979 年）。这些地方的不平等程度比马克思预测的工业社会还要高。然而，1990 年以后，财富的不平等再次升高，一度达到了与 20 世纪 20 年代大致相同的水平 。为了遏制这种趋势，2013 年，奥巴马政府赢得了国会的支持，以适度增加高收入个人的联邦所得税税率。

库兹涅茨曲线

在人类历史上，技术进步先加剧了社会分层，然后又缓和了社会分层。更大的不平等对于农业社会来说是具有功能性的，但工业社会则受益于一个较为缓和的不平等体系。诺贝尔经济学家西蒙·库兹涅茨（Simon Kuznets）发现的这一历史趋势，并用库兹涅茨曲线描述出来，如图 8-3 所示。

看一看现在世界各地的社会不平等模式，我们会发现大致与库兹涅茨曲线一致的证据。跨越了工业时代的高收入国家（包括美国、加拿大以及西欧的国家和日本）的收入不平等程度低于农业劳动者占比例较高的国家（像拉丁美洲和非洲那样）。同时，更重要的是，收入不平等不仅反映了技术发展，还反映了一个国家的政治和经济特权。美国的收入差距可能在 20 世纪的大部分时间内都有所下降，但与加拿大，欧洲国家和日本相比，这个国家的经济不平等程度仍然比较高（虽然要低于其他一些高收入国家，包括智利和新加坡）。

对库兹涅茨曲线的另一个批评是，它是通过比较不同经济发展水平的社会得出的（使用社会学家称之为反映了一个时间点"横截面数据"）。这些数据并没有告诉我们任何一个社会的未来状况。在美国，最近出现的经济不平等现象增加的趋势表明，库兹涅茨曲线可能需要严格的修订（如图 8-3 的虚线所示），从而与后工业时代对应。美国社会正在经历更大的经济不平等，这表明长期趋势可能与库兹涅茨半个世纪前的预测不同。

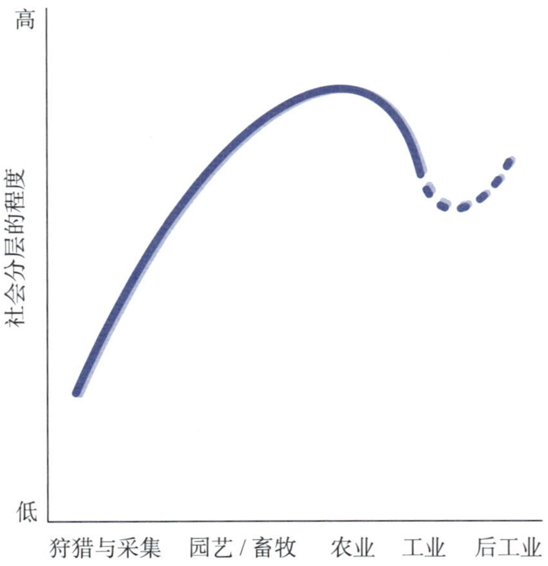

图 8-3　社会分层与技术发展：库兹涅茨曲线

◎ 库兹涅茨曲线表明，技术越复杂，社会分层通常越明显。随着工业社会减少了严格的、种姓式的区隔，有助于依法提升机会和公平，这种趋势发生了逆转。尽管政治权利得到更广泛的扩展，但一定程度的经济差距依然存在。然而，后工业社会的出现又带来了经济不平等的上升，如本图虚线所表示的那样。

资料来源：Simon Kuznets（1955）and Lenski（1966）.

美国的不平等和社会阶层

最近，在美国有很多关于经济不平等的讨论。占领华尔街运动声称，有 1% 的人口与国家一起飞黄腾达，其余 99% 的人口被遗忘。大众传媒几乎每天都在报道日益严重的不平等现象。此外，2012 年总统竞选活动引发了一场热烈的辩论，这个辩论是在激烈的经济形势下，讨论如何帮助普通家庭找到并维持工作的。本章的这一部分将描述有关美国社会不平等的所有状况。

历史上，美国被普遍认为不存在阶级差异。这个国家不同于大多数欧洲国家或日本，从来没有被授爵位的贵族。除了种族历史之外，美国从来没有出现一个严格地对民众进行排序的种姓制度。即使如此，美国社会仍然是高度分层的。富人不仅拥有大部分金钱，还获得最好的教育机会，享受最好的健康，消费最多的商品和服务。这种特权与数百万人担心付不起下月房租或在孩子生病时担心无法支付医疗费用形成鲜明对比。许多人认为，美国或多或少地算是一个"中产阶级社会"，但这是真的吗？

收入、财富和权力

经济不平等的一个重要维度是收入、工资或投资红利。美国人口普查局（2014）报道，2011 年美国家庭收入的中位数是 63 815 美元。图 8-4 中的饼状图显示了所有美国家庭的收入分配。[①] 最富有的 20% 的家庭，每年收入至少

① 人口普查局报告了家庭（由血缘、婚姻、或收养关系的两个或两个以上的人组成）和家户（两个或两个以上的人组成的生活单位）的收入的平均值和中位数。在 2013 年，家庭平均收入为 84 687 美元，高于家庭收入中位数 63 815 美元，这是因为高收入家庭拉高了平均值，而不是中位数。对家户而言，这些数字相对来说有些低，平均收入为 72 641 美元，中位收入为 51 939 美元，这主要是因为家户比家庭更可能由一个成年人构成。

121 000 美元，而平均收入约为 207 000 美元，占所有收入的 48.8%，最贫穷的 20% 的家庭，收入低于 29 000 美元，平均约为 16 000 美元，仅占所有收入的 3.8%。

图 8–4 左侧的表格更详细地介绍了收入分配情况。2013 年，美国 5% 的最高收入家庭获得至少 217 000 美元，平均收入为 359 000 美元，占所有收入的 21.2%，这比 40% 最低收入家庭的总收入还要高。在金字塔的最顶端，1‰最富有的家庭的收入至少为 170 万美元。总之，虽然少数人的收入非常高，但大多数人的收入远远不及。

收入只是个人或家庭财富、货币和其他资产的一部分，要减去未偿还债务。包括股票、债券和房地产在内的财富分配比收入的不平等更加严重。

图 8–4 的饼状图显示了美国财富的大致分布。20% 最富有的美国家庭大约拥有这个国家全部财富的 89%。在这个特权分类体系中，最高 5% 的家庭为"非常富有阶层"，拥有所有私有财产的 65%。千万富翁仅占 1%。这些"超级富豪"拥有全国私有资本的 37%。在财富金字塔的顶端，美国社会中最富有的十个人的总资产超过了 4610 亿美元，这笔资产相当于 570 万个普通家庭的总财产，而这相当于纽约、费城、芝加哥和洛杉矶的总人口。

美国普通家庭的财富约为 81 200 美元。家庭财富等于房屋、汽车、投资、保险、退休金、家具、服装和所有其他个人财产的总价值，减去住房抵押贷款和其他债务。一般人的财富不仅少于富人，还在类型上存在差异。大多数人的财富都集中在房屋和汽车等不产生收入的财产上，但富人的财富大多是以股票和其他用于投资的形式。

当金融资产与债务相平衡时，40% 的低收入家庭实际上是没有财富的。图 8–4 所示的负百分比意味着最贫穷的 20% 的家庭实际上生活在债务中。

在美国，财富是权力的重要来源。控制大部分国家财富的一小部分家庭拥有塑造整个社会进程的能力。如第 12 章所述，一些社会学家认为，这种财富集中削弱了民主，因为政治制度主要服务于超级富人的利益。

职业声望

除了带来收入外，工作也是社会声望的重要来源。我们通常根据工作类型来评估他人，尊重那些从事我们认为更重要的工作的人，而不尊重那些从事普通工作的人。社会学家测量了各种职业的相对社会声望，如表 8–2 显示。人们对需要大量培训和产生高收入的医疗行业、法律行业和工程行业等职业给予高度的尊重。

人口比例	最低年收入
0.1%	$1,718,000
1	$389,000
5	$217,000
10	$170,000
20	$121,000
30	$96,000
40	$78,000
50	$64,000
60	$51,000
70	$41,000
80	$29,000
90	$19,000
100	>0

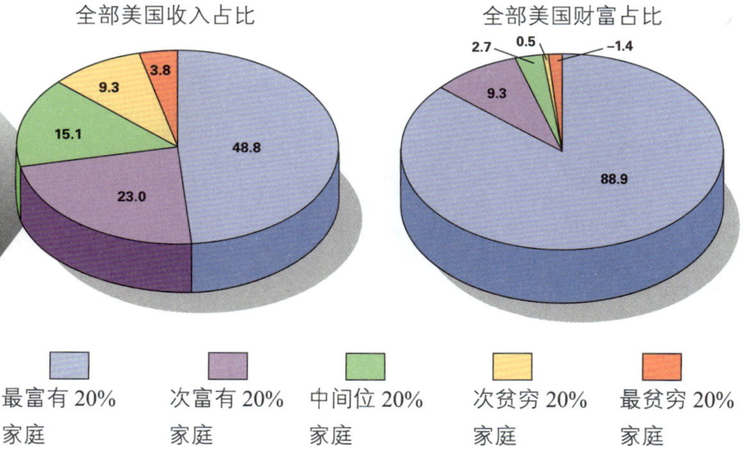

图 8–4　2013 年美国收入和财富分配情况

◎ 收入分配，特别是财富的分配，在美国社会中是不平等的。

资料来源：Income data from U.S. Census Bureau（2014）；wealth data based on Wolff（2014）and author estimates.

表 8–2　美国特定职业的相对社会声望得分

白领职业	声望	蓝领职业	白领职业	声望	蓝领职业
医师	86			51	电工
律师	75		房地产经纪人	49	
大学教授	74		簿记员	47	
物理学家 / 天文学家	73			47	机械工程师
建筑师	73		音乐家 / 作曲家	47	
牙医	72			47	邮递员
神职人员	69			46	秘书
心理学家	69		摄影师	45	
药剂师	68		银行出纳员	43	
验光师	67			42	裁缝
注册护士	66			40	农民
中学老师	66			39	木匠
小学老师	66			39	砖瓦 / 石匠
会计	65			36	美发师
运动员	65			36	保育员
电气工程师	64			36	面点师
经济学家	63			34	推土机操作员
兽医	62			31	汽车修理工
飞行员	61			30	卡车司机
电脑程序员	61		服装零售员	30	
社会学家	61		收银员	29	
编辑 / 记者	60			28	垃圾清运工
	60	警察		28	出租车司机
演员	58			28	服务员
播音员	55			27	侍应生
图书馆管理员	54			25	调酒师
	53	飞机技工		23	家庭劳动者
	53	消防员		22	上门推销员
牙科卫生员	52			22	看门人
画家 / 雕塑家	52			9	擦鞋匠
社会工作者	52				

资料来源：Adapted from General Social Surveys, 1972–2010：Cumulative Codebook（Chicago：National Opinion Research Center, 2011）, pp. 3211–18.

相比之下，不太有声望的工作——例如作为女服务员或门卫，不仅工资较少，对能力和教育程度的要求也较低。所有高收入国家的职业声望排名大致相同。

在所有社会中，高声望的职业都是享有特权的。例如在表 8-2 中，最高职业由男性主导。我们只能在名单上找到“注册护士”和“中学教师”十几个主要是女性从事的工作岗位。类似地，许多最低声望的工作通常由有色人种承担。

学校教育

工业社会，人们接受教育的机会增加了，但是一部分人的机会仍然要比普通人高很多。2013 年，虽然 88% 的 25 岁及以上的成年人已经完成高中学业，但只有 32% 是大学毕业生。

学校教育既影响职业，也影响收入，因为表 8-2 所示的大多数（但不是全部）薪酬较高的白领职位需要大学及以上学历。大部分蓝领工作，收入和社会声望都不高，对学历要求较低。

血统、种族和性别

尽管阶级制度鼓励个人的才能和努力，但没有什么比出身对社会地位影响更大的了。出生在一个特殊家庭对未来的教育、职业和收入都有很大的影响。研究表明，美国超过三分之一的拥有数亿美元财富的人的财产主要来自遗产。代际传递的贫困影响着数千万人的未来。

在美国，与社会地位密切相关的还有人种。总体来看，白人总体上的职业地位高于非裔美国人，并且接受更多的教育。2013 年，非裔美国人家庭收入为 45 188 美元，仅为非西班牙裔白人家庭收入 72 624 美元的 57%。这种收入上的差异使人们的生活有着天壤之别。例如，72% 的非西班牙裔白人家庭拥有自己的房子，而黑人家庭的这一比例为 42%。

部分收入方面的种族差异来自非裔美国人中较大比例的单亲家庭。仅从已婚夫妇家庭比较来看，非裔美国人家庭的收入仅为西班牙裔白人家庭的 80%。

随着时间的推移，这种收入差异构成了巨大的财富差距。美联储对家庭进行的一项调查发现，非裔、西班牙裔和亚裔的美国家庭的平均财富（18 100 美元）仅为非西班牙裔白人家庭的中位数（142 000 美元）的 13%。

社会地位也涉及种族。英国血统的美国人享有最多的财富，拥有最大的权力。拉美裔人口作为美国最大的种族或少数民族，长期以来处于不利地位。2013 年，西班牙裔家庭的中位数收入为 42 269 美元，是非西班牙裔白人家庭收入中位数的 58%。第 11 章将详细介绍人种和种族如何影响社会地位。

当然，就社会层面而言，男性和女性构成了家庭。然而，平均而言，妇女的收入、财富和职业威望比都比男性要低少。在单亲家庭中，单亲母亲陷入贫困的可能性是单亲父亲的两倍。第 10 章将探讨性别与社会分层之间的联系。

美国的社会阶级

正如前文提到的，阶级制度的地位是僵化且显而易见的。然而，要在像美国这样不稳定的阶级制度中定义社会阶层并不容易。卡尔·马克思的追随者看到两个主要的社会阶层：资本家和无产阶级。其他社会学家发现多达六个阶级甚至七个阶级。还有另外一种观点，马克斯·韦伯认为，人们不会形成明确的阶级，而是形成多元的地位体系。

在美国定义阶级是困难的，因为社会地位的一致性相对较低。尤其是中间社会阶层，人们在一个维度上的社会地位可能与他们在另一维度上的地位不一致。例如，政府官员可能有权管理数百万美元的预算，但只能获得适度的个人收入。同样，许多神职人员享有声望，但只有适度的权力，工资也不高。又或者赌场中的扑克玩家，虽然不被人尊重，但赚了很多钱。

最后，阶级制度的社会流动性特征——同样在中间阶层中最为明显——这意味着一个人的社会地位在一生中会发生变化，使得阶级界线更加模糊。基于这些考量，我们将研究四个大致的阶级：上层阶级、中产阶级、工人阶级和低层阶级。

◎ 这些妇女出现在电视节目《新泽西州的家庭主妇》(*Real Housewives of New Jersey*)中。使用接下来将要讨论的类别，你认为她们分别属于哪一社会阶层？为什么？

上层阶级

占美国人口的 5% 的上层阶级家庭，每年收入至少为 217 000 美元，有的家庭的收入是这个数字的十倍甚至更多。2014 年，《福布斯》(*Forbes*)杂志简要地介绍了美国最富有的 400 位富豪，他们至少拥有 15 亿美元（最高的拥有 790 亿美元）的身家。这些人构成了上层阶级的核心，也就是卡尔·马克思所说的占有生产资料或大部分私有财产的“资本家”。许多富豪花费大量时间来管理自己的财富。许多拥有较少财富的上层人士是企业主、大公司的高层管理人员或高级政府官员。在过去，上层阶级由盎格鲁–撒克逊白人新教徒组成，但已今非昔比了。

一般来说，一个家庭每年收入高于 217 000 美元的部分越多，他们成为上层阶级的欲望就越强烈。但收入的高低并非唯一的衡量标准，收入的来源更重要。以股票和债券、房地产和其他投资形式继承财富的收入份额越大，这一家庭就越想成为上层阶级。继承遗产和赚钱之间的区别就像“上层阶级上层”和“上层阶级下层”之间的区别。

上层阶级的上层

上层阶级的上层有时被称为“蓝血人”或“上流社会”，仅占美国人口的不足 1%。出身决定归属，就像老话说，成为上层最简单的方法是天生如此。这些家庭的大多数拥有巨大的财富，主要来自继承。因此，可以称上层阶级的上层人士为“旧富”。

除了财富以外，上层人生活在单独的社区，比如波士顿的灯塔山、费城的里顿豪斯广场，芝加哥黄金海岸和旧金山的诺布山。他们的孩子和其他具有相似背景的人一起就读于私立学校，并在声名卓著的学院和大学完成学业。遵循欧洲贵族的传统，他们学的是文科专业，而非职业技能。

上层阶级的妇女经常为慈善组织做义工。她们参与这些活动有着双重目的：在帮助社会大众的同时，建立赖以扩大精英阶层权力的社会网络。

上层阶级的下层

大多数上层阶级的人最终会滑落到了上层阶级的下层。这些人包括世界上最富有的人。英国女皇处于上层阶级，不仅是依靠她五亿美元的财富，更是因为她显赫的家庭谱系。《哈利·波特》(*Harry Potter*)系列的作者 J. K. 罗琳的身价至少为十亿美元，这位曾经靠救济金生活的女人到达了上层阶级下层人士的顶峰。换句话说，两者主要的差别在于，上层阶级下层人士是通过工作致富，而非继承。占美国人口的 3% ～ 4% 的“新贵”家庭通常住在高档社区的大房子里，拥有依山傍水的度假屋，把孩子送到私立学校和名牌大学读书。然而大多数人不会进入“旧富”的俱乐部和联盟。

中产阶级

中产阶级占美国人口的 40% ～ 45%。庞大的中产阶级对美国文化产生了巨大的影响。电视和电影经常表现中产阶级题材，大多数商业广告都是面向他们设计。中产阶级的种族和民族多样性远远高于上层阶级。

上层中产阶层

位于中产阶级顶部的人被称为上层中产阶层，他们的平均年收入为 121 000 ～ 217 000 美元。这样的收入可以让中上阶层的家庭生活在一个豪华社区的舒适房子里，拥有好几辆漂亮的汽车，可以进行投资。三分之二以上的上层中产阶级的孩子大学毕业，研究生学历也很常见。他们中许多人从事着拥有高声誉的职业，如医生、工程师、律师、会计师以及企业高管。

◎人们通常把"新贵"与"旧富"家庭区分开来。突然间赚取高收入的人往往会把自己的钱花在象征他们地位的东西上，因为他们享受着豪华生活带来的新刺激，他们想要别人知道他们的成功。相比之下，那些长大之前就被财富淹没的人，习惯了优越的生活方式，对此更为平和。因此，上层阶级的下层炫耀式的消费（左图）和上层阶级的上层更注重私人空间和保守的消费取向（右图）有着很大的差别。

上层中产阶级缺乏最富有的人影响国内或国际事务的能力，而是往往在地方政治事务中发挥重要作用。

普通中产阶层

其余中产阶级在美国社会结构中处于中间位置，属于普通中产阶级。普通中产阶层通常从事银行分行经理或高中教师等声望较低的白领工作，或工作在电工和木工等高技能蓝领岗位。家庭收入下降到每年 51 000 ～ 121 000 美元，跟全美平均水平差不多。①

中产阶级人士通常在工作生活中积累了少量财富，这些财富主要是一所房屋和一笔退休金。大多数普通中产阶级的男女可能完成了高中学业，他们中有不到一半的人在学费较低的州立大学获得了四年制大学学位。

工人阶级

大约有三分之一的人口属于工人阶级（有时称之为中下阶层）。从马克思主义角度来看，工人阶级是工业无产阶级的核心。工人阶层从事的蓝领工作给他们家庭带来的年收入大约为 29 000 ～ 51 000 美元，略低于全美平均水平。工人阶级家庭几乎没有财富积累，容易因遭受失业或疾病而陷入经济困境。

许多工人阶级的工作很难为个人提供自我满足感。这些工作有严格的纪律，不需要想象力，并将工人置于持续不断的监督管理之下。这些工作提供的福利也较少，如在医疗保险和养老金计划等方面。数据显示，55% 的工薪家

◎你会如何评价在流行的现实电视节目《典当之星》（*Pawn Stars*）中亮相的哈里森一家和他们的朋友的社会阶层地位？你对家族企业的工作如何看？对他们的穿着和兴趣如何看？又如何看待所有明星都不是大学毕业生的事实呢？以及如何评价他们最近从电视节目中赚了很多钱呢？他们的情况不是表明社会阶层地位往往是复杂和矛盾的吗？

① 在美国的一些生活费用非常高的地方（比如旧金山），一个家庭年收入可能需要高达 15 万美元才能达到中产阶级的标准。

庭拥有自己的房子，而这些房子通常位于低成本社区。只有约 25% 的工人阶级的孩子有机会接受大学教育。

底层阶级

剩下的 20% 的人口构成了底层阶级。低收入使他们过着没有安全感的贫困生活。2013 年，美国联邦政府将 4530 万人（占人口的 14.5%）归为贫困人口。数百万人被称为“贫穷的工薪者”，他们的境况稍微好一些，拥有满意度不高、收入很低的低声望的工作。只有 76% 的底层阶级的孩子才能完成高中学业，而只有不到 15% 的孩子能够获得四年制大学学位。

社会将底层阶级隔离开来，对种族或少数民族更是如此。大约 43% 的底层家庭拥有自己的房子，通常在最差的社区。尽管穷人社区通常位于城市内部，但底层阶级家庭，特别是南部地区的家庭，也生活在乡村社区。

阶级造成的差异

社会分层几乎影响到我们生活的每一个方面。我们将简要介绍社会地位与健康、价值观态度、政治观点和家庭生活之间的关系。

健康

健康与社会地位密切相关。在贫困家庭中出生的婴儿在出生的第一年，因疾病、疏忽、意外或暴力事件而死亡的可能性是优越家庭出生的孩子的两倍。在成年人中间，高于平均收入的人自评为健康或非常健康的可能性是低收入人群的两倍。此外，平均而言，更富裕人群的寿命要比后者长至少五年，因为他们的食物营养更高，生活在更安全和压力更小的环境中，并获得更好的医疗照顾。

价值观和态度

价值观和态度因阶级而异。“旧富”对家族历史有一种异乎寻常的强烈感情，因为他们的社会地位是基于代代相传的财富。为了维持他们与生俱来的特权，他们还偏爱保守的礼仪和品位。在这方面，“旧富”和“新贵”不同。“新贵”热衷于炫耀式的消费，用房子、汽车甚至飞机作为身份的象征来显示他们的社会地位。

◎ 与高收入人群相比，低收入人群只有一半的人可能会自评为健康。平均而言，他们的寿命也相对要少五年左右。在营养不足、缺少医疗保障和高压力的情况下，低收入会让穷人比他们的实际年龄看起来更老。

教育程度越高和经济越宽裕的富裕人士，更能对同性恋之类富有争议的行为采取开明的态度。处在成长与严格监督和纪律环境中的工人阶级，不太可能上过大学，往往也不那么宽容。

社会阶层与个人的自我概念有很大的关系。具有较高社会地位的人们在日常互动中有更多的信心，因为其他人倾向于将其视为重要任务。在下面的“多样化思考”专栏中，描述了一名来自贫困家庭的年轻女子所面临的挑战——到一所大多数学生来自精英家庭的大学上学。

政治观点和行为

政治态度也有阶级差异吗？答案是肯定的，高收入的民众倾向于共和党候选人，而低收入民众支持民主党候选人。但仔细想想，这种模式是复杂的。保护财富的愿望促使富裕群体对经济问题采取更保守的态度，例如降低税收。但是在堕胎和同性恋等社会问题上，受过高等教育、富裕的人持更自由的态度。相比之下，社会地位较低的人往往是经济自由主义者，支持造福穷人的政府社会计划，但通常对社会议题抱有更保守的观点。

另一个重要的模式是富人与政治观点之间的关联。最近的调查研究发现，超过 90% 的富人登记参与投票。在 2012 年总统大选中，这些

多样化思考：种族、阶层和性别

阶级的力量：一个低收入学生问道，“我和你一样优秀吗？”

马塞拉在没有特权的环境中长大。在这所私立文理学院的校园内，大多数其他学生理所当然地拥有特权。她在高年级就读的时候，和我详细谈了她的大学经历，以及为什么社会阶层给予她一个巨大的挑战。马塞拉并不是她的真名，她希望保持匿名。我在以下故事中总结了她对大学生活的看法：

我来到这里时，仿佛进入了一个新的世界。我发现自己置身于一个陌生而危险的地方。对于周围人的习惯和想法，我都无法了解。我一千次地告诉自己，希望大家都会意识到还有其他的世界，而我是其中的一分子。你会接受我吗？

我是一个来自贫穷家庭的孩子，是一个在充满欲望和暴力的世界中长大的年轻女性。我现在就读于一所名牌大学。我可能有一个大学生的新身份，但我以前的生活仍然在我脑海中不断浮现，我无法改变我对自己的看法。

你想了解更多关于我的事吗？想进一步了解社会阶级的力量是如何塑造我们对自己的感受吗？让我告诉你我想对你说的话。

在我长大的过程中，我羡慕你们中的大多数人。你们生活在一个中产阶级的泡影中，一个可以拥抱、保护、安慰你们的世界，而我不是。当你的父母正在讨论时事、规划家庭旅行，对你充满期待的时候，我的父母正在吵架。我永远都不会忘记夏夜我躺在自己的床上，焦虑地咬着我的指甲，因为电话被砸到了我和父母的房间中间的墙上。我父亲喝醉了失去控制，我的母亲及时躲开了。

你的父母在办公楼里工作。他们有很好的工作，是医生、律师或者建筑师，或者是公司经理或企业主。你的父母是受别人尊重的人。而我的妈妈坐公共汽车去医院工作，在那里打扫卫生，每小时工作的报酬是 10 美元。她全部的上班时间都要服从于他人的指令。我的爸爸呢？谁知道。他游手好闲，是个醉汉和吸毒者。我不知道他现在是否还这样，八年来我都没有听到过关于他的任何消息。

你在一个漂亮的社区里长大，可能在一幢房子里住了很多年。而我的家人生活在廉价的出租屋里，而且我们经常搬家。当没有钱付房租的时候，我们就会打包东西，搬到一个新的地方。我们似乎离一些东西越来越远。

书籍伴着你长大，你可以去图书馆，父母也会读书给你听。你学会了如何说得好，对一些单词印象深刻。而我从来没听过睡前故事。也许我有一位鼓舞人心的老师。我知道我必须自己学习。也许这就是为什么我总是觉得我正在追赶你的原因。

你知道正确使用叉子、刀子和勺子的方法。你知道如何吃中国菜，以及在泰国餐馆点什么菜。你最喜欢意大利菜。你知道如何订购葡萄酒。你知道德国啤酒、丹麦奶酪和法国酱汁。而我呢？我从小在纸盘上吃感恩节晚餐，吃社会服务志愿者提供的火鸡。当你邀请我跟你去一些特别的餐厅，我会用一些借口推辞，然后留在家里，只因我付不起账单。不仅如此，我还怕你会发现我对你认为理所当然的事情知之甚少。

我是如何进入这所大学的呢？我记得一位老师告诉我“那是我给自己的承诺”。大学招生办公室接受了我，但我不知道为什么。我获得了奖学金，这能负担我大部分的学费。奖学金解决了一个大问题，因此，我来到了这里。但有时我不知道我能否坚持下去。我必须比你们中的很多人更努力，来学习你已经知道的东西。我必须兼两份工以支付一台二手电脑、衣服，以及能够在那个你们花大量时间泡在里面的街角店里，偶尔买个比萨饼吃。

对我来说，我很惊讶我能来到这里。我意识到自己很幸运。但如今我待在这里，我意识到这条路比我想象的要长得多。进入这所大学只是旅程的一部分。奖学金只是答案的一部分。对我来说，最大的挑战是每天都会发生的事情：那些我无法理解的你的生活方式、我无从知道的数以千计的事情，或者我会做错事情被揭穿，从而显得我是个冒牌货。

你怎么想

1. 这个故事如何表明社会阶层比一个人拥有的金钱更有影响？

2. 为什么马塞拉担心别人会认为她是一个“冒牌货”？如果你能跟她谈谈这种恐惧，你会说什么？

3. 你有没有似曾相识的感觉，觉得在社会地位上，自己比别人更不重要或更好？请说明。

人中有80%的人实际上投票了。

另外一种截然不同的模式发生在不参与政治的穷人中。报告中有50%的低收入人士登记参与投票。但在2012年的总统大选中，只有25%左右的人表示他们投票了。

家庭和性别

社会阶层也影响着家庭生活。一般来说，工薪阶层的父母鼓励孩子遵守传统规范，尊重权威人士。这些父母为子女设定了界限，提供了要遵守的明确指示。相反地，在收入较高的家庭中，父母将不同的“文化资本”交给子女。这些父母与孩子们更加灵活，与他们一起论证，而不是告诉他们该怎么做。这样做的目的就是发展儿童的特殊才能。父母们通过让孩子们参与许多有组织的活动，鼓励他们表达自己的个性，自由地发挥自己的想象力。

在高收入和低收入家庭中，父母都期待未来。最可能的是，非特权家庭的孩子将会拥有要求他们遵守规则的工作，特权家庭的孩子将从事要求更多创造力的职业。

当然，钱非常重要。一个家庭的钱越多，父母可以用来培养孩子的才能和能力的机会就越多。2013年，一个富裕的家庭将花费506 610美元用于养育一个孩子从出生直到18岁。中产阶级人士将花费304 480美元，低收入家庭将花费218 680美元。家庭生活重新构造了每一代人的阶级结构，特权衍生出特权。

阶级还塑造了我们的关系。在对婚姻生活的经典研究中，伊丽莎白·博特（Elizabeth Bott）发现，大多数工人阶级夫妇根据传统的性别角色来分配责任。相比之下，中产阶级夫妇更加推崇平等主义，更愿意分享活动和表达亲密关系。最近，凯伦·沃克（Karen Walker）发现，在贫穷人群中，友谊通常是物质援助的来源；而高收入人士之间的友谊很可能涉及共同的利益和闲暇追求。

社会流动

我们的社会是一个充满活力的社会，特点是有相当一部分社会流动。获得大学学历、工作晋升，或者嫁给高收入的人都有助于提高社会流动性。辍学、失业或离婚（特别是妇女）可能导致社会流动性下降。

代内流动 一个人一生中社会地位的变化

代际流动 子女和父母相关的向上或向下的社会的流动

但从长远来看，社会流动性不仅仅是个人的变化，更是社会本身的变迁。例如，在20世纪上半叶，工业化促进了美国经济的发展，提高了人们的生活水平。即使是那些一无所长的人，也能在赶上这波繁荣潮，分得一杯羹。

最近，“外包”的就业机会和美国工厂及其他业务的关闭，使得美国经济结构流动性下降，给许多人造成了经济挫折。2007年底的经济衰退严重打击了人们的收入和经济机遇，数百万人今天仍能感受到这一点。

社会学家区分了社会地位的短期和长期变化。**代内社会流动**（intragenerational social mobility）是指在一个人的一生中，其社会地位的变化。**代际社会流动**（intergenerational social mobility）是指子女和父母相关的向上或向下的社会流动。它是至关重要的，因为它揭示了影响社会中每个人的长期变化。

社会流动的研究

很少有国家的民众像美国人一样想“获得成功”。Lady Gaga声称她的父母都是在底层家庭中长大的。2016年，她赚了6000多万美元。约翰尼·德普（Johnny Depp）出生于肯塔基州，他的父亲曾是一名工程师，他的母亲是一名服务生。如今作为一名非常成功的演员，他在2016年的收入是一亿美元。向上流动——如果不是永远的超级巨星——那就是美国梦。但是，每个人都会向上流动吗？哪怕是一点点？在美国，有我们想象的那么多的社会流动性吗？

最近的一项关于代际流动性的研究表明，约32%的美国男性与父亲的工作类型相同，37%的人是向上移动的（例如，父亲从事蓝领工作，子女从事白领工作），32%的人是向下移动的（例如，父亲从事白领工作，子女从事蓝领工作）。在女性中，46%是向上移动的，28%

是向下移动的，27% 的人与其父亲比，并没有什么变化。在接下来的“多样化思考”专栏中提供了另一项长期社会流动性研究的结果。

水平社会流动（horizontal social mobility）更为常见，它是指在同一个阶层变换工作。总体而言，与父母相比，大概 80% 的子女体现出某种社会流动性。

研究指出了以下五个关于美国社会流动的一般性结论。

1. **过去一个世纪的社会流动性相当高**。高度的流动性是我们在工业社会的阶级制度中所期望的。与父母相比，大多数人或多或少地都会发生流动。

2. **在某一代人中，社会流动性往往很小**。大多数年轻家庭成员在获得学位和技能后，随着时间的推移，收入会增加。一个 30 岁男性为户主的典型家庭在 2013 年赚了 61 000 美元；45 岁男性为户主的典型家庭的收入为 81 000 美元。但只有很少的人从穷光蛋变成富翁（像 J.K. 罗琳那样）或者输得倾家荡产（一些红极一时的摇滚明星在几年后身无分文）。大多数社会流动涉及某一阶层内较小的流动，而不是阶级之间的变迁。

3. **社会流动的长期趋势一直是向上的**。工业化大大促进了美国经济的腾飞，20 世纪以来白领工作岗位的增多提高了人们的生活水平。然而，近几十年来，流动性一直在下降，几乎和向上流动一样频繁。

4. **自 20 世纪 70 年代以来，社会流动性一直不均衡**。从 20 世纪初期直到 20 世纪 70 年代，美国家庭的实际收入（对通货膨胀进行调整后）提高了。从那以后，如图 8-5 所示，实际收入起起落落，总体收益增幅比 1970 年以前有所下降。最近，2007 年开始的经济衰退导致大多数人几年内的收入下降。

5. **社会流动的短期趋势一直在下降**。特别是自 2007 年近期经济衰退开始以来，因为收入和财富都有所下降，中产阶级规模已经变小。因此，85% 自认为是“中产阶级”的人声称，保持相同的生活水准变得更加困难。

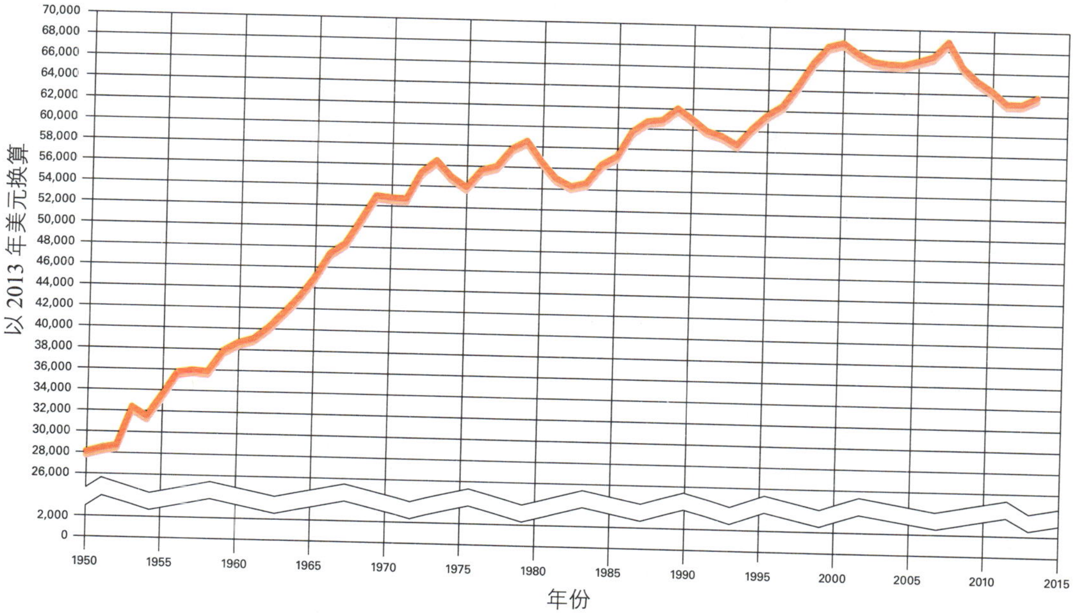

图 8–5 1950—2013 年美国家庭年收入中位数

© 美国的平均家庭收入在 1950—1970 年间得到了迅速增长。然而，从那以后的几十年里，收入以较低和较小的平均增幅增长。2007 年以后，经济衰退使中位数收入下降，在过去几年才得以明显回升。

资料来源：U.S. Census Bureau（2014）.

多样化思考：种族、阶层和性别

社会流动是意外还是规则

美国社会向上流动的可能性有多大？向下流动的概率又如何呢？从小到大一直在同一阶级的人占多大比例？社会学家丽萨·A.基斯特（Lisa A. Keister）利用全美青年纵向调查（NLSY，一项对9500名男性和女性的长期调查）获得的数据来回答这些问题。在1979年，这些青年在第一次被调查时，年龄为14～22岁，那时候他们至少和父母中的一方一起生活。同样地，这一群人在2000年接受再次调查时，他们已是35～43岁的成年人，近80%的研究对象已经结婚，并拥有自己的家庭。

基斯特想知道的是，这些研究对象的经济地位在一生中发生了怎样的改变。她通过估算他们在两个不同时间的财富来测量这种变化。在1979年，由于调查对象年轻而且住在家中，基斯特测量了调查对象父母的家庭财富，并将调查对象的家庭财产划分为五等分，从最富有的20%，到最贫穷的20%，这些层级被显示在附表中的横轴上。

基斯特得到了什么结论呢？以家庭财产计算，在21年中发生了多少社会流动？如表所示，我们可以得到很多信息。左上角一栏显示，1979年研究对象中最富有的20%的人中，有55%的人在2000年仍然在最富有的20%行列中。很明显，因为这些人一开始就在最高等级中，就不会向上流动，尽管有些研究对象比青年时候更富有。25%的1979年最富有的研究对象下降了一个等级。这意味着80%的1979年最富有的研究对象在2000年仍然过得很好。只有20%的调查对象向下流动了两个以上等级（下降两个等级的比例为9%，下降三个等级的比例是6%，下降到最低财产等级的比例为5%）。

我们从1979年财产等级在底层的研究对象开始，也能够得到类似的结论。显然，又因为这些人一开始就在最底层，所以除了向上流动，他们无处可去。但是在这些人当中，有45%的人在成年后仍然留在底层（右下方一栏），只有27%的人上升了一个等级。另有28%的最贫困人口成年后上升了两个或更多的等级（11%的人上升了两个等级，9%的人上升了三个水平，8%的人升至最富有的水平）。

对于中级水平的调查对象，数据显示，他们的社会流动较为明显。对于那些一开始就在第二等级的人，只有33%仍然留在同一个等级，剩下的67%都上升或下降至少一个等级，尽管最常见的举动是上升或下降一个等级。在第三等级的人中，有35%的人成年后最终保持在同等级别，65%的人至少上升或下降了一个等级，大多数人只移动了一个等级。同样地，在第四个等级的人中，35%在成年后保持一致，65%的人上升或下降了一个等级。

我们从1979—2000年之间的财富流动模式可以得出什么结论？第一个结论是，大多数人确实经历了社会流动，上下移动了一个或多个等级。因此，社会流动是有规律的，而不是例外的。第二，向下流动与向上流动一样普遍。第三，接近中间等级的人流动更为频繁。保持在原有财产等级中的人，占最大比例的是最高和最低的等级（一开始就位于最高等级的人中有55%保持在原来的等级，一开始位于最底层的人中有45%保持在原来的等级）。

你怎么想

1. 这里呈现的结论是否让你感到惊讶？请解释。

2. 总的来说，这里呈现的结论在多大程度上与你想象中的大多数人对社会流动的看法相符？

3. 你认为最近经济衰退会如何影响社会流动模式？

童年地位（1979年）	成年地位（2000年）				
	最富有20%	次富有20%	中间位20%	次贫穷20%	最贫穷20%
最富有20%→	55	25	9	6	5
次富有20%→	25	33	23	11	8
中间位20%→	13	21	35	20	11
次贫穷20%→	7	14	20	35	24
最贫穷20%→	8	9	11	27	45

收入水平的流动

社会流动的经历取决于一个人在社会阶级体系中的位置。图 8–6 显示了美国家庭在 1980—2013 年间的不同收入水平。富裕家庭（最高的 20%，期间并非全部相同的家庭）的收入增长了 56%，从 1980 年的平均 127 983 美元，到 2013 年的 206 687 美元。中间阶层的人口也有所增长，增势比较平稳。根据通货膨胀率调整后，最低的 20% 的家庭的收入下降了 7%。

近几十年来，收入水平最高的家庭（最高 5%）的收入更是出人意料。1980 年，这些家庭的平均收入约为 182 000 美元，2013 年达到了 358 722 美元，几乎是 1980 年的两倍。

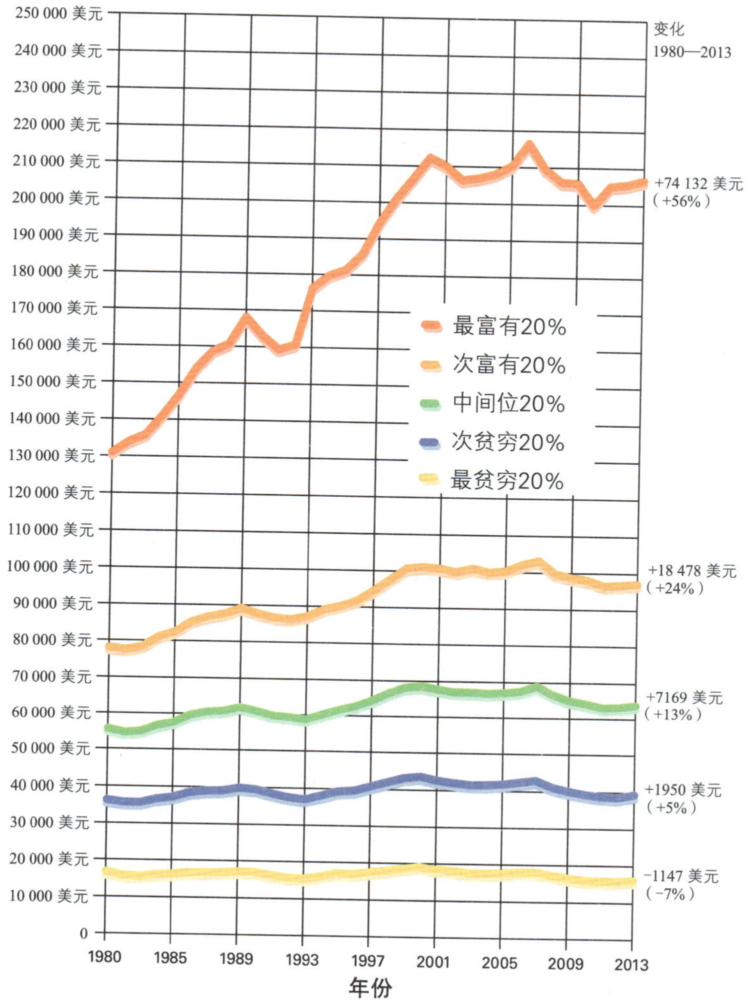

图 8–6　1980—2013 年美国家庭平均年收入（以 2013 年的美元为基准，根据通货膨胀调准）

◎ 如今，低收入家庭和高收入家庭之间的差距比 1980 年更大。

资料来源：U.S. Census Bureau（2014）.

社会流动：种族、民族和性别

美国的白人一直比非裔或西班牙裔后裔更有特权。通过 20 世纪 80 年代和 90 年代的经济扩张，更多的非裔美国人进入了富裕阶层。但总体而言，非裔美国人的实际收入在 30 年间几乎没有改变。非裔美国家庭收入占白人家庭收入的百分比从 1975 年的 61% 下降到了 2013 年的 57%。与白人家庭相比，拉丁裔家庭占比下降的更多，1975 年占白人家庭的 66%，2013 年这个比例为 58%。

从历史上看，女权主义者指出，女性拥有的向上流动的机会往往比男性更少，因为大多数职业女性从事的都是文书工作（如秘书）和服务行业（如餐馆服务员），而这些工作提供的机会很少。

然而，随着时间的推移，男女收入差距一直在缩小。1980 年全职工作的女性，达到全职工作男性人数的 60%，到 2013 年，女性的收入是男性收入 78%。

社会流动与婚姻

研究指出，婚姻对社会地位有着重要的影响。乔伊·扎戈尔斯基（Jay Zagorsky）在一项对 40 多岁的人的研究中发现，结过两次婚且目前已婚的人的总收入是单身或离婚的人的两倍。造成这种差异的原因为，居住在一起的夫妇通常享有双重收入，并且只需支付共同生活的两个人在独立家庭中的一半生活费用。

也有另一种可能，与单身人士相比，已婚

男女在工作中更加努力，节省更多的钱。为什么？主要是因为他们不仅为自己而工作，还要供养依靠他们的孩子和配偶。

就像婚姻会促进社会地位的上升一样，离婚通常会使社会地位下降。离婚夫妇承担支持两个家庭的经济负担，这使得他们留下用于储蓄或其他投资的钱就很少了。离婚后，女性比男性受到的影响更大，因为男性通常会赚更多的钱。而许多离异的女性不仅失去了大部分收入，还有医疗、保险等福利。

美国梦：仍然是现实吗

向上流动的期望深深植根于美国文化之中。经济稳步增长贯穿于美国大部分的历史时期，美国人民的生活水平也提高了。今天，至少对于一些美国人来说，美国梦依然存在。2013 年，超过四分之一的美国家庭获得了十万美元以上（根据通货膨胀控制后的美元）的收入，而 1967 年只有十二分之一的美国家庭的收入水平能达到这个程度。

如今，美国的“百万富豪家庭”数量接近 800 万，是 1995 年的两倍。并不是所有的指标都是乐观的。请注意以下这些令人烦扰的趋势。

1. **许多工人的工资增长已经停滞**。1958—1974 年间，50 岁的全职工作男性的年收入增加了 71%，从 31 748 美元增至 54 310 美元（以 2013 的美元折算）。然而，在 1978—2013 年间，这些工人的收入下降到了 48 300 美元，降幅达 11%，但住房、教育、汽油和医疗等必需品的成本却上升了。

2. **更多工作支付的报酬较低**。经济全球化的扩展已经使许多工业工作转移到了海外，减少了美国国内工厂的高薪就业机会。计算机控制的机器人代替了更多的工作。同时，服务经济的扩张意味着更多的就业机会——快餐店或大型折扣店——提供相对较低的工资。

3. **近期经济衰退带来经济下滑**。2007 年，美国家庭的净财富中位数高达约 12 万美元。随着年底开始爆发的经济衰退，这一数字在 2013 年下降到了 81 200 美元。净财富的下降反映了美国大部分地区住房价值的下降以及其他投资价值的下降。

4. **年轻人留在父母家中**。目前有一半以上的 18 ～ 20 岁的青年人（58% 的男性和 52% 的女性）和他们的父母住在一起。从 1975 年以来，平均结婚年龄已经提高了 6 岁（女性为 27.0 岁，男性为 29.3 岁）。

在最近的一代人里，更多的人变得富有，富人变得更富有。即便如此，在近期经济衰退开始的几年中，由于投资和房屋的价值下降，身价在 500 万美元以上的人数实际减少了。在这个意义上，有些富人“分担了痛苦”，虽然他们不像大多数“普通”人那样受苦。然而，在阶级体系的最高层，非常富有的人仍然声称所有财富的份额不断增加。在过去的几十年中，高薪的企业高管们的收入一直在上升。

中间阶层和底层人士的境况与此不同。低收入工作岗位越来越多，为数百万家庭带来了下降的流动性，从而增加了他们对享受中产阶级生活方式的机会正在逐渐消失的担忧。从图 8–5 可以看出，虽然在 1950—1973 年间家庭收入中位数翻了一番，但自那时起，两代人的家庭收入仅仅增长了 13%。最近的经济衰退实际上让收入中位数下降了，从而抵消了过去几年的经济成果。

全球经济与美国阶级结构

近几十年来，美国阶级结构转变的根本原因是全球经济的变化。很多给上一代美国工人带来丰厚收入的工业生产大部分都已经被转移到工资较低的海外。由于国内工业较少，美国现在已是国外工业产品的巨大消费市场，这些工业产品包括在中国、印度、日本、韩国和巴西等国家生产的汽车、音响设备、相机、电脑等。

1960 年，28% 的美国劳动力在制造业拥有高薪就业机会，而现在这个数字仅为 9%。市场为他们提供的工资远不及服务性工作。像 USX（以前的美国钢铁公司）这样的传统高薪公司雇用的人比不断扩张的麦当劳连锁店要少，而快餐店店员的收入只有钢铁工人的一小半。

全球工作岗位的调整对所有人来说并不都是坏消息。全球化经济正在推动专业从事法律、金融、营销和计算机技术等工作、受过教育的人们的社会流动。即使在 2007 年底经济衰退开始出现，在 1980—2015 年之间的全球经济扩张也将股市推高了 18 倍以上，让有钱投资的家庭从中获利。

但同样的趋势却损害了许多普通工人的利益，他们失去了工厂的工作，从事低工资的服务性工作。此外，加上许多公司（通用汽车和福特公司都是最近的例子）削减了其员工规模，以保持在世界市场上的竞争力。结果是，虽然今天有 52% 的已婚夫妇家庭拥有两个或更多的劳动力（这是 1950 年的两倍以上），但许多家庭比以往任何时候都更加努力，仅仅是为了维持他们已拥有的东西。

贫穷与不平等上升的趋势

即使在像美国这样的富裕国家，也有很多关于贫困的话题。社会分层创造了“无所不有”和“一无所有”。所有社会不平等的制度造成了贫穷，至少造成了**相对贫穷**（relative poverty），即一些人缺失是因为另一些人拥有更多。一个更严重但可预防的问题是**绝对贫困**（absolute poverty）——缺乏维持生命的资源。

正如第 9 章所解释的那样，世界上只有十几亿人面临绝对贫困的风险，相当于每七人中有一个人。即使在富裕的美国，仍有许多家庭忍受饥饿，睡在停放的汽车里或街头，身体健康状况较差，只因为他们是穷人。

贫困程度

2013 年，政府将 4530 万成年人和儿童归为贫困人口。这个数字是从 50 多年前开始追踪的。穷人现在占美国人口的 14.5%。而被纳入贫困家庭的标准是，家人或个人的收入必须在官方贫困线以下。对一个四口之家来说，当年官方确定的贫困线为 23 834 美元。这个贫困线是政府估计的人们食物消费的三倍。但一般贫困家庭的收入仅为这一数字的 59%。这意味着，在 2013 年，一个标准的贫困家庭不得不依靠 14 000 美元的收入来维持生计。

谁是穷人

虽然没有哪一种描述适合所有的穷人，但贫穷在某些类别的人口中更为明显。在这些重叠的类别中，问题尤为严重。

年龄

在上一代人中，老年人是在贫困人口中占比最大的一类。但如今由于私营雇主和政府提供了更好的退休计划，65 岁以上人口的贫困率从 1967 年的 30% 下降到 2013 年的 9.5%，远低于全美平均水平。从另一个角度来看，约为 9.3%（420 万）的穷人是老年人。

如今，贫穷负担最重的是儿童和青少年。2013 年，18 岁以下（1470 万儿童）和 18 ~ 24 岁（580 万青年）的人口中有 19.9% 是穷人。换句话说，45.2% 的美国穷人是 25 岁以下的年轻人。

种族和民族

在所有穷人中，有三分之二是白人（包括一些自称为西班牙裔的人）；24% 是非裔美国

◎ 面对近几十年来，被列为贫困人口的美国人数一直在增加的迹象，美国前总统奥巴马指出，减少经济不平等是美国面临的最重要的挑战之一。

绝对贫困 缺乏维持生命的资源

相对贫困 与富有的相比，缺乏一些资源

◎亨利·奥萨瓦·坦纳（Henry Ossawa Tanner）在他的画作《感恩的穷人》中，捕获了贫困人民的谦卑和仁慈。在这个倾向于将穷人定义为道德卑劣、应忍受苦难的社会中，这种洞察力很重要。

资料来源：Henry Ossawa Tanner（1859–1937），*The Thankful Poor*. Private collection. Art Resource, New York.

人（也包括一些自称为西班牙裔的人）。但就整体而言，非裔美国人陷入贫穷的概率差不多是白人的三倍。2013 年，约有 27.2% 的非裔美国人（1100 万人）生活在贫困之中，而西班牙裔（1270 万人）的贫困率为 23.5%，亚裔美国人的贫困率为 10.5%（180 万人），非西班牙裔（1880 万人）白人占 18.8%。1975 年以来，白人和少数族群之间的贫困差距并没有多少改变。

在有色人种中，儿童的贫困率特别高。美国非裔儿童贫困率为 38.3%，西班牙裔儿童的贫困率为 30.4%，非西班牙裔白人儿童的贫困率为 10.7%。

性别与家庭模式

在所有 18 岁以上的穷人中，59% 是女性，41% 是男性。这一差异反映了这样一个事实，即家庭中的妇女处于贫困的风险较高。在所有贫困家庭中，单身女性为户主的家庭占 51%，单身男性为户主的贫困家庭仅占 11%。

美国正在经历**贫困的女性化**（feminization of poverty），这被定义为妇女占穷人比例越来越大的趋势。1960 年，只有 25% 的贫困家庭是以女性为户主，大多数贫困家庭都有妻子和丈夫。然而，到 2013 年，以单身女性为户主的贫困家庭的比例翻了一番，达到 51%。

穷困的女性化是一个更大趋势的后果，即在所有阶层中，以单身女性为户主的家庭数量迅速增加。这一趋势，再加上以女性为户主的家庭处于高度贫困的风险之下，有助于解释为什么女性和她们的子女在美国穷人中所占比例越来越高。

2013 年，以单身女性为户主的家庭贫困率为 30.6%。相比之下，已婚夫妇家庭的贫困率只有 5.8%。

城乡贫困

在美国，贫困最集中的地方是城市中心，其中 2013 年的贫困率为 19%。郊区的贫困率为 11.1%。因此，整个城市地区的贫困率为 14.2%，低于农村地区的 16.1%。贫困率最高的美国大部分地区都是农村。

解释贫困

全球最富有的国家有数千万穷人，这是一个会引发严重问题的事实。正如一些分析家提醒的那样，美国大多数穷人比其他国家的穷人过得好得多：33% 的美国贫困家庭拥有自己的房子，至少有 64% 的贫困家庭拥有汽车，约 81% 的贫困人口表示他们通常有足够的食物。但毫无疑问，贫困会危及美国数百万人的整体福祉。

首先为什么会贫困？我们将介绍两个相反的解决方案，这引发了一场生动而重要的政治辩论。

一种观点：指责穷人

一种观点认为，穷人应该为自己的贫困负主要责任。自古以来，美国人对自力更生赋予很高的文化价值，认为一个人的社会地位主要是个人的才能和努力的反映。根据这个观点，社会为能够也愿意利用它们的人提供足够的机会。因此，穷人是那些由于缺乏技能、教育或努力的动机而不能或不愿工作的人。

在对拉丁美洲城市贫困的研究中，人类学家奥斯卡·刘易斯（Oscar Lewis）指出，穷人深陷一种贫穷文化中，这是一种底层的亚文化，可以摧毁人们改善生活的雄心。在贫困家庭社会化的影响下，孩子们屈服于环境，造成了自我维持的贫困循环。

1996 年，为了把人们从美国的贫穷文化中解放出来，国会改革了自 1935 年以来向贫困人口提供联邦的财政援助担保的福利制度。联邦政府继续从财政将钱发到州政府，再由各州发放给有需要的人，但救济金具有严格的时间限制——在大多数情况下，一个人不能连续两年领取救济金，领取救济金的累计时间不能超过五年。这项改革的目的是强迫人们自力更生，使他们放弃对政府的依赖。

第二种观点：指责社会

威廉·朱利叶斯·威尔逊（William Julius Wilson）对此持不同的态度，他认为社会应对贫困负主要责任。威尔逊指出，失去城市中心地区的工作机会是造成贫困的主要原因，在那里根本没有足够的工作岗位能让人养家糊口。威尔逊认为，表面上看是穷人不够努力，但这是缺乏工作机会的结果，而不是造成贫困的原因。从威尔逊的角度来看，刘易斯对受害者应对自己的苦难负责的分析相当于责备受害者。

威尔逊认为，为了减轻贫困和减少福利需求，政府必须先投资于人们及其所居住的社区。这些投资包括资助就业机会、为低收入的母亲和父亲提供负担得起的儿童保育、确保学校教授语言技能和工作技能，从而为各种类型的工作做准备，甚至扩大区域内的公共交通，以帮助人们往来于住处和工作场所。

评价

应该是政府，还是人们自己承担减轻贫困的责任？美国公众对此的分歧势均力敌。政府统计显示，56% 的贫困家庭的户主 2013 年全年没有工作，另外 30% 的人只承担兼职工作。对某些人来说，这样的事实似乎可以支持“指责穷人”这一方的观点，因为贫困的一个主要原因是没有工作。

但是，人们不工作的原因更多的是“责怪社会”的立场。中产阶级妇女也许能够兼顾工作和育儿，但对于无法负担照顾儿童的贫困妇女而言很难做到，而且很少有雇主提供幼儿保育计划。正如威尔逊解释的那样，许多人失业不是因为他们逃避工作，而是因为没有足够的工作岗位。简而言之，减少贫困最有效的方法是确保为工作的父母提供更多的就业机会和保育服务。

工作的穷人

并非所有的穷人都是失业者，而有工作的穷人博得了贫困问题争论双方的同情和支持。2013 年，有 14% 的贫困家庭的户主（130 万人）在一年中至少工作了 50 周，但还是无法摆脱贫困。另有 30% 的户主（270 万人）虽然有临时工作，但依然贫困。换句话说，3.2% 的全职工作家庭的户主因收入很少而依旧贫穷。

从 2009 年 7 月以来，美国最低工资为每小时 7.25 美元（一些州或区市的最低工资水平更高。2012 年，旧金山市的最低工资水平在全美国最高，为每小时 10.24 美元）。几家大型公司雇主，包括沃尔玛和麦当劳，最近也提高了最低工资。但是在最低工资标准为 7.25 美元的情况下，工作并不能让人们摆脱贫困——甚至一名每小时工资为 8 美元的全职工作者也无法让一个城市的四口之家生活在贫困线之上。目前，要想摆脱贫困，大概需要约 11.46 美元的小时工资。另外，如今有一半的劳动者每年的收入低于 28 000 美元，这使得大多数四口之家在贫困线上下徘徊。

个人的能力和努力在塑造社会地位方面确实发挥了一定的作用。然而，社会学的证据认为社会是贫穷的主要来源，而不是个人特征，因为越来越多的就业岗位的工资很低。此外，穷人是以下几类人：家庭中的女性户主、有色人种、居住在市中心但是被社群孤立的人，他们面临特殊的壁垒和有限的机会。

◎ 是社会应对贫困负责还是个人应对自己负责呢？对于无家可归的家庭来说，大多数人认为社会应该做得更多，但很多人把成年人的无家可归看作他们对自己生活方式的选择。

“争鸣与辩论”专栏中的文章更详细地讨论了当前的福利辩论。理解这个重要的社会问题，可以帮助我们决定社会应如何应对贫困问题和接下来要讨论的无家可归的问题。

无家可归

每年，美国的国家住房和城市发展部都会开展一项全国性的城镇调查，以了解美国有多少人无家可归。

2014 年的调查结果显示，1 月份约有近 58 万人曾有一个晚上住在庇护所、临时性住房或者街上。与以前对无家可归者人口的估计一样，批评家声称国家住房和城市发展部的调查低估了无家可归者的真实数字，他们可能有数百万人。

我们所熟悉的无家可归的人的原型——睡在门口的男人和用购物袋装着所有家当的女人——已经被“新无家可归者”所取代。这些新无家可归者是因工厂关闭而失业的人、为了逃避家庭暴力而带孩子离开家的妇女、因租金上涨而被迫离开公寓的成人，以及由于工资低或根本没有工作无法偿还抵押贷款或租金的人。如今，没有什么刻板印象可以描绘无家可归者的完整画面。

绝大多数无家可归者报告说他们没有工作，尽管大约有 18% 的人至少有一份临时工作。无论工作与否，所有无家可归的人都有一个共同点：贫穷。因此，对贫困的解释也适用于无家可归。一些人指责无家可归者的个人特质：33% 的无家可归者滥用药物；28% 的人患有严重的精神疾病。更概括地说，1% 的人口似乎由于某种原因，无法适应复杂和竞争激烈的社会。

其他人（更多的是自由主义者）认为，无家可归问题是由社会因素造成的，这些社会因素包括：工资低和缺乏负担得起的住房。这种观点的支持者指出，37% 的无家可归者是全部家庭成员（通常是一个单身母亲和小孩）都无家可归，而自 2007 年经济衰退开始以来，无家可归者家庭中的比例一直在上升。从另一个角度来看，儿童是无家可归者中增长最快的群体。

争鸣与辩论

福利困境

马可：（冲进门）对不起，我迟到了。我在商店结账的时候，被一些接受福利救济的母亲们堵在了后面。

谢尔盖：（带着迷茫的笑容回头看）确切地说，一个人依靠福利救济生活是什么样子？

你对“福利救济接受者”的印象是怎样的？如果你像大多数美国人一样，你可能会想到一个中年的非裔美国女性形象，但是你错了。实际上，在美国，接受福利救济者的典型形象是白人儿童。

关于福利，人们一直存在很多困惑。关于福利是好是坏，人们也有不同的看法。1996 年，美国国会就这一问题进行了辩论，并颁布了一项新法律，联邦政府停止向贫困家庭提供公共救济金，取而代之的是一项新的计划。现在，这项新的国家计划只向穷人提供有限的帮助，并要求获得援助的人员接受工作培训或找到工作，否则就会中断发放救济金。

要了解如何实现目标，首先要来解释一下福利。英文单词“welfare”是指旨在改善低收入人群福祉的各种政策和方案。在 1996 年的福利改革之前，大多数人将这一术语仅用于整个福利系统的一部分：依附家庭的儿童的援助计划（AFDC）。这个联邦计划每月为父母（大多数是单身女性）提供经济援助来养育他们自己和孩子。1996 年，美国约有 500 万户家庭至少在一年中曾获得过 AFDC 的援助。

保守主义者反对依附家庭的儿童的援助计划，声称援助计划不是减少儿童贫困，而是通过两种方式使问题变得更加糟糕。首先，他们指出，援助计划削弱了家庭，因为只有没有丈夫住在家里，才能给贫困的母亲提供经济援助。因此，政府实际上为妇女拥有婚外子女提供了一种经济动机，而且他们还指责这导致了婚外生育迅速地增多。对保守派来说，婚姻是减贫的关键之一：只有约 1/16 的已婚夫妇家庭处于贫困之中；而超过 90% 的援助家庭的户主是未婚女性。

第二，保守派认为，福利鼓励穷人依靠政府的救济，主要原因是 80% 的贫困家庭的户主没有全职工作。而且，只有 5% 接受援助计划的单身母亲拥有全职工作，相比之下，非贫困单身母亲拥有全职工作的概率超过 50%。保守主义者指出，福利逐渐远远偏离了原来的短期目标，对于本想短期内带孩子而没有工作的妇女（比如丈夫离婚或死后），逐渐成为她们的生活方式。一旦陷入这种依赖，贫穷的妇女所养育的子女也可能会成为穷人。

自由主义者对此持有不同的看法。他们提出质疑，大多数“福利”实际上是向更富裕的人转移的时候，人们是否反对政府援助贫困的母亲和孩子呢？每年援助计划的成本高达 250 亿美元（的确是个不小的数目），但远远低于美国政府每年向约 4700 万的大多数并不贫穷的老年人提供的社会保险金 6720 亿美元。而对于 2008 和 2009 这两年国会投票赞成用于支持金融产业复苏的超过 100 000 亿美元的金额而言，更是九牛一毛。

自由派坚持认为，大多数寻求公共援助的贫困家庭的确需要帮助。大多数通过这种途径获得帮助的人是儿童，而且他们得到的并不多。典型的家庭每月只能得到大约 375 美元的援助，这并不足以吸引人们享受依赖福利的生活。甚至加上以食品券的形式发放一些额外的钱，接受福利援助的家庭仍然远远低于贫困线。因此，自由主义者将公共援助视为处理美国就业岗位紧缺和收入不平等现象等严重社会问题的“援助品牌”。对于公共援助削弱家庭责任的指控，自由主义者表示认同，单亲家庭比例有所上升，但他们认为将单身父母养育视为许多国家所有阶层都存在的总体趋势。

早在 1996 年，保守派就获得了胜利，援助计划被终止。美国社会的个人主义文化一直鼓励我们把贫穷视为懒惰和个人失败的标志，将贫穷归咎于个人（而不是社会）。这种对穷人的看法可能是导致国会用贫困家庭临时援助计划（Temporary Assistance for Needy Families，TANF）来取代援助计划的原因。这一临时援助计划要求穷人获得工作培训，限制收入援助在连续两年之内，终生接受援助计划的总年份不超过五年。

到 2008 年，新的临时援助政策将接受收入援助的家庭数量减少了约 60%。许多曾经依靠社会福利的单亲家长已经就业或正在接受就业培训。考虑到这一点，支持福利改革的保守派看到新计划取得的巨大成功。福利券已经被削减，更多的人从接受福利转而通过工作来维持生计。但自由主义者认为改革远未成功。他们指出，现在工作的很多人收入很低，他们的生活并不比以前好。换句话说，改革大大减少了接受福利的人数，但却没有减少贫困。

你怎么想

1. 美国文化对自力更生的重视有助于解释围绕公共援助的论战吗？为什么人们不会批评流向那些更富有的人的福利（比如房屋抵押贷款利息的减免）？

2. 你是否同意贫困家庭临时援助计划设置的援助期限？为什么？

3. 为什么你认为福利改革对减少贫困作用不大？

资料来源：Lichter and Crowley（2002），Lichter and Jayakody（2002），Von Drehle（2008），U.S. Census Bureau（2014），U.S. Department of Health and Human Services（2014）.

没有人会反对大部分无家可归者在某种程度上存在个人缺陷的观点。但两者之间的因果关系很难区分。美国经济长期的结构性变化、社会服务预算的削减以及近期的经济衰退都导致了无家可归问题的加剧。

不平等的上升趋势

在美国，关于收入不平等现象的争论越来越多。其原因很简单，因为经济不平等已经达到了自 1929 年以来仅次于大萧条时期的水平。

如图 8-7 所示，20 世纪 20 年代，在最大的

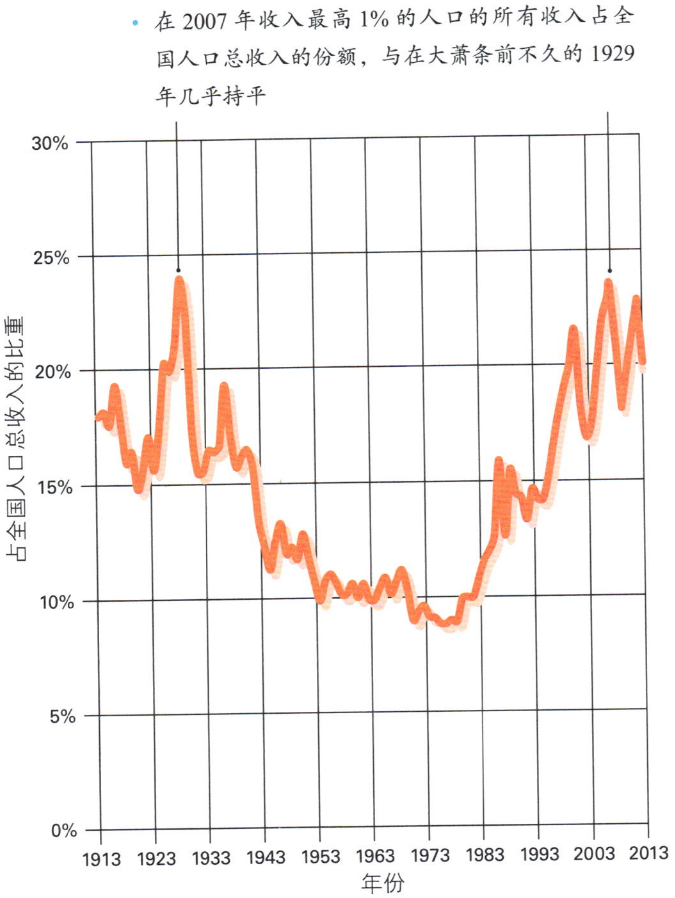

图 8–7 1913—2013 年最富有的 1% 家庭所得收入的份额

◎在 1929 年，美国最富有的 1% 的人口的总收入几乎占全国人口总收入的 25%。此后几十年来，这一份额不断下降，到 20 世纪 70 年代中期下降到 10% 以下。然而，近几十年来，收入差距一直呈扩大趋势。到 2007 年，前 1% 的人的收入几乎占全国人口总收入的 25%，尽管随着经济衰退的开始，这一比例有所下降。

资料来源：Saez & Piketty（2015）.

股市崩溃前十年，最高收入的 1% 的人口的收入稳步增长，收入占到全国人口总收入的近 25%。在大萧条后的几十年里，收入平等上升成为趋势。到 20 世纪 70 年代，最富有的 1% 的收入占人口总收入的份额不到 10%。然而，在过去 30 年中，这种趋势已经被逆转。今天，最高收入的 1% 的人口获得的收入占全国人口总收入的份额与 1929 年持平。

一直以来，美国是一个大多数人期望存在一定程度的经济不平等的国家。这个国家竞争激烈的个人主义和个人责任的核心价值观念支持这样一种观点，即人们应该根据自己的才能、能力和付出来获得回报。

即使如此，人们正在失去信心，事实也是如此。在最近的一项调查中，美国成年人被调查是否同意“美国收入差距过大”的说法，有 63% 的调查对象表示同意，只有 16% 的人不同意（其余的则说他们既不同意也不反对，或者不知道）。其他调查发现，绝大多数人都同意这一说法，即认为在这个国家，富人变得越来越富有，而穷人越来越贫穷。

巨富们的钱是应得的吗

对经济不平等的广泛关注说明了一个严重的问题。首先，在大多数人认为收入差距太大的社会中，人们会质疑最高薪的个人的付出是否真正值得那么丰厚的回报。当然，有一些非常聪明、非常有才华、非常勤奋的人，他们得到高收入作为回报，而娱乐行业中的人的收入是所有人中最高的。碧昂斯（Beyoncé）在 2014 年的收入达到 1.15 亿美元，比艾伦·德詹尼斯（Ellen DeGeneres）的 7000 万美元、索菲娅·维加拉（Sofia Vergara）的 3700 万美元和坎耶·维斯特（Kanye West）的 3000 万美元都要高。这样的高收入是非常受大众欢迎的明星们所获得的，而我们可以证明，这样的报酬是因为他们的才能让这些名人吸引了大量观众，并创造了大量的广告收入。

但是我们要谨慎一点，不要认为收入与才能、能力和付出直接相关。2011 年，纽约洋基队的亚历克斯·罗德里格斯（Alex Rodriguez）以 300 万美元收获了主要联盟球员中最高的薪水。这个数额几乎等于整个堪萨斯城皇家队整个赛季支付的钱，而堪萨斯城皇家队的球员肯定会比洋基队最好的球员提供更多的才能、能力和付出。另外一个美国人——贝比·鲁斯，可以说是有史以来最伟大的棒球手，他在洋基队的最高薪（1930 年和 1931 年）的赛季只获得了八万美元（相当于现在 120 万美元）。

近年来，对于企业界的富人在多大程度上值得他们的回报的质疑声有所增加。根据 CNN/*Money* 杂志报道，2013 年，甲骨文公司 CEO 拉里·埃里森（Larry Ellison）是薪水最高的 CEO，他在薪金、奖金、股票期权和其他津贴方面总共获得了 7840 万美元的薪酬。同年，美国十位薪酬最高的 CEO 的收入平均只有 3000 多万美元。回首过去，我们看到，如今企业 CEO 比以往任何时候都更能赚钱。1970 年，企业 CEO 的薪酬是公司普通员工的 40 倍。2013 年，CEO 的收入是公司平均水平的 400 倍以上。2010—2013 年，CEO 的平均薪酬跳升了 20% 以上，而这种上升趋势并没有结束。

高薪的支持者声称公司应不惜一切代价吸引最聪明和最有才华的人才进入高层，这有助于公司获利更多。批评者反驳说，向 CEO 支付很多钱并不能保证公司有更好的业绩。

◎只是最近几年，越来越多的经济不平等成为总统竞选的一个议题。在 2016 年总统初选中，自称为“民主社会主义者”的伯尼·桑德斯（Bernie Sanders）将经济不平等作为他执政的核心理念，并在美国国内获得大量支持。在你选择支持哪位总统候选人的时候，经济不平等问题有多重要？

其他美国人能不能获得成功

伴随着美国日益加剧的不平等现象而来的另一个问题是，越来越多的人怀疑努力工作是否真的能获得成功。愿意付出努力的人可以享受经济安全，而且随着时间的推移，社会地位会获得改善是美国梦的核心。但是近几十年来，虽然收入层级最高的人已经获得了慷慨的回报，但普通劳动者一直都在努力维持自己的财富。由于很难找到高收入的工作，因此相信自己的家庭能够实现美国梦的人数从 2001 年的 76% 降至 2014 年的 40% 就不足为奇了。

如今，公众对经济不平等的察觉与 20 世纪 30 年代大萧条以来一样强烈。如果经济不平等的趋势持续下去，如果公众对美国社会系统中的不平等失去信心，那对美国社会的基础性变革的呼声肯定会加剧。

最后，当我们在家中讨论不平等的形式时，我们必须记住，社会分层的戏码远远超出了美国的边界。最明显的社会不平等现象不是通过在一个国家内部，而是通过世界各地的生活水平的比较来看。在第 9 章中，我们通过调查全球分层来扩大我们关注的焦点。

日常生活中的社会学

Society: The Basics

我们如何理解美国的不平等

本章概述了美国的阶级结构，以及美国人如何在社会不平等的体制中拥有自己的一席之地。你认为大众传媒在多大程度上准确地反映了美国社会中的不平等现实？

请看以下三张电视节目的照片，一张是 20 世纪 50 年代的，另两张是当代的。每一张照片所传达的社会地位是什么？我们如何获得那样的社会地位？

◎在一档于1955—1960年播出的广受欢迎的电视节目《百万富翁》(*The Millionaire*)中，一位非常富有的（从未在摄影机中出现的）人有个奇怪的爱好，他会把100万美元送给一个从没有见过的人。每个星期，他让他的私人助理迈克尔·安东尼（Michael Anthony）将一张支票递交给“下一个百万富翁”。安东尼找到了那个人，并把钱给了他。这个故事揭示了无缘由的巨大财富会如何改善（或有时恶化）一个人的生活。这个故事线暗示了怎样的社会阶层地位的建议？

◎在2002年开播的电视节目《单身汉》(*The Bachelor*)中，一位年轻的单身汉用自己的方式在25个年轻漂亮的女性中，开始进行团体约会，随后整晚与三名入围选手约会，（在大多数例子中）最终做出“最后的选择”。节目的大部分互动发生在加利福尼亚南部的一座奢华的7500平方英尺的豪宅中。这个节目展示了社会地位的关键是什么？这个节目对促进女性婚姻的重要性提供什么样的信息？

◎2004年开播的电视节目《跑道》(*Project Runway*)，让12名或更多的时装设计师参加竞赛，逐步淘汰直到最后一位“赢家”胜出。这为年轻人传递了什么样的关于社会地位和获得成功的信息？

提示

一般来说，大众传媒认为，社会地位反映了一个人的个人特征，当然有时也纯属偶然。在《百万富翁》中，一些人根本没有任何缘由就能获得天降之财。在《单身汉》中，女人试图获得男人的认可。在《跑道》节目里，成功的关键是时尚感和独创性。但社会结构也涉及我们很容易忽视的方式。成为一个百万富翁真的是因为运气吗？所有的单身汉都是白种人（截至2011年）这一事实的背后有什么含意？每个拥有很强的创造力的人都有一个平等的机会实现成功吗？个人通过竞争获得社会地位的机会会像电视节目所呈现的那样多吗？

从你的日常生活中发现社会学

1. 你在看电视时，不妨评估一下你在各种节目中看到的人物的社会阶层。在每个案例中，解释你判定某人社会地位的原因。你有没有发现许多明显的上层阶级的人？中产阶级、工薪阶级或穷人呢？描述你发现的模式。

2. 社会分层涉及一个社会如何分配资源。它也有一个相关的维度——社会不平等，指引我们是否要和一些人交往，以及如何与他们交往。你能举例子说明社会阶层差异是如何引导你在日常生活中的社会互动的吗？

第9章

全球社会分层

通过本章，我们能够：

◎ 描述高收入、中等收入和低收入国家的世界划分；

◎ 讨论世界各地的贫穷模式和内涵；

◎ 将社会学理论应用到全球不平等课题中。

社会的力量：决定儿童生存至五周岁的机会

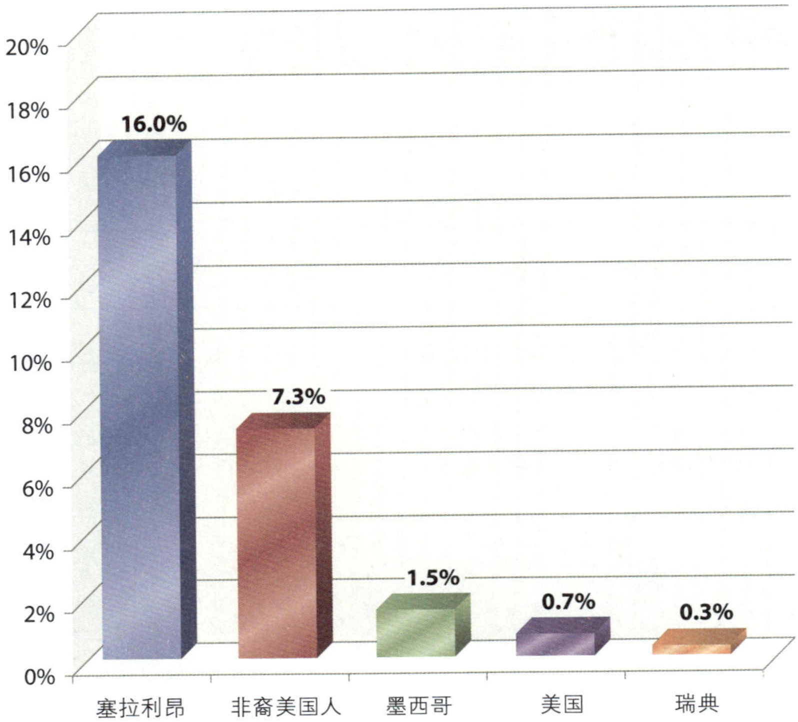

图 9–1　不同国家的儿童五周岁前死亡的比例

资料来源：UNICEF（2014）.

在经济发展不平等的世界中，出生国是如何影响儿童的生存机会的？出生在塞拉利昂这个非洲西海岸低收入国家的所有儿童，有16% 的儿童于五周岁前死亡。在另一个低收入国家海地，有 7% 的儿童遭受这种命运。而这一比例在高收入国家中会低很多。在美国，只有不到 1% 的儿童在生命的早期死亡。而在包括瑞典在内的拥有更健全社会福利制度的国家，其所占比率更低。

本章概要

社会分层不仅仅涉及某个国家内部的社会成员，还是一种世界性的现象，而这一现象在一些经济发达国家更为普遍。本章将关注的焦点由美国国内的不平等转移到世界范围内的不平等。首先对全球不平等进行了描述，然后提供了两个解释全球社会分层的理论模型。

2013 年 4 月 23 日，孟加拉国首都达卡和往常大部分日子一样开始了新的一天。3000 多名工人走进位于拉纳广场的大型制衣厂准备开始一天的工作，然而恐惧的氛围弥漫在大家周围。在通往工作间的楼梯上，一些员工谈起前一天出现的工厂大楼裂缝。大楼里的人员一度被疏散，建筑业主索赫尔·拉纳（Sohel Rana）叫来工程师检查裂缝。工程师当下摇头，断定大楼已不再安全，但是拉纳先生和他的高管们因顾及关闭工厂的成本而无视这一警告。

然而，保持工厂正常运转的成本更高——不仅是钱，还包括人命。工作了大约一个小时，上层楼的大型发电机被开启，在整个建筑内发出振动波。一分钟后，整个工厂迅速坍塌，仓促间工人们无法做出反应。随着灰尘的消散，街上的人惊恐地看到地面上那一大堆混凝土和钢铁，大楼坍塌的轰隆声变成被困幸存者的尖声呼救。两个多星期后，最后一批尸体从瓦砾中被拉出，死亡人数达到 1129 人，超过 2500 人受伤。

政府调查的结果表明，这场工厂灾难的发生是不可避免的。拉纳广场使用不合标准的材料建造，它达不到支撑工人、发电机和其他重型设备重量的要求。毫无疑问，建筑业主在建造大楼时偷工减料了。但市政官员也应负责，因为他们不顾建筑不安全的种种证据批准了这项工程的建设。拉纳广场的坍塌可能是同类事件中最致命的，但对于孟加拉国和其他低收入国家，它只是悠久的工厂建筑火灾和坍塌史中的最新事件。

从更广阔的视角来看，这一悲剧反映了低收入国家数百万人在不安全的工作环境下为生活在富裕国家的人们提供服装和其他产品的一种全球经济模式。在孟加拉国，制衣厂是大企业，服装占孟加拉国出口经济商品总数的 81%，这些服装有 20% 被运到美国各地的商店。我们购买的衣服有这么多来自类似孟加拉国的贫穷国家的原因可以用简单的经济学解释：孟加拉国的制衣工人，其中大多数是妇女，每天工作时间接近 12 小时，每周工作六天，然而赚取的钱很少高于该国每月 68 美元的最低工资。制衣工人从美国赚取每小时不到一美元的微不足道的薪酬。这样低的薪酬是包括沃尔玛和杰西潘尼（JC Penney）在内的商店能够以如此低的价格出售衣服的原因。清理坍塌的拉纳广场的瓦砾的人们可以看到，在混凝土中，撕裂的衣服标签包括 Benetton 和 Bonmarché 等牌子。

世界上大约有十亿人每日都在辛苦劳作，却依然贫穷，孟加拉国的这些制衣工人只是其中的一部分。像本章所要解释的，尽管贫穷在美国和其他国家是一种不争的事实，但最大的社会不平等不在国家内部，而在国家之间。只有通过探究**全球社会分层**（global stratification），即世界整体上的社会不平等模式，我们才能详尽地理解贫穷的维度。

全球社会分层概观

第 8 章描述了美国的社会不平等。然而，全球视野下的社会分层更加强烈。如图 9–2 所示，用世界的总收入除以五等分的人口所得出的收入分布状况。回顾第 8 章中所阐述的，美国人中最富有的 20% 大约赚取国民总收入的近 49%（见图 8–4）。然而，全球人口中最富有的 20% 的人获取了世界总收入的大约 77%。另一个极端却是，美国人中最贫穷的 20% 的人赚取不到国民收入的 4%，而全球人口中最贫穷的 20% 的人仅靠世界收入的 2% 来维持生存。

在财富方面，就像图 9–1 所表明的，全球的不平等越来越明显。尽管在最近的经济衰退中全球财富有所减少，初步估计世界人口中最富有的 20% 的人拥有大约 95% 的财富，约占世界人口 1% 的人几乎占有全球一半的财富。另一方面，全球最贫穷的 50% 的人只占有全球财富的不到 1%。以美元计算，世界上大约有 50% 的家庭占有的财富不到 3641 美元，远低于美国一般家庭的 81 200 美元 。

由于一些国家要比别的国家富裕得多，因此甚至那些收入远低于政府贫困线的美国人也比世界上的大多数人过得好。参照全世界的情况，生活在诸如美国之类的富裕国家的普通人都能过上很富裕的生活。世界上最富有的人的财富（2015 年世界富豪的前三名——美国的比尔·盖茨、沃伦·巴菲特和墨西哥的卡洛斯·斯利姆·赫鲁，每人都拥有超过 720 亿美元的财富）超过世界上 100 个最贫穷国家的经济总量。

术语说明

将世界上近 200 个国家进行分类，无疑忽视了许多惊人的差异。这些国家有着悠久的、多样化的历史，说着不同的语言，并以自己的特色文化为骄傲。然而，各种以全球社会分层为基础、有助于把这些国家区分开来的模式已发展起来。

第二次世界大战后发展起来的一种模式认为：那些富裕的工业国家为“第一世界”；那些工业化程度较低的社会主义国家为“第二世界”；那些非工业化的贫穷国家为“第三世界”。但是“三个世界”模式在今天已用处不大。一方面，它是西方资本主义（第一世界）用于对抗东方社会主义（第二世界）的冷战政治的产物，其他国家（第三世界）或多或少地被排除在界线之外。

另一方面，“三个世界”模式把 100 多个国家聚集在一起定义为第三世界。事实上，“第三世界”中有一些境况相对较好的国家（例如南美洲的智利），它们的人均生产力是世界上最贫穷的国家（例如东非的埃塞俄比亚）的 15 倍。

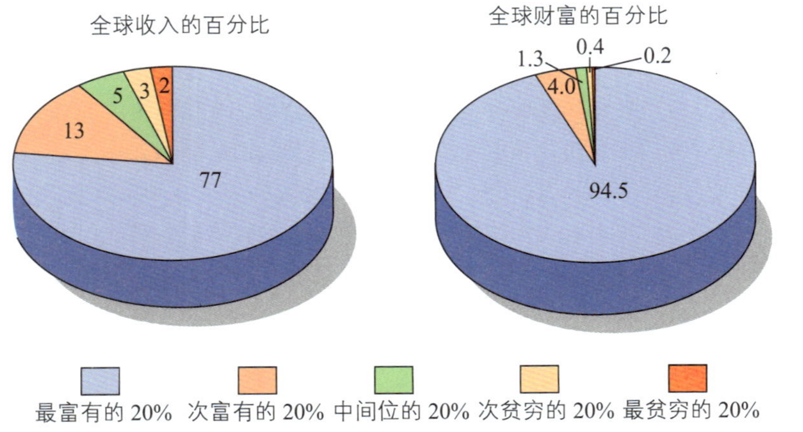

图 9–2　全球收入和财富的分布

◎ 全球收入的分布是非常不平衡的，世界人口中最富有的 20% 的人所赚取的收入是最贫穷的 20% 的人所赚取的收入的 50 倍。全球财富的分布也很不均衡，世界人口中最富有的 20% 的人拥有 95% 的私人财富，而最贫穷人口的 50% 几乎是一无所有。

资料来源：Based on Milanovic（2009，2011）and Davies，Lluberas, and Shorrocks（2014）.

这些事实要求对分类方法适当地加以修正。在这里，我们把 72 个“**高收入国家**”（high-income country）界定为富有的国家，享有最高的、全面

◎美国是世界上的高收入国家之一。工业技术和经济扩张造就了美国的物质繁荣。市场力量在纽约市表现得很明显（左上图）。印度近来跻身为世界中等收入国家的行列（右上图）。城市大街上的机动车数量剧增。马里（左图）是世界上低收入国家之一。正如图片所暗示的，这些国家经济发展有限，而人口却在急剧增长，从而导致普遍的贫困。

的生活水准。这些国家的国民总收入（GNI）① 超过 15 000 美元。世界上的 70 个**“中等收入国家”**（middle-income country）没有“高收入国家”那样富有，他们的国民享有世界平均水平的生活水准，人均国民总收入（GNI）为 3500 ～ 15 000 美元。余下的是 48 个**“低收入国家”**（low-income country），其国民生活水平低下，穷人占大多数，人均国民总收入（GNI）低于 3500 美元。

与旧的“三个世界”模式相比较，这种模式具有两个优势：第一，它关注经济发展情况胜过关注政治结构（资本主义或者社会主义）；第二，它更好地描述了各个国家相对的经济发展情况，因为它没有把所有的低收入国家混入单一的“第三世界”。

在设想全球社会分层时，还需谨记每个国家都有社会分层。例如，在孟加拉国，制衣厂业主每年估计可赚取 100 万美元，比他们的工人赚的高出数千倍。全球范围内的不平等更加明显，因为富裕国家（例如美国最富有的人）和低收入国家（例如孟加拉国、海地或苏丹）最贫穷的人，有着天壤之别。

高收入国家

那些 200 多年前就率先进行了工业革命的国家，其生产力提高了 100 多倍。要理解工业技术和计算机技术的力量，可参考日本——一个与肯塔基州面积相当的亚洲国家，其经济总量与非洲撒哈拉南部的整个大陆相当，而撒哈拉南部地区的土地面积是美国的两倍多。

世界上的高收入国家包括美国、加拿大、墨西哥、阿根廷、智利、西欧国家、以色列、沙特阿拉伯、新加坡、日本、韩国、俄罗斯、

全球社会分层　世界范围内的社会不平等模式

高收入国家	中等收入国家	低收入国家
享有最高的、全面的生活水准	享有世界平均水平的生活水准	生活水平低下，穷人占大多数

① 国民总收入（gross national income，GNI），指一个国家所有拥有该国国籍的公民（在国内或国外）在一定时期内生产的商品和劳务的价值总和。

马来西亚、澳大利亚和新西兰。这些国家大约占地球大陆面积（包括五大洲在内）的48%，大部分位于北半球。2014年，这些国家的人口总和大约是17.5亿，约占世界人口的24%。而高收入国家的人口大约有75%生活在城市里或者城市附近。

高收入国家之间也存在着巨大的文化差异。例如，欧洲国家共有30多种官方语言。但是这些国家也有共同的一面：它们都能生产出足够多的商品和服务，使它们的国民能过上舒适的生活。人均收入（即每人的年平均收入）从大约15 000美元（博茨瓦纳、保加利亚和伊朗）到50 000多美元（美国、新加坡和挪威）不等。事实上，高收入国家的人们享有世界总收入的59%。

在像美国这样的高收入国家，即便是穷人，其经济生活水平也比诸如巴西等中等收入国家大约一半人口要高。即便如此，美国和其他高收入国家还有不少低收入人群。美国最贫穷社区的居民，其经济条件比世界上一半以上人口都好，然而毫无疑问，他们与该国生活的大多数人对比鲜明。在“多样化思考”专栏中，我们描述了美国南部边境的拉斯殖民地（las colonias）存在的极度贫困。

富裕国家的生产是资本密集型的，它以工厂、大型机器和先进的技术为基础。大多数设计和销售计算机的大型公司以及大多数计算机用户都在高收入国家。高收入国家控制着世界的金融市场，纽约、伦敦和东京的日常金融交易活动会影响到全世界的人。简单地说，富裕国家拥有高度发达的生产力，既得益于它们拥有先进的技术，也得益于它们控制了世界经济。

中等收入国家

中等收入国家的人均收入为3500～15 000美元，大概相当于世界的平均水平（大约10 525美元）。中等收入国家中有53%的人生活在城市里或者城市附近，普遍从事工业职业。余下的47%的人生活在农村地区，且多数是穷人，缺乏受教育的机会，医疗和住房条件不足，甚至没有安全的饮用水。

世界上大概有70个国家属于中等收入国家。收入最高的有哥斯达黎加（拉丁美洲）、黑山（欧洲）和泰国（亚洲），这些国家的年人均收入大约是14 000美元。最低的有尼加拉瓜（拉丁美洲）、加纳（非洲）和叙利亚（中东），这些国家的年人均收入大概是5000美元。

一些中等收入国家过去被划作“第二世界”，如今这些国家开始引入市场经济体制。这些中等收入国家包括：乌克兰、乌兹别克斯坦、格鲁吉亚和土库曼斯坦。

其他的中等收入国家包括南美洲的秘鲁和巴西以及非洲的纳米比亚和南非。印度和中国也进入了中等收入国家的行列，这两个国家包括了大部分的亚洲人口。

总之，中等收入国家大约占地球陆地面积

◎一般来讲，高收入国家遭遇自然灾害时，财产损失会很大，但人们的生命损失不大。飓风桑迪（Sandy）被称为“超级风暴”（左图），于2012年袭击美国东海岸，造成超过600亿美元的损失和72人死亡。相比之下，2010年海地（右图）的地震造成了超过30万人死亡。

多样化思考：种族、阶层和性别

拉斯殖民地区："美国的第三世界"

"我们需要属于自己的东西。"奥尔加·鲁兹（Olga Ruiz）说，他在得克萨斯州一个名叫"大学园区"（College Park）的边远社区生活了 11 年。这个社区其实并没有大学，只有满是灰尘的乡下土路，没有下水道管线，甚至没有自来水。然而，这个小镇只是类似的居民点之一。从得克萨斯州的南部开始，沿着 1200 英里的边境线，从埃尔帕索（El Paso）到布朗斯维尔（Brownsville），类似的居民点大约有 1800 个，总共可能居住着 500 000 人。

当许多人谈及拉斯殖民地区（西班牙的殖民地）时，把它当成"美国的第三世界"，因为这些地区绝对贫穷，看起来很像墨西哥或其他中低收入国家的类似地区。但是这里是美国，几乎所有生活在该殖民地区的人都是西班牙裔美国人，其中有 85% 是合法居民，美国公民超过一半。

阿勒斯坦斯亚·尼德塞玛（Anastacia Ledsema）现年 72 岁，40 多年前移居到一个名叫斯帕克斯（Sparks）的殖民地区。尼德塞玛生于墨西哥，和一个得克萨斯男人结了婚。夫妇俩还花了 200 美元在新的边境地区买了一块 0.25 英亩[①] 的地。他们俩在这块地上露营了几个月。他们一步一步地通过自己的辛勤劳动和不断的投资，在这个地方修了一处不大的房子。他们这个小社区直到 1995 年才通自来水——这项服务开发者数年前就允诺过的。然而，在水管终于接过来以后，情况的变化出乎他们所料。尼德塞玛回忆说："当我们能用上水的时候，许多人都搬过来了。"斯帕克斯地区的人口马上就翻倍了，达到了大概 3000 人。水的供给无法跟上，以至于有时候水龙头里根本就不出水。

这些殖民地区的所有人都知道他们很穷，年人均收入大约只有 6000 美元。确实，美国人口普查局最近宣布，边境地区周围的乡村是全美最穷的地区。考虑到有如此多的类似地区缺乏基本的服务，得克萨斯州官方禁止一切新的移民进入这里。但是大多数迁居到这里的人——这些人甚至起初都是睡在自己的小汽车或卡车上的——把这些地区看作通往美国梦的路途中的第一步。奥斯卡·索利斯（Oscar Solis）是帕诺拉马村的一个街坊领导，这个村大约有 150 人。他自豪地带着游客在这个虽然小但正在发展的村镇四处转悠。他微笑着说："我们做的所有工作都是为了我们的梦想成真。"

你怎么想

1. 美国存在这样的贫困，你感到惊讶吗？为什么？
2. 你是否知道美国其他地方也存在文章描述中的贫困现象？如果有，是什么地方？
3. 你认为居住在拉斯殖民地区的家庭的未来会怎样？阐述你的猜想。

资料来源：Based on Schaffer（2002）and The Economist（2011）.

① 1 英亩≈4046.86 平方米。——译者注

的 36%，其人口共计约 45 亿，大约占世界总人口的 60%。一些国家（例如中国）的人口密度远低于其他国家（例如萨尔瓦多），但是与高收入国家相比，这些国家的人口密度很大。

低收入国家

低收入国家主要是农耕社会，有少许工业。这些国家的多数人都非常贫穷。全球有 48 个低收入国家，其中许多位于中非、东非和亚洲。低收入国家占地球陆地面积的 17%，拥有人口 9.9 亿，占世界总人口的 14%。这些国家的人口密度一般比较高，有的亚洲国家（例如孟加拉国）的人口密度比中非国家（例如乍得和刚果民主共和国）的人口密度更大。

这些贫穷国家有 35% 的人生活在城市里，多数人像他们的世代祖先那样居住在乡村和农

场里。实际上，低收入国家中有一半人是农民，多数农民都遵循着各种文化传统。因为工业技术有限，他们的生产力不高，这是许多人遭受严重贫困的原因之一。饥饿、疾病和不安全的住宅条件塑造着低收入国家中最贫穷人口的生活状况。

生活在诸如美国这样的富裕国家的人很难了解这个世界上有多少贫困人口。有时候，一些反映极度贫穷的国家（比如塞拉利昂和利比里亚）的饥荒情景的电视画面，使人们见识了低收入国家里那种为了谋生而使得每天都变得生死攸关的贫困，真是骇人听闻。在这些影像背后的是文化力量、历史影响力和经济实力，我们将在这一章余下的部分进行探讨。

全球的财富和贫困

10 月 14 日，菲律宾的马尼拉。一位非常干净、大概有七八岁的女孩引起了我的注意。她穿着洗过的衣服，清新宜人，头发也仔细地梳理过。她停下来，看着我们，眼睛跟着我们转：那些镜头中的美国小孩好像在这个全世界最穷的街区突然出现了。

“烟雾山”是位于马尼拉北边的一个巨大的垃圾堆存处。可降解的垃圾产生沼气，由沼气引起的火在“烟雾山”上经久不息。烟雾弥漫在垃圾山丘上，像浓雾一般。但是“烟雾山”不只是一个垃圾堆存处，它还是一个居住着几千人的街区。我们很难想象还有哪个地方会比这里更不适宜人居住了。人们在烟雾和脏物中辛苦劳作，以求生存。他们从垃圾堆里拾捡塑料袋，在河里洗干净，收集纸板箱和他们能卖的一切东西。这些小孩来自每年只能赚取几百美元的家庭，几乎没有任何上学的机会，年复一年地呼吸着污秽的空气，又会有什么样的机会呢？这个可爱的小女孩穿着清新，跑出去玩耍，这显得与这种人间悲剧的背景格格不入。

我们前往马尼拉的另一边，的士司机在拥堵的路上好不容易挤出了一条路。变化令人惊异：垃圾堆的烟雾和气味没有了，街区能与迈阿密和洛杉矶相媲美。一群游艇在远处的海湾上漂荡着。前方也不再是有车辙的街道，我们沿着宽敞的林荫大道平静地行走着，大道两边种着树，路上尽是昂贵的日本轿车。我们路过购物中心、高档旅馆以及超高层的办公楼。大约在每个街区，我们都能看到在高级住宅区的大门入口处有安全警卫站岗。马尼拉的富人生活在宽敞的、有空调的家里，而许多穷人却在辛苦劳作。

低收入国家有少数富人和许多穷人。多数人靠着每年几百美元的收入为生，这意味着这种贫困的负担远远大于美国穷人的负担。这并不是暗示美国的贫困只是一个小问题。在如此富裕的国度里，还存在着食物少、住房标准不达标、上千万人没有医疗保障（其中几乎有一半是儿童）的现象，这是一个国家的悲剧。

贫困的严重性

贫穷国家的贫困比富裕国家的贫困更严重。这个世界上生活质量的差别非常大，关键原因之一是，这些地区的经济生产力是最低的，而恰恰其人口的增长却是最快的。图 9–3 展示了在经济发展的每个层面上，几个世纪以来的世

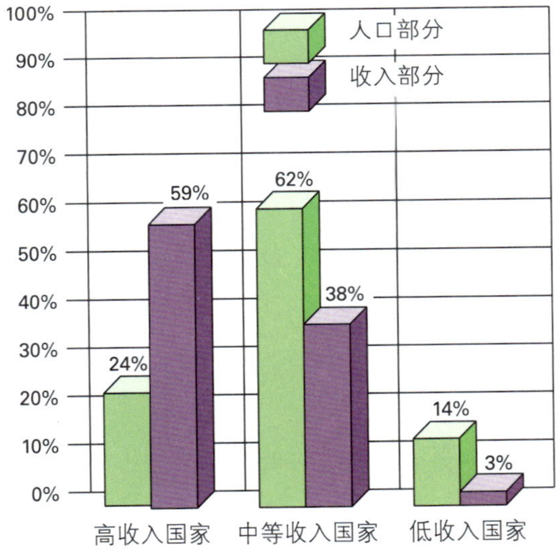

收入比率： 12 :3 :1

图 9–3 不同经济发展水平下的人口和收入对比

◎低收入国家的人们每赚取 1 美元，高收入国家的人们就可以赚取 12 美元。

资料来源：Based on Population Reference Bureau（2014）and World Bank（2014）.

界人口和全球收入的比例。高收入国家到目前为止是最有优势的，用全球收入的 59% 来供养仅仅 24% 的世界人口。中等收入国家占世界人口的 62%，但其赚取的收入却只是全球收入的 38%。剩下的 14% 的全球人口仅仅享有全球收入的 3%。简而言之，低收入国家的人每赚取 1 美元，高收入国家的人就能赚取 12 美元。

表 9–1 展示了世界上一些国家的财富和福利的拥有情况。表格的第一栏给出的是许多高收入、中等收入和低收入国家的国民总收入（GNI）的情况。美国这样一个庞大而生产力高的国家，其 2013 年的 GNI 达到 17 万亿美元。日本的 GNI 达到 4.8 万亿美元。从 GNI 值的情况比较来看，世界上最富裕的国家的生产力高出最贫困的国家数千倍。

表 9–1 2009 年全球视野下的财富与福利

国家	GDP 总量（10 亿美元）	人均 GDP（PPP 美元）	生活质量指数
高收入国家			
挪威	338	66 520	0.944
澳大利亚	982	42 450	0.933
美国	16 992	53 750	0.914
加拿大	1498	42 610	0.902
瑞典	448	46 680	0.898
英国	2446	38 160	0.892
韩国	1679	33 440	0.891
日本	4812	37 790	0.890
中等收入国家			
东欧			
塞尔维亚	89	12 480	0.745
乌克兰	408	8970	0.734
阿尔巴尼亚	29	10 400	0.716
拉丁美洲			
哥斯达黎加	66	13 570	0.745
巴西	408	8970	0.734
厄瓜多尔	29	10 400	0.716
亚洲			
泰国	900	13 430	0.722
中国	16 080	11 850	0.719
印度	6700	5350	0.586
中东			
埃及	885	10 790	0.682
伊朗	499	14 930	0.642
非洲			
阿尔及利亚	513	13 070	0.717
纳米比亚	22	9490	0.624
低收入国家			
拉丁美洲			
海地	18	1720	0.471
亚洲			
柬埔寨	44	2890	0.584
孟加拉国	499	3190	0.558
巴布亚新几内亚	18	2430	0.492
非洲			
肯尼亚	123	2780	0.535
埃塞俄比亚	130	1380	0.435
马里	24	1540	0.407
几内亚	14	1160	0.392
刚果共和国	50	740	0.338

◎ 注：这些数据是根据购买力平价（PPP）的计算结果，避免了通货率的影响，给出的是每种国内货币的当地购买力。

资料来源：United Nations Development Programme（2014）and World Bank（2014）.

表格的第二栏是用 GNI 除以总人口规模，以估算人们在当地经济条件下的收入的购买力。像美国、瑞典和加拿大这样的富裕国家，其人均 GNI 是非常高的，超过了 40 000 美元。对于中等收入国家，数值在从印度的 5300 美元到巴西的近 15 000 美元范围内。在低收入国家，人均 GNI 只有一两千美元。例如，在尼日尔或马里，一个标准的劳动力全年的收入只相当于一

◎在世界各地，财富与健康都有着很大的联系。在低收入国家（如利比里亚），最近出现了诸如对人类生命有威胁的埃博拉疫情。

个美国普通工人的周薪。

表格 9-1 的最后一栏显示的是 2009 年各个国家的生活质量。由联合国计算出的这个指数是以收入、教育（成人的读写水平和平均受教育年限）以及寿命（人们的预期寿命）为基础的。指数值在 1（最高）和 0（最低）之间。从这种计算来看，挪威人的生活质量最高（0.944），美国人的生活质量与之相接近（0.914）。非洲国家刚果共和国却处在另一个极端，其人们的生活质量最低（0.338）。

相对贫困与绝对贫困

我们在第 8 章中对相对贫困和绝对贫困做了区分，这种区分也适用于全球的不平等。富裕国家的人们通常关注相对贫困，即一些人缺乏被其他人视为当然的资源。根据这种定义，相对贫困存在于每个社会中，不管是富裕的社会还是贫穷的社会。

然而在全球视野下，更重要的是绝对贫困，即缺乏维持生命的资源。处于绝对贫困中的人缺乏健康和长期生存所必需的营养。美国自然也有绝对贫困者，但是美国的人口中遭遇到这种直接对生命构成威胁的贫困的只是极少一部分。相比之下，低收入国家有近一半的人每天仅靠大约 1.25 美元生活，极度贫困。

绝对贫困是致命的，低收入国家的人们面临年轻时期死亡的高风险。如果我们探讨世界各国的人们活到 65 岁的可能性问题，那么在富裕国家，超过 85% 的人能达到这个年龄，美国的数字是 84%。然而，在世界上最贫穷的那些国家，只有三分之一的人能活到 65 岁，有十分之一的小孩会在五岁前夭折。

贫困的程度

贫穷国家的贫困比像美国这种富裕国家的贫困更普遍。第 8 章提到美国政府正式将 14.5% 的人口划分为穷人。然而，在低收入国家，大多数人的生活并不比美国的穷人好，甚至更糟。在撒哈拉以南的非洲国家，人们活到 65 岁的低概率表明，那里存在严重的绝对贫穷，有 25% 的人营养不良。如果将世界视为一个整体，在某个既定的时间，世界上有 11.3% 的人（大约 8.05 亿）患有慢性饥饿，这使他们无力工作，同时又把他们推至染患疾病的高风险境地。

在像美国这样的富裕国家，一个成年人每天摄入约 3750 卡路里，卡路里摄入过量导致了普遍的肥胖症及相关健康问题。在低收入国家，成年人每天仅摄入 2769 卡路里，同时需要做更多的体力劳动，食物太少或缺少种类合适的食物导致其营养不良 。

在我们阅读本章这节内容的约十分钟时间里，世界上已有大约 100 人死于因饥饿导致的疾病或者体弱。每天约有 25 000 人、每年约有 900 万这样的人。显而易见，缓解世界范围内的饥饿是人类今天需承担的最重大的责任之一。

贫困与儿童

在贫穷国家，家庭缺乏足够的食物、干净卫生的水、安全的住房和医疗机会，死亡通常来得很早。在世界上的低收入和中等收入国家中，20% 儿童不能获得维持健康的足够营养。

数千万儿童为补贴家用而乞讨、偷盗、卖淫或受雇于贩毒团伙。他们为此付出昂贵的代价。这些儿童错失受教育的机会，还极有可能成为疾病和暴力的受害者。一些女孩子怀孕了，在自己还是个孩子时就要养孩子。

大约有一半的街头儿童生活在诸如墨西哥城和里约热内卢这样的拉丁美洲城市，在那些地方，有一半儿童是在贫困中长大。许多人知道这些城市是具有异国情调的旅游目的地，然而它们也是成千上万住在临时搭建的棚屋里、

◎ 在贫穷城市的街头，每天有上千万的儿童靠自己的力量谋生，其中有许多儿童沦为疾病、吸毒和暴力的牺牲品。你认为必须采取什么样的措施来保证像印度班加罗尔的这些儿童获得足够的营养和优质的学校教育呢？

桥底下或小巷子的街头儿童的家乡。

贫困与妇女

在富裕国家，妇女做的许多工作都被低估了，或者干脆就没被注意到，她们所获的报酬也相当低。在贫穷国家，妇女面临的劣势甚至更大。如本章开头所描述的在血汗工厂里工作的人，大多数是妇女。

更糟糕的是，低收入国家的传统使妇女不能从事许多工作。例如，在孟加拉国，妇女在制衣厂工作，因为社会上保守的宗教规范禁止妇女从事多数有报酬的工作，限制妇女接受先进的学校教育。同时，贫穷国家的传统规范把培养孩子和维持家庭的首要责任交给了妇女。据分析家估计，在贫穷国家，尽管妇女生产出 70% 的食物，但男性却拥有 90% 的土地。在很多低收入国家，根据法律，已婚夫妇使用的土地权归丈夫所有，这意味着这里的性别不平等远远大于高收入国家。因而，分析家认为世界上大约 70% 的妇女，粗略估算有十亿绝对贫困人口是妇女。

最后，贫穷国家的大多数妇女很少得到或者根本没有接受过生殖健康服务。由于节育方法有限，妇女只能和孩子们待在家里，导致生育率居高不下，并抑制了国家的经济发展。此外，世界上最贫穷的妇女生育小孩时通常不会有专业医护人员在场。如图 9–4 所示，低收入国家和高收入国家在这方面具有明显的差别。

奴隶制度

除了饥饿以外，贫穷国家还有许多问题，包括文盲、战争，甚至还有奴隶制度。大英帝国在 1833 年取缔了奴隶制度，美国跟着在 1865 年也取缔了奴隶制度。但奴隶制度并非过去式，目前大约有 2000 万的男子、妇女和孩子仍是奴隶身份。

国际反奴隶制度组织把奴隶制度区分为五种类型。第一类是奴役制度，即一个人拥有另一个人。尽管奴役制度的存在几乎在任何地方都属于违法，但仍有几百万人沦为此类奴隶。买卖奴隶（一般都是一个种群或阶级集团成员奴役另一个种群或阶级集团成员）在亚洲、中东，尤其是非洲的许多国家依然存在。在“全球性思考”专栏中描述了非洲国家毛里塔尼亚的一个奴隶的真实生活。

全球快照

• 与美国妇女相比，埃塞俄比亚的妇女分娩时有医务人员助产的可能性要小得多，而死于分娩的可能性则大得多。

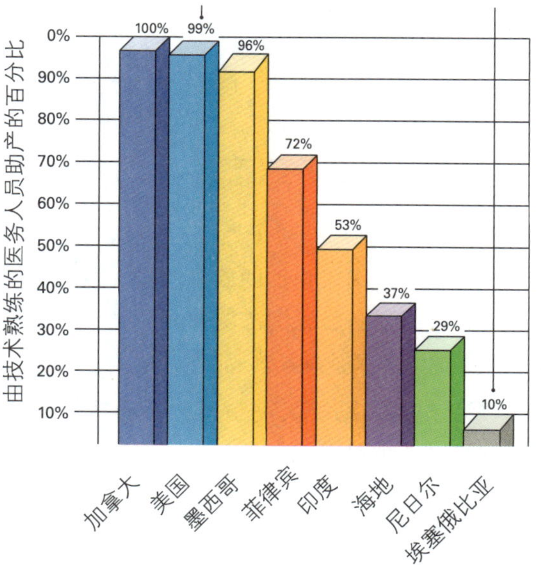

图 9–4 由技术熟练的医务人员助产的百分比

◎ 在美国，绝大多数分娩都有医务人员助产，这种情况在低收入国家却不常见。

资料来源：World Bank（2015）.

全球性思考

“上帝创造我成为奴隶。”

法蒂玛·美恩特·马马多乌（Fatma Mint Mamadou）是北非毛里塔尼亚伊斯兰共和国的一名年轻妇女。当问她的年龄时，她停下来，微笑着摇了摇头。她不知道自己是什么时候出生的。她也不会阅读和写字。她所知道的就是照管骆驼、放羊、拖运水袋、扫地和侍候主人喝茶。毛里塔尼亚大概有50万名这样的奴隶，占人口总数的18%，她只是其中的一个。

在毛里塔尼亚的中部地区，如果一个人有着黑褐色的皮肤，那几乎意味着他是某个阿拉伯主人的奴隶。法蒂玛认可了她的境遇，她不知道其他的任何事情。她用平常的口吻说，她与她妈妈、祖母甚至更远的祖辈一样，也是奴隶。她耸耸肩说：“正像上帝创造骆驼成为骆驼一样，上帝创造我成为奴隶。”

法蒂玛和她的妈妈以及她的兄弟姐妹生活在毛里塔尼亚首都努瓦克肖特郊区的一个棚户区小村庄。他们的家是一个宽九英尺[①]、长十二英尺的棚屋。这个棚屋是他们用木材废料和从建筑工地上捡来的材料搭建起来的。屋顶只不过是一块布，没有蓄水设施和家具。离家最近的一口水井有一英里的路。

这个地区的奴隶制度始于500多年前，大约是哥伦布向西航行、探险美洲大陆的时候。阿拉伯人和柏柏尔人部落袭击了当地的村庄，使当地人沦为了奴隶。因而，从那时到现在，这种状况已经有许多代人的历史了。毛里塔尼亚的法国殖民统治者在1905年取缔了奴隶制度。1961年毛里塔尼亚取得独立以后，新政府重申了这项禁令。然而，奴隶制度直到1981年才被正式取缔，甚至即使在那时候，奴隶制度也不违法。2007年，国家通过法令，对买卖或使用奴隶行为可以判处10年监禁，政府对奴隶制度的牺牲者给予经济抚恤。但是新法令难以改变这种强大的传统。悲哀的是，像法蒂玛这类人还没有“自由选择”的概念。

下一个问题是更加私人性的：“你和其他的姑娘曾经被强奸过吗？”法蒂玛再一次犹豫了。她不带任何感情地回答：“当然了，到了晚上，男人们就过来让我们生育后代。你所说的‘被强奸’就是这个意思吗？”

◎ 人类奴隶制度在21世纪继续存在。

你怎么想

1. 在保留奴隶制度方面，传统扮演着什么角色？
2. 这个世界容忍奴隶制度的原因是什么？
3. 解释奴隶制度和贫困之间的关系。

资料来源：Based on Burkett（1997），Fisher（2011），and Anti-Slavery International（2015）.

① 1英尺≈0.3048米。——译者注

第二类是国家强加的奴役制度。在这种情况下，政府强制触犯刑法的罪犯劳动，或者只是简单地因为政府需要劳力而强制其他人劳动。

第三类是儿童奴役制度，即一些极其贫穷的家庭把小孩送到大街上去乞讨、偷窃或做任何使其得以生存的事情。在拉丁美洲和非洲最贫穷的国家里，估计有千万名儿童沦为此类人。此外，超过70多个国家的约1000万儿童每天被迫从事生产烟草、甘蔗、棉花和咖啡的工作。

第四类是债务奴役制度，即雇主付给工人工资，但工资不够支付雇主提供的食物和住房的款项。在这种安排下，工人总是还不清债务，从而沦为奴隶。低收入国家许多血汗工厂的工人就陷入了这类奴隶制度。

第五类近似婚姻奴隶制度。在印度、泰国和一些非洲国家，家庭把违背他们意愿的妇女嫁出去。许多这样的妇女就像奴隶一样为夫家干活，还有一些则被逼迫去卖淫。

此外，还有一种奴隶形式就是人口非法买

卖，即把男子、妇女和儿童拐到其他地方，强迫他们劳动。先许诺为其找到工作，把妇女和男子带到其他国家，然后强迫他们卖淫或者做农场劳工，或者从其他国家收养小孩，然后迫使他们到血汗工厂工作。拐卖人口是大买卖，仅次于买卖枪支和毒品，为世界上有组织的犯罪带来了极大的利润。

1948 年，联合国出版了《世界人权宣言》，其中声明："任何人都不能受奴隶制度或奴隶状态的束缚，禁止任何形式的奴隶制度和奴隶买卖。"不幸的是，60 多年过去了，这种社会罪恶依然在继续。

对全球贫困的解释

是什么原因让严重而广泛的贫困遍及世界那么多的地方？本章余下的篇幅就从梳理贫穷国家的以下情况中寻求答案。

1. **技术**。低收入国家大约有 25% 的人使用人力或牲畜耕种土地。因为能源有限，经济发展也不快。

2. **人口增长**。如第 15 章所解释的，最贫穷的国家有世界上最高的出生率。尽管贫穷会带来死亡，但非洲许多贫穷国家的人口每隔 25 年就会翻一倍。在撒哈拉沙漠以南的非洲国家，43% 的人口不满 15 岁。随着这么多的人进入育龄期，人口增长的浪潮将会到来，非洲人口估计会从 2016 年的 12.26 亿增加到 2050 年的 25 亿。其结果可能会导致更多的人陷入贫困。为什么？例如，最近几年，乌干达的人口以每年超过 4% 的速度在膨胀，即使其经济在发展，生活标准也会下降。这并不是个案。纵观全球，未来的人口增长几乎都会出现在低收入国家中。

3. **文化模式**。贫穷国家通常是传统的。坚持长期以来形成的生活习惯，就意味着抵制变迁——甚至是能带来更富裕的物质生活的变迁。

4. **社会分层**。低收入国家的财富分配非常不公平。第 8 章揭示了农耕社会的不平等比工业社会的不平等更大。例如，在巴西，仅仅 4% 的人拥有了所有农田的 75%。

5. **性别不平等**。贫穷国家的性别不平等阻止了妇女就业，这基本上就意味着她们会生育很多小孩。庞大的人口进而又会减缓经济发展的速度。许多分析家断定，要提高世界上许多地方的生活标准，就必须要改善妇女的社会地位。

6. **全球的力量关系格局**。导致全球贫困的最终原因在于世界上各个国家之间的关系。在历史上，财富通过殖民主义从贫穷国家流向富裕国家。**殖民主义**（colonialism）是一些国家通过对其他国家实施政治和经济控制，而使自己富裕起来的过程。大概在 500 年前，拉丁美洲的大部分国家沦为了西欧国家的殖民地。这种全球性的剥削，让一些国家以牺牲其他国家利益来发展自己的经济。

殖民主义 一些国家通过对其他国家的政治和经济控制，从而使自己富裕起来的过程

新殖民主义 全球力量关系格局的一种新形式，它不是通过直接的政治控制，而是通过跨国公司来实施经济剥削

尽管 130 个前殖民地在 20 世纪取得了独立，但剥削仍通过新殖民主义的方式得以存在。**新殖民主义**（neocolonialism）是全球力量关系格局的一种新形式，它不是通过直接的政治控制，而是通过跨国公司来实施经济剥削。**跨国公司**（multinational corporation）就是在许多国家中运转的大企业。公司领导经常把他们的意志强加给与他们有生意往来的国家，以创造有利的经济条件，正像殖民者过去的做法一样。

全球社会分层理论

对于世界的财富与权力的不平等分配，有两种主要的解释：现代化理论和依附理论。每种理论对世界上许多地方的穷苦人们的苦难提出了不同的解决办法。

现代化理论

现代化理论（modernization theory）是一种经济与社会发展的模式，该模式根据国家间的技术和文化差异来解释全球的不平等。现代化理论遵循结构–功能的视野，于 20 世纪 50 年

代出现。这个时期的美国社会因为新技术的发展而令人着迷。为了显示技术的强大生产能力，也为了对抗苏联逐步上升的影响，美国的政策制定者设计了以市场为基础的外交政策，并延续至今。

历史的视角

直到几个世纪以前，整个世界还都很贫穷。因为人类在历史上一直是贫困的，所以现代化理论主张，需要给富裕一个解释。

随着世界探险和贸易扩张，西欧人在中世纪后期越来越多地来到北美，富裕也随之而来。不久西欧进行了工业革命，这首先改变了西欧，随后改变了北美。工业技术与资本主义精神相结合，创造了前所未有的新财富。起先，这些新财富只让少数人受益。但是工业技术是如此具有生产力，以至于慢慢地连最穷的人的生活标准也都开始得到改善。历史上一直折磨着人类的绝对贫困终于日渐远去。

高收入国家在 17 世纪末和 18 世纪初开始工业革命。高收入国家的生活标准在 20 世纪至少上升了四倍。亚洲和拉丁美洲的许多中收入国家已经实现了工业化，它们也变得更加富裕。但是因为工业技术有限，低收入国家的变化比较小。

文化的重要性

为什么工业革命并没有将世界上的贫困现象一扫而空呢？现代化理论指出，并不是每个社会都想采用新技术。采用新技术需要一种强调物质财富和新观念的文化环境。现代化理论视传统为经济发展的最大障碍。在一些国家，强大的家族系统和对过去的崇敬阻碍了人们采用新技术，而新技术能提高他们的生活标准。即使在今天，许多人——从北美的阿米什人（Amish）到马来西亚的士美族——都反对技术进步，认为技术进步威胁到了他们的家庭关系、风俗习惯和宗教信仰。马克斯·韦伯认为，在中世纪末期，西欧的文化环境支持了变迁。正如第 13 章所讨论的，新教改革改造了天主教的传统信仰，开辟了一条不断进取的生活之路。财富——天主教会对此持怀疑的态度——成了个人美德的象征，日益重要的个人主义逐渐取代了传统的对家庭和社区的强调。这些新文化模式共同酝酿了工业革命。

罗斯托的现代化理论

现代化理论认为，富裕之门向所有人开放。随着技术进步在全世界展开，所有的社会都应该逐渐地实现工业化。根据沃尔特·W. 罗斯托（Walt W. Rostow）的理论，现代化的实现分为四个阶段。

1. **传统阶段**。传统社会中的人们在尊重过去的环境下完成社会化，他们难以想象出生活怎么会如此不同。因此，他们围绕家庭和当地的社区创造着自己的生活，沿着没有个人自由和变化的旧路走下去。他们的生活在精神上通常是富有的，但物质上却很贫乏。

一个世纪前，世界上的许多国家都处在这个经济发展的初始阶段。例如孟加拉国、尼日尔和索马里这样的国家，现在还处于这种传统阶段，依然贫穷。甚至在一些新近进入中等收入国家行列的国家，例如印度，人口的某些因素依然保持着高度的传统性。

2. **起飞阶段**。社会一旦摆脱了传统的控制，人们就会开始利用自己的才干和想象力激励着经济的增长。当人们生产的货物不只是为了自给自足，而是为了和他人交易，以获取利润时，市场就形成了。通常在损害家庭关系、历史悠久的规范和价值的情况下，更伟大的个人主义、敢于冒险的精神和对物质的渴望等也就逐渐形成了。

英国大约在 1800 年前到了起飞阶段，美国在 1820 年前到了这个阶段。东亚的中等收入国家泰国目前正处于起飞阶段。这种发展在富裕国家的帮助下通常都会得到加速。这种帮助包括外援、获得先进的技术、投资和国外留学的机会。

3. **科技的加速成熟阶段**。在这个阶段，“增长”已是一个被广泛接受的概念，推动着社会去追求更高的生活标准。变化多端的经济系统

◎ 在美国这样的富裕国家，多数父母都希望他们的孩子能拥有一个快乐的童年，尽量使他们少承担一些原本属于成年人的生活责任。但在拉丁美洲、非洲和亚洲的那些贫穷国家，情况并非如此。贫穷的家庭需要依靠他们的孩子所能赚取的一切收入，许多小孩子在只有六七岁时就全天工作，他们织布或者做些其他的手工活。进口销售这些国家低廉产品的背后都是童工问题。

驱使着人们渴望享有工业技术的好处。然而，人们同时开始认识到（有时候是惋惜）工业化正在侵蚀着传统的家庭和地方的社区生活。英国大约在 1840 年前进入了这个时刻，美国则是在 1860 年前进入这个时刻的。今天，墨西哥以及过去是美国的领地的波多黎各和波兰这些国家都正处于科技的加速成熟阶段。

在这个发展阶段，绝对贫困大大减少。人们离开农村来城里寻找经济机会，城市日益膨胀起来。劳动分工创造了经济社会各种各样的工作岗位。人们对工作越来越注重，使得个人关系越来越少。个人主义的发展引发要求拥有更多政治权利的社会运动。接近科技成熟的社会也为其所有的人普及基本的学校教育，为部分人提供高级培训。新近受过教育的人认为传统是“落后的”，并推动进一步改变。另外，妇女的社会地位稳步接近男人的社会地位。

4 **大众高消费阶段**。随着大规模的生产刺激了大众消费，经济发展稳步提高了生活标准。简单地说，人们很快就学会了“需要”社会产生的日益扩大的产品。美国、日本和其他富裕国家在 1990 年前进入了这个阶段。现在正进入这个经济发展阶段的是中国香港地区和新加坡。

富裕国家的角色

现代化理论的倡导者认为，高收入国家在全球经济发展中扮演着四种重要的角色。

1. **控制人口增长**。最贫穷国家的人口增长最快，其人口增长可能超过经济的进步。富裕国家通过输出节育技术和促进节育技术的使用，以帮助这些国家限制人口。一旦经济发展上路了，出生率就会像工业化国家曾经的情况那样出现下降，因为孩子不再是一种经济财产。

2. **增加食物产量**。富裕国家向贫穷国家输出高科技耕作方法，以提高农业产量。这些技术，如“绿色革命”共同提到的，包括新的杂交种子、现代的灌溉方法、化肥和控制虫害的杀虫剂。

3. **推广工业技术**。富裕国家通过推广有助于提高生产力的机械和信息技术鼓励贫穷国家的经济增长。工业化也推动劳动力由农业向更有技术含量的工业和服务业转移。

4. **提供外援**。富裕国家的投资推进贫穷国家设法到达罗斯托所说的起飞阶段。外援帮助贫穷国家购买更多的化肥和建造灌溉工程，这能够提高农业产量。同样，金融和技术援助有助于建造发电厂和工厂，以改进工业产量。美国每年向发展中国家提供超过 250 亿美元的援助。

评价

现代化理论在社会科学家中有许多有影响力的支持者。几十年来，现代化理论已经塑造了美国和其他富裕国家的外交政策。支持者指

◎现代化理论声称，在低收入国家建立工厂的公司对（低收入国家的）人们有帮助，因为这为他们提供了工作机会和比以前更高的工资。依附理论却视这些工厂为剥削工人的“血汗工厂”。为回应奥林匹克运动会售卖由血汗工厂生产的运动服这一事件，这些妇女们在希腊雅典举行了抗议活动。妇女们戴着面具，象征着制作了大部分服装却“没有脸面”的工人。你穿的衣服是由血汗工厂生产的吗？

出，亚洲经济的迅速发展（包括韩国、新加坡、中国台湾和中国香港）就是一个证据：西欧和北美国家伴随着工业化而实现的富裕是其他国家和地区的发展目标。

但是现代化理论受到了来自西方“左”倾分析家的攻击。根据这些批评家的观点，现代化理论最严重的缺点是，现代化在许多贫穷国家根本就没有出现。联合国的报告指出，许多国家，包括拉丁美洲的海地和尼加拉瓜、非洲的苏丹、加纳和卢旺达，今天的生活标准与20世纪60年代相比，其实并没发生什么变化，有些地方的情况更糟糕，现在的生活标准甚至不如20世纪60年代。

对现代化理论的第二种批评是，它不承认受益于这种现状的富裕国家经常妨碍贫穷国家的发展。批评家指责说，几个世纪前，富裕国家在他们全球性的强势地位基础上实现了工业化。我们能指望今天的贫穷国家在全球性的弱势地位基础上实现现代化吗？

第三，现代化理论视富裕国家和贫穷国家为两个分离的世界，忽视了国际关系会影响到所有国家的情形。拉丁美洲和亚洲的许多国家现在还在为克服殖民主义所带来的伤害而挣扎，而殖民主义却成就了欧洲。

第四，现代化理论把世界上最发达的国家作为评判他人的标准，暴露了种族中心主义的偏见。我们应该铭记，西方的“进步”观念已经使其轻率地走向了一条竞争的、唯物质主义的生活之路，这条路耗尽了世界上的稀有资源，污染了自然环境。

诸如此类的关注反映了另一种理解全球不平等的重要视角——依附理论。

现代化理论 一种经济与社会发展的模式，该模式根据国家间的技术和文化差异来解释全球的不平等

依附理论 一种经济和社会发展的模式，该模式根据历史上富裕国家对贫穷国家的剥削来解释全球的不平等

依附理论

依附理论（dependency theory）是一种经济和社会发展的模式，该模式根据历史上富裕国家对贫穷国家的剥削来解释全球的不平等。这种分析基于社会冲突视野，即把全球贫困的主要责任归咎于富裕国家。几个世纪以来，富裕国家一直在不断地使低收入国家走向贫穷，使它们依附于自己。这种破坏性的过程现在仍在继续。

历史的维度

每个人都承认，工业革命前，整个世界都不富裕。然而，依附理论断言，贫穷国家的人们过去的经济状况要好于他们今天的子孙后代。依附理论的著名支持者安德烈·冈德·弗兰克（Andre Gunder Frank）指出，殖民化的过程既推动了富裕国家的发展，也导致了贫穷国家的发展不足。

依附理论基于这样一个观念：世界上的富裕国家和贫穷国家的经济地位是相关联的，不能彼此分开来理解。贫穷国家不仅仅在“发展路线”方面落后于富裕国家，而且，多数发达国家的繁荣在很大程度上是以牺牲欠发达国家为代价而实现的。简而言之，一些国家之所以变得富裕是因为其他的国家变穷了。二者都是五个世纪前开始的全球贸易的结果。

殖民主义的重要性

15 世纪后期，欧洲人开始到美国西部、非洲南部和亚洲东部探险，建立殖民地。他们取得了很大的成功，以至于一个世纪后，英国控制了世界大约 25% 的陆地，自诩为“日不落大英帝国”。美国起初是英国在北美东海岸的一些小殖民地，不久扩大到了整个大陆，买下了阿拉斯加，获得了海地、波多黎各、关岛、菲律宾、夏威夷群岛、巴拿马的一部分和古巴的关塔那摩等地方的控制权。

随着殖民主义的蔓延，大概从 1500 年起，直到 1850 年，残忍的人类剥削，即奴隶贸易，一直存在。甚至在整个世界都在抵制奴隶制度的时候，欧洲人还控制着非洲大陆的大部分地区。直到 20 世纪 60 年代，非洲大陆的大部分地区还处在欧洲势力的支配之下。

形式上的殖民主义几乎已从世界上消失了。然而，根据依附理论的观点，政治上的解放远远没有转化为经济上的独立。贫穷国家和富裕国家之间的经济关系延续着殖民地的支配模式。新殖民主义是资本主义世界经济的核心。

沃勒斯坦：资本主义的世界经济

伊曼纽尔·沃勒斯坦（Immanuel Wallerstein）用“资本主义的世界经济”模型来解释全球社会分层。沃勒斯坦的术语“世界经济”暗示着，某些国家的繁荣和其他国家的贫困与依附是全球经济一体化的结果。他将全球经济的根源追溯到 500 年前的殖民地化的开端，那时候欧洲人就开始从世界的其他地方敛聚财富了。因为世界经济是以高收入国家为基础的，所以它属于资本主义的性质。

沃勒斯坦称富裕国家为世界经济的“中心”。殖民主义把世界各地的原材料掠夺到欧洲，推动了工业革命，从而使这个中心富裕起来。今天，跨国公司在全世界经营，获取利润，把财富输送到北美、西欧、澳大利亚和日本。

另一方面，低收入国家代表世界经济的“外围”。贫穷国家因为殖民者的剥削而被卷入世界经济，现在还在继续支援着富裕国家，为它们提供廉价的劳动力和巨大的工业品市场。余下的国家被认为是世界经济的“半外围”，包括像印度和巴西这样比较靠近全球经济中心的中等收入国家。

根据沃勒斯坦的理论，世界经济有益于富裕国家（通过产生利润），而不利于世界其他国家（通过引起贫困）。因此，世界经济使贫穷国家依附于富裕国家。这种依附包括以下三种因素。

1. **狭窄的、出口取向的经济**。贫穷国家只生产少数农作物，以出口到富裕国家。这种例子包括拉丁美洲国家的咖啡和水果、尼日利亚的油类、菲律宾的硬木以及马来西亚的棕榈油。今天的跨国公司廉价购买贫穷国家的原材料，运送到中心国家的工厂加工，并从这种贱买贵卖中获取利润。因而，贫穷国家自身的工业没什么发展。

2. **缺乏工业能力**。因为没有工业基础，贫穷国家面临着双重束缚：一是他们依靠富裕国家购买廉价原材料，二是又设法从富裕国家购买他们所能支付得起的昂贵的制成品。这种依附的一个经典例子是，英国殖民主义者鼓励印度人种植棉花，但是阻止他们自己织布。取而代之的是，英国人将印度的棉花海运到本国位于伯明翰和曼彻斯特的纺织厂，织成布，再把制成品海运回印度，而恰恰是那些收获棉花的人购买这些布料。

依附理论家主张，“绿色革命”——受到现代化理论家的广泛称赞——以同样的方式起着作用。贫穷国家向富裕国家出售廉价的原材料，反过来，又设法去购买富裕国家的化肥、杀虫剂以及机械。富裕国家从这种交易中获取的利润要比贫穷国家多。

3 **外债**。不平等的贸易模式使贫穷国家陷入了对中心国家的债务之中。总共算起来，世界上的贫穷国家欠富裕国家的债务大概是 55 000 亿美元。其中有好几千亿美元是欠美国的。这种令人惊愕的债务引起高失业和猛烈的通货膨胀，从而使国家陷入瘫痪。

富裕国家的角色

现代化理论和依附理论赋予富裕国家以完全不同的角色。现代化理论认为，富裕国家通过资本投资和新技术“创造财富”。依附理论却根据国家间如何“分配财富”来看待全球不平等，认为富裕国家使自己“过度发达”的同时，却使世界上其他的国家“发展不足”。

依附理论家否定了这种观点，即富裕国家开展的旨在控制人口、提高工农业产量的计划提高了贫困国家的生活标准。相反，他们声称，这种计划事实上对富裕国家和统治精英有利，而不利于贫穷国家的多数穷人。

反饥饿激进主义分子弗朗西斯·穆尔·拉佩（Frances Moore Lappé）和约瑟夫·柯林斯（Joseph Collins）主张，美国的资本主义文化鼓励人们把贫困看作原因不明的必然现象。循着这种推理逻辑，贫困就是由“自然的”过程产生的，包括孩子太多以及诸如干旱之类的自然灾害，但全球贫困绝非不可避免。在他们看来，这种贫困是蓄意的政策的结果。拉佩和柯林斯指出，世界上所生产出的食物足以养活地球上的每一个人。而且，印度和非洲的多数国家事实上在出口食品，即使他们国内的许多人还在饿着肚子。

根据拉佩和柯林斯的观点，富庶中的贫困这种矛盾源于富裕国家的营利性食品生产政策，而不在于人们自身。换句话说，富裕国家的公司与贫困国家的精英联合起来，种植和出口有利可图的诸如咖啡之类的农作物，占用了那些原本可以为当地人生产诸如豆类、玉米等基本作物的土地。贫穷国家的政府支持增加农产品出口，因为需要偿还巨额外债。拉佩和柯林斯认为，全球经济的资本家企业结构是罪恶的核心。

◎尽管世界变得日益富裕，但仍有十几亿的人被抛弃在后头。位于海地的太阳城这类棚屋地区，在低收入国家的许多城市里都很普遍。对于生活在这类地方的人的生活质量，你有什么看法吗？

评价

依附理论的主要观点是，没有哪个国家会在孤立之中变得富裕或者贫穷，因为一个统一的全球经济塑造了所有国家的命运。依附理论家指出，拉丁美洲、非洲以及亚洲依然贫困，在当前这种由富裕国家所强加的约束下，发展是难以为继的。他们进而要求对整个世界经济进行激进的改革，使世界经济为了大多数人的利益运转。

第一，依附理论声称，如果没有一些国家变得更贫穷，就不会有另一些国家变得更富裕。批评家认为，依附理论错误地看待了财富。他们指出，农民、小工商业主、公司以及国家通过辛勤劳动和颇具想象力地使用新技术，能够而且确实创造了新的财富。毕竟，整个世界的财富自1950年来增加了十倍。

第二，依附理论把全球的贫困归咎于富裕国家是错误的，因为世界上许多最穷的国家（像埃塞俄比亚）和富裕国家之间的联系很少。相反，和富裕国家之间的长期贸易往来，却极大地改善了许多国家和地区的经济状况，包括斯里兰卡、新加坡和中国香港，还有韩国和日本。批评家们说，简而言之，多数证据都表明，富裕国家的海外投资像现代化理论所主张的那样推动着经济增长，而不是像依附理论所主张的那样导致了经济衰退。

第三，批评家们认为依附理论过于简单化了，它把资本主义这种单一的因素视为导致全球不平等的原因。依附理论视贫穷国家为被动的牺牲品，忽视了引起这些国家经济问题的内部因素。社会学家始终承认文化在塑造人们拥护或抵制变化的意愿方面的重要作用。

富裕国家也不能为一些国外领导人肆无忌惮的行为负责，这些国外领导人的贪污腐败和军国主义行径使这些国家变得贫穷。这种例子包括菲律宾的费迪南德·马可斯（Ferdinand Marcos）政权、海地的弗朗索瓦·杜瓦利埃（Francois Duvalier）政权、巴拿马的曼纽尔·诺列加（Manuel Noriega）政权、扎伊尔（今天的刚果共和国）的蒙博托（Mobutu Sese Seko）政权、津巴布韦的罗伯特·穆加贝（Robert Mugabe）政权，等等。一些国家领导人在其国内的政治斗争中甚至使用食物供给作为斗争武器，让群众挨饿。非洲国家埃塞俄比亚、苏丹、索马里就是如此。同样地，世界上的许多国家对于改善妇女地位或控制人口增长少有作为。

第四，依附理论声称全球贸易总是使富裕国家更富，使贫穷国家更穷，批评家们认为这是错误的。例如，美国 2014 年的贸易逆差达 7370 亿美元，这意味着美国的商品进口比商品出口要多出 10 000 亿美元的近 75%。

第五，依附理论仅仅提供了解决全球贫困的含混不清的办法，批评家们认为这是有缺陷的。多数依附理论家都力劝贫穷国家断绝和富裕国家的所有联系，一些依附理论家提倡外资企业国有化。对此，批评家们试问：我们真的能指望这样一种制度拯救整个世界于贫困之中吗？

表 9–2 对现代化理论和依附理论的主要论点做了总结。

全球社会分层前瞻

最近几十年来，最重要的趋势之一就是全球经济的发展。在美国，生产的发展和海外销售给许多公司及其股东，尤其是那些经济条件富足的人带来了丰厚的利润。同时，全球经济已经把制造业的岗位转移到海外，美国国内关闭了一些工厂，使许多普通工人受到了损害。其直接的结果就是，美国出现了经济的极化。

支持全球经济的人们主张，贸易的扩张为其所涉及的所有国家带来利益。正因为这个原因，他们认可像《北美自由贸易协定》（*North American Free Trade Agreement, NAFTA*）这样的政策。《北美自由贸易协定》由美国、加拿大、墨西哥三个国家签订。而全球化扩张的批评家们却另有主张：制造业在美国正在消失，现在更多的制造业岗位在海外出现了，在那里，工人的报酬过低，也很少有法律来保证他们在工作场所的安全。另外，其他的全球化扩张的批评家们指出，这样的经济给自然环境施加了更大的压力。

但是，人们最关心的或许是存在于世界各国之间巨大的经济不平等。财富向高收入国家集中，伴随着的是低收入国家挥之不去的贫困，这也许是 21 世纪人类所面对的最大问题。现代化理论和依附理论对这个紧迫的问题都提供了一些解释。在评价这些理论的时候，我们必须考虑经验主义的根据。整个 20 世纪，生活水平在世界的大部分地方都有所提高，甚至连世界上最贫穷的那 25% 的人的经济产量在这 100 年里也增加了近两倍。于是，每天生活费低于 1.25 美元的人口份额由 1981 年的约 52% 下降到 1990 年的约 43%，2014 年的约 15%。

表 9–2　应用理论：全球贫困

	现代化理论	依附理论
应用哪种理论	结构–功能理论	社会冲突理论
全球贫困是如何产生的	在一些国家发展工业技术之前，整个世界都是贫穷的。工业技术允许了大规模生产，创造了富裕	殖民主义把一些国家的财富转移到了其他国家，在成就了其他国家富裕的同时，却导致了这些国家的贫穷
造成如今的全球贫困的主要原因是什么	传统文化和缺乏生产技术	新殖民主义——跨国公司在全球的经营，以及资本主义经济
富裕国家扮演的是制造问题的角色，还是解决问题的角色	富裕国家贡献新技术、先进的学校教育和外援，扮演的是解决问题的角色	富裕国家使贫困国家背上债务包袱，在经济上处于依附地位，扮演的是制造问题的角色

至今为止，最显著的贫困减少现象发生在亚洲。这个地区通常被视为经济成功的奇迹。早在1981年，全球每天生活费不足1.25美元的贫困人口约有77%在东亚。然而到2011年，这个数字就急剧下降到了8%。2005年，印度和中国这两个亚洲最大的国家加入了中等收入国家的行列，这表明了它们会走向更富裕的明天。

在20世纪70年代，拉丁美洲的经济增长迅速，每天生活费不足1.25美元的贫困人口比例在1981年下降到了12%。然而，从20世纪八九十年代起，这一数字的变化并不大，甚至在2005年左右还有所增长。到2011年，生活在贫困中的人口比例约为4.6%。

撒哈拉沙漠以南的非洲是人类减少贫困工作最大的挑战区域。到2011年，这个区域第一次只有不到一半的人（47%）生活在每天生活费不足1.25美元的贫困线以下。这一贫困率仍然远高于世界其他地区。然而分析家对非洲的未来持乐观态度，他们指出该区域在过去十年中，经济状况的每年的平均增长率超过5%。此外，世界上十个增长最快的发展中国家中有六个是在非洲南部。

如果把世界当成一个整体，那利好消息就是，从绝对值来看生活水平在上升。在20世纪，富国和穷国的经济产量都增加了。然而令人不安的是，富国和穷国的生活水平增长率却不是同一个速度。因此，世界上的贫富差距正在加大，在2013年，这一差距比1900年时的大了五倍还多。图9-5显示，低收入人群被远远抛在世界后面。

近期的发展趋势提醒我们，有必要批判性地看待现代化理论家和依附理论家。在亚洲和其他地方出现了政府在经济增长中起着重要作用的情况。这种事实对现代化理论及其发展的自由市场之路提出了挑战。

尽管世界的未来是不可预测的，但我们对全球社会分层已经了解了许多。现代化理论富有洞察力地认为，贫困在某种程度上是一个“技术问题”。为世界上波涛汹涌般的人口提供较高的生活标准，依赖于贫穷国家提高农业和工业生产力。第二个富有洞察力的观点源自依附理论，即全球的不平等也是一个“政治问题”。即使有较高的生产力，人类也是必须要解决一些至关紧要的、关于资源如何在社会内部和世界各地进行分配的问题。

尽管经济发展提高了生活标准，但也给自然环境施加了更大的压力。随着印度和中国这两个总共有着27亿人口的国家变得更加富裕，他们的国民将消耗更多的能源和其他资源。富裕国家也生产出更多的固体废料，制造了更多的污染。

最后，世界上存在一个把最富裕与最贫穷的人隔离开来的鸿沟，这道鸿沟把每个人都推入了更大的战争和恐怖主义的风险之中，因为最贫穷的人要挑战那些威胁到其生存的社会安排。从长远看，我们只有保证所有人都享有高标准的尊严和安全，才能在这个世界上实现和平。

全球快照

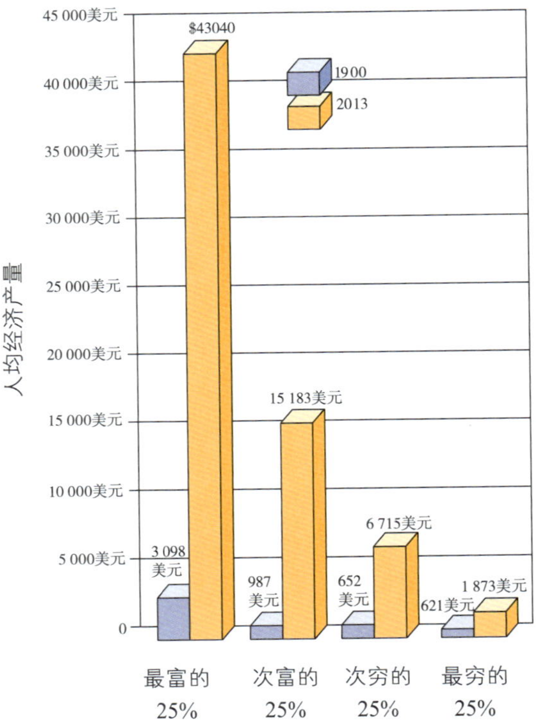

图 9-5　世界日渐增长的经济不平等

◎世界上最富的人与最穷的人之间的差距，2013年是1900年的五倍还多。

资料来源：World Bank（2014）.

日常生活中的社会学
Society: The Basics

环顾一下这个世界，我们能发现多少社会不平等呢

本章阐明，全球性的视角能够揭示出的社会分层要多于我们在美国内部所发现的。全世界，从低收入国家为寻求工作而移民到高收入国家的人越来越多。像外籍劳工一样，他们接手本国更加富裕的居民不愿意从事的低薪酬工作。在这种情况下，富人和穷人真正地生活在“隔离的世界”中。

◎迪拜的外籍劳工有很多来自印度，他们在迫拜建筑高层酒店和在大型商场工作。他们通常每天只能在狭小的房间里睡六个小时，而收入却少得可怜。生活在陌生的国家，没有合法的权利，会影响这些工人改善他们的工作条件吗？你如何看待这个问题？

◎迪拜的外籍劳工每天工作 12 个小时，但一个月只能赚 50 ～ 175 美元。你认为，这种在国外就业的机会是一种机遇（收入是在其家乡工作的两倍），还是一种剥削形式？

◎迪拜是阿拉伯联合酋长国的一部分，也是世界上最富有的地方之一。石油财富成就了部分迪拜人。甚至在这个世界上最炎热的地区，最富有的迪拜人也能在偌大的室内滑雪场（如图片所展示的）享受滑雪。这张图片上的场景会让你感到难受吗？解释一下你的反应。

提示

迪拜在最近的建筑热潮中雇用了大约 100 万名外籍劳工。这个数字大约是阿拉伯联合酋长国人口的 85%。近些年逐渐增加的社会动荡，包括工人罢工，使劳工的工作和卫生保健得到了一定改善。但是，外籍劳工没有组织工会的合法权利，也没有获取公民权的机会。

从你的日常生活中发现社会学

1. 在来到迪拜的外籍劳工和从墨西哥或其他拉丁美洲的国家来到美国的工人之间，你能做出什么样的比较吗?

2. 你曾经去过低收入国家旅行吗？你认为，来自诸如美国之类的高收入国家的人在看到世界上最贫困人口的艰难营生时，应该感到内疚吗？为什么？

第 10 章

性别分层

通过本章，我们能够：

◎ 描述社会塑造性别分层的方式；

◎ 解释性别对于社会化的重要性；

◎ 分析在各种社会机构中性别不平等的范围程度；

◎ 运用社会学的主要理论分析性别分层；

◎ 比较自由主义女性主义、激进女性主义及社会主义女性主义。

社会的力量：引导我们的生活选择

◎调查问题："如果你可以自由选择，你愿意外出工作，还是宁愿留在家里做家务和照顾家人？"

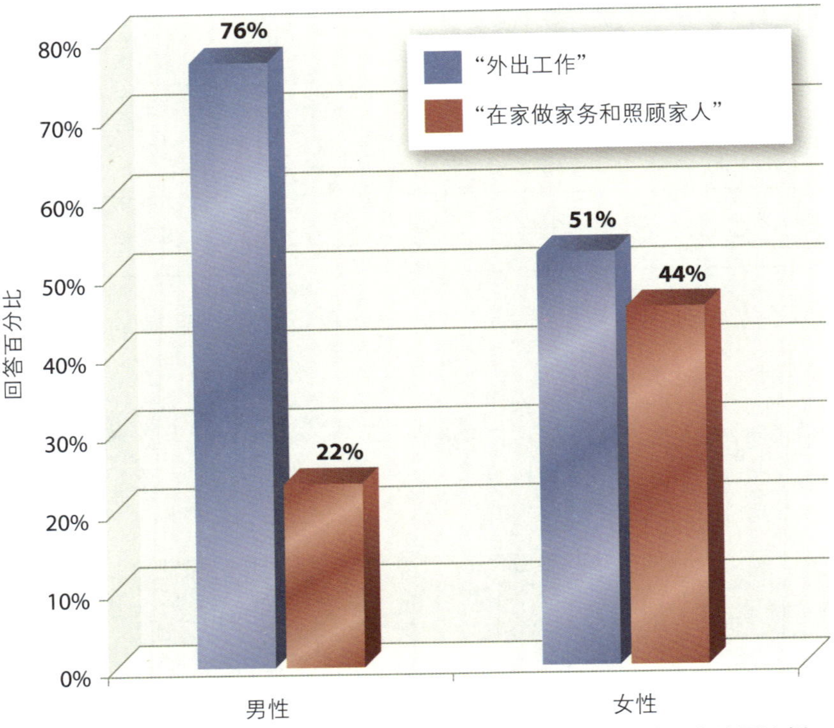

图 10-1 关于"外出工作"与"在家做家务和照顾家人"的男女认同比例

资料来源：Gallup（2012）.

一项对美国成年人的调查，询问了上述问题，男性和女性都给出了不同的回答。在男人当中，绝大多数选择了外出工作。然而，在女性当中，这两种选项要接近得多，选择工作的人稍多一些。从另一个角度看，女性选择做家务和照顾家人的可能性是男性的两倍。男女回答的差异显示出性别在塑造我们生活中的巨大力量，深刻影响着我们做出关于如何生活得非常个人化的选择。

本章概要

我们生活的世界不仅围绕着社会阶层的差异，还围绕着男性和女性的概念，社会学家称之为“性别”。本章将考察性别，探究社会赋予男性或女性的意义，解释性别为什么能够成为社会分层的重要维度。

“刚开始，我们独自旅行……但是，没走多久，我们便搭上了一辆开往同一方向、载有妇女们的货车。当我们到达不同的十字路口时，我们看到来自这个国家各地的汽车，很快就像一列行进着的队伍一样，依次到达塞尼卡瀑布城（Seneca Falls）。”

夏洛特·伍德沃德（Charlotte Woodward）在她的日记中这样写道，当时她独自行进在通往塞尼卡瀑布城的颠簸、肮脏的小路上，那是一个位于纽约州北部地区的小镇。当时是 1848 年，奴隶制在美国许多地方都是合法的，所有妇女的社会地位，无论何种肤色，都远远低于男性。那时，在美国的多数地方，妇女不能拥有财产，婚后不能自己领薪水，不能立遗嘱，不能在法庭提出诉讼（包括要求对自己孩子的监护权的诉讼），也不能上大学，丈夫被普遍赋予对其妻子和孩子拥有毋庸置疑的统治权威。

约 300 名妇女聚集在塞尼卡瀑布城的威斯莱亚小教堂（Wesleyan Chapel），向妇女的二等公民身份提出抗议。她们听从她们的领袖伊丽莎白·凯蒂·斯丹顿（Elizabeth Cady Stanton）的号召，要求扩大妇女的权利和机会，包括投票权。那时，多数人认为这种建议是荒谬的、不能容忍的。即使许多参加集会的人也对这一想法感到震惊，斯丹坦的丈夫亨利就乘车离开小镇以示抗议。

自从塞尼卡集会之后，美国发生了许多变化，斯丹顿的许多建议现在已经作为基本的公平权利被人们广泛接受。但是，正如本章所解释的，美国和世界其他地方的女性和男性仍过着不同的生活，在许多方面仍然由男性掌管。本章探讨性别的重要性，并说明同阶级地位一样，性别是社会分层的重要维度。

性别与不平等

第 6 章解释了将人类人口分为女性和男性的生物学上的区别。**性别**（gender）指的是社会成员赋予的、作为女性或男性的个人特质和社会地位。性别作为社会制度的一个维度，塑造着我们如何与他人互动，甚至如何认识自身。更重要的是，性别还涉及等级制度，给予男性和女性不同等级的权力、财富和其他资源。这就是为什么社会学家会谈论**性别分层**（gender stratification），即男性和女性之间在财富、权力和特权方面的不平等分配。简而言之，性别影响了机会，压制着我们面临的整个生活。

男女之间的差别

许多人认为性别差别带有某种“自然性”，因为生物学确实使一种性别区别于另一种性别。但是，我们必须注意，不要用生物学概念来认识社会差别。比如，1848 年妇女被否认有投票权，因为许多人假定妇女缺乏足够的政治方面的智力或兴趣。这种态度与生物学毫不相干，它反映的是当时当地的文化模式。

性别 社会成员赋予的、作为女性或男性的个人特质和社会地位

性别分层 男性和女性之间在财富、权力和特权方面的不平等分配

另外一个例子是体育成绩。1925 年，多数人（包括女性和男性）都相信最好的女选手永远也不可能和男选手在马拉松比赛中竞争。今天，正如图 10–2 所示，性别鸿沟已大大缩小，现在跑得最快的女子通常比过去几十年里跑得最快的男子还要快几倍。这又一次证明，男女之间的多数差别是社会建构的结果。

性别之间确实存在着一些体能方面的差别。平均来看，男性比女性要高 10%，重 20%，强壮 30%，特别是在上半身。然而，女性的平均寿命则略胜一筹：美国男性的平均寿命是 76.4 岁，女性为 81.2 岁。

青春期时，男性比女性在数学和 SAT 的阅读上要好一些，而女性在写作上更强一些，研究者认为，这种差别既是生物学的反映，又是社会化的反映。然而，研究并没有指出男女在智力方面有什么总体差别。

◎相对于女性来说，体育世界一直以来对男性都更加开放。直到 1973 年，美国少年棒球联合会还禁止女子参加。最近，莫因·戴维斯（Mo' ne Davis），能投出每小时 70 公里的快球，成为历史上第一位美国少年棒球队选手，登上了《运动画报》（*Sports Illustrated*）杂志的封面。

多样化快照：

- 20 世纪 60 年代的妇女运动鼓舞着妇女去展现出她们真正的能力。

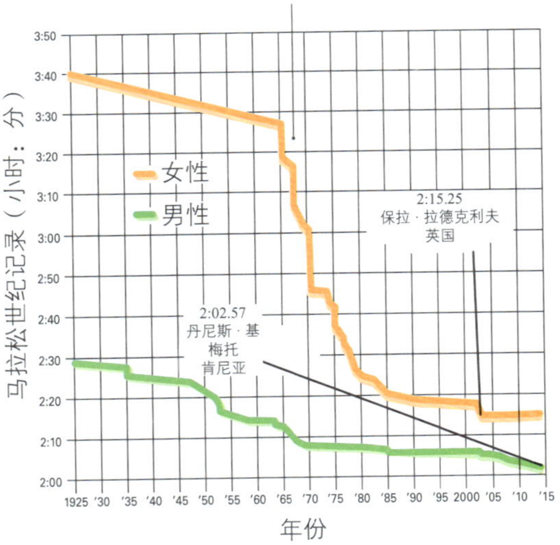

图 10–2　男子和女子的体育成绩

◎在体育比赛中，男子自然强过女子吗？答案并不明显。在 20 世纪早期的马拉松比赛中，男子在速度上要比女子快一个多小时。但是，随着女子在体育方面机会的增加，这一差距已经缩小了。目前，世界马拉松比赛的女子纪录（2003 年的纪录）和男子纪录（2014 年的纪录）只相差 12 分半。

资料来源：Marathonguide.com（2015）.

那么，从生物学上看，男女之间的区别是有限的，没有谁在自然属性上更占优势。但是，文化可以有差别地界定两性，正如以下对性别的全球研究中所阐述的那样。

全球视野中的性别

考察性别是如何基于文化基础之上的最好方式是将一个社会与另一个社会进行比较。有三个重要的研究着重考察了“男子气质”和“女子气质”究竟有什么差别。

以色列的集体农庄

在以色列，集体聚居地被称为集体农庄。集体农庄对性别研究是一个重要的研究框架，因为性别平等是农庄所追求的目标之一；男人和女人彼此分享工作和决策。

近几十年来，集体农庄的集体性已经减少，因此，该组织的特色也在减弱。但是在其历史的大多数时期，两种性别共同分担大多数的日常工作。许多男人会和女人一起照顾小孩，女人也会和男人一道去维修房屋、武装保卫。两种性别的人共同对农庄的日常事务做出决定。人们用同样的方式培养女孩子和男孩子；在许多个案中，小孩子们远离父母，一起在集体宿舍被养大。在集体农庄，女性和男性获得了明显的（虽然还不是全部）社会平等，显然是文化界定了什么是男子气质和什么是女子气质。

玛格丽特·米德的研究

人类学家玛格丽特·米德（Margaret Mead）对性别进行了开创式的研究。她推论说，如果性别是基于男女之间在生物学上的差别，那么世界各地的人们应当用同样的方式来界定“女子气质”和“男子气质”；如果性别是基于文化的差别，则这些概念应当有所不同。

米德研究了新几内亚的三种社会。在阿拉佩什（Arapesh）的高山家庭里，米德观察到男人和女人有非常相似的态度和行为。她报告说，两种性别都善于合作，对他人很敏感——简而言之，这些特质在我们的文化中会被贴上“女子气质”的标签。

米德接着研究了南方的蒙杜古马人（Mundugumor），这个社会的人们会割取敌人的头颅作为战利品，同类相食，与阿拉佩什人的温和截然不同。在这种文化中，两种性别的人都是典型的自私自利、带有强烈的攻击性，都具有我们所界定的更为“男子气质”的特质。

最后，米德在西部研究了德昌布利人（Tchambuli），她从中发现了与美国的文化相同的文化，即用不同方式界定女性和男性，但是，米德报告说，德昌布利人颠倒了美国社会中的许多性别信条：在那里，女性占统治地位，并且富于理性，男性则顺从，富于感性，并且养育孩子。米德根据她的观察，得出结论：文化是产生性别差异的关键，因为在一种社会被认定为“男子气质”的东西，在另一个社会可能被视为“女子气质”。

一些批评家认为米德的发现“过于简单”，好像她在这三个社会中看到的恰恰是她正想要寻找的模式。德博拉·格韦茨（Deborah Gewertz）向她所谓的米德“颠倒假设”提出挑战，指出德昌布利的男性是真正更具攻击性的性别。格韦茨解释说，米德1930年期间访问的德昌布利［实际上，他们自称卡姆里Chambri）］，当时正处于在部落战争中损失了许多财产之后，所以，米德观察到男人在重建家园，那只是卡姆里男人暂时的角色。

乔治·默多克的研究

乔治·默多克（George Murdock）对200多个前工业化社会进行了更为广泛的研究。他发现关于男女分工的问题，在某些方面，世界各国都具有一致性。默多克通过观察发现，狩猎和战争通常是男人的事情，以家庭为中心的任务（如做饭和照顾儿童）更倾向于由妇女承担。由于前工业社会的技术简单，很明显，前工业社会的性别角色分工反映了男性和女性在体力上的特征。由于男性的身体更强壮、更高大，男性负责狩猎和保护群体；由于女性生孩子，她们承担家里的大多数劳动。

默多克发现，除了这一总的模式外，各个社会都存在着很多差别。在农业社会，妇女在干农活方面大概和男人一样多；在多数社会中，两种性别都分担了农业生产劳动。当涉及其他许多事情——从盖房子到文身，默多克发现前

◎在每个社会，人们都会假定某些工作、某些行为方式、某些穿着方式“自然而然”是女人的，而另一些则显然是属于男人的。但是，从全球的视野来看，我们发现这种社会规定相当不同。生活在非洲尼日尔的沃达贝（Wodaabe）游牧民的男子对展示自己的美貌非常自豪，这在我们社会的多数人看来是女子气质的表现。

工业社会中这些事情可能由男性做，也可能是女性来做的。

评价

全球的比较研究表明，总的来看，社会并没有一贯地界定哪些事情是女人的，或者哪些事情是男人的。随着工业化的发展，肌肉力量的重要性降低了，进一步减少了性别差异。总的来说，性别角色的变化非常之大，以至于不能说性别是生物学的简单表现；作为女性或男性意味着什么，基本上是社会的产物。

父权制与性别歧视

性别的概念是变化的，有证据表明在有的社会中，女性比男性有更大的权力。例子之一就是生活在中国云南省的摩梭人。在那里，女性控制着多数财产、挑选她们的性伙伴、对日常生活做出决策。摩梭人看起来是一个**母权制**（matriarchy，即由母亲统治）社会，一种由女性统治男性的社会制度，母权制在人类历史上几乎没有文献记载。

在世界各地几乎都可以发现的模式是**父权制**（patriarchy，即由父亲来统治），一种男性统治女性的社会制度。在不同的国家，女性相对拥有的权力和特权很不一样。根据联合国性别不平等指数，斯洛文尼亚、瑞士、德国和瑞典给予妇女的社会地位最高；相反，在阿富汗、乍得、尼日尔和也门，与男子相比，妇女的社会地位最低。在全球近200个国家中，美国的性别平等状况在全世界排列第47位。

父权制的表现是**性别歧视**（sexism），这种观念认为一种性别内在地优于另一种性别。性别歧视并不只是一种个体态度，它已嵌入社会制度当中。在整个经济当中，会发现制度性的性别歧视，女性高度集中于低报酬的工作。同样，长期以来，法律制度宽恕针对女性的暴力，特别是来自男友、丈夫和父亲对妇女的暴力。

母权制 一种由女性统治男性的社会制度

父权制 一种由男性统治女性的社会制度

性别歧视 认为一种性别内在地优于另一种性别

性别歧视的代价

性别歧视限制了占全人类总人口一半的女性的才能和抱负。尽管男人从性别歧视中得到某些益处，但他们也为此付出了高昂的代价。我们文化中的“男子气质”鼓励男性做许多高风险的事情：吸烟喝酒、危险的运动，甚至粗心地驾驶。正如马林·弗伦奇（Marilyn French）指出的，父权制使男性不懈寻求的不仅仅是控制女性，也控制了男性自身和男性的世界。这就是为什么男子气质不仅与各种事故紧密相关，而且与自杀、暴力、压力性疾病紧密相联。A型人格（以长期急躁、野心勃勃、富于竞争、喜怒无常为特点）是得心脏疾病的关键影响因素，它几乎完全符合我们的文化所认定的男子气质。

最后，当男性寻求对他人的控制时，他们也失去了亲密和信任的机会。正如一名分析家所说，竞争会将“男人从男孩中分隔开来”。然而，实际上，竞争使男人与男人以及其他所有人分隔开来。

父权制一定要继续吗

在前工业社会，妇女几乎不能控制怀孕和生育，这限制了她们的生活范围。在那些社会中，男性的高大威猛和身强力壮被认为是价值更高的资源。但是，工业化，包括生育控制技术，给予了人们相当多的生活选择。在像美国一样的社会中，生物学上的差别几乎不能为父权制提供任何借口。

但是，男性在美国和世界其他地方都占有统治地位。这是否意味着父权制是必然的？一些研究者认为，像荷尔蒙和大脑结构“线”的细微差别这样的生物性因素，使两性有不同的动机和行为（特别是男性的攻击性），这使得父权制很难甚至也许不可能被消除。然而，大多数社会学家相信，性别是社会建构的，是可以改变的。没有社会能完全消灭父权制，并不意味着我们必须做过去时代的囚徒。

为了理解为什么父权制至今仍在继续，我

们必须讨论性别是如何植根于社会并在社会中再生产出来的，它是一种开始于我们的童年并持续一生的过程。

性别与社会化

从生到死，性别塑造着人类的感情、思想和行动。小孩子很快就学会了他们的社会将男人和女人视为不一样的两类人；大约到了三岁时，孩子们开始用男、女来认识自己。

过去，许多美国人用诸如“感性的”“被动的”和“善于合作的”等词汇来形容女性。相反，描述男性时则用相反的词，诸如“理性的”“主动的”和“竞争性的”等。这么长时间以来，我们一直被教育着用截然对立的方式去认识两性。这真的令人奇怪，特别是因为女性和男性有如此多的共同之处，而且有研究发现，大多数年轻人的人格是兼具女子气质和男子气质的某种混合体。

正因为性别影响了我们如何认识自己，所以性别教给我们如何行为做事。**性别角色**［（gender role），也称**性角色**（sex role）］是一个社会与每个性别相联系的态度和行为。界定男性是野心勃勃、富于竞争性的文化会鼓励男人追求领导职位、进行团队式体育运动。在某种程度上，女人被界定为恭顺的、感性的，是因为人们期望女性是乐于助人的，易于表露情感的。

性别与家庭

人们关于一个新生儿的第一个问题往往是：“是男孩还是女孩？”这个问题非常重要，因为答案不仅涉及性别，而且与这个小孩子未来的人生方向有关。实际上，性别在孩子出生前就已在起作用，特别是在低收入国家，父母期望他们生育的第一胎是男孩而不是女孩。

出生后不久，家庭成员让幼儿进入女孩子的“粉红色世界”或者男孩子的“蓝色世界”。甚至父母在对待幼儿的方式上也传递出性别信息。英国大学的一名研究者发现，他将一名幼儿递给许多妇女，幼儿有时穿得像男孩，有时像女孩。他的被试对待“女”孩很温柔，不断

◎ 性是在人们出生之前就已形成了的生物学上的区别。性别意味着社会赋予的女性或男性的意义。性别差异是一种权力，因为被确定为典型的男子气质比女子气质更为重要。婴儿从父母对待他们的方式中学习性别的重要性。你认为这个孩子是女孩还是男孩？为什么？

地紧紧拥抱孩子、爱抚孩子，而对“男”孩就比较粗糙，经常把孩子举到高空或者在膝盖上颠动。人们给孩子的教育非常清楚：女性世界围绕着合作和情感，男性世界重视独立和行动。

性别与同辈群体

一旦孩子们进入学校，他们便开始走向家庭之外的世界，和其他同龄孩子交朋友。大量的研究表明，小孩子们倾向于与同性别的孩子组成玩耍群体。

同辈群体为孩子们上了另一堂关于性别的课。雅内·利弗（Janet Lever）花了一年的时间观察孩子们玩耍，得出结论，男孩喜欢有着复杂规则和明确目标的团体运动（如得分的跑步或有底线得分的比赛）。这种游戏几乎都有胜方和负方，这加强了攻击性和控制力这样的男子特质。

女孩也参加团体游戏活动。但是利弗解释说，女孩也玩跳房子、跳绳，或者只是聊天、唱歌或跳舞。这些活动的规则很少，几乎没有

达到最后目标的"胜利"。利弗解释，女孩的同辈群体不是去教育女孩子富于竞争力，而是增加了沟通和合作的互动能力，这可能是女孩子未来承担妻子和母亲角色的基础。

我们做的游戏为我们以后的人生提供了重要的课程。利弗的观察使人们想起卡罗·吉利根基于性别的道德推理，见第3章中的讨论。吉利根认为，男孩根据抽象原则推理，对于他们来说，"正确"等于"按照规则游戏"。另一方面，女孩认为道德是一种对他人的责任。

性别与学校

性别塑造了我们的兴趣，对自我能力的信心、学习的方向和领域，直至职业选择。在高中，学生们选课的类型仍然反映了传统的性别模式。例如，较之男生，有更多的女生学习秘书技能，选择像整容和食品服务这样的职业课程。另一方面，木工和自动机械课程则往往吸引着男生。

◎在我们的社会中，大众传媒对我们的态度、行为有巨大的影响，我们所看见的东西塑造了我们的性别观念。在2012年的电影《饥饿游戏》(*Hunger Games*)中，我们看到了詹妮弗·劳伦斯(Jennifer Lawrence)扮演的凯特尼斯·伊夫狄恩(Katniss Everdeen)，是一个负责任的、女性领导者的角色。这一形象是对传统模式的偏离，在传统模式中，通常是积极的男性和较为被动的女性。你认为，大众传媒能在多大程度上改变传统性别观念？为什么？

由于女生占据了大学校园人数的57%，获得了所有学士学位的57%，如今，女生出现在许多以前曾经排斥她们的学习领域，包括数学、化学和生物，也就不足为奇了。但是男生在许多领域仍然占主导，包括机械（占全部学士学位的81%）、计算机科学（82%）、物理科学（60%）。女生倾向于集中在图书馆科学（占全部学士学位的87%）、教育（80%）、心理学（77%）。2012年，在社会学领域，女性占据了学士学位的69%，硕士学位的66%，博士学位的63%。

性别与大众传媒

自20世纪50年代早期，电视开始吸引公众的注意。当时男性占据中心舞台，有色人种和少数民族一直在电视中缺席，这一状况一直持续到20世纪70年代。即使当两种性别都出现在电影中，男性也通常表现为智慧的侦探、无畏的探险家、技术高超的医生。女性表演的则是能力较低的角色。除为了补充剧情需要、引起人们性方面的兴趣外，她们经常是无足轻重的。近些年来，有更多的女性担任明星角色，但是，女明星比他们的男搭档挣钱要少。2014年，男演员酬劳最高的前十位的平均总收入为2.14亿美元（包括广告宣传），比较而言，女演员酬劳最高的前十位，这一数字是1.4亿美元。

从历史角度来看，广告总是把女人表现为在家里愉快地使用着清洁产品、做食品、试用器械和做服装模特。广告中，男人占主导地位的有轿车、旅行、银行服务、工业企业和含酒精的饮料。权威的"画外音"（即在电视广告中描述产品的不露面的声音）大多数总是由男性配音。

一项针对广告中的性别的研究表明，广告中出现的男性的身高都高于女性，暗示着男性的优越。相反，在表现女性时，经常是躺着（在沙发上和床上）或者像孩子一样坐在地板上。男性的面部表情和行为表现出一种有能力的样子，暗示着控制；女性出现时则常常像孩子一般，顺从、性感。男性关注点在于广告中的产品，女性则往往把注意力集中于男性。

广告还深刻揭示了纳米·沃尔夫（Naomi Wolf）所谓的“美人神话”。在“日常生活中的社会学”专栏中，我们将进一步讨论这个神话是如何既影响了女性又影响了男性的。

性别与社会分层

性别绝不只是涉及人们如何思考和行动，还关系到社会是如何被组织起来的、我们的生活如何受到社会等级制度的影响。性别分层的

日常生活中的社会学

Society: The Basics

美人神话

贝丝：“我不能吃午餐，我必须确保今晚我能穿进那件黑色的晚礼服。”

莎莉：“也许吃东西比让汤姆看着漂亮更重要。”

贝丝：“你说得容易。你穿 2 号尺码的衣服，杰克是那么崇拜你！”

温莎（Windsor）公爵曾经评论道：“一个女人无论怎样富有都不过分，或者无论怎样苗条都不过分。”这个观点的前半部分也适用于男性，但后半部分却不适合。毕竟，每年耗费 300 亿美元的美容广告和 500 亿美元的减肥广告中的绝大部分都是以女性为对象的。

根据纳米·沃尔夫的观点，某种文化模式创造了一个损害妇女的“美人神话”。美人神话的出现，首先是因为社会教给妇女用身体的外表来衡量她们的价值。然而，《花花公子》（*Playboy*）插页中表现的美人标准或者体重 100 磅的纽约时装模特的标准是多数妇女无法企及的。

社会教给女性以能用美貌吸引男性、建立关系为荣，还告诉女性为美人神话而奋斗。为美丽而努力不仅驱使女性极为严格地训练，而且迫使她们与男性高度协调一致，对男性做出回应。简而言之，时时将美丽放在心上的女性试图取悦男性，而避免挑战男性的权力。

如此多的年轻女性关注体形，特别是尽可能地苗条，以至于经常损害她们的健康，相信美人神话便是其中的原因之一。在过去几十年里，患有饮食失调如神经性厌食症（节食到挨饿）或 bulimia（社交聚餐后呕吐）的年轻女性的比例急剧上升。

美人神话也影响着男人：男人被反复告诉应当想要占有美丽的女人。这样，我们对于美的观念就把妇女降低为目标，鼓励男子占有女性，好像女性是玩物而不是人类。

毫无疑问，美的观念在日常生活中非常重要。根据沃尔夫的观点，是否美丽这一问题关系着我们如何期待或者如何行动。

你怎么想

1. 是否存在“金钱神话”，认为人们的收入是他们才能的简单反映？这更多地运用在哪种性别上呢？
2. 你能否发现美人神话和年轻女性中饮食失调的增加之间存在着关联？
3. 在身体有残疾的人中，你认为遭遇“外表特殊”问题更严重的是女性还是男性？为什么？

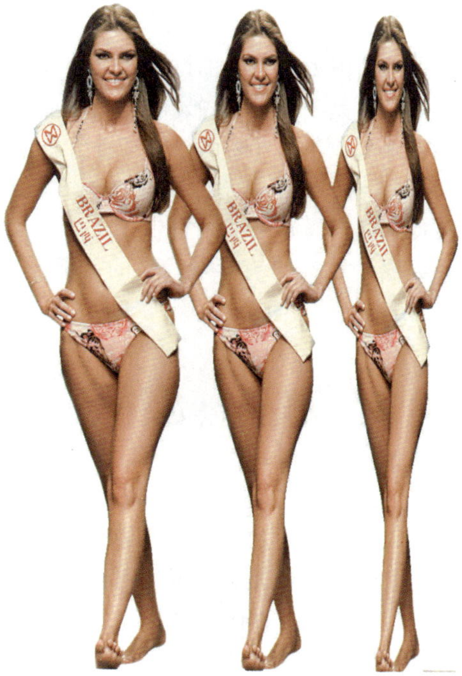

◎ 我们的文化支持美人神话的一种方式是美女表演；这些年来，选美比赛的参加者变得越来越苗条。

现实几乎可以在我们日常生活的每个方面看到。首先，我们看看职场中的女性和男性。

职场中的女性和男性

1900 年，当时美国劳动力中只有 20% 的女性。今天，这一数据已增加了将近三倍，达到 57%，而男性的比例却下降到了 69%。正如本章开头“社会的力量”表格中所指出的，我们的社会继续鼓励男人比女人更多地去赚钱工作。

在劳动力当中，70% 的女性和 82% 的工作男性是全日制工作，从另一个角度说，整个美国工作岗位中的 47% 由女性承担，53% 由男性承担。男性仍然占据劳动力的主导，但是，曾经普遍的观念认为赚钱是男人的事情，如今已不再是真理。

使得美国劳动力发生改变的因素包括农业的下降、城市的增长、家庭规模的缩小以及不断上升的离婚率。美国与世界绝大多数国家一样，认为女性为获得收入去参加工作是一种惯例而不是例外。女性现在几乎占了美国付薪劳动力的一半，51% 的美国已婚夫妇是双职工夫妻。

过去，美国劳动力中的许多年轻女性是没有孩子的。但是，今天，59% 的已婚职业女性的小孩在六岁以下，70% 的已婚职业女性的小孩为 6 ～ 17 岁。对于由女性维持的家庭（包括单身、丧偶的、离婚的或独自带孩子的妇女），相应的数据是 62% 带有年龄较小的孩子，73% 带有较大的孩子。

性别与职业

尽管在工作收入方面，女性与男性之间的差距正在缩小，但是两性所从事的工作仍然有很大差别。2015 年，美国劳工部报告，女性高度集中于两类工作。22% 的女性做行政辅助性工作，她们中的多数是秘书或做其他的办公室工作。这些人经常被称作“粉领”，因为从事这类工作的人中有 73% 是女性。另外 16% 的人被雇用从事服务工作，这些工作的大多数是食品服务业、照顾小孩和健康服务。

表 10–1 显示了女性最集中的十种职业。这些工作一般都处于工资收入的底端，进一步发展的机会有限，这些行业通常都是由男性做主管。

表 10–1　2014 年美国女性最集中的职业类型

职业	雇用女性的数量	女性占该职业的百分比
1. 谈话–语言病理学家	135 000	98.4%
2. 学前或幼儿园教师	645 000	97.2%
3. 牙科保健员	170 000	97.1%
4. 医学录写员	56 000	97.1%
5. 口腔助理	264 000	96.6%
6. 照顾孩子的工人	1 163 000	95.5%
7. 美发师或化妆师	719 000	94.5%
8. 秘书或行政助手	2 821 000	94.2%
9. 医疗助理	471 000	92.8%
10. 膳食学家或营养学家	114 000	92.4%

资料来源：U.S. Department of Labor（2015）.

男性最占主导的工作类型包括建筑业，99% 的砌砖工人、石匠、重型设备机械工人都是男性。同样地，男性占据了建筑师和工程师的 85%、警官的 88%、律师的 67%、物理学家和外科医生的 63%，以及公司经理的 55%。根据最近的一项调查，在《财富》500 强的美国企业中，只有 24 家公司是女执行总裁，董事会中只有 17% 的席位由女性执掌。美国 200 名最高收入的 CEO 中只有 11 名是女性。这样的性别不平衡使得许多人都支持增加在商业世界中女性的领导角色。这种要求不仅只是公平的问题，还因为对美国最大公司的收入的研究表明，董事会中女性多的公司也是更营利的公司。

我们很容易发现日常生活中的性别分层：女护士协助男医生，女秘书辅助男主管，女空姐受男飞行员的指挥。在任何领域，收入越高、声望越高的职业，越多地由男性担当。例如，女性占了幼儿园老师的 97%，小学和中学教师的 81%，中等学校教育工作者的 57%，学院和大学教授的 50%，学院和大学校长的 26%。

妇女怎么会被排除在某种工作以外？通过把某些工作界定为“男人的”，社会认为女性的能力不如男性。在一项对美国南部西弗吉尼亚煤矿的研究中，苏珊娜·塔里切特（Suzanne Tallichet）发现，多数男人认为妇女加入他们煤矿工作是“不合人情的”“反常的”。因此，从事那些工作的妇女会冒着被人看成“不正常的”风险，会被贴上“不性感”甚至“女同性恋”的标签。这类标签使这些妇女受到排斥，坚持这种工作遇到挑战，要想发展几乎不可能。

在企业界同样如此。我们看到公司里职位越高，女性越少。你几乎听不到谁说女性不属于公司的高层，但似乎许多人就是这样认为的，这种到处充斥的感觉妨碍了女性的提升。社会学家将这种障碍称为“玻璃天花板”，尽管不易看到但仍会阻碍妇女的职业发展。

对男性在工作场所占主导地位的挑战来自女企业家。现在，美国有超过 800 万由妇女拥有的企业，比 10 年前增长了两倍，这些企业雇用了 760 万人口，销售额达 1.2 万亿美元。通过开创自己的业务，女性已经显示出妇女可以为自己创造出由男性统治的大公司以外的机会。

性别与失业

女性与男性的失业率通常一起上升和下降，且男性的失业水平略微高一点。2014 年，美国成年女性的失业率为 5.6%，比成年男性的 5.7% 略低。

男性中的高失业反映了这一事实：男性的工作主要集中在制造业，许多工厂已经迁往国外。但在近期的萧条中，失业也出现在多数由女性占据的行政辅助和服务工作中。近两年来，随着美国政府对经济衰退的各种措施的推行，男性的失业率比女性下降得更快。

性别、收入和财富

2013 年，从事全职工作的女性的一般收入为 39 157 美元，而从事全职工作的男性则能挣到 50 033 美元。这意味着男性每挣 1 美元，女性约挣 78 美分。这一差别在老年劳动力中尤为明显，因为年纪大的职业女性通常受教育程度低，而且比在职老年男性的资历浅。在年轻劳动力中，男女收入的差别较小，因为年轻男女的受教育程度和工作经验一般比较接近。

职业不同，性别差距也有所变化。比如，药剂师的性别差距相对较小，女性赚取的收入相当于男性的 95%。但是，在企业 CEO 中，差距就非常大，女性只能赚取相当于男性收入的 69%。

在全部年龄段的所有全职工作者当中，2013 年，23% 女性的年收入少于 25 000 美元，相比较，男性的这一数据则是 15%。在收入层次的上端部分——收入超过 75 000 美元的人数，男性几乎是女性的两倍（27% 对 15%）。

女性收入较低的主要原因是她们从事工作的性质——大多数是秘书性和服务性工作。实际上，工作和性别相互作用。人们仍然认为不重要的工作是“女人的活儿”，正如人们贬低某种工作仅仅是因为那是女人干的工作。

最近几十年，性别平等的支持者提出了一项“可比财富”的政策，即支付人们薪水时，不是根据历史上的双重标准，而是根据技术水平和所做工作的责任。举例来说，考虑一下花饰设计师，即让花的摆放具有吸引力的人们。这些工人（多数是妇女）一小时赚 12.5 美元。同时，那些开货车和其他小型卡车运输这些花饰的——多数是男性——一小时约赚 16 美元。很难明白为什么花饰设计者赚的钱仅为货车司机的 78%。在技术水平或要求的训练上有什么区别吗？或者不平等反映了性别分层吗？

为回应此模式，包括英国和澳大利亚在内的几个国家，已经采取了“比较价值”政策，但是美国对这一政策的接纳有限。为此，美国妇女每年损失的收入达 10 亿美元之多。

造成以性别为基础的收入不平等的第二个原因与社会对家庭的看法有关。尽管孩子是父母双方的，但是我们的文化赋予妇女更多的养儿育女的责任。怀孕和抚养年幼的孩子使许多年轻女性在一段时间里脱离劳动岗位，而她们的男同事正在事业生涯上取得重要的进步。当妇女重返职场时，与男同事相比，她们只有较少的工作经验，且较少能升至高级职位。这些事实有助于解释研究者的研究结果中所提出的一个模式：更多地使用口服避孕药的妇女比较少避孕的妇女挣钱更多。

另外，选择生育孩子的妇女可能无法或不愿从事需要占用晚上和周末时间的紧张工作。为避免角色紧张，她们可能愿意从事路途较近、工作时间更灵活、雇主提供照顾幼儿服务的工作。追求家庭事业两全的妇女经常被双重责任所折磨，而男人则不是这样的。一项研究表明，在富有竞争性的工作岗位上，近一半的妇女要从工作中抽出时间给孩子，比较而言，只有约12%的男人这样做。同样地，在人生的后半期，妇女更可能从工作中抽出时间来照顾年迈的父母。学校中的妇女也经历着角色冲突：一项近期研究发现，在享有终身职位的学院和大学教职工中，70%的男性是已婚有子的，相比而言，女性的这一数字是44%。

以上提及的两种因素——工作类型和家庭责任，说明了男女之间收入差距的大部分原因。而第三个因素——妇女歧视，则可以说明其余的大部分原因。由于公开歧视是非法的，因此，歧视的方式是微妙的。妇女在向上攀登企业的阶梯时，经常遇到前面讲过的“玻璃天花板”；公司高管可能会否认存在这种障碍，但是实际上它使许多妇女不能升入中层以上的管理职位。

出于这些原因，妇女在所有主要职业类型中，收入都少于男性。即便如此，许多人认为，妇女占有美国财富的大多数，也许因为妇女一般要比男性寿命更长。政府统计数据说明了一个不同的情况：58%的拥有200万美元及以上财产的人是男性，尽管鳏夫在这一精英俱乐部中占了很大比例。2014年《福布斯》杂志评选的美国最富有的人当中，只有12%是妇女。

家务劳动：女性的“第二战场”

在美国，家务劳动一直呈现出一种文化上的矛盾：我们认为它对于家庭生活是必不可少的，但是做家务的人几乎得不到任何报酬。在全世界，照顾家庭和孩子一直被视为“女性的工作”。随着女性加入劳动力大军，家庭主妇的数量确实有所下降，但是女性做家务的比重仍保持原样。图10–3表明，总的看来，女性一周平均做15.8小时的家务，男性则是8.9小时。正如数据显示的那样，所有类型的女性做家务的时间都显著多于男性。

男人确实支持女性加入付薪劳动力大军的想法，而且大多数男人都依赖女人挣的钱，但是许多男人不愿意承担同等份额的家务责任。

多样化快照

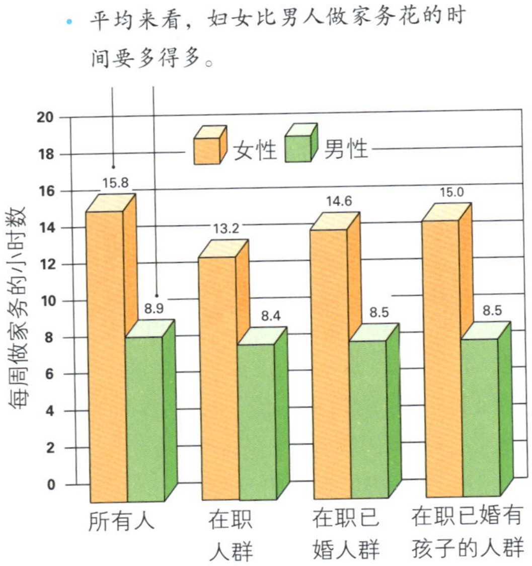

图10–3 家务劳动：谁做了多少

◎无论什么样的就业状况或家庭状况，女性都比男性做更多的家务。你认为额外的家务负担会对女性在职场上的能力发挥带来什么影响？

资料来源：U.S. Bureau of Labor Statistics（2014）.

性别与教育

一个世纪之前，学校被认为仅对男性（富有的）有必要。但是，到了1980年，女性占据了所有准学士和学士学位的大多数。2012年，美国学院和大学的大多数学生都是女生（占57%），女性占据了所有学士学位的57%。

根据近来的研究，与男性相比，女性在大学学位价值方面有着更积极的表现。这一与性别相联的差别存在于所有主要的种族和民族当中。结果，在美国25～29岁的成年人当中，37%的女性完成了四年大学的学位学习，而男性的比例仅为31%。

近几十年来，大学校门对女性更加开放，

男生和女生在专业选择上的差别正变得越来越小。例如，1970 年，女生仅占自然科学、计算机科学和工程学学士学位的 17%，到了 2012 年，这一比例已提高了两倍多，到了 36%。

1992 年，女性第一次在获得研究生学位的人中占大多数，研究生学位经常是高声望职业的跳板。2012 年，女性获得了所有硕士学位的 60%、博士学位的 51%（包括社会学专业全部博士学位的 63%）。女性还进入了许多以前通常以男性为主的研究生学习领域。比如，1970 年，只有几百名女性获得工商管理硕士（MBA），比较而言，到了 2013 年，这一人数已超过 87 000 人（占所有这类学历的 46%）。

尽管有了这些进步，但是男性仍然主导着某些专业领域。2012 年，男性获得法学学位的 54%（法学学士和法学博士）、医学学位（医学博士）的 52%、牙科学位的 54%（牙科博士和牙科硕士）。我们社会的许多人仍然认为高报酬的职业（它们的成功需要有动力和竞争性）是属于男性的。但是女性在所有上述专业中所占的比例正在上升，现在已经接近一半。什么时候会达到统计上的平等？也许不需要几年。比如，据美国律师协会报告，2013 年男性仍然在美国法学院学生中占 52.4%。

根据女性在教育方面取得的成绩，一些分析家认为教育领域是一个女性超过男性占主导地位的社会机构。更广泛地说，女性在学校表现出的相对优势，引起了全美范围内有关男性是否处于落后的危险中的争论。

性别与政治

一个世纪以前，几乎没有女性占据美国的选举办公室。实际上，在 1920 年《第十九次宪法修正案》（*the Nineteenth Amendment to the Constitution*）通过之前，妇女在法律上被禁止参加全美选举的投票。然而，即使在妇女能够投票之前，仍有几个女性是政治官员的候选人。平等权利派支持维多利亚·伍德哈尔（Victoria Woodhull）竞选 1872 年美国总统。也许那是一个时代的标记，她的选举日是在纽约市监狱度过的。表 10–2 展现了美国妇女为进入政治生活而不断发起的各种运动中的里程碑事件。

今天，全美有几千名女市长、女镇长，成千上万名女性在联邦政府中担任行政职位。在州层面上，2015 年，24.2% 的议员（1971 年仅有 5%）是女性。

权力领域的最高层次也正在发生变化。2015 年宣誓就职的 114 届国会包括众议院的 84 名女性（占 435 名成员的 19%），参议院的 20 名妇女（100 名成员中占 20%）。这些比例是美国历史上最高的数字。另外，50 个州长中有 6 个为妇女（占 12%）。

尽管妇女构成了世界人口的一半，但她们在世界 190 个议会政府的席位中仅占 22%。这一数字较 50 年前的 3% 是一个相当大的提高。这种提高部分地反映了这一事实，即有 111 个国家已经采取某种形式的性别配额（在宪法、法律方面，或者政党目标方面）来确保女性能发出更大的政治声音。即使这样，只有 31 个国家，包括瑞典、挪威，妇女占有的议会人数至少有三分之一。

最后，性别与政治通过另一种方式相联系——通过塑造政治态度。总的来说，妇女比男性更可能支持自由立场，比如为需要的人扩大社会提供的“安全网”项目。另一方面，男性比女性更可能赞成保守立场，比如建设强大的军队。政治态度上的差异在某种程度上可以称为性别鸿沟。在 2012 年的总统选举中，有 55% 的妇女但只有 45% 的男性投票重新选举民主党总统候选人奥巴马。

性别与军队

自从殖民时代以来，妇女就在军队中服务。但是，1939 年第二次世界大战爆发时，只有 2% 的武装人员是妇女。2015 年，妇女占到了所有美国军队人员包括部署部队的 15%。

显然，妇女在美国军队中占有的比例正在提高，实际上所有的军事任务现在都同时向男性和女性开放。2013 年，国防部长莱昂·帕内塔（Leon Panetta）宣布，允许妇女在地面战斗部队服役，这一岗位被广泛地视为可以获得作

表 10-2 妇女在美国政治中的重要的“第一次”

1869	法律允许妇女在怀俄明地区投票
1872	妇女第一次代表平等权利派参加总统竞选维多利亚·伍德哈尔（Victoria Woodhull）
1917	妇女第一次被选入众议院［蒙他那州的杰耐特·兰金（Jeannette Rankin）］
1924	妇女第一次被选举为州长［怀俄明州的耐丽·泰勒·罗丝（Nellie Taylor Ross）和得克萨斯州的米拉姆·马·弗格森（Miriam “Ma” Ferguson）]，两人都跟随丈夫担任职位。在一个主要政党的大会上，妇女第一次被提名为副总统［莱那·琼斯·斯普斯（Lena Jones Springs），民主党］
1931	妇女第一次在参议院工作［阿肯色州的哈蒂·卡拉维（Hattie Caraway）]；在丈夫去世后接替丈夫完成任期，1932 年在重新选举中获胜
1932	妇女第一次被任命为总统内阁［弗朗西丝·珀金斯（Frances Perkins），在总统富兰克林·D. 罗斯福（Franklin D. Rooselvelt）的内阁任劳工部部长］
1964	在一个主要政党的大会上，妇女第一次被提名为总统候选人［玛格丽特·切斯·斯密斯（Margaret Chase Smith），共和党］
1972	在一个主要政党的大会上，非洲裔美国妇女第一次被提名为总统候选人［舍利·切舍姆（Shirley Smith），民主党］
1981	妇女第一次在美国最高法院任职［桑达·德·欧科纳（Sandra Day O' Connor）］
1984	妇女第一次被成功地推选为副总统候选人［盖拉地·费罗拉（Geraldine Ferraro），民主党］
1988	妇女第一次被连续三届选为州长［玛蒂丽娜·库因（Madeleine Kunin），佛蒙特州州长］
1992	政治上的“妇女年”诞生了许多创纪录的数据：参议院中有六位女性，众议院有 48 位女性。并且，非洲裔美国妇女第一次在美国参议院选举中获胜［伊利诺伊州的卡罗·莫斯里-布朗（Carol Moseley-Braun）]。第一次一个州（加利福尼亚州）有两名女参议员［芭芭拉·包克斯（Barbara Boxer）和丹尼尔·费斯丁（Dianne Feinstein）]。波多黎各血统的妇女第一次选入众议院［(纽约的尼迪亚·维拉克滋（Nydia Velazquez）］
1996	妇女第一次被任命为国务卿［马德林·阿尔布莱特（Madeleine Albright）］
2000	第一次前第一夫人赢得政治职位［希拉里·罗德海姆·克林顿（Hillary Rodham Clinton），来自纽约的参议员］
2001	妇女第一次成为全美安全顾问［肯多里萨·赖丝（Condoleezza Rice）]，第一个亚洲裔美国妇女在总统内阁中任职［爱兰纳·赵（Elaine Chao）］
2005	第一个非洲裔美国妇女被任命为国务卿［肯多里萨·赖丝（Condoleezza Rice）］
2007	第一个女性被选为议院发言人［南希·派罗丝（Nancy Pelos）]，妇女在参议院（16 名）和众议院（70 名）的席位数都创下新纪录
2008	第一次妇女占据州立法机构的大多数人数（新罕布什尔州）
2013	妇女在参议院（20 位）和众议院（78 位）的人数创纪录。新罕布什尔州也成为第一个在各个领域由女性领导的州，从州长到所有参议员和众议员均为女性
2014	第一个妇女成为美国联邦储备领导人珍妮特·耶伦（Janet Yellen）

为职业升迁关键的领导经验。当然，近些年来，妇女一直在战斗部队服役，因为在今天高技术的部队中，随着人们了解到妇女在伊拉克服役，军队支持和直接的军事战斗之间的界限就不再那么容易划清了。事实上，在 2003 年 5 月到 2015 年 3 月期间，伊拉克战争和阿富汗战争夺取了 162 名女战士的生命。

有关妇女在军事中的角色已经争论了几个世纪。一些人反对这样敞开大门，声称女子没有男性身强力壮。另一些人则反驳，认为部队中的女性受过良好教育，在智力测试中比男性得分更高。但是，问题的核心是我们的社会深信妇女是养育者——给予生命和照顾他人的人，被训练去杀人，会摧毁了妇女的形象。

无论我们怎样看待女性和男性，现实是军队中的妇女正在受伤害。这一事实部分地反映了部队人员的短缺。除此之外，美国在伊拉克和阿富汗的军队的暴力形式可能带来在任何时候、对任何士兵的暴力战争。最后，我们的现代战争技术模糊了作战人员和非作战人员之间的区别。一个作战飞行员可以通过雷达向几公里外的目标发射导弹；相反，非作战的医疗遣送队则必须直接进入前线。

女性是少数派吗

少数派（minority）[①] 是指任何某一类人群，由于身体上或文化上的显著差别而被社会隔离和歧视。假使在美国社会中，女性的经济地位低下，就有理由认为美国女性是少数派，即使她们在人数上超过男性。

即使这样，多数白人女性并不这样看待自己。部分理由是，与少数种族（包括非裔美国人）和少数民族（比如拉丁美洲人）不同，白人女性很好地代表了阶级结构中的所有层次，包括最上层。

然而，要记住，在每一个阶级里，与男人相比，妇女通常都是收入较低、财富较少、受教育程度较低、权力较少的。父权制使女性依赖男性（首先是她们的父亲，之后是她们的丈夫），依靠他们的社会地位 。

针对女性的暴力

在 19 世纪，男性声称对他们的家庭拥有统治权，甚至可以在身体上惩罚他们的妻子。即使今天，仍然存在着大量的针对女性的“男性”暴力。一项美国政府报告计算，2014 年共有 388 647 起针对女性的恶性侵犯。这一数据还可以再加上 266 107 起强奸或性骚扰，210 万例对妇女的一般侵犯。

性别暴力也是大学校园里日趋严重的问题之一。据美国司法部做出的研究报告，一学年内约有 3% 的女大学生成为强奸的受害人（强暴未遂或已强暴的）。在典型的大学生涯中，估计约有 10% ～ 20% 的女生经历强奸或企图强奸。所有这些案例中，90% 的受害人认识侵害人，多数袭击发生在女生宿舍。

针对女性的校园暴力也是一个严重的问题。另外，要注意的是，大学校园中未登记的针对年轻女性的暴力水平实际上非常高。

校园以外的、与性别有关的暴力多数发生在男女交往最多的地方——家里。理查德·盖利斯（Richard Gelles）指出，除了警察和部队以外，家庭是美国最具暴力的组织，妇女遭受的伤害也最多。生活在面对巨大压力的低收入家庭中的妇女遭受家庭暴力的风险特别高；低收入妇女在逃离危险家庭中能做的选择也比较少。

针对妇女的暴力也会发生在偶然的关系中。正如第 7 章中说明的，多数强奸案中的男人是受害人认识的，并且常常是信任的人。戴安娜·赫尔曼（Dianne Herman）认为，对妇女的虐待已经嵌入我们的生活方式中。针对妇女的各种暴力形式——从城市街头侮辱妇女的嘘声到拥挤地铁中对女性的拧捏，再到发生在家里的身体攻击——都表现了她所说的男人试图统治女人的“强奸文化”。女权主义者解释道：“性暴力从根本上与权力有关，而不是性，因此应当视其为性别分层的一个方面。”

从全球的视野看，针对妇女的暴力以许多不同的方式嵌入不同的文化中。这方面的一个例子是女性割礼，这一痛苦的、通常很危险的外科手术曾在超过 24 个国家实行过，在美国也时有所闻 。下面的“多样化思考”专栏中描述了发生在加利福尼亚州的一个女性割礼案例，并提出问题：这一被某些人辩护为促进“道德”的行为是否等同于一种对妇女的暴力。

---

① 社会学家使用名词“少数派”而不是“少数群体”，因为正如第 5 章中解释的那样，女性构成了一种类型，而不是群体。一个类型中的人们享有某种社会地位或认同，但是总的说来，他们彼此并不认识或者互动。

多样化思考：种族、阶层和性别

女性割礼：以道德为名的暴力

米塞拉·拉米西（Meserak Ramsey）是一名出生于埃塞俄比亚的妇女，现在美国加利福尼亚州做护士，一次她去一个老朋友家做客。到那儿不久，她发现她朋友18个月大的女儿很痛苦地蜷缩在屋角。“她怎么了？”她问。

当听朋友回答说她的女儿最近才做了割礼（即一种去除阴蒂的外科手术）时，拉米西感到十分震惊。这种女性割礼由助产婆、部落行医者或者医生实施，一般都没有麻醉，在尼日利亚、塞拉利昂、塞内加尔、索马里和埃及很普遍，据说这在世界其他国家的某些文化群体中也存在。这种行为这在美国是非法的。

在高度父权制的社会中，丈夫要求他们的妻子结婚时是处女并且婚后要保持性忠贞。女性割礼的关键是消除性的感受，人们相信，这会使女孩子不太可能违反性规范，这样更合乎男人的心意。在所有案例中，约有20%的手术更为严厉，被称作阴部扣锁法。在这种手术中，女性整个外生殖器区域被切除，表面被缝合在一起，只留下一个小洞用于小便和月经。婚前，丈夫有权打开伤处检验，以确保他的新娘的贞洁。

◎这些年轻女子刚刚经历过女性割礼，你认为针对这种行为应当做些什么？

资料来源：Crossette（1995）and Boyle，Songora，& Foss（2001），and Sabatini（2011）.

有多少妇女经历过女性割礼？在全世界范围内估计这一数字超过一亿。美国，每年有成百甚至成千例这样的手术。在多数案例中，自己曾被做过这一手术的移民母亲和祖母坚持要家庭中的年轻女孩像她们一样。的确，许多移民妇女坚持这种手术，因为她们的女儿现在生活在美国，美国的性道德更加开放。“现在我不必担心她了，”女孩儿的母亲向米塞拉·拉米西解释道，“她会成为一个好女孩。”

从医学上，女性割礼的后果不仅是丧失性快乐，而且其痛苦是深重的，且持续多年。另外还存在着感染、不育甚至死亡的危险。拉米西完全知道这些，因为她自己在年轻时就经历过割礼。她算是幸运的一个，这几乎没有给她带来任何身体上的麻烦。但是她痛苦的程度被一个故事所唤醒：她曾邀请一对美国夫妻待在她家。夜晚，她听到那位女士的呼叫，她立即闯入房间察看，结果发现这对夫妇正在做爱，这位女士刚才只是处于性高潮。“我不理解，”拉米西回忆说，“我当时认为美国女孩一定出什么问题了。但是，现在我知道是我出了问题。”或者说，这种以传统道德的名义造成痛苦的制度是有问题的。

你怎么想

1. 女性割礼是一种外科手术还是一种社会控制方法？请解释你的答案。

2. 针对广泛实行女性割礼的地区，你认为应当做些什么？在这一案例中，你认为尊重人权应该优先于尊重文化差异吗？请解释你的观点。你能想到残害妇女身体的其他例子吗？是哪些例子？

3. 圣弗朗西斯科市向投票人建议采取措施禁止男婴手术，一些批评家称之为“男性割礼”，你是否支持对这一手术的争论？请解释。

针对男人的暴力

如果我们的生活方式鼓励针对妇女的暴力，它可能甚至鼓励更多的针对男性的暴力。正如第7章中所讲，在所有警察逮捕的暴力犯罪（包括杀人、抢劫、袭击）中，超过80%的案件的侵犯人是男性。另外，78%的谋杀受害人（占所有暴力犯罪受害人的50%）是男性。

我们的文化倾向于用侵犯和暴力来界定男性气质。“真正的男子汉”勤奋工作、表现欲强，在高速公路上飞驰，什么也不能阻挡他，其结果之一就是较高的犯罪率。但是即使不违法，比起女性的生活，男性的生活更紧张、更孤独，这是男性自杀率几乎高出女性四倍的原因之一。另外，如前所述，男性的平均寿命要比女性短约五岁。

暴力不仅仅是个体做出的选择，它还是文化的——即，已经嵌入我们的生活方式，给男人和女人都带来伤害。简而言之，任何文化构建性别的方式对一个社会是暴力的还是和平的都会产生重要的影响。

性骚扰

性骚扰（sexual harassment）指的是有意的、重复的、不受欢迎的性方面的评论、姿势或者身体接触。在20世纪90年代，性骚扰成了美国一个全国性的重要问题，以至于重新修订了工作场所男女交往的规定。

多数（但不是全部）性骚扰的受害人是女性。原因在于，其一，我们的文化鼓励男人在性方面自信、从性的角度看待女性。其结果是，在工作场所、学校和其他地方的社会互动很容易表现出性联想。其二，多数有权力的人（包括公司经理、医生、部门主管、生产线主管、教授和军官）都是男性，他们监管着女性的工作。对各种不同工作领域的调查表明，约3%的妇女表示去年她们在工作中被骚扰，约一半的妇女回答说，受到过令人不快的性关注。

性骚扰有时是明显而直接的：一名主管可能向下属要求性方面的好处，如果进一步的要求被拒绝，就会威胁下属。法庭已经宣布这种交易性的性骚扰是违反人权的。

然而，性骚扰通常是一种微妙的行为，如性的戏弄、黄色笑话、对某人的外表品头论足，甚至可能不是有意要骚扰谁。但是，按照许多女权主义者坚持的效果立场，这种行为共同创造了一种对妇女有敌意的环境。这类事件更为复杂，因为它们涉及对同一行为的不同认识。例如，一个男子可能认为他不断地夸奖女同事的外表，只是表示友好而已。而女同事可能认为这个男人是从性的角度看待她，对她的工作不够严肃，这种态度可能有损于她的工作表现，损害了她晋升的前程。

色情

第6章将色情界定为引起性冲动的直接的描述性的事物。然而，人们对什么是色情的，什么不是色情的，有着不同的看法。法律将权利授予地方社区，由它们确定什么样的直接的描述性的事物违反了“关于正派的社区标准”以及缺少“任何可取的社会价值”。

传统上，人们将色情作为一个道德问题来考虑。但是，色情还在性别分层中起作用。从这一视角看，色情确实是一个权力问题，因为多数色情使妇女失去了人的价值，将她们视作男人的玩物。

另外，人们广泛关注：由于色情将女性描写为弱者和不值得尊敬的形象，鼓励了针对女性的暴力。男人可能通过打击女性的方式来表现对女性的轻视。调查表明，约有一半的美国成年人认为，色情鼓励人们去强奸。

像性骚扰一样，色情引发的问题是复杂的，有时是充满矛盾的。尽管一些事物可能侵犯了几乎每一个人，但是许多人赞成言论自由和艺术表现的权力。然而，近几十年来，限制色情的压力一直在增强，这既反映了人们对色情削弱道德的长期担忧，又反映了近期人们对色情贬低和威胁女性的更多担忧。

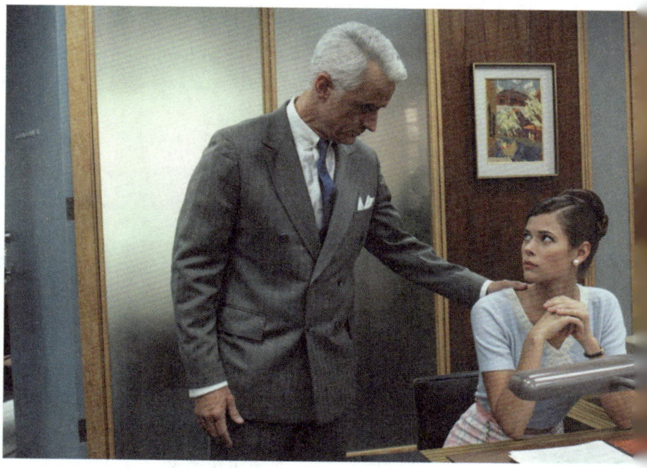

◎近几十年来，美国社会已经承认性骚扰是一个重要问题。至少从官方角度看，在工作场所，人们已经不再容忍不受欢迎的性关注。电视节目《疯狂的男人》（*Mad Men*）给了我们一个回溯20世纪60年代早期的窗口，表现了在近期女权主义兴起之前的美国社会的情况。

性别的理论分析

为什么性别在所有的社会中都存在？社会学的宏观视角（结构–功能理论和社会冲突理论）强调性别在社会组织中的中心地位。另外，符号互动理论有助于我们看到性别在日常生活中的重要性。表 10–3 总结了每种理论的重要观点。

结构–功能理论

结构–功能理论认为社会是一个由许多独立但又相互整合的部分组成的复杂体系。从这一观点出发，性别是一种组织社会生活的方式。

正如第 2 章中解释的那样，最早的狩猎和采集社会对生物学几乎没有控制力。由于缺乏有效的控制生育的方法，那时的妇女几乎无法避免怀孕，照顾孩子的责任使得她们紧紧围绕着家庭。同时，男人更加身强力壮使他们更适合战争和狩猎。经过几个世纪，这种以性别为基础的劳动分工逐渐制度化，并在很大程度上被视为理所当然的。

工业技术为文化的可能性提供了更广阔的选择余地。随着人类肌肉力量不再是主要的能量来源，男人体力上的强壮变得不再重要。另外，控制生育的能力使女性对如何生活有了更多的选择。随着现代社会日益成为能人统治的社会，现代社会放松了传统的性别角色模式，因为这种僵化的角色分工浪费了巨大的人类潜能。然而，变化是缓慢的，因为性别深深植根于文化深处。

性别与社会整合

正如塔尔科特·帕森斯观察到的，性别有助于社会整合，至少是在传统的形式上。性别形成了一套互补的角色，将男性和女性联系在一起组成家庭单元，让每个性别承担起某些重要的责任。妇女主管家务和养育孩子，男人通过参与劳动使家庭与更大的世界相联。

因此，性别在社会化中发挥着重要的作用。社会教育男孩（他们被预计在未来的目标是成为劳动力）要理性、自信和富有竞争精神。帕森斯将这些特质的总和称为工具性品质。为使女孩儿为抚养孩子做好准备，她们的社会化强调情感性品质，如情感的反应性和对他人敏感。

社会通过向男人和女人灌输一种恐慌感，来鼓励人们按照性别规范行事，即如果过于偏离人们能够接受的“男子气质”或“女子气质”，将会被异性拒绝。简单地说，女人要学会拒绝没有男子气概的男人，正如他们缺乏性魅力一样。男人则学习拒绝没有女人味的女子。总体来说，性别即使社会在结构上加以整合（通过我们做什么的方式），又使社会从道德上加以整合（通过我们相信什么的方式）。

表 10–3　应用理论：性别

	结构 – 功能理论	符号互动理论	社会冲突理论
分析层次是什么	宏观层次	微观层次	宏观层次
性别意味着什么	帕森斯用“男子气质”和“女人气质”两种行为的互补模式来描述性别	许多社会学家认为性别是现实的组成部分，指导人们日常生活中的社会互动	恩格斯用一种性别对另一种权力来描述性别
性别有益或有害	有益的 性别使男人和女人承担不同的角色和责任，有助于社会良好运转 正如男女结合构成了家庭一样，性别也构建了社会单元	很难说；性别既有益又有害 日常生活中，性别是帮助人们彼此联系的因素 同时，性别塑造人类行为，男女互动方式不同	有害的 性别限制了人们的人格发展 通过给予男性权力控制女性生活。性别使社会割裂 资本主义使父权制更加强大 交叉理论解释了少数女性所面临的多重弱势

◎20 世纪 50 年代，塔尔科特·帕森斯（Talcott Parsons）指出，社会学家将性别解释为一种差异。正如他所言，富有男子气的男人和富有女人味的女人组成稳固的家庭，形成一个有秩序的社会。然而，最近几十年来，社会冲突理论将性别重新解释为某种不平等。按照这一观点，美国社会将男性置于统治女性的地位。

评价

20 世纪 50 年代结构–功能理论甚为流行，今天这一理论的统治地位已遭大幅消减。首先，结构–功能主义假定社会具有单一的图景，实际上，并非每个人都如此。比如，从历史上看，由于经济上的需要，许多妇女走出家庭外出工作。这一事实不会反映在帕森斯所说的保守的、中产阶级家庭生活中。其次，帕森斯的分析忽视了僵化的性别角色导致的个人紧张和社会代价。最后，在寻找性别平等的人们看来，帕森斯所描述的性别“互补”几乎等于女人屈从于男人的统治。

符号互动理论

符号互动理论对社会持一种微观视角，聚焦于人们日常生活中面对面的互动。正如第 4 章中所指出的，性别在很多方面影响着日常生活中的互动。

性别与日常生活

如果观察男性和女性的互动，你也许会注意到女性通常比男性更多地运用眼神接触。为什么？保持目光接触是一种鼓励对话继续下去的方式；另外，直视某人清楚地表达出你正在关注另外一个人。

这一模式是性别角色的一个例子，性别角色是指社会所规定的男人和女人应当怎么想和怎么做的方式。要理解这一模式，请考虑一下有更多权力的人们倾向于控制社会交往的事实。当男人和女人交往时，无论是在家庭还是工作场所，通常都是男人发起互动。也就是说，男人首先讲话，设定讨论的主题，控制结果。作为权力较少的女性一方被期望要较为顺从，即她们要表现出对享有较高社会地位的人的尊重。在许多场合，这意味着妇女（就像孩子或权力较少的人）要在更多的时间保持沉默，还要通过目光接触、微笑或点头同意来鼓励男人（或者说有更多权力的人）。在控制谈话的技术中，男人经常打断别人，正如他们通常较少感到需要征求别人的意见，特别是向那些权力较少者。

性别与现实建构

如果一个女人打算和一个男人结婚，那么她是随丈夫的姓氏还是保留她自己的？这一决定比她如何签账单还重要。这还会影响老板如何决定她的薪水，甚至是她未来的薪水。

在今天的美国，至少有 10% 的已婚妇女保留自己的姓氏。与 19 世纪 90 年代相比，数字有所下降，那时这一比例在高峰值达到约 23%。研究表明，与 20 多岁结婚的女孩相比，在 30 多岁结婚的妇女（她们已经开始了职业生涯）更可能保留自己的姓氏。研究还表明，当要求被调查对象评价女性的特质时，一般认为那些随丈夫姓氏的妇女更加体贴、依赖和感性（传统上的女性品质）。相反，他们评价那些保留自己婚前姓氏的妇女更有野心、有才干、能力更强（对其他人包括男性，更有竞争性）。工资数据揭示了一个薪水上的重要差别：保留自己姓氏的已婚女性比随丈夫姓氏的女性要多挣约 40%。

这一模式证明了性别如何塑造着我们日常生活中的经历。该理论建议女性在结婚面对姓名决策时，要考虑她们做出的选择将对他人有特别的意义，以及产生的重要后果。

评价

符号互动理论的优势在于，它有助于我们看到在塑造我们日常生活体验中性别所发挥的作用。由于我们的社会将男人（以及任何被我们认为有男子气质的东西）视作比女人（以及女子气质的东西）更有价值的事物，正如所有的日常社会交往都是“性别化的”，所以男人和女人会通过不同的和不平等的方式进行互动。

符号互动理论表明，个体社会性地建构起他们经历的现实，通过他们的日常互动，使用与性别相联的特质（诸如穿戴和举止，以及对妇女来说的姓氏）作为他们个人“表现”的要素，形塑着不断发生的现实。

性别对我们经历的现实发挥着作用。然而，作为社会的一个结构维度，性别不仅是对我们作为个体的即刻控制，还赋予了某些人对另一些人拥有权力。换句话说，日常生活中的社会互动模式反映了我们社会的性别分层。日常生活互动也有助于强化这种不平等。比如，在某种程度上，父亲统领家庭中的讨论，整个家庭学着期望男人“扮演领导者”以及“表现出他们的智慧”。

符号互动理论的局限性是聚焦于情境化的社会经验，很少提及为我们日常生活设置规则的宏观的不平等模式。要想理解性别分层的根源，我们必须“去寻找”以便更真实地看到社会如何使男女两性不平等。我们将运用社会冲突理论。

社会冲突理论

从社会冲突的视角来看，性别涉及的绝不仅仅是行为上的差异，更是一种赋予一些人特权，赋予另一些人劣势的权力结构制度。我们不妨思考一下，性别有利于男性、有损女性的传统观念，与种族有利于一部分人、不利于少数民族种族的观念有着何等惊人的相似。传统的性别观念没能像结构-功能分析所认为的使社会平稳运转。相反，性别是一种创造了分裂和紧张的社会结构，当妇女挑战现状时，男人会寻求保护他们的特权。

正如前面章节所解释的，社会冲突理论在很大程度上源于卡尔·马克思的思想。然而，说到性别，马克思的著述几乎完全集中于男性。然而，他的朋友和合作者弗里德里希·恩格斯确实发展了性别分层理论。

性别与阶级不平等

通过回顾历史，恩格斯发现，在狩猎和采集社会，尽管男人和女人的活动不一样，但是二者同样重要。一次成功的狩猎会给男人们带来无上的荣誉，但是妇女们采集的植物为群体提供了大部分的食品供给。然而，随着技术进步导致生产的剩余，社会平等和彼此分享让位于私有财产，最后是阶级等级制度。这时，男人获得了统治妇女的重大权力。随着剩余财富向后代继承人传继的需要，上层阶级的男人期望确定谁是他们的儿子，这导致他们控制女性的性行为。控制妇女的性活动和私有财产的愿望带来了一夫一妻制婚姻和家庭。

妇女被教导婚前要保持贞操，婚后保持对丈夫的忠诚，她们的生活主要是为某个男人生儿育女。家庭法也确保了财产在家庭内部从一代人传递到下一代，以保持阶级体系原封不变。

根据恩格斯的观点，资本主义制度的发展使男性统治更为强大。首先，资本主义制度使用贸易和工业生产创造了更多的财富，这使男人作为收入的获取者和财产占有者，拥有了更多的权力。其次，不断扩大的资本主义经济依赖于将人们，尤其是女性变成通过购买和使用商品来寻求自我实现的消费者。最后，社会分配给女性的工作是维持家庭，将男人解放出来到工厂工作。正如恩格斯所说，资本主义制度的双重剥削就在于以低工资支付男人的劳动，而妇女的劳动没有任何工资。

评价

社会冲突理论强烈批评传统性别观念，认为如果我们将这种社会结构维度缩小到最低程度甚至消除干净，社会的状况就会变得更美好。也就是说，它将传统主义者在道德上积极支持

◎交叉理论的基本观点是，社会分层的各种维度（包括种族和性别）可以共同使某类人处于非常不利的地位。正如非洲裔美国人的收入少于白人，女性的收入低于男性。这样非裔美国女性就面临着“双重不利因素”，非拉美裔白种男人每挣一美元，非洲裔美国女性则仅挣63美分。某些类别的人群要比其他类别的人更有可能一直从事此类低收入工作。你怎样解释这一事实？

的传统家庭视为一种社会弊病。那么，社会冲突理论面临的一个难题是将男女之间共同生活的合作减至最低限度，常常减少了家庭的快乐。第二个问题在于断定资本主义制度是性别分层的基础。事实上，与工业社会相比，农业社会通常是更典型的父权制。

交叉理论

近些年来，另一个社会冲突视角——交叉理论在社会学中变得非常重要。交叉理论的主要观点是：有基于种族、阶级和性别的多种社会分层制度，这些制度彼此之间并不是相互独立的。相反，这些不平等维度相互交叉、互动。正式地说，交叉理论是一种分析种族、阶级和性别相互作用，经常造成多重弱势维度的理论。研究表明，与种族和性别相关联的不利条件经常共同为某些人带来非常低的社会地位。

收入数据证明了这一理论的基本观点。首先，依种族和民族来看，2013年非洲裔美国全日制工作的女性的中等收入为34 285美元，非拉美裔白人女性的收入为41 539美元，前者仅为后者的83%；拉美裔女性的收入为30 271美元，仅为白人女性收入的73%。再看性别，非洲裔美国女性的收入为非洲裔美国男性收入的84%，拉美裔女性的收入相当于拉美裔男性收入的93%。

为探索这些不平等维度的“交叉”，我们发现女性的某些类属存在更大的劣势。非洲裔美国女性的收入相当于非拉美裔白人男性收入的63%，拉美裔女性的收入则相当于非拉美裔白种男性收入的56%。这些收入差别反映了作为少数派的妇女在职业和教育的科层体系中较低的社会地位。

交叉理论有助于让我们看到，尽管性别对我们的生活有重大影响，但它从来不是单独发挥作用的。阶级地位、民族和种族、性别和性取向共同构成了一个多层级的制度，在这一制度中，一些人处于劣势，另一些人享有特权。

评价

如果女性处于劣势是事实，那么一些女性比另一些更处于劣势也是事实。这一洞见是交叉理论的第一个贡献。另外，这一理论视角有助于我们理解，尽管所有女性的生活都是由性别塑造的，但是没有单一的“女性经历”。相反，白人女性、拉美裔女性、有色人种女性（还有老年女性、残疾女性、女同性恋者）都有特定的社会地位和经历，必须根据其各自的内容来理解。

还有一个必须提及的问题是，对于性别分层，人们应当做些什么，这涉及社会冲突理论的另一形式——女权主义。

◎雪莉·桑德伯格（Sheryl Sandberg）是 Facebook 的首席运营官，她在《向前一步》（*Lean in*）一书中描述了妇女在美国社会中所面临的职场障碍，包括歧视和性骚扰。桑德伯格主张，要克服这些障碍，妇女必须反对将女性作为二等公民以及通过“依赖”迈向更高领导职位的社会界定。批评者则认为，普通妇女面临的成功上的障碍远比像桑德伯格那样的特权女性更为严峻。

女权主义

女权主义（feminism）支持男女社会平等，反对父权制和性别歧视。美国女权主义的第一次浪潮始于 19 世纪 40 年代，当时妇女反对奴隶制，包括伊丽莎白·凯蒂·斯坦顿（Elizabeth Cady Stanton）和卢克丽霞·莫特（Lucretia Mott）将非裔美国人遭受的压迫与妇女受的压迫相提并论。她们的主要目标是获得投票权，这一权利最终在 1920 年得以实现。但是，其他不利因素仍然继续存在，这引发了自 20 世纪 60 年代起并持续至今的第二次女权主义浪潮。

女权主义者的基本观点

女权主义者通过性别这个透镜来看待女性和男性的日常生活。我们怎么认识自我（性别认同）、我们如何行为处事（性别角色），以及我们作为男人或女人的社会地位（性别分层），全都植根于社会的运行当中。

尽管女权主义者在许多方面存在分歧，但多数女权主义者支持以下五个总的原则。

1. **致力于增进平等**。女权主义者的思想具有政治性；它将思想与行动相联系。女权主义者批判现状，推动社会向男女平等的方向变迁。许多女权主义者也受交叉理论的指导，既追求性别平等，也追求基于种族和阶级的平等。

2. **扩大人们的选择**。女权主义者认为性别的文化观念将整个人类的性质分成两种既对立又有限的方面：情感与合作的女性世界，以及理性与竞争的男性世界。作为一种替代理论，女权主义者提出“重新整合人类”，让所有个体都可以发展所有的人类品质。

3. **消除整个社会的性别分层**。女权主义反对限制女性教育、收入和工作机会的法律和文化规范。因此，女权主义者一直支持美国宪法通过《平等权利修正案》（*the Equal Rights Amendment*，*ERA*）。这一法案主张，“在美国或其他任何州，法律上的权利平等不应当因为性别而被否定或减少”。《平等权利修正案》于 1923 年第一次提交给国会。尽管《平等权利修正案》受到广泛的公众支持，但至今还未成为法律。

4. **终止性暴力**。今天的妇女运动寻求消除性暴力。女权主义者主张，父权制扭曲了男女之间的关系，鼓励强奸、家庭内部虐待、性骚扰和色情等针对妇女的暴力。

5. **推动性自由**。最后，女权主义者倡导妇女掌控她们的性行为和生育行为。女权主义者支持可以自由获得生育控制的信息。例如，在美国育龄期的已婚妇女中，大约有三分之二使用避孕工具。而在许多低收入国家，避孕工具的使用远远不够普遍（见图 10–4）。多数女权主义者也支持妇女有权选择是否怀孕或终止怀孕，而不是让男人（父亲、丈夫、医生和立法者）来控制她们的生育行为。许多女权主义者还支持同性恋者的努力，来结束大量异性恋文化中的偏见和歧视。

全球快照

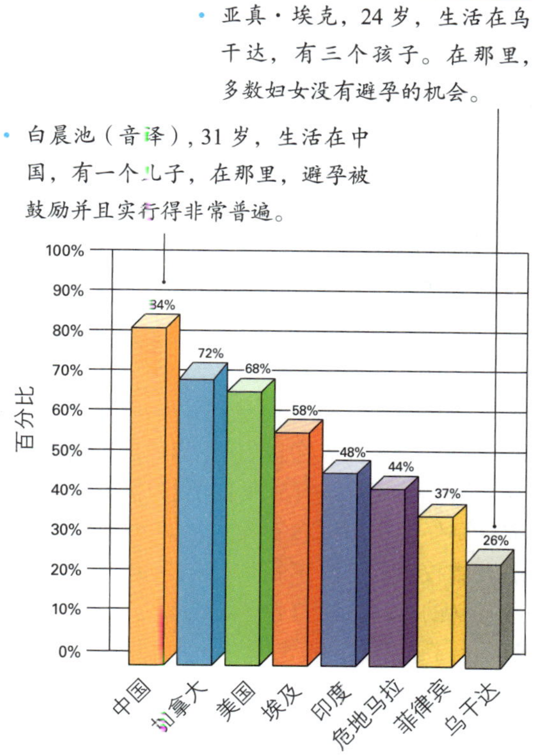

图 10–4 育龄期已婚妇女使用避孕工具的情况

◎在美国，多数育龄期已婚妇女使用避孕工具。然而，在许多低收入国家，多数妇女没有这种选择的机会。

资料来源：Population Reference Bureau（2014）.

女权主义的类型

尽管女权主义者一致同意性别平等的重要意义，但是在如何获得性别平等上，不同的女权主义派别（自由主义女权主义、社会主义女权主义或激进女权主义）的意见并不一致。表 10–4 强调了每种女权主义思想的主要观点。

自由主义女权主义

自由主义女权主义植根于经典自由主义思想中，认为个体应当自由地发展他们自己的才能，追求他们自身的利益。自由主义女权主义接受社会的基本制度，但是寻求扩大妇女的权利和机会。正如她们看到的，性别不应当作为一种对女性不利的阶级形式来运转。作为取得这一目标的重要步骤，她们支持《平等权利法案》的通过。自由主义女权主义也支持所有女性在生育上的自由权。她们尊重家庭这一社会机构，但是寻求社会的变迁，包括更广泛地推广母亲产假和父亲产假，以及为双职工家庭提供幼儿照顾服务。

由于自由主义女权主义相信个体的权利，因此她们认为女性应当根据自身的努力和优势来取得进步，而不是通过集体化劳动带来改变。无论男女，通过个人成就能够改善他们的生活，只要社会消除法律和文化上的障碍。

社会主义女权主义

社会主义女权主义源于卡尔·马克思和弗里德里希·恩格斯的思想。这一观点认为，资本主义制度通过将财富和权力集中于少数男人的手中，强化了父权制。社会主义女权主义认为自由女权主义所支持的改革还远远不够。他

表 10–4 应用理论：女权主义

	自由主义女权主义	社会主义女权主义	激进的女权主义
是否接受社会的基本秩序	接受。自由主义女权主义寻求只要确保机会平等的变迁	不接受。社会主义女权主义主张结束社会阶级以及鼓励“家庭中的奴隶制”的家庭性别角色	不接受。激进女权主义主张结束家庭制度
妇女怎样提高社会地位	个体性的，根据个人的能力和努力	集体性的，通过社会主义革命	集体性的，通过消除性别本身

们相信，由资本主义创造的家庭形式必须改变，以便用集体做家务和照顾孩子的方式来取代“家庭中的奴隶制”。只有通过社会主义革命，创造一个以国家为中心的经济，才能满足所有这些要求，才能实现对传统家庭的取代。

激进的女权主义

和社会主义女权主义一样，激进的女权主义发现自由主义女权主义是不适当的，激进女权主义者相信，父权制是如此深深地扎根于社会，以至于甚至社会主义革命都不能结束父权制。相反，要达到性别平等的目标意味着社会必须消除性别本身。

实现这一目标的一种可能的方式是使用近几十年来科学家发明的新的生育技术（见第13章）。这种技术可以使妇女的身体同孕育孩子的过程相分离。随着做母亲的结束，激进主义女权主义者推论说，社会可以把整个家庭制度抛开，将女人、男人和孩子从家庭、性别和性本身的压迫中解放出来。激进的女权主义寻求一个平等的、性别自由的社会，一场比马克思所寻求的、更加横扫一切的革命。

多元文化与全球女权主义

迄今为止，三种类型的女权主义被视为带来变迁的主要策略。她们还倾向于将女性描述为人类的一个单独的类别，即被她们的性别所定义、被她们所处社会所强迫。然而，近几年来，新的女权主义视角不仅关注所有女性面对的一般境况，还关注她们的社会和文化差异。

多元文化女权主义的观点源自交叉理论。也就是说，虽然所有的妇女普遍具有与男性有关的受压迫的社会地位，但是她们的生活经历会因为她们的种族、民族和阶级地位而有所不同。如果不考虑种族压迫和阶级差别，性别分层就无法被全面地理解。换言之，分层体系是多维度的、由各种不同的压迫共同产生的效应。

同样地，全球女权主义一方面试图承认世界上所有妇女在生活中共同受压迫的地位，另一方面也关注到，由于全球分层将世界各国彼此分割而造成她们不同的地位。简单地说，这意味着生活在高收入国家的妇女的生活经历是由两种因素共同作用形成的，一个是与性别有关的压迫，另一个是与生活在全球资本主义经济核心有关的特权。同样地，生活在低收入国家的妇女的生活经历既反映了性别分层，又反映了她们在世界被剥削地区的社会位置。

对女权主义的公开支持

由于各种女权主义都主张巨大的变迁，因此人们对它一直持存有争议。今天，约有18%的美国成年人支持“妇女应当重返社会中的传统角色”的观点。仅有约20%的美国成年人愿意声称自己是女权主义者 。

但是，经过一段时间，反对女权主义者的人口比例已经稳步下降。最急剧的下降发生在20世纪70年代早期。以后的变化一直相当小。女性表示支持女权主义的比例要高于男性。

多数男人和对女权主义表示批评的女人对性别持传统的观点。一些男人反对性别平等，其理由与许多白人在历史上反对有色人种争取社会平等的理由一样：他们不想放弃他们的特权。另外一些男人和女人，包括那些既不富有也没有权力的人，不相信社会运动（特别是激进主义的表达）能打败传统的家庭，能抗拒已经统治了人们几个世纪的男女关系模式。

社会教化让男人更看重强力和统治的价值，他们对于女权主义者认为男人应当温和和热情感到不安。同样地，一些生活重心围绕着丈夫和孩子转的妇女可能认为女权主义不承认她们生活的意义，不重视她们的社会角色。总的说来，那些受教育最少、没有在家庭之外工作的女性反对女权主义最强烈 。

种族和民族在塑造人们对女权主义的态度上发挥着某些作用。总的看来，非裔美国人（特别是非裔美国女性）表现出最支持女权主义者的目标，其次是白人，拉美裔美国人对性别的态度则比较传统。

学术界对女权主义的支持十分强烈，并且证据广泛。但这并不意味着女权主义被不加批评地接受。一些社会学家指责女权主义者忽视了有越来越多的证据说明男女之间在思想和行为方式上存在某些差异，这使绝对的性别平等不可能发生。批评家说，由于女权主义者鼓动女性在工作场所的表现，因此低估了女性为孩子成长、特别是在孩子刚出生几年里所做的关键的、独特的贡献 。

最后一个问题是，女性应当如何提高她们的社会地位。美国绝大多数成年人认为女性应当拥有平等的权利，但是 70% 的成年人也认为女性应当根据她们的训练和能力，个体性地发展自己，只有 10% 的人支持女性权益群体或集体行动。

由于这些原因，对女权主义的多数反对意见针对的是社会主义女权主义和激进女权主义，而对自由女权主义的支持比较广泛。另外，我们看到确定无疑的趋势是走向性别平等。1977 年，65% 的成年人赞成“如果男性在家庭之外获得更大的成就，女性照顾好家庭，对有关的每个人来说都是非常好的事情”。到 2012 年，支持这种观点的人数的比例急剧下降至 31% 。

◎ 你认为性别观念会在多大程度上改变了你的人生？它对男人的改变更多还是对女人改变得更多？为什么呢？

性别：展望

有关未来的预测只是一种有根据的猜想。正如经济学家对未来一年的通货膨胀率可能是多少的意见不一致一样，社会学家只能就性别与社会未来的可能走向提供普遍的观察。

迄今为止的变化是显著的。一个世纪之前，女性是二等公民，不能进入许多工作领域，不允许参与公共活动，没有权利投票。尽管女性在社会上仍处于不利地位，但迈向平等的运动浪潮一浪高过一浪。20 世纪 90 年代期间，进入劳动力的人数中有三分之二是女性，2000 年，第一次在绝大多数的美国家庭中，丈夫与妻子都是拿工资的劳动力。今天的经济很大程度上要依靠女性的收入。另外，超过 20% 的美国已婚男人的妻子挣钱比丈夫多 。由于接受更高层次教育的女性比例持续提高，随着她们从事工作的范围扩大，女性劳动力的数量将不断提升。

许多因素影响了这一长期转变。也许最重要的是，工业化和计算机技术的进步，改变了工作的性质，从需要体力、重视男人力气的工作转变为需要思想和想象力的工作。这一变化使得女性和男性站在同一起跑线上。而且由于生育控制技术使人们能够更多地控制生育，妇女的生活较少地受到意外怀孕的束缚。

许多女性和男性有意识地追求社会平等。例如，比起上一代人，人们现在对于工作场所的性骚扰的抱怨要认真严肃得多。另一个重要趋势是女性取得大学学历的比例的增长。这一趋势，反过来，随着更多女性进入企业和政治领域的权力位置，可能会减少男女间未来的收入差距。当这些趋势逐渐显露时，21 世纪有关性别的社会变迁可能与已经发生的那些变迁同样巨大。

日常生活中的社会学
Society: The Basics

你可以从你周围的世界指出“性别信息”吗

正如本章所揭示的，性别是日常生活的基本组织原则之一。在我们去的大多数场所、从事的大多数活动中，我们的部分日常惯例都是“性别化的”，即它们被界定为哪些更属于“女人的”或者更属于“男人的”。理解了这一事实，当企业向公众推销产品时，要将性别记在心里。请看下列图片中的广告。在每幅图中，你能否解释性别在推销这些产品时是如何发挥作用的？

◎ 在这则广告中出现了许多性别动力，你发现了什么？

◎ 一般来说，我们的社会将化妆品视作属于女人的，因为多数化妆品以女性作为推销对象。这则广告有什么不同？为什么？

◎ 你从这则广告中看到了什么性别信息？

提示

寻找广告中的“性别信息”的过程包含几个层次的分析。从表面开始，注意广告中每个明显的事物，包括场所、背景，特别是人物。然后，注意人物是如何表现的——他们在做什么、他们的位置是怎样的、他们的面部表情、他们怎样穿戴，以及他们彼此之间的关系。最后，根据广告本身和你了解的社会环境来说明你认为广告中所包含的信息。

从你的日常生活中发现社会学

1. 浏览几份近期的杂志，挑选三个与性别有关的广告，分析每个广告是如何运用性别的？

2. 研究你所在地区的女性问题的历史。曾有哪些法律限制女性工作的领域？现在这样的法律还存在吗？

第 11 章

种族和民族

通过本章，我们能够：

◎ 解释一下种族和民族的社会建构；

◎ 描述偏见的程度和原因；

◎ 区分歧视和偏见；

◎ 识别多元主义、同化、种族隔离、种族灭绝的例子；

◎ 评估美国社会各种族和民族人群的社会地位。

社会的力量：塑造政治态度

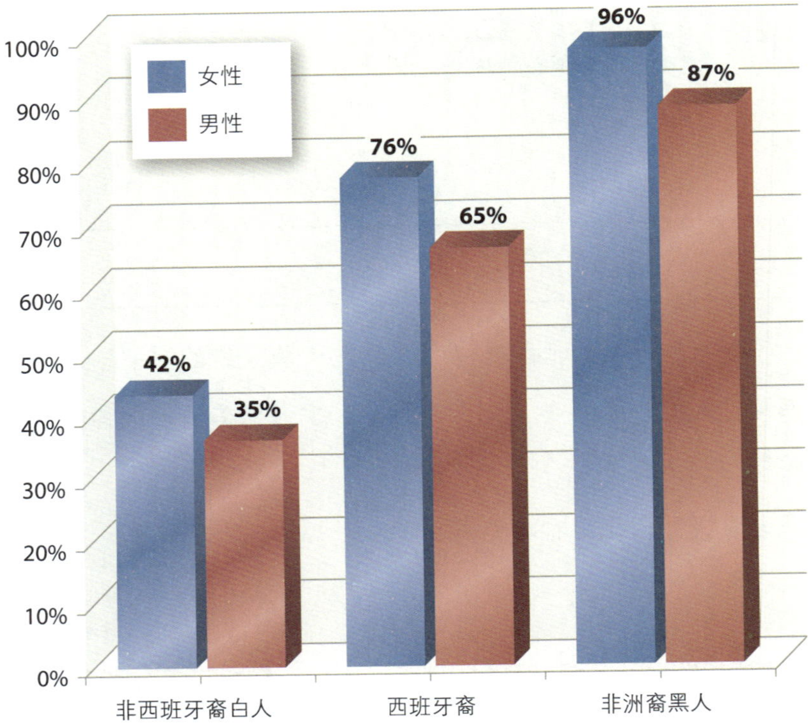

图 11-1　2012 年投票给贝拉克·奥巴马的人的比例

资料来源：Center for American Women and Politics（2012）.

投票给特定候选人纯粹是我们“个人”的选择吗？在 2012 年总统选举中，只有 42% 的非西班牙裔白人女性和 35% 的非西班牙裔白人男性投票给贝拉克·奥巴马。但西班牙裔美国人，尤其是非裔美国人以压倒性的优势支持他，确保了奥巴马的胜利。在选举中投票时，人们做出的政治选择不单单是个人性的，还反映了种族、民族和其他社会因素。

本章概要

本章解释了社会是如何建立种族和民族的。美国是一个有着比世界上其他任何国家都要多样化的种族和民族的国家。不管是在这里还是别的什么地方，种族和民族不仅仅是差异问题，还是社会不平等的多重维度问题。

11 月纽约的一个寒冷早晨，布朗克斯社区大学的一次社会学课上，指导老师正在组织一项关于民族和种族问题的小组讨论。他解释说，民族和种族这两个概念的理解远非大多数人所认为的那样清晰。当他看到坐在他周围的同学们时眼睛一亮，然后问了他们这样一个问题："你是怎样描述自己的？"

一位叫爱娃·罗德里格兹（Eva Rodriguez）的学生坐在椅子上，身体前倾并很快回答："我是谁？或者我应该说我是谁？这个问题我很难回答。许多人认为种族就是指黑人和白人，然而事实并非如此。对于我而言，既有黑人又有白人的血统，但是你知道吗？我并没有用那种方式来定义自己，我根本不是以人种来定义自己的。你可以叫我波多黎各人或者西班牙裔美国人。我个人喜欢'拉美人'这个称呼。叫我拉美人说明我是混血后裔，而那就是我。我希望更多的人意识到一个人的种族并不是界限分明的。"

本章主要考察种族和民族的内涵。如今在美国，有成千上万的人都跟爱娃·罗德里格兹一样，并不认为自己是单一的种族，而认为自己有着混合的血统。

种族和民族的社会含义

正如本章开头所介绍的故事那样，人们常常会混淆"种族"和"民族"这两个概念。为此，我们先来对一些基本概念进行界定。

种族

种族（race）是社会建构起来的某类人群，他们共同拥有被社会成员认为是重要的生物遗传特质。人们可以根据肤色、面部特征、头发构造以及外形等身体特征来划分彼此的种族。

由于生活在地球的不同地理区域，我们的人类祖先之间显示出很大的种族差异性。比如生活在酷热地区，人们的肤色要深一些（自然界中黑色素的原因），以防止阳光对身体的伤害；而在温带地区，人们的肤色要浅一些。这些差异仅仅是肤色深浅的不同，而世界各地的人们都同属于一个生物物种。

现今发现的人类身体特征上的巨大差异也是移民的产物，在某个地方曾经一致的遗传特征（比如浅色皮肤和卷曲头发）如今在许多大陆都可以发现。历史上，人类移民的十字路口——中东（也就是西亚），种族混合特征尤其显著。居住地与其他地方相隔越远，居民则越能体现出身体特征的一致性，比如日本各岛的居民。然而人类的每一种群都有遗传上的混合性，而随着世界各地人们交往的日益频繁，将使得未来人类的身体特征产生更大的混合性。

我们通常以生物特征来思考种族，但种族其实是一个社会建构的概念。的确，人类在包括身体特征方面存在着许许多多的差异，但只是在社会成员确定身体的某些特征（比如肤色和眼睛大小）关系确实重大时，"种族"才形成。

◎人类生物上的差异比任何种族划分所涵盖的差异都要多得多。当我们试图将上图中所有的人进行简单的种族划分的时候，这一事实就显而易见了。

由于种族是一个社会定义的问题，它也就成为一个高度多样化的概念。例如，美国社会成员要比其他国家成员认为种族差异更为重要。我们也倾向于"看到"三个种族分类，典型意义上有黑种人、白种人和黄种人。还有一些国家把人种划分得更多一些。比如在巴西，人们将种族更具体地区别为白人、棕色人、浅黑肤色人、黑白混血人、黑人和黄种人等。

奥塞奇·奥巴塞基采访了一些自出生以来就失明的人。他得出结论，这些失明的人与有远见的人一样，对种族有相同的态度。这一发现表明，种族不是用我们的眼睛"看"出来的，我们应当学会从周围的社会中思考种族。

此外，即便在一个国家内部，种族的界定也因人而异。例如在美国，研究表明，白人比黑人"看待"黑人更黑。

种族的含义和重要性会因时因地而变化。回溯到1900年，美国的许多白人普遍认为爱尔兰人、意大利人或犹太人的祖先为"非白种人"。而到了1950年，这种看法就不多见了，今天这些人被视为"白种人"的一部分。

今天，美国人口普查局允许人们使用一种以上的种族身份来描述自己（提供6个单一种族选择和57项跨种族选择）。美国社会在官方意义上承认了大范围跨种族现象的存在。

种族类型

一个多世纪以前，当科学家们试图将世界上人们的身体差异区分为三个类型时，他们发明了"种族"这个概念。他们称那些肤色相对较浅、发质较细的种族为"高加索人种"，称那些肤色较黑、发质较粗的人为"尼格罗人种"，而称那些有着黄色或棕色皮肤且眼睑上有分明褶皱的种族为"蒙古人种"。

社会学家认为这种划分会误导人，在最糟糕的情况下甚至是有害的：其一，没有哪个社会生活着生物意义上"纯粹的"人。被我们称为"高加索人种"（或者说"印欧人""高加索人"，更广泛意义的"白种人"）的人们肤色从很浅（典型地位于斯堪的纳维亚地区）到很深（南部印度）都存在。同样的变化也存在于所谓的"尼格罗人种"（"非洲人"或更广泛地称为"黑"人）和"蒙古人种"（即"亚洲人"）人们

种族 社会建构起来的某类人群，他们共同拥有被社会成员认为是重要的生物遗传特质

民族 共享某一文化传统的群体。

当中。事实上，许多“白”人（比如，在南部印度的人）实际上的肤色比许多黑人（比如澳大利亚的土著黑人）还要深。总体说来，前面所述的三种划分只区分了 6% 的基因，每一人种内部的基因差异其实比人种之间的差异还要大。这意味着在欧洲国家（比如瑞典）随机挑选两个人之间的基因差异，与瑞典人和来自非洲国家比如塞内加尔两个人之间的差异同样大。

那么，种族究竟有多重要？从生物学角度看，知晓人们种族类别的唯一意义在于评估人们罹患某些疾病的风险性。那社会为什么要做出这样的种族划分呢？有了这些分类，社会就将人们分成了不同的等级，赋予其中一部分人比另一部分人以更多的财富、权力和社会声望，这让某些人觉得自己与生俱来就比其他一些人“优越”。由于种族可能如此重要，社会有时就会以这样极端的方式构建种族类别。例如，在 20 世纪的大部分时间里，美国南方许多州的人，就算他们只拥有三十二分之一的非洲血统（也就是说一个非裔美国人的曾曾曾祖父是非洲人），他们也会被贴上“有色人种”的标签。今天美国法律上已经规定了由父母亲按照他们的意愿来宣布（或不申报）孩子的种族。即使这样，大多数美国人仍对种族背景十分敏感。

混合趋势

全美经过很多代后，来自全世界的遗传特征已渐渐融合。许多“黑”人具有很大比例的高加索血统，就像许多“白”人有着黑人的一些基因一样。不管人们怎么想，种族不仅仅是黑白的问题。

今天，人们更愿意把自己定义为跨种族的人。2013 年，人们在填写人口普查表时，940 万人通过核对，最后用两个或两个以上的种族类别来描述自己。在 2013 年，年龄在 5 岁以下儿童中 6% 是混血儿，而年龄在 65 岁及其以上的跨种族人口比例不到 1%。

民族

民族（ethnicity）是共享某一文化传统的群体。人们根据赋予他们以特定社会身份的共同祖先、语言和宗教，来确定自己或他人属于某一民族的成员。美国是个多民族的社会。尽管我们主张说英语，但仍然有 6100 多万人（占美国人口的 21%）在家里讲西班牙语、意大利语、德语、法语、汉语或其他语言。在加利福尼亚州，大约有 44% 的人口这样做。

在宗教方面，美国是一个基督教占主导地位的国家，但大多数西班牙、意大利、波兰裔人信奉天主教，许多希腊、乌克兰、俄罗斯裔人皈依东正教。510 多万犹太裔美国人的祖先与全世界很多国家有联系。穆斯林男女的数量一般估计在 200 万到 300 万之间，并由于移民和高出生率的双重原因使其增长速度越来越快。

正如种族一样，民族也是社会建构的。这一概念之所以重要，是因为社会以这种方式定义了它。比如即使一个意大利裔美国人比西班牙裔美国人可能有更多的“拉美”文化，美国社会也会把西班牙裔定义为“拉美人”。尽管两种人之间差别很小，意大利裔在美国也会被视为“欧洲人”而不是“拉美人”。就像种族差异一样，民族差异的重要性也随着时间的改变而改变。一个世纪以前，美国压倒多数的新教徒认为天主教徒和犹太教徒是“不同”的，今天这一看法已经很少存在了。

需要记住的是，种族是基于生物特征而建构的，而民族是基于文化特征建构的。不过，民族和种族往往紧密相联。例如，日裔美国人不仅具有独特的体型特征，对于那些秉持传统生活方式的日裔美国人来说也具有一种独特的文化。表 11-1 提供了美国最新的民族和种族多样性的数据。

在个体层面，人们是抬高还是贬低其文化特质，取决于他们是想适应还是脱离该文化的社会环境。移民可能随时间的推移而削弱他们的文化传统，或者近年来，像许多美国印第安土著后裔那样，试图重振其文化遗产。对于大多数人来说，民族比种族问题更复杂，因为

表 11-1　2013 年美国种族和民族分类

种族和民族分类 *	近似人口数	人口比（%）
西班牙裔	**54 071 370**	**17.1**
墨西哥人	34 586 088	10.9
波多黎各人	5 138 109	1.6
古巴人	2 013 155	0.6
其他	12 334 018	3.9
非裔	**41 623 897**	**13.2**
尼日利亚人	299 310	0.1
埃塞俄比亚人	250 427	0.1
索马里人	118 619	<
其他	40 955 541	13.0
美国土著后裔	2 521 131	0.8
美印第安人	2 057 857	0.7
因纽特人	119 452	<
其他	343 822	0.1
亚洲或太平洋岛后裔	**16 632 553**	**5.3**
华人	3 781 673	1.2
印度人	3 189 485	1.0
菲律宾人	2 664 606	0.8
越南人	1 692 760	0.5
韩国人	1 446 592	0.5
日本人	794 441	0.3
柬埔寨人	271 193	0.1
其他	2 791 803	0.9
西印第安人后裔	**2 879 140**	**0.9**
阿拉伯裔	**1 866 851**	**0.6**
非西班牙欧裔	**197 836 231**	**62.6**
德国人	46 173 091	14.7
爱尔兰人	36 325 099	11.6
英国人	24 483 837	7.8
意大利人	17 235 854	5.5
波兰人	9 383 376	3.0
法国人	8 228 623	2.6
苏格兰人	5 310 285	1.7
荷兰人	4 484 167	1.4
挪威人	4 272 488	1.4
其他	41 939 411	13.4
两种或两种以上种族背景	**9 369 541**	**3.0**

* 具有西班牙血统的人可能是任何一个种族。许多人不止认同一个民族种类。因此，总数超过了 100%。

资料来源：U.S. Census Bureau (2014).

他们认同数个民族背景。摇滚乐传奇人物吉米·亨德里克斯（Jimi Hendrix）既是非裔美国人，又是白种人，还是切罗基族人；新闻主播索莱达·奥布莱恩（Soledad O'Brian）则认为自己具有白种人和黑种人双重血统，既是澳大利亚裔又是爱尔兰裔，既是盎格鲁裔又是西班牙裔。

少数族群

3 月 3 日，得克萨斯州达拉斯。坐在美国各大城市任何一个饭店的大堂里，你会看到这样一个对比场景：进进出出的客人绝大多数是白人；行李搬运、餐厅服务和房间清洁等饭店雇员则绝大部分属于有色人种或少数族群。

正如第 10 章所定义的那样，**少数族群**（minority）是由于体型或文化上的显著差别而被社会分离、处于从属地位的任何人群。少数族群的地位取决于种族、民族或这两者。如表 11-1 所示，非西班牙裔白人（占总数的 62.6%）仍然占美国人口的大部分。但少数族群的人口比例日益增长。今天，少数族群在美国四个州（加利福尼亚州、新墨西哥州、得克萨斯州和夏威夷州）以及美国 100 个最大城市中的 62 个城市人口都占多数。

整体来看，到 2011 年，美国大多数出生人口都是有色人种和少数族群。这一事实再加上移民的影响，使得少数族群的人口比例会稳步增长。根据美国人口普查局 2015 年的数据，到 2044 年，少数族群可能占美国全部人口中的多数（如图 11-2 所示）。

少数族群有两个重要特征：第一，他们共同享有独特的身份认同，这种认同或许植根于其共同的生理基础，还或许建立在其共同的文化特质上；第二，少数族群处于从属地位。就像本章的其余部分所显示的那样，美国少数族群一般收入较少、职业声望较低、接受的教育也有限。这些事实意味着阶级、种族、民族以及性别等因素相叠加，强化了社会分层的程度。接下来的“多样化思考”专栏刻画了近年来拉丁美洲移民的斗争情况。

当然，并不是所有少数族群成员都处于劣势。一些拉美裔美国人十分富有，一些美籍华

多样化快照

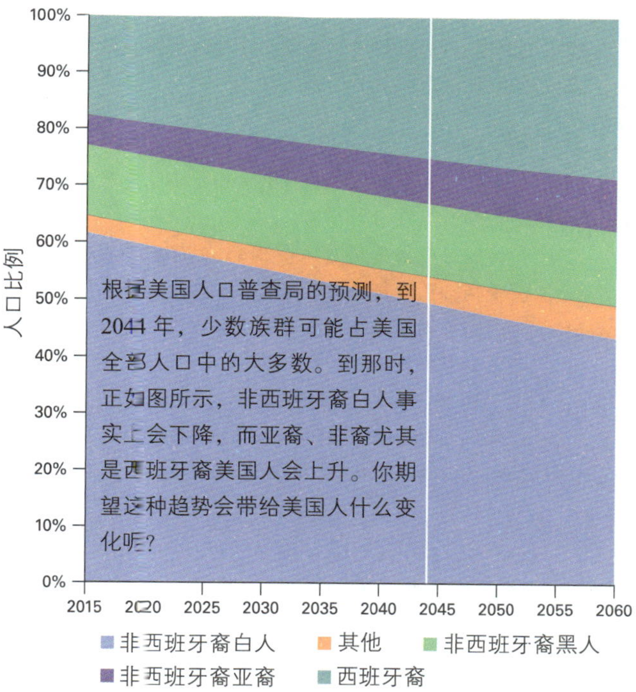

图 11-2　即将到来的少数族群占人口的多数

资料来源：U.S. Census Bureau (2014).

人成为著名的商界领袖，而有些非裔美国人成为美国的政治领导人。但即使事业上很成功，上述个人也很少能摆脱其少数族群的地位。像第 4 章所描述的那样，种族或民族往往成为个人的首要地位，从而使个人成就黯然失色。

少数族群通常只占一个社会人口的小部分，但事实并不总是如此。南非的黑人尽管在数量上占这个国家的多数，但仍处于不利地位。在美国，妇女占人口的一半多一点，但仍在为男性所享有的很多机会和特权而斗争。

偏见和刻板印象

11 月 19 日，以色列耶路撒冷。我们在这一历史古城的郊外开着车——对于犹太人、基督徒、穆斯林来说这是一块圣地。这时我们的出租车司机发现街角有一群法拉沙人（Falasha），

多样化思考：种族、阶层和性别

勤奋工作：美国移民的生活

休斯敦的清晨，天气已经热起来了。一队小型货车缓缓开近一个灰尘漫天的院子。在那里已经聚集了 200 个天还不亮就开始等候的工人，他们希望找到这一天的工作。第一辆货车司机打开车窗告诉工头，他需要几个人去抹天花板上的焦油。工头阿布多尼尔·塞斯佩德斯（Abdonel Cespedes）转向人群。几分钟后，三个工人走到前面，爬进货车的后车厢。第二个司机要找两个有经验的油漆工。现场找人的叫声此起彼伏，不断有男人和少数妇女走出人群，要么去挖沟渠，要么去抹水泥，要么去补墙板，要么去打开堵塞的化粪池，要么到房子下面去毒老鼠。

一有车开进院子，工头塞斯佩德斯就问："多少钱？"大多数人愿意每小时付 5 美元。塞斯佩德斯则机械地回答道："7.25 美元，行情是每小时勤奋工作 7.25 美元。"有时候，他说服了司机们让他们付这么多，但是通常都没有这个价。那些来自墨西哥、萨尔瓦多和危地马拉的人知道，他们中有很多人一天下来也没有工作。许多人接受每小时 5 美元或 6 美元的价格，因为他们知道当这一天结束的时候，有 50 美元要比什么都没有好。

◎ 每天早上这些移民聚集在纽约街角，希望被雇用去从事每天大约 60 美元而没有其他福利的建筑工作。

像这种劳力市场在大城市中十分普遍，特别是

在美国的西南部。最近几年来的移民浪潮使得数以百万计的人来到这个国家寻找工作，其中大部分人没有接受过什么教育且只能说一点儿英语。

迈纽尔·巴瑞拉（Manuel Barrera）接到一份搬货的一日工作，即将一堆货物搬到一个仓库中去。他走到那堆高高的货物面前，双眼盯着山一般沉重的家具，他必须将它们搬到车上去，开过市区，然后再次搬下来。当他意识到外面很热而房子里面更热时叹了口气。他没有时间吃饭，也没有人说到梳洗的事情。巴瑞拉摇摇头："我做这种工作，只是因为它能给我带来食物，但是我没有想到它会像这样。"

移民到美国的人面临的残酷事实是他们要做那些其他人不愿意做的工作。在社会的底层，他们要么在饭店、宾馆、建筑队从事没有多少技术含量的工作，要么为私人家里做饭、搞清洁和照看小孩。整个美国，所有保姆、家庭厨师、裁缝以及饭店服务生中的大约一半来自出生于国外的人。很少有移民工资超过官方最低工资（2015 年每小时 7.25 美元），移民工人也很少获得医疗或养老福利。许多富有的家庭对移民的劳动已经习以为常，就像他们的空调汽车和舒适的家一样。

你怎么想

1. 你和你的家人在什么方面需要依靠移民的低薪劳动？

2. 你赞成允许进入美国的 1170 万非法移民获得美国公民身份吗？应该采取一些什么措施？

3. 美国政府应当行动起来减少未来进入美国的移民数量吗？为什么？

资料来源：Booth（1998），Tumulty（2006），U.S. Department of Homeland Security（2014），U.S. Department of Labor（2014）.

即埃塞俄比亚信奉犹太教的人。司机指着他们说道："那边那些人与众不同，他们不开车，也不希望改善自己的生活。即使我们国家为他们提供教育，他们也不接受。"他冲着那些埃塞俄比亚人摇摇头，继续开车。

偏见（prejudice）是对某一整体人群刻板的、不公正的概括判断。偏见是不公正的，因为某一人群的所有人在很少或没有直接证据的情况下被固执僵化地视为同样的。偏见可能针对那些有特殊社会阶层、性别、性取向、年龄、政治信仰、身体残疾、种族或民族的人。

偏见可能是积极的也可能是消极的预先判断。我们的积极性偏见倾向于夸大像我们自己一样的人的优点，而我们的消极性偏见通常谴责那些与我们不同的人。消极性偏见可以表现为温和的回避，也可以表现为公然的敌意。因为这一态度植根于文化中，每个人或多或少都存在一定程度的偏见。

偏见往往以**刻板印象**（stereotype）的形式加以表现（stereo 来源于希腊字母 solid，意思是"坚实"）。刻板印象就是将对某类人群的简化描述运用于该人群中的每一个体。许多白人对少数族群的人存有刻板印象。刻板印象对于工作场所中的少数族群尤为不利。如果公司的上层仅以刻板印象来看待员工，那么他们将对员工的能力做出预先的假设，让他们承担某一类特定的工作，同时限制他们获得更好的机会。

同时，少数族群对白人和其他少数族群成员也存在着刻板印象。例如，调查显示，非裔美国人比白人更相信亚裔从事了不公正的商业行为；而相比白人，有更多的亚裔批评西班牙裔生太多的孩子。

偏见 **对某一整体人群刻板的、不公正的概括判断**

刻板印象 **将对某类人群的简化描述运用于该人群中每个个体**

偏见的测量：社会距离量表

测量偏见的一种方法是社会距离，即人们愿意与某一人群成员接触的亲密程度。20 世纪 20 年代，埃默里·鲍格达斯（Emory Bogardus）提出如图 11–3 所示的社会距离量表。鲍格达斯询问美国大学和学院的学生他们愿意与 30 个种族和民族的人群亲密接触的程度。一个极端是，一些学生宣称某一特殊人群应该完全应被阻止进入美国（得分为 7），表现出这部分学生的最大社会距离（最大化的消极性偏见）；另外一个极端是，一部分学生声明他们愿意接受某一特殊人群以婚姻的方式进入他们的家庭（得分为 1），表现出最小的社会距离（最大的社会接受度）。

学生快照

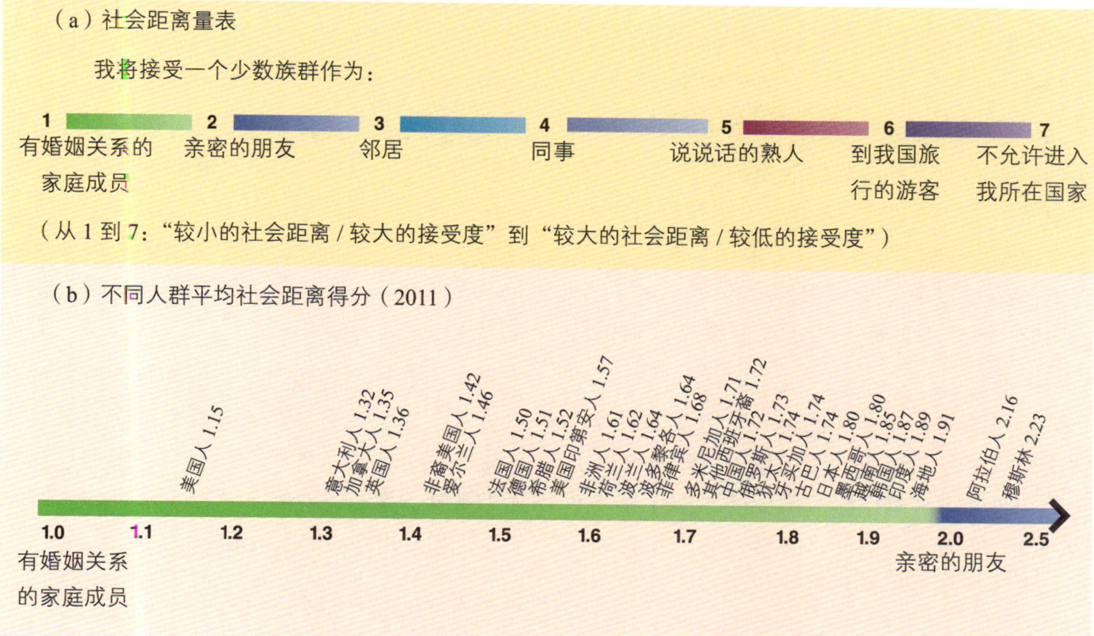

	1925	1946	1956	1966	1977	2001	2011
（c）所有人群的平均分值	2.14	2.14	2.08	1.92	1.93	1.44	1.68
（d）平均极差	2.85	2.57	1.75	1.55	1.38	0.87	1.08

图 11-3 鲍格达斯社会距离研究

◎ 社会距离量表是一种测量偏见的好方法。图（a）展示了完整的社会距离量表，从最左边最小的社会距离到最右边最大的社会距离。图（b）展示了 2011 年对每一种人群的平均社会距离得分。数据（c）展示了个别年份的总平均得分（所有种族和民族人群的平均得分）。得分从开始执行的 1925 年的 2.14 降到 2001 年的 1.44，这表明大学生对多样性日益增长的包容。这一研究在 2011 年重复进行，平均值显示温和地上升，达到 1.68，表明大学生对多样性包容的微弱下降。数据（d）展示了平均极差，即既定年份最高分值与最低分值之差（比如，2011 年为 1.08，即穆斯林最大的社会距离分值 2.23 减去美国人的最低分值 1.15）。自从 1925 年研究执行以来，这一数字也已变得越来越小，只是在 2001—2011 年期间略有上升。简而言之，同过去年代的学生相比，今天的学生看待不同人群之间的差异倾向于缩小了。

资料来源：Parrillo & Donoghue（2013）.

1925 年，鲍格达斯发现，对不同人群的人，人们表现出不同的社会距离。一般来说，参与这项调查的学生对西班牙裔、非裔、亚裔和土耳其裔表现出了最大的社会距离，他们表示愿意忍受这些人成为其同事，而不是邻居、朋友或者家庭成员。学生们对那些来自北欧和西欧的人，包括英国人和苏格兰人以及加拿大人表现出最小的社会距离，他们表示愿意通过婚姻方式接纳这些人为家庭成员。

今天大学生的社会距离又是什么情形呢？最近一项使用了同样社会距离量表的研究报告了以下三个主要发现。

1. **学生的观点表明了更大的社会接纳度的长期趋势**。相比数十年前，现在的学生对所有少数族群表现出较小的社会距离。图 11-3 表明社会距离量表的平均分从 1925 年和 1946 年的 2.14 分降到 1956 年的 2.08 分，从 1966 年的 1.92 分、1977 年的 1.93 分，再降到 2001 年的 1.44 分。2011 年，平均分为 1.68 分，表明社会接纳程度的下降。即便如此，我们注意到在 2011 年的研究中，调查对象（81% 的人认为自己是白人）对少数族群表现出比早期研究中学生更大的包容性。比如就非裔美国人来说，2011 年社会距离平均得分为 1.42 分，表明学生对这一人群的社会接纳甚至高出爱尔兰人或法国人。

2. **不同少数族群之间的差异在今天的学生眼中缩小了**。早期研究发现，在最早期研究中，学生很愿意接纳某些人群（分值在 1 和 2 之间），他们不愿意接纳另一些人群（分值在 4 和 5 之间）。在 2011 年的研究中，没有哪一人群的分值高出 2.23 分。

3. **对恐怖主义关注的大气候增加了对阿拉伯人和穆斯林的偏见**。当前这一代学生是在一个关注恐怖主义的国家里长大的。2001 年发生"9·11"恐怖袭击事件，可能解释了学生表达出对阿拉伯和穆斯林这两个人群最大社会距离的原因。

种族歧视

作为一种强烈而有害的偏见形式，**种族主义或种族歧视**（racism）是相信一个种族先天优于或劣于另一个种族。种族主义贯穿于人类的整个历史。不管其他族群取得多大成就，古希腊人和古印度人都认为其他族群的人比自己要低级一些。

种族主义在美国整个历史上流传甚广，有关种族劣等的观念支撑了奴隶制的存在。今天，美国公开的种族歧视已经减少了，因为更多人愿意用小马丁·路德·金（Martin Luther King Jr.）所说的"不要以他们的肤色而要根据他们的秉性"来评价他人。

即便如此，种族主义仍然是一个严重的社会问题，因为总有一些人认为某些种族和民族的人比另外一些人聪明。然而，正如研究所揭示的那样，智力的种族差异与其说是生物原因，倒不如说是由环境原因造成的。

偏见理论

偏见源自哪里？对于这个令人烦恼的问题，社会学家给出了几种回答，主要集中在挫折、人格、文化和社会冲突等理论上。

替罪羊理论

替罪羊理论认为，偏见来源于自身处于不利状态的人的挫折。以一个白人纺织女工由于低工资而受挫为例。由于直接表达对有权有势的工厂主的敌意而被解雇的风险很大，因此她可能将她的低工资归咎于其他少数族群同事的出现。虽然她的偏见不会改善她的处境，但这是相对比较安全的表达愤怒的方式。同时由于她觉得自己至少比某些人还优越一些，这或许能给予她稍许的安慰。

替罪羊（scapegoat）是指人们因为自己遇到的麻烦而不公平地指责基本上没有权力的某个人或某类人。因为他们没有什么权力，因而通常被当作"安全的靶子"，少数族群成员经常成为替罪羊。

专制型人格理论

特奥多·阿多尔诺（Theodor Adorno）和他的同事认为极端的偏见是某些特定个体的人格特征。研究表明，那些对某一少数族群成员抱有强烈偏见的人通常也会对所有少数族群成员

© 2014 年，18 岁黑人青年迈克尔·布朗（Michael Brown）被密苏里州弗格森（Ferguson）地区 28 岁的白人警官达伦·威尔森（Darren Wilson）射杀。对于没有携带武器但以威胁方式行事的布朗被杀，引发了广泛的愤怒。威尔森没有受到犯罪指控，事件发生后他已经离开执法队伍。对这一事件在全美范围内的关注以及广泛的抗议和骚乱——尤其是在非裔美国人社区，表明许多人相信种族问题仍继续影响着美国刑事司法系统的运作。

产生偏见，这项研究支持了阿多尔诺和他同事的结论。这些专制型人格刻板地遵守传统文化价值观念，同时将道德问题视为非对即错的泾渭分明的问题。有着专制型人格特征的人还认为社会中存在竞争和等级是自然的，“优越”的人（像他们自己）不可避免地要统治那些“弱势”的人（包括所有少数族群成员）。

阿多尔诺和同事们还发现相反的模式也成立：能够容纳一种少数族群的人，一般也能够接纳所有的少数族群。他们在做出道德判断时倾向于更加灵活，并平等地看待所有的人。

阿多尔诺认为那些接受过较少学校教育的人，以及在冷漠、要求苛刻家庭中长大的人容易产生专制型人格。在孩童时充满愤怒和焦虑，长大后就会充满敌意、富有攻击性，遇到挫折时倾向于寻找替罪羊。

文化理论

第三种理论声称，虽然极端偏见可能只表现在某些人身上，但是有些偏见却在每个人身上都能找得到。为什么？因为偏见已嵌入我们大家生活于其中并加以学习的文化中。鲍格达斯社会距离量表有助于证明这一点。鲍格达斯发现，全美各地的学生对特定的种族和民族人群抱有差不多类似的态度，对一些人亲密，对另一些人则疏远。

偏见来源于文化的其他证据还基于这样一个事实，即少数族群对除自己之外的其他人群也表现出与白人同样的态度。这一情况表明，个人表现出偏见是因为他们生活在一种“偏见的文化”中，这种文化告诉我们某一人群比另一人群“更优越”或“更糟糕”。

冲突理论

第四种解释认为，偏见是有权有势的人用以压迫他人的一种工具。比如在美国西南部，盎格鲁裔美国人看不起拉丁美洲裔移民，他们只付给辛勤工作的移民以低工资，同时又能够逃脱惩罚。类似地，当偏见将工人按照种族和民族分离开来，防止他们在一起工作而促进他们共同利益的时候，所有的精英都受益了。

根据谢尔比·斯蒂尔（Shelby Steele）提出的另一个基于冲突的观点，少数族群自身也鼓励种族意识的觉醒，以获得更大的权力和更多的权利。由于他们在历史上的劣势，少数族群宣称他们是历史的受害者，因此有权享受基于种族考虑的特殊照顾。虽然这一策略在短期内可能有效，但斯蒂尔警告说这样的想法经常会激起白人或其他人的激烈反对，这些人反对基于种族或民族为基础而对少数族群给予“特殊待遇”。

歧视 不平等地对待不同人群的人

制度性偏见和歧视 嵌入社会制度运行的偏见和歧视

歧视

与偏见关系十分紧密的是**歧视**（discrimination），即不平等地对待不同人群的人。偏见是一种态度，而歧视是一种行为。像偏见一样，歧视既可能是积极的（提供特别的有利条件），也有可能是消极的（制造障碍）。同时，歧视既可能是隐晦的，也可能是明显的。

制度性偏见和歧视

我们一般认为偏见和歧视是特定人的有害想法或行为。但是，斯托克利·卡迈克尔（Stokely Carmichael）和查尔斯·汉密尔顿（Charles Hamilton）指出，更大的危害来自**制度性偏见和歧视**（institutional prejudice and discrimination），即嵌入社会制度运行的偏见和歧视，这种偏见和歧视存在于学校、医院、警察局以及工作场所当中。比如，研究发现，银行对少数族群成员房屋抵押贷款申请的拒绝比例要高于对白人的比例，即便在少数族群成员收入和邻里关系稳定的情况下也是如此。

最近对制度性偏见和歧视的关注集中于警察针对非裔美国人的致命暴力行为。问卷调查显示，非裔美国人比白人更有可能指向这种类型的制度偏见。2014 年，发生在密苏里州弗格森的迈克尔·布朗一案中，大约三分之一的白人和三分之二的非裔美国人认为种族在致命的射杀中扮演了一定的角色。

根据卡迈克尔和汉密尔顿的说法，人们谴

责并进一步承认制度性偏见和歧视的过程是很缓慢的，这是因为制度性偏见和歧视通常涉及受人尊敬的公共官员以及业已确立的传统。一个典型的例子就是布朗诉托皮卡教育委员会案[①]。1954年最高法院做出判决终结了曾合法存在的学校种族隔离。教育设施“隔离的但是平等的”一直以来是美国奉行的信条和法律，允许学校种族隔离借以支撑了种族不平等。尽管这一划时代的裁决已经过去了半个多世纪，但今天大多数美国学生还是到那些一个种族占压倒性多数的学校上学。1991年，美国最高法院指出，只要美国人口是种族隔离的，即大部分非裔美国人居住在城区而大部分白人和亚裔美国人生活在郊区，那么社区学校就永远不可能提供平等的教育。

偏见和歧视：恶性循环

偏见和歧视相互加强。第4章中所讨论的托马斯定理，为这一现象提供了一个简单的解释：如果人们把情境当作真实的，那么其结果将成为真实的。

根据托马斯原理，我们了解到，对于那些相信它们甚至有时为它们所害的人，刻板现象是怎样变成事实的。部分白人对有色人种的偏见不会造成有色人种天生的低级，但是它能造成有色人种的社会劣势，从而将少数族群推向低工资、劣势学校以及种族隔离房。然后，当白人看到这些社会的不利条件时，就以此作为少数族群不合格的证据，开始了新一轮的偏见和歧视，引发了如图11-4所示的相互延续的恶性循环。

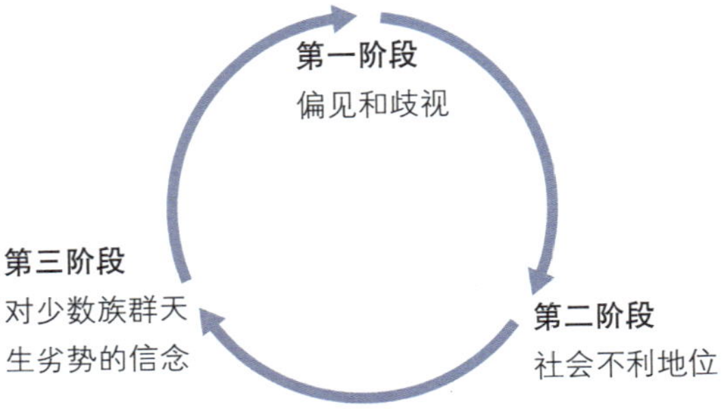

第一阶段：偏见和歧视开始，通常是一种族群优越感的表达，或者是努力为经济剥削辩护。

第二阶段：作为偏见和歧视的结果，少数族群在社会上处于不利地位，在社会分层体系中占据较低位置。

第三阶段：这种社会不利条件不被解释为早期偏见和歧视的结果，而是充当为少数族群天生劣势的证据，于是新的偏见和歧视开始了，这一循环不断重复。

图 11-4　偏见和歧视：恶性循环

◎偏见和歧视可以形成一个恶性循环，使其永续存在。

主导群体和少数族群：互动的模式

社会学家用四种模式来描述一个社会中种族和民族类别之间互动的模式，分别是：多元主义、同化、种族隔离和种族灭绝。

多元主义

多元主义（pluralism）是指所有种族和民族的人虽然有明显区别但拥有平等社会地位的一种状态。换句话说，不同外表或社会传统不同的人都享有大致平等的资源。

美国是一个多元主义的国家，在一定程度上，法律面前人人平等。与此同时，大城市存在无数的“族群村落”。在那里，人们自豪地展示其移民祖先的传统。这些族群村落包括纽约的西班牙哈莱姆区、小意大利、唐人街；费城意大利人的“南费城”；芝加哥的小西贡；以及拉丁美洲人的东洛杉矶。仅在纽约市就有300多种用超过90多种语言发布的不同族群的杂志、报纸和广播电台。

美国并不是真正的多元化，理由有三个：第一，虽然大部分人重视他们的文化遗产，但很少有人跟与他们完全一样的人专门生活在一起；第二，我们对社会多样性的宽容仅仅才起步，对人口日益增多的美国少数族群的反应之

① 20世纪40年代以来，美国联邦最高法院审理了一系列案件，确认和保护了非裔美国人起码的公民宪法权利。其中尤以1954年布朗诉托皮卡教育委员会案最具代表性。它宣布公立学校中的黑白种族隔离制度违反宪法，由此撕开了美国南方种族隔离制度的缺口，吹响了全面废除种族隔离制度的号角，成为黑人民权运动和结束种族隔离制度斗争的一个里程碑。——译者注

- **多元主义**　虽然所有种族和民族的人有明显区别但拥有平等社会地位的一种状态
- **同化**　少数族群逐渐采纳占主流地位的文化模式的过程
- **种族隔离**　各类人群在身体上和社会上的分离
- **种族灭绝**　一个种族被另一个种族有组织的杀戮

一就是推动英语成为官方语言的社会运动；第三，我们将在这一章稍后的内容中看到，不同肤色和文化的人并不享有平等的社会地位。

同化

许多人认为美国是一个“大熔炉”，在这个大熔炉里面，不同族群的人混合在一起。但是，不是每一个人都“熔”入了一些新的文化模式，而是大多数少数族群成员主动采纳了由我们早期的殖民者所创立的主导文化。为什么？因为这样做既是在社会流动中向上爬的途径，也是一种避免针对外国人的明显的偏见和歧视的方法。社会学家用“**同化**”（assimilation）这一术语来描述少数族群逐渐采纳占主流地位的文化模式的过程。同化包含改变服饰、价值观、宗教信仰、语言和朋友等各个方面。

不同的人群同化的程度不同。例如，在美国，加拿大人比古巴人、荷兰人比多米尼加人、德国人比日本人更为“熔化”。多元文化主义者反对将同化作为一种目标，因为同化视少数族群为“一个问题”和需要做出全部改变的人。

◎ 我们是应当期望来到美国的人为“熔入”美国而改变他们的语言习惯及其文化模式，还是期望他们固守他们自己的传统？为什么？

注意同化涉及的是民族的改变而不是种族的改变。例如，许多日本移民的后代抛弃了他们民族的传统，但是却保留了他们种族的特征。种族的特征在数代后会得以削弱，可以借助于**种族间的通婚**（miscegenation），也就是不同种族的配偶之间繁衍后代。虽然跨种族的婚姻变得越来越普遍，但它仍只占所有美国人婚姻中的 8.4%。

种族隔离

种族隔离（segregation）是各类人群在身体上和社会上的分离。一些少数族群，特别是像安曼教派奉行的宗教规范，自愿地将自己与他人隔离。然而，主导族群通常排斥少数族群而使少数族群处于隔离状态。居住区、学校、工作场所、医院甚至墓地也可能被隔离。多元主义鼓励特殊性，去除劣势，而隔离却加强了危害少数族群的分离。

种族隔离在美国有着悠久的历史，从奴隶贸易开始，一直到种族隔离房、隔离学校、隔离公共汽车以及隔离火车。类似于 1954 年布朗一案[①]，法院的判决已经在法律上减少了歧视在美国的合法性，然而实际上，种族隔离以无数社区居住着单一种族人的形式一直延续到今天。

研究表明，今天美国大城市的种族隔离要低于过去。这种趋势反映在越来越高的种族宽容度以及日益增长的可用于少数族群的住房贷款中。尽管种族隔离近年来有所下降，但它在美国还持续存在。例如，密歇根州利沃尼亚市 88% 的居民是白人，而邻近的底特律市 80% 的居民是非裔美国人。库尔特·梅茨格（Kurt Metzger）解释道：“利沃尼亚几乎是由（从底特律）飞来的白人创造的。”研究进一步表明，在整个国家，白人（尤其是那些有着年幼孩子的白人）刻意避免和非裔美国人做邻居。道格

① 1954 年，美国联邦最高法院做出了著名的布朗案判决，宣布南方公立学校中的种族隔离制度违反美国宪法的平等保护原则。——译者注

拉斯·梅西（Douglas Massey）和南希·登顿（Nancy Denton）指出，更极端的是在美国一些内陆城市还存在着对贫穷的非裔美国人的高度隔离。高度隔离意味着与当地社区之外的人几乎没有任何形式的接触。高度隔离对大约20%的贫困非裔美国人来说是一种家常便饭，这一隔离模式在美国大约25个大城市当中都能发现。

种族灭绝

种族灭绝（genocide）是一个种族被另一个种族有组织的杀戮。这种种族歧视和种族中心主义的致命形式几乎违反了人类每一个公认的道德标准，然而它还是在人类历史上一次又一次地发生了。

在欧洲移民和美洲大陆土著民接触的历史中，种族灭绝是普遍的。从16世纪以来，西班牙人、葡萄牙人、英国人、法国人和荷兰人依靠武力建立起强大的殖民帝国。由于本土居民对于欧洲殖民者带来的疾病没有多少自然免疫力，他们大部分都死于这些疾病，但许多原居民是因为反对殖民者而被蓄意杀害的。

种族灭绝同样发生在20世纪。在第一次世界大战中，至少有100万东欧亚美尼亚人在奥斯曼帝国的统治下丧生。不久之后，在阿道夫·希特勒统治时期的德国，欧洲犹太人经历了一个被称为“大屠杀”的恐怖统治。大约1935—1945年期间，纳粹杀害了600多万名包括男人、妇女和儿童在内的犹太人，以及另外包括同性恋者、吉卜赛人以及残疾人在内的500万人。

可悲的是，种族灭绝仍然发生在现代世界。最近的例子包括在非洲国家卢旺达胡图族人杀害图西族人，东欧巴尔干半岛上的塞尔维亚人杀害波斯尼亚人，非洲苏丹达尔富尔地区成千上万的人惨遭杀害。2015年，联合国宣称，伊斯兰国（ISIS）曾对伊拉克境内的雅兹迪少数族群人口实施过种族灭绝。

以上四种少数族群和主导族群互动的模式在美国都有发生。尽管许多人很骄傲地指出美国多元化和同化的传统，然而认识到美国社会一定程度上是建立在种族隔离（非裔美国人）和种族灭绝（土著美洲人）的基础上也很重要。本章的剩余部分将考察这四种模式是如何塑造美国主导种族和民族群体的历史及现有社会地位的。

美国的种族和民族

把你的疲惫、贫困给我吧，

将广大民众对自由呼吸的向往，

将丰饶海岸给不幸难民的庇护，

将风雨颠簸过后的无家可归，统统交给我吧！

我高擎明灯屹立于黄金门！

这些诗由埃玛·拉扎勒斯（Emma Lazarus）所写，被镌刻在自由女神像上，反映了美国这个国家人性自尊、个性自由和经济机遇的文化理想。相比其他任何国家，美国的确为很多移民提供了更多的“好生活”。每年大约有125万的移民来到这个国家，他们以各种各样的生活方式创造了一个社会整体，这在有着独特的种族和民族社区的大城市中尤为突出。

然而，有关美国少数种族和民族群体的调查显示，美国的黄金门对某些人打开得更大一些。接下来，我们将考察美国人口中主要群体的历史和当今社会地位的现状。

土著美洲人

“土著美洲人”这一术语涉及数以百计的社会团体，包括阿芝台克人、印加人、阿留申人、彻罗基族人、祖尼人、苏族人和莫霍克民族人，他们是最早定居在西半球的人。早在克里斯多佛·哥伦布（Christopher Columbus）于1492年到达美洲大陆前大约15 000年，移民就跨过一条大陆桥即如今的白令海峡（阿拉斯加海岸）所在地从亚洲来到北美洲。渐渐地，他们又闯出了北美洲到南美洲之间的路。

15世纪末期，当第一批欧洲人到达美洲的时候，土著人口还有数百万人。但到了1900年，在长达几个世纪的种族冲突甚至种族屠杀之后，“消失的美国人”只剩下25万人了。土著美洲人所控制的陆地范围也急剧缩减。

哥伦布把他们在巴哈马群岛上最先遭遇的土著美洲人称为“印度人”，因为他误以为自己

© 在促使同化的努力中，美国印第安人事务局将印第安儿童从家里接出来，把他们送到如图所示的寄宿学校——俄克拉荷马州的河畔印第安人学校。在那儿，非印第安教师教他们英语，其目的是为了让他们成为“美国人”。

已经到达航行的目的地印度。哥伦布发现，与物质主义和竞争性的欧洲人形成鲜明对比的是，土著美洲人顺从而平和。然而，欧洲人却把他们的受害者称为小偷和杀人犯，以此为他们攫取土著人的土地寻找正当理由。

美国独立战争后，美国新政府对土著美洲人采取了多元主义的方式，通过与土著美洲人签订条约，竭力从他们手里获取更多的土地。而对土地的赔偿却远非公平，当土著美洲人拒绝交出他们的土地时，美国政府就用其强大的武力来驱逐他们。到 19 世纪早期，只剩下极少数的土著美洲人居住在密西西比河以东。

1871 年，美国以土著美洲人抵制政府为由，宣称对土著美洲人采取强制同化的政策。将土著美洲人重新安置在被称为“保留地”的特定区域，这使得土著人继续失去他们的土地和文化传统。保留地的生活迫使他们依附于外界，他们放弃了祖先的语言而改说英语，改变了原来的宗教信仰而代之以基督教。印第安人事务局的官员把土著人的孩子从他们的父母身边带走，送他们到寄宿学校，在那里他们被重新社会化为“美国人”。当局将保留地的控制权交给少数支持政府政策的土著人，由他们分配保留地的土地，传统中由集体拥有的土地变成个体家庭的私有财产。

直到 1924 年，土著美洲人才享有美国的公民权。从那以后，许多人从保留地迁移出来，采纳主流文化的模式并和非土著人通婚。现在，一半以上的土著美洲人认为他们自己是双种族或多种族的人。如今，许多大城市也容纳了相当数量的土著居民。然而，如表 11–2 所示，土著美洲人的收入远在美国人均收入之下，相对少的土著人接受过大学教育。

表 11–2 2013 年土著美洲人的社会地位

	土著美洲人	所有美国人
家庭年平均收入（美元）	42 421	63 815
贫困人口比例	28.9%	14.5%
完成四年或四年以上的大学教育（≥ 25 岁）	13.9%	32.0%

资料来源：U.S. Census Bureau（2014）。

在与美国西部某座城市的一位土著美洲人进行深入的面谈后，琼·阿尔邦（Joan Albon）得出结论，他们低社会地位是文化因素的结果，这些因素包括他们对生活无竞争的态度和拒绝追求高等教育。此外，她注意到，许多土著美洲人的肤色较深，这使得他们成为偏见和歧视的目标。

美国人口普查局承认 41 个美洲印第安民族和 6 个阿拉斯加土著民族，这些民族由 600 多个小型部落构成。今天，许多土著美洲人对他们传统文化的回归感到自豪。传统文化组织报告称，新会员申请出现了一个高潮，同时许多小孩的母语说得比他们的父母好。土著居民管理其保留地的合法权利使得一些部落能够建起一些有利可图的供赌博的娱乐场所。但是，从赌博中赚取的财富只是使相当少的土著人富裕起来，大部分的盈利都被非印第安人投资者获取。虽然出现了一些兴旺的迹象，但大部分土著人仍旧处于极为不利的状态，同时感到一种白人掌控下的深刻的不公正感。

盎格鲁–撒克逊白人新教徒

盎格鲁–撒克逊白人新教徒（WASPs）不是第一批移居到美国的人，但在欧洲人开始殖民之后，他们很快便统治了这个国家。大多数 WASPs 具有英格兰血统，但这一人群也包括来

◎这四位妇女的努力极大地提高了非裔美国人在美国的社会地位。上图从左至右：索乔纳·特鲁斯（Sojourner Truth，1797—1883），出身奴隶的她成为一位有影响力的传道士和公开的废奴主义者，被林肯总统在白宫授予荣誉勋章；哈丽雅特·塔布曼（Harriet Tubman，1820—1913），在摆脱奴隶身份后，策划了上千名非裔美国男人和女人通过“地下铁路”逃离奴役；伊达·韦尔斯·巴尼特（Ida Wells Barnett，1862—1931），出生时父母都是奴隶，后来成为孟菲斯一家报社的一名合伙人，是一位不知疲倦地反对恐怖私刑的战士；玛丽安·安德森（Marian Anderson，1902—1993），一位早期事业生涯被种族偏见限制的特殊歌手，通过在白宫（1936 年）和在林肯纪念馆前的台阶上面对近十万人（1939 年）的演唱来打破象征隔离的“肤色界限”。

自苏格兰和威尔士的人。大约有 3150 万人宣称有着英格兰、苏格兰和威尔士的血统，因此美国有 9.9% 的人有 WASPs 的背景，而且他们分布在社会的各个阶层中。

许多人将 WASPs 与美国东部和西部海岸的精英团体联系在一起。但 WASPs 最集中的地方在犹他州（因为有英国血统的摩门教徒的迁徙）、阿巴拉契亚，以及新英格兰北部（也由于移民的历史模式）。

历史上，WASPs 移民技术娴熟且积极追求在今天被我们称为新教伦理的东西。由于他们有很高的社会地位，因此 WASPs 移民没有受到其他种族移民的偏见和歧视。事实上，由于 WASPs 移民历史上的优势，他们成为许多人的榜样。

WASPs 移民从来都不是一个单一的人群，特别是在殖民时代，巨大的敌意将英国圣公会教徒和苏格兰教徒隔离开来。但在 19 世纪，大多数 WASPs 移民联合起来反对“不受欢迎的人”的到来，比如 19 世纪 40 年代的德国人以及 19 世纪 80 年代的意大利人。那些能够负担得起的人，在独立的郊区和受限的俱乐部里把自己保护起来。这样在 19 世纪 80 年代（自由女神像首次欢迎移民到美国来的十年）同样见证了第一个排他性的 WASPs 移民的国家俱乐部的建立。

然而大约在 1950 年，祖先是 WASPs 的美国人的财富和权力达到顶峰，这表现在 1960 年，约翰·肯尼迪当选为美国历史上第一位爱尔兰天主教教徒身份的总统。不过，WASPs 移民的文化遗产保留下来了。英语成为这个国家的主导语言，新教是主要的宗教信仰。我们的法律体系同样反映了美国的英格兰起源。但是当我们广泛使用“种族”和“民族”这些术语指代除了 WASPs 以外的所有人时，祖先是 WASPs 的美国人在历史上的统治地位就更加凸现出来。

非裔美国人

尽管非洲人伴随欧洲探险者在 15 世纪就来到了新大陆，但是大部分记录都把 1619 年作为美国黑人历史的开端，这一年一艘从事贸易的荷兰船只载着 20 个非洲人来到弗吉尼亚州的詹姆斯敦，之后更多满载黑人劳工的船只抵达了这里。不管这些黑人是以奴隶身份到来的，还是同意工作一段时间以支付旅费的契约佣人，来到这些海岸的非洲人很快就变得和真正的奴隶没有多少区别了。1661 年，弗吉尼亚州颁布了第一部承认奴隶制的法律。

奴隶制是南方殖民地种植园经济的基础。白人用黑人奴隶的廉价劳动力来经营种植园。直到 1808 年，一些人还在贩卖黑奴。奴隶贩子，包括欧洲人、非洲人和北美人，强行运送了大约 1000 万非洲人到美洲各国，其中有 40 万人被运到了美国。在狭小的船上，上千名奴隶被锁在一起，经过几个星期的时间跨过大西洋。恶劣的卫生条件和疾病夺去了很多人的生命，也迫使一些人自杀。总的来说，整个航行中可能要死掉一半的人。

度过了悲惨的大西洋航行，对于幸存者来说即将面临的是苦役生活。尽管一些奴隶可以在城市各种不同的贸易行业中工作，但大部分奴隶都要到田地里干活，经常要从黎明干到日落，收割季节还要干得更长。法律允许奴隶主使用他们认为必要的所有惩罚措施，来确保奴隶服从和辛勤工作。即使是杀死一名奴隶也很少受到法律起诉。奴隶主们还在公开的拍卖会上拆散奴隶的家庭，在那里，奴隶被像财产一样地买卖。由于奴隶们没有受过教育而且其基本需要又依赖于奴隶主，他们基本上不能掌控自己的命运。

一些生活在美国南北两部的自由有色人种，有些是小型农场主，有些是熟练工人，有些则是小商人。但是大多数非裔美国人的生活与美国建国的原则即平等和自由的理念相差甚远。《独立宣言》上这样写道：

> 我们认为下述真理是不言而喻的：人人生而平等，造物主赋予他们若干不可转让的权利，其中包括生存权、自由权和追求幸福的权利。

然而，大部分白人并没有对黑人尤其是奴隶运用这一理念。在 1857 年的德雷德·司各特案件（Dred Scott case）中，联邦最高法院提出了这样的问题："黑人是公民吗？"回答写道："我们认为他们不是，黑人不是也不可能是联邦宪法意义上的'公民'。因此他们既没有任何权利，也没有任何特权，这种权利和特权是提供给美国公民以保证其安全的工具。"这就导致了瑞典社会学家冈纳·迈戴尔（Gunnar Myrdal）于 1944 年提出的"美国的困境"，即一个民主社会对某一个人群的基本权利和自由的抹杀。换句话说，人们为公平而大声疾呼，但却没有包括全部种族。很多白人简单地认为黑人天生就劣等，不配得到平等，以此来摆脱这一困境。

1865 年，《美国宪法第十三条修正案》（*the Thirteenth Amendment to the Constitution*）宣布奴隶制不合法。三年后，《宪法第十四条修正案》（*the Fourteenth Amendment of the Constitution*）推翻了德雷德·司各特案的判决：给予所有在美国出生的人以公民身份。1870 年批准通过的《宪法第十五条修正案》（*The Fifteenth Amendment of the Constitution*）宣称，不得因种族、肤色或以前曾服劳役而剥夺任何公民的选举权。然而，所谓的吉姆·克劳法律体系[①]（制度性歧视的典型案例）将美国社会分成了两个种族等级。特别是在南方，白人对那些向种族等级制度挑战的黑人（和一些白人）施以鞭打并用私刑。

20 世纪，非裔美国人的境况发生了很大的变化。第一次世界大战结束后，数以万计的男人、妇女、儿童在"大移民"中逃离南方到北方的工厂找工作。尽管大部分人的确找到了工作机会，但很少有人能够摆脱种族偏见和歧视，这使得他们的社会地位层级比那些刚从欧洲移民来的白人还要低。

20 世纪五六十年代，一场全美性的民权运动导致了里程碑式的司法判决，即法院宣布种族隔离学校以及公共设施和就业当中的公然歧视为非法。20 世纪六七十年代，黑人民权运动给非裔美国人以新的自豪感和目标感。

尽管有了以上的成功，但非裔血统美国人在美国的社会地位仍然很低。如表 11–3 所示，2013 年非裔美国人家庭年平均收入为 41 588

表 11–3　2013 年非裔美国人的社会地位

	非裔美国人	所有美国人
家庭年平均收入（美元）	41 588	63 815
贫困比例	27.2%	14.5%
完成四年或四年以上大学（≥ 25 岁）	22.2%	32.0%

资料来源：U.S. Census Bureau（2014）.

① 吉姆·克劳法律体系（Jim Crow Laws），指美国内战后重建时期南方各州相继实行的种族隔离、歧视黑人的法律。——译者注

美元，只有非西班牙裔白人家庭年平均收入（72 624 美元）的 57%，这一比例在 30 年内几乎没有变化。黑人家庭的贫困率可能是白人家庭贫困率的三倍。

1980—2014 年，非裔美国家庭中产阶级的人数稳步增加了一半多。41% 的人挣的钱达到或超过每年 50 520 美元。这意味着非裔美国家庭在经济上出现了多样化趋势。即便如此，大部分非裔美国人还是工人阶级或者依然贫穷。最近几年，由于对中心城市居民至关重要的城市工厂的工作机会被转移到了劳动力更为廉价的其他国家，许多黑人的收入甚至在减少。这就是为什么黑人失业者（2014 年为 11.3%）比白人失业者（2014 年为 5.3%）的人数高出两倍以上的原因之一；很多城市非裔美国青少年失业人数甚至超过了 33%。

自 1980 年以来，非裔美国人的教育事业也取得了长足的进步。成人完成中学教育的比例升高至 2013 年的 86%，白人和黑人在这方面的差距几乎没有了。1980 年到 2013 年期间，非裔美国人中至少拥有一个大学学历的人的比例从 8% 上升到了 22% 多。但正如表 11–3 所示，非裔美国人完成四年大学的人数比例仍然在全美平均水平之下。

非裔美国人的政治影响力也提高了。由于黑人移居到城市而白人移居到郊区，非裔美国人已经在城市地区取得了越来越大的政治影响力。而且，很多大城市已经选举了黑人当市长。在联邦层面上，巴拉克·奥巴马成为美国第 44 任总统，同时也是第一位黑人总统，这是一个极其重要的历史性事件。这说明美国社会已经打破了一个假设，这一假设认为种族是这块大陆最高行政长官难以跨越的障碍。然而在 2015 年，非裔美国人在众议院中只有 44 个席位（占 435 个席位的 10%），在参议院（100 个席位）中占两个席位，50 个州长中没有一位是黑人。

© 国会黑人核心小组代表了非裔美国人在美国日益增长的政治力量。即便如此，2015 年，非裔美国人出任众议院议员的只有 44 位，有两名参议院议员，但没有联邦州长。

总而言之，在接近 400 年的时间里，非裔美国人一直在为争取社会平等而努力。作为一个国家，这一追求已经走了太久。公开的歧视现在是非法的，研究也表明对非裔美国人的偏见正在持续地下降 。

1913 年，距离废除奴隶制差不多有 50 年之际，杜·波伊斯指出，黑人所取得的成就的确在逐渐扩大，但是她也发出警告，种族等级在美国仍旧强烈存在。差不多一个世纪后，种族等级还继续存在。

亚裔美国人

虽然亚裔美国人有一些体格上的共性，但是由于他们的祖先来自数十个国家，这使得他们在文化上存在着巨大的差异。2013 年，亚裔美国人的总数超过了 1600 万，大约占美国人口的 5.3%。在进入美国的移民中，亚裔的数量和份额最大，2013 年在总共 40.1 万名移民中占 40%，而西班牙裔为 30.3 万名，占 31% 。

亚裔美国人中最多的是华人（380 万），接下来是印度人（320 万）、菲律宾人（270 万）、越南人（170 万）、韩国人（150 万）以及日本人（79.4 万）。三分之一以上的亚裔美国人生活在加利福尼亚州。

由于获得了很高的学术成就，以及在美国最好的学院和大学就读人数多得不成比例，许多年轻的亚裔美国人赢得了关注和尊敬。他们中的许多年长的亚裔美国人也获得了经济成就和社会地位。大多数亚裔美国人现在居住在中产阶级居住的城郊，住在富人区的亚裔人数也

◎平均而言，亚裔美国人的收入要高于美国的平均收入。然而同时，很多亚裔美国人社区的贫困率（包括旧金山的唐人街）也在全美平均水平之上。

越来越多。尽管（有时是由于）亚裔美国人取得了这些成就，但他们有时还是发现其他人对他们很冷漠或直接存有敌意。

部分亚裔美国人的成功业已形成“少数族群模范”的刻板印象，这一刻板印象可能让人误入歧途，因为它隐藏了他们中阶级地位存在巨大差异的事实。我们现在主要关注一下华裔美国人和日裔美国人（两个在美国移民时间最长的亚裔少数族群）的历史和现状，再简单梳理一下最新移民的情况。

华裔美国人

中国人移民到美国始于 1849 年加利福尼亚淘金热所带来的经济繁荣之际。新的城镇和商业在一夜之间涌现出来，对廉价劳动力的需求吸引了大约十万名中国移民。大部分中国工人是年轻男子，他们愿意从事那些白人不愿意干的、条件艰苦且地位低的工作。但到了 19 世纪 70 年代，经济开始衰退，绝望的白人为了任何可以找到的工作开始与华人竞争。突然之间，勤奋工作的华人被视为一种威胁。简而言之，经济萧条导致了偏见和歧视。禁止华人从事很多职业的法律很快被通过，公众舆论开始强烈抵制“黄祸”。

1882 年，美国政府第一次通过了限制中国移民的几项法规。这一行动导致了华人家庭的艰辛，因为美国的华人男性其实生活在“光棍社会”中，男女比例失调到 20∶1。这种性别失衡导致华人人数到 1920 年下降到仅仅六万人。由于已经在美国的中国妇女变成“紧俏货”，使得她们很快便不再屈服于传统意义上对男人的服从。

出于对这一种族敌意的反应，一些华人移民到东部，许多人在城市里的唐人街中寻求相对的安全。在那里，中国传统盛行，被称为宗族的血缘关系网络能够为个人提供经济援助，同时也能代表大家的利益。然而，另一方面，居住在一个全部是华人的社区会妨碍他们学习英语，从而减少他们的工作机会。

第二次世界大战期间对劳动力的再次需要使得富兰克林·罗斯福总统在 1943 年结束了对中国移民的禁令，同时扩大了出生在国外的华裔美国人的公民权利。于是许多华人离开唐人街，追求文化的同化。比如在檀香山，1900 年有 70% 的华人住在唐人街，而现在这个数字已经下降到 20% 以下。

到了 1950 年，许多华人都经历了向上的社会流动。今天，华人后代已经不仅仅局限于洗衣店和饭店一类自我雇佣式工作了，许多人拥有很高声望的社会地位，特别是在科技领域。

正如表 11-4 所示，2013 年华人的家庭年平均收入为 84 112 美元，超过了全美平均水平（63 815 美元）。然而，所有亚裔美国人的高收入反映了其大部分家庭成员都是劳动力的事实。华人在教育方面所取得的成就也创造了纪录，大学毕业的比例（53.4%）远高于全国平均水平（32.0%）。

尽管取得了这些成就，许多华人还是要与隐蔽的（有时是公然的）偏见和歧视做斗争。这种敌意是造成很多华人仍然接近全国平均水平贫困率的原因之一。贫困问题在那些仍生活在被社会孤立的唐人街、在饭店工作或从事其他低收入工作的人中尤为普遍。这一问题引发了这样的疑问，即种族和民族聚居区是帮助了其居民还是限制了他们。

表 11-4 2013 年亚裔美国人的社会地位

	所有亚裔	华裔	日裔	印度裔	菲律宾裔	韩裔	所有美国人
家庭年平均收入（美元）	76 402	84 112	90 970	110 484	88 387	70 020	63 815
贫困比例	10.5%	15.9%	7.9%	7.7%	7.3%	14.1%	14.5%
完成四年或四年以上大学（≥25 岁）	52.3%	53.4%	48.8%	72.9%	47.8%	53.9%	32.0%

资料来源：U.S. Census Bureau（2014）.

日裔美国人

日裔美国人在 19 世纪 60 年代开始慢慢移民到美国，到 1890 年人数才达到 3000 人，其中大部分是作为廉价劳动力来到夏威夷岛（1898 年并入美国，1959 年成为美国的一个州）的男性。然而在 1900 年后，随着日本移民到加利福尼亚州的人数日益增加（1915 年达到 14 万人），白人的敌意也随之增强了。1907 年，美国与日本签署了一份协议，限制日本男性移民到美国——主要是经济威胁，但允许日本女性移民到美国，为的是缓和日裔美国人性别比例的失衡。20 世纪 20 年代，加利福尼亚州和其他一些州的法律将日本人强制隔离起来，而且禁止种族间的通婚，这差不多结束了日本人的进一步移民。直到 1952 年，美国才扩大了出生在国外的日裔美国人的公民权利。

中国和日本移民有三个重要方面的不同：第一，因为日本移民较少，所以他们避免了一些直接指向数量更多的中国人的敌意；第二，日本人比中国人更了解美国，这有利于他们更好地被同化；第三，日本移民更乐意选择农业生产而不是聚集在城市，这使得他们不太引人注目。但是许多白人反对日本人占有土地，因此在 1913 年，加利福尼亚州禁止日裔美国人进一步购买土地。许多出生在外国的日裔美国人（被称为 Issei）对此做出回应，将他们购置的土地置于他们在美国出生的子女（被称为 nisei）的名下，因为他们在宪法上拥有美国公民权。

1941 年 12 月 7 日，日本轰炸了美军在夏威夷珍珠港的舰队后，日裔美国人遇到了最大的危机——人们的愤怒直接指向在美国的日本人。一些人担心日裔美国人会为日本充当间谍或阴谋从事破坏活动。袭击发生后的一年内，富兰克林·罗斯福总统颁布第 9066 号行政命令，把有日本血统的人拘留进军事集中营，以这一前所未有的措施来确保国家的安全。当局很快将 12 万（占这个国家全部日裔美国人的 90%）有日本血统的人重新安置到偏远的内陆保留地 。

对国家安全的关注通常发生在战时，但是对日裔美国人的拘留却受到了严厉的指责：首先，它针对的是整个类别的人群，而不是针对某个具有背叛行为的个人；其次，这些被拘留的人中大多数是在美国出生的第二代日本人，已经获得了美国的公民权；最后，美国同时也在和德国人和意大利人打仗，但是对有着德国和意大利血统的人却没有采取类似的行动。

重新安置意味着为了得到一笔现钱而匆忙卖掉房子、家具以及商店。结果，几乎全部日裔美国人在经济上都遭了殃。在军事监狱里（周围布满了带刺铁丝网，而且还有全副武装的士兵站岗）一家人挤在一个小房间里，这些房间以前曾是圈养牲畜的屋子。1944 年，联邦最高法院宣布对日裔美国人的拘留违反宪法，而最后一座拘留营直到 1946 年 3 月（第二次世界大战已经结束之后）时才关闭。1988 年，国会判给每一位受害者两万美元作为他们曾经遭受痛苦的象征性补偿。

第二次世界大战后，日裔美国移民迅速地复苏。许多人在离开了他们传统的商业后进入了新的行业。受其文化价值观中对接受教育和勤奋工作重要性的强调这一因素的推动，日裔美国人获得了巨大的成功。2013 年，日裔美国人家庭平均年收入比全美家庭年平均水平差不多高出 42%，而日裔美国人的贫困比例（7.9%）却远低于全美贫困比例（14.5%）。

向上的社会流动促进了文化的同化和种族间的通婚。日裔美国人的年轻一代很少像华裔美国人一样住在居民聚集地，许多人与非日裔美国人结婚。在这一过程中，一些人放弃了他们的传统，其中包括日语。然而，还有很大比例的日裔美国人隶属于一些伦理协会，作为保持他们民族特征的一种方式。还有一些人似乎摇摆于两个世界之间：一方面不再是文化意义上的日本人，另一方面由于种族的差异又不完全被更大的社会所接纳。

亚裔移民的近况

从亚洲来得更晚的移民包括印度人、巴基斯坦人、尼泊尔人、菲律宾人、韩国人、越南人、缅甸人、关岛人以及萨摩亚人。1990—2013 年，亚裔美国人的数量总共增长了两倍还多，目前已经达到了所有移民到美国人数的 40% 还多。

亚裔移民有着很强的事业心。这部分反映了亚裔移民重视成就和自力更生的文化模式，但自己开设一家小公司也是应对社会偏见和歧视的一个策略。在小企业上取得的成功部分说明了亚裔美国人家庭年平均收入高于全国平均水平的事实；但另一方面，在许多小企业中，大量家庭成员没日没夜地工作也是事实。

支撑亚裔美国人家庭收入的另一个因素是高教育水平。如表 11-4 所示，对于所有亚裔美国人来说，其完成四年大学的成人比例远高于全国平均水平。在所有的亚裔美国人中，印度移民拥有最高的教育成就，25 岁以上男性和女性超过 70% 完成大学教育，这一比例是全国平均水平的两倍还多。这一了不起的教育成就部分说明了印度裔美国人 2013 年平均家庭收入 110 484 美元的事实，而这一数字高出全国平均水平 73%。

总而言之，对亚裔美国人的调查呈现出一幅复杂的景象。日裔美国人得到了最高的社会认同，但一些调查也发现对亚裔美国人的偏见要高于非裔美国人。家庭年平均收入的数据反映了许多亚裔美国人很富有。但是这些数字也反映了这样一个事实：许多亚裔美国人生活在夏威夷、加利福尼亚和纽约这些收入高同时生活成本也很高的地区。而且，许多亚裔美国人仍然很贫困。可以肯定的是，他们的高移民率意味着亚裔美国人将会在未来的几十年内在美国社会扮演一个十分重要的角色。

◎ 西班牙裔是美国最大的少数族群，通常形成多代同堂的家庭。伴随国家步入少数族群占人口多数的趋势，住房建设可能转向，以回应不断变化的人口的态度和愿望。随着西班牙裔和其他少数族群在人口中的比例持续上升，你希望看到日常生活发生什么变化？

西班牙裔或拉美裔美国人

2013 年，西班牙裔美国人的数量达到 5400 万（占全美人口的 17.1%），超过亚裔美国人的数量（1660 万或全美人口的 5.3%），也超过非裔美国人的数量（4160 万或全美人口的 13.2%），使西班牙裔美国人成为美国最大的少数族群。

然而，需要记住的是，这一类人中只有少部分人称自己为“西班牙裔”或“拉美裔”。如同亚裔美国人一样，西班牙裔美国人事实上是由不同类别的人组成的群体。每一类别都认同各自不同的祖国，不同的家庭可能会也可能不会觉得自己是全国拉美裔群体的一部分。在最近的一项调查中，大约 69% 的西班牙裔美国人说拉美有许多文化，而仅有 24% 的人宣称认同一个“西班牙裔社区”。大约三分之二的西班牙裔美国人（约 3460 万）是墨西哥裔美国人或“奇卡诺人”。接下来是波多黎各裔（510 万），然后是古巴裔（200 万）、多米尼加裔（180 万）、危地马拉裔（130 万）。另外还有许多其他国家的拉美裔人，他们人数较少。

尽管西班牙裔美国人在全美各地的人口正日益增长，但他们大部分还是生活在西南部。40% 的加利福尼亚人是拉美裔人（在洛杉矶地区，拉美裔人占人口的 50%）。

所有西班牙裔美国人的家庭年平均收入（如表 11-5 所示 2013 年为 42 269 美元）比全美平均水平低很多。然而，正如接下来一部分所解释的那样，某些西班牙裔美国人比其他人生活得要好很多。

墨西哥裔美国人

一些墨西哥裔美国人是那些原本生活在墨西哥，后其所在地在美墨战争（1846—1848 年）中被吞并为美国领土一部分的墨西哥人的后代。然而，大多数墨西哥裔美国人是最近才移民过来的人。目前从墨西哥移民到美国的人（总数的 13.6%）比其他任何一个国家移民到美国的人都要多。

像许多其他移民一样，许多墨西哥裔美国人在农场或别的什么地方干活，但收入却比较低。表 11-5 显示了 2013 年墨西哥裔美国人家庭年平均收入为 41 355 美元，相当于全美家庭年平均收入的三分之二。超过四分之一的墨西哥裔美国人家庭生活贫困，贫困率高于全美平均水平。最后，尽管从 1980 年开始有所改善，但墨西哥裔美国人的辍学率仍然很高，受教育程度相比全体国民平均水平要低得多。

波多黎各人

波多黎各如同菲律宾一样在 1898 年美西战争结束时成为美国的领土。1917 年，国会通过《琼斯法案》，这一法案让波多黎各人（非菲律宾人）成为美国公民，并让波多黎各成为美国的国土。在 2012 年的公投中，61% 的波多黎各人选民表示希望波多黎各成为美国的第 51 个州，虽然没有迹象表明这会很快发生。

纽约市有超过 72 万波多黎各人。然而，这一社区中大约有三分之一的人处于极度的劣势地位，36% 有孩子的家庭生活在贫困线以下。适应大陆的文化模式（对许多人来说包括学习英语）是一个主要的挑战；同样，有着较深肤色的波多黎各人遭遇到了偏见和歧视。结果，每年回到波多黎各的人比来的人还要多。1990—2013 年，纽约的波多黎各人实际下降了 17.5 万多人。

这种“旋转门”模式限制了同化。美国大约 62% 的波多黎各家庭在家说西班牙语。说西班牙语可以保持强烈的民族身份认同，但却限制了经济机会。波多黎各人（25%）比其他西班牙裔美国人（20%）有更高比例的家庭妇女，差不多是全国平均水平（13%）的两倍。这一模式进一步加大了波多黎各家庭的贫困风险。

表 11-5 显示了 2013 年波多黎各家庭年平均收入为 45 131 美元，大约相当于全美平均水平的 70%。尽管长期在美国大陆定居的不少波多黎各人已经获得经济上的成功，但最近从波多黎各来的移民还在艰难地寻找工作。总的看来，波多黎各人是西班牙裔美国人中社会地位最低的少数民族。

古巴裔美国人

在 1959 年菲德尔·卡斯特罗（Fidel Castro）领导的革命之后的十多年中，40 万古巴人来到了美国。大部分人定居在佛罗里达州的迈阿密。这些人大部分是受过良好教育的商人和专业人员，他们在美国几乎没有花费多少时间就很快取得了如同在他们自己国家一样的成功。

表 11-5 显示，2013 年古巴裔美国人家庭年平均收入为 48 318 美元，高于其他西班牙裔美国人的收入，但还是远低于全美 63 815 美元的平均水平。现在生活在美国的 200 万古巴裔美国人已设法保持了一个微妙的平衡，即在一个更大的社会中取得成就的同时又保留了大部分他们自身的传统文化。在所有西班牙裔美国人中，古巴人最有可能在家说西班牙语——80% 的古巴人家庭的确这样做。然而，文化差异和极明显的社区聚落，比如迈阿密的小哈瓦那，激起了一些人的敌意。

阿拉伯裔美国人

阿拉伯裔美国人是美国又一个其成员正日益增长的少数族群。如同西班牙裔美国人一样，这些人的祖先来自多个不同国家。我们有时称

表 11-5 2013 年西班牙裔美国人的社会地位

	所有西班牙裔	墨西哥裔	波多黎各裔	古巴裔	所有美国人
家庭年平均收入（美元）	42 269	41 355	45 131	48 318	63 815
贫困比例	23.5%	26.2%	26.2%	20.0%	14.5%
完成四年或四年以上大学（≥ 25 岁）	15.2%	10.1%	17.6%	25.1%	32.0%

资料来源：U.S. Census Bureau（2014）.

之为“阿拉伯世界”，包括 22 个国家，横跨非洲北部，从非洲西海岸的毛里塔尼亚、摩洛哥到非洲东海岸的埃及和苏丹，再延伸到中东（西亚），包括伊拉克和沙特阿拉伯。然而并不是所有居住在这些国家的人都是阿拉伯人，比如摩洛哥的柏柏尔人和伊拉克的库尔德人就不是阿拉伯人。

每个国家的阿拉伯文化都存在差异，但他们共同使用广泛普及的阿拉伯字母和语言，并把伊斯兰教作为他们的主流宗教。但要记住的是，“阿拉伯”（民族类别）不同于“穆斯林”（伊斯兰教的信众）。生活在大多数阿拉伯国家的绝大多数人都是穆斯林，但也有一些阿拉伯人是基督徒或是其他宗教的信众。此外，没有居住在非洲或中东的大多数穆斯林不是阿拉伯人。

◎ 在美国东部和西海岸的许多大城市当中都可以发现阿拉伯裔美国人的社区，但最为集中的社区在美国中西部以北。图中的清真寺坐落在俄亥俄州托莱多市农村地区的麦田中。

由于世界上很多国家有着规模庞大的阿拉伯人口，移民到美国的阿拉伯人也创造了文化的多样性。有些阿拉伯裔美国人是穆斯林，而有些则不是；有些阿拉伯裔美国人说阿拉伯语，有些则不说；有些阿拉伯裔美国人保持着他们自己的传统，而有些则没有。如同西班牙裔美国人和亚裔美国人一样，有些阿拉伯人是最近来的移民，而有些则在美国居住了数十年甚至几代了。

如表 11-1 所显示，政府统计出的阿拉伯裔美国人数量近 190 万，但由于有些人不愿意公布他们的民族背景，事实上这一数字可能至少是表中统计数字的两倍。数量最多的阿拉伯裔美国人是黎巴嫩人（占阿拉伯裔美国人的 26%），其次是埃及（13%）和叙利亚（8%）。大多数阿拉伯裔美国人（68%）声称只有一个国家的血统，而 32% 的阿拉伯裔美国人声称既有阿拉伯血统又有非阿拉伯血统。

阿拉伯裔美国人分布在所有社会阶层当中。其中一部分是受过良好教育的专业人士，比如医生、工程师和教授；另外一些则是在工厂或建筑工地从事各种技术工作的工人；还有一些在餐馆、医院或其他场合下从事服务性工作或在小型家族式企业中工作。如表 11-6 所示，阿拉伯裔美国人家庭年平均收入与全美平均水平大致相当（2013 年为 61 548 美元，全美为 63 815 美元），但阿拉伯裔美国人的贫困率高出全美平均水平很多（分别占人口的 24.7% 和 14.5%）。

表 11–6 2013 年阿拉伯裔美国人的社会地位

	阿拉伯裔	所有美国人
家庭年平均收入（美元）	61 548	63 815
贫困比例	24.7%	14.5%
完成四年或四年以上大学（≥ 25 岁）	46.9%	32.0%

资料来源：U.S. Census Bureau（2014）.

在包括纽约、芝加哥、洛杉矶、休斯敦和迪尔伯恩（密歇根州）等美国许多城市都能发现大型而显眼的阿拉伯裔美国人社区。即便如此，阿拉伯裔美国人或许选择贬低自己所在的民族，以此避免偏见和歧视。最近由阿拉伯人发动的许多针对美国和其他国家的恐怖主义袭击事实已经刺激产生了把阿拉伯人（穆斯林）与恐怖主义分子相联系的刻板印象。这一刻板印象是不公正的，因为它把少数个体的行动归咎于整个人群。可能正是由于这个原因，本章前面所讨论的社会距离研究显示出，相比于其他种族和民族人群，学生对于阿拉伯人表现出更消极的态度。这也有助于解释为什么阿拉伯裔美国人成为日益增长的仇恨犯罪的目标，以及为什么许多阿拉伯裔美国人感受到他们正遭受警察和安全人员的“种族成见”，这种成见威胁到他们的个人隐私和公民自由。

白种少数民族美国人

白种少数民族这一术语意味着许多白人的民族传统和社会劣势。白种少数民族是其祖先居住在爱尔兰、波兰、德国、意大利或者其他欧洲国家的非盎格鲁–撒克逊人白人新教徒（non-WASPs）。超过一半（2013 年为 53%）的美国人有一种或多种白人血统。

19 世纪欧洲的高移民率首先带来了德国人、爱尔兰人，然后是意大利人和犹太人来到美国。虽然文化不同，但是他们都怀着同样的希望，那就是期盼美国能比本国提供更多的政治自由和经济机会。大多数人在美国的确比以前生活得更好了，但是他们发现“美国街头遍地是黄金”这一信念与现实未免相差太远了。许多移民发现只有靠辛勤劳动才能换取较低的报酬。

白种少数民族同样承受着偏见与歧视。许多雇主不愿雇用新移民，并贴上“只要美国人”的标语。到 1921 年，国会颁布了移民配额法，更大地限制了移民，特别是对于南欧人和东欧人限制得更为严格，这些人可能有更深的肤色，他们的文化背景也不同于占主导地位的 WASPs。该移民配额法持续到 1968 年才终止。

针对这种偏见和歧视，许多白种少数民族建立了聚居支持区。一些人还在某些商业和贸易中占据了一席之地：意大利裔美国人进驻了建筑业；爱尔兰人在建筑业和社会服务业上小有成就；犹太人在服装业上占支配地位；许多德国人（与华人一样）则从事食品零售业 。

虽然那些兴旺发达起来的人接受了美国的主流文化而逐渐被同化了，但许多工人阶级还住在传统的社区。大多数在血汗工厂工作过并生活在拥挤的经济公寓的移民后代，现在挣了足够的钱过上了比以前舒适得多的生活。结果，他们的民族传统成为他们的自豪之源。

种族和民族：展望

美国曾经是而且将一直是一个移民国家。移民既带来了巨大的文化差异，也带来了成百

◎ 白种少数民族社区存在于美国许多城市中，尤其是在美国的东北地区。这些社区主要是其祖先作为移民来到这里的工薪阶层男女的居住地。对很多人来说，像费城的意大利市场是一个富有吸引力的文化多样性之地。

上千种语言讲述的关于希望、奋斗以及成功的故事。

数以百万计的移民在 1910 年达到高峰的移民潮中来到美国。接下来的两代人取得了经济成功和起码的一些同化。政府还将公民权扩展至土著美洲人（1924 年）、出生在外国的菲律宾人（1942 年）、华人（1943 年）以及日裔美国人（1952 年）。

另一个移民潮开始于第二次世界大战后，并随着 20 世纪 60 年代美国政府放宽了移民法后达到高潮。现在，每年大约有 125 万人移民到美国（其中大约 100 万人是合法进入的，而 25 万人是非法进入的）。现在的移民主要不是来自欧洲而是来自拉丁美洲和亚洲，墨西哥人、华人、印度人和菲律宾人纷至沓来。

正如本章开头所表明的社会力量那样，美国日益增长的少数族群将会给这个国家带来很多变化。2012 年，非裔美国人和西班牙裔美国人的政治支持是奥巴马总统连任的关键。共和党和民主党两大党派的眼睛现在都盯着西班牙裔人口。西班牙裔美国人现在不仅是最大的少数族裔，而且到 2030 年西班牙裔选民的规模也将翻番。

许多新移民需要面对与此前移民所经历过的一样的偏见和歧视。确实，最近几年对外国人的敌意［有时又被称为“恐外症”（xenophobia），希腊词根意思是“害怕所有陌生的事物”］有所增加。1994 年，加利福尼亚州投票通过了 187 号提案，即对非法移民停止提供医疗保障、社会服务和公立教育，这一提案随后被联邦法院推翻。更近的是，投票者要求所有儿童在校学习英语。今天，对美国南部非法移民的入境引起了更大的关注。美国西南边境上的土地所者开始拿起武器阻止大量越过边境的墨西哥非法移民。美国在增强边境安全的同时，还不知道怎样才能更好地处理 1170 万业已形成的非法移民。

即便是在美国已经生活了几代的少数族群也感受到了偏见和歧视带来的刺痛。旨在为少数种族和民族群体提供机会的“赞助行动”计划，仍在这个国家受到激烈的辩论。“争鸣与辩论”专栏详细描绘了这场辩论。

跟以前的移民一样，今日的移民希望获得承认和融入美国社会，却又不会完全丢掉他们自己的传统文化。一些人还是建起了种族和民族聚居区，以至于在全美的许多城市中，新的小哈瓦那和小韩国城林立在旧的小意大利城和唐人街旁边。另外，新移民仍然怀揣着传统的希望，即期待着他们的种族和民族多样性能够成为自豪之源而不是劣等的标志。

争鸣与辩论

“赞助行动”计划：解决问题还是带来问题

吉娜：格蒂勒受到了不公平的待遇，她本应被录取的。

埃德：或许是这样。但多样性很重要，我支持“赞助行动”计划。

伊桑：我看有些人上大学的确更容易一些，但那应该包括像我这样父亲曾就读于此的人们。

白人芭芭拉·格蒂勒（Barbara Gruttner）指控密歇根大学法学院不公正地拒绝了她的入学申请，但却通过了许多条件不如她的非裔美国学生的申请。她向法院提起诉讼，声称密歇根大学作为一所州立大学，在她的 GPA 及法学院能力测试的成绩下，仅仅招收了 9% 的白人学生，却招收了 100% 的分数差不多的非裔美国申请者。

2003 年，美国联邦最高法院同意密歇根大学法学院可以考虑申请者的种族背景，以创造一个社会多样性的学生群体，从而判定格蒂勒败诉。然而，法院同时也取消了密歇根大学的本科招生政策，这一政策规定学分的获得不仅要反映成绩等级和大学入学总分，还要考虑那些少数族群成员。这一裁决的关键在于，法院不太愿意批准过去的硬性配额制度。

根据这项裁定，最高法院重申校园种族多样性的重要性。这也就意味着，如果种族在每位个体申请的评估过程中必须被视为一个因素加以考虑，那么学院和大学可以实施种族倾斜政策，以增加传统代表名额不足的少数族群学生的数量。

这项富有争议性的赞助行动计划是如何开始的？答案得追溯到第二次世界大战结束时，美国政府根据《退伍军人权利法案》（*GI Bill*）为所有种族的退伍军人资助了高等教育。到 1960 年，在政府的资助下，大约 35 万名黑人男性和女性进入了大学校园。然而这些人并没有找到他们能胜任的工作。因此，肯尼迪政府发起了一项“赞助行动”计划。雇主被要求在监督雇佣、提拔和招收政策等方面必须消除对少数族群成员的哪怕是无意识的歧视。

“赞助行动”计划的支持者认为，第一，这是一个对美国国家种族和民族历史的明智回应。非裔美国人遭受了长达两个世纪的奴役，以及在吉姆·克劳法律体系下遭遇了长达一个世纪的种族隔离。在我们整个历史中，成为白人就给予他们很大的优势。他们认为，现在对少数民族的优惠是对过去不公平的多数民族优惠的公平补偿。

第二，许多分析学家怀疑美国是否将永远成为一个“色盲社会”。因为偏见和歧视在美国文化中根深蒂固。简单地说，美国是“色盲社会”，并不意味着每一个人都会真正得到公平的对待。

第三，支持者在思考这样一个问题，即如果 20 世纪 60 年代政府不制定这一政策，少数族群今天会沦落到何处呢？大的雇佣部门，像大城市中的消防队和警察机关，只是因为“赞助行动”计划才开始雇用少数族群成员和妇女。这一计划在帮助扩大非裔美国人中产阶级队伍以及增加职场的种族多样性方面起到了重要的作用。

仅仅约有 15% 的白人和 43% 的非裔美国人支持对非裔美国人的种族偏好。批评者认为，第一，“赞助行动”计划只是一种短期的保证公平竞争的弥补方案，但不久却演变成了一个“群体优惠”和配额的制度。简而言之，它是一种“倒过来的歧视”形式，即不是以人们的成就和努力而是以种族、民族或性别作为赞助的标准。

第二，如果种族偏爱在过去是错误的，那它现在也是错误的。为什么今天大部分没有享受到特权的白人要为过去根本就不是他们犯的错误歧视而受到惩罚呢？因此给某一整个人群特殊待遇会有损人们对于优秀的衡量标准。

第三，反对“赞助行动”计划的理由就是，降低某一类人群的标准或许给他们以后带来失望。研究人员发现，那些受益于“群体偏好”的学生（不论是基于种族还是因为校友父母）在学术上更有可能面临挣扎的局面。

最后，一个反对“赞助行动”计划的理由就是，它只不过帮助了那些相对已经有特权的人。“赞助行动”对那些非裔下层阶级的作为甚少。

对“赞助行动”计划的支持和反对都有充分的理由。而那些希望美国国家种族和民族更为平等的人在这场辩论中左右为难。分歧不在于所有肤色的人是否应该获得平等的机会，而在于目前的“赞助行动”计划是解决了问题还是带来了问题。

你怎么想

1. “赞助行动”计划的好处是什么？
2. 你看到了“赞助行动”计划的什么缺点或问题？
3. 你支持这项政策吗？为什么？

资料来源：Bowen and Bok（1999），Kantrowitz and Wingert（2003），Flynn（2008），Sander and Taylor, Jr.（2012），and Smith et al.（2013）.

日常生活中的社会学
Society: The Basics

种族对人们的社会地位是否依然重要

本章探讨了种族和民族在美国社会地位中的重要性。你已经知道，例如，非裔美国人的贫困率是白人的三倍；你也了解了典型的黑人家庭收入只有非拉美裔白人家庭的 57%。但是这里提到的“富人”，是我们定义为家庭年收入超过 75 000 美元的人。这是一个检验你的社会学见解的机会，回答几个有关种族如何影响致富的问题。看看下面的这些陈述反映的是正确的还是错误的？

1. 在美国，所有的富人都是白人。是真还是假？
2. 富裕的白人家庭的确比富裕的非裔美国人家庭更有钱。是真还是假？
3. 富裕黑人家庭的人没有富裕白人家庭的成员工作努力。是真还是假？
4. 当你有钱了，肤色并不重要。是真还是假？

1. 这当然是不对的。但当谈到富有时，种族的确很重要：大约 25% 的非裔美国人家庭是富有的，而拉美裔家庭比例为 23%，非拉美裔白人家庭约 46%。
2. 的确如此。富有的白人非西班牙裔家庭的年平均收入超过 224 000 美元，富有的非裔美国人家庭年平均收入约为 151 000 美元。
3. 错误。平均而言，富有的黑人家庭比他们的白人同事更有可能依赖多项收入（也就是说，他们得为多份收入而工作）。此外，富有的白人家庭获得比富有的非裔美国人家庭更多的非劳动所得——投资收入。
4. 错误。富有的非裔美国人仍然面临着基于其种族的社会壁垒，就像富有的白人受益于他们的肤色所带来的特权一样。

从你的日常生活中发现社会学

1. 给你的几个朋友或家人做一个快速测试，问问他们美国白人、西班牙裔、非裔美国人和亚裔的人口比例（参见表 11-1）。你认为为什么大多数白人会夸大这个国家的少数民族人口？

2. 你认为人们往往是依据生物学特征，还是依据社会构建的类别来看待种族的？你本人呢？

第 12 章

经济与政治

通过本章，我们能够：

◎ 总结经济的历史变迁；

◎ 分析美国就业与失业的类型；

◎ 讨论公司对美国经济的重要意义；

◎ 检视全球不同类型的政治体系；

◎ 分析美国政治体系的运作；

◎ 探索革命、恐怖主义、战争与和平的全球类型。

社会的力量：影响我们的就业选择

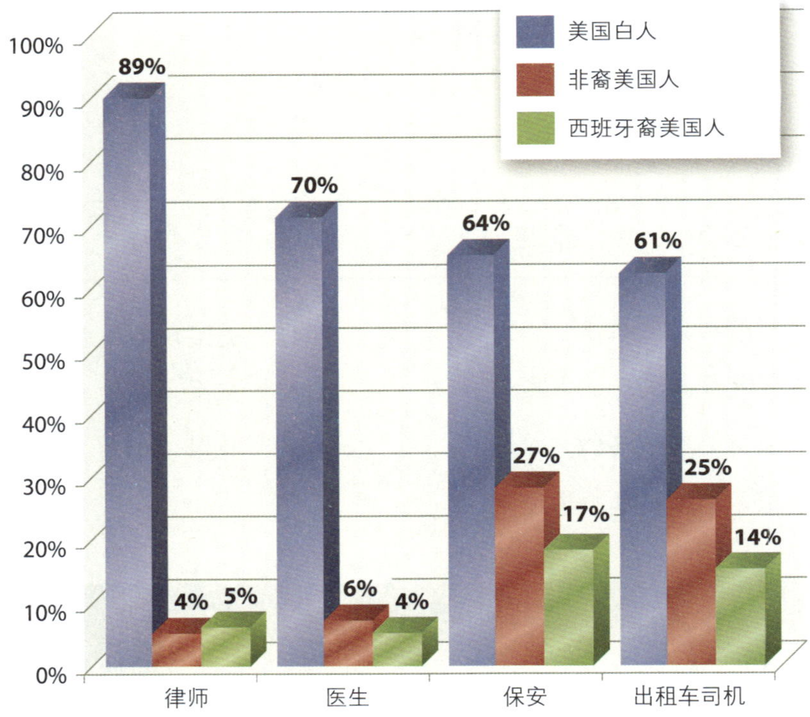

图 12–1 美国不同的人在各职业中所占比例

资料来源：U.S. Department of Labor（2014）.

你一生所从事的职业是基于自己的个人能力和兴趣而做出的选择吗？在一定程度上是。但是职业受我们的社会地位的影响非常大，社会地位带来了机会的不平等。看看“高声望”的职业，比如律师和医生，其压倒性地由生来就具有比较优势的白人占据。再看看“低声望”的职业，更可能由生来弱势的种族或民族群体来从事。社会对我们所从事的职业有着很大的影响。

本章概要

本章开始检视主要的社会制度。我们首先考察的是经济。经济被普遍认为是在整体上对社会具有最大影响力的社会制度。本章将讨论经济的运行，并解释经济生产的变迁是怎样重塑社会的。此后，本章将考察另一主要社会制度——政治，并关注战争和恐怖主义的性质与起因。

美国经济小测验（提示：以下六个问题的答案是相同的）。

- 哪家美国公司在全球的每周光顾人数达到 2.5 亿？
- 哪家美国公司售卖超过 10 万家公司生产的产品？
- 哪家美国公司 2011 年在全球开出了 1160 家新店？
- 哪家美国公司每年从中国购买超过 180 亿美元的货物，使得中国超过英国成为其重要的贸易伙伴？
- 哪家美国公司在全球雇用了 220 万人，其中在美国雇用了约 130 万人？
- 哪家美国公司在近年的经济低迷中仍然保持不断增长？

正确答案当然是沃尔玛公司，萨姆·沃尔顿（Sam Walton）创办的全球平价连锁超市。1962 年，沃尔顿在阿肯色州开了第一家店；2014 年，沃尔玛宣布其年度销售收入为 4730 亿美元，销售额来自美国本土的 5000 多家店面以及从巴西到中国的 6295 家境外店面。这使得沃尔玛成为美国最大的公司。

但并非每个人都对沃尔玛的扩张感到高兴。美国各地都有不少人参加了社会运动来阻止沃尔玛进入他们当地的社区。他们害怕当地经济的损失，有时候，他们更害怕当地文化的丧失。批评者声称这个销售巨头支付廉价的工资、拒绝参加工会，而且销售由国外血汗工厂生产的大量产品。从 2010 年开始，沃尔玛也因被诉性别歧视而上法庭为自己辩护。

本章考察经济以及与经济紧密联系在一起的政治。包括沃尔玛在内的少数超级大公司处于美国经济的中心，其提出的问题包括：经济是怎样运行的；它应该服务于谁的利益；大公司在多大程度上塑造着美国的政治生活。

经济和政治都是**社会制度**（social institution），它是为满足人们的需要而组织起来的社会生活的重要领域，或者说社会子系统。接下来的两章还将考察其他社会制度：第 13 章关注家庭与宗教，第 14 章关注教育、健康和医疗。这些章节将解释各项社会制度在历史进程中是怎样变迁的，也将描述其在今天是如何运行的，并讨论那些极有可能在明天改变这些制度的重要争论。

经济：历史概述

经济（economy）是组织社会产品和服务的

生产、分配以及消费的社会制度。经济，无论是变得更好或是更坏，都是以一般可预见的方式运行的。产品包括从必需品（如食物、衣服、住所）到奢侈品（如汽车、游泳池、游艇）的所有商品。服务是指使他人获益的活动（如神父、医生、教师以及软件专家的工作）。过去的三次技术革命重组了经济，并在此过程中，改变了社会生活。

农业革命

正如第2章指出的，最早的社会由不靠土地为生的狩猎者和采集者组成。这些技术简单的社会不存在清晰的经济，生产和消费是家庭生活的一部分。

大约5000年前，畜力耕作带来了农业的发展。相对于狩猎和采集，其效率提高了50倍。由此带来的过剩意味着并非每个人都必须从事食物生产，于是很多人从事其他专门的工作：制造工具、饲养动物以及建造住所。不久，城镇就开始出现，并通过从事食物、动物或其他商品交换的贸易者的网络联结起来。农业技术、职业分化、固定居住、贸易交换这四个因素，使得经济成为一种清晰的社会制度。

◎ 随着社会的工业化，从事农业劳动的劳动者的比例越来越小。在美国，剩余的农业劳动大部分是由来自低收入国家的移民完成的。在烟草丰收的季节，这些农业劳动者从墨西哥进入美国，在整个佛罗里达州忙碌。

工业革命

18世纪中期开始了第二次技术革命。其最先在英国发生，而后在北美及其他地区逐渐展开。工业化带来了以下五个方面的经济变迁。

1. **新能源**。历史上“能源”一度指人力或者畜力。但是1765年，英国发明家詹姆斯·瓦特（James Watt）引进了蒸汽机。它比畜力强劲100倍，早期蒸汽机不久就被用于推动重型机器。

2. **工厂集中生产**。蒸汽动力机器将工作从家庭转移到工厂——装满机器的集中化工作场所。

3. **制造业与大众生产**。工业革命之前，大多数人种植或采集原材料（如谷物、木材或羊毛）。工业经济的关注点发生了转移，大多数人从事的工作是将原材料加工成各种各样的制成品（如加工食品、家具和衣物）。

4. **专业化**。几个世纪前，人们在自己家里工作，他们完成从原材料到成品的所有工作。而在工厂中，工人一次又一次地重复同一项工作，其工作对成品的贡献却很小。

5. **雇用劳动力**。工厂雇用工人使其为陌生人工作而不是为自己工作，而这些陌生人往往更关心工人操作的机器而不是工人。

随着大量的新产品刺激不断扩大的市场，工业革命逐渐提高了生活标准。然而，工业技术带来的收益并没有被公平地分享，尤其是在刚开始的时候。一些工厂主积聚了大量的财富，但大多数的产业工人却生活在贫困线。儿童为了每天的几个便士也在工厂或是煤矿工作。工厂中的女性拿最低的工资，严厉的监管几乎不给她们个人自由。随后，工人形成了工会组织集体向工厂主主张自己的利益。在20世纪，新的法律限制童工、设定最低工资标准、提高工作场所安全，并让更多人能够享有教育和政治权利。

信息革命与后工业社会

大约从1950年开始，生产的性质又一次发生了改变。美国开创了**后工业经济**（postindustrial economy），即基于服务和计算机技术的生产体系。自动化机器（之后是机器人技术）降低了体力劳动者在工厂生产中的作用，却扩大了文员和经理队伍。后工业时代是以工业向服务业的转型为标志的。

引起这一经济变迁的是第三次技术突破——计算机。就像工业革命在两个半世纪前做的那样，信息革命引进了新的产品和新的通信手段，改变了工作的性质，并带来了以下三个重要的变迁。

1. **从有形产品到理念**。工业时代以商品的生产为代表；在后工业时代，人们与符号一起工作。电脑程序员、作家、金融分析家、广告经理、建筑师、编辑以及各种各样的咨询专家形成了信息时代的重要劳动力队伍。

2. **从机械技术到知识技能**。工业革命要求机械技术，但信息革命要求知识技能：优秀的说和写的能力。当然，还有计算机操作技术。能够有效沟通的人会做得更好，而缺乏这些技能的人将面临更少的机会。

3. **从工厂到几乎所有地方**。工业技术将工人带到靠近能源地的工厂，但是计算机技术使得人们能在几乎任何地方工作。手提电脑、无线网络和智能手机现在使得家、汽车甚至飞机都能成为“虚拟办公室”。对于日常生活而言，这意味着新信息技术模糊着工作和生活的界限。

经济产业

前面讨论的三次革命反映了社会经济中三大产业之间的平衡转变。**第一产业**（primary sector）是从自然环境中提取原材料的经济部门。第一产业——农业、牧业、渔业、林业以及矿业，在低收入国家所占的产业比例是最大的。如图 12-2 显示，低收入国家 26% 的经济产出来自第一产业，相比较而言，中等收入国家的这一比例为 10%，高收入国家（如美国）的这一比例仅为 1%。

经济产业

第一产业	第二产业	第三产业
从自然环境中提取原材料的经济部门	**将原材料转化为生产产品的经济部门**	**有关服务而非产品的经济部门**

第二产业（secondary sector）是将原材料转化为生产产品的经济部门。该产业随社会的工业化迅速扩展。它包括诸如将原油变为汽油以及将金属变成工具和汽车的种种操作。工业全球化意味着，这个世界上几乎所有的国家都有很大一部分劳动者受雇于第二产业。图 12-2 表明，目前低收入国家来自第二产业的经济产出比重与高收入国家的基本相同。

第三产业（tertiary sector）是有关服务而非产品的经济部门。第三产业随着工业化的发展而发展，低收入国家有 50% 的经济产出、中等收入国家有 55% 的经济产出、高收入国家有 74% 的经济产出都来自第三产业。大约 85% 的美国劳动力从事服务业工作，包括秘书和文员工作，以及食品服务、销售、法律、健康医疗、广告、教育等。

全球快照

- 在像美国这样的高收入国家中，近 75% 的工作都属于第三产业或者服务业。

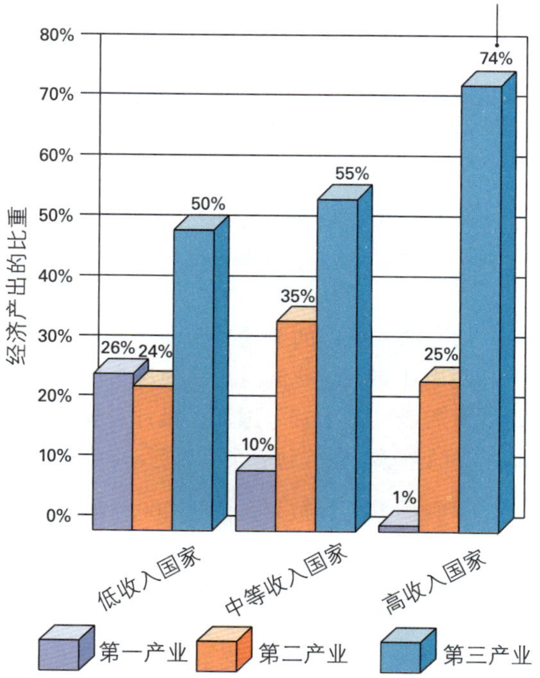

图 12-2 分低、中、高收入国家的经济产业规模

◎ 随着国家收入的提高，第一产业比例变得越来越小，而第三产业或者服务业的比例将变得越来越大。

资料来源：Estimates based on World Bank（2015）.

全球经济

新信息技术将全世界的人联结在一起，形成了**全球经济**（global economy），即经济活动跨越了国界线。全球经济的发展带来五个重要影响。

第一，我们看到劳动的全球分配：世界不同地区不过是同一个经济活动的不同专业分工罢了。农业占据了全球最贫穷国家所有经济产出的大约一半。而包括美国在内的高收入国家的大多数经济产出都来自服务业。简单说，全球不发达国家专门生产原材料，而全球最富裕的国家则专门生产服务。

第二，越来越多的产品生产不只通过一个国家完成。就看看你早上喝的咖啡吧：咖啡豆可能是哥伦比亚种植的，通过在利比里亚登记、由日本船厂使用韩国生产的钢铁制造的货船，以委内瑞拉生产的油为燃料运送到新奥尔良市的。

第三，一国政府不再能控制本国国界内发生的经济活动。事实上，政府甚至不能精确调控本国的货币价格，因为美元、欧元、英镑、日元无时无刻不在纽约、伦敦和东京的金融市场进行着交易。

第四，少数在全球运作的企业如今控制了全球大量的经济活动。最新的数据表明，2000家最大的跨国公司（销售额大约为38万亿美元）占了全球经济产出的一半。

第五，经济全球化使我们更关注劳动者的权利和机遇。全球化趋势的批评者宣称，工作正从美国，尤其是美国的工厂，流向低收入国家。这意味着美国的劳动者面临更低的工资和更高的失业率。与此同时，其他许多国家的劳动者拿着极低的工资。因此，批评者认为，资本主义的全球扩张威胁着全世界劳动者的福利。

尽管世界仍然被划分为近200个政治独立的国家，但不断增长的跨国经济活动使得“邻居”的意义不再像十年前那样重要了。

资本主义

每个社会的经济体系都通过判定什么人有资格得到什么来体现自己的公正性。两种最常见的经济体系是资本主义和社会主义。世界上

资本主义 自然资源以及生产产品和服务的生产资料个人私有的经济体系

社会主义 自然资源以及生产产品和服务的生产资料集体所有的经济体系

任何一个国家的经济都不是完全的资本主义或社会主义；资本主义和社会主义代表的是一个统一体的两个极端，所有现实世界的经济体都可以沿着这个统一体定位。我们将依次研究这两种体系。

资本主义（capitalism）是自然资源以及生产产品和服务的生产资料个人私有的经济体系。典型的资本主义经济有以下三个显著特征。

1. **财产的私人所有制**。在资本主义经济中，个人能够拥有几乎任何东西。经济越资本主义化，工厂、房地产、自然资源这样的增值财产就越为私人所有。

2. **个人利益的追逐**。资本主义社会追求利润和财富的创造。利润是人们寻找新工作、开办新公司或是试图改进产品的原因。赚钱被认为是经济生活的自然方式。英国哲学家亚当·斯密（Adam Smith，1723—1790）指出，个人追求私利的同时，带来整个社会的繁荣。

3. **竞争与消费者选择**。纯粹的资本主义经济是无政府干预的自由市场经济（有时被称为自由放任主义经济）。亚当·斯密认为，自由竞争经济是通过供需关系这只“看不见的手”来调节自身的。

消费者调节着市场经济，斯密解释道，他们选择最大价值的商品和服务。当生产者为消费者的购买而竞争时，他们将以最低的可能价格提供最高质量的商品。用斯密的名言来说，狭隘的自利带来“最大多数人的最大利益”。而另一方面，政府控制经济，则降低了商品的数量与质量，从而扭曲了市场的力量，同时也欺骗了消费者。

“公正”在资本主义体系中就是市场的自由，在其中，个体能够根据自我利益去生产、投资、购买以及出售。本章开头描述的沃尔玛公司的扩张反映了这样一个事实：消费者认为在沃尔玛购物是非常物有所值的。

美国被认为是资本主义社会，因为其大多数的商业是私有的。然而，它并非纯粹的资本主义，因为政府在经济中发挥着相当大的作用。政府拥有并经营了一些商业，包括全美几乎所有的学校、公路、公园、博物馆，美国邮政服务，美国全国铁路系统，以及整个美国武装部队。美国政府也是建立互联网的重要力量。此外，政府还运用税收和其他手段来调控公司的生产，控制商品的质量与成本，推动消费者保护自然资源。

美国政府还设定了最低工资标准线，执行工作场所安全标准，调控公司合并，提供农业价格支持，对个人的所得进行征税，并以社会保障、公共援助 、助学贷款以及退伍军人津贴等形式补给大多数公民的收入。地方、州以及联邦政府加起来是全美最大的雇主，它们雇用了全国 16% 的非农劳动力。

社会主义

社会主义（socialism）是自然资源以及生产产品和服务的生产资料集体所有的经济体系。理想的社会主义经济否定上述资本主义的三大特征而具有以下三个完全相反的特征。

1. **财产的集体所有**。社会主义经济限制个人私有权，尤其是用以增加收入的财产。政府控制这样的财产，并为所有人提供住房和其他产品，而非仅向有钱人提供。

2. **集体目标的追求**。个人追逐私利违背了社会主义的集体取向。资本主义赞美的“企业家精神”被社会主义谴责为贪婪；个人被要求为所有人的共同利益工作。

3. **政府控制经济**。社会主义反对资本主义的自由放任，实行由政府运作的中央控制经济或者命令经济。因此，商业广告在社会主义经济中几乎没有作用。

“公正”在社会主义语境下意味着在一个粗糙的平等原则下满足每个人的基本需求而非为获得财富而竞争。在一个社会主义者看来，常见的资本主义实践尽可能少地支付工人工资和福利来增加公司的利润，是将利润置于人之上，因而是不公平的。

福利资本主义 将基本的市场经济与广泛的社会福利联结起来的经济与政治体系

国家资本主义 公司私人所有但与政府紧密合作的经济与政治体系

委内瑞拉、古巴、朝鲜、中国以及 20 多个其他亚非拉国家按照社会主义模式建立了自己的经济体系，国家政府掌握了几乎所有的增值财产。世界社会主义在 20 世纪 90 年代因为东欧和苏联将其经济转向了市场体系而有所衰退。但是在近期，玻利维亚、委内瑞拉、厄瓜多尔以及南美洲其他国家的选民已经选出了正将他们本国的经济推向社会主义方向的领导人。

福利资本主义与国家资本主义

西欧的大多数国家，尤其是瑞典、丹麦和意大利，实行以市场为基础的经济但同时提供广泛的社会福利项目。分析家称这第三种经济体系为**福利资本主义**（welfare capitalism），即将基本的市场经济与广泛的社会福利联结起来的经济与政治体系。

福利资本主义的政府拥有一些大型工业和服务业，如交通运输、大众媒体以及医疗卫生。在希腊、法国和瑞典，几乎一半的经济产出都是“国有化”，或由国家控制的。大多数的工业则仍掌握在私人手中，但是要服从于国家的宏观调控。高税率（尤其针对富人）带来了广泛的社会福利项目，包括全民医疗保险和儿童照管。例如在瑞典，政府提供的社会服务占经济产出的比重达 29%，远高于美国的 20%。

资本主义和社会主义的另一种调和是**国家资本主义**（state capitalism），即公司私人所有但与政府紧密合作的经济与政治体系。国家资本主义在环太平洋国家很多见。日本、韩国、新加坡都是资本主义国家，但是它们的政府是大公司的合作伙伴，为其提供财政补助并控制外国进口来帮助公司在世界市场上的竞争。

资本主义和社会主义的比较优势

哪种经济体系运行得更好？比较经济体系是非常困难的，因为每个国家都在不同程度上

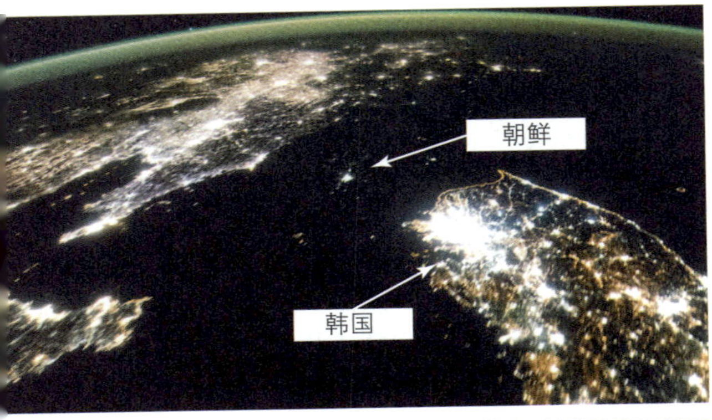

◎ 直接比较资本主义和社会主义的经济运行状况是困难的，因为各国在很多方面存在不同。但是一张朝鲜和韩国的夜间卫星图戏剧性地向我们展现了这两个国家在用电量上的不同。而用电量正是经济活动的一大指标。

混合了资本主义和社会主义。此外，各国在工作的文化态度、自然资源的获取、技术发展水平、贸易类型上也各有不同。尽管有这么多复杂因素，我们仍然可以进行一些简单的比较。

经济生产率

经济运行的一个重要维度是生产率。普遍使用的经济产出指标是国内生产总值（gross domestic product，GDP），即一国国境内每年所有商品和服务的总值。人均 GDP 使我们能够比较不同人口规模国家的经济运行情况。

资本主义国家的产出在 20 世纪 80 年代末有一些变动，但平均人均 GDP 约为 13 500 美元；相应的指标在社会主义国家（如苏联以及东欧国家）约为 5000 美元。这意味着资本主义国家与社会主义国家在该指标的比率为 2.7∶1。

经济平等

资源在人口中的分配是衡量经济体系运行的另一个重要维度。20 世纪 70 年代中期的欧洲分为资本主义和社会主义两大阵营，一项比较研究对比了各国最富有的 5% 和最贫困的 5% 人口的收入差异。资本主义社会的收入比大约为 10∶1；而社会主义国家的比率为 5∶1。换句话说，资本主义经济提供了更高的一般生活标准，但也带来了更巨大的收入不平等。而社会主义经济创造了更多的经济平等，但只维持较低的一般生活标准。

个人自由

评价资本主义和社会主义仍需考虑的是社会给予公民的个人自由度。资本主义强调追逐个人私利的自由，其基于生产者和消费者的互动，而几乎不需要国家干预。与之比起来，社会主义强调自由在基本需求上的意义。平等的目标要求国家控制经济，这样自然限制了公民的个人选择和机会。

是否有一个体系能够同时提供政治自由和经济平等？在资本主义的美国，政治体系保证了许多个人自由，但是经济生产了很多的不平等，自由对于穷人和富人并非同等价值。而朝鲜或者古巴则有更多的经济平等，但人们没有更多的言论自由，也不能在国内外自由旅行。也许最接近“两者皆有”的国家是丹麦，其福利资本主义将市场经济与带来全民福利的广泛的政府项目联结在了一起。

美国后工业经济的工作

经济变革不仅发生在社会主义国家，也发生在美国。2015 年，1.47 亿美国人（大约占 16 岁及以上美国人口的 59%）为收入而工作。男性就业的比重（65%）要高于女性（54%），这一差距历经时间而保持稳定。在男性中，相对于 68% 的白人和 76% 的西班牙裔美国人，59% 的非裔美国人被雇用。而在女性中，相对于 55% 的白人和 54% 的西班牙裔美国人，56% 的非裔美国人被雇用。在亚裔美国人男性和女性中，被雇用的比例都是 61%。

不断变迁的工作场所

1900 年，大约 40% 的美国劳动者是农民。2014 年，仅 1.5% 的美国劳动者从事农业。昔日的家庭农场已被农工商企业取代。如今，土地的生产率更高，但这一变迁给整个美国都带来了痛苦的适应过程，因为这是一种生活方式的丧失。图 12-3 表明，20 世纪第一产业在美国经济中的比重不断降低。

一个世纪之前，工业化壮大了蓝领工作者的队伍。然而从 1950 年开始，白领革命将大多

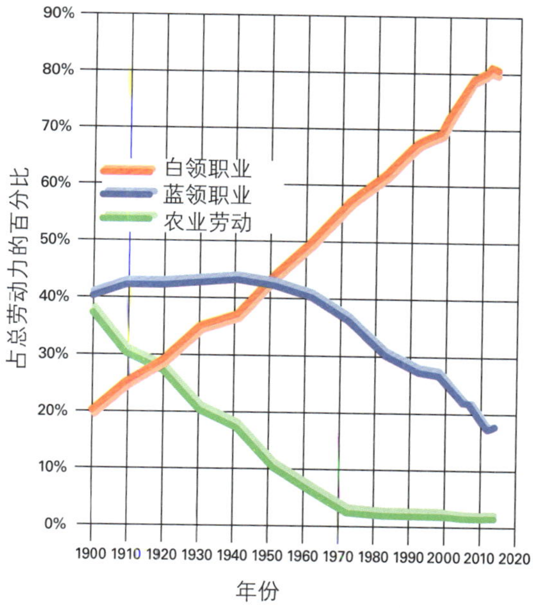

图 12-3 1900—2014 年美国职业类型的变迁

◎与一个世纪前相比，美国现在的工作大多是白领服务性工作，而不再以工厂和农业工作为主。

资料来源：Estimates based on U.S. Department of Labor（2015）.

数劳动者从工厂推向服务性岗位。2014 年，超过 80% 的劳动力从事服务业，而几乎所有的新工作都是在服务部门中被创造的。

正如第 8 章所揭示的，许多服务工作（包括销售、文书以及医院和饭店的工作）的报酬比原来的工厂工作要低很多。这意味着后工业社会的许多工作仅能提供一般的生活标准。女性和其他少数群体，以及许多刚开始职业生涯的年轻人，最有可能去从事低薪的服务业职业。

工会

工会组织在变迁的美国经济中不断衰退。**工会**（labor union）是通过各种策略，包括谈判和罢工，寻求改善工人工资水平和工作条件的组织。20 世纪 30 年代大萧条时期，美国工会成员增长迅速，到 1950 年，三分之一以上的非农劳动者都是工会成员。1970 年前后，美国工会成员达到了约 2500 万的顶峰。从那时起，工会成员下降到约占非农劳动者的 11%，大约 1460 万劳动者。通过更详细的检视，我们会发现，36% 的政府雇员是工会成员，私人部门（非政府部门）劳动者中，这一比例仅为 7%。2010 年，政府雇员占据了工会成员的主要组成部分。

工会衰退也在其他高收入国家发生，但工会宣称美国的工会成员比例要远比其他国家低。工会成员比例在日本约为 18%；在大多数欧洲国家，约为 15% ～ 40%；在加拿大为 27%；而在芬兰则高达 69% 。

美国工会成员数量的大幅度下降反映了经济中工业产业的衰弱。新兴服务工作者（如在本章开头所描述的沃尔玛这样的零售商做销售员）常常不会加入工会。低廉的工资和工人的抱怨使工会试图组织沃尔玛的雇员，然而迄今，未在任何一家门店获得成功。过去几年的经济疲软给了工会一个短暂的复兴，奥巴马政府的政策也使得劳动者加入工会更为简单。但要想取得长期成果，很可能要取决于工会适应新的全球经济的能力了。曾视外国劳动者为“敌人”的美国工会必须建立起新的国际联盟。

工会在经济中的力量在很大程度上有赖于调控工会的法律，这些法律规定了工会应该怎样组织。在美国历史上，即使雇员想要组织一个工会，公司也并不是一定要将工会视作劳动者的代表。工会获得劳动者代表权的常用手段是“少数服从多数”，即如果一家公司大多数劳动者签名表示他们想要组织一个工会，公司就必须认可工会，所有的劳动者支付工会费，工会则代表所有的劳动者。工会认为这种手段是民主的，还能让部分劳动者即使不支持工会，也能分享工会赢得的利益。

这一手段的反对者支持另一政策，一般被称为“工作权利法”。这一法律允许工会代表劳动者，但是禁止工会将加入工会和支付工会费作为在公司工作的条件。换句话说，所有人都有“工作的权利”，不管他们是否希望加入工会。

从 2011 年开始，美国几个州限制政府雇员工会力量的做法引起了全美的关注。争论的一方宣称，政府雇员的高工资和高福利可能会导致州财政破产。而争论的另一方则宣称，这些福利对于收入一般但工作却非常重要且常常伴有危险的政府雇员而言是应得的。此外，批评者指控某些政治领导正试图摧毁工会运动。下面的“争鸣与辩论”专栏提供了更为详细的信息。

专业职业

如今许多类型的职业都被称为专业的，如专业网球选手、专业家政清洁甚至专业扑杀者。与爱好者不同，专业职业者为生存而工作。但什么是专业职业呢?

专业职业（profession）是要求有广泛的正式教育的有声望的白领职业。从事这种职业的人就成为专业职业者，或是公开宣称他们能够并且乐意在某些行为标准或论理原则下工作。专业职业包括政府机构、医药、法律、学术以及诸如建筑、会计和社会工作等领域。职业是不是专业职业，取决于其满足以下四个基本特征的程度。

1. **理论知识**。专业职业者对本专业领域有

争鸣与辩论

2011 年的大工会之战：平衡预算还是向劳动者开战

“我们将要改革政府。”美国俄亥俄州州长约翰·卡锡克（John Kasich）在 2011 年 3 月 8 日第一次“州情咨文”演讲中这样告诉州议员们。而当他演讲时，超过 1000 名消防队员（政府雇员）就堵在州议会门外的大厅里，他们齐声高呼：“否决这个提案！否决这个提案！否决这个提案！”

到底发生了什么？俄亥俄州面临危急的经济状况——州政府负债 80 亿美元。卡锡克州长认为巨额赤字的一大根源在于之前州政府与政府雇员（包括消防队员、警察和教师）工会达成的协议。

在卡锡克看来，问题在于这一体系给了政府雇员工会过分的权力，以至于州政府破产。在这一体系下，工会有效地使每一个政府雇员都加入工会，并且以工资代扣的形式支付大量的会费。这些会费使得工会有了巨大的能量选举出来自民主党的领导者。在过去，这些领导者签署了使得政府雇员收入远超私人部门的劳动者、而让州政府却无法负担得起的劳动合同。卡锡克和共和党人控制的州政府推动的改革保留了政府雇员工会对工资的集体谈判权，但是不再允许工会以此牟利。此外，工资将与绩效为基础的奖励制度而不是资历相挂钩，政府雇员工会也不再允许罢工。

国际消防队员协会的哈罗德·斯卡尔特伯杰（Harold Schaltberger）认为这些“改革”根本就是向工会开战。他声称这些建议措施“将让他们退回到根本没有真正劳动权利的几十年前”。2011 年秋天，大多数选民支持工会的立场，他们赢了。

在威斯康星州，斯科特·沃尔克（Scott Walker）凭借通过削减政府雇员工会的权力来减少州赤字的施政纲领在 2010 年当选为该州州长。2011 年 3 月 11 日，他签署了已经由州议会通过的法案来限制政府雇员对工资（非津贴）的集体谈判，限制

工资增长超过通货膨胀率，并降低了州政府为其医疗卫生和退休养老金缴款的份额。这一已在法院备受争议的新法律，也赋予政府雇员是否加入工会的权利。和俄亥俄州一样，工会也试图将斯科特·沃尔克赶下台来阻止这一新法律。但是，在威斯康星州，工会失败了：2012 年沃尔克赢得了连任选举，威斯康星州也于 2015 年通过了“工作权利法”。

由于许多州（包括联邦政府）都面临巨额的财政赤字，近期围绕政府雇员工会的这些争论很可能会在将来出现在整个美国。

你怎么想

1. 你认为是否所有的劳动者，包括政府雇员，都应该享有加入工会的权利？为什么？

2. 政府雇员应该与在私人部门的劳动者拿大体相同的工资和福利吗？在日常工作中面临危险的消防队员和警察呢？

3. 你赞同卡锡克州长或是沃尔克州长要削减工会的权力，还是站在工会一边希望其仍然强盛？为什么？

资料来源：Gray（2011），Murphy（2011），Rasmussen（2011），Ripley（2011），Sulzberger（2011），and Kelleher（2012）.

理论理解而不仅仅是技术训练。例如，任何人都可以掌握急救技术，但是医生对人体健康有理论的理解。这意味着网球选手、家政清洁员以及扑杀者事实上并非专业职业者。

2. **自我管理实践**。典型的专业职业者是自我雇佣的“私人实践”而非为公司工作。专业职业者监督自己的工作并遵守一定的伦理规范。

3. **委托人权威**。因掌握专门知识，专业工作者受委托人雇用，后者为他们的建议支付费用并遵行他们的指导。

4. **社区倾向而非自利**。传统的专业义务要求专业工作者以服务社区为目标而非仅追求个人收入。

在几乎所有的情况下，专业职业不仅要求有大专学历，更要求有大学学位。因此，正如图 12-4 所示，专业职业被选为大学新生毕业后希望从事的事业就不足为奇了。

学生快照

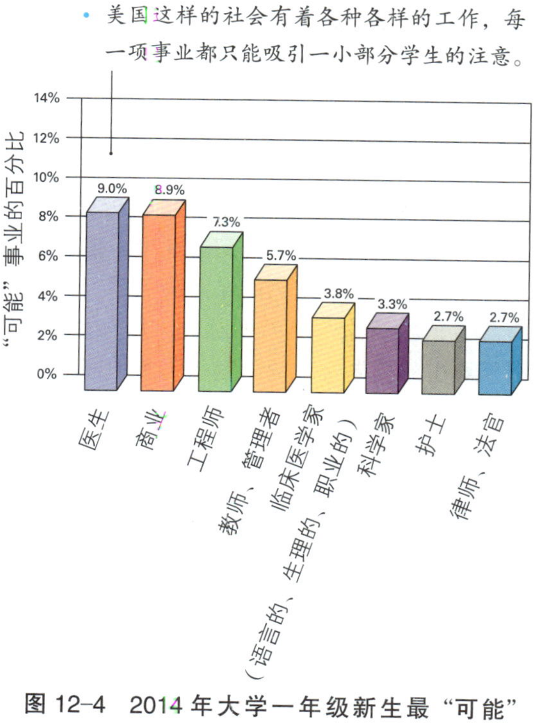

图 12-4 2014 年大学一年级新生最“可能”视为事业的职业

© 大学生们期望从事报酬好且声望高的职业。

资料来源：Eagan et al.（2014）.

很多职业并非真正的专业职业而不过是寻求其服务的“专业化”。声称自己有专业地位通常表现为对工作重新命名，暗示工作的专业性、理论知识，使其摆脱原来缺少声望的处境。于是，仓库管理员变成了“存货供应经理”，扑杀者变身为“昆虫控制专家”，清洁工称自己为“住宅复原专家”。

兴趣团体可能也会组成专业组织来证明他们的技能。这种组织随后会进行成员认证、伦理规范制定，并且强调其工作在社区中的重要性。为获得公共认可，专业组织也可能开办学校或是其他训练机构，甚至创办专业期刊，但并非所有职业都试图获得专业地位。一些辅助职业人员，包括律师专职助手和药剂师，拥有特殊技能但是缺乏完全的专业职业所要求的广泛的理论教育背景。

自我雇佣

自我雇佣，即不通过为大组织工作来谋生，曾经在美国很普遍。在 1800 年，大约 80% 的劳动力是自我雇佣者；而今天，该比例下降为仅 7%（8% 的男性以及 5.5% 的女性）。

律师、医生、建筑师以及其他专业职业者在美国都是自我雇佣的。但是大多数自我雇佣者是小企业的所有者、水暖工、农场主、木工、自由撰稿人、编辑、艺术家以及长途卡车司机。总之，自我雇佣更可能是蓝领职业而非白领职业。

女性拥有美国 30% 的企业，且该比例还在不断上升。美国女性拥有的 780 万家公司雇用了大约 6.4% 的劳动力，年销售额高达 1.2 万亿美元。

失业与不充分就业

每个社会都存在一定程度的失业。原因在于：刚进入劳动力队伍的年轻人很少能马上找到工作；劳动者可能会放弃现有的工作去寻找新工作或是在家带小孩；有些人可能罢工或者罹患长期疾病；还有些人缺乏从事有用的工作的技能。

但失业并不仅仅是个人问题，它也是由经

济引发的。工作岗位因为职业老化或是公司改变经营方式而消失。从 1980 年开始，美国企业 500 强已经淘汰了 500 多万个工作岗位——尽管它们创造了更多的新岗位。

一般来说，公司会为了更具有竞争力而精简人员，或是因国际竞争和经济衰退而倒闭。在近年美国的经济衰退中，数百万个工作岗位消失了，失业几乎在所有经济领域攀升。不仅是蓝领工作者，就算是过去通常能经受住经济衰退的白领工作者，也在这一次的经济低迷中失去了工作。

2008 年，正当美国要陷入金融危机时，700 万 16 岁及以上人口失业，约占美国劳动力的 4.6%。而在金融危机中，失业率一下子冲到了 10% 以上。但是到 2015 年年初，失业率回落到了 5.5%，官方报告大约有 1000 万人处于失业状态中。不过，就算失业率回落了，失业人数仍远高于 2008 年。

当然，失业率在全美并不均衡。比如，西部的州受到了经济衰退的重击，但是中部的平原地区略好一些。此外，算上放弃寻找工作的无业者（这些人并没有被计算进官方的失业统计中），失业者肯定会超过 2000 万，这使得实际的失业率大约为 13%。

如图 12–5 所示，2014 年非裔美国人（11.3%）的失业率是白人（5.3%）的两倍以上。在所有的人口类别中，白人的失业率都要比非裔美国人低，白人青少年和非洲裔青少年的差距尤为巨大。对于所有人口类别而言，降低失业风险的好办法都是获得一个大专学历。正如图 12–4 中显示的，大专毕业生的平均失业率大约只是全国平均水平的一半。

对于失业者而言，重新找到一份工作是前所未有的艰难。失业时长的中位数为 14 周，这意味着有一半失业者的失业时长比 14 周更长。而失业时长的均值为 34 周，这一平均数被那些失业长达一年或更久的人拉高。总之，美国社会现在面临着扩大失业问题，不仅失业大幅蔓延，而且持续时间比过去都更长。

不充分就业也是数百万劳动者面临的问题。在这个公司破产的年代，整个美国经济充斥着大银行倒闭和公司精简的现象，数百万劳动者（他们很幸运地仍能保有自己的工作）只能拿更低的薪水、更差的福利（如医疗保险）以及更少的养老金。国际竞争不断加剧，劳动者组织不断削弱，再加上经济衰退，很多人想要保住自己的工作就只能同意削减工资或降低福利。

此外，政府报告显示，超过 2700 万人仅仅从事兼职工作，即每周工作时间少于 35 小时。尽管大多数人说他们满足于这样的工作，但仍有 25% 的人表示他们想要更多的工作，只是没有办法找到。总之，美国正挣扎着想要走出近年的经济衰退，很可能五个劳动者中就有一个不充分就业、失业求职，或是变成完全放弃的

多样化快照

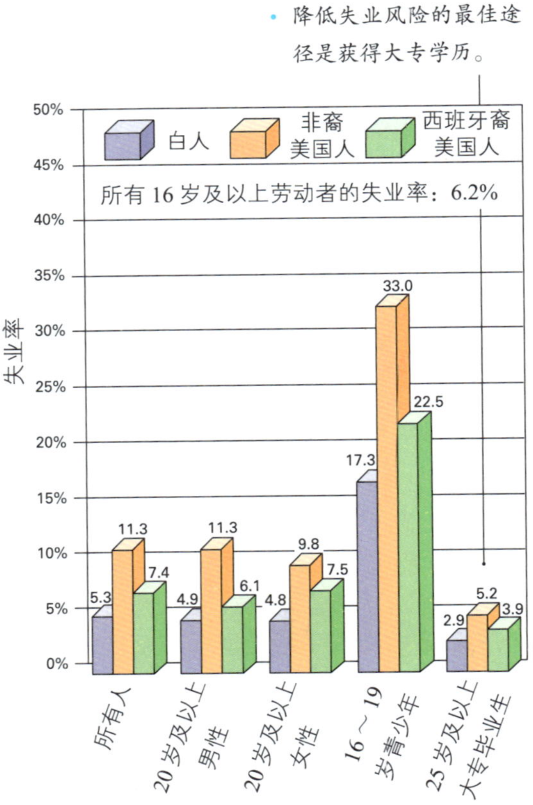

图 12–5　2014 年美国各类成人群体官方失业率统计

◎ 尽管大专毕业生的失业风险很低，但种族仍是各类人群失业的重要原因。

资料来源：U.S. Department of Labor（2015）.

"丧志劳动者"。

失业型复苏

经济呈周期性运行，有兴盛期也有衰退期，我们通常称之为"繁荣与萧条"。过去，在经历经济衰退期的高失业率之后，好日子通常会回来，并带来大量的工作岗位，失业率在几年之内就会快速下降。

在这一次经济周期中，工作岗位的恢复却没有快速形成。公司利润已经恢复到衰退期之前的水平了，但是美国公司现在减少了大约700万雇员。对劳动力需求的削减给失业率带来极大的压力。形成这一状况（有时我们称之为"失业型复苏"）的一大原因是，早在金融危机之前，公司就已经在想尽办法减少劳动力。计算机技术使得只需少量的员工就可以做更多的工作；而很多的时候，员工的减少也意味着每个员工得干更多的活。此外，公司也越来越多地雇用临时工。

◎ 经济正变得越来越强劲，但是就业却没有回到金融危机之前的水平。电视节目《女孩》（*Girls*）追踪了近期的大学毕业生在纽约市的日常生活，她们从事着低工资的职业，追求着自己的梦想。

第二，越来越多的公司在海外开设工厂或是办公中心，通常在中国、印度或是巴西，工资与福利成本要低很多。例如在中国，劳动者大约只挣美国劳动者所得的 10%。正因为如此，许多跨国公司不断增加利润却几乎不在美国增加工作岗位。

第三，美国经济的增长速度不够快，并且已经持续很多年了，以至于其不能吸收所有正在寻找工作的劳动者。这就是为什么政府报告中会说，每一个新增的工作岗位都有若干个求职者进行竞争。

第四，从全球来看，美国的劳动力太贵，但对于今天的经济而言，劳动力的技能却不够好。也许正如某些分析家指出的，如果要让美国的失业率恢复到经济衰退前的水平，就必须对教育和职业培训进行大规模的投资。

工作场所差异：种族与性别

过去，白人男性是美国劳动力的主流。然而，美国的少数群体人口的比重增长迅速。非裔美国人人口的增长速度高于非西班牙裔白人；亚洲裔美国人和西班牙裔美国人人口的增长速度甚至更快。

这样的动态发展可能会在很多方面影响着美国社会。不仅越来越多的劳动者会是妇女和少数群体，工作场所也将不得不发展出各种项目和政策，去满足劳动力社会多样化的需求，并鼓励每个人有效且相互尊重地共同工作。"多样化思考"专栏将更详细地检视变迁中的工作场所带来的一些问题。

新信息技术和工作

7 月 2 日，提康德罗加，纽约。当地一家硬件商店的经理扫描了一袋产品的条形码。"计算机并不仅仅是成本，"她解释道，"它还能够追踪库存情况，安排仓库发货，并决定哪种产品继续销售，哪种产品下架。""这听起来很像你以前常干的工作，莫林。"我笑着说。"是的。"她点点头，但却没有笑。

多样化思考：种族、阶层和性别

多样化的 2022 年：工作场所的变迁

美国少数群体人口的增长趋势正改变着工作场所。如图 12-6 所示，在美国劳动力中，非西班牙裔白人男性的数量到 2022 年会降低 2%，但非洲裔美国男性数量将会增长 11%，西班牙裔美国男性将增长 28%，亚洲裔美国男性也将增长 23%。

非西班牙裔美国白人女性预计会减少 3%，非洲裔美国女性将增长 9%，亚洲裔美国女性将增长 24%，而西班牙裔美国女性增长最快，大约为 28%。

在十年之内，非西班牙裔美国白人男性将仅占所有劳动力的 33%，该比例仍将继续下降。因此，接受社会多样化的公司将最大限度地发掘出人才流并且拥有竞争优势，从而获取更高的利润。

第一，接受社会多样化意味着不断吸收两个性别、所有种族和文化背景的劳动人才。而激发所有雇员的潜能，则要求满足妇女和其他少数群体，并不完全等同于美国白人男性的需求。例如，对于有小孩的女性劳动者而言，工作场所的儿童照管就是重大问题。

第二，企业必须以有效的途径去处理好社会差异带来的紧张。它们必须更加努力以保证所有的劳动者被平等对待和受人尊重，这意味着对待种族和性别歧视将毫不留情。

第三，企业必须反思现行的晋升实践。最近的研究表明，在财富 100 强公司的高层管理者中，68% 是白人男性，32% 是女性或是少数群体。在一项关于美国公司的调查中，美国就业机会平等委员会（U.S. Equal Employment Opportunity Commission）发现非西班牙裔美国白人男性占 25 ～ 64 岁美国成人的比例为 38%，却占据了 63% 的高级管理职位。相应的数据是非西班牙裔白人女性的 38% 和 25%；非裔美国人的 15% 和 3%，以及西班牙裔美国人的 19% 和 4%。

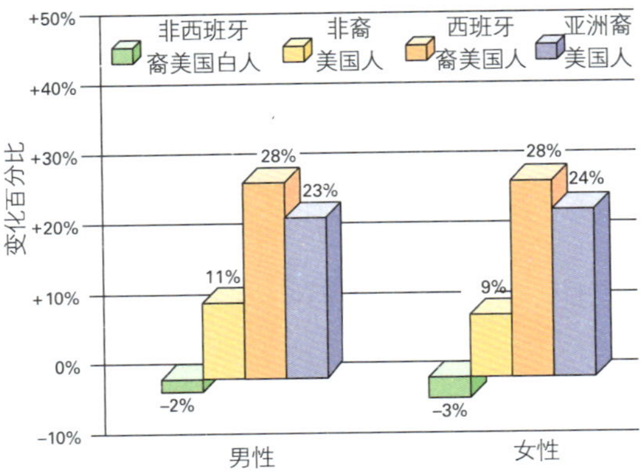

图 12-6　2012—2022 年美国劳动力数量的预期增长

◎ 从预期来看，美国劳动力中少数群体的比例会增加而非西班牙裔白人的比重会降低。

资料来源：U.S. Department of Labor（2014）.

你怎么想

1. 美国工作场所的社会多样性增加的根本原因是什么？
2. 你认为企业应该在哪些具体的方面支持少数群体的劳动者？
3. 在哪些其他机构中（如学校），社会差异正变得越来越重要？为什么？

另一个工作场所的问题是计算机和其他新信息技术作用的日益增强。信息革命正在很多方面改变着人们的工作。

1. **计算机取代人的工作**。就像上个时代工业机械取代熟练工匠一样，现在计算机威胁着管理者的技能。更多的商业运作不是基于管理者的决策而是计算机的建模。换句话说，是机器在决定是否下订单、是否采购某一大小和颜色的服装，或者是否批准一次贷款申请。

2. **计算机正使得工作更加抽象**。大多数工业劳动者与他们的产品有直接接触。后工业时代的劳动者利用符号去完成诸如使公司更有利可图或是使软件更人性化，或是在金融“衍生品”中隐藏高风险资产等抽象任务。

3. **计算机限制了工作场所的互动**。随着劳动者在电脑终端前花的时间越来越多，他们彼此之间也变得越来越孤立。

4. **计算机增加了雇主对劳动者的控制**。计算机使管理人员可以持续不断地监控雇员的产出，无论后者是在计算机终端还是在生产线上。

5. **计算机允许公司重新部署工作**。计算机技术使信息几乎能随时随地传播，人们在今天的经济中从事的符号工作也许会在我们意想不到的地方发生。我们都有过这样的经历：我们电话联系本城镇的某项商业（如一家旅店或一家书店），却发现我们正在和身在数千里之外的计算机工作站中的人交谈。计算机技术使得许多工作（尤其是服务工作）可以外包给工资水平更低的其他地区。

或许随着华尔街的普遍落败，会出现这样一种趋势：不再让计算机来管理风险，而让商业决策的责任重新回到人的手中。又或许，计算机、人以及我们的经济体系都不完美——我们永远不会进入完美的世界。但是商业对计算机日益增长的依赖提醒我们，新技术永远不可能是社会中立的。它改变了工作场所人与人之间的关系，重塑了我们的工作方式，并且时时改变着雇主与雇员之间的权力平衡。因此，可以理解的是，人们接受信息革命的某些方面，却拒斥着另一些。

公司

今天的资本主义经济的核心是**公司**（corporate），即包含权利和义务关系并与其成员相分离的依法存在的组织。成立公司使组织成为法律实体，能够订立合同并拥有财产。在全美3200 万的企业中，有 580 万家是公司。成立公

◎ 在今天的公司世界中，计算机正在改变着工作的性质，正如在一个多世纪前工厂做的那样。基于计算机的工作在哪些方面不同于工厂工作？你认为在哪些方面两者又似乎是相同的？

公司 包含权利和义务关系并与其成员相分离的依法存在的组织

联合公司 由大量较小公司组成的巨型公司

司保护所有者的财产不受来自商业债务或损害消费者的诉讼的影响，其同时也带来了更低的公司利润税率。

经济集中

大多数美国公司是小型的，其资产不超过 50 万美元，因此，大型公司支配着美国的经济。2011 年，政府列出了资产超过 25 亿美元的 2831 家公司，这些公司的总资产达到了所有公司资产总额的 81%。

在销售方面美国最大的公司是沃尔玛，其 2014 年的销售额为 4730 亿美元，这相当于美国 50 个州中，43 个州的税收收入总和。

联合公司与公司的联合

经济集中创造了**联合公司**（conglomerate），即由大量较小公司组成的巨型公司。联合公司作为一种公司形式进入新的市场，派生出新公司或者与其他公司合并。例如，百事公司是包括百事可乐、菲多利（Frito-Lay）、佳得乐（Gatorade）、纯品康纳（Tropicana）和桂格（Quaker）在内的联合公司。

许多联合公司因为拥有相互的股票而联合起来，形成巨型的世界公司联盟。例如，2014 年通用汽车公司不仅拥有雪弗莱、别克、凯迪拉克和 GMC，而且拥有欧宝（Opel，德国品牌）、沃克斯豪尔（Vauxhall，英国品牌）、霍顿（Holden，澳大利亚品牌）以及部分的大宇（Daewoo，韩国品牌），并且和铃木以及丰田（日本）都有伙伴关系，还在中国建立了若干新的分支机构。

公司还以连锁董事会的方式联结在一起。连锁董事会是指主管多个公司的董事们组成的网络。这种董事会相互联结的形式使得公司能够获取关于其他公司生产和市场战略的有用信息。尽管这种联结完全合法，但是其鼓励非法行为的产生，如当所有公司都分享其价格策略

垄断 单一生产商控制市场

寡头垄断 少数生产商控制市场

后形成的价格垄断。

公司：它们具有竞争性吗

根据资本主义模型，商业在一个竞争性市场下独立运行。然而由于彼此之间广泛联系的存在，显然大公司并不是独立运行的。一些大公司还支配着很多市场，因此，它们并非真正竞争性的。

联邦法律禁止任何公司形成**垄断**（monopoly），即单一生产商控制市场。因为如果没有竞争，处于垄断的公司就能为自己的产品随意定价。而**寡头垄断**（oligopoly），即少数生产商控制市场，却既合法又常见。寡头垄断不断增多，是因为进入一个主要市场（如汽车工业）所需要的大量投资只可能来自最大的公司。

此外，竞争意味着风险，而大公司总是试图规避风险。虽然如此，我们近期也看到了，就算是最大的公司也不能对经济危机免疫。2009年，通用汽车就申请了破产。大公司同样也面临着日益激烈的竞争，如美国的汽车工业就受到像起亚和现代等汽车公司的挑战。

联邦政府想要调控公司来保护公众的利益。然而从公司丑闻（最近是住房贷款业以及大量银行的倒闭）来看，调控总是又少又迟，直到公司损害了成千上万人的利益。美国政府是公司世界唯一的最大客户。2008年和2009年，其介入并以数十亿美元的紧急援助项目支持大量陷入困境中的公司。在经济不景气时期，公众倾向于支持政府对经济有更多的干预 。

公司与全球经济

公司发展如此之大以至于今天其几乎占据了世界全部的经济产出。大型公司的基地在美国、日本和西欧，它们的市场却是全世界。许多大型公司（如麦当劳和芯片制造商英特尔公司）从美国以外的地区赚取其主要收入。2011年，通用汽车售出的汽车中有75%是销往美国以外的地区，尤其是在巴西、俄罗斯、印度以及中国这些新兴市场。

全球公司认识到不发达国家拥有全球大多数的人口和资源。此外，那里的劳动力成本相当低廉：墨西哥的一个制造工人每小时的工资大约为6.82美元，其工作一个多星期的收入才和日本（平均每小时约29美元）或者美国（平均每小时36美元）工人一天的劳动所得相当。

正如第9章指出的，跨国公司对不发达国家的影响是具有争议性的。现代化理论宣称跨国公司释放资本主义的巨大生产力，提升不发达国家的生活标准，带来税收增长、资本投资、新工作岗位以及先进技术，这些都加速了其经济的增长。

依附理论则认为跨国公司实际上加剧了全球的不平等，其阻碍了当地工业的发展并将不发达国家推向了出口导向的货物生产，而不是为当地人生产食物和其他产品。从这一立场出发，跨国公司使不发达国家不断增加了对发达国家的依附。

简言之，现代化理论赞美市场是使世界所有人共同进步和富裕的关键；依附理论则持不同的观点，呼吁以政府为主导的经济政策来代替市场。

经济：展望

社会制度是一个社会满足人们需求的方式。然而正如我们已经看到的，美国经济只是部分地完成了这个任务。多年来，美国的经济交替经历着扩张和衰退。无论是在扩张期还是衰退期，美国经济提供给一部分人的总是要远远好于给其他人的。

经济变迁背后的一个重要趋势是信息革命。首先，美国目前的制造业劳动力比例只有1960年的三分之一；服务业，尤其是运用计算机的工作，填补了这一空缺。对产业工人而言，后工业经济带来了失业的上升和工资的下降。美国社会必须正视挑战，为数以万计的男女劳动者提供他们在新经济中获得成功所必需的语言和计算机技术。

近年来的第二个转变是全球经济的扩张。

权威类型

传统型权威 权力合法性来源于人们对长期建立的文化模式的尊崇

法理型权威 通过理性制定的法律和规则获得合法性的权力（也被称为科层制权威）

克里斯玛型权威 由超凡的个人品质激发忠诚和服从而获得合法性的权力

两个世纪以前，人们体验到的起落仅反映所在城镇的事件和趋势。一个世纪以前，社区被经济联系在一起，所以一个城镇的繁荣需要依靠国内其他地方的人对其产品的需求。今天，我们不得不超越国家经济；例如，美国当地加油站石油价格的上升是与全球（尤其是中国和印度）不断增长的石油需求紧密相关的。作为生产者和消费者，我们现在需要对遥远且不可见的因素和力量做出回应。

最后，全球分析家都在反思传统的经济模型。例如，资本主义有其自身的问题，正如最近的占领华尔街运动所凸显的，资本主义带来高度的不平等以及大量的公司丑闻，这正是经济现在由大量政府调控的两个重要原因。

这些变迁的长期影响是什么？我们得出了这样两个结论：第一，美国和其他国家经济的未来将在全球语境中进行，随着越来越多的工业生产转移到其他国家，美国的新后工业经济已经浮现；第二，解决全球不平等和人口增长这样的迫切挑战是急需的。世界是缩小还是扩大发达国家与不发达国家之间的差距，也许决定着我们的星球是走向和平还是战争。

政治体系中的权力与权威

经济与**政治**［politics，也被称为政体（polity）］是紧密联系在一起的。政治是指分配权力、设定社会目标以及进行决策的社会制度。20世纪早期，马克斯·韦伯将**权力**（power）界定为即使遇到别人的反对也能实现自己意志的能力。权力是由**政府**（government）行使的。政府是指导社会的政治生活的正式组织。政府总是声称自己在帮助人民，同时，政府也要求人民遵守规则。但是正如韦伯指出的，大多数政府不会公开威胁其人民。在大多数的情况下，人民尊重（或者至少是接受）社会的政治体系。

韦伯认为，如果顺从仅仅来自残酷力量的威慑，那么没有哪一个政府有可能长久地保持其权力，因为不可能有足够多的警察去监视每一个人。再说，谁又来监视警察呢？因此每一个政府都试图让自己在人民眼中具有合法性。

由此引出了另外一个概念——**权威**（authority），即人们感知为合法的而非强制的权力。一个社会的权威来源于其经济。在韦伯看来，前工业社会基于**传统型权威**（traditional authority），即其权力合法性来源于人们对长期建立的文化模式的尊崇。传统型权威沉淀在社会的集体记忆之中，这使得这一权威看起来几乎是神圣的。中国的皇帝在过去的几个世纪都是通过传统来获得合法性的，中世纪欧洲的贵族统治者同样如此。传统的力量是非常强大的，不管是好是坏，人们总是视传统的统治者为神圣的。

随着社会工业化的进展，传统型权威开始退场。例如，皇室家族仍然在十个欧洲国家存在，但是诸如英国、瑞典、丹麦等国家的民主文化已经将权力转移给了经过选举成为官员的平民。韦伯指出，理性科层制的扩展是现代社会权威的基础。**法理型权威**（rational-legal authority，有时也被称为科层制权威）是通过理性制定的法律和规则获得合法性的权力。

传统型权威依赖于家庭，而法理型权威则来自政府部门。传统的君主将权力留给他的继

政治 分配权力、设定社会目标以及进行决策的社会制度

政府 指导社会的政治生活的正式组织

权力 即使遇到别人的反对仍然能实现自己意志的能力

权威 人们感知为合法的而非强制的权力

承者，现代的总统或是首相根据法律获得和解除权力。

韦伯描述的另一种权威类型则在整个历史中都能看到——**克里斯玛型权威**（Charismatic authority），是指由超凡的个人品质激发忠诚和服从而获得合法性的权力。与传统型权威和法理型权威不同，克里斯玛型权威更多地依靠人格魅力或人格，而很少依靠个人的血统或者官职。追随者将克里斯玛型领导人看成某种特殊的甚至是神圣的权力。克里斯玛型领导人的例子有拿撒勒（Nazareth）的耶稣、印度的解放运动领导人圣雄甘地、公民权利领导人马丁·路德·金等。所有的克里斯玛型领导人都旨在激进地改变社会，这解释了为什么他们总是备受争议且大多英年早逝。

由于克里斯玛型权威来源于单个的个人，因此领导者的逝世会形成一场危机，因为没有人可以理所当然地继任。韦伯认为，克里斯玛运动的继续维持有赖于**克里斯玛的常规化**（routinization of charisma），即克里斯玛型权威转变为某种传统型权威与科层制权威的混合。例如，耶稣死后，其追随者在基于传统和科层的教堂将其教义制度化。正是经由这种常规化，基督教才可以延续2000年。

君主制

世界的各种政治体系在很多方面存在差异。但是，总体而言，它们都能被归为以下四类：君主制、民主制、威权主义和极权主义。

君主制（monarchy）是一个家族世代进行统治的政治体系。君主制在农业社会很常见。例如，《圣经》就讲述了大卫和所罗门等伟大国王的故事。

在今天的世界上，仍有26个国家存在皇室家族[①]；大多数家族都已经存在好几个世纪了。

◎君主制通常存在于前工业化社会。近期中东的政治动荡表明，现今世界对这一政治体系的对抗不断增长。即便如此，阿卜杜拉国王及其皇室家族成员仍然通过对阿拉伯传统和文化的支持加强了其对沙特阿拉伯的统治。

因此，用韦伯的话说，君主制是通过传统获得合法性的。中世纪，世界各地的专制君主都宣称其垄断权力来自神授（或者上帝的意志）。在某些国家，包括阿曼、沙特阿拉伯和斯威士兰，君主（并不必须有神圣的支持）仍然对其人民行使绝对的控制。

但是随着工业化进程，君主制逐渐退出历史舞台，让位于选举的公务员。今天所有保有皇室家族的欧洲国家都实行君主立宪制，它们的君主仅仅是国家的象征元首；实际统治由选举出的官员负责，这些官员由首相领导并受制于宪法。在这些国家中，贵族形式上为君，但是选举官员进行实际的统治。

民主制

世界大多数地区的历史潮流是走向**民主制**（democracy），即将权利赋予所有人民的政治体系。由于所有的公民都参与到统治中并不现实，因此实际上该体系是代议民主制，即将权威赋予那些在每次竞选中胜出的领导者。

全球大多数高收入国家，包括那些仍然保有皇室家族的国家，都宣称自己是民主国家。工业化是与民主联系在一起的，因为两者都要

① 欧洲：瑞典、挪威、丹麦、英国、荷兰、列支敦士登、卢森堡、比利时、西班牙、摩纳哥；中东：约旦、沙特阿拉伯、阿曼、卡塔尔、巴林、科威特；非洲：莱索特、斯威士兰、摩洛哥；亚洲：文莱、汤加、泰国、马来西亚、柬埔寨、不丹和日本。

君主制 **一个家族世代进行统治的政治体系**

民主制 **将权力赋予所有人民的政治体系**

求有文化的大众。同时，随着工业化的进程，君主来自传统的合法性权力让位于法理型权威。因此，民主制是和法理型权威联系在一起的，就像君主制是和传统型权威联系在一起的。

当然，有些高收入国家，如沙特阿拉伯，并不赋予大众太多的政治权利。更普遍地说，即使像美国这样的高收入国家也并非真正民主的。原因有二。其一是科层制的问题。美国联邦政府有 270 万常规雇员，以及数百万特殊基金会雇用的成员，再加上 150 万军人以及 63 000 名司法人员，总共有 420 万劳动者。另有 1910 万人在全美 90 700 个地方政府工作。在政府工作的大部分人并不是由选举产生，也不必直接对人民负责。

其二涉及经济不平等，即富人拥有的政治权力比穷人多得多。而美国的政治领导人大多是富裕的男性或女性，用政治语言来讲，“金钱决定话语权”。考虑到亿万资产的公司拥有甚至更大的资源，美国的“民主”体系又能听到多少“普通大众”的声音呢？

当然，民主国家确实提供了许多权利和自由。“自由之家”指出，2014 年，全球 88 个国家（占全球人口的 40%）是“自由”的，其尊重许多公民自由。这表明全球政治自由连续四年呈现下降趋势，但是相对于 25 年前，政治自由仍然是增长的，那时仅有 75 个国家被认为是自由的。

民主和自由：资本主义和社会主义路径

除了上述问题，像美国这样的富裕资本主义国家宣称自己是民主的。当然，像古巴这样的社会主义国家也宣称自己是民主的。这一有意思的现象提示我们，也许有必要进一步检视政治经济，即政治和经济的相互作用。

美国、加拿大以及欧洲国家的政治生活很大程度上基于本章前面介绍的资本主义的经济原则。在市场体系中追求利润所要求的“自由”，是人们基于自利而行动的权利。因而，资本主义走向政治自由的路径是个人自由，以各种方式最大化利润或是其他个人利益的行动自由。基于这种观点，政治“民主”意味着个体有权从官职的候选人中选出他们的领导。

但是，资本主义社会存在着相当大的收入和财富不平等。如果每个人都基于自利来行动，必然的后果就是某一些人会比其他人有着多得多的获取利益的力量。在实践中，市场体系带来不平等的财富，并将财富转变为权力。资本主义的批判者宣称，经济精英统治着社会的经济和政治生活。

另一方面，社会主义体系宣称它们是民主的，因为其经济满足了每个人的基本需求，包括居住、教育、工作和医疗。例如，尽管比美国要穷很多，但是古巴为其全民提供了基本的医疗保障，不管其有没有支付能力。

就相互对立的民主和自由之路，有一个重要的问题：经济平等和政治自由可以同时获得吗？为了推进经济平等，社会主义限制了个人选择。相对而言，资本主义提供了广泛的政治自由，但在实践中，这些自由对富人的意义要比穷人大得多。

威权主义

某些政府大力阻止其人民参与到政治中。**威权主义**（authoritarianism）是禁止人民参与统治的政治体系。威权主义的政府对人民的需求漠不关心，也并不提供选举权。沙特阿拉伯和阿曼的绝对君主以及埃塞俄比亚的军政府都是威权主义的。有时，人们会站起来反抗高压政府。这些国家有许多都在政治反抗中崩溃了。另一个政治类别是大体上和平的“软性威权主义”体系，其在亚洲小国新加坡很盛行，那里的政治自由是有限的，但是人民安定而兴旺，大多都支持政府。

极权主义

控制最为严密的政治形式是**极权主义**（totalitarianism），即广泛控制人民生活的高度集中化的政治体系。随着政府逐渐有能力紧密地控制其人民，极权主义在 20 世纪出现。

威权主义 **禁止人民参与统治的政治体系**

极权主义 **广泛控制人民生活的高度集中化的政治体系**

尽管某些极权主义政府宣称其代表人民的意志，但是大多数极权主义试图迫使人民服从政府的意志。正如“极权”一词所暗示的，这种政府权力极度集中，不允许存在任何有组织的反对者。这些政府否定人民集会的权利、严格控制信息，制造出一种孤立而恐怖的气氛。

极权主义社会的社会化是高度政治化的，其寻求对体系的服从和认同。在所有极权主义政府中，都是一个政党宣称对社会的完全控制，而不允许任何反对者存在。

全球政治体系

全球化是否正像改变经济那样在改变着政治？在一个层面上，答案是否定的。尽管今天大多数经济活动都是全球性的，世界仍然被分成不同的民族国家，与几个世纪前一模一样。联合国（成立于1945年）是迈向全球治理的一小步，但是其在全球事务中的政治作用一直受到限制。

但是在另一个层面上，政治已经进入全球进程。在一些分析家看来，跨国公司代表了新的政治秩序，因为其巨大的权力能够影响到全世界的事件。换句话说，随着公司超越政府，政治正不断地融入商业中。

同时，信息革命已将国内政治移向世界舞台。电子邮件、文本短信以及社交网络意味着几乎没有哪个国家能够在绝对私密的条件下处理其政治事务。电子手段传输和接收信息的强大力量，无疑是压迫性政权不断加强对其控制的重要原因。

最后，几千个非政府组织（NGO）试图推进人权和环境保护等全球问题。非政府组织在扩展全球政治文化中将继续扮演重要的角色。

总之，正如单个的国家正不断失去对本国经济的控制，政府同样不可能完全掌控发生在本国国内的政治事件。

美国的政治：问题与理论

18世纪，在打败英国获得政治独立后，美国以代议民主制取代了英国的君主制。美国从那时起的政治发展反映了其文化历史以及资本主义经济。

美国文化与福利国家的兴起

美国的政治文化可以被归结为一个词：个人主义。这一点可以从《人权法案》（*Bill of Rights*）中找到。这一法案保证了自由不受政府的不适当干涉。当19世纪的诗人和哲学家拉尔夫·沃尔多·爱默生（Ralph Waldo Emerson）说“最好的政府是管得最少的政府”时，头脑里想的正是这种个人主义。

但是大多数人并不支持爱默生的立场，而相信政府在捍卫国家安全、运行高速公路系统、开办学校、维持法律和秩序，以及帮助那些需要帮助的人等方面是必要的。美国已经发展出复杂的**福利国家**（welfare state）体系来达成这些目标。福利国家是指为人民提供福利的政府机构和项目组成的体系。政府福利甚至开始于个体的出生前（通过产前营养计划）并一直持续到老年（通过社会保障和医疗服务）。有些项目对穷人来说尤其重要，这些人在美国的资本主义经济体系中并没有得到很好的服务。而学生、农场主、房主、小商业者、退伍军人、表演艺术家甚至是大型公司的管理人员都能得到不同的补贴和支持。实际上，大部分美国成年人指望政府至少提供部分的收入。

今天的福利国家是政府规模和范围逐渐增大的结果。1789年，美国联邦政府在许多社区不过是一面旗帜，整个联邦预算仅为450万美元（平均每人1.5美元）。从那以后，联邦政府预算稳步增长，到2015年已经达到3.9万亿，平均每人12 278美元。

同样，在美国建国初期，一个政府雇员平均为1800个公民服务。今天，大约六分之一美国人是政府雇员，这甚至多于制造业从业人员。

尽管不断增长，但是相对于许多其他高收入国家，美国的福利国家规模仍然是小的。图12-7显示，大部分欧洲国家的政府规模要更大，尤其是法国以及丹麦和瑞典这样的斯堪的纳维亚国家。

全球快照

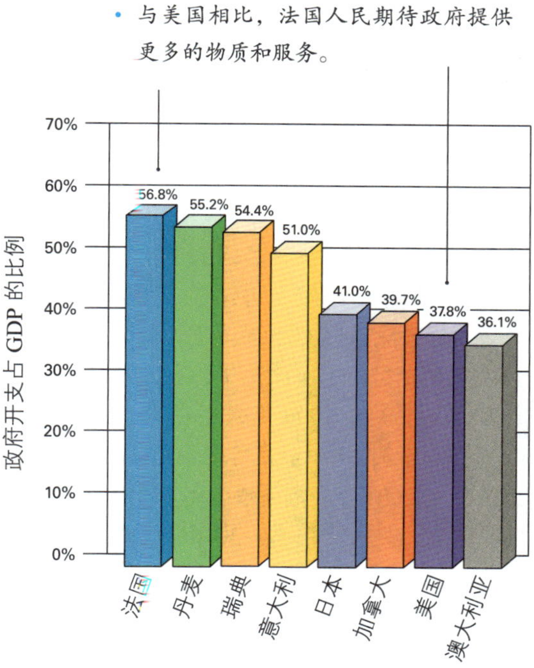

图 12–7　2015 年各国政府规模

◎ 与大多数高收入国家相比，美国的政府活动所占经济支出的比例更小。

资料来源：OECD（2015）.

政治谱

谁支持福利国家的扩大？谁希望福利国家的削减？对这些问题的回答揭示了形成政治谱（political spectrum）的种种态度。政治谱是从极端自由主义到极端保守主义的一系列信念。2013 年对美国成人的一项调查中，27% 的被调查者说他们自己是“自由的”（政治“左”），32% 认为自己是“保守的”（政治“右”），36% 声称自己是政治“中间派”（政治“中”）。

政治谱帮助我们理解两类问题：经济问题聚焦于经济不平等；社会问题涉及人应该如何生活的道德问题。

经济问题

经济自由主义者支持政府对经济进行广泛的调控以及更大的福利国家来减少收入不平等。政府可以向富人征收更多的税，以向穷人提供更多的福利来减少不平等。经济保守主义者则希望限制政府对经济的干预，留给市场力量更多的自由，他们声称这会带来更多的工作岗位，也会使得经济更有效率。

社会问题

社会问题是关于人应该怎样生活的道德问题。社会问题包括堕胎和死刑，还包括同性恋权利以及如何对待少数群体。社会自由主义者支持所有人的平等权利和机会，将堕胎视为一种个人选择，而反对死刑——因为死刑被不公正地用在少数群体身上。社会保守主义者的“家庭价值”议程则支持传统的性别角色而反对同性恋婚姻、平权法案以及其他优待少数群体的“特别计划”。同时，社会保守主义谴责堕胎违反道德，而支持死刑。

就美国的两大政党而言，共和党在经济和社会问题上都更加保守，而民主党则更加自由。但是两个政党在推进自己的特殊目标时都喜好大政府。例如，在 2012 年总统选举中，共和党的米特·罗姆尼（Mitt Romney）支持以加强军队的形式来扩大政府，民主党的巴拉克·奥巴马则希望扩大政府以建立更为广泛的“社会安全网”，来为大多数人民提供福利，包括对教育、交通基础设施以及新能源进行“投资”。两个政党都指望政府推进其目标，不管哪个政党入主白宫，政府都必然会随着国家债务一同扩大。

阶级、种族、性别以及年龄

大多数人混合持有保守主义和自由主义的态度。例如，2012 年大选期间的调查表明，大多数人都希望缩小政府规模（保守主义立场），但是也支持合法堕胎以及给予非法入境的移民以公民身份（这两者都是自由主义立场）。

阶级地位有助于解释政治态度。为了保护财产，高收入者倾向于对经济问题持保守主义态度，但是广泛的教育和安全的社会地位使得其大多数人都是社会自由主义者。低收入者则是相反的类型：在经济问题上大多是自由主义者，但是在社会问题上更为保守。

非裔美国人，无论他们是富裕还是贫困，都比白人更倾向于自由主义，尤其是在经济问题上。他们已经投票给民主党多达半个世纪之久，2012 年，93% 的非裔美国人将票投给了民主党候选人巴拉克·奥巴马。从历史来看，拉丁美洲人、亚洲裔美国人以及犹太人也都支持民主党。若是这些种族或民族群体在 2012 年总统选举中没有投票，共和党的米特·罗姆尼会轻易赢得选举。随着美国少数群体的人口数量不断增长，其在美国政治中的作用也越来越重要。

另外，性别也很重要，因为女性比男性更倾向于自由主义。在美国成年人中，更多的女性倾向于民主党，而更多的男性将票投给共和党候选人。例如，在 2012 年，55% 的女性把票投给了奥巴马，而男性中这一比例只有 45%。

最后，年轻选民正不断转向自由主义。图 12-8 呈现了大学生的投票模式随时间变化的状况。20 世纪 70 年代，学生的态度向右转，之后到 20 世纪 90 年代中期，大学生的态度向左转。

学生快照

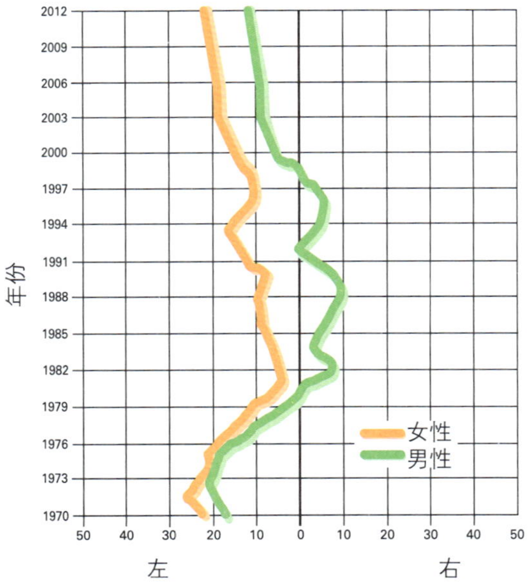

图 12-8　1970—2012 年美国大学生的左 – 右派政治认同

◎学生的态度在 1970 年后向右转，而在 20 世纪 90 年代末回向左转。女大学生比男生更倾向于自由主义一些。

资料来源：Astin et al.（2002），Sax et al.（2003），and Pryor et al.（2013）.

但是在整个时间段内，女大学生始终要比男生更加倾向自由主义。

政党认同

2015 年 3 月的社会调查表明，大约 47% 的人喜好或偏向于民主党，40% 则喜好或倾向于共和党，还有大约 13% 的人宣称自己是“独立的”或是支持其他党派。但是由于许多人持有混合的政治态度，在一些问题上持自由主义观点，而在另一些问题上持保守主义立场，因而美国人的政党认同并不强。政党认同相对较弱正是两大政党在一次次选举中各有胜负的一大原因。民主党在 1996 年入主白宫，并在 1996 年、1998 年和 2000 年赢得国会的大多数席位。2002 年和 2004 年，潮流发生了变化，共和党赢得了国会，并入主白宫。2006 年，潮流再次发生变化，民主党获得了国会控制权，并在 2008 年赢得总统大选。但是到 2010 年选举，共和党赢得了国会，在众议院成为多数党。之后的 2012 年选举中，民主党赢得了大选和国会，只是到了 2014 年，共和党又赢得了国会选举。

美国政治还存在着城乡分割。城市地区的人总是投票给民主党，而乡村地区的人投票给共和党。

特殊利益群体

尤其是在 2012 年康涅狄格州的牛顿市桑迪·胡克小学枪击案发生之后，整个美国对私人拥有武器问题进行了激烈争论。诸如“防止枪支暴力布拉迪运动”（Brady Campaign to Prevent Gun Violence）的组织支持更严格的枪支管理法律；而其他一些组织，包括美国步枪协会（National Rifle Association），强烈反对这些法律。这两个组织都是**特殊利益群体**（special-interest group），即组织起来以处理某种经济或者社会问题的人群。特殊利益群体——包括老年人协会、农场主协会、烟火制造者协会和环

特殊利益群体　组织起来以处理某种经济或者社会问题的人群

政治行动委员会（PAC）　由特殊利益群体形成的独立于政党的组织，其出于政治目标筹集并使用金钱

◎低收入者有着更为紧迫的经济需要，因此他们倾向于关注经济问题，如工资和福利。相反，高收入者支持很多社会问题，比如动物权利。

保者协会——在政党较弱的国家是强有力的。许多特殊利益群体会聘请说客来支持它们的目标。最近的统计表明，华盛顿特区就是 12 279 名说客的总部。

政治行动委员会（political action committee，PAC）是由特殊利益群体形成的独立于政党的组织，其出于政治目标筹集并使用金钱。

政治行动委员会将它们的大部分基金直接投向那些可能支持它们利益的候选人。从 20 世纪 70 年代这些政治行动委员会被创建以来，其数量已经快速增长至 5600 多个。

由于竞选支出的持续增长，大多数候选人渴望从政治行动委员会获取支持。2012 年，寻求连任的众议院议员平均每人花费 150 万美元用于选举，而这些钱大多来自外部组织，包括政治行动委员会。寻求连任的参议院议员平均每人花费在选举上的钱高达 1100 万美元。

对总统选举的支持则要大得多。2012 年，巴拉克·奥巴马和米特·罗姆尼总共为总统竞选筹集并花费了超过 26 亿美元，其中超过 5 亿美元来自政治行动委员会或是其他组织。支持者认为，政治行动委员会代表了商业、工会、教会群体的广泛利益，因而其有助于政治参与的提高。批评者针锋相对地指出，捐钱给政客的组织期望投桃报李，所以政治行动委员会实际上是在试图购买政治影响力。

握有最多的选举资金对结果会有影响吗？答案是肯定的，正如我们在 2012 年选举结果中看到的。在 94% 的众议院选举和 79% 的参议院选举中，花钱最多的候选人最终赢得了选举。对金钱力量的关注已经引发了许多关于竞选融资的讨论。2002 年，国会通过了一项折中的改革，限制了候选人允许筹集的非管制资金的数额。尽管有了这一项改革，但在那之后的所有总统竞选，仍不断刷新竞选支出的纪录。此外，2010 年，“超级政治行动委员会”出现，其作为政治行动委员会筹集资金（没有任何限制）并参与政治活动支持或是反对候选人竞选公职。这种模式看起来在短期内不会发生任何改变。法院似乎已经认同。2010 年，最高法院否决了对公司、工会以及其他大型组织竞选支出的限制。

选民冷漠

美国政治生活的一个令人不安的事实是，许多美国人不愿参加投票。事实上，今天的美国公民较一个世纪前更不愿意参加投票。在 2000 年的总统大选中，只有一半的登记选民最终进行了投票，数百张选票就决定了最后的结果。2008 年，投票率上升到 63%，这是 1960 年以来的最高值，但是它仍然比大多数其他高收入国家的低。在 2012 年总统选举中，部分是因为投票前飓风桑迪的来袭，投票率下降到了

57.5%。

谁有可能去参加投票？谁可能不会去参加投票？研究表明女性比男性的投票率略高。65岁以上者比正值读大学年龄的成年人（他们中甚至有一半没有进行选民登记）去投票的可能性要高许多。非西班牙裔白人（2008年和2012年的投票率为66%）比非裔美国人（2008年和2012年的投票率为65%）投票率略高，而西班牙裔美国人（2008年和2012年的投票率为50%）的投票率最低。

一般而言，在美国社会有较大相关利益的人们（拥有住房者、家里有小孩的父母、受过良好教育并有好工作的人）更可能去投票。经济收入也有影响：年收入超过十万美元者（2012年的投票率为78%）比年收入低于2000美元者（47%）投票率高很多。

当然，我们应该估计到一些无法投票的状况：在任何特定的时间，总有成千上万的人正在病中或丧失能力；还有成千上万的人离开家去学校或是其他地方或是搬到了一个新的社区但忘记了重新登记选民。除此之外，选民登记和投票都要求一定的读写能力，这限制了美国数千万仅有有限读写能力的选民参与投票。最后，因身体残疾而行动不便的人比普通人的投票率要低。

政治体系本身也会引发选民冷漠。在美国的选举人团的制度下，在48个州（除了内布拉斯加州和缅因州），总统候选人只要获得了该州选票的多数，就可以获得该州所有的选举人票。这些州大多会投给民主党或是共和党，因而，那些不喜欢这两个党的选民有理由相信他们个人的投票一点也不重要。相反，在少数“摇摆州”或是“争夺州”，候选人会将其大多数的资金用于增加媒体广告和投票动员，以获得该州投票的多数。这些州的投票率大约为63%，而其他州的投票率仅为55%。

保守主义者认为冷漠是对自己生活感到满意的人对政治的冷淡。自由主义者，尤其是在政治谱上远远偏左的政治激进者，则认为冷漠反映了那些对社会极度不满者对政治的疏远，这些人认为选举不会带来任何实质的改变。最下层和最弱势的群体最不愿意参加投票的事实以及像巴拉克·奥巴马这样的候选人能够吸引如此多的新选民进入政治进程的事实表明，自由主义对选民冷漠的解释可能更接近现实状况。

罪犯应该参加投票吗

虽然投票权正是美国宣称自己民主的基础，但是除了佛蒙特州和缅因州外，其他各州都立法禁止正在监狱服刑的罪犯投票。31个州禁止处于缓刑的重罪犯参加投票；35个州禁止处于假释期的重犯参与投票；有四个州甚至禁止已经服完刑的罪犯投票；另有八个州有同样的规定，除非提起上诉要求恢复投票权。加在一起，美国共有585万人丧失了投票权。这包括了220万非裔美国人。研究者在最近一项研究中指出，由于这些法律的存在，这些州中高达40%的非洲裔美国男性可能丧失了投票权。

政府是否应该将剥夺政治权利作为惩罚犯罪的手段呢？美国50个州的立法机关大多给出了肯定的答案。但是批评者指出，这一做法可能是有政治动机的，因为禁止罪犯投票可以改变美国选举的结果。重罪犯（往往是低收入者）更偏向于民主党候选人，而不是共和党。有研究表明，即使考虑到选民冷漠，只要这些法律无效，2000年阿尔·戈尔会击败乔治·W.布什成为美国总统。2011年，这一政治考量促使国会中的民主党人提交了《恢复民主法案》（*Democracy Restoration Act*），将恢复已服刑完毕的罪犯的投票权提上了议事日程。

社会权力的理论分析

社会学家对于权力在美国人口中是怎样分布的问题争论已久。权力是一个很难的研究主题，因为决策过程很复杂，并且常常在幕后进行。尽管如此，研究者仍然发展出了关于美国社会中的权力的三种相互竞争模型。

多元模型：人民治理

与结构-功能理论紧密相关的**多元模型**（pluralist model）是指，权力在许多相互竞争的利益群体之间扩散的一种政治分析视角。多

◎谁在决定美国？多元理论指出投票使得大多数人能发出自己的声音，而每一个组织至少在某些问题上有发言权。权力精英理论认为少数权力者控制着政治过程。马克思主义模型指出正是社会制度的偏差，尤其是经济制度的偏差，带来了财富和权力的集中。伯尼·桑德斯（Bernie Sanders）称自己为“民主社会主义者”，他在 2016 年总统选举中积聚了大量的人气。你认为三种理论中，哪一个与伯尼·桑德斯的观点最为接近？希拉里·克林顿呢？共和党候选人呢？

元论认为政治就是一个谈判的舞台。没有哪个单一的组织可以期望获取其所有的目标。因此，组织以否决团体的形式运行，实现自己的某些目标，但是更主要的是阻止竞争对手实现其所有的目标。政治过程严重依赖于很多利益群体之间形成的联盟和妥协，从而使得政策获得广泛的支持。一言以蔽之，多元论认为权力可以在整个社会中广泛扩散，每一个人在政治体系中至少有一些发言权。

权力精英模型：少数人统治

基于社会冲突理论的**权力精英模型**（power-elite model）是指，权力集中于富人的一种政治分析视角。“权力精英”由社会冲突理论家 C. 赖特·米尔斯最先提出，他指出，上层阶级掌握了绝大多数社会财富、声望与权力。

米尔斯认为权力精英控制着美国社会的三大主要部门：经济、政府以及军队。权力精英由“超级富豪”（公司高级管理人员和主要股东）、华盛顿特区和各州政府的高官，以及美国军队中的高级军官组成。

米尔斯进一步指出，这些精英能在各部门之间转移，并且随他们的转移建立权力。例如，美国前副总统迪克·切尼（Dick Cheney）就在公司世界和联邦政府的权力位置间进进出出。柯林·鲍威尔将军（General Colin Powell）从美国军队中的高官成为国务卿。通常来讲，当总统组建内阁时，这些权力高位大多由百万富翁来担任。在布什政府时是这样，在奥巴马政府时也同样如此。

权力精英理论认为美国并不是一个民主国家，因为其经济和政治体系赋予少数人大量权力却让普通大众的声音被淹没。他们反对多元论所持有的各权力中心相互制约和平衡的观点；权力精英模型认为，那些高层如此有权势，实际上他们根本不存在真正的反对者。

马克思主义政治经济模型：系统偏差

理解美国政治的第三种视角是**马克思主义政治经济模型**（Marxist political-economy model），即用社会经济体系的运行来解释政治的一种分析视角。与权力精英模型一样，马克思主义模型也否认美国是一个政治民主的国家。但是权力精英模型关注于某些个人的巨额财富与权力，而马克思主义模型则更进一步，看到了根植于国家制度，尤其是经济制度的偏差。卡尔·马克思相信一个社会的经济体系（资本主义或者社会主义）决定了其政治体系。因此，权力精英并不是凭空产生的，他们是资本主义经济的产物。

从这种观点来看，政治体系的改革（如限制富人捐助给政治候选人用于竞选的金额）不可能带来真正的民主。问题不在于谁掌大权或是谁不去投票，而在于被马克思主义者称为“资本主义政治经济”的体系本身。换句话说，只要美国以资本主义经济为主，大多数人民就会被排除在政治之外，就像他们在工作场所会遭受剥削一样。

多元模型 认为权力在许多相互竞争的利益群体之间扩散的一种政治分析视角

权力精英模型 认为权力集中于富人的一种政治分析视角

马克思主义政治经济模型 用社会经济体系的运行来解释政治的一种分析视角

评价

表 12-1 总结了权力多元论、权力精英论以及马克思主义政治经济权力模型。这三种模型哪一种最为精确？许多年来，每一种模型都获得了研究的支持。当然，美国的政治体系应该怎样运行不仅是一个政治观的问题，也是一个科学事实。

纳尔逊·波尔斯比（Nelson Polsby）的经典研究支持多元模型。波尔斯比研究了康涅狄格州纽黑文市的政治，他发现城市重建、政治候选人提名以及建立市立学校等关键决策都是由不同的群体一起做出的。波尔斯比得出结论：在纽黑文市，没有哪一个群体（哪怕是上层阶级）能够统治所有其他群体。

罗伯特·林德（Robert Lynd）和海伦·林德（Helen Lynd）研究了印第安纳州的曼西市（他们称之为"中镇"，以表示这是一个典型城市），记录了财富通过玻璃罐头制造业而集中于一个单一的家族——鲍尔斯（Balls）家族。他们的研究发现支持权力精英模型。林德夫妇展现了鲍尔斯家族如何控制曼西市的生活，家族的名字出现在当地的银行、大学、医院以及百货商店。在林德夫妇看来，曼西市的权力精英就是这一个家族。

以马克思主义视角来看，关键点不再是看哪些个人做出决策，而是如亚历山大·李查斯（Alexander Liazos）所指出的，"资本主义社会的基本原则（社会阶级的不平等以及将利润看得比人更重要）形塑了每个人的生活"。李查斯得出结论，只要社会的基本制度是为了满足少数人而不是多数人的需要而设置的，用今天的话说，为 1% 而非 99%，民主社会就不可能存在。

显然，美国的政治体系几乎赋予了每个人通过选举参与政治的权利。但是正如权力精英模型和马克思主义模型指出的，美国的政治体系至少远没有大多数人认为的那样民主。大多数公民拥有投票权，但是主要政党及其候选人却往往只支持那些为社会最有权力的部门所认可的观点，这与美国资本主义经济的运行相吻合。

无论原因是什么，很多美国人似乎正在对他们的领导人失去信心。对于"国会议员和其他政府官员会做对这个国家而言最好的事情"这一陈述，仅有少于一半的美国成年人表示"有一些信心"或是"有很大信心"。

革命、恐怖主义、战争与和平

政治常常会在社会目标以及实现这些目标的手段上意见不一致。政治系统设法在统治体系内部解决矛盾。但是有时政治行为会突破统治规则，甚至试图废除整个体系。

革命

政治革命（political revolution）是指为了建立新的政治体系而推翻现有的政治体系。革命不同于改革，或者说系统内部的调整，甚至不同于政变，即一个领导者扳倒另一个。革命涉及系统本身的类型转变。

没有哪一个政治体系可以对革命免疫，革命也不会必然产生某一种政府类型。美国的独立战争（1775—1783 年）推翻了英国君主制的殖民统治，建立了代议民主制。1789 年的法国大革命同样推翻了君主制，却仅仅为拿破仑的君主复辟提供了舞台。1917 年的俄国革命推翻了君主制，建立了以马克思思想为指导的社会

表 12-1　应用理论：政治

	多元模型	权力精英模型	马克思主义政治经济模型
应用哪种理论理论	结构-功能理论	社会冲突理论	社会冲突理论
权力在社会如何分布	权力广泛分布，所有群体都有某种发言权	权力集中于商业、政治和军事高层领导手中	权力是由资本主义经济运行决定的
美国是民主的吗	是。权力广泛分布使美国成为民主国家	不是。权力太集中，美国不是民主的	不是。资本主义经济偏向极少数人，因此美国不是民主的

主义政府。1991 年社会主义苏联解体，重新分为 15 个独立的共和国，其中最大的共和国（俄罗斯联邦）已经转向市场体系，政府提供了更大的政治权利。

尽管有明显的差异，革命都具有以下相同的特征。

1. **不断增长的期望**。常识认为革命更可能在人们遭受严重剥夺时发生。但是历史表明，大多数革命发生在人们生活不断改善的时候。不断增长的期望，而不是痛苦和绝望，更可能引发革命。

2. **反应迟钝的政府**。当政府不愿对自身进行改革，特别是社会的权力阶层要求改革的需要被忽视时，革命就很可能发生。例如，胡斯尼·穆巴拉克领导的埃及政府几十年来对为大多数人谋福利或者对自身腐败改革等问题都无动于衷。

3. **知识分子的激进领导**。英国哲学家托马斯·霍布斯（Thomas Hobbes，1588—1679）指出，知识分子为革命提供正当化理由，而大学经常是政治变革的中心。学生在中国的新民主主义运动、20 世纪 90 年代的东欧剧变中都发挥了关键作用。

4. **树立新的合法性**。推翻一个政治体系是很不容易的，但是要保持革命的长期成果则更加艰巨。一些革命运动仅仅因为对旧政权的仇恨而聚在一起，一旦新领导确立就马上土崩瓦解了。另外，革命也必须提防被推翻领导者的反革命运动。这解释了为什么革命胜利的一方往往会迅速而毫不留情地处理掉原来的领导者。

科学研究不可能宣布一次革命是好还是坏。这一判断带有个人价值观，而革命变迁带来的所有后果也要很多年后才能显现出来。

恐怖主义

2001 年 9 月 11 日，恐怖主义袭击了美国。四架客机被劫持，近 3000 名无辜者（来自 68 个国家）死亡，成千上万人受伤，纽约世界贸易中心的双子大厦被毁，华盛顿特区的五角大楼严重受损。自从第二次世界大战爆发时的珍珠港袭击以来，美国还从未遭受过如此打击。这是有史以来最为严重的恐怖主义事件。

恐怖主义（terrorism）是指个人或群体用以作为政治策略的暴力行动或暴力威胁。与革命一样，恐怖主义也是在已有政治体系统治之外的政治行为。在保罗·约翰逊（Paul Johnson）看来，恐怖主义具有以下四个显著特征。

第一，恐怖分子试图以合法的政治策略来粉饰暴力，尽管事实上，恐怖行动几乎遭到所有国家谴责。恐怖分子也会绕过（或者被拒绝接纳进）现有的政治谈判渠道。因此，恐怖主义是弱小组织对抗强大敌人的一种策略。恐怖主义也可以由单个个体执行来支持更大的原因或是运动，例如 2009 年，一个美国陆军少校在得克萨斯州的福特胡德军事基地杀死了 13 人。

最近几十年，恐怖主义在国际政治上已经变得很普遍。2013 年，全世界有 9700 次恐怖主义活动，造成 17 891 人死亡以及超过 32 000 人受伤。超过半数的死者是平民，数以百计的受害者是儿童。2013 年的恐怖袭击有半数以上发

◎ 恐怖主义是一个复杂的政治过程，通常涉及具有不同层次全球影响力的各种群体。电视剧《国土安全》（*Homeland*）表明，恐怖主义也是界定的问题，我们将有些群体定义为“好的”，将其他群体定义为“坏的”，有时候我们也不确定其是好是坏。在你看来，美国的大众媒体所描述的被我们称为“恐怖主义”的全球冲突，其精确性有多高？

恐怖主义 个人或群体用以作为政治策略的暴力行动或暴力威胁

战争 在政府指挥下两个或多个国家的人民之间发生的组织化武装冲突

生在三个国家：阿富汗、巴基斯坦和伊拉克。

第二，恐怖主义不仅被群体使用，也被政府使用来对付本国人民。国家恐怖主义是指政府官员通常在没有法律支持的情况下使用暴力。国家恐怖主义在某些威权主义和极权主义国家是合法的，这些国家通过不断制造广泛的恐怖和威胁来继续存在。

第三，民主社会从原则上拒绝恐怖主义，但是它们特别容易遭受恐怖主义的袭击，因为它们赋予人民广泛的公民自由却缺乏严密的警察网络。相反，极权政权大量使用国家恐怖主义，但是其强大的警察权力却使得个体几乎没有机会进行对抗政府的恐怖行动。

第四，恐怖主义往往是一个界定问题。政府声称拥有维持秩序的权力，哪怕诉诸武力，它可能将使用武力的反对群体贴上“恐怖分子”的标签。政治差异可以解释为什么一个人眼中的“恐怖分子”却是另一个人眼中的“自由战士”。

尽管扣押甚至全部杀害人质激起了大众愤怒，但是要打击恐怖分子却是非常困难的。恐怖组织大多与任何国家都没有正式的联系，因而要找出对恐怖行动负责的群体也许根本不可能。此外，军事打击可能会导致与其他政府的冲突。2011，美国为了追杀奥萨马·本·拉登进入巴基斯坦，这导致巴美之间的紧张关系迅速升级。但是正如恐怖主义研究专家布赖恩·詹金斯（Brian Jenkins）警告的，不采取任何行动将会“鼓励其他恐怖组织，它们开始意识到，这是一种异常廉价的发动战争的方式”。

战争与和平

也许最为反政治的事件是**战争**（war），即在政府指挥下两个或多个国家的人民之间发生的组织化武装冲突。战争与人类一样古老，但是今天对战争的理解变得至关重要，因为人类现在已经拥有了足以毁灭整个地球的武器。

20 世纪几乎每一个时刻，世界上都有一些国家陷入暴力冲突中。美国在其短暂的历史中已经参与了 11 次大规模战争。从独立战争到伊拉克和阿富汗战争，超过 130 万的美国男女死于武装冲突，如图 12–9 所示，数倍于此的人受伤。还有数以千计的人死于全球“未经宣布的战争”或是有限军事行动中。

战争的原因

战争如此频繁地发生，以至于我们可能认为武装冲突有某种自然原因。但是无论在哪种情况下，没有证据表明人类必须发动战争。正相反，全世界的政府通常都不得不迫使它们的人民走上战场。

就像其他社会行为一样，战争作为一种社会产物在某些地区要比其他地区更为普遍。马来西亚的士美族人是全世界最爱好和平的人之一，极少诉诸暴力。相反，南美的雅诺马马（Yanomamo）人（见第 3 章中的专栏）却能很快发动战争。

如果是社会掌握着战争还是和平的钥

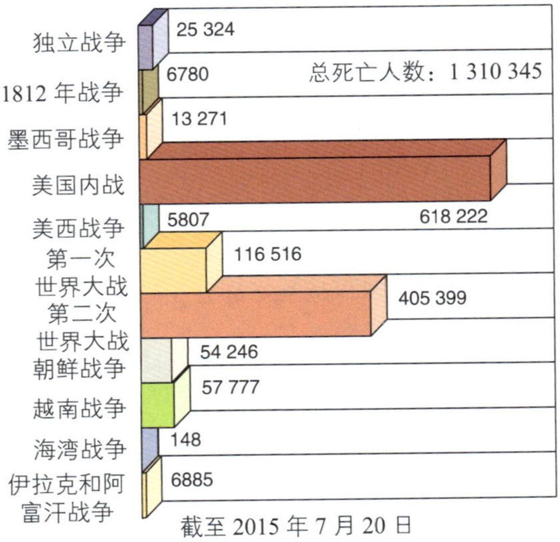

图 12–9 美国人在美国经历的 11 次战争中的死亡人数

◎美国战争死亡的大约一半由 1861—1865 年的美国内战引起。

资料来源：Compiled from various sources by Maris A. Vinovskis（1989）and the author.

匙，那么在什么情况下人类会走向战争呢？昆西·赖特（Quincy Wright）列出了引发战争的五种因素。

1. **感知到的威胁**。国家动员起来以应对对其人民、领土或文化造成的威胁。例如，美国领导者就是通过强调萨达姆·侯赛因对周边国家以及美国造成的威胁，来为美国领导的联军进攻伊拉克进行合法化的。

2. **社会问题**。当社会问题在国内产生普遍的受挫感时，国家领导者可能会进攻一个外部的“敌人”作为替罪羔羊来转移公众的注意力。尽管美国领导人以国家安全来为 2003 年入侵伊拉克辩护，但是战争的开始有效地将国民的注意力从艰难的国家经济转移走，并且提升了乔治·W. 布什总统的声望。

3. **政治目标**。诸如越南这样的贫穷国家通过战争来结束外国的统治。诸如美国这样的强势国家则可能从定期的武力展示中获益（想想美国在索马里、海地、波斯尼亚以及阿富汗的军事部署），增加其全球政治影响力。

4. **道德目标**。没有国家会声称他们进行战争是为了获取财富和权力。相反，他们的领导人会力图使军事行动具有道德紧迫性。美国领导人将 2003 年入侵伊拉克称为“伊拉克自由行动”，而将这一事件描绘成把伊拉克人民从邪恶的暴君手里解救出来的一场道德上的正义战争。

5. **别无选择**。即缺少可供选择的其他办法。尽管联合国的目标是用战争以外的方式来维持全世界的和平，但是该组织在阻止国家间冲突方面，只取得了有限的成功。

社会阶级、性别和军队

第二次世界大战期间，在十多岁到二十多岁的美国青壮年男子中，有 75% 的人在部队服役，志愿入伍或是被征召（被要求服役）。只有因为某些生理或心理问题被认为不合格者才不用服役。今天，正相反，不再有征兵，战争由志愿军进行。但是并非每一个美国人都想要志愿入伍。

最近的一项研究表明，美国军队里几乎没有很富有的年轻人，也几乎没有很穷困的年轻人。确切地说，是工人阶级在指望军队为年轻人提供一份工作或是获取一些金钱以便上大学，或是仅仅想要走出他们出生的小镇。此外，南方来的志愿兵最多。南方地区的文化更尚武，而大多数军事基地也设在南方。如一位分析家指出的：“美国的军队看起来就好像是伯明翰或者比洛克西城外的二年制通勤中心或者贸易学校，而不像波士顿的犹太区或是西语区或是四年制的大学。”是否正如“争鸣与辩论”专栏中所讨论的，美国的志愿兵形成了一个武士阶级？

从历史来看，女性一直是美国军队的一部

争鸣与辩论

志愿军：美国创造了一个武士阶级吗

2008 年，结束了三次伊拉克战争之旅后，海军中士亚历克斯·列蒙斯（Alex Lemons）回到了美国，但是他并没有回家的感觉。“在这里，我觉得自己是个外乡人，而在伊拉克我也觉得自己是个外乡人。”列蒙斯坐在犹他州自己的家中这样说道。回来之后，列蒙斯看不到这个国家正在经历战争的任何迹象。大多数人不愿意去伊拉克参战。也许这就是问题所在：美国社会中绝大多数人不再直接加入军队。

但是之前并不是这样的。在第二次世界大战期间，美国总人口的大约 9% 在军队服役，而剩下的几乎所有人都通过在国防工厂工作、接受关键物资

限量配给或是购买战争债券等方式参战。而今天，美国人口中只有不足 1% 在军队服役，大多数家庭中根本没有人参军。自 2001 年“9·11”事件以来，

在美国 18 岁以上的人口中，仅有 1% 的人会加入军队。这意味着 99% 的美国人不会与军队直接相关。

只有很小部分美国人服兵役是有原因的。最重要的原因是，1973 年，随着越南战争逐渐趋于尾声，征兵结束了，而今天的志愿兵开始兴起。第二个原因是性别，今天，85% 的军队人员是男性。第三，军队压倒性地仅仅来自美国的某些地区——大量来自南方。实际上，大约 44% 的新兵来自南方，而半数现役军人仅仅驻守在五个州：弗吉尼亚、北卡罗来纳、佐治亚、得克萨斯以及加利福尼亚州。除此之外，其他因素也会对此产生影响：即便想要入伍，也有好多人因犯罪记录或是肥胖而丧失资格。

鉴于所有这些原因，今天的军人主要是由美国较传统地区的农村或是小镇的男性公民组成的。在这些地区，诸如荣誉、纪律和爱国这样的军队价值更加明显。这些人并不贫困，他们一般来自工人阶级家庭。通常，他们视服役为获取经济安全和工作经验的一大途径。

兵役的责任落到了美国社会中越来越少的一部分人身上。这对美国的领导者也很有影响。越南战争之后，美国国会中大约 80% 的成员是退伍军人。今天，这一比例降到了 18%。在大众媒体工作的人，包括报纸、电视和电影工作者，没有一个人会有实际的军旅经历。正因为如此，你就能很好理解这位军嫂的失望了——她生活在华盛顿州，她的丈夫正在阿富汗参加战斗。她诉说道，塔利班“上周炸毁了一辆公共汽车，造成了 17 人死亡，但是我对详细情况毫无了解，因为它没有出现在新闻中。这让我觉得根本没有人在关心这个事情。他们又在报道卡戴珊的离婚——这已经上过新闻好多次了。我们的士兵正在远方死去，但是我们却得不到他们的消息”。

你怎么想

1. 美国服役的责任应该由 1% 的成年人口来承担吗？
2. 你是否支持美国重新启动征兵制来让所有阶级都承担兵役责任？
3. 退伍军人是否应该从美国社会得到比现在更多的利益？为什么？

资料来源：Thompson (2011), U.S. Department of Defense (2014), Manning (2015), U.S. House of Representatives (2015).

分。但是近些年来，女性在武装力量中的作用更加重要。一方面，女性的比重不断上升，现在她们占所有军人的 15.2%。同样重要的是，尽管规则一再让女军人远离险境，但是越来越多的女性开始直接参加战斗。战斗经验是至关重要的，这对个人从士兵走向最高的领导岗位而言是必不可少的。

恐怖主义是一种新型战争吗

人们称恐怖主义为一种新型战争。战争在历史上遵循着一定的模式：它是按照一些基本规则进行的，战争各方彼此知晓，战争各方的目标（通常与领土控制有关）也是清楚地表达出来的。

恐怖主义打破了这些模式。恐怖组织的身份可能无人知晓，相关人员可能会否认他们的责任，他们的目标也可能并不清晰。2001 年对美国的恐怖袭击并不是要从军事上去打败美国或是要保卫领土。恐怖主义的执行者并不代表一个国家而只出于一个原因：这个原因是美国人无法理解的。简单来说，他们为了表达愤怒和仇恨，制造普遍的恐怖。

传统战争是对称的，两个国家同时派遣部队参战。而恐怖主义是一种新型战争：它是一种非对称的冲突，一小群袭击者，有时甚至就是单独的个人，在对抗异常强大的敌人时以恐怖和自杀作为手段来创造自己的机会。恐怖主义者可能是残酷无情的，受袭击的国家必须谨慎地应对恐怖主义，因为很可能其对恐怖组织的身份与藏身地都一无所知。

军事主义的成本和原因

武装冲突的成本远不止战场上的伤亡。全世界的国家出于军事目的每年总共要花费大约 1.8 万亿美元。如此巨额的花费占用了大量用于满足千百万穷人艰苦生存需要的资源。

国防是美国政府的第二大开销（排在社会保障之后），大约占所有联邦政府支出的 16%。

© 2013 年美国武装部队发布计划称，在 2016 年前整编女兵队伍参加战斗。你认为这对女性而言是进步吗？为什么？

在 2015 年的预算中，美国国防支出超过了 6350 亿美元。军费随着军队规模的减少而趋于降低。呈现这一趋势的一大原因是更多的军事行动直接指向恐怖主义目标，这并不需要军队，只需要训练有素的士兵小队。

近年来，美国已经成为世界上唯一一个军事超级强国，其军费占了世界所有军费的大约 34%。换句话说，美国花在军事上的钱超过了中国、俄罗斯、沙特阿拉伯、法国、英国、印度、德国和日本等国军费的总和。

冷战的几十年间，美国军费的直线上升，都是因为美国与苏联之间的军备竞赛，但是 1991 年苏联在解体之后退出了竞赛。而一些分析人士（他们支持权力精英模型）将高额军费与**军事工业复合体**（military-industrial complex）对美国社会的支配联系在一起。军事工业复合体是指联邦政府、军队以及国防工业的紧密联合。因此，军事主义的根源并不仅仅在于外部威胁，也在于国内的制度结构。

军事主义不断发展的最后一个原因是地区冲突。在 20 世纪 90 年代，地区战争在波斯尼亚、车臣、赞比亚等地爆发；以色列和巴勒斯坦之间则存在长期冲突。即使是局部战争仍有可能会不断发展并将其他国家牵涉进来，包括美国。印度和巴基斯坦（两国都拥有核武器）2002 年几乎走到了战争的边缘。2015 年，美国和欧盟与伊朗进行谈判，至今仍在不断努力想要阻止该国发展核武器。

核武器

灾难性战争的威胁随着**核扩散**（nuclear proliferation）而不断增加。核扩散是指掌握核武器技术的国家越来越多。尽管超级大国之间的紧张有所缓和，但是世界仍存有大约 4000 颗核弹头，这意味着这个星球的每个人平均承受着相当于数吨 TNT 所带来的毁灭性力量。哪怕是这些库存的一小丁点在战争中被使用，我们所知道的生活就该终结了。艾伯特·爱因斯坦的聪明才智为核武器的发展做出了很大贡献，他反思道："原子弹释放的威力已经改变了保有我们思维方式的所有事物，因此我们不知不觉地走向空前的灾难。"简言之，核武器使得在这个并未获得和平的世界上爆发全面战争变得无法想象。

美国、俄罗斯、英国、法国、中国、以色列、印度、巴基斯坦以及朝鲜都拥有核武器。少数国家停止了核武器的研发——阿根廷和巴西在 1990 年中止了核工作，南非在 1991 年拆除了核武器库。随着越来越多的国家拥有核武器，即使是很小的地区冲突也会轻易威胁到整个地球的安危。

大众传媒与战争

伊拉克战争是第一场电视工作者随美军而行的战争，随着战争的展开进行报道。大众传媒对战争进行持续的追踪和深度报道；有线电视使得一天 24 小时一周七天连续现场直播战争

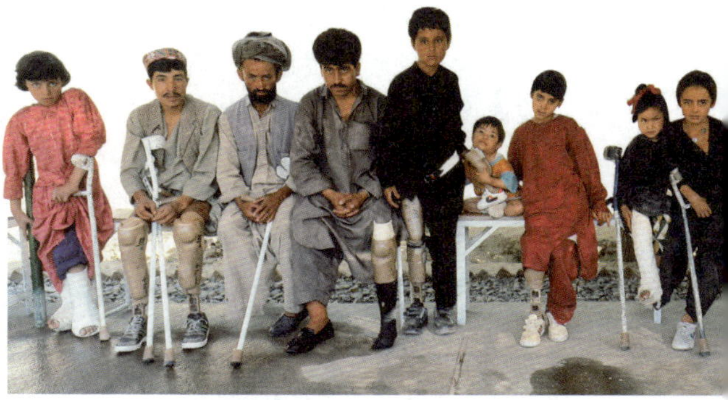

© 追求和平的一大原因是，战后遗留下来的战争期间埋在地下的数百万地雷正引起越来越多的死伤。很多平民，甚至孩子，都被地雷炸伤，正在阿富汗喀布尔的诊所里接受治疗。

变得可能。

媒体根据他们自己的政治来“构建”新闻。那些对战争持批评态度的媒体，尤其是阿拉伯新闻频道半岛电视台（Al-Jazeera），倾向于报道冲突的缓慢步伐、美军及其盟军的伤亡人数，以及伊拉克平民遭受的伤亡，这些信息都可能对结束战争施加压力。支持战争的媒体，包括美国大多数的新闻机构，倾向于报道战争的快速推进以及伊拉克军队的伤亡人数，它们把对伊拉克平民造成的伤害轻描淡写成最小的或者无心的。简言之，大众传媒为世界提供经过挑选的信息，这一力量意味着电视与其他媒体对战争结果的影响也许和真实战斗的军队几乎一样重要。

追求和平

世界如何减少战争的危险？以下是最新的通往和平之路。

1. **威慑**。军备竞赛的逻辑认为安全来自超级大国间的“恐惧的制衡”。确保互相毁灭原则意味着只要一方发动战争就将面临更大的报复。这种威慑政策在冷战期间保证了近50年的和平，但是它鼓励了巨大的军备竞赛，也不可能控制核武器的激增，而核武器对和平的威胁正与日俱增。威慑也不能阻止恐怖主义或是强势国家（如美国）挑起的对弱小国家（如阿富汗的塔利班政府或是萨达姆·侯赛因领导的伊拉克）的战争。

2. **高技术防卫**。既然技术制造了武器，那么也许技术也能保护我们免受武器之害，战略防御计划就是基于此提出的。在此计划下，卫星和地面设施会在敌人的导弹发射出来后不久就将其摧毁。2001年恐怖袭击后的一项调查表明，三分之二的美国成年人支持战略防御计划。然而，反对者声称这样一个被称为“星球大战”的系统，最多也就是把漏雨的保护伞。还有人担心，建造这样一个系统会引发另一场大规模军备竞赛。奥巴马执政期间曾进一步发展战略防御计划，转向针对可能由伊朗发射的短程导弹这一更有针对性的防御。

3. **外交与裁军**。一些分析家相信实现和平的最佳途径不是技术而是外交。外交团队的共同工作能够通过缩减而不是增建武器库来促进和平。但是裁军也有其局限。没有哪个国家愿意放下国防削弱自己。成功的外交需要每个国家就共同问题承担相应的责任。2010年，新削减战略武器条约要求美国和俄罗斯在七年内将核弹头缩减到1550枚，它还提供了一个新的监察系统来保证这一削减。即便如此，两个国家仍将拥有远超所需的核武器，足以毁灭整个地球。

4. **解决根本冲突**。最终，减少战争的危险可能有赖于通过创建一个更公正的世界来解决根本的冲突。贫苦、饥饿和无知是所有战争的根源。也许全世界需要重新考虑在军事上花费数千倍于努力解决和平问题的开支是不是明智之举。

政治：展望

正如经济正处在不断变迁中，政治体系同样处在变迁之中。某些问题和趋势可能会在未来的几十年变得很重要。

在美国，一个棘手的问题是民主思想和低

◎战争、恐怖主义和贫困正让成千上万人离开中东和北非。许多人在欧洲寻找新家，那里相对和平和富庶。大量的移民对美国并不是新鲜事，但是对大多数欧洲国家而言，近期移民的增加引发了争议。为了阻止一波又一波的难民涌入匈牙利，政府筑起了围栏。欧洲国家对这些来自其他国家的移民有怎样的义务？美国对这一危机又有怎样的义务？

投票率之间的不一致。也许正如保守的多元主义理论家指出的，许多人不想为投票操心烦恼，因为他们对自己的生活感到满意。但另一方面，自由的权力精英理论家也有可能是正确的：人民从政治体系中撤退出来是因为大量的财富和权力集中在少数人手里。或者，也许如马克思主义批评家宣称的，人们发现美国的政治体系为支持资本主义经济的人们只提供了少得可怜的真正选择以及相当有限的政策。不管怎样，目前存在的高度的冷漠、对美国政府的不信任，以及“占领”运动的愈演愈烈，反映出美国人对政治改革的广泛需求。

第二个问题是政治模型的全球重新思考。美国与苏联之间的冷战引导人们用两个完全相对的模型来思考政治：资本主义或者社会主义。但是今天，人们更愿意讨论一个更为广泛的政治体系，政治与经济相联系的方式更为多元。瑞典和丹麦的福利资本主义以及韩国和日本的国家资本主义就是其中的两种可能性。

第三，世界的许多地区仍然面临着战争的危险。即使美国与俄罗斯削减了一些核弹头，核武器也仍然大量存在，而核技术仍然在全球扩散。此外，地区冲突和恐怖主义也很可能会继续。我们仅仅希望（并且投票选出）领导者们能相互合作，找到非暴力的方法来解决引发战争的老问题，带领我们走上世界和平之路。

日常生活中的社会学

Society: The Basics

今天的经济面临的挑战是什么

本章解释了经济是组织社会产品和服务的生产、分配以及消费的社会制度。毫无疑问，美国正处在经济困难时期。失业率很高，挣钱谋生比以往更困难，大众对安定未来的信心正面临严重打击。正如 C. 赖特·米尔斯所述，我们面临的个人问题是深嵌于经济之中的。仔细观察三张照片，然后问自己：今天的经济变迁给现有的劳动力带来了怎样的挑战？

◎ 去一个购物中心走走，看看那里的产品都是哪里生产的。用不了多久，你就可以看出模式来，这一模式是什么？随着在国外生产的产品比重越来越高，美国的制造业岗位发生了怎样的变化？

◎ 你打过免费服务热线电话吗？你想过电话线那头的人是在什么地方吗？并不是只有制造业工作岗位转移到了国外，低廉的工资也使得公司重新部署其服务性岗位（包括很多技术型的办公室工作）到印度等地，那里的服务业岗位正突飞猛进中。一句话，在被我们称为“外包”的这一趋势中，还有谁是安全的？

◎先进技术使我们的经济变得更有效率，对吗？通常而言，答案是“是”。但新技术也使得组织更加高效，只需要雇用更少的人。你有没有上过“远程教育”的课程？在这些课程中，教授并不和你同在一个教室中。计算机技术是如何使得大学能够以更少的教员给更多的学生授课？

提示

工业生产已经从美国转移到那些工资更为低廉的国家。例如，在中国，产业工人的工资只是美国工人工资的大约10%。自2000年开始，中国的工业生产不断增长，平均每年10%。美国的工业生产在新世纪的前五年实际上是下降的，从2000年开始，每年的增长率不超过1%。经济活动也在印度大量扩展，印度的服务业岗位出现了引人注目的增长，如加尔各答的电话中心照片所示。回到美国，即便是如大学教授这样的高技术者在今天的经济中也面临着挑战。计算机技术允许教授给更多的学生授课，也允许一个教授能够同时给不同地方的多个教室的学生授课。总之，即便公司或是组织变得越来越有生产率，这也不意味着总是会雇用更多的人，这有助于我们理解为什么某些分析家开始讨论“失业型复苏”。

从你的日常生活中发现社会学

1. 参观一个沃尔玛那样的平价卖场，在你感兴趣的区域做一点实际调查。选择十个产品，看看它们分别是哪里生产的。你的结果支持全球经济的存在吗？

2. 基于你在本章所学的，对20年后的工作和职业做出三种预测：你觉得哪些趋势可能会继续？

第 13 章

家庭和宗教

通过本章，我们能够：

◎ 理解家庭及其在世界范围的不同表现；

◎ 分析生命过程中多样的家庭生活；

◎ 分析离婚、再婚和多种家庭形式的重要性；

◎ 应用社会学的主要理论分析宗教；

◎ 讨论宗教和社会变迁的联系；

◎ 分析美国的宗教模式。

社会的力量：塑造我们的价值观和信仰

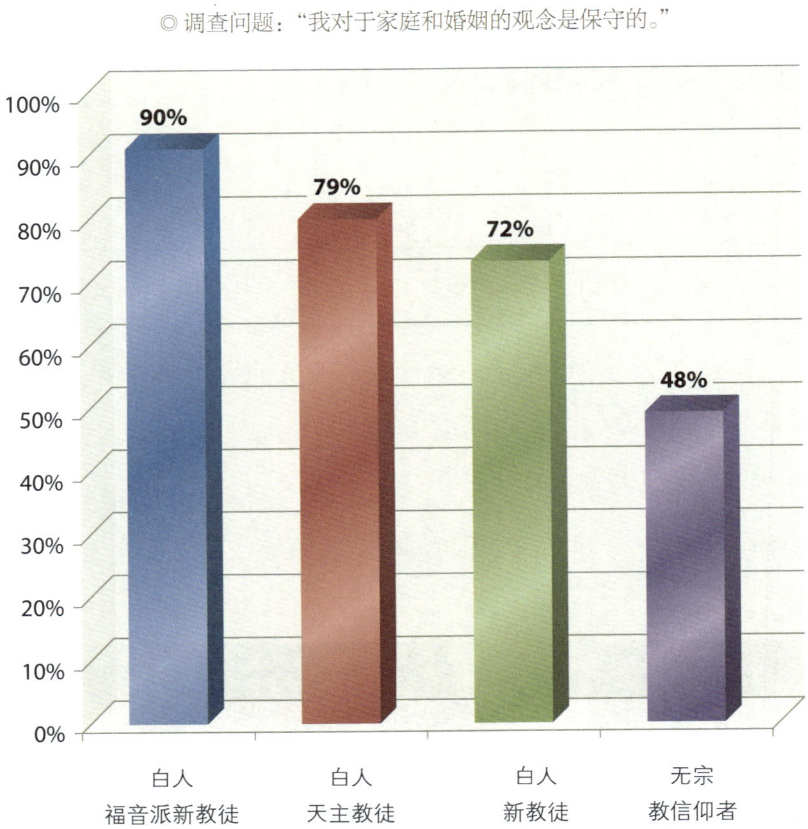

图 13-1 美国不同信仰的人的赞同比例

资料来源：Pew Research Center（2012）.

一个人的宗教隶属（或者没有）可以给予我们关于他对待家庭生活的线索吗？近期对美国成年人的一项调查（仅仅针对白人的调查）表明，在那些把自己描绘成福音派新教徒的人中，也有 90% 的人认为他们在家庭和婚姻中的观念比较保守。自我描述为天主教徒和新教徒的人很少说这样的话。无宗教信仰者中有少于一半的人具有传统的价值观。很明显，人们的价值观（无论是保守还是激进的）并不仅仅是人们的选择问题，还反映了他们的生活背景，包括他们的宗教信仰。

本章概要

本章探讨了两种重要社会形态的意义和重要性。一是，本章主要探讨几种不同的家庭生活及其运作模式，并探寻家庭在时代的变迁下有何改变。二是，本章还解释了宗教信仰与其他类型的文化有何不同，并确定了几种不同类型的宗教组织，分析了宗教重要的历史变化。

罗莎·涅克斯（Rosa Yniguez）是墨西哥杰利斯科人，她是家中七个孩子之一。在墨西哥，人们努力工作，经常去教堂，以生育许多孩子为荣。罗莎记得她父母的一些朋友在他们家的卧室里有一个钟，钟表盘的数字上面贴着他们 12 个孩子的照片。

如今，涅克斯斯已经 35 岁了，她居住在美国的洛杉矶，在一家百货公司做出纳员，参加当地的天主教教堂活动。在有些方面，她继承了父母的传统——但不是所有方面。当回忆起童年的时候，她说："我知道，墨西哥许多家庭有六个、八个、十个孩子，甚至更多。但是我很早就来到了美国，在这里要许多孩子是不可能的。"由于她渴望保住自己的工作，使家庭能够过上更好的生活，涅克斯决定最多要三个孩子，就像她现在这样。

西班牙人之所以成为美国最大的少数族裔群体，主要是因为他们有保持大家庭的传统。外来妇女的生育率一直比美国本地妇女的高。但是如今越来越多的拉丁人和罗莎的决定一样，选择少生孩子。

家庭已经伴随我们相当长的时间，但是正如这个故事告诉我们的，美国家庭正在发生变化以应对许多因素，这些因素包括妇女期望有更多的职业选择、能提供更好的生活条件给她们的孩子。或许，家庭的变迁比其他任何社会机构更快。

宗教随着长久建立的教派的衰落，以及新宗教组织的繁荣也在发生变化。本章论述家庭和宗教这两个紧密联系在一起的社会象征性机构。家庭和宗教都有助于形成道德标准、主要传统，以及把人们联系在一起。本章将聚焦美国，并与其他国家进行比较，来考察为什么许多人认为家庭和宗教是社会的基础，而另一些人却预言，甚至倡导这两个机构的衰落。

家庭：概念和理论

家庭（family）是一个在任何社会都可以找到的社会机构，它将人们以合作群体的形式联合起来，提供彼此照顾，包括养育孩子。家庭纽带也被称为**亲属关系**（kinship），这是一个基于共同祖先、婚姻、抚养的社会纽带。所有的社会都存在家庭，但是人们对他们的亲戚的称呼却随历史和文化的不同而不同。在美国以及其他国家，家庭围绕婚姻而形成，**婚姻**（marriage）是一种合法的关系，往往包含经济合作、性生活以及生育孩子。

如今，有些人反对只是将已婚夫妻或者父母和子女定义为家庭，因为这认同了人们应该如何生活的一种狭隘标准。因为一些企业和政府项目仍然使用这个传统的定义，许多未婚但共同生活的同性或异性伴侣被排除在家庭健康

家庭　是一个在任何社会都可以找到的社会机构，它将人们以合作群体的形式联合起来，提供彼此照顾，包括养育孩子

扩大家庭　由父母和孩子以及其他亲戚所组成的家庭，也称为血亲家庭

核心家庭　由一个或两个家长及其子女组成的家庭，也称为夫妻家庭

照料和其他利益之外。然而，社会正在逐步承认那些自己认为他们彼此归属、是一个家庭的人们，认可他们作为家庭成员的身份，无论他们的关系是否合法、他们是否有血缘关系。

因为美国人口普查局使用的是传统的家庭定义[①]，因此使用人口普查局数据描述“家庭”的社会学家们也必须接受这个定义。但是，美国对于家庭定义的趋势趋于广泛，包含结婚了和没结婚的同性恋和异性恋伙伴。

人们要多亲近才能算得上是家庭？在前工业社会，人们对家庭纽带的认识持有广泛的观点，普遍认可**扩大家庭**（extended family），即由父母和孩子以及其他亲戚所组成的家庭。这个群体也被称为血亲家庭，因为它包括每一个有“共同血缘”的人。然而，随着工业化，社会流动和地理迁移的增加促进了**核心家庭**（nuclear family）的增多，也就是由一个或两个家长及其子女组成的家庭。核心家庭也被称为夫妻家庭，意味着“建立在婚姻基础上”。尽管美国社会中有许多人生活在扩大家庭，但是更多的人生活在核心家庭里。

◎ 现代家庭是怎样的？如果我们看一下大众媒体，这就知道这是一个很难回答的问题。在电视剧《摩登家庭》（*Moden Family*）中，在杰伊·普瑞特切特（Jay Pritchett）的家庭中，有他年轻的妻子、他们的幼子、杰伊的继子曼尼、他的女儿克莱尔（已婚并有三个孩子）、儿子米切尔（拥有一个同性伴侣，并领养了一个越南女儿）。该如何来定义这个家庭？

婚姻模式

就文化规范而言，法律通常把人们看成适合或者不适合的婚姻伴侣。一些婚姻规范提倡**内婚制**（endogamy），即在相同的社会族群内的联姻。内婚制限制潜在的婚姻伴侣应该是相同的年龄、村庄、种族、民族、宗教或社会阶层。相反，**外婚制**（exogamy）是在不同社会属性的人们之间的婚姻。比如，在印度的乡村，人们期望与来自不同乡村的相同种姓的人结婚。内婚制的原因是相似社会地位的人们可以将他们的身份传承给他们的后代，保持传统的社会阶层。另一方面，外婚制将远距离的社区联系起来、促进文化的传播。

在高收入国家，法律只允许**一夫一妻**（monogamy），即将两个伴侣结合在一起的婚姻。但是许多低收入国家，特别在非洲和南亚国家允许**多偶制**（polygamy），指一个人和两个或更多的配偶结合的婚姻。多偶制有两种形式。到目前为止，更普遍的形式是一夫多妻，意指一个男子和两个或者更多的女子结婚。例如，中东和非洲的伊斯兰国家允许一个男子拥有四个妻子。即使这样，大多数伊斯兰家庭是一夫一妻，因为极少的男子有能力负担多个妻子及更多的孩子。一妻多夫是一个女子和两个或更多男子结婚。一妻多夫制使土地不致分割得过少以至于无法供养一个家庭，一妻多夫制还可以在许多男人间分配农活。

世界上大多数社会都会有一段时间允许多种婚姻形式并存。即使这样，多数还是一夫一妻制的。历史上，人们对一夫一妻制的偏好反映了生活的两个方面：赡养许多配偶是很昂贵的，多数社会中的男性和女性的人数大致相等。

居住类型

正如社会规范配偶的选择，社会也设定夫妻的住所。在前工业社会，多数新婚夫妇与一方父母居住在一起，这样就可以给予他们保护

① 根据人口普查局统计显示，2014 年美国有 123 200 000 家庭住户。其中 81 400 000（66%）满足人口普查局对于“家庭”的定义。其余的包括单身或者不相关的住在一起的人们。而在 1950 年，90% 的住户是家庭。

婚姻 一种合法关系，包含经济合作、性生活和生育孩子

外婚制 在不同的社会属性的人们之间的婚姻

内婚制 在相同的社会族群内的联姻

一夫一妻制 将两个伴侣结合在一起的婚姻

多偶制 一个人和两个或更多的配偶结合的婚姻

和帮助。大多数形式是从夫居，即一种夫妇与男方的父母同住或者居住在男方父母家附近的居住形式。但是在一些社会中，包括北美的易洛魁人更倾向于从妻居，即一种夫妻与女方父母同住或者居住在女方父母家附近的居住形式。

在工业社会却是另一个类型。只要财力允许，他们更喜欢新居制，即夫妻住在双方父母之外其他地方的居住安排。

世袭模式

世袭（descent）指的是社会成员世代相传的亲属关系制度。许多前工业社会追溯家庭中父亲或母亲的血族关系。父系世袭是一种更为普遍的形式，追溯男性的血缘系统。在这种模式下，孩子仅仅通过他们的父亲与其他人产生联系。通过父系世袭来追溯血缘，以确保父亲将财产传承给他们的儿子。父系世袭大多在游牧社会和农业社会最为典型，在这样的社会里，男人生产大多数有价值的资源。不太普遍的形式是母系世袭，即追溯女性的血缘系统。母系世袭是母亲将财产传承给他们的女儿，而这种形式更多地出现在女性是主要食物生产者的园艺社会中。

工业社会因两性平等而被看作双边世袭，即追溯男性和女性双方的血缘系统。在这种模式里，孩子将父系和母系的人们都看作亲戚。

权威模式

在世界范围内，迄今讨论的家庭模式（一夫多妻、从夫居、父系世袭）占有支配地位，这反映了父权统治的全球模式。在像美国这样的工业社会中，男性仍然是家庭的主宰，许多美国父母为孩子取父亲的姓。然而，主要随着妇女在劳动力市场上比例的上升，平等模式日益增多。

家庭的理论分析

本书前面几章提供的社会学的三种主要理论视野为我们深入理解家庭提供了广阔的分析视角。在表 13-1 中总结了每种方法对家庭的分析。

结构-功能主义理论：家庭的功能

根据结构-功能主义的分析，家庭履行许多重要的任务。正因为如此，家庭有时被视为“社会的支柱”。

1. **社会化**。正如第 3 章的解释，家庭在孩子抚育的过程中是最初而且是最重要的机构。在理想状态下，父母帮助孩子成长，发展成为能够顺利步入社会、对社会有所贡献的成员。当然，家庭社会化贯穿了人的一生。成年人随着婚姻而改变，正如任何一个家长所了解的，父母从孩子身上学到的东西和孩子从父母那儿学到的一样多。

◎ 我们通常把现代社会看作冷漠的和冷淡的。在这种情况下，家庭可被称为冷漠社会中的天堂。当然，并不是所有的家庭都以此为信念，但是家庭中的成员还是会比其他住在一起的人更幸福、生活更长久。

表 13-1 应用理论：家庭

	结构-功能理论	社会冲突理论和女权主义理论	符号互动理论和社会交换理论
分析层次是什么	宏观层次	宏观层次	微观层次
家庭对社会的重要性是什么	家庭执行了重要的任务，包括青年人的社会化，为成员提供情感和经济支持 家庭有助于规范性活动	家庭通过财富的代代相传促进了社会的不平等 家庭支持家长制，以及民族和种族的不平等	符号互动理论认为家庭生活的现实是通过家庭成员的相互交往建构的 社会交换论认为典型的求爱将能提供相同利益的人们结合在一起

2. **性生活的规则**。每一种文化都以维持亲属组织和财产权利的利益为目的而进行性活动。正如第 6 章所讨论的，**乱伦禁忌**（incest taboo）是一种阻止近亲之间发生性关系或通婚的规范。尽管每个社会都存在乱伦禁忌，但是事实上，关于到底是哪种亲属之间不能通婚，在不同文化里有所不同。比如说，母系社会纳瓦霍人禁止人们与他们母亲的亲戚结婚；而我们的双边社会的乱伦禁忌则涉及家庭父母两系的亲戚，不过仅限于近亲，包括兄弟姐妹、父母、父母的兄弟姐妹和祖父母。一半国家允许嫡亲表兄妹结婚（有时还会有年龄限制），而另一半国家则不允许此类婚姻。

为什么各种形式的乱伦禁忌会存在于各个社会中呢？一部分原因是根植于生物学中的：任何物种的近亲繁殖都可能会造成后代在精神和身体上的损害，然而只有人类遵守乱伦禁忌。这一事实说明限制乱伦的最主要因素是社会因素。为什么？因为控制近亲繁殖对社会组织来说是必要的。首先，乱伦禁忌通过限定仅在配偶间发生性关系而限制了家庭内的性竞争。其次，由于血缘关系规定了人们彼此间的权利和义务，近亲繁殖将无可救药地扰乱血缘纽带、威胁社会秩序。最后，促使人们与外界通婚建立起来的家庭纽带可以扩大社会联系。

3. **社会位置**。对于人类的生物繁殖，家庭并不是必需的，但是家庭有助于维持社会机构。父母将他们自己的社会身份传承给出生的孩子，包括种族、民族、宗教和社会地位。

4. **物质和情感保障**。许多人将家庭看作“一个无情世界的避难所”，提供身体的保护、情感的支持和经济的帮助。可能这就是为什么人们住在家里会比单身更幸福、更健康和更富有的原因。

评价

结构-功能分析解释了为什么社会，至少是我们知道的社会，是建立在家庭的基础上的。但是这个理论忽略了美国家庭的多样性，也忽视了其他社会组织（如政府）至少可以满足相同的某些人类需求。最后，结构-功能主义忽视了家庭生活的消极方面，包括家长制和家庭暴力。

社会冲突和女权主义理论：不平等和家庭

如结构-功能主义理论一样，社会冲突理论包括女权主义也将家庭看作我们生活的中心。但是这一理论指出家庭如何固化社会不平等，而不是血缘关系如何有益于社会。

1. **财产和遗产**。弗里德里希·恩格斯认为，根据男性的要求（特别是上层阶级）追溯家庭的血统、认定继承权，以便他们可以将财产传承给儿子。因此，家庭可以在新的一代身上集中财富，实现阶级结构的再生产。

2. **家长制**。女权主义将家庭与家长制联系起来。男性为了知道自己的继承人是谁，必须控制女性的性生活。因此，家庭将女性变成男性的性财产和经济财富。在 100 年前的美国，大多数女性的收入都归其丈夫所有。如今，女

◎根据社会交换理论，人们之间交往的方式是基于他们相互之间能提供什么，伴侣通常把这种交换看作平等的。你怎么看待 51 岁的演员道格·哈钦森（Doug Hutchinson）和 16 岁的有抱负的女演员考特尼-斯托登（Courtney Stoddon）之间在婚姻中的交换？

性仍然承担孩子抚育和家务的大部分责任。

3. **种族和民族**。由于人们与他们相似的人结婚，使得种族和民族的类属代代相传。内婚制加强了种族和民族的不平等。

评价

社会冲突理论和女权主义分析显示了家庭生活的另一面：在社会分层中的角色。恩格斯认为，家庭是资本主义的组成部分。但是非资本主义社会也同样有家庭（和家庭问题）。正如恩格斯所说的，家庭可能与社会不平等相联系，但是家庭所履行的社会功能并不是可以通过其他手段轻易完成的。

微观理论：家庭生活的建构

结构-功能主义和社会冲突分析都将家庭看作一个结构系统。相比，微观层面的分析探究的是个体如何建构和经历家庭生活。

符号互动理论

理想的家庭生活为人们提供亲密的机会。就像家庭成员分享许多活动、建立信任一样，他们建立起情感纽带。当然，父母扮演权威人物的事实常常限制了他们与年幼子女的亲密关系。只有当年轻人接近成年期时，亲属关系才完全流露，包括分享更加亲密的信任。

社会交换理论

社会交换理论是另一个微观层次的方法，它将求爱和婚姻描述成谈判的形式。约会使得每个人评定那个潜在配偶的优势和不足。本质上，交换分析暗示着，人们在伴侣中做一番“选购”，以便做出最佳“交易”。

在家长制社会，性别角色决定了交换的要素：男人给婚姻市场带来财富和权力，女性带来美貌。美貌的重要性解释了为什么传统上女性关心她们的外表、对披露年龄十分敏感。但是随着女性加入劳动力大军，她们更少地依赖男性来养活她们，于是，男性和女性交换的方面趋于一致。

评价

微观层次的分析与将家庭视作制度系统的结构-功能理论及社会冲突理论一样，具有同等的意义。符号互动理论和社会交换理论的观点都集中在家庭生活中的个体经历。但是，微观层次的分析缺乏更宏观的景象：对同一个社会和经济类别的人们来说，家庭生活都是相似的。

家庭生活的经历

家庭是一种不断变化的机制。不仅因为家庭本身随着时间而变化，而且我们所经历的家庭也随着生命历程而变化。一个新的家庭是随着一对情侣恋爱以及作为婚姻生活中的新成员而开始的。然后，对于多数夫妻来说，在接下来的几年中，他们要发展事业、养育孩子。在此之后的若干年婚姻生活中，孩子们会离开家，组建他们自己的家庭。我们将简略地来看一下这四个阶段。

求爱阶段和浪漫爱

11月2日，斯里兰卡的康提。微风吹过这个美丽海岛的雨林，我们的货车司机哈里讲述着他与妻子邂逅的故事。他说，这更多的是一种安排——两个家庭都是相同种姓的佛教徒。哈里回忆道："我们从一开始就相处得很好，我们有着相同的背景。我曾设想我或她会说不同意，但是爱情式的婚姻发生在城市而不是我生长的乡村。"

在斯里兰卡的乡村，犹如生活在全世界的前工业社会里一样，大多数人将求爱看得非常重要，以至于不让年轻人自己去处理。包办婚姻通常出现在相似社会地位的扩大式家庭之间，常常涉及的不仅仅是孩子的交换，还包括财富和利益的交换。浪漫的爱情与婚姻没有关联，父母可能会在孩子很小的时候就做出这样的安排。在100年前的斯里兰卡和印度，超过一半的女孩在15岁之前结婚。今天，在低收入国家里，可能有九分之一的女性在15岁之前结婚，大约三分之一的女性在18岁之前结婚。

因为传统社会更具文化同质性，所以几乎所有的年轻男女都被社会化成好伴侣。父母之所以可以在孩子很小的时候安排他们的婚姻，而不管他们个体是否合适，是因为知道另一方长大后会在文化上相容。

工业化降低了扩大式家庭的重要性，也削弱了传统的力量。当年轻人进入择偶期时，约会练就了求爱的本领，也允许性经历。工业社会中的年轻人一般会推迟结婚，直到他们完成学业，而后经济保障允许他们居住在远离父母的地方，获得选择合适配偶所必需的经验。

我们的文化崇尚将浪漫爱情（即对另一个人的喜爱和性欲）作为婚姻的基础。很难想象没有爱情的婚姻。大众文化从童话《灰姑娘》到今天的电视情景喜剧和戏剧，都将爱情描绘为成功婚姻的关键。

我们的社会强调浪漫爱情是促使年轻人离开父母家庭去组建他们自己家庭的动力，生理的激情也有助于一对新人克服生活在一起的困难。另一方面，由于感情会随着时间变化，浪漫的爱情对于婚姻的基础而言，没有社会和经济上的考虑那么牢固。例如，美国的离婚率远远高于某些文化上限制人们选择配偶的国家。

但是社会学家指出，即使在美国，社会对丘比特之箭目标的指引远比我们想象的多。许多人爱上和自己年龄接近、相似社会阶层的同种族的人（详见第1章）。社会通过鼓励**同类婚**（homogamy）来"包办"婚姻，同类婚是指人们和与自己有相同社会特征的人结婚。同类婚的程度在我们某些人口群体中更为普遍，例如，在年纪大的人和那些来自传统社会的移民中，同类婚的程度比在那些年轻人和不按照严格的传统去生活的人群中更为普遍。

成家：理想婚姻和现实婚姻

社会给年轻人的理想图景是婚后的幸福生活。这种乐观主义将会导致人们的失望，尤其对于女性来说，她们常常被教导婚姻是个人幸福的关键。同样，浪漫的爱情包含了许多幻想：我们爱上的人常常不是他们本人，而是我们期望他们应该是怎样的。

©"儿子，你已经长大了。你欠我214 000美元。"
资料来源：©*The New Yorker* Collection，1983，Robert Weber，from cartoonbank.com. All rights reserved.

性，也可能是失望的来源之一。在相爱的浪漫氛围中，人们可能将婚姻看作永无止境的性蜜月，除非能冷静地意识到性最终将变成一种耗尽的激情。尽管随着时间的推移，婚姻中的性生活次数有所下降，但是三分之二的已婚者说他们对于自己的性生活很满意。总之，性关系越好的人们对他们的婚姻越满意。性生活也许并不是婚姻幸福的关键，但是不管怎样，好的性生活和好的关系总是同时出现 。

不贞，即婚外性行为，是婚姻现实和我们的文化理想不符合的另一个方面。在近期的一个调查中，78% 的美国成人认为婚外性行为是“完全错误”的，或者说是“基本错误”的。即使这样，19% 的男性和 12% 的女性（在匿名的私人问卷中）表示，他们至少有一次对他们的伴侣不忠。

抚养孩子

尽管孩子会给我们带来很多烦心的要求，但美国成年人无一例外地将抚养孩子看作他们人生最大的乐趣之一。如今大约有一半美国成年人认为，两个孩子是一个理想的数量，很少有人希望生育三个以上的孩子。这种转变开始于两个世纪之前，那时候平均每个美国人有八个孩子。

大家庭在前工业社会是受益的，因为孩子提供了其需要的劳动力。因此，这些社会的人们将生育孩子看作妻子的义务。由于缺少对生育的有效控制，生育孩子是一件很平常的事情。当然，前工业社会的高死亡率使得很多孩子无法活到成年；直到 1900 年，美国出生的孩子中还有三分之一在十岁前死亡。

从经济上来说，工业化使得孩子从资产转变为负债。现在，在低收入国家里，抚养一个孩子需要花费 220 000 美元，其中包括大学费用；在中等收入家庭里，抚养一个孩子会花费 305 000 美元；而高收入家庭会花费 500 000 美元甚至更多钱去抚养一个孩子。难怪 20 世纪美国的家庭规模逐渐减小到每个家庭只拥有一个孩子。①

在高收入国家，最显著的趋势是家庭小型化。这种图景与低收入国家，如拉丁美洲、亚洲特别是非洲是不同的，这些地区的妇女对生育孩子几乎没有选择。在许多非洲国家，有四到五个孩子的家庭仍很普遍。

父母养育子女需要昂贵的花费，而且是一种终生的义务。正如我们社会给予人们对家庭生活更多的选择，更多的美国人决定推迟生育甚至不生育。1960 年，90% 的 25 ～ 29 岁的美国已婚妇女至少有一个孩子，而现在这个比例只有 69% 。

约有 50% 的美国父母声称他们想拿出更多的时间来抚养孩子。但是除非我们可以接受一个很低的生活水平，收入需求让大多数父母追求家庭之外的工作，即使这就意味着他们给予家庭的时间将减少。对于许多家庭来说，包括本章前述的罗莎 · 涅克斯一家来说，少生孩子是解决工作和养育孩子之间紧张关系的重要步骤。

双职工家庭的孩子多数时间都是在学校度过的。但是放学后，大概 450 万孩子（5 ～ 14 岁的孩子占 11%）将成为必须自己照顾自己的“挂钥匙儿童”。在关于“家庭价值”的争论中，传统主义者认为，许多母亲外出工作是以孩子获得更少的母爱为代价的。革新者则反驳认为，指责女性追求长期以来被男性占据的同等机会，这样的批评是不公平的。

美国议会于 1993 年通过了《家庭与医疗休假法案》（*Family and Medical Leave Act*），为减轻家庭和工作责任之间的矛盾迈出了一小步。这个法案允许父母一方在需要照料新生婴儿或处理重要的家庭突发事件时有 90 天的不带薪假期。当然，多数美国成年人不得不兼顾家长责任和工作责任。

① 根据美国人口普查局的统计，2013 年平均每个家庭的孩子数是 0.89 个。其中，非拉美裔白人家庭孩子数目的中位数是 0.76，非裔美国人家庭孩子数目的中位数是 1.10，西班牙裔美国人家庭这个数字是 1.32。

生命后期的家庭

美国人预期寿命的增加意味着婚姻持续的时间更长。到60岁时，大多数夫妇完成了抚养孩子的任务。这时，婚姻又回到只和一位伴侣生活的状态。

犹如孩子的出生，孩子的离开（被称为“空巢”）需要进行一些调节，尽管婚姻变得越来越亲密和令人满意。长期的共同生活可能会减少夫妻间的性激情，但是经常会增加理解和承诺。

和孩子的个人接触常常会持续下去，因为多数老年人会和至少一个孩子住得比较近。25%的美国成年人（大约6500万）是祖父母。很多祖父母帮助照顾孩子以及承担一些其他的任务。在非裔美国人中（他们的单亲家庭比率很高），祖父母在家庭生活中有非常重要的地位。他们帮助孙辈和已成年的子女，就好像是帮助朋友和邻居一样，这是老人们日常生活的重要组成部分。

另一方面，中年人要更多地照顾年迈的父母。虽然“空巢”并不会因为父母过来居住而被填满，但是许多成年人会发现照顾那些八九十岁以上的父母和抚养小孩子一样令人大伤脑筋。最早的婴儿潮中的年龄最大的人（现在已超过65岁）被称为“三明治一代”，因为他们中的许多人，特别是女性，将要花和抚养孩子一样多的时间来照顾老人。

伴随丧偶而来的转变是婚姻生活中最后的当然也是最艰难的转变。由于妻子有更长的预期寿命，以及妇女常常和比自己大几岁的男人结婚，因此她们通常都会比丈夫活得更长。妻子会作为寡妇生活几年时间。丧偶后的独自生活对男性来说是更大的考验，他们通常没有寡妇那么多的朋友，也缺乏家务能力。

◎家庭生活的经历伴随着人们的生命历程。当人们年过中年后一个重要的责任便是照顾年迈的父母。随着年龄的增长，父母和子女之间的关系发生怎样的改变？

请记住，寂寞和孤独并不相同。近期一个对老年人的研究表明，超过一半的已婚者表示很孤独。寂寞一方面是由于孤单，另一方面也是由于生理和情感的原因使得他们与周围的人产生隔离。

美国家庭：阶级、种族和性别

不平等的尺度（如社会阶级、民族、种族和性别）是形成婚姻和家庭生活的强大力量。我们将一一讨论这些因素，但是要记住，这些因素在我们的生活中常常是叠加的。

社会阶级

社会阶级决定了一个家庭的经济保障和机会范围。莉莲·鲁宾（Lillian Rubin）在访谈工人阶级妇女时发现，妻子们认为“好丈夫”的标准是有一份稳定的工作，不酗酒，没有暴力倾向。相反，在中产阶级妇女的回答中从没有提到过这些；这些妇女只是提到丈夫应该提供一个安全、有保障的家。她们理想的丈夫是容易沟通、可以分享情感和经验的人。

很显然，女性（和男性）对婚姻的期待——以及他们最终得到的，与他们的社会阶级相联系。对于孩子来说同样如此，出生在物质更丰富家庭的男孩和女孩，比那些出生在较贫穷家庭的孩子，会有更加健康的精神和身体，更加自信，继而更有成就。

当美国遇到经济挑战时，我们可以看到家庭模式的变化。随着2007年开始的经济大衰退，一个明显的趋势是和亲戚居住到一起的人数上升。在2007年经济衰退之前，有4600万成年人和一方父母、成年孩子或者成年的兄弟姐妹居住在一起。到2009年，这个数字约为5200万。从家庭消费来看，人们居住在一起会提升他们的居住标准并降低贫困的风险。例如，在失业的成年人中，和亲戚一起居住的人的贫困率是18%，比没这样做的人的贫困率（为30%）低。

最后，越来越多的迹象表明，婚姻仍然普遍存在于受到良好教育和相对富裕的人们当中，但读书和收入较少的人们结婚的可能性很小。近期的一项研究发现，美国有 64% 的大学毕业生结婚了，相对而言，只有 48% 的非大学毕业生结婚。

民族和种族

正如在第 11 章讨论的，虽然民族和种族也是影响家庭生活强有力的社会力量，但美裔印第安人、拉丁美洲人和非裔美国人的家庭（像所有的家庭一样）形式却是多样性的，且不适用于单一类型，也不能归为任何一种类型。

美裔印第安人家庭

美裔印第安人有很多种家庭形式。然而，一些类型是在人们由保留地部落向城市迁移的过程中出现的。那些初到城市的男女们要寻找其他人（特别是那些同一部落的亲戚和成员）来扎根。近期的一个研究讲述了两个到洛杉矶的移民女性的故事，她们是在一次印第安人组织的会议中相识的，并发现她们来自同一个部落。这两个女人和她们的孩子们决定搬到同一套房里居住，孩子们很快就开始将彼此视作兄弟、姐妹和堂亲。几个月后，这两个女人互认姐妹。

移民创造了成员经常变化的“流动家族”。同一研究的另一个例子是，一位女士和她的姑妈以及她们的孩子们一起租住在洛杉矶的一套大公寓里。接下来的几个月里，她们家迎来了 30 多个城市移民，每个移民在他们找到自己的住处之前会在她们的公寓里暂住一段时间。这种包含着真实或者虚假的亲属关系的互助形式，在低收入者中间很常见。

那些离开部落保留区、前往城市的美裔印第安人一般比那些留下来的人更富裕。因为那些留在保留区的人很难找到工作，他们不可能很容易就组成稳定的婚姻，而像酗酒和吸毒这样的问题还会破坏孩子和家长之间的关系。

拉丁美洲裔家庭

许多拉丁美洲人倾向于扩大式家庭的忠诚和支持。传统上，拉丁美洲的父母在很大程度上控制着孩子的求爱，将婚姻视为家庭之间的联盟，而不仅仅建立在浪漫的爱情之上。一些拉丁美洲家庭也遵从传统的性别角色，鼓励男人要有男子气概——力量、胆量和性征服，对待妇女则是在尊重的同时又严密地监督。

然而，随着融入更大的社会当中，这些传统模式正在发生改变。正像本章开头讲的那样，许多从墨西哥移民到美国加利福尼亚州的妇女喜欢更小的家庭。相似地，许多移民到纽约的波多黎各人并没有像他们在波多黎各所做的那样，保留强大的不断扩大的家庭纽带。在近几十年里，传统的男性统治女性的权威也被削弱了，特别是在富裕的拉丁美洲家庭，这些家庭的人数在过去 25 年里增加了三倍。

然而，总的来说，典型的西班牙家庭 2013 年收入仅为 42 269 美元，是全美平均收入的 66%。许多西班牙家庭承受着失业和其他与贫困相关问题的压力。

非裔美国人家庭

据美国人口统计局报告，典型的非裔美国人家庭 2013 年的收入是 41 588 美元，是全国平均收入的 65%。非洲裔后代贫困的可能性是非西班牙裔白人的三倍，而贫穷意味着家长和孩子可能会经历失业和低标准的住房和不良的健康。

在这些情形下，维持婚姻稳定是十分困难的。考虑到有 31% 的四十几岁的非洲裔妇女从未结婚，而只有 10% 的同龄非西班牙裔白人女性未婚，这意味着非洲裔妇女（时常带着孩子）更可能成为单亲家庭的户主。图 13-2 显示，2014 年妇女作为户主的家庭占非裔美国人家庭的 43%，相比较而言，在西班牙裔家庭中占 27%，在非西班牙裔的白人家庭中占 14%，在亚洲和太平洋岛域家庭中占 12% 。

排除种族因素，单身母亲家庭总是面临很高的贫困风险。32% 的非西班牙裔白人女性单亲家庭处于贫困当中。然而更高的贫困率发生在非洲裔美国妇女家庭（46%）和西班牙裔妇女家庭（47%），这些都强烈地证明了阶级、种

多样化快照

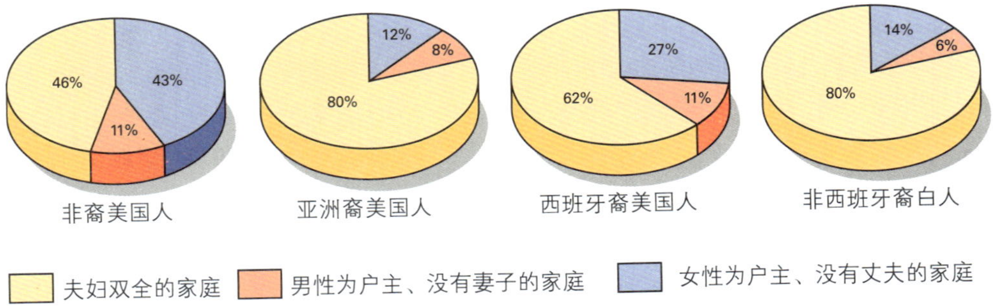

图 13-2　2014 年的美国家庭形式

◎ 不同种族和民族中家庭形式的多样化。

资料来源：U.S.Census Bureau（2014）.

族和性别会将妇女推向劣势。占总家庭数的 47% 的双亲非裔美国人家庭，具有强得多的经济实力，他们的收入是非西班牙裔白人家庭的 80%。但是 72% 的非洲裔美国孩子是由单身女性所生，38% 的非洲裔美国孩子在贫困中长大，这意味着在美国这些家庭承担了很多儿童贫困的负担。

异族通婚

大多数夫妻具有相似的阶级和种族的社会背景。但是在整个 20 世纪进程中，种族的作用越来越小。一个德国或法国后裔的妇女可以顺利地和一个爱尔兰或英格兰背景的男性结婚，而不用考虑他们的家庭和整个社会的不同意见。

民族一直是一个更为强大的阻碍力量。1967 年，在美国最高法院的决定颁布前，在美国的 16 个州，异族通婚实际上是非法的。如今，非洲人、亚洲人和本土美国人占美国人口的 19.3%；如果人们在择偶时忽视种族因素，我们将看到种族混合的婚姻应占到同样的比例。但实际上异族通婚的比例是 4.9%，表明种族在社会关系中仍然很重要。尽管如此，大多数人主张的是种族和民族不应该是选择伴侣的依据。另外，男性首次的结婚年龄已经平均上升到了 29.3 岁，女性首次的结婚年龄则平均上升到了 27 岁，晚婚让年轻人选择伴侣时可能更少受到来自父母的影响。这种选择自由增加的结果之一就是扩大了异族通婚人群。

因选择自由而导致不断增加的一个结果就是，不同种族和不同族群之间的婚姻越来越多。最常见的异族通婚的类型是一个白人丈夫和一个亚洲裔妻子，约占异族通婚的 24%。2000 年人口统计中发现，在异族通婚中，大概有一半夫妇，至少配偶一方声称自己是多种族身份。异族通婚的夫妇更可能居住在西部；在美国的

◎ 从多数国家历史来看，异族通婚大多是不合法的。最后的一个相关法律是在 1956 年被废除的。尽管民族和种族仍在影响人们的恋爱和婚姻，但是异族通婚变得越来越普遍。

七个州——夏威夷州、俄克拉荷马州、阿拉斯加州、内华达州、加利福尼亚州、新墨西哥州、华盛顿州，加上哥伦比亚特区——所有已婚夫妇中有超过 10% 的是异族通婚。接下来的“多样化思考”专栏表明随着年龄变化的“混乱”关系是如何被接受的。

性别

社会学家杰西·伯纳德（Jessie Bernard）认为，每个婚姻实际上是两个不同的关系：一个女人的婚姻和一个男人的婚姻。原因是很少有婚姻是由两个平等的伴侣组成的。尽管父权制没落，但是多数人仍然希望丈夫比妻子年龄更大，长得更高，拥有更重要和收入更好的工作。

那为什么许多人会认为婚姻更有利于女性而不是男性呢？无忧无虑的单身汉往往是正向的，而说起孤独的老处女则都是非常负面的形象，意味着女性只有通过成为妻子和母亲才算得上是圆满。

但是，伯纳德指出，其实已婚妇女与单身女性相比，心理健康程度更低，幸福指数更低，对生活的态度也更加被动。另一方面，已婚男子一般比未婚男子更加长寿、精神上更加健康、感觉更幸福。这些差异解释了男性离婚后为什么会比女性更渴望去找一个新伴侣。

伯纳德总结道：“对于一个男人来说，没有什么比女性悉心照顾他并提供一个井然有序的家庭更能保证他的长寿、健康和幸福了。”她还补充道：“如果丈夫不去统治妻子，不让她们去干几乎所有的家务，婚姻也是有益于女性健康的。”调查显示，情侣们把“分享家务”作为促进成功婚姻最重要的因素之一。

多样化思考：种族、阶层和性别

约会与婚姻：种族重要性的衰减

1961 年，来自美国堪萨斯州的年轻的人类学学生阿蒙·德纳姆（Amn Dunham）和一个来自肯尼亚的外国学生巴拉克·奥巴马（Barack obama）结婚了。这桩婚姻在当时是相当罕见的，因为德纳姆是白人，而奥巴马是黑人。

50 年前，每 100 桩婚姻中只有两桩是不同种族之间的通婚，有一种强大的文化力量阻挠着这类异族通婚。20 世纪 60 年代的调查数据表明，42% 住在美国北部的成年人称希望法律禁止异族通婚，在美国南方，有 75% 的成年人持有同样的意见。事实上，直到 1967 年，最高法院才宣布这样的法律是违宪的，之前已经有 16 个州制定了禁止异族通婚的法律。

后来，德纳姆和奥巴马的儿子小巴拉克·奥巴马当选了美国总统。如今，不同人种间的浪漫关系已经变得很常见了。调查显示，几乎所有的 18 ～ 29 岁的年轻人声称，他们可以接受不同人种之间的约会。多数年轻人还接受异族通婚。然而，在老一辈人之间，依旧在种族通婚中流行着一种更传统的标准，并且对不同种族之间的约会较少。然而，从 2000 年开始，不同年龄的人们多数支持这个行为。

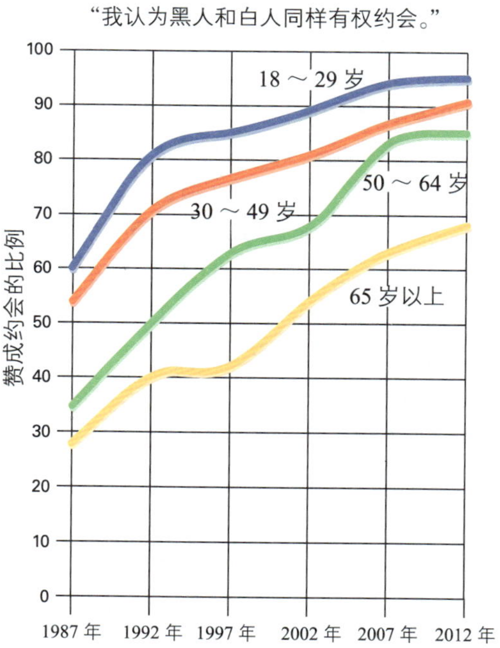

◎ 支持不同人种约会的不同年龄段的人的比例。

资料来源：Pew Research Center（2012）.

即使在那些称可以接受异族通婚的人士中，大多数人还是和同人种的人结婚了。同时考虑到人种和民族，85% 的美国婚姻是同族婚姻 。亚洲人是最有可能“嫁出去”的，有 28% 的人这么做了。拉丁美洲裔其次，大约 26% 的人与非拉丁美洲裔的人结婚。大约 17% 的非裔美国人和非非裔美国人结婚。最后，大约 9% 的非拉丁美洲裔的白人和其他民族的人结婚。

即使在奥巴马的那个时代，人种和民族依旧影响着人们对配偶的选择，只是不像以前那么严重而已。至于婚姻，同族结婚已经不再是法律。

你怎么想

1. 你如何看待异族婚恋？你有什么个人经验？

2. 你在你的校园里看到的是什么样的模式？

3. 你认为在你的有生之年能否看到种族因素不再影响人们选择配偶吗？为什么？

资料来源：Based on Kent（2011）, Pew Research Center（2012）, U.S. Census Bureau（2012）, and Wang（2012）.

当前家庭生活中的问题

报纸专栏作家安·兰德斯（Ann Landers）曾经评论说，二十桩婚姻中有一桩是极好的，五桩是好的，十桩还可以容忍，剩下的四桩是“纯粹的痛苦”。家庭可以是快乐的来源，但是家庭生活的现实也会显示出离这个理想太遥远了。

离婚

美国社会强有力地支持婚姻，大约 90% 到了 40 岁的美国人“永结同心”。而如今很多婚姻的结却被解开了。正如图 13–3 显示，在过去一个世纪里，美国的离婚率增长了三倍。如今，大约有 20% 的婚姻关系在五年内会以分居或者离婚收场，而大约 50% 的婚姻最终的结果也会如此（对于非裔美国人来说，超过 60%）。从其他角度上来说，所有过了 15 岁的人，21% 的男性和 22% 的女性都曾经历过离婚。美国的离婚率是世界上最高的，大约是加拿大和日本的两倍，是意大利和爱尔兰的四倍还多。

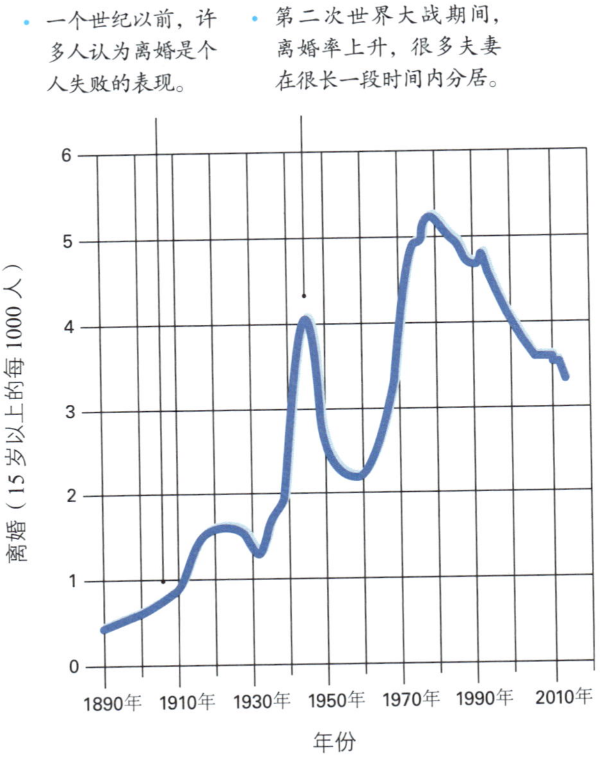

图 13–3　1890—2012 年美国的离婚率

◎长期以来，美国的离婚率攀升。但是，自 1980 年以来，这个趋势下降了。

资料来源：Center for Disease Control and Prevention（2014）, and U.S. Census Bureau（2014）.

美国的高离婚率有许多原因，主要有以下几方面。

1. **利己主义上升**。今天的家庭成员聚集在一起的时间更少。我们变得更加个人主义，关注自己的幸福和收入，多于关心伴侣和孩子的康乐。

2. **浪漫爱情褪色**。因为我们的文化将婚姻建立在浪漫的爱情之上，所以关系会随着性激情的消失而淡化。许多人结束一段婚姻是为了重新开始一段令人激动和浪漫的新关系。

3. **女性更少地依赖男性**。女性越来越多地参与劳动，使妻子减少了在经济上对丈夫的依赖。因此，女性摆脱不幸福的婚姻更加容易。

4. **如今许多婚姻是有压力的**。随着多数情况下夫妻双方同时参加工作，他们很少有时间和精力来照顾他们的家庭。这使得抚养孩子比以前更难。孩子的确可以稳定一些婚姻，但是离婚多都发生在婚姻早期，这个时候许多夫妻的孩子还很小。

5. **离婚已被社会接受**。离婚再也不像许多年前那样是很大的耻辱。家庭和朋友们不再阻挠处于矛盾中的夫妻离婚。

6. **从法律上离婚变得更加容易**。过去，法院只有在离婚一方或双方有通奸或虐待等犯罪行为时才允许离婚。如今，只要夫妻双方认为他们的婚姻失败了，就会被允许离婚。三分之一以上的美国人认为，离婚很容易，这使得一些州不得不考虑改写其婚姻法。

哪些人会离婚

青年夫妇的离婚风险最高——特别是那些在简短的恋爱之后就结婚的，他们缺少钱和成熟的感情。如果一对夫妇因奉子成婚或者两人或一人有物质滥用问题，那离婚的可能性也会增加。那些没有宗教信仰的人比那些有强烈宗教信仰的人们更可能离婚。另外，父母离婚的人自己也会有较高的离婚率。研究者认为角色模仿效应在起作用：那些目睹父母离婚经历的孩子可能也会考虑结束他们自己的婚姻。住在大城市的人相对住在农村地区人来说，他们更有可能离婚，尽管这个差异不像过去那样那么大了。

离婚率（和再婚率）在拥有大学学历和高收入人群中基本保持不变。同时，那些没有大学学历和低收入的人群的离婚率却在上升（而再婚率在下降）。一些研究者认为，美国社会的劣势人群表现出避开婚姻的行为，大部分并不是因为他们不想结婚，而是他们缺乏一个稳定家庭生活所需要的经济保障。这种趋势反映出了最近的经济衰退和收入差距的扩大在美国是如何影响家庭生活的。

最后，离过婚的人比初婚的人们更可能再次离婚。政府数据显示，美国 15 ～ 44 岁的妇女中，初婚者中有 32% 在十年内离婚；对于二次婚姻来说，这个数据增加到 46%。这是为什么呢？对于许多人来说，也许是因为高风险因素伴随着他们从一种婚姻关系带到另一种婚姻关系。也许，做过一次离婚的决定会使人们更可能再次做出相同的决定。这个因素有助于解释为什么离婚率会在老年人群中增加。

◎ 离婚可能是不幸婚姻的解决方式，但是对于那些生活中缺少父母的孩子来说，它可能成为一个问题。离婚在哪些方面对孩子有害？是否存在一种积极的离婚方式？分手的夫妻如何可以做得更好，让孩子为父母婚姻的改变做好准备？

离婚和孩子

因为母亲常常承担看护孩子的任务，而父亲的收入更高，所以孩子们的康乐常常建立在法院判定父亲给予孩子的抚养费上。法院判给 49% 的父亲给离婚子女以资助。然而，在过去的一些年里，半数以上的孩子在法律上仅仅收到部分资助或者根本没有任何资助。有 350 万游手好闲的父亲没有抚养他们的孩子。相应地，联邦立法要求扣留那些不付子女抚养费的父亲或母亲的收入；而拒绝支付给孩子或迁移到其他州来逃避支付赡养费，将被视为严重的犯罪。

再婚和混合家庭

超过一半的离婚者会在四年内再婚。在全美范围内，有 25% 以上的婚姻有至少一方配偶是再婚一次的。从婚姻中获利更多的男人比女人更可能再婚。

再婚常常会造成混合家庭，由孩子和亲生父母和继父母组成。兄弟姐妹、半同胞（指同母异父或同父异母家庭的兄弟姐妹）、继父或继母［不是指住在别处的亲生父母，或者与有孩子的别人结婚的亲生父（母）］混合家庭中的年轻人面临着界定许多新关系和确认谁是这个核心家庭的成员的挑战。父母常常在分配家务责任时遇到麻烦。当看护孩子成为问题时，前配偶对于新婚姻来说可能是不受欢迎的。尽管混合家庭要求家庭成员做出大量的新的调适，但是他们也给青年人和老人提供机会来缓和僵化的家庭角色。

当有孩子的父母有一个以上伴侣的时候，通常就会形成混合家庭。由于美国未婚父母抚养孩子的比例增加（在 2013 年是 40.6%），导致混合家庭的人数俱增。近期研究报告指出，半数以上由未婚父母抚养的孩子是出生于半同胞家庭的。

家庭暴力

理想的家庭是愉快和支持的来源。但是，困扰许多家庭的现实是**家庭暴力**（family violence），即一个家庭成员对另一个成员在感情上的、身体上的或性方面的虐待。社会学家理查德·J. 盖利斯（Richard J. Gelles）将家庭称为“社会中除警察和军队以外的最大暴力群体”。

针对妇女的暴力

家庭的野蛮行为通常不会报告给警察。尽管这样，美国司法部（2014）估计每年就单纯的身体攻击而言，约有 90 万人成为家庭暴力的牺牲品；50 万人是严重犯罪暴力的受害者。家庭暴力对两性都有危害，但是对两性来说并不是完全相等——女性受害者数量大概是男性受害者的三倍。政府统计数据显示，有 37% 的妇女是被害者（而仅有 3% 的男人是被害者）她们被配偶、伴侣或者前夫所杀害。在全美范围内，因家庭暴力死亡的妇女每年有 1101 人。整体而言，妇女更可能被家庭成员伤害，而不是被陌生人抢劫或者强奸，或者在车祸中受伤害。

在历史上，法律规定妻子是丈夫的财富，因此没有男人被控告强奸他的妻子。然而，今天，美国所有的州都颁发了《婚内强奸法》（Marital Rape Laws）。这个法律不再认为家庭暴力是家庭私事；它给予受害者更多的选择。现在，即使没有正式分开或离婚，女人也可以获得法律保护，以避免配偶的伤害，并且所有的州都有“跟踪法律”来避免前伴侣威胁另一个伴侣。整个北美社区成立了庇护所，为遭受家庭暴力的妇女和孩子提供辩护和临时住宿，使他们远离会给他们带来暴力的家庭。

最后，家庭暴力会给人们带来的精神伤害超过了身体上的伤害。受害者往往会失去信任他人的能力。一项研究发现，经历过身体上的虐待或者性虐待的女性，比那些没有这种经历的女性更难在之后与他人建立起稳定的关系。

针对儿童的暴力

家庭暴力也危及孩子。2013 年，有大约 400 万报道是有关对孩子的虐待或忽视的。在这些人中，大约 678 000 被证实是受害者，1520 人被虐待或者忽视而死亡。虐待孩子不仅是身体伤害，还包括成人滥用力量和信任来伤害孩子的精神健康。虐待和忽视儿童在非常年幼的孩子和最易受伤害的孩子中间比较常见。

然而，虐待孩子者不遵照简单的模式，施虐者更可能是女人（54%）多于男人（46%）。但是几乎所有的施虐者都遵从同一特性——当他们在儿童期也受过虐待。研究者发现，亲密关系中的暴力行为是习得的；在家庭中，暴力往往会引发暴力。

单亲家庭

多数美国家庭由养育着孩子的夫妻组成。但是近几十年来，社会中出现了家庭生活的多样化。32% 的拥有 18 岁以下孩子的美国家庭中只有一个家长——几乎是 1972 年的两倍。换句话说，31% 的美国孩子现在仅和一个家长生活或者没有和亲生父母在一起，他们中有大约一半人将这种状态持续到 18 岁。单亲家庭（84% 的是单亲母亲家庭）由离婚、死亡，或者决定要孩子的未婚妈妈产生的。

做单亲家长会增加女性贫困的风险，因为它限制了她的工作能力以及进修的机会。相反，贫穷又增加了一个女性成为单身母亲的可能性。但是单亲家长会比贫穷好一点——在美国，每年会有 160 万新生儿来自未婚妇女的生育，占全美新生儿总数的 41%。在最近几十年里，产自单身女性的新生儿的出生率已经下降了；而产自 40 岁以上的单身女性的新生儿的出生率却正在增加。

回顾图 13-2 的数据，显示 54% 的非裔美国人家庭是单亲家庭。单亲家庭在西班牙裔家庭（38%）、亚洲裔家庭（21%）和非西班牙裔白人家庭（20%）中的比例要少一点。在许多单亲家庭中，母亲会向她们自己的母亲寻求帮助。在美国，单亲家长的增加与父亲角色的减弱和祖母角色重要性的增加紧密相联。

研究显示，单亲家庭通常不利于孩子的成长。一些研究声称父母双方对孩子的社会发展起着不同的作用，所以单个家长很难单独完成好这个任务。但是对于一个单亲家庭来说，最严重的问题是，如果家长是女性，并且很穷困，那生长在单亲家庭中的孩子通常会以贫穷开始，而后接受较少的学校教育，以成年后的低收入而告终。这些孩子自己也更容易成为单亲家长。

同居

同居（cohabitation）是指未婚伴侣对家务的共同分担。从全球视角来看，同居是家庭生活的长期形式，而不管有没有孩子，这在瑞典和其他斯堪的纳维亚（半岛）国家很常见，在其他欧洲国家也正日益普遍。美国的同居伴侣从 1970 年的 50 万人增加到今天的 700 万人（660 万异性伴侣和 47.6 万同性伴侣），约占总夫妻数的 6%。几乎半数以上（56% 是女性，48% 是男性）的 15 ～ 44 岁的成年人在某个时期同居。

同居更多地吸引着独立思考的人以及那些崇尚性别平等的人。大多数伴侣仅仅在一起生活几年。三年后，30% 的情侣继续同居，40% 的情侣决定结婚，30% 的情侣决定分手。大量证据表明同居实际上可能会阻碍结婚，因为伴侣（特别是男性）会变得习惯于较少承诺的关系。因此，有孩子的同居夫妇（当前显示 12.5% 出生在美国）往往不会成为长期的家长。图 13-4 显示只有 5% 因同居而出生的孩子会和保持未婚的亲生父母一起生活到 18 岁。如果父母在某个时候结婚了，这个数字将增加到 36%，但也仅仅是孩子出生前父母就结婚的 70% 的一半。当有孩子的同居父母分手后，父母对孩子的介入，特别是经济资助会非常不确定。

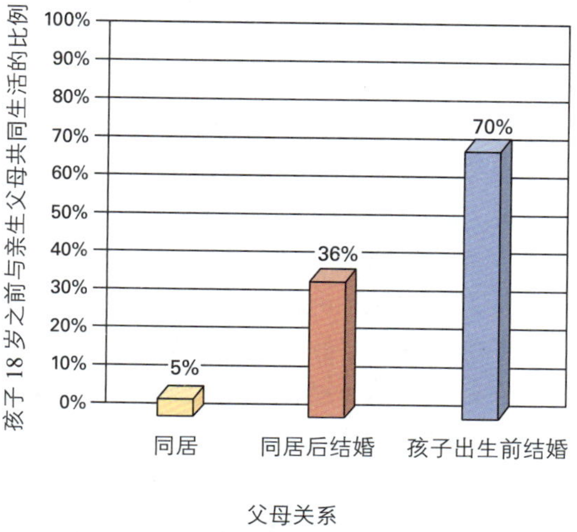

图 13-4 父母对孩子生活的介入：同居和已婚父母

© 婚姻增加了孩子可以在亲生父母伴随下成长的机会。

资料来源：Phillips（2001）.

同性恋夫妇

1989 年，丹麦成为第一个允许同性夫妇注册登记、获得婚姻利益的国家。这一改变确立了男性和女性同性恋夫妇的社会合法性，以及在遗产、税收和财产所有权等方面都是平等的。从那时开始，20 多个国家纷纷效仿。

截至 2015 年，22 个国家（包括那些承认注册伙伴关系）允许拥有延展婚姻（不仅在实践中，而且在名义上）同性婚姻。这些国家包括，荷兰（2011 年）、比利时（2003 年）、加拿大（2005 年）、西班牙（2005 年）、南非（2006 年）、挪威（2008 年）、瑞典（2009 年）、葡萄牙（2010 年）、冰岛（2010 年）、阿根廷（2010 年）、法国（2013 年）、乌拉圭（2013 年）、新西兰（2013 年）、英格兰和威尔士（2013 年）、巴西（2013 年）、卢森堡（2014 年）、苏格兰（2014 年）、芬兰（2015 年）、格陵兰（2015 年）、爱尔兰（2015 年）和美国（2015 年）。

在美国，仅仅几年时间便彻底改变了。2004 年，马萨诸塞州成为第一个允许同性婚姻合法的州。在之后的十几年里，艾奥瓦州、康涅狄格州、佛蒙特州、新罕布什尔州、纽约州、缅因州、马里兰州、华盛顿州、特拉华州、罗得岛州、明尼苏达州、加利福尼亚州和哥伦比亚特区也已经制定法律认可同性结合。还有其他一些州通过了给予同性恋夫妻几乎所有婚姻权限的法律。

美国议会在 1996 年通过了一项将婚姻定义为男女结合的《婚姻保护法案》(*Defense of Marriage Act*，*DOMA*)，法律规定婚姻只允许存在于一男一女之间。很快，35 个州纷纷修改了它们有关仅允许在一男一女之间的婚姻的法律条款。在 2013 年，最高法院重新修订了《婚姻保护法案》，将联邦福利扩展到了那些允许同性结婚的州的同性夫妇身上。

在 2015 年 6 月，最高法院规定各州不得通过同性婚姻不合法的相关法律，从而使这一争论得到有效的解决。这个重要决议要求国内所有州将相关权利扩展到与同性和异性的婚姻。

单身

因为 90% 的美国人会结婚，所以我们将单身看作人生中一个暂时的阶段。但是，越来越多的人选择在所有年龄段独自生活。这样的决定戏剧性地推升了独居家庭的数量。1950 年，只有 10% 的家庭有一个单身者。到 2014 年，这个比例增加到了 28%，共有 3420 万单身成年人。

单身的年轻女性人数显著增加。1960 年，28% 的年龄 20 ～ 24 岁的美国妇女单身；到 2012 年，这个比例上升到 83%。这个趋势的背后是更多的女性进入大学，推迟了她们初婚的年龄。拥有大学学历的女性比那些没上过大学的女性更有可能结婚，也更可能晚婚。这是因为，作为婚姻对象，拥有高学历的人具有更多的吸引力。

许多未婚的中年妇女感到缺少合适的男人。因为我们的社会认为一个女人要“攀附”某个男人，年龄越大的女人，拥有更良好的教育、更优越的工作，就越难找到一个合适的丈夫。

大家庭

美国文化中一个流行的观点是，认为个别家庭成员可能会努力建立他们的家庭。很大程度上，这个观念因建立在象征财务独立的基础上而赢得市民青睐。

然而，许多人——特别是人们面对经济挑战时，常常意识到组建家庭的经济优势。无数移民来美国与大家庭的成员住在一起，直到他们能够“自立”为止。同样，美国印第安人从保留地移居大城市和亲戚（或者认定为亲戚的部落成员）住在一起，作为一种照顾他人以及省钱的方式。最近，越来越多大学毕业还未找到工作的年轻人回到“家”和父母住在一起，从而被贴上“啃老族”的标签。另外，更多想自己出去闯一闯的年轻人也会留在家。总体而言，研究者认为，大多数 18 ～ 30 岁的年轻人至少会和父母在一起居住一段时间。

◎ 2015 年 6 月，美国最高法院签署了一项标志性的法令，将法定婚姻的权利扩展到同性夫妇。全国许多人走上街头庆祝。

对于所有年龄的人来说，如本章前面所述，近期的经济衰弱使得与亲戚或者姻亲居住在一起的人数增加。美国超过 5000 万人和父母、成年孩子，或者成年兄弟姐妹住在一起。和其他家庭成员住在一起，既会带来欢乐，也会带来挑战。但是研究显示，这是一种有效的省钱和防止生活掉到贫困线以下的方法。

新生育技术和家庭

近来的医学发展包括新生育技术也在改变着家庭。1978 年，英格兰的路易斯·布朗（Louise Brown）成为世界上第一个“试管婴儿”。从那时开始，成千上万的孩子在子宫外受孕。

试管婴儿是玻璃管内受精的产物，医生将女性的卵子和男性的精子放在玻璃管内结合（通常不是一根试管，而是一张薄片），而不是在女性体内。医生随后将培育好的胚胎植入备孕的女性的子宫里，或者将它冷藏起来以备后用。

现代生育技术帮助一些不能正常怀孕的夫妻有了孩子，也可能最终有助于减少生育缺陷。精子和卵子的基因筛选使得医学专家们可以提高健康婴儿的出生概率。但是新生育技术同样也会带来困扰和令人困惑的问题：当一个女性携带的胚胎源自另一个女性的卵子时，谁是孩子的母亲？当一对夫妻离婚了，哪个人有权决定利用还是毁掉那个封冻起来的胚胎？父母是否可以使用基因筛选的办法来选择孩子的特性？这些问题都在提醒我们，新生育技术的发展速度大大超过了我们理解新技术使用后果问题的能力。

家庭：前景展望

早期美国的家庭生活在接下来的几年里将继续发生变化，这些变化也会引起争论。传统家庭价值的拥护者反对那些支持更多个人选择的人。“争鸣与辩论”专栏列出了一些问题。就连社会学家也无法预测争论的结果，但是根据对家庭类型的现有研究，我们可以预测出有关家庭的五个可能的未来趋势。

第一，即使面临婚姻破裂使孩子处于贫困的高风险，离婚率仍将可能保持较高的态势。如今，婚姻的持久度大致和一个世纪前一样，因为当时的婚姻短暂是因为死亡造成的。不同的是，现在很多夫妇选择自己结束那个不能满足他们期望的婚姻。尽管自 1980 年以来离婚率有所下降，但这不可能恢复到 20 世纪前段时期的低离婚率了。

第二，未来的家庭生活将会变得比以前更加多样化。同居、单亲家庭、同性恋家庭和混合家庭都在增加。多数家庭仍然建立在婚姻的基础上，多数已婚夫妇有孩子。但是家庭模式的多样化意味着应对经济危机时，个人有更多选择的趋势。

第三，男性在孩子的抚养中扮演有限角色。20 世纪 50 年代，人们将这一时期称为家庭的“黄金时期”，男性从积极的家长角色中脱离出来。近年来，一个相反的趋势（居家父亲）变得明显，一些年龄较大、高学历的父亲和年幼的孩子待在一起，他们中的许多人使用电脑来继续他们的工作。但是我们不应过分估计这一趋势的重要性，因为居家父亲仅仅占和幼子在一起的父亲的不到 1% 的比例。更多的情况是，美国的高离婚率和单身母亲的增加正在削弱孩子们与父亲的联系，也增加了孩子贫困的风险。

第四，家庭将持续受到经济变化的影响。在许多家庭中，夫妻双方都工作，使家庭收入增加了，但是同时也减少了婚姻和家庭的互动，疲惫的父母努力将与孩子们相处的一点“高质量时间”安排进已经满负荷的工作日程中。据我们所知，双职工夫妻对家庭的长期影响将是一种混合效应。另外，在一个高失业和低薪资的年代，越来越多的年轻人（许多人仍继续与他们的父母生活）不认为他们有必要的经济保障去结婚并自力更生。

第五，新生育技术的重要性将增加。基于伦理学的考虑——我们可以做的是否就是应该做的，这种考虑肯定会减缓这方面的发展，但是生育新模式将持续改变传统的养育经验。

尽管变化和争论已经动摇了美国家庭，但许多人仍然认为成为伴侣和家长是件开心的事。婚姻和家庭生活可能仍然是我们社会代代相传的基础。

宗教：概念和理论

宗教像家庭一样在人类社会中扮演着非常

争鸣与辩论

我们是否应该挽救传统家庭

什么是传统家庭？它们对我们的生活方式非常重要还是前进的绊脚石？人们使用“传统家庭”一词表示的是在某个时间结婚并养育着孩子的已婚夫妇。统计数据表明，传统家庭已没有以前那么普遍了。正如数据表明的，在 1950 年有 90% 的美国住户是家庭——依照人口统计局对家庭的定义：两个或更多具有血缘关系、婚姻关系或收养关系的人组成的住户。2014 年，由于离婚、同居和单身的持续增加，仅有 66% 的住户是家庭。

“传统家庭”不仅是一种现成的表达方式，还是一种道德的表达。传统家庭观念对结婚和婚姻的评价很高，将孩子置于职业之前优先考虑，并在各种可选的家庭形式中更热衷于双亲家庭。

传统家庭是解决方式

作为辩论一方的代表戴维·波普诺（David Popenoe）发出警告：自 1960 年以来，一直存在着对传统家庭的严重腐蚀。当时，有年幼孩子的已婚夫妇几乎占了所有家庭住户的半数；而今，这个数字仅为 19%。单身增加了，从 1960 年占家庭住户的 10% 上升到如今的 28%。自 1960 年以来，离婚率增加了 55%，以致如今接近 40% 的婚姻以永久性的分离而结束。由于离婚和单身母亲生育孩子的增加，18 岁前与一个家长共同生活的人数差不多是 1960 年的三倍，达到 28%。换句话说，如今，只有 25% 的孩子在两个家长陪伴下长大，并在成年后拥有稳定的婚姻。

根据这个数据的启示，波普诺总结道，说家庭正在解体并不激进。他发现已经发生了从婚姻文化到离婚文化的根本性转变。传统的婚姻义务“我们至死不渝”等于现在的“只要我开心”。

◎ 你认为美国社会的传统家庭是一种正向力还是一种负向力？

家庭弱化的文化趋势的消极结果可以在任何地方轻而易举地显现出来：由于我们越来越少地关注孩子，青少年的犯罪率越来越高，同时伴随着其他问题行为，包括低龄吸烟喝酒、婚前性行为和青少年自杀。

正如波普诺所说，我们应该迅速地扭转当前的这种趋势。政府不仅不能提供解决方案，甚至可能正是问题的一部分：自 1960 年以来，随着家庭的弱化，政府在社会项目的投入也快速增长。波普诺说，为挽救这些传统家庭，我们需要文化转变。在这种情况下，我们应该取代“我第一”的态度，转变为对配偶和孩子以及大家的责任，认可两个家长的家庭对孩子来说是最好的。

传统家庭就是问题

朱迪斯·斯泰西（Judith Stacey）给出了一个截然相反的、女权主义的观点。在她看来，传统家庭更多的是一个问题而不是解决方式：家庭不能这样存在，我们也不希望它这样存在。相反，我相信，具有民主意识的人，不管他们有怎样的血统，都应该为加速它的死亡而努力。

斯泰西解释说，拒绝传统家庭最主要的原因是它加剧了社会的不公平。家庭是维持社会等级制的关键因素，它将财富和“文化资本”代代相传。女性主义者批判了传统家庭的父权统治形式，它要求妇女对丈夫权威的服从，赋予她们大部分做家务和抚育孩子的义务。她还说，从同性恋权利的观点来看，一个维护传统家庭价值的社会也会拒绝男女同性恋平等地参与社会生活。

斯泰西还称赞随着社会的进步，家庭会走向衰弱。她并没有将家庭看作必要的社会机构，而是看作一个提高某些人群社会地位的政治机构——将富裕白人男性的地位提升到其他人群之上，这包括女性、同性恋者和穷人。

斯泰西还说，传统家庭观念的增长与男女同时工作的多样化社会并没有什么关联。斯泰西总结道，我们社会需要的并不是回归家庭的某个黄金时代，而是政治和经济的改变，包括妇女收入平等、普遍的医疗保障和儿童抚养，减少失业，以及加强学校的性教育。这些措施不仅有利于家庭，还保证了人们在多样化家庭形式中所需要的尊敬和尊严。

你怎么想

1. 为加强家庭，戴维·波普诺建议家长们将他们总共的工作时间减少到 60 个小时，将孩子优先于工作考虑。你认同吗？为什么？

2. 朱迪斯·斯泰西认为由于妇女拒绝父权制关系，使得现在的婚姻更加弱化了。你是如何考虑这个问题的？

3. 我们是否必须为孩子的幸福而改变家庭模式？正如你所了解的，需要怎样特别的改变？

◎尽管仪式有很多形式，但是所有宗教都处理超越平常或日常理解的事物。在墨西哥，盛装打扮的舞者参与到一年一度的死亡（Day of the Dead）大游行和节日中去。

重要的角色。长期以来家庭成员运用宗教仪式庆祝出生、纪念成人仪式和哀悼死者。

法国社会学家涂尔干认为宗教涉及“超越我们知识范围的事情”。作为人类，我们认为大多数物体、事件和行为经历都是**世俗的**（profane）——它们都是日常生活的普通成分。但是我们也认为有一些东西是**神圣的**（sacred），并把它们作为非凡成分分离出来，以此激发人们的敬畏之心。把神圣的东西从世俗中分离出来，是所有宗教信仰的本质特征。因此，**宗教**（religion）就是一种涉及基于认可神圣的信仰和实践的社会制度。

人们在信仰问题上存在很大的差异性，没有什么东西对于世界上的每个人来说都是神圣的。尽管人们认为大多数书是世俗的，但犹太人认为《摩西五经》（希伯来语《圣经》或《旧约全书》最早的五本）是神圣的；同样，基督教徒认为圣经的《旧约全书》和《新约全书》是神圣的；而穆斯林认为《古兰经》是神圣的。

涂尔干解释说，无论一个宗教信仰共同体如何去界定宗教的界限，人们都会按照日常生活的使用功能来理解世俗事物：这好比用电脑登录到互联网上或者是转动钥匙发动汽车。而

世俗的 指作为日常生活的一个普通组成部分

神圣的 激励人们敬畏之心的非凡事物

对于神圣物，我们要虔诚地从日常生活中分离出来，并赋予其一种“禁忌”或“圣洁”的光环。例如，为了表示神圣与世俗的界限，穆斯林在进入清真寺之前会脱掉鞋子——以避免接触外面世俗地面的鞋底玷污神圣的殿堂。

宗教的神圣体现在其活动仪式、正式的礼仪行为上。如圣餐——基督教的核心礼仪，对于信仰基督教的人而言，在圣餐过程中，吃圣饼、饮圣酒与世俗意义上的吃饭是截然不同的，因为圣饼与圣酒是救世主耶稣的血与肉的神圣象征。

由于宗教牵涉超越日常生活经验的抽象观念，无论是普通常识还是社会学都不能够证实或证伪宗教的教旨教义。宗教是一个信仰问题——信仰是建立在说服而不是科学证据之上的。《新约全书》把信仰定义为“信服看不见的东西”，极力主张基督教徒“依信仰行动，而不是凭观察”。

一些具有强烈信仰的信徒可能因受社会学家的思想影响而不安，因为这些社会学家用科学眼光看待信徒认为的神圣之物。然而，社会学对于宗教的研究对任何人的信仰都不会构成威胁。社会学家研究宗教就好比研究家庭一样，是为了理解世界各国的宗教体验，理解宗教是如何与其他社会制度相关联的。他们对具体的宗教不做是非判断。社会学分析应用更世俗的方法来寻求以下问题的解答：何种宗教更为流行、它们与别的宗教有何不同，以及宗教活动在整体上是如何影响社会的。

社会学家应用主要理论方法研究宗教就如研究其他主题一样。每个理论都会对宗教影响社会生活的方式提供独特的见解。

结构-功能理论：宗教的功能

根据涂尔干的观点，社会有其自身的、超越任何个人生活的生命与力量。从某种意义上

◎宗教的基础是神圣，区别于现实而呈现出超自然，并要求人们顺从。通过鞠躬、下跪、拜倒在地等象征方式屈服于更强的力量。菲律宾基督教徒通过每年一度的四旬斋戒（Lenten）仪式来赎罪。

说，社会本身就像神一样，社会塑造社会成员的生活，并超越社会成员而存在。人们信仰宗教，举行宗教庆典，歌颂社会令人敬畏的力量。

这样就不难理解，世界各国的人们为什么把日常生活中的某些事物当作他们集体生活的神圣象征物了。生活在科技不发达社会中的成员是通过图腾做到这一点的，图腾本身只是自然世界中的一个事物，却在集体生活中被定义为神圣象征物。图腾（也许是一个动物，也许是一件精心制作的艺术品）在宗教仪式中成为仪式装饰的核心，象征着社会超越个人的力量。在美国社会中，人们尊敬国旗而不允许用世俗的方式（比如像对待衣服一样）亵渎它，也不允许国旗碰到地面。

同样地，把“我们相信上帝”放在美国钱币上（自1860年美国内战时期开始的做法）或者把“在上帝的庇护下”作为忠诚的誓言（在1954年的时候）象征了信仰的广泛流传将社会紧密联系在一起。在美国各地，地方社会也把运动队伍作为图腾，使人们团结起来，比如新英格兰爱国者队、俄亥俄州七叶树队、艾奥瓦州立大学旋风队和旧金山49人队。

涂尔干界定了宗教对于社会运行的三种主要社会功能。

1. **社会整合**。宗教通过共同信仰物、价值观和社会规范把人们团结起来。宗教思想与礼仪建立公平行动的规则，组织社会生活。

2. **社会控制**。每个社会都会运用宗教思想提升社会遵从。许多宗教通过把上帝界定为“法官”，鼓励人们服从文化规范。宗教还被用来支撑政治体制的权力。在中世纪，皇室通过宣称“神赋权力”要求人们对统治者忠诚，即服从统治者就是服从上帝的意志。今天的政治领导人不再做这样的宣称，但很多领导人仍然公开请求上帝的保佑，以此暗示他们的努力是正当的、应得的。

3. **提供意义与目标**。宗教信念提供安慰感——我们简单地生活服从于更大的目标。人们被这样的信念强化之后，在面对变化甚至是灾难的时候就不会再倾向于失望。由于这种原因，我们用宗教仪式对出生、结婚、死亡之类的主要人生轨迹做标志。

评价

在涂尔干的结构-功能主义分析中，宗教代表社会的集体生活。这种方法的主要缺陷是忽视了宗教的负功能，尤其是具有强烈宗教信念会产生社会冲突这一事实。恐怖分子也宣称上帝支持他们的行动，国家也会以上帝的名义发动战争。关于世界冲突的研究将可能证明宗教信念比社会阶层差异更能激起暴力。

符号互动理论：建构神圣

从符号互动论的视角来看，宗教（像全社会一样）是社会建构的结果（尽管或许带有神灵感应）。人们通过各种各样的宗教典礼——从日常祈祷到一年一度的宗教庆典，如复活节或逾越节——来强调神圣与世俗之间的区别。而且，彼得·伯格（Peter Berger）认为把我们渺小、短暂的生命放在某种“无限广阔的意义框架”内，可以给予我们“终极的安全与永恒”。

婚姻就是一个很好的例子。如果两个人把婚姻仅仅看作一种契约，他们可以在任何时候分手。但如果他们把婚姻视为神圣的，他们的结合将赋予他们更强烈的责任感——这是具有强烈宗教观念的人离婚率较低的原因之一，这点已经被人们所认可。普遍来讲，在我们面对风险或生命威胁的任何时候（如疾病、自然灾害、恐怖分子袭击或是战争），我们都会求助于我们的圣物。

© 家长制是所有世界宗教的主要特征，包括基督教、犹太教和伊斯兰教。可以在限制宗教领导的管制中看到男性支配地位，法规也禁止女性与男性一起敬拜。

评价

按照符号互动理论的解释，人们通过宗教赋予日常生活神圣的意义。伯格补充说，赋予社会特定意义的神圣化能力是由于忽略了社会本身也是建构的这一事实。我们究竟可以从被视作灾难应对策略的信仰那里获得多少力量？还有，这种微观分析忽略了宗教与社会不平等的关联，这也是我们下面将要讨论的。

社会冲突理论：不平等与宗教

社会冲突论视角强调了宗教维持社会不平等。卡尔·马克思认为宗教通过使现状合法化和让人们的注意力远离社会不平等来为统治精英服务。

今天，大不列颠君主是英格兰教会的正式首领，这说明了宗教与政治精英的紧密联系。具体来说，以政治改变为目的的斗争即意味着反对宗教，延伸一点说，就是反对上帝。尽管人们满怀期望地等待“一个更加美好世界的到来”，但宗教鼓励他们毫无怨言地容忍各种社会问题。在一段名言中，马克思把宗教描述为“被压迫者的叹息，无情世界的伤感，没有精神状况下的灵魂。它是人民的精神鸦片”。

女权主义理论：性别和宗教

女权主义理论解释，宗教与不平等的关系还可以通过性别视角得到证明，因为全世界的主要宗教都是家长制。例如基督教（西方世界的主要宗教）在整个历史上也支持父权制。虽然有很多基督徒尊敬耶稣的母亲即圣母玛利亚，但新约圣经也含有下面这样的片段：

> 男人……是上帝的象征与荣耀；但女人是男人的荣耀，因为不是男人来自女人，而是女人来自男人。男人不是为女人而创造的，相反，女人是为男人而创造的（《哥林多前书》11:7-9）。
>
> 在所有的教堂里，女人应该保持沉默。因为她们不被允许讲话而应该服从，甚至法律中也有这样的规定。如果她们有渴望了解的东西，应在家里问她们的丈夫。妇女在教堂里讲话是不体面的事情（《哥林多前书》14:33-35）。
>
> 妻子服从丈夫就如同服从上帝一样。因为丈夫是妻子的领袖如同耶稣基督是教徒的领袖。如同教徒们在教堂里面受耶稣统治一样，妻子在每一件事上都应该听命于丈夫。（《以弗所书》5:22-24）

犹太教也一直支持父权制，正统的男性犹太教徒在每天的祈祷中都引用下面的话：

> 我很荣幸，我的上帝；您是宇宙万物的主，我不是一个异教徒；
>
> 我很荣幸，我的上帝；您是宇宙万物的主，我不是一个奴隶；
>
> 我很荣幸，我的上帝；您是宇宙万物的主，我不是一个女人。

尽管大多数宗教都有父权制的传统，但是现在大多数宗教的领导人中也有妇女。许多宗教的圣歌和祈祷书使用更为中性化的语言。这些变化不仅涉及组织的形式，还涉及对上帝的观念。神学家玛丽·达利（Mary Daly）直言不讳地指出：“如果上帝是男性，那男性就是上帝。”

评价

社会冲突论和女权主义理论强调了宗教权力对社会不平等的支持。然而宗教也促进社会的平等化。例如，19世纪美国宗教组织在取消农奴制度运动过程中起了重要作用。在20世纪五六十年代，宗教组织和他们的领袖是民权运动的核心力量。而在20世纪六七十年代，很多牧师反对越南战争，现今很多神职人员支持女权运动和同性恋权利之类的进步事业。

表13–2中的应用理论分析概括了理解宗教的三种理论方法。

表13–2 应用理论：宗教

	结构–功能理论	符号互动理论	社会冲突理论
分析层次是什么	宏观层次	微观层次	宏观层次
宗教对社会的重要性	宗教承担诸如团结人们、控制行为的重要功能 宗教赋予生活的意义和目标	宗教通过赋予婚姻神圣的意义而巩固婚姻 当面临灾难和风险时，人们会求助于圣物以获得安慰	宗教通过宣称社会秩序的正当性而维护不平等 宗教把人们的注意力从现实问题转向一个“更美好的未来世界”

宗教与社会变迁

宗教不仅仅是卡尔·马克思所描述的守旧力量，在历史上的某些时刻，正如马克斯·韦伯所指出的，宗教会促进巨大的社会变迁。

马克斯·韦伯：新教伦理与资本主义

韦伯认为，特定的宗教观念推动了广泛的改革运动，从而产生了西欧的工业革命。作为新教运动中的一支重要力量，加尔文教派促进了工业资本主义的兴起。

约翰·加尔文（John Calvin，1509—1564）宗教思想的核心就是“预定论”：一个全知全能的上帝已经选择一部分人作为他的“选民”，但也宣告了大多数人永久的罪过。一个人的命运到底是永远的荣耀还是无止境的灾难，在出生前是未知的，只有上帝知道。

被命运焦虑所驱使，加尔文主义者领悟性地在尘世间寻找上帝宠爱的象征，结果他们把财富看作上帝祝福的象征。宗教信仰的热情和坚定不移的“天职观”让加尔文主义者努力工作，很多人取得了大量财富。但是财富不是为了个人挥霍，也不是为了分给穷人——穷人的困境被加尔文主义者认为是被上帝抛弃的象征。加尔文主义者相信他们作为上帝的“选民”，响应“天职”，把利润再投资，以获取更大的成功。

总之，加尔文主义者生活勤俭，采用技术革新，这些行为奠定了工业资本主义发展的基础。随着时间的推移，早期加尔文主义者激发的宗教狂热有所弱化，形成了世俗的“新教职业伦理”。对韦伯而言，工业资本主义本身就是一种“祛魅”的宗教，进一步显现出改变社会面貌的宗教力量。

解放神学

在历史上，基督教已经传播到被压迫、受苦的人群当中，基督教鼓舞大家对即将到来的美好生活抱有更强烈的期待。然而，在最近几十年，一些宗教领袖和神学家采取果断的政治手段来支持**解放神学**（liberation theology）——宗教原则与政治激进主义的结合。

这场社会运动开始于 20 世纪 60 年代晚期拉丁美洲的罗马天主教。现今，基督教激进主义者继续帮助贫穷国家的人民解放自身。他们的声明很简单：社会压迫违背了基督教道德，所以，作为信仰与正义的化身，基督教必须鼓励人们争取更大的平等。

教皇弗朗西斯（Pope Francis）曾声援世界上的穷人，也指责全球经济系统并不能够满足人们的需求。也许当前的教皇将转向与本笃十六世（Benedict XVI）和约翰·保罗二世（John Paul II）不同的行动方向，谴责解放宗教，因为它用左派政治歪曲了传统的宗教教义。不过，解放宗教运动在拉丁美洲贫穷国家获得了力量，在那里，许多人的基督信仰激励着他们为世界上的穷人改善生活条件。

宗教组织的类型：教会、教派和异教

社会学家根据一个连续体对美国数以百计的不同宗教组织进行分类，就如图 13–5 所描述的，这个连续体以“教会”为一端，“教派”为另一端。根据这两种理想类型，我们可以通过在“教会–教派”连续体中定位来描述任何一种宗教组织。

教会

恩斯特·特勒尔（Ernst Troeltsch）根据他的老师马克斯·韦伯的思想，把**教会**（church）定义为一种充分整合为一个更大社会的宗教组织。教会组织通常持续存在几百年，包含同一家庭的数代人。教会有完善的章程和规定，组织领袖也都是受过正规训练、正式任命的。

尽管牵涉神圣的尊严，教会还是接受世俗的生活方式。教会成员在理性的措辞中会用到上帝（比如，善的力量），在日常生活的具体规则中支持抽象道德标准（比如对待别人就像你希望别人对待你一样）。教会领袖在道德教育中运用确切的抽象术语，避免了社会争议。例如，很多圣会庆祝人们的团结但不谈论他们自身种族差异的缺陷。通过淡化这种冲突，教会维持了现有的和平状况。

国家与教会既可合作也可分离。就如同**国教会**（state church）的名字所暗示的，它是正式与国家联姻的教会。国教会在整个人类历史过程中一直存在。几百年来，罗马天主教是罗马帝国的官方宗教，儒教在 20 世纪早期之前一直是中国的官方宗教。今天，英国国教会是英格兰的官方宗教，伊斯兰教会是摩洛哥、巴基斯坦、伊朗的官方宗教。国教会把社会的每一成员都包含在内，这样就大大限定了宗教分歧的容忍度。

形成对比的是，**宗派**（denomination）是独立于国家的教会，它认可宗教的多元化。宗派在包括美国在内的一些国家内存在教会和国家的正式分离。美国有数十个基督教宗派，包括天主宗派、浸信会宗派、圣公会宗派、长老会宗派和路德宗派，还有各种各样的犹太宗派、伊斯兰宗派及其他传统宗派。尽管许多宗派的成员坚持他们自己的教条，他们也承认其他人有其他信仰的权利。

教派

不同于教会试图融入更大的社会，**教派**

- 尝试吸引每个人
- 有一种高度形式化的崇拜
- 正式培训和任命的领袖
- 是长期稳定和组织化的一批人
- 吸引具有高度社会地位的成员

- 拥有严格的宗教信仰
- 有一种自发的和具有情感的崇拜
- 跟随具有高度个人魅力的领袖
- 形成分离组和不稳定
- 吸引社会局外人

图 13–5 教会–教派连续统一体

◎ 教会和教派是两种对立的理想型宗教组织。任何现实生活中的宗教组织都将落实到这两个连续统一体的概念之间。

教会 一种充分整合为一个更大社会的宗教组织

教派 与社会相分离的一种宗教组织

异教 在很大程度上脱离社会文化传统的一种宗教组织

（sect）是与社会相分离的一种宗教组织。教派的成员有着积极的宗教热情，并否定其他宗教信仰。教会试图吸收每一个人（“天主”这个词也是“宇宙”的意思），但是教派却是一种排外的组织。对于教派成员来说，宗教不仅是生活的一个方面，还是一种如何生活的固定模式。在一个极端的例子中，一个教派的成员们为了使宗教活动不受干扰，他们完全从社会隐退。阿米什派团体是北美脱离社会教派的一个例子。因为美国文化一般认为宗教的宽容是一种美德，所以教派的成员有时由于其认为他们追随的才是真正的宗教而被指责为思想狭隘。

从组织方面看，教派没有教会那么正式。教会成员倾向于被动地听从他们的领袖，而教派成员在敬神方面可能更加自发和感性。教派还反对宗教的智能化，而强调神圣力量的个人体验。罗德尼·斯塔克（Rodney Stark）把教会的愿景上帝（“我们的上帝生活于天堂”）与教派更直接的上帝（“上帝，保佑现在跪在你面前的可怜的罪人”）做了对比。

教会与教派的领导方式也是不同的。越是教会化的宗教组织，它们的领袖越多地接受正式培训和任命。教派式的宗教组织赞美上帝的个人表现时，期望它们的领袖表现出**克里斯玛**（charisma）式的非凡灵感，所谓的克里斯玛是指能够以情动人进而使人皈依的非凡能力。

教派通常是从其他已经建立的宗教中分离出来的群体。他们精神的强度和不规范的结构使他们不像教会那样稳固，并且不少教派都只是昙花一现。由于变得更加官僚化而不再那么强调克里斯玛型领导，留存下来的典型的教派就变得更加像教会了。

为了维持其成员关系，很多教派很积极地吸收新成员并诱导其他宗教的人改宗。教派高度评价改宗的经历，这是个人的转变或宗教的重生。例如，耶和华见证会的成员为了吸引新成员，会挨家挨户地向人们宣传他们的信仰。

最后，教会和教派在社会构成上有所不同。由于其更加紧密地与世界发生关系，有很好的基础的教会倾向于吸收高层社会的人，而教派更多地吸收普通人。教派对新成员的开放以及它对救助和个人满足的承诺，吸引了不少感觉身处社会边缘的人们。

异教

异教（cult）是指在很大程度上脱离社会文化传统的一种宗教组织。很多教派由传统的宗教组织转变而来。然而，异教追随者们通常在一个独裁的、极有性格魅力的领袖领导下过着不循惯例的生活。美国现在约有 5000 个异教组织。

由于一些异教的准则和信条是非传统的，因此他们普遍被认为是不正常甚至是罪恶的。1997 年，39 名加利福尼亚天门教成员集体自杀，他们宣称死亡是进入更高生活世界之门，死亡或许就是加入外星人群体，这一事实强化了公众对大多数异教所持的消极形象。总之，说一个宗教社团为异教就等于其成员被视为疯子而遭到排斥。

这种指责是不公平的，因为这种宗教组织

◎ 在全球视角下，宗教活动的形式确实令人震惊。这个加纳妇女，通过把沙子抛进她的眼睛里来庆祝 Kokuzahn voodoo 节。什么样的宗教行为在美国看起来很寻常，却令其他国家的人感到惊讶？

没有根本的错误。很多历史悠久的宗教（包括基督教、伊斯兰教和犹太教在内）开始时都如异教一样。当然，很少有异教能存在很长时间。一个原因就是，他们与社会的矛盾甚至超过了教派。很多异教不但要求其成员接受其教规，还要采用一种激进的新的生活方式。这就是为什么即使研究表明大多数加入异教的人并没有遭到精神损害，人们还要指责异教对其成员进行洗脑。

历史上的宗教

像家庭一样，宗教是普通社会的一部分，它随着时空的变化而呈现显著变迁。早期的猎人和采集者信奉**万物有灵论**（animism），即自然世界中的万事万物都是有意识的生命，并能够影响人类。万物有灵论者将森林、海洋、山脉甚至风都看作精神力量。许多美国本土的社群都是信奉万物有灵论的，这揭示了它们对自然环境的崇拜。

◎ 万物有灵论在传统社会中很普遍。传统社会中的成员由于生存依赖于自然界而对自然怀有敬畏之心。万物有灵论者在他们自己身上及其周围的一切事物上看到"神在"。如本章后面所描述的，他们的经历激发了"新的时代"灵性。

人们信奉单一的创造世界的神圣力量始于游牧和园艺社会，这种社会首先出现在10 000～12 000年前。上帝的概念开始的时候是"牧羊人"，因为基督教、犹太教和伊斯兰教的鼻祖都起源于游牧民族。

在农耕社会，宗教变得重要起来。宗教的主要功能可以中世纪从统治欧洲城镇的大教堂（其中许多教堂至今依然存在）中看出来。

工业革命使人们越来越重视科学。人们越来越倾向于从医生和科学家那里寻求知识和舒适，而在过去他们得向牧师求助知识。但是如同涂尔干一个世纪前所预言的那样，宗教之所以在工业社会中得以续存，是因为科学在面对人类生存的终极意义这一问题上是无能为力的。换句话说，知道这个世界如何运转是一个科学问题，而了解我们以及万事万物为什么存在却是一个信仰问题。另外，我们应该看到，美国作为一个现代社会，国家内的宗教依旧十分强大。

美国的宗教趋势

如图 13-6 所示，与其他高收入国家相比，美国是一个宗教特征突出的国家。但是，正如下文将要解释的，要想测量信仰强度则是一件难事。

宗教归属

在美国，不仅近 70% 的人宣称宗教在他们的生活中十分重要，而且有 80% 的成年人认可特定的宗教传统。美国超过 50% 的人自认为是基督教徒，25% 的人自认为是天主教徒，大约1.5% 的人是犹太教徒。很多人信奉从万物有灵论到佛教禅宗等其他数十种宗教，这使美国社会不仅宗教特征明显，还呈现出宗教的多样化。美国宗教显著的多样性来源于立法禁止政府支持的宗教，而美国又有接收各国大量移民的传统历史。

大约 90% 美国成人称他们在成长过程中至少接受过一些正规的宗教教育，60% 的人称他们现在从属于一个宗教组织。而不同宗教类型

全球快照

- 一般而言，高收入国家的人比低收入国家的人更少信仰宗教。美国人口是一个很重要的例外。

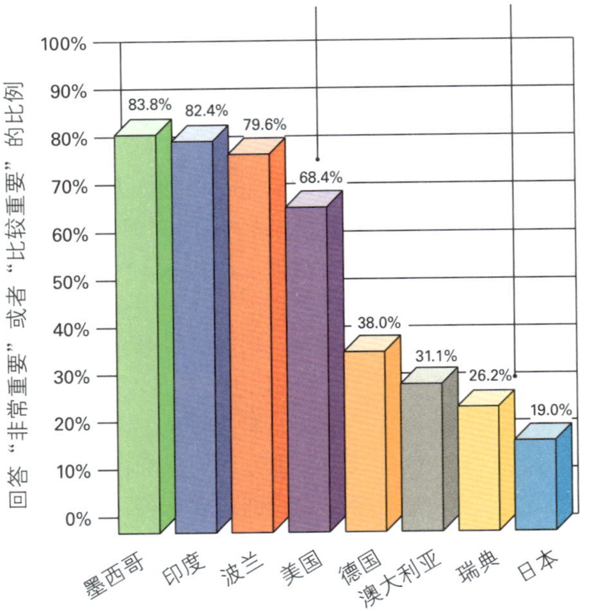

图 13–6　全球视野中的宗教信仰

◎美国的宗教力量比多数其他高收入国家更为强大。

资料来源：World Values Survey（2015）.

在美国各地区的分布存在差异：新英格兰和西南地区主要以天主教为主；南方地区主要是浸礼会教友；在广阔的北方各州，路德教占统治地位；在犹他州及其周边，多数人属于现代派耶稣基督教（摩门教徒）。

另外，宗教归属的类型也随着时代而变化。在美国，随着会员制的建立，主流教会（如圣公会和长老会教派）的数量从 1960 年开始减少了大概 50%。在大约一年之内（假如还没有发生）美国将不再有多数人认同的新教教派。同时，其他宗教组织（包括摩门教徒、天主教徒，以及自由"新时代"思想运动）的人数却在增加。

归属的改变

宗教另一个方面的变化是许多人从一个宗教组织转移到另一个。2008 年，佩尤宗教和公共生活论坛（Pew Forum on Religion and Public Life）的一项调查显示，44% 的美国成人称他们在生命的某个时点上会转移宗教归属。再加上那些放弃宗教信仰的人，人们从出生起的一生中只有一个宗教信仰的模式将不再适用于至少半数的美国人口。

这样的个人变化意味着宗教组织要经历人们来来往往的模式。有时候，例如，天主教徒大约占美国人口的四分之一。但是这个相当稳定的统计背后隐藏着三分之一的天主教徒离开教会的事实。同时，大约有相同数量的人（包括移民）加入教会。一个极端的例子是耶和华见证会（Jehovah's Witnesses）：教会中三分之二的人们离开，然而他们更多地被从门到门传播信息转换到招募成员。

宗教模式的"转换"在美国产生了一个活跃而有竞争力的宗教组织市场。或许这种会员竞争的结果之一就是美国社会实际上保有最多的宗教组织，但是这也反映了人们与他们出生时就随父母加入的宗教组织的联系出现了松动。现在，男性和女性对宗教信仰和归属可以有更多的选择机会。

表 13–3　2012 年美国的宗教认同

宗教	受访者偏好的百分比
新教教派	50.7%
浸礼会教徒	17.5%
卫理公会教徒	6.4%
路德会教徒	4.5%
长老派成员	1.8%
主教派成员	1.8%
其他没有教派的	18.6%
天主教徒	24.6%
犹太教徒	1.5%
其他或未回答者	1.8%
无宗教偏好者	21.4%

资料来源：General Social Surveys, 1972-2012：Cumulative Codebook（Chicago：National Opinion Research Center, March 2013）.

宗教虔诚度

宗教虔诚度（religiosity）是指宗教在个人

生活中的重要程度。然而，我们的虔诚度有赖于我们如何准确地使这一概念具有操作性。例如，虽然只有 59% 的美国人称他们“相信神的存在并对此确信不疑”，但有 90% 的美国人宣称他们相信神力。59% 的成年人说他们一天至少祈祷一次，但只有 31% 的人说他们每周或差不多每周参加一次礼拜。

显然，“我们到底有多虔诚”这个问题没有简单的答案。况且很多美国人实际上没有他们说的那么虔诚。尽管多数美国人说他们至少在某种程度上是虔诚的，但或许真正能做到如此虔诚的人不到 33%。

宗教虔诚度也会随着人们的年龄而变化。一般而言，年纪大的比年纪轻的更虔诚。事实显示，90% 超过 65 岁的美国成人称有宗教归属。相较而言，只有 67% 年龄为 18 ～ 29 岁的人称自己有宗教归属。研究者总结道，如今年轻人比年长者更少有宗教信仰，同样也比一个世纪前的年轻人的宗教信仰少。

对宗教的虔诚程度依不同宗教而呈现出多种多样的状态。在各类宗教成员的虔诚度排比中，天主教徒最为虔诚，其次是主流新教徒，如美国圣公会教、卫理公会教、长老会教友。

最后，女性比男性更虔诚。在调查中，63% 的女性和 49% 的男性声称宗教在其生活中十分重要。从另一个角度看，23% 的男性和 17% 的女性称没有宗教归属。

更虔诚会带来怎样的不同？研究者已发现许多社会模式与强烈的宗教信仰之间的联系，包括青少年低犯罪率与成年人低离婚率在内。更虔诚的人更容易信任他人，也更积极参与其所在社区组织的活动。一项研究表明，宗教虔诚度可以通过提高年轻人的教育成就，来使年轻人受益而有助于团结儿童、父母和地方社区。

宗教的多样化：阶层、民族和种族

2015 年，新一届美国国会就任时是该国历史上宗教最多样化的时候。认为自身是新教徒的人们比较多（占总人口的 57%，而 50 年前大约是 75%）。新一届国会议员包含天主教徒（31%）、犹太教徒（5%）、摩门教徒（3%）、两位穆斯林、第一位佛教徒和第一位印度教徒，以及第一位无宗教信仰人士。国会成员的这种改变反映了整个国家宗教的多样化。接下来，我们将部分解释信奉哪种宗教与许多因素相关，包括社会阶层、民族和种族。

社会阶层

收录了美国高成就者的《美国名人录》（*Who's Who in America*）的一项研究显示，美国名人中有 33% 的人信奉圣公会教、长老会教和联合基督教，教派性宗教团体加起来还不到总人口的 10%。犹太人也一样拥有较高的社会地位，在总人口中占 1.5%，但却在《美国名人录》中占了 12%。

研究表明，其他教派（包括公理主义者、循道宗教徒和天主教徒）在社会分层中处于中间位置。低社会阶层以浸信会教友、路德教徒和异端成员为典型。当然，在所有派系中还存在着相当大的差别。

民族

在全世界范围内，宗教和种族相关，大多是因为某一宗教在一个单独的国家或地域占明显优势。伊斯兰教在阿拉伯社会占统治地位，印度教与印度文化融合，儒教在中国社会影响深远。基督教和犹太教与上述情况不同：虽然这些宗教大都起源于西方，但基督教徒和犹太教徒却遍布世界各地。

宗教与国家认同在美国也相互融合在一起。例如，美国有盎格鲁–撒克逊新教徒、爱尔兰天主教徒、俄罗斯犹太教徒和希腊东正教的后裔。这种国家与信仰的关联根源于某些来自不同宗教的国家的移民的流入。然而，几乎所有民族都显示出某些宗教的多元性。例如，英国祖先可能是新教徒、罗马天主教徒、犹太人、印度教徒、穆斯林或其他宗教的信奉者。

种族

学者们宣称在非裔美国人社区中，教堂既是最古老的也是最重要的社会机构。被贩奴船运到西半球后，多数非洲人成为基督教教徒，

◎在最近50年中，传统的主流教派少了将近一半的成员。同时，新时代运动的成员在增长。另外，几乎半数的美国成年人都有转会的经历。

基督教在美国占统治地位。但是他们将基督教教义与非洲宗教元素融合起来。以欧洲标准来看，受这种宗教混合物的影响，非裔美国基督教徒发展出了具有自发性和情感性的宗教仪式。

1940年左右，当非裔美国人从南部乡村迁居到北部工业城市时，教会在处理混乱、贫困和偏见问题方面发挥了主要的作用。黑人教会也为有才能的人们提供了成功的重要途径。拉尔夫·阿波尼斯（Ralph Abernathy）、马丁·路德·金和耶西·杰克逊（Jesse Jackson）都因他们作为宗教领袖的贡献而享誉世界。

最近几年，87%的非裔美国人宣称了宗教归属，这一类人总的来说比所有人都要虔诚。许多人喜欢新教教派。不管怎么样，非基督徒的非裔美国人人数大量增加，特别是在美国的大城市。在这些人中，最普遍的非基督教宗教是伊斯兰教，大约有40万非裔美国人信奉伊斯兰教。

世俗化

类似家庭生活，宗教在美国也正经历着改变，一个重要的趋势是被称为**世俗化**（secularization）的过程，即超自然力量和神圣事物重要性的历史性衰落。世俗通常与现代化的、技术发达的社会相关联，现代社会就是以科学为主要认知方式的、技术进步的社会。

今天，我们在生老病死等问题上更倾向于向掌握科学知识的医生求助，而不是去找宗教领袖（宗教领袖的知识建立在信仰之上）。这种转变说明了宗教对我们日常生活的影响程度已经在下降。哈维·考克斯（Harvey Cox）解释道：

> 世界越来越不关注宗教准则和因道德和意义而产生的宗教仪式。对一些人来说，宗教提供了一种业余爱好；对一些人来说，它则是国家或种族身份的标志；而对一些人来说，它是一种审美情趣。无论是在微观还是宏观价值观上，宗教能够为个人提供的指导性帮助越来越少。

如果考克斯是对的，我们应该期望有一天宗教消失吗？调查数据分析显示，越来越多的人声称没有宗教归属，这个数字从1950年的2%增加到了2012年的20%。跨国调查显示，30个国家有相似模式，30个国家中有23个国家记录着越来越多的人是无神论者（他们声称不存在神圣力量）。

如图13-7所示，声称没有宗教倾向的大学生数量已经在上升，与1980年的人数相比，2014年的人数增长了三倍。其他分析指出，大量没有信仰归属的成年人不仅在太平洋西北岸（长期是世俗化的地区）较为普遍，在太平洋东北岸——那个基督教第一个普及的地方也很普遍。

多数社会学家并不确定宗教正在消亡。尽管欧洲确实出现了大量的世俗化现象，但是美国大多数人仍然说他们相信上帝，每天祈祷的人（59%）和参与国家选举投票的人（2012年是58%）的比例也差不多。另外，今天美国的宗教派别实际上比1850年更高了。简而言之，尽管人们在不同宗教派别之间进行转会，但他们仍然一直是宗教信徒。

当考察宗教的变迁时，人们对宗教的变迁是好是坏观点不一。保守派倾向于将任何宗教的衰落看作道德沦陷的标志；激进派则将世俗化看作从过去包容万物的信仰中的一种解放，这给予人们更多的信仰选择。世俗化也带来了宗教组织惯例的变迁，如从只任命男性为神父或牧师，到广泛传播与支持男女平等的态度的变迁。

学生快照

- 图中尽管显示无宗教信仰的数量在增加，但只有不到三分之一的美国男生与女生宣称无宗教信仰。

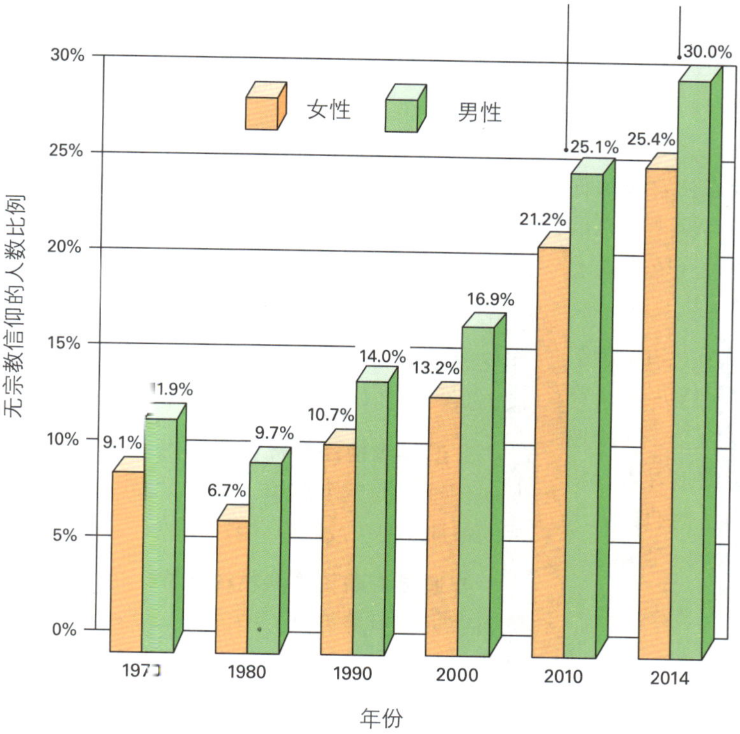

图 13–7　1970—2014 年美国大一新生中无宗教信仰的学生比例

◎最近几十年，不信奉宗教的学生比例在上升。

资料来源：Astin et al.（2002）and Eagan et al.（2014）.

根据世俗化理论，由于高收入国家的人们享有更高的生活质量和更好的安全，宗教应该在那里更加弱化。一项有关全球的研究结果显示，这种理论在西欧比较适用，西欧对宗教的虔诚已经下降很多。但是，最富有的国家美国却是个例外，宗教在美国仍然十分盛行，甚至是愈演愈烈。

也许在世俗化争论的历史中，最重要的事件发生在 1963 年，美国最高法院禁止在公共学校祷告，学校祷告者违反教会和国家分离的原则。

法庭决议在世俗化争议中依旧很重要。1950 年，美国国会将 5 月的第一个周三定为“全国祈祷日”（National Day of Prayer），在这一天，人们“向神祷告和冥想”，以此来强调宗教。然而 2010 年，威斯康星州的联邦法院否决了这一决议，认为这违反教会和国家分离的原则。在 2011 年，联邦政府成功改变了这项决议，以使得“全国祈祷日”得以继续执行。

市民宗教

社会学家罗伯特·贝拉（Robert Bellah）认为世俗化的一个维度是**市民化宗教**（civil religion），即将个人整合到一个本质上讲是世俗的、准宗教忠诚的社会中。换句话说，这里不再是正规的宗教机构起作用，而是公民自身就有其宗教品质。多数美国人将生活方式看作道德善举的力量体现，很多人在政治运动中显现出宗教的品质——不管是自由性或是保守性的。

市民宗教也涉及一系列宗教仪式，从运动会上唱国歌到公共阅兵式上挥动国旗。在所有这些活动中，国旗已经成为国家身份的神圣象征，并且需要得到人们的尊敬。

◎许多人意识到要提升生命的意义（增强健康和减少压力）并不需要信仰任何宗教组织。

“新时代”探索者：没有正式宗教的精神世界

12 月 29 日，秘鲁印加遗址。当我们正要结束第一天探索这个由印加人建在安第斯山上的宏伟城市的工作时，当地的一位萨满教巫师，或者说是宗教领袖卢卡斯正带领着 12 名旅行者举行感恩仪式。他跪在石制房中布满灰尘的地板上，并把祭祀物品（玉米和青豆、糖、五颜六色的植物，还有少量金银）放在他前面，将其作为礼物献给大地母亲，他祈祷和平、欢乐和施善的意志。他的话和陈设的神奇使仪式十分感人。

在最近几十年，越来越多的人在已有宗教组织外寻找精神上的发展。这一趋势引导一些研究者断定美国正在变为一个后宗派社会。简单地说，越来越多的人似乎成了精神的追寻者，相信人类存在重要的精神维度，这是他们独立于任何正式宗派成员关系的或多或少的个别追求。

在关注精神性的新时代追寻者和关注宗教传统的人之间具体有什么不同呢？如一位研究者所认为的精神性是这样的：

对心灵的宗教寻求，而不是对智商的追求。它是对不重视教条与教理的宗教表达，强调在对神的直接体验世界中狂欢，不管它被称作“神灵”“神意”还是“真我”。它是实践性的和个性化的，更多的是简化而不是拯救，是治疗而不是神学。它是关于感受善而不是成为善的。它既是心灵的，也是身体的。美国上百万人参与了新时代精神运动。

◎在这幅美国民间艺术的经典范例中，安娜贝尔·李·华盛顿（Anna Bell Lee Washington）1924 年创作的这幅《洗礼 3》（*Baptism 3*）画作描述了许多人通过步入基督信仰后人生所发生的变迁的体验。

以下六个核心价值观界定了宗教运动的新时代。

1. **追寻者相信更高层次的力量。**存在着一种更高的、在所有事物和人中的主要力量。人类只有部分神性。

2. **追寻者相信我们都是关联的。**因为宇宙中“神灵”无所不在，每件事和每个人都是相互联系的。正如新生代喜欢说的“我们是一家人”。

3. **追寻者信任精神世界。**物理世界并非只是我们感知的五个意识，还存在着一个更加重要的精神现实（或者说“精神世界”）。

4. **追寻者期望体验精神世界。**精神发展意味着获得体验精神世界的能力。很多追寻者逐渐明白献身于精神世界的助人者和领袖们能够并且确实接触到了他们的生命。

5. **追寻者追求卓越。**多样的方式（如瑜伽、礼拜和祈祷）赋予了人们一种不断增长的超越直觉的物理世界的能力（“卓越”的体验），这被看作生命更重要的目标。

6. **追寻者追求政治改变。**对于追寻者来说，精神意味着这个世界某种方式的改变，对于其他精神要求来说，同时追求政治改变以结束对自然环境的破坏和建立在竞争而不是合作基础上的经济系统。

从传统角度看，这种关注精神性的新时代运动看起来更像是心理学而不是宗教，也许说新时代结合了理性元素才是公平的说法（既强调个人主义，也强调忍耐和多元主义）。关注精神，寻求超越日常生活的意义，正是这种结合使寻求新时代的运动在现代社会特别流行。

宗教复兴：“善的旧时代宗教”

在新时代精神越来越盛行的同时，有组织的宗教世界正在发生巨大的变迁。如前所述，

争鸣与辩论

科学威胁宗教吗

吉汉：我觉得科学有一天会证明宗教是错的。

索菲：你最好祈祷上帝别证明你是错误的。

拉希德　两位冷静一下。我认为科学与宗教谈论的不是同一件事情。

大约 400 年前，意大利物理学家和天文学家伽利略（1560—1642）用一系列令人震惊的发现开启了科学革命。在研究比萨斜塔坠落物体的过程中，他发现了地心引力的一些规律；他运用自己制作的望远镜，观察星空并发现地球是以太阳为轨道转动的，而不是相反。

正因为这个问题，伽利略受到了罗马天主教堂的挑战。几个世纪来，罗马天主教堂已经布道说地球是宇宙不动的中心，伽利略的回应使事情变得更糟——他说宗教领袖没有责任谈论科学。不久，他发现他的学说被禁止了，自己也被囚禁了。

伽利略的遭遇说明，从一开始，科学与宗教之间就有着复杂的关系。在 20 世纪，在物种起源这个议题上二者又起了冲突。查尔斯·达尔文在其著作《物种起源》中提出，人类是从低等生命历经十亿年不断进化而来的。然而这个理论违抗了《圣经》在《创世纪》中的解释，它说“上帝创造了天堂和世界”，在第三天创造了生命并且在第五和第六天创造了动物的生命，包括由上帝想象出来的人类。

假如可以穿梭时空，伽利略肯定会是著名的“斯科普斯猴子实验”的热心观众。1925 年在美国田纳西州，一名叫约翰·托马斯·斯科普（John Thomas Scopes）的乡村科学教师在当地的中学教授达尔文的进化论。这一举动违反了州法，州法禁止讲授任何违背《圣经》里宣传的关于神圣造物的理论，特别禁止讲“人从低级生物进化而来”的理论。斯科普被判有罪，并处以 100 美元的罚款。他被判有罪的事实引起了社会舆论的反对，所以这个案件没有到达美国高等法院，这一判决直到 1967 都没有被执行。一年过后，最高法院在厄佩森（Epperson）诉阿肯色州案中，废除了所有这类违反宪法的、政府支持宗教的法律。

自伽利略当年被压制时算起，时光已经走过了近四个世纪。今天很多人仍然在讨论科学与宗教的明显冲突。33% 的美国成年人相信《圣经》是上帝的话，而且他们中的很多人拒绝任何违背《圣经》的科学发现。2005 年，在多佛和宾夕法尼亚州，总共有八个教育委员会在表示许多市民弱化了进化论的教学后被投票下台；同时，堪萨斯州的教育委员会出台了关于进化论在宗教视角下的弱点和局限性的课程。2010 年，俄亥俄州的一名中学科学教师因被指控给学生讲述基督教精神而被解雇。

但是妥协正在浮现：44% 的美国成年人（和很多教会领导者）说《圣经》是一本上帝激发灵感的真理书，在字面上做科学判断是不正确的。另外，2009 年一个关于美国科学家的调查表明，一半的美国科学家相信上帝或者某种形式的高等智慧的存在。所以看起来很多人能够同时接受科学和信仰。其原因可能是科学和宗教是对不同问题的不同理解方式。伽利略和达尔文在探究自然世界如何运行的问题上倾注了他们的心血。然而只有宗教才能解释我们和自然界究竟为什么存在的问题。

科学与宗教的基本差异能够解释为什么美国在世界上既是最具科学性的也是最具宗教性的。正如一位科学家最近说的，就像我们所知道的理论一样，120 亿年前的宇宙大爆炸创造了宇宙并导致了生命的形成的概率比赢得连续 20 周的国家彩票的概率还要小。这一科学事实难道不是表明了在我们的起源中有一种智慧的、有目的的力量吗？一个人难道不能既是一个宗教教徒，又是一位科学研究者吗？

1992 年，一个梵蒂冈代言人宣称宗教对伽利略的压制是错误的。今天，大多数科学和宗教领导者都同意科学和宗教分别代表了重要但不同的真理。很多人也相信在今天科学发展突飞猛进的情况下，我们的世界比任何时候都需要宗教来提供道德的指引。

你怎么想

1. 你认为科学家为什么反对宗教关于人类起源的解释？宗教界人士为什么又反对科学家的解释？

2. 社会学对宗教的研究会威胁到个人的信仰吗？为什么？

3. 一半美国成年人认为，科学改变我们的生活方式太快了。你同意这一说法吗？为什么？

资料来源：Gould（1981），Huchingson（1994），and Applebome（1996），and Greely（2008）.

主流教会的成员在近几十年里减少了不少。之后，新时代精神运动不仅兴起了，还与其他正式的宗教组织联盟，包括摩门教、基督复临安息日会教友，尤其是基督教派得到了巨大的发展。

另外一些相反的情况则表明了世俗化可能具有的自我限制功能：随着教会组织更加普及，很多人喜欢加入分支教派，以体验更为强烈的宗教经历。

宗教：前景展望

媒体牧师的流行、唯心论的新形式以及上百万人加入主流教会的情况表明，在接下来的几十年里，宗教仍然是人类现代社会生活中的重要组成部分。来自众多宗教文化中的高层次移民（拉美和其他地方）将增强也会使美国21世纪的宗教具有多样化的特点。

世界正变得更加复杂，而且似乎正以我们力所不及的方式快速变迁着。但是与其使宗教弱化，还不如让这一过程点燃宗教的想象力。随着新技术赋予我们改变、扩展甚至创造生命的力量，我们面临越来越多的道德困惑。在这种不确定的背景下，不难理解为什么很多人要为他们的信仰寻求指导和希望。

日常生活中的社会学

Society: The Basics

大众媒体如何描述家庭

人们对20世纪50年代如《奥齐与哈丽特》（*Ozzie and Harriet*）和《宝贝智多星》（*Leave It to Beaver*）这样的电视节目中关于传统家庭的描述都很熟悉。这两档电视节目里都有一个在外工作的爸爸，一个在家做家务的妈妈和两个（好）儿子。但是，从以下的图片建议中，我们看到今天的电视节目展示了更加宽泛的家庭类型。

◎尽管50年前的电视剧将家庭呈现为一种文化理想类型，但今天的电视剧却更多地呈现出家庭生活的现实。这不仅意味着家庭类型的变化，而且还像《绝命毒师》（*Breaking Bad*）中所演的，家庭中同样会有斗争和冲突。

◎情景喜剧《杰西驾到》（*New Girl*）中，杰西·戴（Jess Day）是一名20多岁的在结束一段关系后需要一个栖息之地的教师。看到一则寻找室友的广告后，她搬去和一个年轻的单身男性同住。这种方式是组成一个家庭吗？

◎ 电视剧《无耻之徒》(*Shameless*) 讲述了弗兰克·加拉赫(Frank Gallagher)功能失调的家庭生活：一个酗酒的单亲父亲及其六个在没有太多关照的情况下努力成长的孩子。

提示

现在的大众媒体模式和 20 世纪 50 年代(所谓的"家庭的黄金年代")的时候有着巨大的差异。今天的电视节目强调职业而压缩家庭生活的时间，稳定的婚姻往往是少数，取而代之的是很多类似家庭群体的组合方式。有些人可能会说好莱坞偏爱反家庭。这个很难说，或许是剧本家发现非常规的家庭更具有故事的趣味性。你是否认同今天多数人都有能力寻找和维持一段令人满意的关系的观点，不管这段关系是否遵循一种传统的家庭模式。

从你的日常生活中发现社会学

1. 在阅读照片文章后，列出你最喜欢的电视节目，并评估每个节目中家庭的重要性。电视节目中呈现出家庭生活了吗？如果是，呈现出了什么样的家庭模式？家庭是不是人们幸福的源泉？

2. 这一章节解释了现代社会的家庭生活越来越倾向于做选择。现代家庭生活比过去一个世纪前更加多样化的深层原因是什么？

第 14 章

教育、健康和医疗

通过本章，我们能够：

◎ 比较高、中、低收入社会的学校教育；

◎ 运用社会学主要理论分析教育；

◎ 讨论当今学校所面临的辍学、择校和其他问题；

◎ 比较低收入和高收入国家的健康模式；

◎ 比较世界各国的医疗制度；

◎ 运用社会学主要理论分析健康和医疗。

社会的力量：开启大学之门

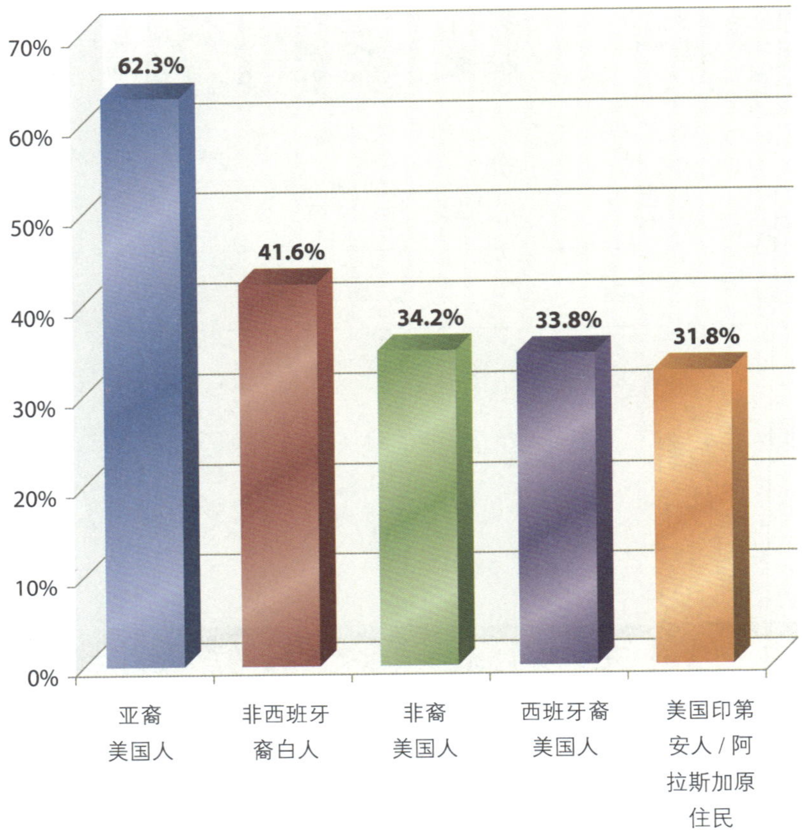

图 14-1　2013 年秋季 18 ~ 24 岁人口中上大学的比例

资料来源：U.S. Department of Education（2014）.

上大学仅仅反映了想要接受更多学校教育的个人愿望吗？研究者称，几乎所有的父母都说他们希望自己的孩子上大学。但是，在美国 2013 年秋季学期，18 ～ 24 岁的白人群体中只有 42% 的人进入大学，而对于美国印第安人和阿拉斯加原住民，这个比例又减少了 25 个百分点（即 31.8%）。而亚裔美国人（他们拥有更高的家庭收入和文化资本，这两种因素有利于学校教育）上大学的可能性更大。总而言之，美国的社会以特定的方式使高等教育的大门面向某些人群更为开放。

本章概要

本章解释了现代社会中两项基本的社会制度——教育和医疗卫生的运行机制。在对这两项制度进行讨论时，我们既立足于全球性视野，又聚焦于美国社会。

莉莎·艾迪逊（Lisa Addison）在巴尔的摩长大，当老师们说她很聪明，应该去读大学时，她总是面露微笑。"我很喜欢听老师们夸我，"她回忆道，"但我不知道该如何是好。我家里从来没有一个人上过大学，我不知道高中该学些什么，也不知道如何申请一所大学。我拿什么来付学费？我的大学会是什么样呢？"

由于对前途毫无把握，艾迪逊发现她自己"开始有点在学校混日子了"。高中毕业后的 15 年里，她先是在一家餐馆当服务员，然后又在一家餐饮公司当炊事助手。而现今，在她 38 岁的时候，她决定重回学校。"我不想后半生还做这样的工作。我这么聪明，可以做得更好。在此刻，我已经做好了读大学的准备。"

艾迪逊实现了人生的重大转折，成为巴尔的摩社区大学的学生，并在职业顾问的帮助下确定了修读商科副学位①的目标。在她完成了两年的学习后，又计划转入一所四年制的大学，去修读学士学位。然后她希望重回饮食服务行业——不过，是以高薪管理者的身份。

作为一项社会制度，教育对于那些追求职业发展的人们来说尤为重要。本章将解释为何学校教育在今天的美国对取得成功而言，比以往任何时候都要重要，以及哪些人从教育中获益最多。本章的第二部分将考察健康以及作为社会制度的医疗问题。优质的健康资源，就像优质的教育资源一样，不均匀地分布在社会的人口当中。此外，有关学校和教育的模式也揭示了不同社会之间存在的巨大差异。

教育：全球概览

教育（education）是一种社会向其成员提供重要知识（包括基本事实、工作技能，以及文化规范和价值）的社会制度。教育包含多种形式，从餐桌边的非正式家庭讨论到综合大学中的课程和实验都属于教育的范畴。在高收入国家，教育主要是通过**学校教育**（schooling），即由受过专业训练的教师提供的正式指导来实现的。

教育 社会向其成员提供重要知识（包括基本事实、工作技能，以及文化规范和价值）的社会制度

学校教育 由受过专业训练的教师提供的正式指导

学校教育和经济发展

任何社会的学校教育水平都和其经济发展程度紧密相联。在人口占世界大多数的中低收入国家，一般都是由家庭和社区教给青年人重要的知识和技能。正规的学校教育，尤其是那些和生计关系不大的教育，主要提供给那些有条件追求个人成长的富裕人士。毕竟，"学校"一词在希腊语中的本义是"闲暇"。在古希腊，

① 副学位（associate degree），是指美国大学修满两年课程之肄业证书。——译者注

像柏拉图、苏格拉底、亚里士多德这些大师的学生都来自上流社会的贵族家庭，他们有着充裕的闲暇时间。同样，中国古代的著名哲学家孔子也仅将其学识传授给了少数特权子弟。

12 月 30 日，秘鲁库斯科地区。在秘鲁的安第斯山脉高地，孩子们被家人送往当地的学校读书。但所谓的“当地”却是离家三英里甚至更远的地方，而且去那里没有公共汽车，于是这些几乎全部来自贫困家庭的孩子们每天上学的单程都要花上一个小时甚至更久。学校教育是由法律规定的，但在农村高地，一些家长宁愿让自己的孩子待在家里帮着耕地和饲养牲畜。

今天，低收入国家学校教育的不足是国家文化的反映。例如，伊朗的学校教育就与伊斯兰教密不可分。同样，在孟加拉国（亚洲）、津巴布韦（非洲）和尼加拉瓜（拉丁美洲），各国独特的文化传统形成了各自不同的教育模式。

低收入国家在学校教育方面的一个共同点是，教育资源的匮乏。在世界最贫穷的国家中（包括中非的一些国家），有超过 25% 的儿童没有上过学。而在全世界范围内，有超过四分之一的儿童没有上过中学，由此带来的后果便是有六分之一的世界人口不会读写。

印度的学校教育

印度目前已成为一个中等收入国家，但印度人的收入仅有美国人均收入的 10%，并且多数贫困家庭还要依靠儿童来挣钱养家。尽管印度法律已经规定雇用童工是非法行为，但许多儿童仍然在工厂里继续工作——编织毯子或制作手工艺品——每个星期的工作时间高达 60 个小时，这在很大程度上限制了他们上学的机会。

今天，约有 97% 的印度儿童能够念完小学，通常是在非常拥挤的教室中，一个班的老师可能要面对 35 个甚至更多学生。而美国的公立学校平均每个班的学生不会超过 20 人。在印度，92% 的学生能够继续读中学，但是只有 25% 的学生能够上大学。目前，约有 25% 的印度人不会读书和写字。

父权制也在印度的教育中打下了深深的烙印。印度的父母非常希望能生男孩，因为儿子和他未来的妻子能够共同挣钱养家。但是养一个女孩却要花上一笔钱：父母需要筹备嫁妆（给男方家的彩礼），而且婚后女儿要为对方家庭挣钱。因此，许多印度人不愿意花钱让女孩上学，这就是为什么相对于男孩子，女孩子更少有机会上中学的原因。那么，这些女孩不上学又能做什么呢？在印度工厂里干活的儿童大多是女孩——这就是一个家庭在尽可能早的时候就从女儿身上获益的方式。

日本的学校教育

学校教育并非一直都是日本人生活中的一部分。自 1872 年开始的义务教育是日本工业化浪潮的产物。在此之前，只有一小部分特权子弟才能上学。而今天，日本的教育体系因其培养出了一批世界顶级人才而赢得了广泛的赞誉。

早期教育主要致力于传播日本传统，特别是对于家庭的义务。从十几岁开始，学生们就要应付一系列严格而竞争激烈的考试。就像美国的大学入学考试（SAT）一样，这些书面考试的分数决定了所有日本学生的未来。

日本高中毕业的学生比例（99%）比美国（88%）高，但只有 51% 的高中毕业生能通过竞争激烈的考试进入大学，而在美国这个比例为 66%。因而，不难理解为何日本学生（以及他们的父母）对待入学考试的态度如此认真，约有一半的学生都会参加专门的补习班来复习备考，通常意味着要到深夜才能完成功课。如此高强度的学习是很多日本学生上课打瞌睡的原因之一，而这被老师看作问题学生的一个标志。

日本的学校教育取得了令人瞩目的成果。在许多领域，特别是数学和科学方面，日本青年学生（科学排名世界第四位，数学排名世界第六位）的表现优于大多数来自其他任何一个高收入国家的学生，包括美国（科学排名世界第 27 位，数学排名世界第 35 位）在内。

美国的学校教育

美国是最早设立大众教育目标的国家之一。早在 1850 年，全美 5 ～ 19 岁的青少年中就有一半的人上了学。到了 1918 年，美国所有的州

◎ 在许多低收入国家，儿童去工作的可能性和去读书的可能性差不多，女孩接受的教育要少于男孩。但如今学校教育的大门向更多的女性敞开。图中的这些年轻女性正在坐落于摩加迪沙市区的索马里大学学习护理。

都通过了《义务教育法》(*Mandatory Education Laws*)，要求儿童上学至少上到 16 岁，或者读完八年级。表 14–1 显示了 20 世纪 60 年代中期，美国拥有高中文凭的人第一次在成年人中占据了多数，成为美国教育发展的一个里程碑。而在 2014 年，有 88.3% 的 25 岁以上的成人接受过高中教育，拥有四年制大学学历的则占了 32%。

表 14–1 1910—2014 年美国的教育成果

年份	高中毕业生（%）	大学毕业生（%）	学龄中位数
1910	13.5	2.7	8.1
1920	16.4	3.3	8.2
1930	19.1	3.9	8.4
1940	24.1	4.6	8.6
1950	33.4	6.0	9.3
1960	41.1	7.7	10.5
1970	55.2	11.0	12.2
1980	68.7	17.0	12.5
1990	77.6	21.3	12.4
2000	84.1	25.6	12.7
2010	87.1	29.9	13.0
2014	88.3	32.0	13.2

◎ 注：本表以 25 岁及以上年龄人口为统计对象。高中毕业率的计算人数包括入读大学的人。高中辍学率可以通过（100%– 高中毕业率）来计算。

资料来源：U.S. Census Bureau（2014）；World Bank（2015）.

美国的教育体系是在高质量的生活水平（这意味着年轻人不用去工作挣钱）和民主原则（其理念认为人人都应享有受教育的权利）的共同作用下形成的。托马斯·杰斐逊（Thomas Jefferson）认为只有当人民懂得读书时，这个新的国家才能实现民主。如今，美国人的高等教育水平是世界瞩目的，成年人当中拥有大学学历的比例与挪威、荷兰、以色列等国一样都位于世界前列。

美国的学校教育还致力于提高平等的机会。全美调查显示，大多数民众认为学校教育对于个人的成功举足轻重；大多数人也相信，每个人都有机会获得与自身能力和智力水平相符合的教育机会。然而，这种观点所表达的是一种文化理念而不是现实。例如，一个世纪以前，妇女很难获得接受高等教育的机会，即使在今天，受过大学教育的人也大多来自中高收入水平的家庭。

美国的教育重视实用性，即学习的知识有助于将来的工作。这一特点与教育哲学家约翰·杜威（John Dewey, 1859—1952）所提倡的进步主义教育是一致的，即倡导教育要贴近人民的生活。学生也会选择那些他们认为能够提升自身就业竞争力的专业来学习。比如，近年来，随着人们对国际恐怖主义的关注增加，美国学生学习地理、国际冲突和中东历史文化的数量也随之增加。

有关教育的理论

在接下来的每一小节中，我们将运用社会学中不同的主要理论来分析教育。先从结构–功能理论开始。

结构–功能理论：学校教育的功能

结构–功能理论关注的是学校教育对社会平稳运行和社会稳定发挥支持作用的方式。

1. **社会化**。科技不发达的社会依靠家庭来使生活方式代代相传。在社会出现了更复杂的技术后，他们就开始通过培训教师来传授成年人工作所必需的专门知识。

2. **文化创新**。高等院校的教员创造文化，并且传播给学生。特别是在一些高等教育中心，学者们所从事的研究能够帮助我们获得更多的发现和实现生活方式的变革。

3. **社会整合**。学校教育对多样化的人口具有模塑作用，使一个社会中的规范和价值得以共享。这是美国在一个世纪前的移民高峰期颁布《义务教育法》的原因之一。如今，由于许多城市的种族分化严重，学校教育仍在社会整合方面继续发挥着作用。

4. **社会安置**。学校发掘人才并根据学生的智力情况而提供相应的教育。学校教育促进精英体制的形成，使个人的才智和努力获得回报，而不论其社会背景如何，从而为其提供向上流动的通道。

5. **潜在功能**。学校教育还具有一些未被广泛认识的潜在功能。它为越来越多的需要外出工作的家庭提供了对其子女的照顾；此外，还为成千上万的20多岁的年轻人提供了上学的机会，从而免于过早地接受就业市场中的激烈竞争。高中和大学还将达到婚龄的青年们聚集到一起，为他们提供了相互认识的机会。最后，学校网络还为今后的职业发展积累了重要的资源。

◎ 取得大学文凭正成为越来越多的美国人生活中的一件大事。回顾上文关于学校教育功能的讨论，你认为哪些功能是大学生们所知道的？你能想到上大学带来的其他社会影响吗？

评价

结构-功能理论强调了正规教育对现代社会运行的支持作用。但是，这一视角却忽略了一个事实，即老师和学生的课堂行为在不同情境下是有所区别的，而这正是下文将要讨论的符号互动理论的关注焦点。此外，结构-功能理论很少提及现行教育体系存在的问题，以及学校教育如何在每一代人中推动等级结构的再生产，而这些则是我们在稍后将谈到的社会冲突理论的主要视角。

符号互动理论：自我实现的预言

符号互动理论的基本观点是人们在日常交往中建构出社会现实。我们用这种方法来解释刻板印象如何影响课堂行为的形成。

在第4章中，我们谈到了托马斯定理，它认为现实是由于人们的定义而在后来成为现实的。换句话说，人们对他人特定行为的期望常常会促使他人采取这种行为。在这种互动中，人们建立了一个自我实现的预言。

简·埃利奥特（Jane Elliott）是美国艾奥瓦州瑞泽维尔地区白人社区的一名小学老师，她曾做了一个简单的实验，来证实教室里自我实现预言的发生。追溯至1968年，当马丁·路德·金被刺杀时，埃利奥特正在教四年级的学生。她的学生感到很困惑，问她为什么一个国家英雄会被残忍地枪杀。埃利奥特就反问她的白人学生对有色人种的态度，她很惊讶地发现他们持有许多强烈和负面的刻板印象。

为了向学生说明这种偏见的危害，埃利奥特做了一个教室实验。她发现班里几乎所有孩子的眼睛不是蓝色就是棕色。她告诉他们拥有棕色眼睛的孩子要比蓝色眼睛的孩子更加聪明和用功。为了方便对这些孩子进行区分，她在每一个学生的领子上都别了一些棕色或蓝色的布条。

谈到那个实验的结果，埃利奥特回忆了学生们的表现：“他们很快就变成我所告诉他们的

◎你做学生时表现得怎么样？答案是你自己和你的老师认为你如何，你就表现得如何。电视剧《欢乐合唱团》（*Glee*）展现了一个善于激励人的老师如何帮助学生建立更强的自信心和取得更好成绩的故事。

那样，变化简直快得惊人。”埃利奥特说，在此之后不到半个小时，一个叫卡罗尔的蓝眼睛女孩就已经从一个朝气蓬勃、开心无虑的小孩子变成了一个胆小犹豫的小大人。可想而知，在后面的几个小时里，棕眼睛的孩子们变得活跃起来，比以前更加爱说爱动敢表现。这个预言实现了：因为棕色眼睛的孩子们相信自己是优秀的，所以在课堂行为上表现出了这一点，并且“骄蛮而无礼”地对待那些蓝眼睛的同学们。而那些长着蓝色眼睛的孩子则表现得大不如从前，开始变得像他们自己所以为的那样差。

那天晚上，埃利奥特向学生解释了他们所经历的这件事。她将这个话题引申到种族方面，并指出如果白人儿童认为他们比黑人儿童优秀，他们在学校就会表现得比较好，就像许多受到这种偏见影响的有色人种儿童在学校表现欠佳一样。这些孩子们同时也认识到了正是社会向人们灌输了这些偏见以及由此而生的仇恨才引发了暴力冲突，从而使马丁·路德·金失去了生命。

评价

符号互动理论解释了人们如何与他人在日常互动中建构现实。例如，当校方认定某些学生为“天才”时，可以想象，老师将会给予他们特殊对待，而学生自己也会因为被贴上这一标签而表现得与众不同。假如学生和老师都相信一个种族在学习方面优越于他人，那么随之而来的就是自我实现预言的应验。

这种视角的局限在于只看到了个体所产生的优劣观念，而忽视了这些观念还进一步构成了社会不平等体系的一部分。这也引导着我们去关注社会冲突理论。

社会冲突理论：学校教育和社会不平等

社会冲突理论对结构-功能理论认为学校教育能够发展每个人的才智的看法提出了挑战。与之相反，这个理论强调了学校教育造成并且固化社会不平等的三种途径。

1. **社会控制**。正如萨缪尔·鲍尔斯（Samuel Bowles）和赫伯特·金迪斯（Herbert Gintis）所指出的那样，19 世纪晚期，对公共教育的需求是以工厂主对遵纪听话的劳动力的需求为基础的。移民曾经在学校里不仅要学习英语，还要懂得听从命令的重要性。

2. **标准化考试**。批评者们认为，学校所广泛采纳的标准化考试反映了我们社会的主流文化，少数学生因此而陷于不利位置。通过把多数学生定义为更加聪明的人，这种考试制度将社会特权转化成一种个体优势。

3. **分流**。尽管关于标准化考试的争议不断，美国的大多数学校还是将它们用于进行教育分流——分派学生到不同类型的教育计划中，例如大学预科、普通教育以及职业技术培训等。教育分流的初衷是帮助老师迎合每一个学生的能力和兴趣。然而，教育批评家乔纳森·科佐尔（Jonathan Kozol）却将之视为学校系统中“残酷的不平等”的一个例子。大多数拥有特权背景的学生都能在标准化考试中取得较好成绩并进入更高阶段学习，接受最好的学校教育，而背景不好的学生则只能接受强调背诵而非创造性的低层次教育。

公立教育和私立教育

在全美 5480 万小学生和中学生中，约有 91% 的人在州立学校读书，其他的则进入私立学校。

◎ 社会学研究已经证明了这样一个事实：来自贫困社区的孩子上学时的典型环境就像左图那样，班级人数众多，并且因资金不足而无法提供高技术含量或他类型的指导材料；而富裕社区孩子的教室则像右图那样，是小班教学，还能应用先进的教学仪器。

39% 的私立学校学生都在 6700 多所教区学校中的一所就读，它们是由罗马天主教堂开办的。由于城市移民的大量涌入，天主教学校在一个世纪前得到了迅速的发展。今天，在持续数十年的城市白人外迁浪潮过去之后，许多教区学校也招收了非天主教徒，包括那些数量日益增长的非裔美籍儿童，他们的家庭不希望让孩子去附近的公立学校读书。

还有 38% 的私立学校学生在 14 000 多所非天主教学校中的某一所就读。许多与新教教派相关的私立学校常被称为基督学院，这些学校在那些希望子女得到宗教指导以及那些背景不一但都追求更高学术和纪律标准的家长中受到了欢迎。

其余的 23% 的私立学校学生进入非宗教背景的学校就读。其中的多数年轻人来自富裕家庭，他们就读于声誉好、学费高的预科学校，这些学校模仿英国的寄宿学校，不仅开设高质量的学术课程，还向学生传授上流社会的生活方式。许多大学预科生终生维持着上学期间建立起来的关系网络，这为他们提供了极大的社会优势。

私立学校是不是比公立学校好呢？研究证明，私立学校的学生在其社会背景稳定不变的情况下，往往比公立学校的学生表现得更为出色。私立学校的优势包括小规模的班级、严格的学习制度以及高质量的学科设置。

公立学校之间的不平等

即便是公立学校，各自的情况也不尽相同。富裕地区和贫困地区在资金投入上的差异导致了资源的不均衡。这就意味着，富裕地区的儿童相比低收入地区儿童来说能接受到更好的教育。例如，美国各州教师平均工资的差距最高达到了 35 000 美元。

地方财政对教育支持的差异也是引人注目的。在美国最富有的郊区之一——弗吉尼亚州的阿灵顿郡，当地财政对学生的资助达到每人每年 16 000 美元以上，而在贫穷地区如犹他州的阿尔派恩则仅有 5400 美元。这些差距在近年来被拉得更大。在接下来的"多样化思考"专栏中显示了学校资金差异对于学生日常生活的影响。

由于学校资金一般都来自地方的财产税，因此，富裕地区能够比落后地区提供更好的学校教育。这种财政支持上的差异还会使白人与少数族裔人口相比受益更多。正因如此，一些街区开启了输送学生的政策，以此来维护种族之间的平衡，以及学校间的机会公平。在 20 世纪 70 年代初期，约有 5% 的学生被送往其他地区上学，而这项政策的出台备受争议。支持者提出，在存在种族隔离的事实前提下，来自富裕地区的白人学生来到经济落后的、以少数民族族裔为主的地方上学，这是使政府给予这个地方的学校以充足的财政拨款的唯一办法。而

多样化思考：种族、阶层和性别

美国的学校教育：残酷的不平等

“261 公立学校？沿杰尔姆大街一直走，找到殡仪业者办公室就是了。”乔纳森·科佐尔停车朝 261 公立学校走去，他将要进行为期一天的纽约市学校考察。找到 261 公立学校并不容易，因为这所学校没有任何标志。这里从前是一个滚轴溜冰场，现在也丝毫看不出一点学校的样子。

校长解释说，这里是北布朗克斯的少数民族区，所以 261 公立学校的 90% 的学生都是非裔美国人和西班牙裔美国人。严格来说，这所学校只能容纳 900 名学生，但实际上他们却招收了 1300 人。按规定每个班级不能超过 32 人，但科佐尔发现有时一个班甚至达到 40 人。整个学校只有一间小小的自助餐厅，因此学生们只能分三批轮流就餐。午餐过后，孩子们也没有可以玩的地方，只得在他们的座位附近活动，直到被要求回到教室。全校只有一间教室有一扇窗户可以看到外面。

那天快要结束的时候，科佐尔跟一名老师谈到了学校的过度拥挤和条件落后的问题。她总结了一下她的想法：“去年我在的这间教室很差，冬天温度只有 56 华氏度[①]，而夏天则高达 90 华氏度。”“学生们对校舍有什么意见吗？”科佐尔问道。“他们没说，”她回答道，“但是他们心里清楚。这些孩子都看电视，知道郊区的学校是什么样的，他们还会在学校里到处观察。尽管他们不说，但透过他们的眼睛你就能发现，他们是懂得这些的。”

几个月后，科佐尔参观了坐落于纽约富裕的里弗代尔街区的 24 公立学校。学校建在马路的背面，隔着一块盛开着木兰和山茱萸花的草坪。学校一边是给较小的孩子们玩耍的操场；另一边是向大孩子们开放的运动场。因为这里的学校声名卓著，很多人都愿意花高价在里弗代尔买房子。这所学校共有 825 名学生，大部分是白人，少数是亚裔、西班牙裔或非裔儿童。学校还在做进一步的修缮，学校有一座大图书馆，甚至还有一座天文馆，而且所有教室的窗户都挂着明亮的窗帘。

科佐尔来到一个优等班，问学生在做什么。一个小女孩自信地回答道：“我叫劳里。我们正在解决一个问题。”一个高高的、性格温和的男生接着说：“我叫大卫。我们要做的事就是进行逻辑思考，因为我们发现许多问题的好答案不止一个。”科佐尔问他们，这样的推理能力是天生的还是习得的。苏珊带着阳光般的微笑回答道：“许多事情从我们开始上学的那一刻就开始了。我们学了很多其他人不知道也学不到的东西，因为老师只把这些教给我们。”

你怎么想

1. 这种学校与学校之间的差别在你所在的城镇中存在吗？请解释。
2. 你觉得为什么公众对学校教育的不平等关注很少？
3. 我们的社会需要做出哪些改变来消除学校教育的不平等？你支持这些改变吗？为什么？

资料来源：Adapted from Kozol（1992:85-88, 92-96）.

① 1 华氏度 = 摄氏度 ×1.8+32。——译者注

批评者们的态度则是，输送学生上学代价高昂，并且使就近入学的观念受到不好的影响。然而，几乎得到各方共识的一点是，在多数城市地区存在种族偏见的情况下，一项有效的输送政策必须能够在城区与郊区之间建立联结——但这从政治上来说目前还无法实现。尽管在 1970—1990 年间，美国公立学校的种族隔离有所减弱，但那以后并未出现更多的改变。

不过，其他旨在消除教育不平等的政策相继出台，其中佛蒙特州所采取的做法是向全州各地方提供相等的资金支持。该州通过了一项法案（*Act* 60），规定向州内各地区分配的税金必须保持均等。

并非所有人都认为经费是学校教育质量的

关键。例如，俄亥俄州的扬斯敦每年为每个公立学校的学生花费 14 500 美元（比全美平均值高出 40%），但是只能勉强使一半的学生毕业。新泽西州的纽瓦克每年在每个学生身上的投入是全美平均值的两倍，但仅有不到一半的学生能顺利毕业。

除了资金以外还有什么其他原因？由詹姆斯·科尔曼（James Coleman）领导的研究组做过一个经典的报告，报告证实，低收入地区学校和以少数族裔为主的学校通常面临班级规模过大、图书馆紧张以及科学实验室匮乏的问题。但科尔曼的报告也在提醒人们，增加资金本身并不具有提升教育水平的神奇魔力，更重要的是老师、家长和学生自身的努力。换句话说，即使给各个学校划拨的资金完全相等（如佛蒙特州），拥有更多文化资本的学生——他们的父母重视学校教育，教他们读书，并鼓励孩子发挥想象力——依然会表现得更加优秀。简言之，我们不能仅仅指望学校本身就能使美国社会突出的不平等问题得到解决。

进一步的研究证实了家庭环境对于孩子在学校的表现具有重要影响。一个研究小组调查了学龄儿童在阅读和算术方面的学习速度。由于美国儿童的上学时间是每周五天，每天六七个小时，夏季还要放假，因此研究者们估算，孩子们在学校的时间只占了除去睡觉以外时间的 13%。在学校里，家境好的学生一般要比家境差的学生学得快一些，而暑假在家的时间里，他们的学习差距则更加明显。因此，研究者们得出了这样的结论：除了学校以外，家庭和生活环境的差别是影响儿童学习更为重要的因素。换句话说，学校拉近了一些由家庭资源不平等所形成的学习差距，但是并不能创造一个使富人和穷人的孩子公平竞争的环境，尽管我们认为学校可以做到。

通向高等教育之路

对于大部分人来说，受过高等学校教育是获得一份好工作的主要途径。但是在美国的高中毕业生中，只有 66% 的人能够在毕业当年就进入大学。在 18 ～ 24 岁的年轻人中，接受大学教育的人占了 40%。

影响美国年轻人接受高等教育的一个重要因素是收入。大学教育是昂贵的：最贵的 50 所高等校院校每年的学费都超过 60 000 美元——对于大多数的工薪家庭，这是笔不小的数目，许多大学甚至收费更高。即使在州立学院或大学，每年的学费也达到了 9139 美元。这就意味着读大学在那些经济较好的家庭中更为普遍。在美国，至少有一个孩子进入大学的家庭有 640 万，而这些家庭中有 48% 年收入不低于 75 000 美元（差不多是最富有的 30% 的家庭，属于高端中产阶级和贵族阶级），43% 的家庭年收入为 20 000 ～ 75 000 美元（大多是中产阶级和劳工阶级家庭），只有 9% 的家庭年收入低于 20 000 美元（较低阶层的家庭，包括贫困家庭）。

经济上的差距扩大了白人和少数族裔之间在高等教育水平上的差异。如图 14–2 所示，非裔美国人从高中毕业的机会小于非西班牙裔白人，而他们完成四年制或以上大学教育的机会则更少。在当今社会，学校教育是社会流动的重要途径，但是学校教育带来的希望并没有消除美国社会业已存在的种族不平等。

大学教育能够带来许多回报，包括更好的收入。在过去 40 年里，经济的发展使得信息处理在工作中变得越来越重要，因此，高中毕业生和四年制大学毕业生的工资差距扩大了一倍以上。事实上，今天，一个大学学位能够给一个人的终身收入增加 100 万美元，更具体的资料见表 14–2。2013 年，高中毕业男性的平均收入为 40 289 美元，而大学毕业的男性则为 67 236 美元。括号中的比例表明，获得学士学位男性的年收入是八年级或以下学历男性的 2.6 倍。总体来看，女性的收入低于男性，尽管和男性一样，受教育时间的增加会给女性带来工资的增长。要注意的是，无论对于男性或女性，收入的增加都与家庭背景有或多或少的关系，因为受教育水平最高的人往往是以富裕的家庭境况为起点的。

更多机会——高等教育的扩张

美国以其 2000 万的大学生数量，成为世界高等教育的领导者。同时，美国也具有世界上最大的留学生队伍，在 2012 年有将近 75 万名

多样化快照

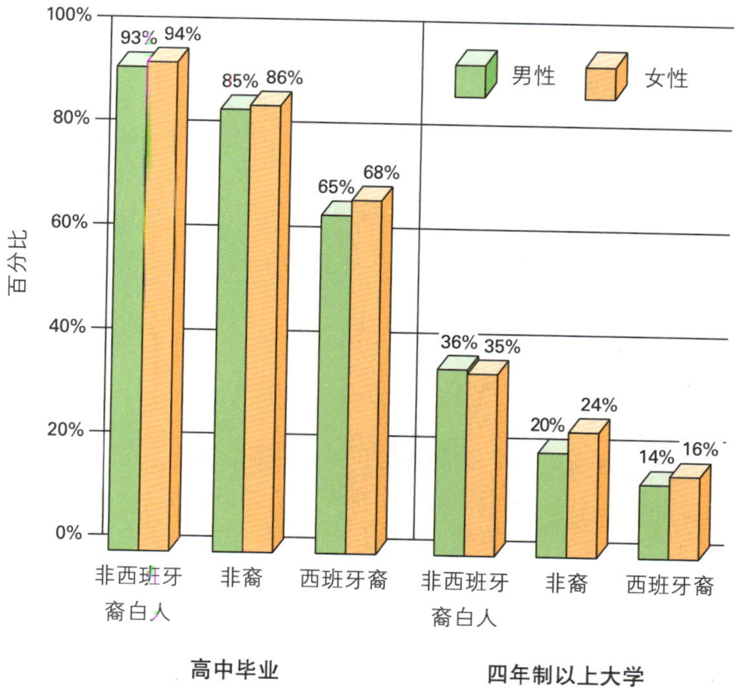

图 14–2　2014 年 25 岁及以上不同类别人口的教育成就

◎美国社会提供给少数族裔的教育仍然不足。

资料来源：U.S. Census Bureau（2014）.

表 14–2　2013 年不同性别和教育程度人群的收入中值

教育程度	男性（美元）	女性（美元）
职业学位	126 725（4.8）	85 396（4.3）
博士	105 281（4.0）	75 091（3.8）
硕士	86 308（3.3）	61 281（3.1）
本科	67 236（2.6）	50 745（2.6）
一至三年大学	47 650（1.8）	35 242（1.8）
四年高中	40 289（1.5）	30 801（1.6）
九至十一年学龄	30 565（1.2）	22 248（1.1）
零到八年学龄	26 160（1.0）	19 840（1.0）

◎注：数字为 25 岁以上全职工作者的统计。括号里的比值为该收入与该类受教育人群的最低收入的比例。

资料来源：U.S. Census Bureau（2014）.

非本国学生。

取得这一成就的原因之一是，美国具有 4294 所大学，包括 2634 所四年制大学（授予毕业生学士学位）及 1660 所两年制大学（授予副学士学位）。尽管有些两年制大学是私立的，但是大多数是获得政府资金支持的社区学院，主要为当地（一般为一个城市或县）的居民服务，收费很低。

由于高等教育是获得好工作和较高报酬的途径，政府为某些特定人群提供大学学费资助。第二次世界大战后，《退伍军人法案》（*GI Bill*）向退伍老兵提供了大学基金，使得几万人获得了接受高等教育的机会。军队的某些机构继续为士兵提供大学学费。另外，政府还为士兵提供了大量的资助和奖学金。

社区学院

从 20 世纪 60 年代开始，由（州）政府提供财政支持的社区学院大大增加了民众接受高等教育的机会。根据美国国家教育统计中心（National Center for Education Statistics）的资料，全美 1660 所两年制大学吸纳了全部大学在读学生的 39.7%。

社区学院有一系列特定的优势。首先，低廉的学费使几百万负担不起大学学费的家庭也有机会学习大学课程和获得学位。社区学院中有很多学生是他们家庭中的第一个大学生。社区学院的低学费在经济衰退的时期显得尤其重要。当经济衰退和工人失业时，大学尤其是社区学院的入学率呈现高涨态势。

其次，社区学院对于少数族裔有特别重要的意义。目前，有 37% 的非裔美籍大学生和 48% 的西班牙裔大学生在社区学院就读。

再次，尽管社区学院主要为本地居民服务，但是其中一些学院也吸引了来自世界各地的留学生。许多社区学院都在海外招生，约有 11%

的在美留学生在社区学院学习。

最后，在大型高校中，教员的首要任务是科研，但是对社区学院来说，教员最重要的工作是教学。因此，尽管教学任务很重（每学期通常有四至五门课），社区学院对那些以教书为乐的教员仍颇具吸引力。和大型高校相比，社区学院的学生能够得到教员更多的关注。此外，社区学院教授的是无数人赖以谋求理想工作的知识和技能。

社会特权和个人价值

如果说上大学是富裕阶层的成人礼，那么根据社会冲突理论的分析，学校教育将社会特权转化为了个人价值。但是由于美国文化强调的是个人主义，因此人们倾向于将文凭看作个人能力的标志，而不是家庭富足的象征。

当我们祝贺毕业生获得学位时，很少意识到实现这一成就所需的资源——经济和文化资本。来自年收入超过 200 000 美元的家庭的青年在 SAT 考试中的成绩比那些家庭年收入低于 20 000 美元的人平均高出近 400 分。富裕家庭的孩子更容易进入大学，也更容易完成学业获得学位。在一个文凭至上的社会（即以受教育程度作为评判人的标准），企业愿意雇用受到最好教育的应聘者。这一社会机制的获益者最终是那些本就处于优势地位的学生，而那些原本就处于劣势地位的学生则受到了进一步伤害。

评价

社会冲突理论将正规教育和社会不平等联系起来，解释了学校教育是如何把社会特权转化为个人价值，又把社会地位的劣势转化为个人的缺陷的。不过，社会冲突理论忽视了获得学位也在一定程度上反映了个人的努力，以及教育也为身处不同背景的青年才俊提供了向上流动的机会。另外，尽管有观点认为学校维持了社会不平等的现状，但是当今的学校教育已经在很多方面对社会不平等的状况提出了挑战。

在表 14–3 中总结了几种理论关于教育的观点。

美国教育面临的问题

美国正在开展一场围绕学校教育的大辩论。由于我们对学校寄予了太多期望——推动机会均等化、灌输纪律观念、激发想象力等，人们以是否认为公立学校承担了其应有角色为根据，分成了不同的阵营。尽管半数成年人给所在社区学校的打分为 A 或 B，但还有一半人打的是 C 或更低。

纪律和暴力

当许多老教师回忆自己当年的学生时代时，“学校问题”还只停留在上课插嘴、吃口香糖、穿着奇装异服以及逃学旷课等。而今，学校里出现了更为严重的吸毒、酗酒、早孕和暴力等问题。尽管几乎所有人都认同学校应当教学生自律，但很多人认为这项工作远远未完成。

学校本身并不制造暴力，在很多情况下，暴力是从社会渗透入学校的。近年来，数起校园枪击案发生以后，许多学校所在的社区对此

表 14–3　应用理论：教育

	结构–功能理论	符号互动理论	社会冲突理论
分析层次是什么	宏观层次	微观层次	宏观层次
教育对社会的重要性	学校教育对社会运行有极为重要的作用，包括使年轻人社会化，鼓励发现和创新以改善我们的生活 学校通过传授共同的规范和价值使多样化的社会得到统一	教师对学生的看法，以及学生对自我的认识，会得到实现并影响学生的学习表现	不平等的学校教育维护了穷人和富人之间的社会不平等 在私立学校，教育分流给予了家境好的孩子较之贫困家庭子女更好的教育

采取了零容忍政策，对那些有严重的不端行为或在校园内携带武器的学生实行暂停或开除学籍的措施。

这些严重的校园枪击案——包括 2007 年导致 33 人死亡的弗吉尼亚理工大学血案、2010 年得克萨斯大学奥斯汀分校的一个学生闯入图书馆用 AK-47 冲锋枪自杀的案件，以及 2012 年加州奥伊科斯大学致六名学生和一名职员死亡的枪击案——震惊了全美。这些惨案的发生也向美国的大学提出了一个严肃的问题，即平衡学生的隐私权（典型的表现是法律禁止学校向家长通报学生的分数或心理健康状况）与确保校园安全的问题。以弗吉尼亚理工大学一案为例，假如学校能够及早将那个年轻人的心理问题反映给警察和他的家庭，并引起他们的重视，那么这个悲剧就可以避免。

学生的消极性

如果说一些学校被暴力困扰，那么在更多的学校中学生所面对的问题是对学习生活感到厌倦无聊。造成学生消极性的一部分原因可以归结为从电视机到智能手机等各种电子装置消耗了学生们大量的时间，远远超过他们在学校、父母和社区活动上所花的时间。但是，学校也有责任，因为这种教育体系本身助长了学生的消极性。

官僚体制

那些在一个世纪前为本地社区服务的小型私人学校如今已经演化成了庞大的教育工厂。西奥多·赛泽（Theodore Sizer）在一项针对美国高中的研究中，列举了官僚主义侵蚀学校教育的五种方式。

1. **僵化统一**。官僚体制下的学校是由校外专家（例如州教育官员）运营的，往往忽视了社区的文化特性和学生的特殊需求。

2. **量化评定**。校方将成功定义为入学率、辍学率等数字指标，教师教学也以应试为取向，以期提高学生的考试成绩。在这一过程中，那些学校教育中难以量化的东西，例如创造性和热情等，却被忽视了。

3. **刚性期望**。学校管理者总是希望 15 岁的学生都在上 10 年级，11 年级的学生在标准化语文考试中达到特定的水平。那些格外聪颖和积极的学生几乎没有提前毕业的机会，而成绩不好的学生也被迫跟上升学的进度，注定要面对一年接一年的失败。

4. **教学专门化**。高中的学生往往跟一个老师学西班牙语，从另一个老师那里获得指导，又从别的老师那里学习体育技能。学生们每天都要游走于不同的课堂，结果造成没有一个学校官员对学生有较深的了解。

5. **个体责任缺失**。高度官僚体制下的学校不给学生自主学习的权力。同样，教师对于如何教课也没有发言权，学习节奏的任何变化或任何与既定课程体系的偏离都会带来破坏整个系统运行的风险。

当然，全美国有 5500 万名在校学生，学校必须通过实行官僚制度才能保障工作的正常进行。但是赛泽建议我们可以通过一些措施来使学校教育变得更加人性化：去除硬性规定、缩小班级规模、多元化地培训教师使他们更大程度地参与学生的生活。就像詹姆斯·科尔曼（James Coleman）建议的那样，学校不应当是行政导向的，而应该是产出导向的。要想实现这一转变，或许应从根据中学生学了多少知识而不是花了多少时间来决定其能否毕业这一步开始。

大学：沉默的教室

在大学生中，消极被动的情况也很普遍。社会学家很少研究大学的教室——这是个奇怪的现象，考虑学生们在那里度过了多少时间。有一个例外是戴维·卡普（David Karp）和威廉·约尔斯（William Yoels）对于男女同校制大学的研究。他们发现即使在小班，也只有少数同学发言。因此，消极沉闷是教室的常态，如果有一个学生特别健谈，甚至会令其他的同学感到不快。

卡普和约尔斯认为，大多数学生认为课堂消极气氛的责任在于他们自身。但是任何对这些年轻人在课外的表现有所观察的人都知道，他们通常都非常活跃和能言善辩。因此，很显然是学校的问题造成了学生们的消极性，使他们视老师如同“知识”和“真理”的代言人。学生们认为安静聆听和记笔记才是自己应当扮演的角色。因此，研究者估计，大学课堂上只有10%的时间用在了讨论上面。

教员可以通过以下四种方式使学生融入教室：（1）对积极主动的学生，点名请他们发言；（2）鼓励学生积极参与；（3）提问分析性的而不是事实性的问题，并给学生留一定的时间回答；（4）即使学生不愿主动回应，也要去询问学生的观点。

辍学

如果说有很多学生在课堂上表现消极，那还有一些学生根本不在学校。辍学问题（即尚未取得高中文凭就放弃读书）使得年轻人（他们中的大多数从起点就处于劣势）缺乏踏入职场的准备，并且面临很大的贫困风险。例如，辍学者占领取福利救济金人数的一半以上，以及监狱服刑人员的80%以上。

好消息是，16～24岁学生在高中时期的辍学率从20世纪60年代晚期的16%以上降到2013年的6.8%（共计270万年轻人）。辍学率最低的是非西班牙裔白人（5.1%），非裔美国人略高一些（7.3%），西班牙裔美国人最高（11.7%）。

◎ 对于所有美国人来说，辍学意味着获得好工作和稳定收入的机会大大降低。为什么辍学率在西班牙裔学生中特别高呢？

一些学生因为英语的原因辍学，有些是因为怀孕，还有些是因为必须工作以补贴家用。家庭经济状况处于最低的25%之列的孩子的辍学率比那些高收入家庭的孩子要高出三倍还多。这些数据表明，许多辍学学生的父母也没有受过很好的教育，揭示了社会劣势的代际传递。

学术标准

教育质量可以说是当今社会所面临的最重要的教育议题了。在《国家处于危机中》（*A Nation at Risk*）[①]报告的开头就提出了这样一个警示：

> 如果一个国外敌对势力试图将现今存在的这种平庸教育强加于美国，我们便可将其视作一种战争行为。而依照现在的情况来看，我们正在任凭这一切发生。

作为对于这一结论的支持，这篇报告指出：“接近40%的17岁少年不能够对书面材料进行推论；只有20%的人能写一篇说理性文章；33%的人能解出需要多步运算的数学题。”另外，SAT成绩长期以来也几乎没有得到提高。1967年，数学成绩的中值为516，语文为543；而2014年，数学成绩降到了513，语文成绩则下滑到497分。从全美范围来看，25%的高三学生没有达到阅读的基本水平，35%的学生没有达到数学的基本水平，而40%的学生则没有达到科学的基本水平。

对这个国家的很多人来说，甚至连最基本的读写能力都成问题。**功能性文盲**（functional illiteracy），即缺乏日常生活所必需的读写技能，是美国33%儿童所面临的问题。在年龄较大的人群中，全美约有3000万成年人（占总人口的14%）不具备基本的读写能力。

《国家处于危机中》报告建议进行深刻的改革：首先，号召学校要求所有学生完成若干年的英文、数学、社会研究、科学常识以及计算机等课程；其次，告诫学校只有那些成绩合格的学生才能被准许升学；最后，提出要加强教师的培训，提高教师薪水以吸引更多的人才。报告总结道，学校必须满足公众的期望，而市民们要准备好为学校的出色工作埋单。

自从报告发表以来都发生了哪些变化呢？在某些方面，学校取得了一定的进步。2012年，国家教育统计中心（National Center for

① 这是一项由美国国家卓越教育委员会（National Commission on Excellence in Education）所进行的关于美国学校教育质量的综合研究。

Education Statistics）的一份报告对过去 20 年进行了回顾，显示越来越多的学生修读科学和数学课程，辍学率有所下降，学校开设了更多富有挑战性的课程，去打工挣钱的高中生的比例有所下降，而更大比例的中学毕业生进入了大学。但与此同时，证据表明大多数小学生的阅读水平降到了标准之下，有些甚至根本不会阅读。简而言之，成绩是显著的，但尚未完成的任务也是艰巨的。

美国的学校教育支出几乎是世界各国最多的——比日本和欧洲高出一半。尽管如此，最近一份政府报告比较了 65 个国家的 15 岁少年的学习成绩，发现美国学生在科学方面排在第 27 位，数学方面排在第 35 位。这些数据令人担心美国在科学方面正在失去对其他国家（包括中国、印度及韩国）的领导地位。

文化价值对学生在学校的努力程度也有很大的影响。例如，美国学生总的来说没有日本学生学习积极，作业量也比较少。日本学生每年在校的时间比美国学生多 21 天。也许提高学校教育水平的一个简单办法就是延长学生的在校时间。

分数膨胀

学术标准取决于采用含义清晰的分数，并且只有在所做功课合乎相应的质量要求时才给与分数。然而最近几十年却出现了相当多的分数膨胀现象，即一般水平的表现总能得到较高的分数。尽管不是所有学校都存在这一问题，但在全美的高中和大学都比较明显。

一项针对高中学生分数的研究揭示了 1968—2014 年学生分数分布情况的显著变化。1968 年，新入学的大学生在高中时的成绩得 C+ 及以下的比例大于得 A-、A 和 A+ 的比例。然而到了 2014 年，得 A 的学生大大超过了得 C+ 及以下的学生数，这一比例超过了 18：1。

一些大学采取了限制 A 等分数比例（一般占所有分数的 1/3）的措施，但是没有证据表明分数膨胀的势头会很快扭转。结果，C 等（原来的意思是“一般”）的成绩便几乎消失了，使得所有学生的成绩都是“在一般之上”。

是什么造成了“分数膨胀”？原因之一是现在的教师更重视学生的士气和自尊心，可能还有自己的受欢迎程度。不管怎样，现在的老师都不像过去那样严格。另一方面，升读大学和研究生的竞争日益激烈，也给高中和大学教师造成了很大压力，迫使他们给学生打出更高的分数。

择校

有些分析家认为，我们的学校表现差是因为缺乏竞争力。如果父母有选择学校的自由，那么所有的学校都会面临改进工作的压力。这是择校政策的核心。

择校政策的目标是建立一个教育的市场，使家长和学生能够“货比三家”，从而做出最佳选择。关于该政策的建议之一是政府给所有学龄儿童的家长派发教育券，允许他们自由选择在公立学校、私立学校或教区学校消费。最近，印第安纳波利斯、明尼阿波利斯、密尔沃基、克利夫兰、芝加哥、华盛顿等主要城市和佛罗里达、伊利诺伊等州试行了择校计划，旨在促进公立学校提高教育水平，赢得家长的信任。

支持者们认为，让家长们拥有选择孩子入读学校的权利，是促进所有学校改进的唯一办法。但是反对者（包括教师工会）认为，择校政策的实施相当于放弃了国家在公共教育方面的承诺，并且在那些教育需求最为突出的中心城市，这一做法对于学校的改善收效甚微。

2002 年，布什总统签署了一项新的教育法案，以弱化教育券政策，而支持另一项有着更大选择性的政策。从 2005—2006 学年开始，所有公立学校必须对每一位三至八年级的儿童进行阅读、数学和科学的评分。尽管联邦政府会对学生表现较差的学校提供更多的支援，但如果这些学校的学生分数在一段时间之后没有改进，那学校就必须给予这些学生享受专门辅导或者转读其他学校的选择权利。这项名为“不让一个孩子掉队”的计划，既能有助于人们辨识那些教学水平不好的学校，也能提供一些考查学生表现的测量方法。但另一方面，许多表现最差的学校也没有发生什么改变。

截至 2012 年，全美有 48% 的公立学校被评定为不合格，因为这些学校的学生成绩没有达到目标水平。批评者指出，一个民意调查数据显示，大部分的美国成人支持对“不让一个孩子掉队”计划进行修改，因为它并没有提升公共教育的质量。另外，批评者声称，这项被奥巴马政府冠以“力争向上”口号的政策削弱了对艺术、外语、文学领域的关注，而鼓励学校“为了测验而教学”。

另一项更为温和的择校政策是磁石学校[①]。现在有超过2900家这类学校遍布全美国。磁石学校只招收4.6%的公立学校学生，提供专门的设施和课程来推动特定领域教学的强化，例如计算机、外语、科学和数学或艺术。在设有磁石学校的地区，家长们可以根据孩子的特长和爱好选择最适合的学校。

另一类择校方法涉及特许学校，即被授予更多尝试新政策和新项目自由的公立学校。在40个州和华盛顿以及波多黎各，有6000多家这样的学校，招收了230万名学生，其中65%是少数族裔。在大多数特许学校，学生们的成绩优异，而这是学校继续获得运营许可的必要条件，并且，从特许学校毕业的学生比一般公立学校的学生更有可能被大学录取。

择校运动的最后一项发展成果是营利性学校。这项计划的支持者认为，私人营利性公司能比地方政府更有效率地管理学校。当然，私人学校并不是什么新事物，全美有30 000多所由私人组织或宗教团体开办的这类学校。所不同的是，几百所拥有数十万学生的公立学校现在已由私人企业来进行营利性的经营。

研究证实，很多公立学校存在官僚体系膨胀的毛病，支出很大而教学却远远不足。美国社会长期以来都把竞争作为提高质量的办法。证据表明，营利性学校大大降低了管理成本，但是教育成果却有不同的表现。虽然有些公司宣称能够提高学生的学习水平，但一些城市还是削减了商业经营性学校。近年来，巴尔的摩、迈阿密、哈特福德、波士顿等地的教育部门取消了和营利性学校的合约，但是另一些城市还是愿意给营利性学校一个机会。例如，费城的公立学校系统学生毕业率还不到33%，宾夕法尼亚州接管了该市的学校教育，并且把其中大部分学校转为营利性质。尽管学生的测验分数有所提高，到2010年，学校负责人仍不满意，因此将这些学校的大部分移交给了独立的非营利性的公司。鉴于营利学校的表现不一，支持方和反对方的情绪都在高涨，并且双方都宣称他们是为了被夹在中间的学生们的利益着想。

最近出台了一项“共同核心课程标准”（Common Core State Standards）的政策，它是由联邦政府制定的一系列关于孩子在不同年级需要学到的技能标准。这项政策从2010年开始实施，所制定的学业标准被45个州采用。支持者声称共同核心标准使得州与州之间得到统一，并且识别出了一些联邦政府认为学生必须学习的普遍技能——如理解段落和句子结构。他们认为这项政策可以提高美国学生的在校表现，在这方面，美国已经落后于很多国家。此外，支持者称这项政策能使学校和老师更加负责。但是，反对者也对联邦政府在教育中的角色权重的增加表示担忧，因为教育本应是各州和本地社区的责任。近几年，家长们也越发担忧，孩子们为了准备高难度的考试，付出了越来越多本应花在学习其他事物上的精力，这些批评不禁使人对该政策的前景提出疑问。

◎美国的所有州都允许家庭学校教育。然而在欧洲，很多国家禁止这种做法。这个德国家庭申请并得到了美国的政治庇护，才得以在家里教他们的孩子。你认为是什么原因使家庭学校教育一直富有争议性？

① 磁石学校（magnet schools）是指一种具有特色的英才学校。——译者注

家庭学校

家庭学校教育正在美国兴起，大约有 180 万儿童（占学龄儿童的 3% 以上）在家里接受正规教育。

为什么家长们，尤其是孩子的母亲，要承受巨大的挑战选择在家里教育自己的子女呢？几代人以前，大多数最早尝试家庭教育（现在在各州都是合法的）的家长是希望他们的孩子受到浓厚的宗教熏陶。现在仍有一些在家教孩子的家庭持有这样的态度，但多数父母仅仅是信不过公立学校的教育水平，认为自己可以做得更好。为了孩子，他们宁可调整工作日程、重新学习代数或其他必要的课程。许多家长加入了互助的组织，以整合资源、分享各自的特长。

家庭学校的支持者指出，鉴于公立学校的表现很差，人们不应该对日益扩大的家庭教育队伍感到惊奇。更为引人注意的是，家庭教育系统是有效的——平均而言，接受家庭教育的孩子成绩好于在校的孩子。批评者认为，家庭学校教育减少了联邦财政流向当地公立学校的资金，结果导致大多数学生的利益受到损失。此外，一位批评者认为，家庭学校“使那些最为富有和擅于言辞的家长脱离了制度，而这些家长正是知道如何与学校沟通的人”。

残疾人教育

在美国 640 万的残疾儿童中，有许多孩子都面临着就学和毕业方面的挑战。曾有许多使用拐杖和轮椅的残疾儿童，应付不了学校里的楼梯和其他障碍。而具有发育障碍的儿童，例如智障儿童，需要经过特殊训练的老师花费大量的精力给予照料。因此，许多具有智力以及身体残疾的儿童只有在经过家长和其他相关人士的不懈努力之后，才能获得公共教育的机会。

大多数残疾儿童（58%）进入一般的公立学校，并且大部分时间都在普通班级学习。这一模式反映了**主流化**（mainstreaming）的原则，即使残疾儿童或有特殊需求的儿童融于总体教育项目之中。主流化是全纳教育的一种形式，对于那些肢体残疾但可以跟上班里其他人学习进度的学生来说，这是最好的选择。这种融合

© 教育学家们对于何为残疾儿童的最佳教育方式争辩已久。一方面，受过专业培训的教师和专门化的学习场所可能都会对这些儿童有所帮助；另一方面，加入普通班级能够减少这些孩子因“与正常人不同”而被污名化的可能性。

型教育方式的一个好处是，使每个人学会如何与和自己不同的人相处。

成人教育

美国有将近一亿的 25 岁以上的成年人参加了各种形式的学校教育。这些大龄学生的年龄为 25 ～ 70 多岁，甚至更为年长，在所有参加学位授予教育计划的学生中占到了 40% 的比例。接受成人教育的女性（61%）多于男性（39%），并且大部分都有中等以上的收入。

为什么成年人又回到了教室？最普遍的原因是为了提升职业水平，或是为获得新的工作而接受培训，但也有很多人仅仅就是为了充实自我。在经济低迷时期，就像我们近几年所经历的一样，重回教室的成人数量显著上涨（其中包括许多失业人士）。

教师短缺

美国学校教育面临的一个重要挑战是招募不到足够的教师。在美国，每年都有超过 43 万的教师职位空缺。当教职出现空缺时，不论是老师还是学生都会受到不断扩大的班级规模带来的负面影响。

调查表明，大多数教师满意他们的职业。

但是在很多因素（包括工资收入低、对官僚体制的不满以及班级规模的扩大）的共同作用下，使得很多人不愿意从事教师这一职业。因此，高质素的教师很稀缺，尤其是数学和科学老师。

如何吸引那些受过良好训练的教师来填补这些缺口？大多数完成教育培训的人没有特定专业的学位，例如数学、生物或英语；这样一来，很多人不能通过他们中意科目的州政府资格考试。因此，在许多学校特别是位于低收入社区的学校，老师可能仅仅比他们的学生早学了一章的内容而已。换一个角度来讲，全美接近一半的公立学校教师在 SAT 考试中获得的分数在全部考生中排在最末的三分之一。

所有这些表明，教师短缺实际上只是优秀教师的缺乏。我们的公立学校教育要想取得进步，必须完成两件事：一是必须对教学水平不好的老师进行另外的培训或予以辞退；二是需要提升工资水平和社会地位以吸引优秀人才留在学校里。

清退不合格的教师（可能还有校长）意味着要改变那些使得工作若干年的人难以被开除的规则。吸收优秀教师取决于各种招聘策略的运用。一些学校开出了高薪（一个 30 岁左右的公立学校老师的平均年薪仅有 45 000 美元）以吸引那些已经取得了一定职业成就的教师。一些学校提供了签约奖金（特别是对于某些职位空缺较难被填补的学科，如化学）或者是给予住房津贴（在纽约等城市，置业的花费往往超出了教师的经济承受能力）。奥巴马总统曾在 2007 年提出，他认为学校所在地区给那些优秀尽责的老师支付的薪水应该达到每年十万美元，但是，他们也必须能够辞退那些不合格和表现不佳的人。

还有一些办法包括，更多地发挥社区学院在教师培养方面的作用，以及政府和教育管理部门降低优秀教师获取职业资格证书的难度。最后，许多学校所在地区正在把目光投向全球，从西班牙、印度、菲律宾招募有才能的人登上美国学校的讲台。

关于美国教育的争论远远不止我们在这里所讨论的几个问题。在下面的“争鸣与辩论”专栏中强调了大学生中男性比例下降的问题。

学校教育：展望未来

尽管美国在大学教育方面仍处于世界领导地位，但公立学校系统依旧存在许多尚未解决的严重问题。就学校教育的质量来说，美国正在落后于许多其他国家，这一事实让人怀疑美国是否能在未来的世界舞台上具有足够的影响力。

本章讨论的许多关于学校教育的问题都有其更深的社会根源。我们不能指望学校单靠自身的力量去提供高质量的教育。只有当学生、老师、家长和社区共同投入到追求卓越教育的行动中来，学校才能够得以进步。简言之，教育问题是无法以权宜之计来应付的社会性问题。

在 20 世纪相当长的时间里，美国只有两种教育模式：由政府设立的公立学校和由非政府组织开办的私立学校。然而近几十年来，许多关于学校教育的新思想不断涌现，包括营利性学校教育和一系列的“择校”计划。在未来几十年，我们可能会看到大众教育领域的巨大改变，这些变化在部分程度上是以关注不同教育措施后果的社会科学研究为导向的。

现在，75% 的大学都能提供在线学习资源，25% 的大学生学习了一门或更多的网上课程。现在越来越多的教科书有了电子版，这种电子阅读形式使得读者能够进行更为自主的学习。

另一个将持续影响学校教育的因素是信息技术。如今，除了那些最贫困的学校，几乎所有中小学都运用计算机来进行教学指导。计算机调动了学生更多的积极性，并且有助于他们按照自己的节奏取得进步。即便如此，计算机也永远无法像一位热爱教学的老师那样，把个人的洞察力和想象力带入教学过程中。

科学技术从来也无法解决威胁学校的所有问题，包括暴力和僵化的官僚体制。我们需要的是一个致力于社会改变、能够重振国家提供高水平全民教育的雄心的宏伟计划——实现这一目标还需要我们付出更多的努力。

争鸣与辩论

21 世纪的校园：男生在哪里

梅格：学校里的男生怎么这么少？

崔西亚：这有什么，我宁愿多花点心思在工作上面。

马克：我想这对我们男生来说感觉真的很酷。

一个世纪以前，美国大学和学院的校园就像挂着一个“男性专用”的招牌一样，几乎所有的学生和教员都是男性。虽然有一些女子学院，但是更多的学校——包括在美国最有声誉的耶鲁、哈佛、普林斯顿等大学，都是把女性排斥在外的。

自那时起，妇女渐渐赢得了更多的平等权利。截至 1980 年，学校里的女性数目已经和男性持平。

但是，接下来事情发生了令人惊讶的变化：女性在校园里的比例持续增加。结果到了 2013 年，在美国的大学本科生中，男性只占了 44%。当梅格・德龙（Meg DeLong）来到雅典市乔治亚大学（the University of Georgia at Athens）的学生宿舍时，立刻感受到了性别的不平衡。她很快知道，在她大学的一年级同学中，只有 39% 是男生。有的班级几乎没有男性，女生主导着课堂讨论。在课堂之外，梅格・德龙和她的同学们很快就抱怨，校园里的男性太少已经影响了她们的社交生活。当然，大部分男生的感受则有所不同。

是什么原因导致了美国大学校园里性别比例的改变？一种理论认为，年轻的男性被工作的诱惑吸引出了校园，尤其是在高新技术领域。在微软公司的创始人从大学退学并很快成为世界首富后，这种现象有时被称为“比尔・盖茨综合征”。此外，研究者还指出了一种反知识的男性文化。虽然女孩子们被吸引到学校认真学习，但是男孩子对学习并不那么重视。无论对与错，确实有更多的男性认为不用付出几年时间和大笔金钱去获得大学文凭，他们也能获得很好的工作。

这种性别差异，在所有种族和所有年级都存在。在学校里的非裔美国人中，只有 38% 是男性。收入水平越低，大学就读者的性别差异越大。

很多大学的负责人对这一情况给予了重视。为了使得入学性别更加均衡，一些学校实行了有利于男性的平等权利行动方案。但是有些州的法院判定这些措施是违法的。因此，更多的学校采取了更积极的招生手段。例如，招生时对男性申请者给予更多的关注；强调本校在数学和科学方面的优势——这些是传统上能够吸引男生的领域。同时，许多学校努力提高少数族裔学生的比例，希望以此来吸引更多的男学生。

你怎么想

1. 为什么大学里女生的数量超过了男生？
2. 你所在的大学是否存在性别失调？是否造成了问题？如果是，造成了什么问题？影响了哪些人？
3. 大学应该在招生中寻求性别平衡吗？有利于男性的平权行动对于平衡性别比例是不是一种好的做法？

健康：全球调查

医疗（medicine）是另一项在现代社会中得到迅猛发展的制度，它是一种着重于消除疾病和改善健康状况的社会制度。根据世界卫生组织的定义，**健康**（health）是一种生理、心理和社会适应方面的完好状态。这个定义强调了健康既是一个生物学问题，也是一个社会问题的重要事实。

健康与社会

社会主要通过四种方式影响人类的健康。

1. **文化模式定义健康**。健康的标准因文化的不同而不同。一个世纪以前，雅司病（一种传染性皮肤病）因在撒哈拉以南的非洲非常普遍，那里的人都认为它是一种正常现象。在美国，丰盛饮食司空见惯，以至于大部分成年人认为饮食过量很正常，从而引起体重超标。由此可见，其实“健康”有时就是拥有与你身边的人同样的条件或疾病。

人们对健康的定义也反映了他们的道德评判。我们的社会成员（尤其是男性）认为“健康”是一种具有竞争性的生活方式，因为它符合我们的文化习俗，但压力也会导致心脏病和许多其他疾病。出于道德原因反对同性恋的人们通常把它看作“病态的”，尽管从生物学角度来看同性恋是正常的。因此，有关健康的社会观念发挥着社会控制的功能，促使人们遵从文化规范。

2. **健康文化标准随时间而改变**。在20世纪初期，一些医生警告妇女不要去上大学，因为高等教育会让女性的大脑过度疲劳。另一些医生则声称，手淫对健康构成威胁。如今我们都知道这些观点是错误的。另一方面，50年前很少有医生知道吸烟或日晒过多会对健康会造成危害，而现在我们都已认识到这些会严重影响健康。甚至，基本卫生方式也随时间发生了变化。现在，大多数美国人每天都洗澡，这一频率是50年前的三倍之多。

3. **科学技术影响人们的健康**。在贫穷国家，由于营养不良和恶劣的卫生条件，传染性疾病广为流行。随着工业化过程中生活水平的提高，人们的健康水平普遍提高。但与此同时，工业技术也对健康造成了新的威胁。如第15章所述，富有者的生活方式过度消耗了世界资源和污染了环境，从而对人们的健康造成威胁。

4. **社会的不平等会影响人们的健康**。所有的社会资源都是分配不均的。总的来说，富人拥有比穷人更好的身体、心理和情绪健康。

健康与社会生活密切相关。在历史的长河中，随着社会先进技术的持续发展，人类健康水平得到不断改善。当今世界各地，社会发展的差异也是健康水平呈现巨大差异的重要原因。

低收入国家的健康状况

在世界许多地方，贫困使得贫穷国家的预期寿命比富裕国家要缩短几十年。生活在撒哈拉沙漠以南非洲地区的人平均预期寿命不足60年，而在最贫穷的国家，几乎每10个新生儿中有一个在一年内死亡，25%的人死于30岁之前。

据世界卫生组织报道，世界上约有十亿人（占世界总人口的17%）由于贫穷而患上严重的疾病。大多数与贫困相关的疾病发生在低收入国家，在这些国家所有的疾病中，有70%是由贫困导致的。与之形成反差的是，在富裕国家中，只有7%的疾病是贫困造成的。

贫穷是如何威胁健康的呢？简单来说，卫生条件差、营养不良对所有年龄段的人都是致命的。缺乏安全的饮用水也很常见，不安全的水携带大量的传染病菌，包括流行性感冒、肺炎和肺结核，这是当今贫困社会中普遍存在的杀手。更糟糕的是，这些地方医疗人员很少而且相距很远，因此，世界上最贫穷的人（他们中有许多人生活在中部非洲）从未看过医生。

贫穷和疾病形成了一个典型的恶性循环，即贫穷滋生疾病，疾病降低人们的工作能力，从而进一步加剧贫困。当医学技术能够控制传染性疾病时，贫穷国家的人口飙升。但由于没有足够的资源满足当前人口的需求，贫穷社会无力承担人口增加的重荷。因此，那些旨在降低贫穷国家人口死亡率的计划要想取得成功，就必须降低人口的出生率。

高收入国家的健康状况

随着生活水平的提高，健康状况已得到普遍改善。但是回顾过往，改变并非一朝一夕之功。18世纪，随着工业革命的兴起，城市工厂的工作岗位吸引了大批农民涌进城市。城市迅速变得拥挤不堪，并产生了严重的卫生问题。工厂的浓烟污染了空气，工地事故频繁发生。

工业化的发展逐渐提高了人们的生活水平，给大多数人带来了更好更安全的衣食住行，因此，1850年后，人们的健康状况开始好转。此外，这个时期的医学进步使得传染性疾病开始得到控制。例如，1854年，内科医生约翰·斯诺（John Snow）画出了伦敦霍乱受害者的街区住址分布图，经研究后发现，受害者均饮用了同一口井内的水。不久之后，科学家们查出了引起霍乱的细菌，并研发出针对这种致命疾病的疫苗。在科学观念的武装下，早期的环境保护者对一些常见的环境污染行为（如工厂向饮用水源排放工业废水）发起了挑战。到20世纪初，传染病的死亡率已大幅下降。

表14-4显示，1900年造成人口死亡的首要原因是传染性疾病，如流感、肺炎和肺结核。如今，世界上除了最贫穷的国家以外，因这类疾病造成死亡的人口所占的比例很小。现在大多是慢性疾病导致死亡，如心脏病、癌症、卒中等，而且通常发生在晚年。

表14-4　1900年和2013年美国人口死亡的首要原因对比

1900年	2013年
1. 流感和肺炎	1. 心脏病
2. 肺结核	2. 癌症
3. 胃和肠道疾病	3. 肺部疾病（非癌）
4. 心脏病	4. 事故
5. 脑出血	5. 脑中风
6. 肾脏病	6. 阿尔茨海默氏病
7. 事故	7. 糖尿病
8. 癌症	8. 流感和肺炎
9. 婴幼儿期疾病	9. 肾脏疾病
10. 白喉	10. 自杀

资料来源：Information for 1900 is from William C. Cockerham, *Medical Sociology*, 2nd ed.（Englewood Cliffs, N.J.: Prentice Hall, 1986）, p. 24; information for 2013 is from Centers for Disease Control and Prevention（2014）.

美国的健康状况：年龄、性别、阶层和种族

美国是一个富有的国家，健康水平总体上高于世界标准，当然也优于贫困国家。与此同时，尽管美国为每位国民的医疗卫生支出高于其他任何高收入国家，但美国人却有着更高的患病率，活到50岁的可能性更低，并且比大多数高收入国家的人民寿命短。不过，某些人群的健康水平要比其他人群更好一些。

社会流行病学（social epidemiology）是一门研究整个社会人口中健康与疾病分布状况的学问。社会流行病学家研究流行病的起源和传播方式，试图弄清楚人们的健康状况与其周围的自然环境及社会环境之间的关系。在美国，最富裕和最贫穷社区的平均预期寿命相差十年。我们可以通过年龄、性别、社会阶层和种族几个方面来分析这种差异。

年龄和性别

在美国，年轻人死亡是十分少见的事情，通常被视为意外或不幸。不过也会有不少年轻人死于各种意外事故，近几十年来，年轻人死于获得性免疫缺陷综合征（即艾滋病）的现象也较为普遍。

在整个生命过程中，女性比男性的健康状况更好。首先，男婴在出生前或刚出生后比女婴死亡率高。随着年龄增长，踏入社会后，男性比女性更好胜、更个人主义，导致男性自杀率和被杀害的概率是女性的四倍。在此之后，男性也比女性更容易死于心脏疾病。如以下的“多样化思考”专栏中所述，急躁不安、野心膨胀、敌意爆发等被医生称为“冠心病倾向行为”的综合症状与美国文化中对“男子气概”的定义比较接近。这是性别影响“基线”寿命水平，女性比男性平均长寿五年之多的重要原因。

社会阶层和种族

官方研究人员告诉我们，在年薪超过十万美元的家庭中，有78%的人认为他们的健康极好或非常好，而在年薪不足3.5万美元的家庭中，只有47%的人认为他们的健康极好或非常好。相反，只有大约4%的高收入人群形容他们的健康为一般或较差，但在低收入人群中这一比例为23%。

研究表明，非裔美国人和白人在对身体健康的渴望及寻求医疗帮助的意愿方面没有任何差异。但非裔美国人的贫困——几乎是白人的三倍之多——有助于解释为什么黑人小孩更容易夭折，成年后又容易受高血压、心脏疾病、暴力和毒品的困扰。

2013年出生的白人儿童的预期寿命比非裔

多样化思考：种族、阶层和性别

男子气概是对健康的威胁吗

吉夫：辛迪！如果你十秒钟内不从那里出来，我就要破门而入了！

辛迪：冷静点儿！我和你有同样的权利在浴室洗澡好吧，我洗好了自然会出来！

吉夫：你打算在里面待上一整天吗？

辛迪：为什么你们男的总是那么着急？

被医生所称的“冠心病倾向行为”，心理学家则称之为“A 型人格”，社会学家把它视为一种反映“男子气概”的文化概念。这种态度和行为在我们社会中的男性身上十分常见，包括持续性的不耐烦（“让开！”），不受控制的野心（“我一定要得到它，因为我需要它！”），还有随意性的敌意（“人怎么能这么白痴？”）。

尽管这种模式从文化视角来看完全正常，却是驱使男性追求成功，因而更易罹患心脏病的重要原因。表现出 A 型人格或许更加有利于完成一项工作，但却使我们的身体启动了一系列对心脏不利的复杂生化反应。

下面的问题有助于你确定自己（或者对你比较重要的人）的风险程度。

1. 你是否认为你必须积极进取来获得成功？是不是为人友善就要落后？出于对你心脏的保护，试着让敌意远离你的生活。你可以先这样做：不要出言不逊，试着用同情代替攻击，这对处理与他人的关系有出人意料的效果。从医学的角度来讲，用同情和幽默代替生气和恼怒将改善你的健康。

2. 你是否善于处理不确定性和反对？你是否对他人失去耐心（“为什么服务生不来为我点菜？”“这个混蛋竟然不明白！”）？我们都想知道接下来会发生什么，我们都想让别人赞同我们。但是这个世界往往不是这样的。接受不确定性和反对会使我们更加成熟，也更加健康。

3. 当你显露出积极情绪时会感到不舒服吗？很多男性认为给予和接受爱——从女性、孩子和其他男性那里——是软弱的象征。但是医学事实是，爱有益于健康，而怒有损于健康。

作为人类，我们对于如何生活有多种多样的选择。思考一下你的选择，反思一下我们对男子气概的社会观念如是何使我们对待别人很苛刻（包括那些我们爱的人），以及对自己很苛刻的。

你怎么想

1. 你认为男子气概会对健康产生不利吗？为什么？
2. 你有没有经历过使你将男子气概或者女性气质与健康问题联系起来的事情？
3. 为了健康，我们能够如何改善我们的行为？

资料来源：Friedman & Rosenman（1974），M. P. Levine（1990）.

儿童长四年（平均寿命为 78.9 岁：75.1 岁）。从另一个角度来看，82% 的白人男性和 73% 的非裔男性能活到 65 岁。同时，有 89% 的白人女性和 83% 的非裔女性可以活到 65 岁以上。

婴儿死亡率即不满一周岁儿童的死亡率。美国弱势家庭的婴儿死亡率是优越家庭的两倍。尽管出生在美国最富有家庭的儿童的健康状况是世界上最好的，但美国最贫穷的儿童和很多低收入国家（如尼日利亚和柬埔寨）的儿童一样易受疾病的困扰。

吸烟

在美国，吸烟在可预防的健康危害物排行榜中名列前茅。每年大约有 44 万男女由于吸烟而过早死亡，该数字超过了因酒精、可卡因、海洛因、凶杀、自杀、车祸、艾滋病等导致死亡的人数总和。吸烟的人也更容易患上类似感冒的小病，孕妇吸烟更有可能导致自然流产、胎儿死亡、婴儿出生体重过轻。即使是不吸烟的人也会因二手烟的影响，容易患上由吸烟导致的疾病。卫生官员估计二手烟每年导致大约 42 000 人死于心脏病和肺癌。

在美国，吸烟是在第一次世界大战之后才流行起来的。尽管越来越多的证据显示其危害性，但吸烟一直流行至上一代。而现在越来越多的人意识到吸烟是一种温和的社会越轨行为，越来越多的州已经禁止在公共建筑内吸烟。

香烟的盛行在 1960 年达到顶峰，当时有 45% 的美国成年人吸烟。美国疾病控制和预防中心 2015 年的数据显示，到 2013 年，只有 19.6% 的人吸烟。尽管吸烟不再像过去那么流行，但并不是所有停止吸烟的人都能戒掉烟草。政府研究显示，禁烟令和更高的香烟税减少了香烟的销售量，然而近年来减少香烟消费的大部分人抽起了烟斗或者无烟烟草。

戒烟之所以很难，是因为香烟中含有尼古丁，这是一种使人的身体上瘾的生物碱。很多人吸烟是由于过大的压力：离婚与分居的人可能吸烟，失业及在军队中服役的人也容易吸烟。相比高收入及高学历的人群，吸烟在工薪阶层更为常见。吸烟的男性（21%）比吸烟的女性（15%）多。但是，作为唯一一种在女性中流行的烟草制品，香烟对女性的健康造成了致命的伤害。截至 1987 年，肺癌已超越乳腺癌成为美国女性最主要的死因之一，而女性因吸烟造成的死亡人数占了吸烟相关死亡总数的 39%。

在美国，烟草是一个价值 900 亿美元的行业。凭借着如此庞大的收入，烟草行业每年可以支付逾 1500 万美元雇用华盛顿的游说议员们去影响香烟政策。他们同样有能力资助一些旨在展现吸烟者和“反吸烟游说者”对吸烟的争论，以及粉饰烟草公司对公众健康危害的活动。

1997 年，烟草业内人士坦言，吸烟有害健康，并同意禁止销售香烟给青少年。尽管在美国有禁烟的趋势，但是研究显示，6% 的初中生、23% 的高中生和 28% 的大学生至少会偶尔吸烟。另外，越来越多的年轻人口嚼烟叶以及用水烟袋吸烟，这两种方式都对健康构成了威胁。

烟草行业不断扩张海外市场，尤其是对烟草制品管制较少的中低收入国家。在很多国家，尤其是在亚洲，大多数男性吸烟。在全世界范围内，吸烟的成年人超过十亿（约占总人口的 25%），大约每年消费六万亿根香烟，而且与高收入国家不同的是，这种趋势并没有任何下降的迹象。如果这种全球趋势继续发展下去，80% 与吸烟相关的死亡将发生在中低收入国家，并且一直到 2030 年，每年与此相关的死亡总量将超过 800 万人，也就是说，世界上每四秒钟就有一人死于吸烟。

© 在过去几十年中，美国青少年吸烟的比例有所下降。然而最近几年，无烟香烟在许多年轻人中间流行起来。一些分析人士担心，电子香烟的危害虽然比传统香烟小一些，但使用者日益增多，可能会使远离尼古丁产品的长期趋势出现反转。

吸烟所产生的危害确实是存在的。但好消息是，戒烟者的健康水平在戒烟十年以后就会与从未吸过烟的人的健康水平相当。

饮食失调

饮食失调（eating disorder）是一种为了追求身材苗条而采用高强度的节食或者其他不健康的方式控制体重的身心失调。想要变瘦的欲望本身就是一种潜在的精神疾病或状况的征兆。饮食失调的一种就是神经性厌食症，其特点是节食到饥饿的地步；另一种是暴食症，是指暴饮暴食之后强迫自己呕吐，以避免体重增加。

性别与饮食失调相关：在青年人中，女孩受这类疾病困扰的概率大概是男孩的三倍。在成年人中，女性患神经性厌食症的概率是男性的三倍，患暴食症的概率是男性的五倍。虽然来自富裕家庭的白人患有这种疾病的风险最高，但实际上患有饮食失调的人来自各个社会阶层。

对于女性，美国文化将苗条等同于成功和富有吸引男性的魅力。与此相反，对肥胖女性的刻板印象趋向于懒惰、邋遢甚至愚蠢（在一定程度上，对男性也是如此）。

研究表明，多数女大学生认为“男人喜欢苗条的女孩”，身材苗条对于外表吸引力至关重要，而她们还没达到男人所喜欢的苗条程度。事实上，多数女大学生其实想变得比男生所期望的还要苗条。相比之下，男性通常对自己的体型更加满意。

由于很少有女性能够达到我们文化对美所设定的不切实际的标准，因此许多女性对自我形象不够自信。关于美的理想化形象导致许多年轻女性节食到危害健康甚至生命的地步。

饮食失调的人不仅仅是在与疾病抗争。研究表明，他们并非被人们视作在某些方面出现失调的人，而是被看作寻求关注的软弱者。实际上，饮食失调所带来的污名比抑郁症带来的污名更为严重。

◎美国人口的肥胖率排在世界前列，而且还在上升。作为一个国家，美国是体重方面的“大赢家”。这一趋势激发了像《超级减肥王》（*The Biggest Loser*）这样的流行电视真人秀节目的创作灵感，这个节目为那些通过体能训练和改变生活方式而成功减肥的人鼓掌欢呼。但是，遏制这种全国性的肥胖趋势是通过个人努力就能达成的吗？什么样的文化转变能引领整个人口走向更健康的生活方式？

肥胖症

在美国，虽然诸如神经性厌食症或暴食症的饮食失调是比较严重的，但是这些还不是与饮食有关的最大问题。在总人口中，肥胖人群的比例迅速升高。美国目前是全世界肥胖率最高的国家之一。

政府报告显示 64% 的美国成年人超重，而全球平均比例为 12%。超重即指身体重量指数（BMI）为 25.0 ~ 29.9，或者是比标准健康体重多 10 ~ 30 磅。肥胖症则更为严重，BMI 值在 30 以上，或者至少超过健康体重 30 磅[①]以上。在美国成年人中，有 35% 的成年人在临床上被认定为肥胖。1996—2013 年，美国的肥胖问题呈现出不断增加的趋势。

体重超重会限制身体活动，并增加诸如心脏病、卒中和糖尿病等多种严重疾病的患病风险。据美国政府统计，每年用于治疗肥胖引发疾病的医疗费用，加上因这些疾病产生的误工费用总计约 1470 亿美元。最为严重的是，美国每年约有 11.2 万人死于与体重超标有关的疾病。

之所以引发全民关注肥胖问题，是因为目前美国是世界上肥胖率最高的国家之一，高于加拿大，一些欧洲国家以及日本，而且这个比例还在上升。在美国，甚至婴儿肥胖现象也很突出。最近的一项研究发现，在九个月大婴儿中，有三分之一的婴儿体重足以被归类为肥胖或有肥胖风险。目前婴儿和儿童的肥胖率恰好是 30 年前的三倍，这种肥胖率不断增长的趋势表明，当新一代的年轻人步入中年之后，将会面临更多的医疗问题，并可能最终扭转预期寿

① 1 磅 = 0.4536 千克。——译者注

命变长的历史走向。

产生肥胖的社会原因是什么？原因之一是当今社会，越来越多的人坐在电脑屏幕前工作，取代了一个世纪前非常普遍的体力劳动工作方式。即使是在工作之外，大多数家务劳动也由机器（或者其他人）取代了。孩子们更多的是坐着看电视或者打游戏。

当然，另一个原因是饮食。在美国，普通人所摄取的食物比以往任何时候都含有更高的盐分、糖分和脂肪，而且由于食品公司想要通过便宜的售价取得规模效益，所有食物的分量变得越来越多。美国农业部报告显示，2000 年美国普通成年人每年消耗的食物量比十年前多 140 磅。通过对新旧食谱、菜谱的比较可以发现，从前可供六个人食用的分量，现在只够四个人食用。低收入群体肥胖的概率不断上升，一半是因为他们缺乏教育去做健康的选择，一半是因为低收入群体居住的社区商店供应更多便宜的高脂快餐和更少有益于健康的水果和蔬菜。

当研究者们发现肥胖问题在美国不断增长的态势时，他们也发觉那些针对超重人士们的偏见在不断增加。简单地说，许多人认为身材苗条能够体现出重要的文化价值，比方自律、勤奋、追求成功。与此相反，身材超重的人就被认为不具有这些特质。

这些态度不仅普遍，而且可以说是相当有害的。证据表明，医生们很可能会怀疑超重病人遵照医嘱的能力；同样的道理，陪审团对那些被指控犯罪的超重者感到同情的可能性也更低。最重要的一点可能是，雇主对那些超重的工人或者应聘者的评价更为负面，即便这种观念毫无依据。

性传播疾病

虽然性活动能使双方都获得快感，并且它对人类的延续至关重要，但却可以传播 50 多种性传播疾病。因为我们的文化把性和罪恶联系在一起，所以有些人认为性病不只是疾病，还是道德低下的标志。

20 世纪 60 年代“性革命”时期，由于性行为的低龄化、性伙伴的数量增加导致性病感染率急剧上升，性传播疾病引起了全民的关注。这意味着，在 20 世纪传染病普遍下降的大背景下，性病却是一个例外。到了 20 世纪 80 年代末期，由于性传播疾病的危险性上升，尤其是艾滋病，催生了一场呼吁人们远离草率性行为的“性反革命”。以下各节简要介绍几种常见的性传播疾病。

淋病和梅毒

在已知最早的性病中，淋病和梅毒是由因性接触传播的微生物所引起的疾病。淋病不治疗会导致不育，梅毒则会损害身体的主要器官，导致失明、精神失常和死亡。

据记载，2013 年美国约有 333 000 例淋病和 17 375 例梅毒，实际数量可能会高出这个数字数倍。其中病例最多的是非西班牙裔的非裔美国人（57%），其次是西班牙裔白人（26%）、拉丁裔（14%），以及亚裔和美国原住民（分别为 1%）。

淋病和梅毒用青霉素之类的抗生素可以轻松治愈。因此，这两者在美国都不是主要的健康问题。

生殖器疱疹

生殖器疱疹是一种相当普遍的病毒，在美国至少有 2300 万青少年和成年人感染（占总人口的六分之一）。虽然疱疹远没有淋病和梅毒问题严重，但是却无法治愈。患有生殖器疱疹可能没有任何症状，也可能会出现周期性的生殖器水泡，并伴有发烧和头痛。尽管对成年人来说，生殖器疱疹不会致命，但患有此病的孕妇在分娩时会传播病毒，新生儿感染病毒有可能会致命。因此，患有生殖器疱疹的孕妇往往会采取剖宫产分娩。

艾滋病

所有的性病当中，最严重的是获得性免疫缺陷综合征（AIDS），即艾滋病。艾滋病在 1981 年被发现确认，是一种不治之症，而且一旦患上几乎必定是致命的。艾滋病由人体免疫缺陷病毒（HIV）引起，它攻击白细胞，削弱人

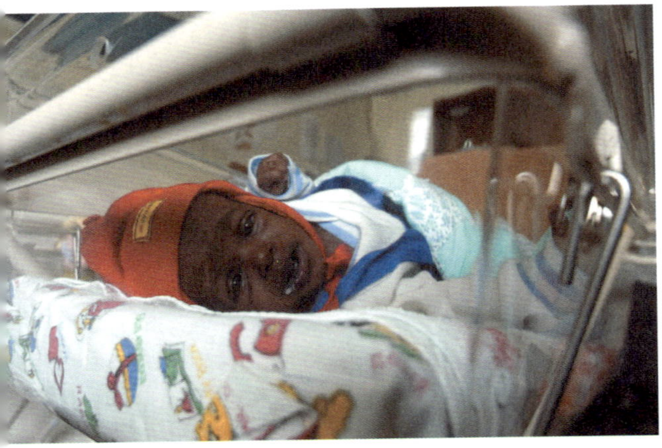

◎ 在非洲国家肯尼亚，每天约有 159 人死于艾滋病。近几年，艾滋病在撒哈拉沙漠以南非洲地区的传播大大减少。尽管如此，现在还有 19 万 14 岁以下的肯尼亚儿童感染了 HIV。这是内罗毕一个得了艾滋病的婴儿，他正在为生命而战。

体免疫系统。因此艾滋病使人容易受到其他很多疾病的侵害，并最终导致死亡。

2012 年美国死于艾滋病的人数达到 13 712 人，除此之外，据官方记载 2013 年约有 26 668 例新增感染者，使病例总数上升到 1 194 039 例，这其中有 658 507 人已经死亡。

从全球来看，艾滋病感染者的数量不再急剧增长。2013 年，大约 210 万成年人和儿童感染了艾滋病，比十年之前的年新增病例下降了 38%。不过，艾滋病感染者的数量仍然十分庞大，大约有 3500 万人。现在全球死于艾滋病的总人数超过了 3700 万人，2013 年的死亡数为 153 万，其中不到 1% 发生在美国。而非洲（尤其是撒哈拉以南的国家）有着全世界最高的艾滋病感染率，约占全部新增病例的 70%。好消息是，这些地区的很多国家在降低艾滋病感染率，特别是在儿童感染艾滋病方面，取得了显著进展。女性感染艾滋的风险仍然高于男性，这不仅仅是因为艾滋病病毒更易于从男性传播到女性，还因为许多非洲文化鼓励女性顺从于男性。

感染以后，艾滋病毒感染者并不显示任何症状，所以大多数感染者都不知道自己的病情。艾滋病的症状在一年或更长的时间内可能都不会出现，在这段时间内感染者有可能会传染其他更多的人。五年内，三分之一未经治疗的感染者会显现出艾滋病症状；十年内，这个数量达到一半；二十年内绝大多数感染者都会发病。在低收入国家，艾滋病病情发展得更为迅速，很多人在感染之后几年内就会死去。

艾滋病是传染病但是并不会蔓延，即艾滋病在人与人之间的传播是通过血液、精液和母乳等途径，一般的接触不会引起疾病传播，比如握手、拥抱、共用毛巾和餐具、一起游泳甚至是咳嗽、打喷嚏。通过唾液（如接吻）传播艾滋病的风险是极低的，通过性行为传播艾滋病病毒的风险因避孕套的使用而大大降低。不过，保持节制或以未受感染者作为唯一性伴侣是避免感染艾滋病的可靠方式。

一些特定的行为将人们置于感染艾滋病的高危境地。第一是肛交，可引起直肠出血，这样就更容易使艾滋病病毒从一个人传染给另一个人。事实上，许多同性恋和双性恋男子都会进行肛交，这有助于解释为什么这类人在美国艾滋病感染者中占到了 49%。

共用针筒是第二种高风险行为。目前，静脉注射的吸毒者占艾滋病患者的 23%，所以，与静脉注射吸毒者有性接触也是很危险的。由于静脉注射吸毒的人在穷人中更常见，因此艾滋病逐渐成为社会弱势群体的一种疾病。在美国的艾滋病患者当中，少数民族人口占多数，其中非西班牙裔的非裔美国人（占总人口的 13.2%）所占比例为 42%，拉丁美洲人（占总人口的 17.1%）所占比例为 21%。患艾滋病的妇女和儿童中几乎 80% 是非洲裔或拉丁裔。相比之下，亚裔美国人和美国原住民加起来只占艾滋病患者总数的 1.4%。

滥用药物（包括酒精），也会使人们在失去判断能力的情况下增加感染艾滋病的风险。换句话说，即使人们知道有被感染的风险，但是在酒精、大麻或其他毒品的影响下，还是错误地选择了性行为或静脉注射吸毒。

在美国，49% 的艾滋病患者是通过同性之间的性接触受到感染的，但异性间的性行为也可以传播艾滋病毒，而且感染的风险随着个人接触的性伙伴数量的增加而增加，尤其当他们属于艾滋病感染高危人群的时候。全世界范围内，异性关系是艾滋病传播的主要途径，占所有感染者的三分之二。

治疗一个艾滋病患者的费用需要数十万美元，这个金额显然超过很多人的承受能力。目前，美国政府健康计划、个人保险和个人储蓄在艾滋病治疗花费方面的覆盖程度都非常有限。另外，用以照顾至少 7.5 万美国艾滋病孤儿（全世界大约 1660 万）的费用也在不断增加。令人欣慰的是，新型药物和疗法的费用降低了，世界上百万人的生命因此得到拯救。尽管如此，艾滋病仍然是一个不容忽视的医疗问题和社会问题。

20 世纪 80 年代初，美国政府对艾滋病反应迟缓，主要是因为当时同性恋和静脉注射吸毒者普遍被认为是社会越轨者。如今防治艾滋病的经费投入有所增加（2015 年联邦预算为 310 亿美元），而且研究人员已经研制出一些药物，例如蛋白酶抑制剂，可以抑制这种疾病的症状。但是，教育规划仍然是防治艾滋病最有效的武器，因为针对这种至今尚无法治愈的疾病，预防是唯一的办法。

关于死亡的伦理问题

现在，科技的进步使人类获得设定生死界限的能力，人们必须决定如何来做以及何时这样做。也就是说，关于医疗技术的使用，除了健康和疾病的考虑之外还增加了道德层面的议题。

何时死亡

常识告诉我们，呼吸和心跳停止就意味着死亡。但是复苏或更换心脏来维持心跳、人工维持呼吸，使这种死亡定义已经失去了效力。因此，美国的医学和法律专家将死亡定义为一个不可逆转的状态，无应答、无运动、无呼吸、无条件反射，也没有大脑活动的迹象。

人究竟有没有死亡的权利

如今对于决定何时结束晚期病人的生命，医务人员、患者家属以及患者本人都面临着很大的压力。而全美约 15 000 个永久植物人所面临的情况可能最为困难，他们无法表达生死选择的意愿。

一般而言，医院和医生的首要职责是维持病人的生命，尽管如此，一个有精神能力的人在面临死亡时，都可以拒绝治疗甚至拒绝饮食，不管是在当时，还是提前通过生前遗嘱——在生病或受伤而无法做出决定时借以表达他们对想要接受医学治疗的程度。

安乐死（euthanasia），即帮助患有不治之症的病人没有痛苦地死去。安乐死产生了伦理难题，它既是一种善意的行为，也是一种杀害的形式。

是否有“死亡的权利”是当今最难的问题之一。所有患有不治之症的人们都有权拒绝有可能延长他们生命的治疗。是否应该允许医生协助病人死亡是目前争论的核心问题。1994 年，美国的三个州——华盛顿州、加利福尼亚州和俄勒冈州向选民征询意见是否应该让医生帮助那些想要结束生命的人选择死亡。只有俄勒冈州通过了该提案，但很快便遭到了反对，并被一直搁置下来，直到 1997 年才再次被认可。截至 2015 年，俄勒冈州的医生合法地协助 860 名绝症患者实施安乐死。但是，1997 年，美国最高法院根据美国宪法做出决议，不存在“死亡的权利”，这使得安乐死相关法律的扩展速度慢了下来。直到 2008 年，华盛顿州成为美国第二个允许安乐死的州，此后蒙大拿州和佛蒙特州也做出相同的决议。

主动安乐死的支持者们（即让一个垂死的人在医生的帮助下快速死亡）认为，有些情况下（例如垂死之人承受巨大痛苦的时候）死亡反而是一种对生命的善待。批评者则反驳说，允许安乐死会招致滥用。他们担心病人会因为怕给家人增加照顾负担或者承受不了高昂住院费用的压力，而选择结束自己的生命。在荷兰，医生协助病人安乐死是合法的，有研究表明，在所有实施安乐死的患者中，约有 20% 的患者是没有明确提出这种要求的。

在美国，大多数的成年人支持赋予濒死者选择在医生的帮助下死亡的权利。因此，关于死亡权利的争论必将持续存在。

医疗机构

在人类历史的大部分时期中，医疗照顾是个人和家庭的责任，只是随着社会生产力提高和社会分工的深化，医疗作为一种社会制度才开始出现。

今天生活在农耕社会中的人们仍然求助于传统的卫生从业者，包括针灸师和草药师。在工业社会，从麻醉医师到 X 光技术员，医疗卫生从业者都是受过专门训练的、持有许可证的专业人士。现代工业社会的医疗机构诞生于 200 年前。

科学医学的兴起

殖民地时期，草药师、药剂师、理发师、助产士和牧师都从事治病救人的活动，但并不是所有的尝试都是有效的：不卫生的仪器、缺少麻醉、知识的贫乏使得外科手术成为对患者可怕的折磨，可能在医生那里丧命的人和得到救治的人一样多。

医生按照科学程序研究人体结构和人体机能，并强调通过手术和药物的使用来治疗疾病，使医学成为科学。由于对专门知识的掌握，医生逐渐将自己定位为拥有医学学位的自律性专业人才。美国医学协会（American Medical Association，AMA）成立于 1847 年，标志着医学的科学模式越来越被接受。

然而，传统的医疗卫生也有其支持者，不过美国医学协会并不认可他们，并且通过资格认证来控制他们。20 世纪初期，国家认证委员会只向接受过美国医学协会认可的科学项目培训的医生颁发资格证书。结果，教授其他治疗技能的学校开始纷纷关闭，行医的人很快就只限于那些持有医学博士学位的人。相应地，医生的声誉和收入急剧上升；现如今，从年收入 17.5 万美元的儿科医生到年收入超过 50 万美元的心脏外科医生，持有医学博士学位的医生都拥有很高的收入。

那些从事不同医疗领域的医生（例如骨科医生）认为他们别无选择，只能遵从美国医学协会制定的标准。因此，骨科医师（拥有骨科医学博士学位）以前是通过矫正肌肉骨骼系统来治愈疾病，而现在他们也像其他医生（拥有医学博士学位）那样采用药物来治疗疾病。脊医、草药师和助产士现在仍然用自己特殊的方式行医，但他们在医学界的地位较低。支持科学医学和偏好传统治疗方法的人之间的论战一直持续至今，在美国和许多其他国家都是这样。现在越来越多的美国医院将传统科学医学和各种“另类”医疗实践相结合，尽管许多这样的疗法并没有被医疗保险所覆盖。

科学医学由城市中收费昂贵的医学院教授，也改变了医生的社会形象，所以大多数医生出身优越并在城市行医。女性在康复治疗的很多领域发挥着很大的作用，但是却被美国医学协会排斥在外。早期一些医学院培养女性和美国黑人，但是由于缺少资金，其中很多学校财政亏空而最终关闭。仅仅是在最近几十年，医学职业的社会多样性才有所增加，女医生和非裔医生在所有医生中分别占到 37% 和 5.5%，亚裔医生占 21%，西班牙裔医生占 6%。

整体医学

整体医学（holistic medicine）的引入使得医学的科学模型得到了调和。整体医学是一种医疗卫生方法，强调疾病预防，并全面考虑人的整个身体和社会环境。虽然整体医学的医师们赞成对药物、手术、人造器官的使用，但他们强调治疗的对象应是整个人而不是症状，关注的内容应是健康而不是疾病。整体治疗包括以下三种基本理念。

1. **把患者作为人来对待**。整体医学的实践者们不仅关注病人的症状，还关注病人的生活环境和生活方式对其健康造成的影响。他们拓展了传统医学的边界，在消除贫困、抵制环境污染以及其他有害于公共卫生的方面发挥了积极的作用。

2. **鼓励责任，而非依赖**。科学的医疗方法提倡医生对病人的健康负责，病人遵循医嘱接受治疗。整体医学的医生通过强调促进健康的行为，试图转变医生和病人的职责，他们主张积极主动地对待健康而不是被动地治疗疾病。

3. **提供个性化的治疗**。科学医学的治疗通常在冷冰冰的办公室和医院进行，并以疾病为中心；而整体医学的医生更支持人性化、像家一样令人轻松的环境。

总而言之，整体照顾并不反对科学的医学方法，但将重点从治疗疾病转向实现最佳健康状态。考虑到美国医学协会认证了 50 多种医疗专业，医师们也需要对患者给予整体性的考虑。

医疗支付：全球调查

随着医学对于先进技术的依赖，工业社会的医疗费用暴涨。世界各国也已经实行不同的策略支付医疗费用。

中国

中国的经济增长迅速，但仍然是一个以农业为主的国家，它所面临的艰巨任务是要满足超过 13 亿人的医疗卫生需求。中国目前的大部分的医疗服务由政府提供。

中国的乡村医生大致相当于美国的辅助医务人员，他们把一些现代的医疗方法带到农村地区用于救治村民。同时，一些传统的治疗方法，包括针灸和草药，仍被广泛地采用。中国的治疗方法是建立在对相互作用的身心整体的关注之上的。

俄罗斯

俄罗斯已经由之前的国家主导的经济逐渐转变为市场经济。因此，俄罗斯的医疗卫生也在发生转变。但是国家依然主导着医疗卫生事业，政府宣称每个人都享有基础医疗保健的权利。

在俄罗斯，人们不会去选择某一位医生而是会去基层政府的健康医疗机构看病。内科医生的收入要比美国的医生低很多，大约相当于熟练的产业工人的工资收入。作为吸引更多人进入医疗领域的策略，最近俄罗斯总统弗拉基米尔·普京承诺提升医生的工资。另外，俄罗斯医生中约有 72% 是女性，而美国的医生中只有 37% 的女性。与美国相似的是，在俄罗斯，女性占主导地位的职业收入较低。

近年来，俄罗斯联邦卫生事业遭受挫折，部分原因是生活水平的下降。不断增长的医疗卫生需求以及政府投入的削减，使得官方系统最多能够提供高度标准化和非个性化的医疗护理。一种乐观的看法是，政府的努力能够改善医疗服务的质量，但是截至目前，俄罗斯的医疗机构一直没有什么改变。

瑞典

1891 年，瑞典开始实施强制性的、综合的政府医疗服务。市民需要为此交税，瑞典的税收跻身于世界最高之列。通常情况下，医生是政府雇员，并且大多数医院是由政府管理的。瑞典实行**公费医疗制度**（socialized medicine），即政府拥有并运营大部分的医疗机构，同时雇用大部分的医生。图 14–3 显示的是一些高收入国家的公费医疗情况。

英国

1948 年，英国通过建立医疗服务的双重体系设立了公费医疗制度，所有英国公民都享有由国民保健署提供的医疗卫生服务。但是，在经济条件允许的情况下，人们也可以去找私人医生或去私立医院看病。

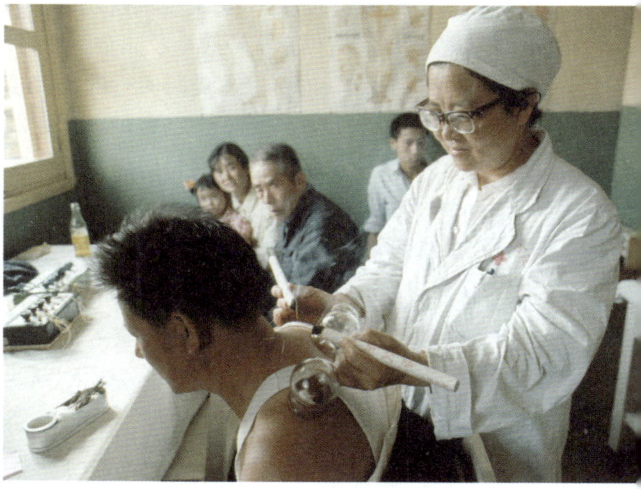

◎ 在世界各地，传统的医疗人员为改善人们的健康而工作。图片中是一位来自中国四川省遂宁市的病人正在接受传统的针灸治疗。你认为美国人会接受传统疗法吗？为什么？

加拿大

自1972年以来，加拿大实行“单一给付”的医疗制度，即对所有加拿大人提供医疗服务。加拿大政府就像一个大规模的保险公司，根据设定好的费用名目向医生和医院付费。像英国一样，加拿大也有一些医生在政府资助的体系之外工作，自己制定费用标准，尽管医疗成本也在政府的管制之下。

加拿大自称以低于美国（非全民性）医疗体制的成本向全体国民提供医疗服务。然而，像英国模式一样，加拿大的医疗系统较少采用先进技术，且反应迟缓，这意味着人们要做大手术可能要等上好几个月的时间。加拿大的医疗体制向全体民众提供医疗服务，而不论其收入高低。而在美国，低收入的人群往往被排斥于医疗照顾体系之外。

日本

在日本，虽然医生是私人执业的，但医疗费用由政府计划和私人保险联合支付。如图14-3所示，日本的医疗服务体系与欧洲模式非常相似，大部分的医疗费用由政府支付。

全球快照

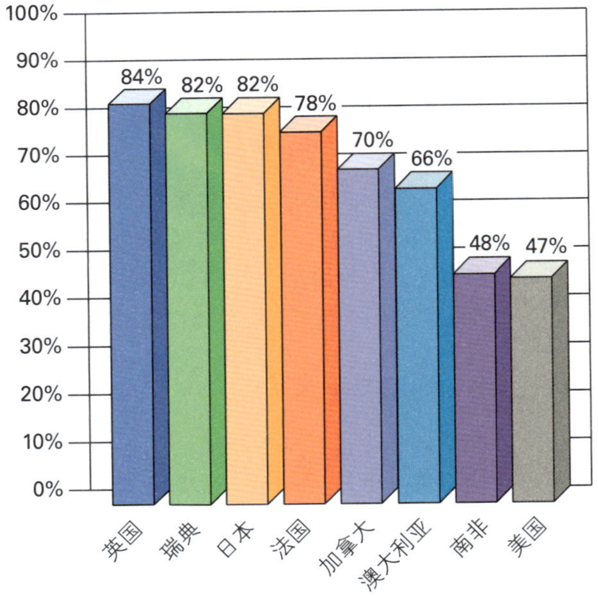

图14–3　各国公费医疗制度覆盖的范围

◎在大多数高收入国家，政府在民众医疗卫生费用中所承担的比例要高于美国。

资料来源：World Bank（2015）.

医疗支付：美国

即便经过了2010年的历史性医改之后，美国在高收入国家中仍是唯一一个没有全民性的、政府主导医疗计划的国家。美国实行的是**直接收费制度**（direct-fee system），在这种医疗体制中，患者直接向医生和医院支付医疗费用。欧洲人依赖政府提供70%到近90%的医疗费用（通过税收支付），但是美国政府仅仅支付47%的医疗费用。

在美国，富人可以买到世界上最好的医疗服务，但是穷人所能享有的医疗服务比欧洲的低收入人士差。这种差异解释了为什么与欧洲的许多国家相比，美国的婴儿死亡率和成人死亡率都相对较高。事实上，就婴儿死亡率而言（婴儿出生后未满周岁死亡的比例），美国排在世界第49位，低于很多欧洲国家。从另一个角度来看，研究指出，尽管美国在医疗方面为每位国民的花费高于其他高收入国家，但是美国居民的患病率、受伤率更高，而预期寿命更短。

美国的缅因州、佛蒙特州、马萨诸塞州已经制订了覆盖所有居民的医疗服务计划。为什么美国没有为全民提供医疗服务的国家计划？首先，第二次世界大战期间，政府控制了经济并且冻结了工人的收入。作为对工资被冻结的补偿，越来越多的雇主开始为工人提供医疗福利。其次，工会更多的是从雇主那里谋求更多的医疗服务，而不是指望政府的医疗计划。再次，因为美国的文化强调自力更生，公众更喜欢求助于私人的雇佣体系。最后，美国医学协会和保险业一贯强烈反对国家医疗服务。

毫无疑问，美国的医疗费用是非常昂贵的。

公费医疗制度　**政府拥有并运营大部分的医疗机构，同时雇用大部分的医生**

直接收费制度　**患者直接向医生和医院支付医疗费用**

美国的医疗支出正在急剧增加，从 1950 年的 120 亿美元增加到 2013 年的超过 2.9 万亿美元，相当于人均 9255 美元，比其他任何一个国家的医疗开支都高。那么谁来为医疗开买单呢？

私人保险计划

2013 年，美国大约有 1.69 亿人（占 54%）从雇主或工会那里获得医疗保险。另外有 3450 万人（占 10%）自己购买了一些私人保险。这样加起来美国有 64% 的人拥有个人保险，尽管其中很少有计划能够涵盖所有的医疗费用。

公共保险计划

1965 年，美国国会设立了老年和残障健康保险（Medicare）和医疗援助（Medicaid）制度。老年和残障健康保险为超过 65 岁的老人支付部分医疗费用；2013 年，该制度覆盖了 4900 万名老人，占总人口的 16%。同年，医疗援助制度——一种为贫困者提供医疗保险的制度，为另外的 5400 万人提供了相关福利，约占总人口的 17%。此外，有 1400 万名退伍军人（占总人口的 4.5%）能够在政府运营的医院中获得免费医疗。总之，美国有三分之一的人从政府那里获得了医疗福利，但多数也同时享有私人保险。

保健组织

美国约有 7300 万人（占 23%）加入了**健康维护组织**（Health Maintenance Organization，HMO），该组织为缴纳固定费用的用户提供综合的医疗保障。健康维护组织的成本和收益各不相同，而且它也不提供全额保险。如果用户能够维持健康水平，固定收费能够使得这些组织获益；因此，许多组织都采取健康预防措施。然而，健康维护组织因为拒绝为它们认为不必要的医疗流程付费而遭到批评。美国国会目前正在讨论在何种情况下，病人能够起诉保健组织以获得更好的治疗。

总的来说，美国 87% 的人拥有私人医疗保险或者公共医疗保险。然而大多数保险计划不提供全面保障，所以严重的疾病甚至会威胁到经济困难的中产阶级。多数保险计划也将很多医疗服务排除在外，比如牙科护理、精神健康治疗和药物滥用治疗。更糟糕的是，4200 万人（约占总人口的 13%）根本就没有医疗保险，尽管这其中超过半数的人都有全职工作。几乎同样多的人每年因被解雇或者工作变动而暂时失去医疗保险。处于医疗困境中的大多数人是中低收入人群，他们消费不起维持健康的预防性医疗服务。

2010 年卫生保健法案

2010 年，美国国会通过了《平价医疗法案》（*Affordable Care Act*），使得美国的医疗卫生支付方式发生了重大转变。这项法案使医疗保险覆盖了更多人，同时，这项法案需要承担巨大的支出——预计在未来十年内将花费近 10 000 亿美元的巨资，而效果将会慢慢分阶段显现。

下面是这一新法案的几个要点。

1. 从现在开始，所有的家庭都要缴纳保险税。低收入家庭会得到补贴，以帮助其支付保险费用；高收入家庭要缴纳更多的税费，以帮助建立这一项目基金。

2. 新法律颁布六个月后，保险公司不能再因为客户生病而放弃为客户提供持续医疗保障，或者因为已有的健康问题而不将儿童纳入保险

◎联邦政府在为人民提供卫生保健中扮演着多么重要的角色呢？2010 年出台的《平价医疗法案》（*Affordable Care Act*），通常被称为“奥巴马医改”，通过将某些领域强制纳入卫生保健范畴，扩大了政府承担的角色。一些宗教组织对此表示抗议，例如其中有一个在华盛顿举行的集会，拒绝被强制要求为雇员的避孕及堕胎行为提供保险。你认为这些组织能否自行决定提供或者不提供什么样的医疗保障？为什么？

范围。

3. 对于个人一生当中用于医疗费用的赔付金额的总数，保险公司不能再设置上限。

4. 家长的医疗保险可以给未满 26 岁的子女使用。

5. 到 2014 年，保险公司不能再因为已有的健康问题将任何年龄的人排除在外。

6. 到 2014 年，所有家庭都被要求购买保险，政府将对既有收益和成本进行管理。

7. 不购买保险的人将受到处罚，处罚力度随着时间递增。

总之，这项医疗卫生法案在 2012 年通过审核，并被最高法院宣布为符合宪法，将为美国 4900 万没有医疗保障的人当中的 3200 万人提供医疗保险。奥巴马政府声称，虽然这一法案并不能提供全面健康保障，但至少是迈向这一目标的重要一步。

护士短缺

近年来，许多研究者呼吁关注美国护士人数的短缺问题。2014 年，美国约有 270 万的注册护士（拥有注册护士学位的人），比 2004 年增长了 15%。同时，研究者指出，仍然有超过 10 万的护士岗位缺口。展望未来，未来几十年，随着老龄人口的增加，将会需要越来越多的护士。这些现状表明护士短缺问题可能会进一步加剧。

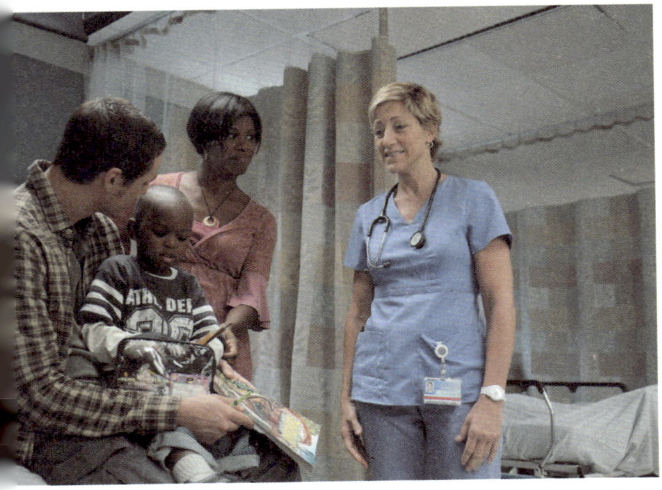

◎ 美剧《护士当家》（*Nurse Jackie*）充分展示了纽约一家大医院急诊室的护士所面临的挑战。在美国，对护士的需求量不断增加，你会考虑从事护理事业吗？

毫无疑问，我们的社会对于护士的需求正在日益增加，究其原因可以归为几个因素：首先，医疗技术的进步让更多的疾病能够得到治疗；其次，医院门诊服务快速扩张，比如手术、康复和化疗都可在同时间进行；再次，预防性治疗受到越来越多的关注；最后，也是最重要的，美国人口老龄化正在消耗越来越多的医疗服务。

医护领域不断吸引着年轻人，报名护理专业本科的人数从 2005 年的 116 000 人增加到 2014 年的 176 000 人。报名人数的增加有助于缓解护士短缺问题，该问题在美国西部和南部最为严重。

护士短缺的原因之一是护理院校的短缺。2012 年，由于缺乏师资和设施，护理专业项目将近乎八万名符合条件的申请者拒之门外。更为主要的原因是现在的年轻女性职业选择的范围更广，护士这一传统的女性职业对她们的吸引力很弱。目前，在职护士的平均年龄不断上升，已经达到 47 岁，这很明显可以说明这一点。另外，现在很多护士都对她们的工作条件不满，如照顾病人负担沉重，经常加班，紧张的工作环境，得不到上司、医生和医院管理者的尊重和认可。

这些事实正促使护理行业做出变革。薪资在上涨，居家护理和儿童护理机构的普通护士的年薪为 46 000 ～ 95 000 美元，而得到认证的麻醉护士的年薪为 16 万美元甚至更高。有些医院和医生通过提供签约奖金来吸引新护士。另外，护理专业正努力招募不同背景的人，招收更多的少数族裔护士（目前占护士总量的 27%），特别是招收更多的男护士（男性注册护士目前只占 10%）。

健康和医疗的理论分析

社会学的每一种理论方法，如结构–功能理论、符号互动理论、社会冲突理论、女性主义理论，都有助于我们组织和理解关于人类健康的事实和问题。

结构–功能理论：角色分析

塔尔科特·帕森斯（Talcott Parsons）将医学视为保证社会成员健康的社会策略。帕森斯认为疾病是一种功能失调，因为它削弱了人们扮演角色的能力。

病人角色

社会对疾病的回应不仅仅是对患者提供医疗照顾而且赋予患者一个**病人角色**（sick role），即合乎患者身份的行为模式。帕森斯认为，病人角色将人们从诸如工作或上课的日常职责中解脱出来，然而，人们不能简单地声称自己病了，他们必须"看上去符合那种角色"，并且病情严重时会得到医学专家的帮助。扮演病人角色之后，病人必定希望能够好起来，并且尽一切所能恢复健康，包括与健康专家配合。

医生角色

医生对病人的病情进行诊断并且要帮助他们恢复健康。为此，医生利用专业知识并期待病人能够遵从医嘱来完成治疗。

评价

帕森斯把对疾病和医疗的分析同更广泛的社会组织联系起来，另一些学者把病人角色的概念延伸到一些像怀孕这样的非疾病状态。

病人角色概念的局限性在于，相对于一些难以治愈的慢性病（如心脏病）来说，它比较适用于急性病（如流感或腿部骨折）。另外，病人扮演病人角色（暂停工作以恢复健康）的能力取决于个人所能获得的资源。最后，疾病并非完全意义上的功能失调；它有时会产生一些积极的影响。很多经历大病的人认为生病使他们有机会重新审视自己的人生，让他们更好地理解什么才是对他们真正重要的。

符号互动理论：健康的意义

根据符号互动理论，社会不是一个宏观的系统，而是一个复杂的不断变化的现实。这一

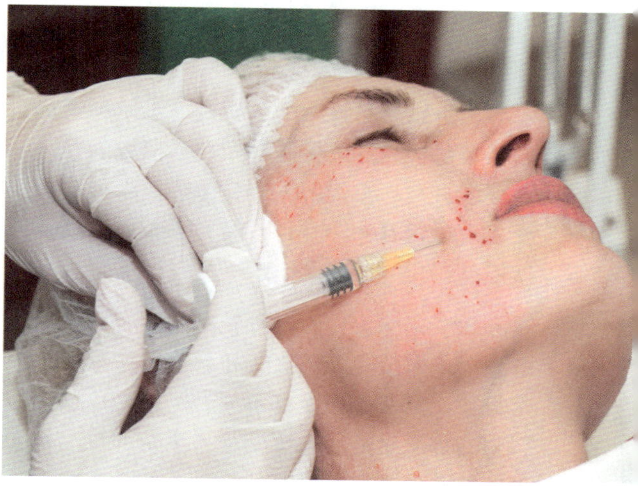

© 健康是基于文化的标准来界定的，对美的定义也是如此。美国每年都有数百万人进行整容手术，目的是使他们的外表符合人们的社会评价。

理论认为健康和医疗是人们在日常互动中社会建构出来的。

疾病的社会建构

如果健康和疾病都是社会建构的，那贫穷社会的人们可能会将营养不良看作正常现象。同样，我们社会中的许多人也很少会考虑到丰富膳食的危害性。

我们对疾病的反应是基于疾病的社会定义，这一定义可能与医学事实相符合，也可能不符合。艾滋病患者可能会受到毫无医学根据的偏见。同样，学生们在放假前夕可能不会注意到生病的征兆，但却会在期中考试前几个小时因为流鼻涕就赶往医务室。简而言之，健康并不是客观事实，而是协商的结果。

人们如何定义医疗情况实际上可能会影响他们的感受。医学专家对心身性疾病感到很惊讶，人的心理状态会支配身体感觉。运用托马斯定理（见第 4 章），我们可以说如果健康或者疾病被定义为真的，那么它就是真的。

治疗的社会建构

在第 4 章中，我们使用欧文·戈夫曼（Erving Goffman）的戏剧理论来解释医生如何调适自身所处的实际环境（办公室）与他们的行为（自我呈现），以便让他人认为他们是有能

力并且负责任的医生。

社会学家琼·爱默生（Joan Emerson）通过对男医生做妇科检查的分析进一步阐释了现实的社会建构过程。男医生做妇科检查的行为可能很容易被严重误解，因为传统上将男人抚摸女人生殖器看作一种性行为，或者可能是一种性侵犯。

为了确保人们将这种情况视为客观和专业的，医务人员穿着制服，并且检查室里除了医疗设备外，其他什么都不放。医生采用这样的行为的目的是使病人感到检查生殖部位与检查身体的其他部位是没有什么区别的。在检查过程中，通常有一位女护士在场，这样不但可以协助医生，而且可以避免人们产生一个男人和女人“单独在一起”的感觉。

医学院校很少教授管理情境定义的知识。忽略这一点是非常不幸的，因为正如爱默生的分析所表明的，医务人员懂得如何在检查室建构事实，与掌握治疗所需的医疗技能同样重要。最近一项研究发现，社会技能弱的医生，即使他们在医学上训练有素，也很有可能成为病人抱怨和诉讼的对象。

个人身份的社会建构

最后一个通过符号互动理论分析得出的认识是，手术是如何影响人们的自我形象和社会认同的。医疗过程之所以对我们的自我评价产生极大的影响，是因为文化对我们的身体器官和其他部位赋予了重要的符号意义。失去一条腿（例如在战争中）的人们常常严重怀疑自己是不是还和以前一样是一个“完整的人”。手术的效果也很重要，即使体形并没有明显的变化。例如，简·埃尔森（Jean Elson）指出，超过三分之一的美国女性最后会通过子宫切除术切除子宫。在对那些做过此类手术的女性进行访谈时，埃尔森发现，对性别认同存在严重自我怀疑是这些女性面临的典型情况——换句话说，她们经常自问“我还是一个女人吗”。只有10%的子宫切除手术是因为癌症，大部分的人是为了对付疼痛、出血或囊肿——这些情况还没有危险到低侵入性的治疗无能为力的地步。埃尔森指出，如果医生意识到失去子宫对众多女性而言具有多么重要的符号意义，他们可能会考虑选择其他的治疗方式。

许多接受乳房手术的女性同样有很多相同的反应，她们怀疑自己的女性身份，同时也担心男性会对她们失去兴趣。如果让男性体会到此类医疗过程的意义，只需想象男性在手术中切除了部分或全部的生殖器官之后，他们会如何反应。

评价

符号互动理论揭示，人们对于什么是健康、什么是有害的看法取决于许多因素。严格来讲，是非医学因素。这一理论也同时表明，在所有的医疗过程中，病人和医务人员都会有一个微妙的现实建构的过程。最后，这种方法也有助于我们理解肢体和其他身体器官的象征意义。由于事故或者实施手术而失去身体的任何部位，都会对个人认知产生重要的后果。

符号互动理论关注人们对健康或者疾病所赋予的意义，认为关于健康并不存在客观的标准，也因此招致了批评。某些物质条件确实会使人们发生一些具体的变化，而不管我们怎样看待它们。例如，缺乏营养和安全用水的人们会更多地受到不健康环境的侵害，不论他们将自己所处的环境定义为正常还是不正常。

学生的健康自测显示出健康水平的下降趋势。学生们对情绪健康水平的自我评测降至历史最低点。如图14-4显示，如今美国的大学新生中认为自己的健康状况高于“平均水平”的人所占的比例要低于1985年。你认为这种趋势反映的是人们观念的变化还是健康水平的真实退步（例如，由于吃了更多不健康的食物）？

社会冲突和女性主义理论：不平等和健康

社会冲突分析指出了健康与社会不平等之间的关系，正如表14-5所示。借鉴卡尔·马克思的思想，我们可以将健康模式与资本主义运作联系起来。另外，女性主义理论把健康与医疗和性别分层联系起来。最受关注的三个主要问题是，医疗服务的可及性、利润动机的影响

学生快照

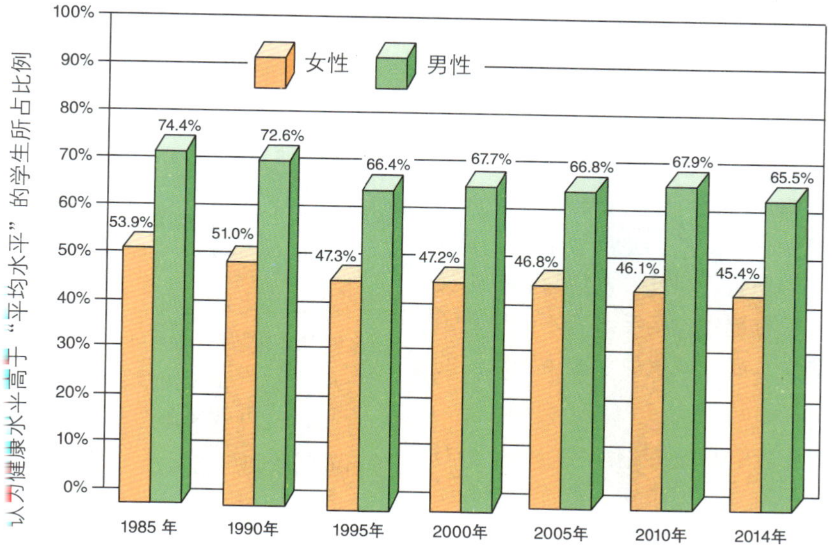

图 14–4　1985—2014 年大学新生对身体健康的自我评价

◎ 从 1985 年开始，越来越少的学生认为他们的健康水平高于平均水平。

资料来源：Astin et al.（2002）and Eagan et al.（2014）.

表 14–5　应用理论：健康

	结构–功能理论	符号互动理论	社会冲突理论
分析层次是什么	宏观层次	微观层次	宏观层次
健康是如何与社会发生联系的	疾病是社会的功能失调，因为它妨碍人们完成日常角色 当努力恢复健康时，病人角色让那些病人从相应的责任中解脱出来	社会根据生活标准给予"健康"和"疾病"不同的定义 人们如何界定他们的健康影响了他们的真实感受（心身性疾病）	健康与社会不公平有关，富人比穷人获得更多的医疗资源 资本主义的医疗卫生体系是由利润而非人们的切身需要所驱动的 科学医学轻视了疾病的社会原因，包括贫困、种族主义和性别歧视

和医学的政治化。

医疗服务的可及性

健康对每一个人都是很重要的。但是通过要求个人支付医疗费用，资本主义社会使得最富有的人获得了最好的医疗卫生。相对于其他高收入国家来说，美国医疗卫生的可及性问题要严重得多，这是因为它没有一套全民医疗卫生制度。

冲突理论认为我们的社会给富人提供了最优质的医疗卫生，但是以对其他人群的损害为代价的。目前美国有超过 4200 万的人没有任何医疗保险，他们大多是年收入低于 50 000 美元的中低收入人群。

利润动机

马克思主义理论进一步指出，真实的问题不是医疗服务的可及性，而是资本主义经济体系，它定义了健康和医疗。在资本主义体系下，医疗的首要目标不是健康而是利润。利润动机促使医生、医院和制药行业转变为价值数十亿美元的大型公司系统。谋求更高利润的动机助长了不必要的检查、外科手术的普遍使用和对昂贵药物的依赖，而不关注改善人们的生活方式和生活条件。

在美国，每年完成数以千万例的外科手术，而这其中大部分的手术是选择性的，也就是说它们并不是在紧急医疗情况下进行的，而是为了促进长期健康。当然，任何一个医疗过程或药物的使用都是有风险的，并且每年都有 10% 的病人因此受到伤害。因此，有位马克思主义理论家认为，医疗程序包括手术，不仅反映了患者的医疗需求，而且还反映了医生和医院的经济利益。

最后，根据社会冲突理论，我们的社会对医生为追求经济利益而要求病人进行检查和手术的行为太过宽容。医疗卫生的驱动力应该在于对人的关注而非对利润的追逐。

作为政治的医疗

虽然科学宣称自己在政治上是中立的，但女性主义者发现科学医学常常在重要的社会问题上居于某种立场之上。例如，医疗机构一直强烈反对政府的医疗卫生计划。还有就是直到最近，才有相当数量的女性被允许加入医生的行列。从医学发展史中可以看到，不但种族和性别歧视使得女性和有色人种被排斥在医学之外，而且这些歧视还被所谓的妇女和其他少数族裔是劣势的“科学”观点所支持。如“癔病”（hysteria）的诊断，这个术语起源于希腊语“hyster”，其意思是指“子宫”。当选择这个词来描述一种狂野的情绪状态时，医学界认为女人在某种程度上就等同于非理性。

按照社会冲突理论的观点，即使在今天，科学医学以细菌和病毒来解释疾病时，仍然忽视贫困、种族主义和性别歧视所带来的破坏性影响。实际上，科学医学通过把社会问题转化成简单的生物学问题，隐瞒了在我们的医疗系统中存在的偏见。

评价

社会冲突分析，包括马克思主义理论和女性主义理论，提供了关于健康、医学和社会之间关系的另外一种观点。根据这一分析方法，社会不平等是导致有些人比其他人更为健康的原因。

针对冲突理论最常见的反驳就是认为它贬低了由科学医学和更高的生活水平给美国带来的健康优势。美国人口的整体健康指数在整个 20 世纪都在稳步上升，并且与其他高收入国家相比更好，尽管仍然存在着很大的改进空间。

总之，社会学的三大理论方法都解释了为什么健康和医疗是社会问题，表 14-4 总结了上述分析。在“争鸣和辩论”专栏中解释了技术的进步远远没有解决我们的健康问题，还带来了新的问题和担忧。

法国著名的科学家路易斯·巴斯德（Louis Pasteur，1882—1895）用其一生的大部分精力研究细菌是如何导致疾病的。他在临终时说，健康更多的是取决于细菌赖以生存的社会环境，而不是细菌本身。解释巴斯德的观点就是社会学为人类的健康所做出的贡献。

健康与医疗：展望未来

在 20 世纪初，因白喉和麻疹之类的传染性疾病导致的死亡是相当常见的。因为科学家尚未发明出青霉素或其他的抗生素，即使是很小的一个伤口感染也有可能危及生命。一个世纪后的今天，我们大多数社会成员已经把健康长寿看成理所当然的。

在美国，越来越多的人为他们的健康承担个人负责。尽管如此，还是有些问题值得关注。肥胖流行症的日趋严重就是其中一个主要的问题。如果这种趋势继续蔓延，年轻人将来就有可能成为首次出现预期寿命减少的一代人。如果我们保持合理、适度的用餐，保持有规律的锻炼，并且不抽烟，那么我们每一个人都可以更加健康长寿。

另一个社会面临的健康问题，也是我们贯穿本章所讨论的一个问题，那就是给予富人更好的健康而带给穷人更多的疾病的双重标准。国际比较表明，由于忽视了处于社会边缘的低收入人群的健康问题，美国在人类健康的一些指标上是落后的。即使在新近的医疗改革实行以后，我们仍然面临着一个重要问题，即一个富有的社会应该为数以百万计的经济收入低下、缺乏医疗保障的民众做些什么。

最后，我们发现低收入国家的健康问题远比美国更加严重。值得欣慰的是，世界人口的总体预期寿命一直在上升，从 20 世纪 50 年代的 48 岁到现在的 71 岁，而且寿命增长最多的是那些贫穷国家。但是在拉丁美洲、亚洲，尤其是非洲的很多地方，亿万成年人和儿童不仅缺少医疗关照，而且还缺乏足够的食物和安全卫生的饮用水。提高世界最贫穷人口的健康，将成为未来数年最为关键的挑战。

争鸣与辩论

基因预测：我们真的想知道吗

费丽萨：在我结婚之前，我希望我的另一半做基因筛查。就像买一套房子或者一辆汽车，你应该在签字之前对它进行仔细检查。

伊娃：你也希望得到一个保证吗？

实验室试管中的液体看起来十分普通，就像是糖浆状的水。但是这一液体却是有史以来最大的医学突破，它甚至掌握了开启生命本身的钥匙。这种液体是脱氧核糖核酸或 DNA，是存在于人体每一个细胞中的螺旋型分子，它包含了能够使每一个人都区别于其他人的生命设计。

人体是由大约 100 万亿个细胞组成的，其中大部分细胞核含有 23 对染色体（每一对染色体分别来自父母双方）。每个染色体包含了许多被称作基因的 DNA 片段。基因指导着作为人体构造基础的蛋白质的生成。

如果遗传学听起来很复杂（事实上也确实如此），那么遗传学知识的社会影响就更加复杂。科学家在 1952 年发现了 DNA 的分子结构，但直到近些年，科学家们才在人类基因组的绘制方面取得巨大成绩。绘制基因图将有助于我们了解每一个 DNA 是如何形成我们人类的。

◎科学家们不断发现了越来越多的导致严重疾病最终发病的遗传因素。如果给你提供这个机会，你是否愿意接受遗传筛查以预测自己将来的健康状况？

但是，我们真的希望打开理解生命本身的神秘之门吗？一旦我们掌握了这些知识，我们将用它来做什么？研究已经识别出了许多导致疾病的基因变异，包括镰状细胞性贫血、肌肉萎缩症、亨廷顿氏病、囊肿性纤维化和某些癌症。对人体基因的预测可能使医生通过操纵一些 DNA 片段，在疾病出现之前就进行预防。

但许多人呼吁慎用此类研究，警告遗传信息很容易被滥用。最糟糕的是，基因图谱为培育“高级种族”纳粹式企图打开了方便之门。

在全球，许多父母都希望使用遗传测试去预测他们未来的孩子是否健康（甚至是眼睛的颜色）。如果父母因为即将出生的婴儿达不到他们的标准而要求堕胎，该怎么办？当基因操纵成为可能，父母是否应该去创造“定制儿童”？

这里存在一个“基因隐私”的问题。未来的配偶是否可以在她答应嫁给他之前要求未婚夫进行遗传评估？寿险公司是否可以在发布政策前要求进行基因检测？雇主是否能被允许对求职者进行筛选，淘汰那些将来因疾病消耗公司医疗基金的申请者？很显然，在科学上可行的事情在道德上并不总是能令人满意。社会已经围绕着如何正确使用日益丰富的遗传学知识的问题而进行斗争。这些道德困境将会随着基因研究的进步在未来几年成倍增加。

你怎么想

1. 传统的婚礼誓言是不管“疾病与健康”，双方始终陪伴在一起。人们在结为连理之前有权利知道配偶未来的健康状况吗？为什么？

2. 父母是否允许通过基因“设计”他们自己的孩子？为什么？

3. 从事遗传研究的私人公司对他们的发现申请专利，这样就可以从中获利，这样做对吗？或者这些信息是否可以让每一个人都得到？请解释你的回答。

资料来源：D.Thompson（1999）and Golden & Lemonick（2000）.

日常生活中的社会学
Society: The Basics

在我们社会中，学校教育不平等究竟有多严重

各所学校关于“教育不平等”这一问题表现各异。在美国，学校教育呈现几个等级，反映了不同学校招收的学生所代表的社会阶级地位。以下四幅图片可以帮助你对教育等级制有更多的认识。

◎学校教育等级体系的顶层是私立的日间学校和寄宿学校。其中最好的学校，如美国康涅狄格州纽黑文市的霍普金斯中学（Hopkins School）拥有庞大的捐赠基金、小规模的班级、受过严谨训练且富有热情的老师，以及足以媲美顶尖大学的华丽校园。请你估计一下在这样一所中学读书每年需要花多少钱？

◎教育等级体系的中层是最好的公立高中。公立高中绝大多数位于郊区。位于纽约布赖尔克利夫马诺的布赖尔克利夫高中（Briarcliff High School）实行小班教学，拥有优良师资，并且提供丰富的课外活动。你认为处于何种收入水平的家庭能够将他们的孩子送到这类学校读书？

◎教育等级体系的最底层是建于美国大城市内的公立学校。位于洛杉矶的托马斯·杰斐逊高中（Thomas Jefferson High School）比大多数其他公立学校要好，然而与郊区学校和私立寄宿学校相比，它的班级规模更大，教师培训不足，校园暴力风险更高。对于入读市区中学的学生，你有什么样的看法？

◎当 2009 年巴拉克·奥巴马和其夫人米歇尔·奥巴马入主白宫后，他们面临着送两个年轻女儿去哪里读书的选择。他们最终选择了一所私立中学——斯德维尔学校（Sidwell Friends）。他们在做出这一决定之前，可能考虑了哪些因素？

提示

私立日间学校和寄宿学校提供了出色的教育，并且独立生活经验有助于学生为将来进入一所好大学取得学业成功做好了准备。尽管像霍普金斯中学这类的学校向许多学生提供经济资助，但对大部分学生来说，就读这样一所学校每年的花费至少为 35 000 美元，而寄宿学校每年最少要花 50 000 美元，相当于一个家庭一年的平均收入。郊区的高中由政府税收支持，然而位于这些富裕社区的寓所通常要花费数十万美元，使得就读这类学校超出了相当多的美国家庭的经济负担能力。市区的公立学校招收中下收入家庭的孩子，意味着这些学校中少数族裔学生的比例最高。自由民主党人（如奥巴马）大力支持公共教育，但是他们像白宫的大多数其他住户一样（艾米 卡特去了公立学校），为他们的孩子选择了私立学校，不管是出于对教育质量还是对安全的考虑。

从你的日常生活中发现社会学

1. 探访一下离你的大学或住所较近的公立或私立中学。该校学生的典型社会背景是怎样的？这所学校有没有实行分流政策？如果有，观察这一政策是怎样运行的？一名学生的社会背景在学校分流过程中的重要性有多大？

2. 你为什么进入大学学习？你预期继续接受教育能够给你带来哪些益处？思考一下教育给你的职业和个人发展带来的影响。

第 15 章

人口、城市化和环境

通过本章，我们能够：

◎ 解释出生率、死亡率和迁移的定义以及它们是如何影响人口数量的；

◎ 应用马尔萨斯理论和人口转变理论分析人口趋势；

◎ 总结美国和世界各地的城市化模式；

◎ 分析滕尼斯、涂尔干、西美尔、帕克、沃斯和马克思对我们理解城市生活的贡献；

◎ 描述贫穷地区第三次城市变革；

◎ 分析当前的环境问题，例如污染和全球变暖。

社会的力量：塑造我们对全球变暖的看法

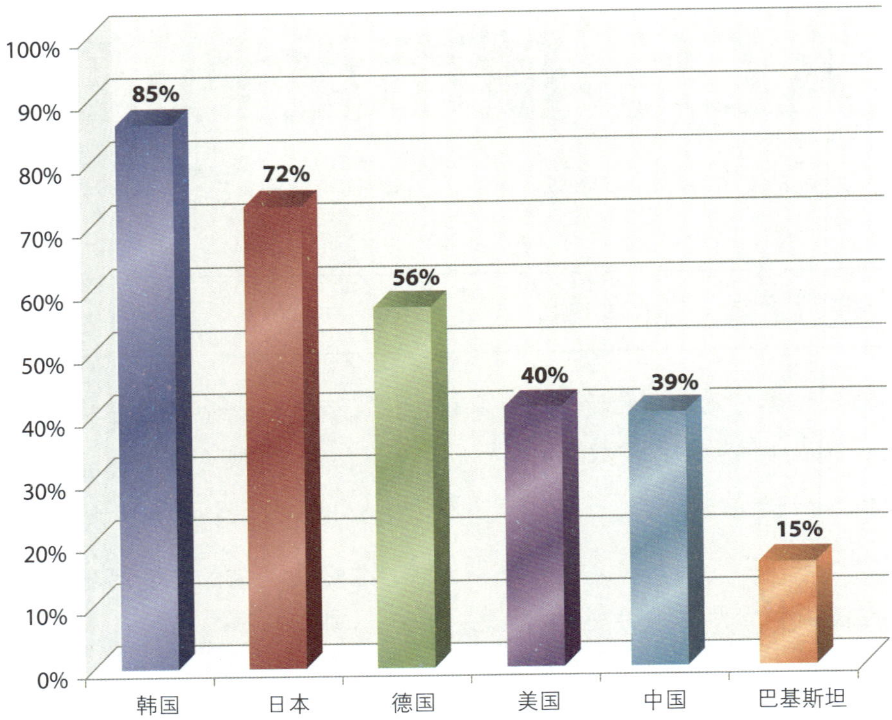

图 15-1　不同国家的成年人认为全球变暖是“主要威胁”的比例

资料来源：Pew Research Center（2015）.

对全球变暖的态度只是我们的个人观点吗？回答这个问题的一个方法就是看看全世界的情况。在全球变暖问题上，美国人存在分歧，只有少数人视全球变暖为一个“重要的威胁”。然而，在绝大多数其他的高收入国家，大多数人提出了这个主张。对全球变暖的关心程度在低收入国家更低，那里的人们更多地考虑自己的基本需求，例如食物和居所。很显然，社会有能力来塑造我们对环境问题的看法就如其影响我们生活中的许多方面一样。

本章概要

本章主要探究社会变革中的人口动态化、城市化，以及自然环境所面临的日益增长的威胁三个部分，讨论它们不仅仅是因为这三个方面很重要，更是因为它们之间也相互有着密切的联系。

“我跟你说，”迈卡坐在宿舍的椅子边上自信地说着，“气候正在改变。”

“看，”他的朋友克莉丝汀摇着头说，“只要人们记得，我们经历过的龙卷风和剧烈的暴风雨，这就不算什么……”

“的确是这样。气候正在变得糟糕，不是每天，而是总的来说。有些事情将要发生。”

很多研究天气形态的科学家同意迈卡所言。他们说，随着海洋变暖，全球气候正在变化。越来越多暴风雨的发生概率促使很多人想知道，日益变高的平均温度和越来越糟糕的天气是否意味着这不再是“生命中的偶然事件”，而可能变成一种“新的常态”。人口与大量的城市地区紧密相关——这不仅是在美国还有世界很多地方——气候变化可能会对亿万人造成危害。政治家们也在谈论气候变化。2015年，奥巴马总统宣称气候变化会成为威胁国家安全的一个要素。

我们居住的星球是一个单独的巨大的环境系统——一个会被地球上的72亿人变好或变坏的星球。本章主要探究人类社会如何依靠和改变着自然环境。我们的地球正发生着变化，这不仅体现在全球变暖和其他环境趋势方面，还体现在稳定增长的人口方面。类似地，世界上绝大多数人现在住在一个被我们叫作城市的密集的集中地，城市人口的比例持续上升。

人口学：关于人口的研究

大约在12 000年前，当人类第一次开始把种植的植物作为食物的时候，地球上整个智人（现代人的学名）的人口只有大概500万，这个数字相当于现在生活在美国科罗拉多州的人口数。由于人口非常缓慢地增长，到公元前一年，全球人口共计达到三亿，大约相当于现在美国的总人口。

从1750年开始，世界人口开始迅猛增长。现在我们地球上的人口以每年增加8600万人口的速度增长。迄今为止，全球人口已经达到了72亿。

这个戏剧性变化的原因与结果就是**人口学**（demography），即关于人口研究的学说。人口学是社会学的表亲，分析的是人口的规模与构成，同时研究人们如何以及为什么从一个地方迁移到另外一个地方。人口学家不仅收集统计资料，还提出关于人口增长的影响因素这样的重要问题，并提出如何控制人口的建议。以下几个部分展现了基本的人口学概念。

生育率

关于人口的研究是从研究多少人出生开始的。**生育率**（fertility）是一个国家人口的生育水平。在妇女的育龄期内，从最开始的月经初潮（尤其是少女时期）到绝经期（一般在40岁末），她可以生育超过20个小孩。但是，生育力，即最大限度的可能的分娩，却由于文化规范、经济能力以及个人选择而被大大地降低了。

人口学家用**粗出生率**（crude birth）描绘了生育率，即在一个给定的年份里，每1000

人口中全年活产的婴儿数。为了计算粗出生率，用一年当中成活婴儿的出生数量除社会总人口数，然后把结果乘以1000。2013年在美国301 610 000人口当中，有316.1万成活的婴儿出生，粗出生率是12.4。

1月18日，俄亥俄州的科肖克顿县。在吃了一顿阿米什风味的美食（肉和马铃薯）后，我们这群大学生聚集到雅各布·雷伯（Jacob Raber）家的客厅，他是阿米什农村社区中的一员。雷伯夫人有四个孩子，她告诉我们关于阿米什的生活。“我所知道的大多数的妇女都有五到六个小孩，”她微笑着说，“但是当然不是每个人——有些人甚至有十一二个孩子！”

一个国家的人口出生率之所以用“粗略”来描绘，是因为它以整个人口数量为基础，而不仅仅指育龄期的妇女。另外，这些测量忽略了各种不同人口类别之间的差别。例如，阿米什人的生育率很高，而亚洲裔美国人的生育率很低。但是这些粗略的测量很容易计算并且可以对一个国家或地区与另一个国家或地区的生育率进行粗略的比较。图15–2的a部分显示了全球范围内，北美的粗出生率是很低的。

死亡率

人口规模也反映了**死亡率**（mortality），即一个国家死亡人口的发生率。为了测量死亡数量，人口学家使用了**粗死亡率**（crude death rate），即在一个给定的年份里，每1000人口中的死亡数量。这次，我们用一年当中的人口死亡数量除以总的人口数量，然后把结果乘以1000。2013年，在美国三亿零一百六十一万的人口当中，有260万的人口死亡，使得粗死亡率达到8.2。图15–1的a部分显示了全球的死亡率是比较平均的。

第三种有用的统计人口的方法是计算**婴儿死亡率**（infant mortality rate），即在一个给定的年份中，每1000个出生的成活婴儿中，一岁以下的婴儿死亡的数量。为了计算婴儿的死亡率，用同一年的婴儿死亡数量除婴儿存活数量，然后把结果乘以1000。2013年，美国的婴儿的死亡数量为23 440人，存活数量为393万人。用第一个数字除第二个数字，再把结果乘以1000，

全球快照

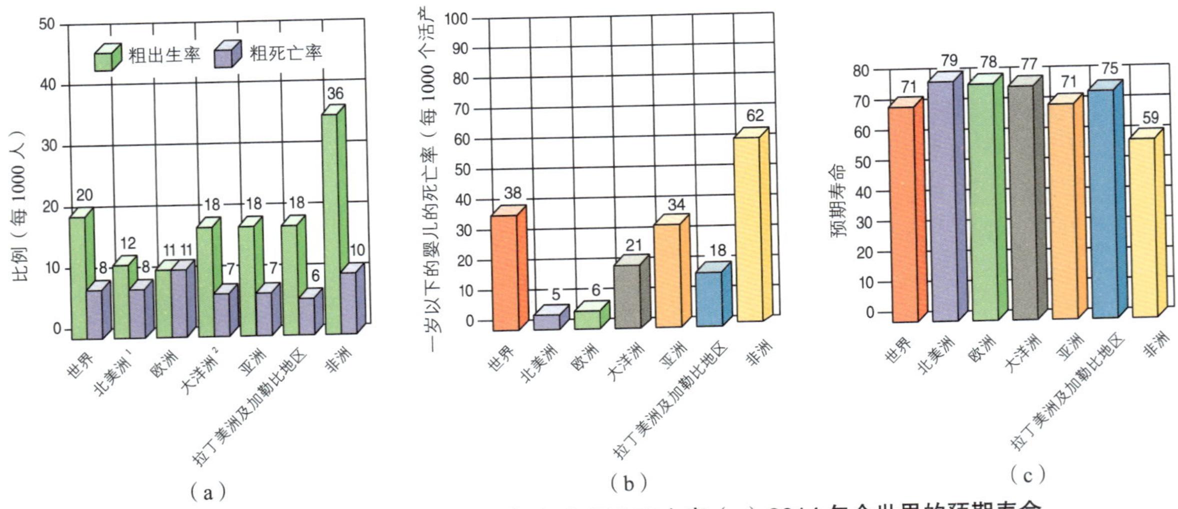

图15–2 （a）粗出生率和粗死亡率（b）婴儿死亡率（c）2014年全世界的预期寿命

◎从全世界的水平来看，北美有着低的出生率、平均死亡率，很低的婴儿死亡率以及较长的预期寿命。

¹ 美国和加拿大

² 澳大利亚、新西兰和南太平洋诸岛

资料来源：Population Reference Bureau（2014）.

得出的婴儿死亡率为 5.96。如图 15-1 的 b 部分指出，就世界水平而言，北美地区的婴儿死亡率是较低的。

但是请记住，不同类别的人口之间的差别。例如，美国的黑人的贫穷负担是美国白人的三倍。他们的婴儿死亡率为 11.2，是白人婴儿死亡率 5.1 的两倍多。

低的婴儿死亡率在很大程度上提高了人的**预期寿命**（life expectancy），即一个国家人口的平均寿命范围。在美国，2013 年出生的男性预期可以活 76.4 岁，而女性则预期可以活 81.2 岁。就如图 15-1 的 c 部分所示，北美人口的预期寿命比非洲的低收入国家的人口要多 20 年。

人口迁移

人口规模也受到**人口迁移**（migration）的影响。所谓人口迁移，即人们从某个地区迁入或迁出。迁移进入某个地区（或称迁入），用迁入率来测量，即每 1000 人中迁入一个地区的人数。迁移离开某个地区（或称迁出），用迁出率来测量，即每 1000 人中离开一个地区的人数。两种形式的移民通常是同时发生的，它们之间的差额就是净移民率。

所有的国家都经历过内部的人口变迁，那就是在一国国界内，人口由一个地区移向另一个地区。移民有时是人们自愿的，如当人们从一个小镇移民到一个大城市时。在这样的情形下，“推力-拉力”因素就起到很重要的作用。工作岗位的不足，促使人们产生流动，更多的就业机会吸引人们移民到大城市。移民也有可能是非自愿的。一个重要的例子就是强制把 1000 万的非洲人作为奴隶运到北半球的西方；最近的一个例子就是卡娜飓风造成成千上万的人们迁往新奥尔良。

人口增长

出生率、死亡率以及人口迁移都会影响一个社会的人口规模。一般而言，富裕的国家（就像美国），移民入境的因素和人口自然增长的因素，对于人口增长的影响是同样的。贫穷的国家（就像巴基斯坦）人口增长几乎全来自自然增长。

为了计算人口的自然增长率，人口学家用自然出生率减去自然死亡率。2013 年，美国人口的自然增长率为 4.2（粗出生率减 12.4 减去粗死亡率 8.2），或者说是每年 0.4% 的人口增长率。

美国以及其他一些高收入国家的人口增长率，远低于世界平均水平的 1.2%。世界上人口增长率较低的洲为欧洲（最近呈现零增长）、北美（0.4%）。接近世界平均水平的是大洋洲（1.1%）、亚洲（1.1%）和拉丁美洲（1.2%）。世界上人口增长率最高的地区是非洲（2.5%）。

一种较为方便的估计人口增长率的方法，就是用一个社会的人口增长除以 70 这个数字。从中就可以发现人口翻番所用的时间：每年的人口增长率为 2%（在拉丁美洲的部分地区）能让人口在 35 年内翻一倍；3% 的人口增长率（在非洲的一些国家）在短短 23 年内能让人口翻一倍。贫穷国家的快速人口增长率让人深感困扰，因为这些国家几乎不能养活这些人口。

人口的构成

人口学家也会及时地研究在某一给定时间的社会的人口构成。其中的一种变量是**性别比例**（sex ratio），即在一个国家当中每 100 个女性所对应的男性数量。2013 年，美国的性别比例是 97，也就说每 100 个女性只能有 97 个男性与她们相对应。性别比一般都会低于 100，因为女

人口学 关于人口研究的学说

生育率 一个国家人口的生育水平

粗出生率 在一个给定的年份里，每 1000 人口中全年活产婴儿数

死亡率 一个国家死亡人口的发生率

粗死亡率 在一个给定的年份里，每 1000 人口中的死亡数量

婴儿死亡率 在一个给定的年份中，每 1000 个出生的成活婴儿中，1 岁以下的婴儿死亡的数量

迁移 人口从某个地区迁入或迁出

人通常比男人活得更久。在美国的大平原地区，人口老龄化意味着性别比低于100：在美国堪萨斯州的普莱恩维尔因为人口老龄化，它的性别比例是89，也就是说每100个女性只能有89个男性与她们相对应。然而在印度，性别比例却是107，这不仅是因为人口趋于幼龄，还因为文化传统让父母更重视儿子而不是女儿，父母会选择把女胎流产掉，就算在女孩出生之后，更多的照料也给予了男婴，这就提高了女婴死亡的可能性。

一个更复杂的方法是**年龄–性别金字塔**（age-sex pyramid），即一种对人口的年龄、性别的图表的描述。图15–3展示了美国和墨西哥的人口年龄–性别金字塔。随着年龄的增加，人口死亡率的提高使得这些图表形成一个大致上的金字塔形状。在美国的金字塔当中，中间的突出部分反映了20世纪40年代中期到60代中期发生的婴儿潮带来的高出生率。人口在20岁到30岁的紧缩反映了随后的“生育低谷期”。2013年的出生率12.4是1957年婴儿潮带来的高出生率25.3的一半。

美国和墨西哥的年龄–性别人口金字塔之间的比较，展现了不同的人口发展趋势。墨西哥的年龄–性别金字塔，就像其他的低收入国家一样，底部很宽（反映了高出生率），然后在中年的时候很快变窄（归因于高死亡率）。简而言之，墨西哥是一个更为年轻的社会，年龄的中位值是28岁，而美国是37岁。由于有更多的女性处于生育期，因此，墨西哥的粗出生率（19），几乎是美国的粗出生率（12.4）的1.5倍，其每年的人口增长率（1.4%）几乎是美国的人口增长率（0.4%）的三倍多。

人口增长的历史和理论

在过去，人们想拥有一个大家庭，因为劳动力是生产的关键。另外，直到19世纪中叶，避孕套被发明之前，避免意外怀孕都是不确定的。但由于传染病带来的高死亡率，经常打断人口的增长。

1750年，人口统计发生了一个重要的转变，当时的世界人口数量开始上升。到1800年，全球人口达到了十亿。这个里程碑（几乎花了整个人类历史的时间才达到）在仅一个世纪后的1930年就又重复出现了。那时地球上的人口又

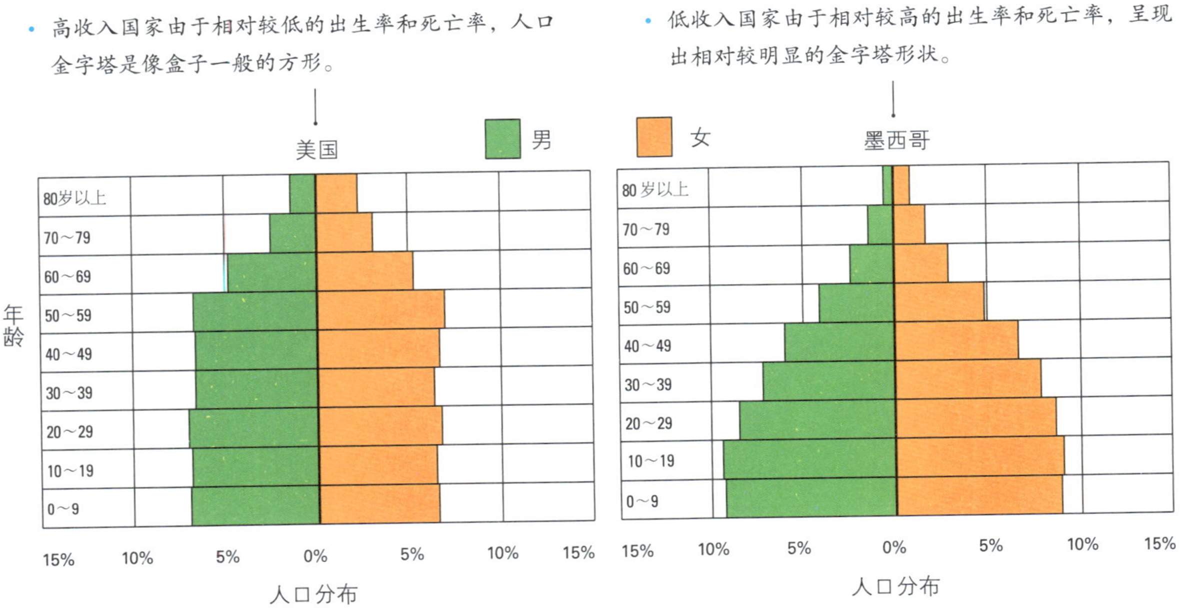

图15–3　美国、墨西哥2013年年龄–性别人口金字塔

◎通过观察一个国家的人口金字塔外形，可见其经济发展水平，并预见未来人口增长的水平。

资料来源：U.S.Census Bureau（2013）.

增加了十亿。换句话说，不仅是人口增长了，人口增长率也加快了。

1962 年，全球人口已经增长到 30 亿（仅在 20 亿人口出现后的 32 年），在 1974 年达到了 40 亿（仅在 30 亿人口出现之后的 12 年后）。最近，世界人口的增长已经开始变缓，但是地球上的人口在 1987 年已经达到了 50 亿，1999 年达到了 60 亿，2012 年达到了 70 亿。在以前的世纪当中，甚至没有出现过人口翻番的情况。而在 20 世纪，它已经翻了四倍了。

当前，世界每年要增长大约 8660 万的人口，其中 98% 的增长出现在贫穷国家。专家预测世界人口将在 2025 年达到 80 亿，并于 2050 年达到 95 亿。考虑到地球对于供养现有人口的困难，如此的人口增长应当得到人们的急切关注。

马尔萨斯理论

250 年前，人口的突然增长刺激了人口学的发展。英国的经济学家和教士托马斯·罗伯特·马尔萨斯（Thomas Robert Malthus，1766—1834），警告说人口增长很快会导致社会的混乱。马尔萨斯推测人口将会呈几何级数（如 2、4、8、16、32 等）的方式增长。马尔萨斯总结说，按照这样的速度，世界人口的剧增将会失控。

食物的生产也将增加。马尔萨斯解释说，但是这只会以算术级数（就像 2、3、4、5、6，等等）的速度增加。因为即使采用新的农业技术，土地也是有限的。因此，马尔萨斯表现出了对未来的悲观想法：人口的再生速度超过了地球能够提供的供给，最后导致广泛的饥荒和为了争夺剩余资源的战争。

马尔萨斯意识到人为的生育控制或节欲可能会改变他的预测。但他发现这其中的一个做法存在道德性错误，而另一个做法很不切实际。在马尔萨斯的脑海中，饥荒和战争缠绕着人类，所以他以“沮丧的牧师”而闻名。

评价

幸运的是，马尔萨斯的预测是有瑕疵的。第一，在 1850 年，欧洲的人口出生率开始下降，部分原因是随着工业化的发展，孩子成了经济的负担，而不是资产；另一部分原因是人们已经开始人为地控制生育了。第二，马尔萨斯低估了人类的才智：现代的灌溉技术、化肥和农药，对农业生产的促进远超过他那时可以想象的。

一些人批评马尔萨斯忽视了世界存在的富足和饥饿的不平等现象。例如，卡尔·马克思反对马尔萨斯关于“受难是自然法则，而非资本主义的祸害”的看法。最近，“批判人口学家”主张那些声称“贫穷是由低收入国家的高出生率引起的”说法相当于谴责受害者。相反，他们认为全球不平等才是真正的关键。

但马尔萨斯依然给我们上了重要的一课。可供居住的土地、干净的水和新鲜的空气是有限的资源，高的经济生产水平对自然环境造成了极大的损害。另外，医学进步已经降低了死亡率，推动了世界人口的增长。当然，常识告诉我们，不管什么样水平的人口增长都不会永远持续下去。任何地方的人都必须意识到人口增长所带来的危险。

人口转变理论

一个更加复杂的人口变化分析是人口转变

◎ 这是印度孟买的一条街道，它显示了在托马斯·罗伯特·马尔萨斯的研究中，对于未来的想法和预测。他担忧人口的增长会把地球的资源消耗完。你能解释一下为什么马尔萨斯对人口会有如此深的忧虑？又是什么让人口转变理论做出了更有希望的分析？

理论，这一理论将人口模式与一个社会的技术发展水平相联系。图 15-4 显示了在四个技术发展水平上的人口发展结果。

第一阶段，前工业化（即农业社会），由于多生小孩的经济价值观以及缺乏生育控制措施，这一阶段有着高的出生率。低的生活标准和有限的医学技术使死亡率也相当高。死于疾病暴发的人口抵消了出生的人口，这使人口的升降在大体上只有少数增加。这就是工业革命之前欧洲数千年的状况。

第二阶段，工业化开始，随着丰富的食物供给和医学药品使死亡率降低，带来了人口的转变。但是此阶段的出生率仍然很高，导致人口快速增长。在欧洲第二阶段期间，马尔萨斯确切地表达了他的观点，解释他对未来的消极看法。世界上最贫穷的国家到今天仍处于这个人口高增长阶段。

第三阶段，是成熟的工业经济，出生率的降低再一次抑制了人口的增长。生育率的下降一方面是因为大部分孩子都能活到成年，所以对孩子的需求降低；另一方面是在高标准生活水平下，把小孩抚养成人相当费钱。简而言之，富足使孩子从经济资产变成了经济负担。通过有效控制生育使小家庭成为可能，这也有利于女性外出工作。随着出生率继死亡率之后的降低，人口增长进一步减慢。

第四阶段，对应后工业化的经济，这时人口转变已经完成。出生率持续下降，部分是因为双职工家庭逐渐成为趋势，另一部分是因为抚养、教育孩子的成本继续增长。这种趋势，加上稳定的死亡率，意味着人口增长是十分缓慢的，甚至是负增长的。在日本、欧洲和美国都有这样的情况发生。

评价

人口转变理论认为控制人口的关键在于科技，而不是马尔萨斯担忧的人口失控式增长。这个理论看到科技减缓了人口的增长，并提供了丰裕的物质。

人口转变理论跟现代化理论相关联，我们在第 9 章中讨论了有关全球发展的理论。现代化理论乐观地认为贫穷国家会随着工业化而解决它们的人口问题，但是批评家，特别是一些依附理论家强烈地反对。他们认为，除非全球资源重新分配，否则我们的星球将会不断地分化成富裕的、享受低人口增长的“拥有者”，以及贫穷的为了供养更多人口无望挣扎的“无产者”。

全球人口现状简述

对当今世界上的人口，我们还能说些什么呢？到目前为止，如果要下结论，我们可以区分几个重要的模式并得出几点结论。

低增长的北半球

当北半球开始工业革命时，西欧和北美的人口年增长速度竟然高达 3%，但是自从那个世纪之后，增长率一直都在稳步地下降。到 1970 年，已经降到了 1% 以下。正如第四阶段所显示的后工业化社会，美国每个妇女的生育率在少于 2.1 个小孩的替代水平，即人口学家所称的人口零增长点——人口再生产水平维持在一个稳定的

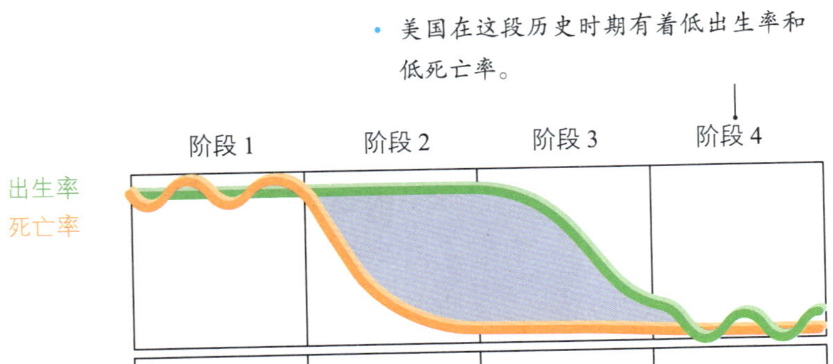

技术水平	前工业	早期工业	成熟工业	后工业
人口增长	非常缓慢	快速	减缓	非常缓慢

图 15-4　人口转变理论

◎ 人口转变理论将人口变化与一个社会的技术发展水平联系起来。

阶段。2014 年，有 84 个国家，且几乎每一个国家都很富裕，它们都处于人口零增长率或者以下的状态。

在后工业化社会中，高比例的男女进入劳动力市场，抚养孩子费用的上升，晚婚、单身的趋势、避孕工具的广泛使用、堕胎，等都成为导致人口增长率下降的因素。

对于高收入国家，人口增长不是一个带来压力的问题，却是贫穷国家所面临的压力。相反，许多高收入国家政府很担心未来的人口稀少问题。因为降低的人口数量可能很难恢复，并且膨胀的老年人群体获得的供养却因年轻人越来越少而面临挑战。

高增长的南半球

在南半球贫穷的国家当中，人口是一个严重的问题。世界上没有哪个国家能完全舍弃工业化科技。第一阶段的人口转变理论仅适应于低收入国家的偏远农村地区。但是很多拉丁美洲、非洲和亚洲的国家正处于第二阶段，它们拥有混合农业工业经济，富裕社会为它们提供的先进医学技术大大降低了死亡率，但是这些国家的出生率仍然很高。这就是为什么落后的国家现在占了世界人口的 83% 并且占全球人口增长的 98% 的原因。

在一些很贫困的国家，如非洲的刚果共和国，女性在一生中平均大约会生育六个孩子。但在大多数贫穷国家中，出生率从 1950 年的一个妇女平均生育约六个小孩的水平，已经下降到现在一个妇女生育三个小孩的水平（典型的 1950 年）。但是这样的高生育只会加深全球的贫穷状况。这就是为什么领导人把对抗全球贫困的重点放在了降低低收入国家的生育率上的原因。

同时要注意的是，在控制世界人口增长方面的一个关键的因素是提高妇女的地位。为什么？因为这是一个简单的真理：给女性更多的生活选择，她们将会生更少的孩子。历史已经证明，如果女性可以自由决定何时何地结婚，以获得教育和好的工作，并且能选择是否要孩子，她们就会选择限制自己的生育能力。

人口划分

高收入和低收入国家的人口动态各不相同，这一差距有时被称为人口鸿沟。在意大利这个高收入但人口增长非常低的国家，女性一生中平均只有 1.4 个孩子。这个低出生率意味着每年出生的数量实际上少于死亡的人数。其结果是，目前意大利的人口实际上是减少的。展望 2050 年，即便能获得一些移民，意大利的人口预计将还是和现在一样。在意大利，老年人的比例（如今是 22%）只会随着时间的推移而增加。

再看看在一个低收入国家，这个人口模式有何不同。例如，在刚果共和国中，女性平均仍有六到七个孩子。即使是有很高的死亡率，这个国家的人口数依然会在 2050 年变成现在的两倍。这个国家的老年人口比例非常低，大概只有 3%，而且这个国家几乎有近一半的人口为 16 岁以下的儿童。伴随着如此高的出生率，难怪这个国家的贫穷问题不断恶化和严重，而且大约有 75% 的人营养不良。

总之，现在将人口划分为伴随着低出生率和人口老龄化的发达国家的人口，以及伴随着高出生率和人口的极度年轻化的贫穷国家的人口。就像世界各地的人类都在设法来减少死亡一样，现在人类必须降低人口的增长，尤其是在

◎美国的人口生育在过去的一个世纪开始下降，到现在已经非常低了。但是美国的一些种族却拥有相当高的生育率。阿米什人就是一个例子，这是一个生活在俄亥俄州、宾夕法尼亚州以及其他一些州的农村地区的宗教社会。阿米什的夫妇有五六个甚至更多的孩子，都是很平常的事。你认为为什么阿米什人都喜欢大家庭呢？

贫穷国家，否则，其未来将会像几百年前由托马斯·马尔萨斯预测的一样黯淡。

城市化：城市的发展史

10 月 8 日，中国香港。缆车徐徐驶向太平山顶，我们在此看到了世界上最为壮观的景象之一——香港的夜景。百万的灯光、鲜艳的彩灯照耀着港湾，轮船、摆渡和中国传统的帆船翻涌着水波。很少有地方能像香港一样拥有这样的能量。这座城市有丰富的犹如威斯康星州或芬兰的经济产量。我们伫立于此数小时，就被香港的壮观场面所鼓舞。

在人类历史的大多数时期，像香港、纽约和巴黎这些大城市的景色和嘈杂声令人难以置信。我们遥远的祖先居住在狭小的游牧部落，当植被耗尽时迁移或随着狩猎而换地。在 12 000 年前，少量定居者开始出现在占地球人口很小比例的中东地区，这标志着文明社会的开始。今天，世界上最大的三四座城市却拥有着和那时整个地球一样多的人口。

城市化是人口向城市的集中。城市化使一个社会的人口重新分布，并改变了许多社会的生活方式。我们根据三次城市革命来回溯一下这些变化：一万多年前城市出现；1750 年以后，工业城市得以发展；而今天在贫困国家的城市呈爆炸式增长。

城市的演变

城市在人类历史上是一个比较新的发展。大约在 12 000 年前，我们的祖先才开始持久地定居，开启了第一次城市革命的道路。

首批城市

狩猎和采集迫使人们一直迁移。然而，当我们的祖先了解了如何驯养家畜和种植时，他们就能够在一个地方定居。食物上的自给自足也带来了物质的富余，这使得一些人从食物生产中解放出来，去建造为他们遮风避雨的房屋、制造工具、织衣服、参加一些宗教的仪式。城市的出现带来专业化发展和更高的生活水平。

第一座城市是杰里科，坐落在死海北部，现在称为西海岸。当第一批定居者在一万年前到来时，这里只有 600 人。但是几百年过去后，这座城市发展成了拥有成千上万人口的大城市，成为大帝国的中心。到了公元前 3000 年，埃及的城市开始繁荣，就像公元前 2000 年的中国和公元前 1500 年的中美和南美。在北美，只有很少的美国土著社会形成定居点；直到 17 世纪欧洲殖民者的到来才开始普遍的城市化。

前工业化的欧洲城市

欧洲城市可以追溯到五千年前的希腊和后来的罗马，它们都建立了强大的帝国，同时也建立了遍布欧洲的城市，包括维也纳、巴黎和伦敦。随着罗马帝国的结束，所谓的黑色时代开始了，伴随着人们的是防护墙的建立和军阀侵占领地。只有在 11 世纪，欧洲才恢复和平，贸易繁荣重新开始，城市也得到发展。

中世纪的城市与我们今天所熟悉的城市有很大不同。在高耸的大教堂下面，伦敦、布鲁塞尔和佛罗伦萨狭小而蜿蜒的街道里到处是商人、技工、牧师、小贩、变戏法者、贵族和仆人。职业团体诸如面包师、木匠和制金属工人聚集在截然不同的区域“角落”。种族划分也限定了一些社区把那些不同于自己的人排除在外。“聚居区”（ghetto）这个词第一次被用来描述邻近威尼斯的被隔离的犹太人。

工业化的欧洲城市

随着中世纪的结束，稳定增长的贸易使新的城市中间阶级富裕起来，或称资产阶级。随着财富的增加，中产阶级很快超过了世袭的贵族。

大约到了 1750 年，工业革命带来了第二次的城市变革，首先在欧洲，随后在北美。工厂解放了巨大的生产力，造成城市前所未有的增长。伦敦这座欧洲最大的城市，在 1700 年时人口达到了 55 万人，到 1900 年扩展到了 650 万人。

城市不仅在不断发展，而且城市面貌也在不断改变。古老而迂回的街道让位给宽阔笔直的林荫大道，从而促进了商业运输的浪潮。电气化的汽车在扩展的城市纵横交错的道路上行驶。因为土地也可以买卖，所以开发者把城市分成许多规则大小不等的部分。城市的中心不再是大教堂，而是熙熙攘攘的、到处是银行、商店和高大写字楼的商业中心。

随着对商业的关注日益增强，城市变得日益拥挤和公开化。犯罪率也在上升。特别是在开始时，一些新的实业家过着豪华的生活，但是大多数男人、女人、孩子仅能靠在工厂做工勉强谋生。

工人组织的努力最终带来了工作场所的改善、良好的住房条件和选举投票的权利。公共设施如净水、给排水和电力设施进一步改善了城市的生活。今天，依然有许多城市人生活在贫困中，但是不断提高的生活水平部分实现了给城市居民一个更好的生活的历史承诺。

美国城市的发展史

大多数在北美定居了几千年的本地美洲人在欧洲人到来之前一直处于流动状态，很少形成永久的定居地。欧洲殖民化后，美洲农村和城镇开始扩展。

殖民地，1565—1800 年

1565 年，西班牙人在美国佛罗里达州的圣奥古斯丁建立了这个国家最早的殖民地。1607 年，英国人在弗吉尼亚州的詹姆斯敦建立了殖民地。然后，在 1624 年，荷兰人创建了新阿姆斯特丹作为自己的殖民地，后更名为纽约。

纽约和波士顿（英国人于 1630 年建立的殖民地）在一片巨大的荒野上由一个小村庄发展起来。它们类似于中世纪的欧洲乡镇，狭窄弯曲的街道至今仍然蜿蜒在纽约下游的曼哈顿岛和波士顿的市区。

当 1790 年美国第一次人口普查完成时，正如表 15-1 所示，只有 5% 的国民住在城市。

城市的扩张，1800—1860 年

在 19 世纪早期，城镇沿着通往美国西部地区的运输路线得以扩大。到了 1860 年，布法罗、克里夫兰、底特律、芝加哥改变了美国中西部的面貌，整个美国大约 20% 的人口居住在城市。

城市的扩张在北部地区最为明显。例如，

表 15-1　美国 1790—2050 年的城市人口

年份	人口（百万）	城市百分比（%）
1790	3.9	5.1
1800	5.3	6.1
1820	9.6	7.3
1840	17.1	10.5
1860	31.4	19.7
1880	50.2	28.1
1900	76.0	39.7
1920	105.7	51.3
1940	131.7	56.5
1960	179.3	69.9
1980	226.5	73.7
2000	281.4	79.0
2020（预计）	346.3	84.9
2040（预计）	388.9	88.8
2050（预计）	400.9	87.4

资料来源：U.S .Census Bureau（2010）and United Nations Population Division（2014）.

纽约城的人口是北卡罗来纳州查尔斯顿的十倍。美国发展分化成为工业-城市的北部和农业-农村的南部，这也是美国内战的一个主要原因。

大都市时期，1860—1950 年

美国内战（1861—1865 年）时期，由于工厂大力生产武器而极大地推动了城市化的进程。尤其是在北部，大量人口放弃乡下的生活，来到城市企求寻找更好的工作。在他们之中有成千上百万的移民，他们大多数来自欧洲，形成了多元化的城市传统。

1900 年，纽约的城市人口剧增超过 400 万，芝加哥这座在 1860 年只有 10 万人口的城市，人口也迅速增加到了 200 万。如此的增长率标志着**大都市**（metropolis）时代的到来。大都市

大都市 从社会和经济方面主导城市地区的大城市

郊区 在一个城市政治中心边界以外的城市地区

城市带 包含了数个城市及其周围郊区的广大的城市区域

是指从社会和经济方面主导城市地区的大城市，它成为美国经济的中心。到1920年，城市地区成为大多数美国人口的聚居地。

工业技术推动了城市人口的增加。19世纪80年代，最高的建筑物在钢梁和机械电梯的支持下，能到达比10层楼更高的高度。1930年，纽约的帝国大厦作为一个城市的奇迹而被人称颂，它高达102层，直插云霄。

城市的分散，1950年—现在

工业化的大都市大约在1950年达到了顶峰。自那以后，城市发展出现了一些转折——城市的分散时期——人们离开市中心区而来到偏远的郊区，**郊区**（suburb）是指在一个城市的政治中心边界以外的城市地区。东北和中西部老的工业城市停止了发展，一些地区在1950年后的十年中减少了大量的人口。同时，郊区的人口急速增长。从密集地包围着中心城市的城市景象，发展成为不断四处蔓延扩展的城市郊区。

郊区和城市的衰败

效法欧洲贵族，美国的一些富人将他们的时间分成两部分：一部分时间待在位于城市的城镇别墅中；一部分时间待在不受城市限制的乡间住所。但是直到第二次世界大战以后，普通人才能够在郊区拥有住房。随着汽车的大量增多，新的四车道公路、政府支持的抵押以及不算昂贵的住宅，使得郊区迅速成长。到了1999年，大多数美国人住在郊区，经常在附近商场购物，而不愿到老的城市购物区。

在冰雪带（即东北和中西部）的许多老城市失去了郊区的高收入的纳税人，他们努力为留下来的贫民支付高额的社会项目。许多城市爆发了财政危机，城乡结合部因变得破烂不堪，而成为贫民窟、犯罪、吸毒、失业、贫困和少数民族的代名词。

城市评论家保罗·哥德柏格（Paul Goldberger）指出，中心城市的衰落同样造成公共空间重要性的降低。从历史的观点来说，城市生活的核心展示主要在于公共街道上。法语中所说的久经世故的人就是闲荡者，照字面意思就是“街道人”。然而，这个词在今天的美国有一个消极的意思。积极的生活曾经通过公共街道和公共广场被呈现出来，而今则更多地体现在购物商场、多放映厅的电影院大堂、居民社区的大门——所有私人拥有的空间。今天城市活力的进一步下降，主要源于电视机、互联网和其他让人们足不出户就能使用的媒体的普及。

阳光地带城市和城市蔓延

当古老的冰雪带城市进入衰败，南部和西部的阳光地带城市开始快速发展。如洛杉矶、休斯顿等城市人口的剧增表现为人口转移到阳光地带城，迄今，有61%的美国人居住在那里。

◎ 最近的大学毕业生大多会去旧金山以追求谋生机会。尽管那些小城市非常努力地想要留住那些在当地出生的年轻人，但位于东西海岸的大城市仍像磁铁一样，吸引着年轻的男孩女孩去那里开始自己的职业生涯。

另外，今天大多数移居者也会进入阳光地带地区的乡村。1950年，美国十座最大的城市有九座在冰雪带；到了现在，十座最大城市中有七座在阳光地带。

与那些冰雪地带城市形成鲜明对比的是，

阳光地带城市是在城市分散化开始后出现的。因此，尽管像芝加哥这样的城市长期被政治上独立的郊区所环围，但像休斯顿这样的阳光地带城市却将自己的边界一直向外延伸至了郊县社区。芝加哥有 227 平方英里的面积；休斯顿比芝加哥大两倍，大休斯顿城市带的面积超过了 9000 平方英里——相当于新罕布什尔州整个州的面积。

阳光地带城的扩展也有其缺陷。许多像亚特兰大、达拉斯、菲尼克斯、洛杉矶的城市人抱怨无计划的城市发展导致交通堵塞这样不受欢迎的发展，学校教育也不能满足不断流入的孩子们的需要。因此，毋庸置疑的是，美国许多社区的投票人投票通过了寻求限制城市扩张的新方案。

城市带：区域性城市

城市分散化的另一个结果是都市区或是区域性城市带的形成。2013 年，美国人口统计局确认了 381 个大都市统计区。每个地区至少包括了一个人口在五万甚至更多的城市，同时人口统计局也将 541 个至少包括一个一至五万人口城市的区域列为小都市统计区。联合统计区则包括了大都市统计区和小都市统计区。

规模最大的联合统计区内居住着百万人口，并延伸至几个州。2011 年，最大的大都市统计区是纽约及其邻近的城市区域，包括长岛、西康涅狄格、北新泽西及东宾夕法尼亚等，其总人口接近 2300 万。第二大的是南加州城市带，包括了洛杉矶、里弗赛德和长滩，其总人口接近 1850 万。

随着区域性城市的不断扩大，它们开始重组。20 世纪 60 年代早期，法国地理学家琼 · 戈特曼（Jean Gottmann）第一次使用了**城市带**（megalopolis）这个概念，用以描述一个包含了数个城市及其周围郊区的广大的城市区域。在他笔下，一个绵延 400 英里、北起新英格兰地区、南至弗吉尼亚州的巨大城市带在美国东海岸延伸。另外，几个特大都市区覆盖了佛罗里达州的东海岸，从克里夫兰延伸至芝加哥。

边缘城市

城市分散化也促成了边缘城市的形成。边缘城市可以被看作是远离老市区的新型商务中心，它集中了公司写字楼、购物中心、宾馆以及娱乐场所。与传统意义上的郊区不同的是，郊区大多集中了住房，而且其人口在夜晚达到高峰，而边缘城市的人口在白天达到高峰。

作为都市区延伸的一部分，大多数边缘城市没有明显的地理边界，当然它们中的一些的确有地名，如位于达拉斯福特沃思国际机场附近的拉斯科利纳斯；地处弗吉尼亚州、邻近华盛顿特区的泰森斯角；还有费城西北部的普鲁士王市。其他的边缘城市则仅仅是因为穿越该地区的高速公路而得名，如经过新泽西普林斯顿的 1 号高速公路，和波士顿附近的 128 号公路。

乡村的复兴

美国有将近 75% 的地区都是乡村，与此同时，大多数美国人又都是城镇居民。2010 年的人口普查显示，全美 83.7% 约有 3.09 亿人生活在城市地区。

表 15-1 显示，就美国整个历史时期而言，城市人口稳步上升，外国移民在其中起到了重要的作用，因为这些新移民大多定居在城市。还有相当数量的迁移是从农村地区迁移至城市地区的，他们通常是前往城市寻找更好的社会地位、教育资源和就业机会。

但在 20 世纪 90 年代出现了一个新趋势，这个趋势被分析家称为“乡村的复兴”。这意味着，不再是流动人口进入城市，取而代之的是三分之二的美国村镇出现人口反弹的现象。这主要是因为越来越多的人搬到农村，而不是留在城市。在这一迁移过程中，最大的收获是在农村开发了一些独具魅力的景区，比如湖泊或滑雪区。人们来到这里既是出于对自然风光和更新鲜空气的喜爱，也被这里舒缓的生活节奏、较少的交通堵塞，以及较低的犯罪率所吸引。

然而，在 2000—2010 年之间，乡村复兴的格局逐渐消退，大多数农村地区又失去了比迁移过来的人口多得多的人口。但是这一模式发

◎最显著的农村人口反弹出现在有着自然美景的乡村社区。图中居住在犹他州的风景区帕克城的人，有时甚至找不到停车位。

展得并不均衡。那些风景优美的农村地区的人口因迁移而在持续增加，正如那些通勤距离在大都市范围内的农村地区一样。而与之相反的是，那些偏远的农村地区以及经济在很大程度上依然依靠农业的地方，其人口总数既很少有或者根本没有增长，也没有下降。

如果农村地区失去了比迁移过来的人口多得多的人口，那么维持其人口数量的唯一方式就是通过自然增长——也就是出生率大于死亡率。但是在2000—2010年之间，尽管有些农村地区确实出现了自然增长，但这个并没有在大多数农村地区普遍出现。作为典型的老龄化社会，大多数农村地区都是死亡率高于出生率，这就意味着，除非迁移能弥补其中的人口差额，否则人口将会继续下降。

最后，美国农村目前正在变得越来越多元化。最普遍的观点是，农村作为一个缺乏种族和民族多元化的地区是有一定的事实依据的，只是这些地区21%的农村人被划分为了少数的类别。尽管如此，仍要记住一些地区一直拥有着大量的少数民族人口，包括南方的非裔美国人、西南部的拉丁裔美国人和阿拉斯加州的印第安人。但如今的农村地区已经变得更加多元化，2000—2010年之间，在农村地区的增长人口中，少数民族（指非拉美裔白人以外的人）占了其中的83%。

都市化：作为一种生活方式

早期的欧美社会学者将注意力放在了城市的兴起上，让我们简短地考察一下将都市化作为一种生活方式的研究观点。

斐迪南·滕尼斯：世俗社会与法理社会

19世纪后期，德国社会学家斐迪南·滕尼斯（Ferdinand Tonnies，1855—1937）研究了新的工业城市生活与乡村生活之间的区别，他在对比中得出的两个概念至今仍是社会学的重要术语。

滕尼斯用德语“gemeinschaft”一词（意为“社区”）来形容某一类型的社会组织，即**世俗社会**。在这个组织里，人们因为血缘和传统习俗而紧密联结。滕尼斯解释，乡村的世俗社会将人们联系成一个单一的初级群体。

滕尼斯还解释道，这样的世俗社会在现代城市中基本已经消失。相反，城市化促进了**法理社会**（Gesellschaft，意为“协会”）的形成。在法理社会中，人们的结合是基于个人利益基础之上的，个体被其自我需求所激发，并非出于改善他人福祉的愿望。总体来说，城市的居住者对社区或共同身份缺乏认同，只在有需求时才会转向他人。滕尼斯看到了城市化对紧密和持久社会关系的弱化，城市化更有利于形成一种简略的、非个人的关系，或是典型的商业的次级关系。

埃米尔·涂尔干：机械团结和有机团结

法国社会学家埃米尔·涂尔干认同滕尼斯

世俗社会 人们因为血缘和传统习俗而紧密联结的社会组织类型

法理社会 人们仅仅基于个人利益而走到一起的社会组织类型

◎ 如左图所示，《从乡村集市回来的农民》（*Peasants Returning from a Village Fair*）是皮特·布鲁格尔（Pieter Brueghel）的作品。它表现了农村生活中出于血缘和近邻关系而产生的最本质的联合。相反，右图是莉莉·福勒迪（Lily Furedi）所创作的《地铁》（*Subway*），显示出城市生活中普遍的非个人性。这两张油画鲜明地捕捉到了滕尼斯所说的世俗社会与法理社会的区别。

关于城市化的大多数论述，但是涂尔干也指出，城市并不缺乏社会联系，只不过这种社会联系与乡村里的不同。

涂尔干将传统的乡村生活描述为机械团结，社会联系以共同情感和道德价值为基础。在对传统的重视程度上，涂尔干所说的机械团结与滕尼斯的世俗社会的观点有惊人的相似。涂尔干解释说，都市化侵蚀了机械团结，但同时生成了一个新型的联系，涂尔干称之为“有机团结”，有机团结基于专业化和相互依赖而产生。如果将这个概念看作与滕尼斯的法理社会概念的平行，则揭示了两个学者观点的重大差异：虽然两人都认为工业化的发展弱化了传统的力量，但是涂尔干乐观地指明了一种新的团结——过去人们是因为相似性而相互联结，而现在人们因为差异而走到一起。

涂尔干认为，比起乡村生活，城市生活提供了更多的个人选择、更高的道德容忍度和个人隐私度。总的来讲，城市化过程让人们失去一些东西，但同时也获得很多。

齐奥尔格·西美尔：厌倦享乐的都市人

德国社会学家齐奥尔格·西美尔对城市进行了微观分析，研究都市生活如何作用于个体经验。

根据西美尔的观点，个体对城市的察觉是人、物和事的聚合，为了避免来自外界的人、事、物的过度刺激，都市人形成了一种厌倦享乐的生活态度，拒绝周遭的诱惑，这样的超然并不意味着城市人对他人和他物缺乏激情。他们对外界保持距离只是生存的策略，以便他们把时间和精力专注于对他们真正重要的事情上。

芝加哥学派：罗伯特·帕克和刘易斯·沃斯

不久之后，美国的社会学者便加入到了对迅速增加的城市的研究中。罗伯特·帕克（Robert Park，1864—1944）是芝加哥大学首位社会学研究项目的领军人物。他希望能走出封闭的象牙塔，用社会基层的视角来研究真实的城市，正如他对自己所说的：“我对自己的研究是不是真的比其他人更为广泛地涉足了世界上各地的城市而感到怀疑。”走在大街上，帕克发现城市是一个有组织的、包含不同种族社区、商业中心和工业区的万花筒，他观察到“自然区域”随着时间推移而发展，最后相互形成联系。对帕克而言，城市是一个活生生的有机体——一个人类社会的万花筒。

芝加哥学派的另一个主要人物是刘易斯·沃斯（Louis Wirth，1897—1952）。沃斯以将滕尼斯、涂尔干、西美尔和帕克的学说整合成关于都市生活的综合性理论而闻名。

沃斯认为，城市是一个巨大的、密集的、

社会性质多样化的人口的集合。这些特征促成了一种非人情化、表面和短暂的生活方式。与数百万的人居住在一起，都市人比乡村的人更多地接触他人。所以都市人对他人的注意焦点不是“他是谁”，而是“他的职业是什么”，比如巴士司机、药剂师或是杂货店营业员。有时，专门化的城市关系对相关者来说是好事，但我们应该注意到这种互动背后的原因是个人利益而非友情。

城市关系的非人情化性质、伴随着城市社会的多样化使得都市人比乡村人有更多的宽容，乡村人常常出于嫉妒的心理而强化了他们狭隘的传统。但是城市里异质的人群很少拥有单一的道德行为标准。

评价

无论是在欧洲还是在美国，早期社会学者关于都市生活的观点通常是复杂的。飞速发展的城市化困扰了滕尼斯和沃斯，而沃斯也看到了个人关系和传统道德在匿名的城市中的不断丧失。涂尔干和帕克则强调了城市化的正面效应，指出城市化给予了人们更多的个人自由和更广泛的选择空间。

这些观点的一个共同问题是他们用宽泛的笔调来描述和审视都市化，却忽略了社会阶层、种族、性别的作用。都市里可能有各种各样的人：穷人和富人、白人和黑人、盎格鲁人和拉丁人、男人和女人……所有这些都构成了不同的城市生活。正如“多样化思考”专栏中的背景资料所说的那样，20 世纪 90 年代，美国大城市中少数族裔的融合有显著的上升。在城市里，我们清楚地看到了社会多样性，不同类别的人足以组成一个特征明显的社区。

城市生态学

社会学家（特别是芝加哥学派的学者）发展了城市生态学，这是一个对城市物质与社会层面的联系的研究。例如，为什么城市坐落在这里？最初的城市是在那些土地肥沃、有利于庄稼耕种的地区形成的。前工业化时期的人们，出于军事防务的考虑，将城市建在了山上（比如雅典城就坐落于当地悬崖之上），或是被水围绕的地方（比如巴黎和墨西哥城就建在岛上）。

随着工业革命的来临，出于经济的考虑，美国所有的主要城市都建到了河流、天然良港旁，以便进行贸易。

城市生态学的专家们也研究了城市的自然规划问题，1925 年，罗伯特·帕克的学生欧内斯特·W. 伯吉斯（Ernest W. Burgess），用“同心圆”一词来形容芝加哥城的布局。伯吉斯观察到，商业区由工厂环绕着，外围是居民区，居民区的住房离嘈杂和污染的市中心越远，其价格也就越高。

霍默·霍伊特（Homer Hoyt）进一步完善了伯吉斯的研究，注意到城市里不同的区域组成了扇形的结构。例如，一个时尚区域可能挨着另一个彼邻发展，或者工业区沿着铁道或电车线路而从市中心向外延伸。

昌西·哈里斯（Chauncy Harris）和爱德华·乌尔曼（Edward Ullman）在 1945 年也提出了另外一个设想：随着城市的分散化，城市逐渐由单一中心模式转为多核心模式。随着城市的扩大，居住区、工业区和购物区相互重合。就像很少有人愿意居住在靠近工业区的地方，城市也因此成为一个区域层次分明的万花筒。

社会领域的分析家们调查了那些有近邻关系的人们的共性。

看起来有三个因素可以解释大多数邻里类型的变化：家庭类型、社会阶层、民族和种族。有孩子的家庭往往寻找大公寓，或者有独立家庭寓所和好学校的地区。富人们寻找有良好声望的邻居，他们往往居住在靠近文化名胜的城市中心。而来自那些共同种族或民族传统的人们也聚居在一些有特色的社区。

最后，布莱恩·贝利（Brian Berry）和菲利普·瑞斯（Philip Rees）对以上的观点做了总结，他们认为不同的家庭类型倾向于按照伯吉斯所说的同心圆进行分布。没有孩子或孩子很少的家庭则倾向于聚居在城市中心，而那些有很多孩子的家庭则住得要远一些。社会阶层的差异是形成霍伊特所称的扇形结构的首要原因，

多样化思考：种族、阶层和性别

少数族裔成为大城市的主流人口

在美国最大的城市里，“少数–多数”的人口模式已然形成。最新的全美人口普查结果显示，拉丁裔、非洲裔及亚裔人口在 100 个大城市中的 63 个城市占据了人口比重的主流，而这个数据在 1990 年还只是 30 个，而到了在 2000 年已是 48 个。

是什么引起了这个变化呢？其中一个原因是大城市的非西班牙裔白人人口在流失。例如密歇根州的底特律从 1990 年到 2000 年失去了其一半的白人人口，从 2000 年到 2010 年，它又失去了剩下的一半白人人口。结果到 2013 年，底特律 92% 的人口都是由几个不同的少数族裔组成的。

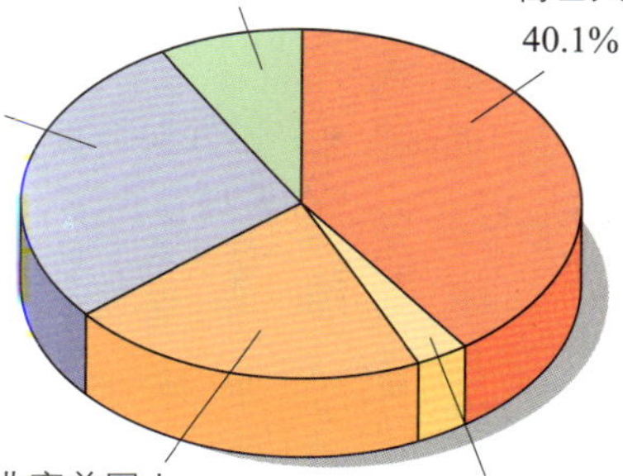

2013 年美国 100 个最大城市的人口剖面图

◎种族和教徒的少数族裔构成了这个国家最大城市的大部分人口

资料来源：U.S.Census Bureau（2014）.

同样的情况也发生在美国南部的阳光地带，从 2000 年到 2013 年，得克萨斯州的加兰的少数族裔所占的人口比重由 47% 上升到 67%，亚利桑那州的格伦代尔的少数族裔占总人口比重由 44% 上升到 54%。

总体的数据显示，美国 100 座大城市的少数族裔占人口比重的比例从 1990 年的 48% 上升到了 2000 年的 56%，再到 2013 年的 60%。

但是，也许少数族裔由“少数”变为“多数”的最大原因是移民数量的增加以及新移民的高生育率，这使得拉丁裔人口比重自 2000 年到 2013 年间在最大的 100 个城市中增长了 26%（接近 350 万人）；亚裔人口也增长了 36%（超过 130 万人）。非洲裔人口从 2000 年到 2013 年仅减少了 7% 左右。

政府官员和其他政策制定者正密切地关视着这些数据的变化，因为将来美国大城市的活力取决于它们是否可以满足不断膨胀的少数民族人口，尤其是移民人口的需要并利用他们的优势。

你怎么想

1. 为什么美国大城市的少数族裔人口不断增长？
2. 少数族裔人口变为“多数”给城市带来的正面效应和挑战是什么？
3. 在飓风卡特里娜之前，非裔美国人占新奥尔良人口的 67%，之后只占了 40%，这种变化会给这座城市的未来带来怎么样的改变？

资料来源：Schmitt（2001）and U.S.Census Bureau（2014）.

例如，富人们占据扇形的一端而穷人则占据了另一端。另外，与哈里斯和乌尔曼所说的多核心模式相一致的是，不同种族和民族的人分布在城市的不同地点上。

城市的政治经济

在 20 世纪 60 年代末，美国许多的大型城市都经受了大暴乱的震动。随着公众意识到种族和经济不平等现象的日趋严重，一些分析家也从社会生态学视角转向用社会冲突视角来理解城市生活。

这种城市的政治经济模型将卡尔·马克思对工作场所的冲突分析运用到对城市冲突的分析中。

政治经济学家们不同意社会生态学的分析，社会生态学把城市看作有着特定区域并按照其内部自身逻辑发展的自然组织形态。相反，他们认为城市生活是由那些更大型的制度组织来主导的，尤其是经济组织。资本主义把城市转化成一种为利润而进行贸易的状态，同时财富集中在少数人手中，这是理解城市生活的关键。例如，1950 年之后工业在冰雪带城市中的衰落，是企业精英们深思熟虑决定的结果，即把他们的生产设备转移到阳光地带（那里劳动力是廉价的并且联合起来的可能性比较小）或者完全离开这个国家移到低收入国家。

评价

事实上，美国许多城市都处于危机之中，普遍的贫穷、高犯罪率和几乎不起作用的学校，这些事实似乎在摒弃都市生态学的观点而支持政治经济模型。但是，有一种批评对两者都适用：他们都是在一个有限的历史时期专注于美国城市。我们所了解的有关工业化城市的许多东西并不适用于我们自己经历的前工业化时期的美国城镇或今天在许多贫穷的国家快速成长的城市。用任何单一的城市模型来解释所有城市多样性的领域是不太可能的。

◎工业革命创造了美国的大都市，然而近几十年来的工业海外迁移也导致了底特律及其他衰退的工业老城市的失业与人口锐减问题。现在，数量不断增加的移民为城市带来新生并成为城市中的新一代人。在底特律的大都市区，众多的阿拉伯移民成为人口增长的主因。

贫穷国家的城市化

11 月 16 日，埃及开罗。人们把在古代开罗大面积的墓地叫作“死亡的城市”。事实上，它是活着的：数以千计的违章建筑者已经搬进坟墓，使这里成为生命与死亡的一个怪诞混合。孩子在石头地板上跑来跑去，晒衣绳在纪念碑之间伸展，偶尔可见一个电视天线从坟墓屋顶凸出来。随着开罗的人口以每天 1000 人的速度上升，人们会住在任何他们能住的地方。

城市在世界历史上已经经历了两次革命性的扩张。随着第一批城市定居者的到来，第一次城市革命开始于八千年以前，并持续到永久性的定居者在好几个州定居下来。大约发生在 1750 年的第二次城市革命，持续了两个世纪，并随着工业革命的发生迅速波及欧洲和北美洲的城市。

第三次城市革命如今正在进行中。迄今为止，高收入国家中大约 80% 的人已经是城市居民。而低收入国家的城市化进程也在剧烈地发生着，1950 年，贫穷国家里有大约 25% 的人居住在城市里。2008 年，世界的城市化程度已远超第一次城市革命，超过一半的人口居住在城市里；2014 年，城市化程度达到 54%。

随着全球人口持续增加，城市人口也不断增加。如前面所述，到 2050 年时，全球人口预计达到 95 亿。城市人口占全球人口的比例将达到 66%，其中绝大多数的人口增长将发生在城市。

更多的人居住到了城市里，越来越多的城市突破了千万人口大关。1975 年，世界上只有三座城市——东京、纽约和墨西哥的人口超过了千万人，而且它们都属于发达国家的城市。到了 2014 年，有 28 座城市的人口达到千万但其中只有七座城市是高收入国家的城市。预计到 2023 年，13 座超大型城市将加入人口千万级城市的行列（其中八座在亚洲、两座在拉丁美洲、三座在非洲）。

第三次城市革命的发生是由于众多贫穷国家进入到人口转型理论所说的人口高速增长的第二时期。在拉丁美洲、亚洲，尤其是非洲，死亡率下降换来的是人口的高速增长。在城市地区，人口增长率上升为原先的两倍，除了人口自然增长这一因素外，还因为每年有成千上万的人离开乡村来城市寻求工作、健康护理、教育和便利的水电供给。

城市确实能够比农村地区提供更多的机会，但它们却无法提供快速适应人口爆炸和日益贫穷的问题的办法。许多经济欠发达国家的城市，包括墨西哥的墨西哥城、埃及的开罗、印度的加尔各答和菲律宾的马尼拉等城市都无法满足城市中许多人的基本生活需求。这些城市被简陋的贫民窟——用丢弃的材料建造的房屋——包围着。正如第 9 章中提到的，城市垃圾堆甚至都是数以千计的穷人的家，他们希望从这些垃圾中找到吃的或可卖的东西，能让他们度过第二天的生活。

环境和社会

随着人类种族的不断扩张，地球上的人口也在这颗星球上快速地增长着。现在，不断增长的人口迁居到了纷繁复杂的大城市里，因为这些大城市为人们提供了一个比住在乡下村庄更好的生活期许。

但是，人类也为自身的进步付出了很高的代价。在漫长的历史中，人类从未像现在这样对地球如此索求无度。这种令人烦恼的发展促使我们集中精力去关注自然环境与社会的相互影响。就像人口学一样，**生态学**（ecology）是社会学的另一个表亲，其正式的定义是对生物有机体和自然环境互动的研究。生态学依赖于自然科学家和社会科学家的研究。而我们将集中关注生态学的各个方面，包括我们所熟悉的社会学概念和各种问题。

自然环境（natural environment）就是地球的表面和大气，包括生物有机体、空气、水、土壤和其他人类维持生存所必需的资源。就像其他物种一样，人类依赖自然环境而生存。人类的文化智能把人与其他物种区分开来；人类会根据自身的利益和需求来改造这个世界，而这些经过深思熟虑的行为使我们的世界变得更好或者更坏。

为什么社会学家会对环境感兴趣？因为环境问题——从污染到全球变暖——并不是自然界本身产生的，这些问题是由人类的选择和行为产生的，并最后演变成社会问题。

全球的角度

对自然环境的研究需要一个全球化的视野，

◎最近，纽约市的市民因反对水力压裂（通常称为“液压破碎法”①）而聚集在一起。争论中，液压破碎法的支持一方，支持从地层提取天然气过程中的哪些方面？而反对方又反对的是哪些方面？你会站在哪一边？

原因很简单：撇开国家间在政治上的分歧，地球仅仅是一个**生态系统**（ecosystem），一个包含所有生物有机体与自然环境的相互作用的系统（由所有生物体和其自然环境互动过程中组成的系统）。

希腊语“eco”的意思是“房子”，提醒我们地球是我们人类的家，而且所有地球上的生物和它们所处的自然环境是相互关联的。自然环境的任何一部分的波动都会导致全球生态系统的变化。

从生态学的观点来看，由于美国人爱吃汉堡，使得北美洲（并逐渐扩展为全球）的人们对牛肉有很高的需求，从而促进了巴西、哥斯达黎加以及其他拉丁美洲国家的大农场畜牧业的快速发展。为了给快餐公司提供精肉，同时由于拉美普遍使用牧草作为饲料，因此就需要大量的草地。拉丁美洲大农场主每年都要通过清除数千平方公里的森林来获得畜牧场地，而这些热带森林对维持地球的空气至关重要。森林被砍伐光的结果将威胁着每一个人，包括那

① 这是一种备受争议的开采方式，利用高压将液体打穿岩层，深度往往达到一英里以上，以获得石油和天然气。——译者注

些喜爱汉堡包的美国人。

科技和环境的赤字

社会学家提出一个简单的定律：I=PAT，即环境的影响（I）反映在一个社会的人口（P）以及它的富裕水平（A）和科技水平（T）上。简单社会中的成员——第 2 章中提到的狩猎者和采集者——几乎不会影响环境，因为他们人数少、贫穷，而且只有简单的技术。相反地，当他们随着动物的迁徙、观测季节变化的规律而迁移的时候，他们将会遭受自然灾害（如火灾、洪水、干旱和暴风雪）的侵袭，大自然会影响他们的生活的方方面面。

在社会文化进化的中间阶段，社会对自然环境的影响能力有所提高。但是园艺业（小型农场）、畜牧业（放牧动物）甚至是农业（用畜力来耕犁）对环境的作用都是有限的，因为人类仍然是依靠自己的臂力来生产食物和其他东西的。

随着工业革命的发展，人类控制自然环境的能力也发生了引人注目的变化。臂力让道于靠烧燃料运作的机器，燃料也由煤变成了石油。机器的使用通过两种方式影响着环境：我们在消耗越多的自然资源来进行生产的同时，也把更多的污染排放到大气中。更重要的是，有了工业技术的帮助，我们可以让自然屈从于我们的意愿：在山里挖通隧道，筑堤坝拦截河流，灌溉沙漠以及在北极的荒野中和在海底炼油。这也解释了为什么富有国家仅占人类 24% 的人口，却消耗了世界上一半的能源。

人们在工业社会中消耗了更多的能源，但是也制造了比农业社会多 100 倍的物品。更高的生活水平从某种意义上来说是好的，但这也加重了固体垃圾（因为人们最终会扔掉许多他们制造出来的东西）以及环境污染的问题（因为工业生产会产生烟尘和其他的有害物质）。

从一开始，人们就意识到工业技术所能带来的物质利益。但是直到一个世纪之后，他们才发现工业技术对自然环境有着长期的影响。今天，我们意识到科技力量使我们的生活变得更好的同时，也会使我们后代未来的生活充满了风险。

◎ 社会学为我们理解物质世界提供的最重要的洞察力是，环境问题不只是“偶然”发生的。相反，自然环境的状况反映了社会生活的组织方式——人们如何生活，以及他们想些什么才是重要的。一个社会的科技水平越高，威胁自然环境的社会力量就越大。

事实已经表明，我们在迅速积累着**环境赤字**（environmental deficit），即人们专注于短时期的物质富裕而导致了对自然环境的长期伤害。环境赤字的概念之所以非常重要，原因有以下三点。首先，它提醒我们，环境与社会是相关的，反映的是人们应该怎样生活的社会优先权。其次，它表明很多对环境的危害——包括对大气、土壤和水的危害——都是无意识的，起码就某种意义而言，当人类只把目光集中在短期利益上而砍伐森林、露天采矿或者使用废弃包装时，他们都未能看到这些行为将带来的长远的环境影响，而社会学方面的分析可以使这些影响更加清晰。最后，在某些方面，环境赤字是可逆转的。从这点来说，社会制造了环境问题，但同时也可以消除其中的许多问题。

文化：增长与极限

我们是否意识到环境危机并决定采取一定的措施，这是一个文化问题。所以除了科技，文化也会对环境有巨大的影响力。

增长的逻辑

当你打开电视看新闻的时候，你可能会听到这样一则报道："政府部门今天发布了一个有关经济的坏消息，我国近期的经济增长率只达到了第一季度经济增长率的一半。"如果你不去思考，就会发现我们的文化将经济的非快速增长视作停滞（也就是不好的现象），将经济面缩小视作"萧条"或"不景气"（也就是非常不好的现象）。

更多的汽车，更多更大的房子，更多的收入，更多的消耗——这个"更多"的观念就是我们的文化对于优越生活的定义的核心。

我们崇尚增长的原因之一就是我们追求物质享受，相信金钱以及用金钱能买到的东西能提高我们的生活质量。我们也相信发展的观念，相信未来世界会比现在更好。另外，我们期望科学能把我们的生活变得更简单和更有价值。简单地说，"人类是聪明的""拥有就是好的""生活会越来越好"这些文化价值合在一起，就形成了增长的逻辑。

一个关于这个世界的乐观观点认为，按照这种增长的逻辑，越来越强大的科技力量能促进我们的生活，这些新发现在未来也将会持续下去。通过了解美国和其他高收入国家的历史，我们可以发现，增长的逻辑已经成为改造荒野、建设城镇和道路，以及追求物质富裕背后的驱动力。

然而，"发展"也会导致不可预料的问题，包括环境的压力。增长的逻辑对此做出这样的回应：人类（尤其是科学家和其他技术专家）将会找出我们在增长道路上遇到的任何问题的解决办法。例如，如果世界出现了石油短缺的情况，科学家就会提出用新的混合燃料或使用电动汽车，最后还会提出使用氢、太阳能或者核能（或其他一些未知的科技）来满足世界的能源需要。

环境保护论者表示这种增长的逻辑是有缺陷的，因为它假定我们能够为人类面临的任何问题找到出路。更重要的是，它错误地认为自然资源，如洁净空气、新鲜的淡水和表层土壤都是无尽的。如果我们不惜任何代价来追求增长，我们就能并且也会耗尽这些有限的资源。作为对马尔萨斯理论的响应，环境保护论者警告，如果我们一味地让地球承受赡养数目不断增长的人口的重担，那么在这一过程中，我们必定会破坏环境并损害到我们自身。

增长的极限

如果我们不能找到方法去解决由增长的逻辑所制造出来的一系列问题，也许我们需要采取另外一种方法去思考关于世界的问题。环境保护论者认为增长必须有一定的极限。增长极限理论要求人类必须把政策转向控制人口增长、过度生产以及资源的使用，从而避免环境崩溃。

在《增长的极限》（*The Limits to Growth*）这本在发起环境运动中影响很大的、具有争议的著作中，丹尼拉·麦多斯（Donella Meadows）和她的同事用了一个计算机模型来计算地球上可用的资源、人口增长率、可耕作的土地数量、工业和食物生产水平，以及排放到大气中的污染物质的数量。作者承认如此长期的预测是具有猜测性的，而一些批评家则认为他们是绝对错误的。然而不管对错，这项研究的总体结论都应引起我们的深思。作者认为，我们快速地消耗着地球有限的资源——油、天然气，还有其他能源的补给都已经随着价格的上升而急剧下降，资源短缺速度的快慢取决于富有国家的保护政策和诸如印度、巴西等其他国家的持续工业化速度。在接下来的一百年内，这些资源几乎会被耗尽，并导致工业产出和食物生产严重下降。

增长极限理论与马尔萨斯对未来的悲观理论同出一辙。接受这个观点的人会怀疑以目前的生活方式，人类能否支撑到下一个世纪。或许我们应该学习在更少的资源下生存，那也许并没有想象的那样难。举例来说，有调查显示，近年来物质消费的增长并没有提高人们的幸福感。最后，环境保护论者警告人类，我们正面临着一个基本的抉择：是主动地改变我们的生活方式，还是让大范围的饥饿与冲突迫使我们做出改变。

日常生活中的社会学
Society: The Basics

为什么祖母没有垃圾

我们经常说祖母麦休尼斯（Macionis）从来不扔掉任何东西。她在立陶宛——一个古老的国家——出生并长大。在那个贫穷的乡村里，她养成了一成不变的生活方式，即便她在年轻的时候来到美国，并定居费城也没有改变。

在她晚年的时候，我认识了她，我还记得我们全家一起去她家里为她过生日。我们不知道该送她什么礼物，因为尽管她拥有的东西并不多，但她看起来从来不缺什么。她过着简单的生活，穿朴素的衣服，并很少对“新奇”的东西感兴趣。她没有电子产品，而且总是要把她那些简单的工具用到破旧为止。她厨房的刀子经历数十年的磨损而变得老旧和发钝，她把吃剩下的食物储存下来，当作菜园的混合肥料。

© 1970 年作者与麦休尼斯祖母的合照。

当她打开一件生日礼物之后（通常是一件她不会穿的新衣服），她会小心地保存着盒子、包装纸和丝带，这些东西比她收到的礼物对她的意义更大。我们都早已料到她会把任何收到的东西都保存起来，因此我们微笑着看她把所有的东西收拾好，并且知道她会一次又一次地想办法来使用它们。

对于她的孙子来说，祖母有时候显得很陌生，她是她那个时代文化的产物。事实上，一个世纪以前，几乎没有“垃圾”。当一双袜子穿薄以后，人们会去修补它，而且可能不止一次。

当它们不能被修补的时候，就会被作为抹布或者缝补棉被（和其他旧衣服一起）。每一样东西都是有价值的——以这种方式或那种方式呈现出来。

20 世纪，随着女人开始像男人一样外出工作，家庭收入增加了，人们开始买越来越多的、更能省时的东西。不久以后，很少有人会在意像目前祖母所从事的这种家庭回收。很快，城市需要派出工作队一个街区到一个街区地回收一车车的废弃物。“垃圾”时代已经开始。

你怎么想

1. 正如麦休尼斯祖母是她那个时代文化的产物一样，我们也是自己文化的产物。你知道有哪些明明拥有很多却从不认为自己已经拥有足够多的东西的人？
2. 什么样的文化价值观使今天的人需要省时的产品和“方便”包装？
3. 你认为最近几十年来，我们的社会有没有更倾向于循环利用？为什么现在的循环利用和麦休尼斯祖母的回收使用不一样？

固体垃圾：用后即弃的社会

在美国，人们每天大约会产生 13.75 亿磅的固体垃圾。图 15-5 展现了一个典型社区的固体垃圾的组成成分。

作为一个重视便利的富裕国家，美国已经成了一个用后即弃的社会。美国消费的产品比其他任何国家都多，而且大部分产品都是一次性包装的产品。

例如，快餐是用纸板、塑料或者泡沫来包装的，以至于我们可以在数秒之内把它扔掉。但是数不尽的其他产品——从电影到鱼钩，精心制作的包装使产品更具有吸引力并且可以防止损毁和偷窃。

厂商在市场上销售软饮料、啤酒、果汁等这些用铝罐、玻璃瓶和塑料容器装起来的食物，这些产品不但极大地消耗了有限的资源，还会

图 15–5 社区垃圾的组成成分

◎我们扔掉了各种各样的东西，而纸在这些垃圾中占有最大的部分。

资料来源：U.S. Environmental Protection Agency（2014）。

产生大量的固体垃圾。同时，有数不尽的东西被有意地设计成一次性的产品，包括钢笔、剃刀、手电筒、电池，甚至照相机等。而其他产品，从电灯泡到汽车，都被设计成使用寿命有限用完之后就会变成不想要的垃圾产品。就像保罗·柯内（Paul Connett）在1991年指出的那样，甚至那些用来描述我们丢掉的东西的单词——废物、垃圾、废弃物、劣质货，等等——都表示了我们对不能立刻使用的东西是多么贬斥。但是在过去，情况并不总是这样，正如“日常生活中的社会学”专栏所解释的那样。

生活在一个富裕的社会，平均每个美国人消耗的能源、塑料、木材和其他资源是生活在日本、丹麦、瑞典等其他许多高收入国家的人所消耗的资源的两倍，并几乎是生活在孟加拉国、坦桑尼亚等低收入国家的人们所消耗数资源的 55 倍。这种高消费水平不仅意味着美国人消耗着地球上不成比例的资源，也意味着美国人产生了世界上的大部分废物。

我们喜欢说“把这些东西扔了”，但是，2012年我们扔的25亿吨固体垃圾永远不会消失。然而，这些垃圾终结于垃圾掩埋场，照字面上理解，即填埋。

垃圾填埋场的垃圾同样也会污染储存在地表之下的地下水。虽然如今在大多数地方，法律对人们丢弃到垃圾填埋场的垃圾有所管制，但 2015 年，环保署还是在美国确认了 1322 个包含危险物质的垃圾倾倒点。这些危险物质会污染地表以上及地表下面的水。除此之外，那些被倒入垃圾填埋场的垃圾长年堆积在那里，有时长达数世纪之久。

环境保护论者认为，我们应该仿效我们的祖辈们的做法来解决固体废物问题：节约使用，变废为宝。一种方法是通过循环利用，就是重复利用资源以免随意丢弃。在日本和很多其他国家，循环利用是一种可行的方法，几乎一半的废弃材料被循环利用。这种方法在美国越来越普遍，现在大约 34% 的废弃物被循环利用。由于垃圾填埋场的费用低和国家循环利用计划的缺乏，这一比例在几十年来一直保持不变。环境保护论者希望在未来几年循环利用的水平能够得到提高，并能在其他高收入国家普及。

水和空气

海洋、湖泊和溪流是全球生态系统的生命之源。人类饮用、洗浴、做饭、娱乐，以及其他许多活动都离不开水。

根据科学家所说的水文循环，地球自动进行水循环和更新土壤。当来自太阳的热量使得地球上的水——其中的 97% 都在海洋里，蒸发并汇聚成云的时候，这个过程就开始了。因为水在较低温度下比大多数污染物更容易蒸发，所以从海洋中升起的水汽相对纯净，而把各种各样的污染物残留下来。然后，水以雨的形式落到地面，并排入到溪流和河中，最后回到大海。跟水有关的两个主要关注点，分别是供应和污染。

水的供应

地球上少于 1% 的淡水资源中，只有 10% 的水是适合饮用的。那么，我们就不会奇怪，数千年来，为什么水权已被明文写进世界各地的法律当中。如今，在世界上的一些地区，尤其是热带地区，人们有着丰富的淡水资源，并使用了可利用的水中的一小部分；在北美和亚洲的大部分地区，高需求加上低储备，使得水

© 水对生活来说是非常重要的，但水也处于供应短缺的状态。在西印度的古加拉特邦已经经历了一场长达十年的干旱。在拉特瓦哥哈特村，人们拥挤地围在当地的井旁边，只想取出剩下的最后一点水。

供应成为忧虑，人们依靠河水为水源，而不是雨水；在中国，深层含水层快速下降；在中东，水的供给达到一个严峻的程度；伊朗的首都正在实行水的定量供应；在埃及，与1900年相比，尼罗河只能为每个人提供不到那时17%的水量。预计至2030年，在北非和中东，可能会有多达十亿的人缺乏灌溉用水和饮用水。从另一个角度来看，到那个时候，世界将只能提供低于地球所需水的40%。

增长的人口和更多复杂技术的发展使得世界对水的需求大大增加。全球用水量（现在大约是每年3800立方千米）自1950年以来已经翻倍而且仍在平稳增长。如此下去，即便是降水量丰富的地区，人们使用地下水的速度也远超它自然补充的速度。例如，在南印度的马德拉斯邦地区，在过去的几十年里，人们抽取了大量的地下水，导致当地水平面下降了100英尺。墨西哥城——占地大约1400平方英里——从其地下含水层里抽了大量水之后，使得这座城市在过去的一个世纪里下沉了30英尺，而且以每年两英寸的速度继续下沉。在美国北部，从南达科塔州到得克萨斯州地下的奥加拉拉蓄水层，因其水正被大量抽取，专家担忧它将在几十年内干涸。

从发展的角度来看，我们必须正视水资源非常有价值并且是有限的这个事实。个人对水的大量需求——在美国，平均每人每天要消耗88加仑的水，合计一生中要消费2.5万加仑水，是答案的一部分。然而，全世界的家庭用水仅占总用水量的10%。我们必须减少工业耗水，它占了全球总用水量的20%，而农田灌溉更是占了所有用水量的70%。

也许新的灌溉科技能够减少未来的用水量，但是现在，我们知道人口增长和经济增长已经限制了我们的生态系统。

水污染

在大城市里，如墨西哥城到开罗，许多人别无选择只能喝受污染的水。传染病如伤寒、霍乱、痢疾，都是由水生微物导致的，并由这些污染而迅速传播。我们不仅要保证水的供应，还要保证水的质量。

美国的水质以国际标准来看总体是良好的。然而即便是在美国，水污染问题也在增加。全美的河流、小溪和地下水每年吸收了数百万磅来自农药肥料和废物的毒水。这种污染不仅来自故意倾倒，还来自农业肥料和草地化学物的冲刷。

不是所有的水污染都来自人们作用于土地的化学药品。一个特别的污染源是酸雨（因为空气污染而变酸的雨水），这种雨水会伤害动植物。酸雨（雪）产生于电厂的化石燃料燃烧（石油或煤）产生电力的过程，这类燃烧将硫氧化物和氮氧化物释放到空气中，随着风将这些气体吹散到大气层中，它们与空气发生反应而形成硫酸和硝酸，从而使得大气中的水汽酸化。

这个过程清楚地呈现出了一种形式的污染是如何导致另一种形式的污染的：空气污染（来自烟尘物质）最后污染了水（接收了酸雨的河湖）。酸雨事实上已经成为一种全球现象，因为它可以使离最初污染源数千里的地区都遭到破坏性的影响。比如，伦敦电厂产生的酸雨毁坏了离英国东北部1000英里远的挪威和瑞典森林和渔业资源。在美国，我们认识到一个相似的机制，即中西部的烟尘危害了纽约或新英格兰地区的自然环境。

空气污染

因为我们被空气包围着，美国许多人相对水污染更注重空气污染。工业科技——尤其是工厂和机动车所造成的一个未预料的结果就是，空气质量下降了。在50年前的伦敦，工业烟尘、机动车和家庭燃煤共同导致了这个星球有史以来最差的城市空气质量。这种灰霾被一些居民玩笑地称为“豌豆汤”，实际上是一些致命污染物的混合：在1952年，在伦敦上空持续了五天之久的厚灰霾杀死了4000人。

空气质量在20世纪的最后几十年中得到了改善。富裕国家通过法令禁止高污染的加热取暖行为，包括导致伦敦窒息的燃煤。另外，科学家也找到了一些办法使得工厂和机动车变得更清洁。实际上，今天的交通工具产生的污染物只是20世纪五六十年代的一小部分。而且更清洁的空气提高了人们的身体健康程度；专家们估计过去几十年空气质量的好转延长人们接近半年的寿命。

如果说生活在高收入国家的人们能够比以往更轻松地呼吸，那么那些生活在贫穷国家的人们面临的空气污染问题正变得愈发严峻。一个原因是，低收入国家的民众仍然依靠木头、煤、炭和其他“不清洁”燃料来烹饪食物和取暖。另一方面，这些国家也倾向于鼓励短期的工业发展而不重视空气污染的长期危害。结果，许多拉丁美洲、东欧和亚洲的城市患上了空气污染病，正如20世纪50年代的伦敦“豌豆汤”一样。

雨林

雨林大多位于靠近赤道、有密集森林的地区。最大的热带雨林在南美（尤其是巴西）、中西非和东南亚。总的来说，世界上雨林总面积达到15亿英亩[①]，或说占了大约地球表面积的5%。

与其他资源一样，雨林也成为人口暴涨带来的需求和欲望的受害者。我们在前文中提到，为了满足牛肉的需求，拉丁美洲的农场主们清除森林来增加他们可放牧土地的供应。而硬木贸易也是让我们失去雨林的原因之一。生活在富裕国家的人们出高价购买红木和其他木头，因为正如环境学家诺曼·迈尔斯（Norman Myers）指出的那样，他们“喜爱拼花地板、精美家具、妙美的饰板、周末游艇和高品质的棺材”。

在经济压力下，世界上的雨林面积已经减少到不足原先的一半，而且在以每年1%（1500万英亩）的速度继续缩减，相当于每分钟30英亩。除非我们能遏制住这样的减少状况，否则在21世纪末前，雨林就将会消失，随之消失的还有地球上生物多样性和气候的保护。

全球变暖

为什么雨林如此重要？一个原因是它们能够清除大气中的二氧化碳。自工业革命开始以来，人类活动产生的二氧化碳数量就急剧上升（主要来自工厂和机动车）。大多数二氧化碳被海洋吸收。但是植物也吸收了二氧化碳并放出氧气。这就是为什么雨林——我们最大的植物生命的集中地——对保持大气的化学平衡至关重要的原因。

问题在于二氧化碳的释放量在增加，而地球上的植物数量在减少。更糟的是，雨林主要是被烧掉的，从而释排放了更多的二氧化碳到大气中。专家估计大气中的二氧化碳浓度已经比150年前提高了40%。

在地球表面，二氧化碳就像温室里的玻璃

◎只有少数国家领导提过全球变暖的问题。2105年，教皇弗兰西斯指出在资本主义的经济体系下，人类变得自私是全球变暖的主要原因。你是否同意教皇的话，有效应对这一环境问题需要彻底的改变吗？

① 1英亩=0.404 686公顷。——译者注

屋顶，让太阳光的热量传到地球表面，而阻止它们再辐射掉。生态学家称这种温室效应的结果就是全球变暖，即大气中二氧化碳浓度的提升使全球平均温度升高。在过去一个世纪里，全球气温升高了大约 1.3 华氏度（达到了平均 58 华氏度）。2010 年（有官方数据的最近一年）是地球从 1880 年以来有记录的最暖的一年。科学家警告，地球的平均气温可能在 21 世纪内再升高 5 ～ 10 华氏度。极地冰帽已经在融化，科学家预测不断上升的气温导致冰川的大量融化而导致海平面上升，使得全球低海拔地区被淹没：海水将会淹没印度洋中的马尔代夫岛屿、孟加拉国的大部分、许多美国沿海地区包括华盛顿特区直到白宫的台阶上。这样的变化将会导致可能将近一亿的“气候变化的难民”。另一方面，这样的温度变化也会不同程度地影响世界的其他地区。美国中西部现在是世界上最高产的农业区域，可能会因此变得干燥。

一些科学家指出，我们不能确定气候变暖的结果。另一些科学家则认为，事实上，气温变化已经贯穿了整个人类历史，可能与雨林不怎么相关或无关。一些科学家乐观地指出，大气中更高浓度的二氧化碳可能会加速植物生长（因为植物依靠它繁衍），故而这种生长可能会扭转不平衡，然后导致全球气温再次下降。但是科学家的共识是：全球变暖将会是一个影响我们所有人将来的严重问题。

生物多样性减少

我们的星球是大约 3000 万种动植物、微生物等不同物种的家园。正如雨林森林的毁灭，随着人类对自然控制的不断扩展，每天有几十种珍稀物种濒临灭绝，从而减少了地球生物的多样性。

但是考虑到丰富的物种资源，为什么我们要在乎小部分的损失呢？环保人士认为有以下四个理由。

第一，地球的生物多样性为人类提供了各种各样的食物资源。利用农业高科技，科学家们能够“杂交”作物，使之适应更多外来植物的生活习性，从而使人类的食物更加丰盛，增强抵抗害虫和疾病的能力。甚至有一些物种被认为是人类食物生产的关键。例如，蜜蜂执行授粉工作，这是植物生长必不可少的步骤。在美国，蜜蜂数量减少了三分之一，并且其在中东地区的数量也减少了三分之二，这一情况引起了人们的高度关注。因此，生物多样性保证了地球上激增的人口的食物供应。

© 小型的、简单社会中的人们，例如印度尼西亚的明达威居民，他们与大自然和谐相处.也没有严重影响自然界的科技手段。虽然身处更复杂社会中的我们常常认为自己更高人一等，但事实上，我们不得不向他们学习很多的东西。

第二，地球的生物多样性是一个至关重要的基因资源，每年医药和制药研究人员利用生物多样性提供了数以百计的新化合物，治疗疾病，改善我们的生活。例如，得益于从热带紫常春花中提取的化合物，美国患白血病的儿童现在有更高的存活率，而在两代之前，白血病几乎是致命的杀手。在美国，数以万计的妇女使用的口服避孕药是植物研究的另一个产品，这与墨西哥森林山药有关。生物多样性让我们的生态系统能够控制诸多类型的疾病，所以物种消失，疾病肆虐，这是很有可能的。

第三，物种的灭亡，不论是壮丽的加州秃鹰、著名的中国熊猫、有斑点的猫头鹰，还是一只蚂蚁，都会使我们所处的自然环境的美丽不复存在，以及物种的多样性减少。并且警告信号已经在显现：世界 1000 种鸟类的 75% 正在减少。

最后，与污染不同，物种的灭绝是最终不可逆的。还有一个至关重要的道德问题：今天活着的人们是否有权让明天生活的人的世界水尽山穷？

环境种族主义

社会冲突理论已经衍生出**“环境种族主义”**（environmental racism）这一概念，即让穷人，特别是少数民族，承担环境危害的发展模式。从历史的角度来看，排放污染的工厂临近穷人和有色人种。为什么呢？一部分原因是处于劣势的人们被吸引到工厂来做工，低收入通常意味着他们只能担负得起偏僻地区临近工厂的房屋的费用。有时唯一符合他们预算的住房就是在他们工作地点所在的山林所投射的阴影范围内。

没人希望附近有工厂或垃圾场，但是穷人没有能力去改变这一生存环境。几年后，美国最严重的环境危害坐落于临近新泽西州纽瓦克的地方（不是在高消费的卑尔根市），在芝加哥的南部地区（不是在富裕的森林湖），或在西部的美国土著民居住区（不是在富裕的丹佛或者菲尼克斯的郊区）。

这也是在全球变暖体系中环境种族主义的元素之一。随着平均气温的增高和气候模式变得越来越严重，那些农场和其他低工资的户外工作者最能感受到气候的变化。总之，那些更低收入的就业者，包括不成比例的少数人也是受天气影响最大的人。

© 在低收入的社区，环境问题更加严重。这个住在加利福尼亚的欧罗西东边的一个家庭必须买桶装水喝，因为那里已经没有安全的水可以喝了。更严重的是，很多家庭没有意识到他们在喝不安全的水。

朝着可持续发展的社会和世界发展

这一章的人口分析呈现了一些令人不安的趋势。我们知道，首先，地球人口因为贫穷国家保持的高出生率和世界各地普遍下降的死亡率而达到了创纪录的数量。减少人口在 21 世纪将仍是一项紧迫的需求。即使最近人口增加比率稍微降低，托马斯·马尔萨斯的噩梦仍然具有真正的可能性，正如下面的“争鸣与辩论”专栏中所解释的那样。

而且，世界上最贫困国家的人口增长占据了最大比例，这个趋势不能供养他们当前的人口，更不能供养将来的人口。每年在地球所额外供养的 8.3 亿人口中，有 8.1 亿人处于贫困社会，需要全球人类承担起责任，不仅要为他们提供食物，还有住宿、学校和就业。全世界的幸福最终取决于解决贫苦人民和人口过度膨胀国家的经济和社会问题，并搭建桥梁缩小“有”和“没有”国家间不断扩大的鸿沟。

城镇化趋势仍在持续着，尤其是在贫困国家，人们总是怀揣着寻找更美好生活的祈盼而选择来到城市。但是在新出现的全球大城市里，包括墨西哥城、圣保罗（巴西）、拉各斯（尼日利亚）、金萨沙（刚果民主共和国）、孟买（印度）、马尼拉（菲律宾）中，产生了大规模的城镇问题。

全世界正面临着严重的环境挑战。一部分问题是人口的增长，主要是贫困地区的人口增长，另一部分问题是发达国家比如美国的高消费水平。随着地球环境赤字的日益增长，我们目前的生活方式剥夺了我们后代的幸福。就全球来说，富裕社会的成员正消耗着地球许多资源，以未来世界的贫困社会的保障做抵押。

最主要的解决方案是建立一种**生态可持续性文化**（ecologically sustainable culture），即一种既满足现代人的需要，又不威胁到后代的环境的生活方式。可持续生活取决于以下三种策略。

争鸣与辩论

世界毁灭：人类将会淹没这个星球吗

纽肖恩：我告诉你，人口已经太多了！将来，人们要住到哪里去呢？

塔比瑟：你去过堪萨斯州和怀俄明州吗？那里非常空旷。

马可：也许现在可以，但我不能保证我们的孩子——或者孩子们的下一代……

你是否担忧世界正在迅速增长的人口？想想这个：当你在读完这篇文章时，这个星球又增加了1000多人。明天这个时候，全球人口的增长将会超过237 000人。现在，正如右侧的表格所显示的那样，地球每秒出生四个人，死亡两人。世界人口每年将增长8660万人。换句话说，全球人口每年的增长量相当于一个德国那么多。

难怪许多数据统计学家和环境主义者对未来忧心忡忡。地球上的人口达到了史无前例的境况：仅仅从1974开始，人口增加了32亿，超过了1963年全球的人口数量。难道托马斯·马尔萨斯的预言——人口过剩将使地球陷于战争和灾难最终还是会应验？

莱斯特·布朗（Lester Brown）和其他新马尔萨斯主义者预言：如果我们不改变我们的生育方式，世界将面临大灾难。布朗承认马尔萨斯没能够预测科技（尤其是肥料和植物基因）对促进地球农业产出的影响力。但是，他一直坚持认为地球人口的持续不断增长远超于有限资源的供应。许多贫穷国家的家庭找不到柴火，富裕国家的人们正在消耗仅剩的资源，并且每个人正在消耗干净水的供应，然后排放废弃物污染地球。一些分析学家争论我们已经超过了地球的“人口承载能力”，我们需要划分警戒线甚至减少全球人口，以确保长久的生存。

2014年全球人口增长

	出生	死亡	净增长辩论
每年	143 341 000	56 759 000	86 582 000
每月	11 945 083	4 729 917	7 215 167
每天	392 715	155 504	237 211
每小时	16 363	6479	9884
每分钟	273	108	165
每秒钟	4.5	1.8	2.7

但另一些分析家——反马尔萨斯主义者对此表示强烈反对，朱利安·西蒙（Julian Simon）指出，在马尔萨斯预言巨大灾难的两个世纪后，地球已经养活了六倍的、平均比以前更长寿、更健康的人口。通过更多的先进技术，人类已经找出了增加（作物）产量和限制人口的方法，正如西蒙认为的那样，这值得庆祝，人类的足智多谋一直以来已经证明厄运论者的错误。西蒙打赌说这一切将会持续下去。

你怎么想

1. 如果打赌，你会选择站在哪一边？你认为地球能承载80亿或100亿人吗？
2. 你认为面对人口增长，人类需要做什么？
3. 如果马尔萨斯今天还活着，他会觉得宽慰还是会说“我早就警告过你”？请解释原因。

资料来源：Brown（1995），Simon（1995），Scanlon（2001），Smail（2007），Population Reference Bureau（2014），and U.S. Census Bureau（2014）.

第一，控制人口增长。目前72亿人口已经对自然环境施加了很大的压力。很显然，世界人口越多，环境问题就会变得越棘手。即使最近人口增长开始变缓，但到了2050年世界仍将会有100亿人口。几乎很少有分析家认为，我们的地球能承载这么多的人。大部分分析家认为，我们必须拉起70亿人口的警戒线，而且有些分析家认为我们必须在接下来的几十年里减少实际人口。

第二，保护有限的资源。这意味着我们应该高效率地运用资源来满足当前的需求，同时应该富有责任感和以更长远的眼光来寻找可替代能源，还要学会节约利用能源。

第三，减少浪费，无论何时，简单、节俭地使用是最好的解决方法。学会节俭生活并不容易，尤其是处在一个看起来只有经济增长才能解决高失业率的时代。但是请记住，尽管我们的国家在近几十年中消耗了越来越多的资源，

◎ 如果人类的智慧威胁到我们今天的环境，那人类能否解决这些问题呢？近年来，一些新技术已经实现了更小、更环保的汽车设计。但这样的创新就足够了吗？我们是否需要从根本上改变我们的生活方式，以确保人类的永久生存呢？

但人们并没有变得更加幸福。因此，回收计划也是解决方法的一部分，回收能使每个人为解决我们的环境问题做出贡献。

这些战略的实施在最终将取决于一个最基本的转变，那就是我们如何思考自身及身处的世界。我们利己的观点把我们自身的利益作为生存的准则，但是可持续的环境需要一种利他的观点，以帮助我们认识到现在与未来紧密联系，而且每个人都必须一起努力。南半球的大多数国家是欠发达国家，难以满足其民众的基本需求。而与此同时，北半球的多数国家都是过度发达国家，随着时间的推移，他们使用的资源会超出地球的承受范围。通过改变来创造可持续发展的生态体系，并不会轻易实现，而且也花费巨大。但是如果不对日益严重的环境问题做出回应，人类的代价必定会更高。

最后想想，恐龙统治了这个星球 1.6 亿年，接着便是永久性地灭绝。人类还太过于年轻，才在地球上存在了 25 万年。相较相当愚蠢的恐龙，我们的物种具有巨大的智力天赋，但是我们将会如何使用这种能力？是从现在开始一直繁荣 1.6 亿年，还是仅仅 160 年？答案取决于地球上 3000 万物种之一的人类所做出的选择。

日常生活中的社会学
Society: The Basics

为什么环境是一个社会问题

正如本章所阐述的，自然环境的状况取决于社会的组织形态，尤其是当物质消费和经济增长依附于文化价值时。

◎ 我们认为经济增长是一个自然的好现象。当经济保持几个月不变，我们就会说我们正在经历经济停滞。那么，我们该如何定义经济不断衰退的一段时间，就像发生在 2008 年的秋天那段时间一样？

◎什么能够说服我们的社会成员相信小的（而不是大的）或许更好？为什么我们似乎不仅更喜欢大的车子，还喜欢更大的房子和越来越多的物质财富？

提示

如果说经济增长意味着一个好时期，那么经济紧缩则代表着衰退，甚至可能进入萧条期。这样的世界观意味着人类的生活在一定程度上带给自然环境的压力增加是正常的，甚至是可取的。随着世界人口的不断增长，可持续性变成一个尤为重要的观点，而这取决于我们要学会用我们所能够使用的东西去生活，甚至是要学会过节俭的生活。虽然很多人似乎认同这种想法，认为真的不需要为了往返于城区之间而买一辆价值6000英镑的多功能车。事实上，也许连一辆车都根本不需要。这种新型的思维方式要求我们不把社会地位和个人的成功定义为我们拥有什么和我们的物质消费。你能想象这样一个社会吗？它将会是什么样子？

从你的日常生活中发现社会学

1. 这里有一个关于增长失控的例子："一个池塘里长着一朵睡莲，这朵睡莲每天都会以两倍的速度生长。30天后，它占满了整个池塘。那么它在哪一天会长到这个池塘的一半大呢？"当你意识到这个问题的时候，讨论一下这个例子对人口增长所带来的启示。

2. 你是否认为世界人口增长是一个问题？地球的自然环境状态如何？

第 16 章

社会变迁：现代和后现代社会

通过本章，我们能够：

◎ 陈述社会变迁的四种显著特征；

◎ 解释文化、冲突、思想、人口模式、集体行为和社会运动如何引起社会变迁；

◎ 将滕尼斯、迪尔凯姆、韦伯和马克思的思想应用于我们对现代性的理解；

◎ 对比分析大众社会和阶级社会的现代性；

◎ 讨论一种社会批判式的后现代主义；

◎ 评估未来社会变迁可能的方向。

社会的力量：支持或阻止参与社会运动

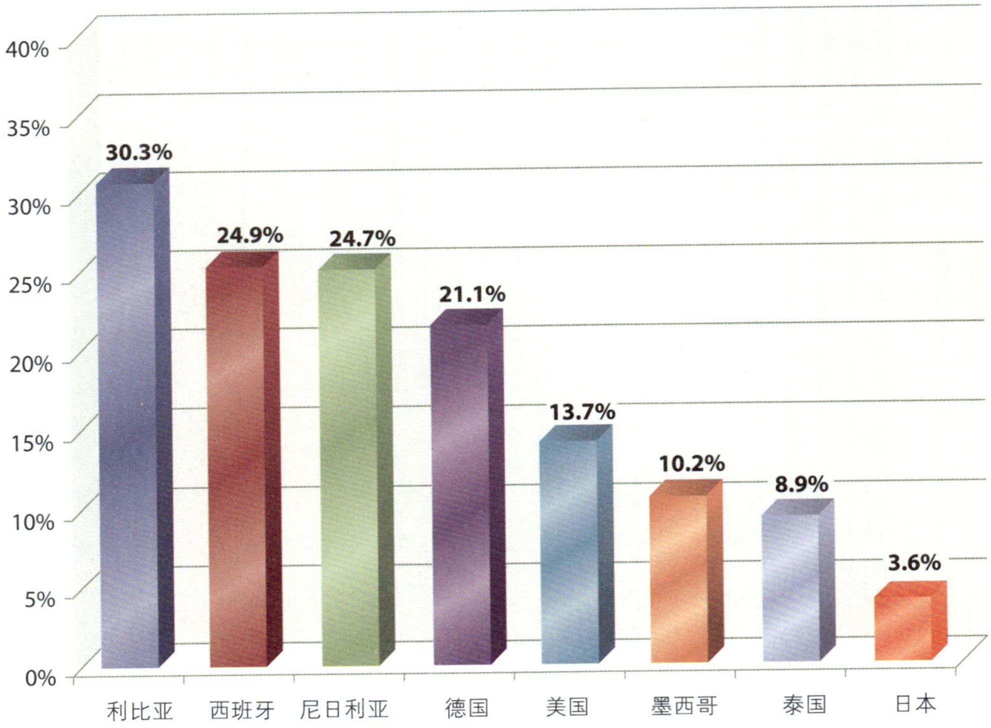

图 16-1　不同国家的成年人参与过合法的、和平的游行示威的比例

资料来源：World Values Survey（2015）.

活跃于社会运动是否只是个人选择的问题？当问及是否因为支持某些社会运动而参与过合法的、和平的游行示威时，大约 14% 的美国成年人给出了肯定的回答。在某些国家，这个比例更低。只有 9% 的泰国成年人承认他们曾参与过游行，这个比例在日本只有 4%。但是 21% 的德国人曾参与过游行，这个数据在尼日利亚、西班牙和利比亚分别是 25%、25% 和 30%。人们是否会“走到街上”以显示他们对某个事由的支持，不仅取决于个体的决定，还反映了宏观社会中的文化。

本章概要

社会不是一成不变的。本章将探索社会变迁，解释现代社会如何与先前的传统社会产生差异。文中讨论了很多导致社会变迁的因素，包括集体行为、灾害和社会运动。

纽约城东十街 253 号，有一幢房龄超过一个世纪的五层红砖公寓楼。1900 年的一天，39 岁的朱利叶斯·施特赖谢尔（Julius Streicher）、33 岁的克莉丝汀·施特赖谢尔（Christine Streicher）以及他们的四个孩子搬进了这幢楼其中的一间小公寓中。这样的公寓在整幢楼里有 20 间。施特赖谢尔夫妇是 1885 年从自己的祖国——德国移民到纽约的，然后在这座城市相识并结婚。

施特赖谢尔夫妇应该对自己的生活很满意。朱利叶斯在离公寓楼仅几个街区的地方经营着一家小服装店，克莉丝汀则待在家里照看孩子，做家务。和同时代的大多数人一样，朱利叶斯和克莉丝汀都没有读过高中，他们一周工作六天，每天工作 10～12 个小时。家庭收入——当时美国的平均收入——大概每月 35 美元，或者约每年 425 美元（换算成现在的美元，也就是 12 200 美元，这意味着全家人生活在当前的贫困线的一半以下）。几乎一半的收入用于购买食品，剩下的大部分都付房租了。

如今，桃乐茜·萨博（Dorothy Sabo）住在东十街 253 号，她一个人住着施特赖谢尔夫妇曾经住了大半辈子的房子。87 岁的她退休前在附近的一家博物馆教艺术。在很多方面，萨博的生活比施特赖谢尔夫妇知道的舒服得多。一方面，施特赖谢尔夫妇住在这里的时候，楼里没有电（那时人们用煤油灯和蜡烛照明）和自来水（克莉丝汀每周一的大部分时间都在洗衣服，用的水都是从街区尽头的公用水源提来的）。那时没有电话、电视，当然也没有电脑。而今到了萨博这一代，这些便利都是再自然不过的了。尽管她不能算富有，但她的退休金和社保金是施特赖谢尔夫妇收入的好几倍（以现在美元价格计算）。

当然，萨博也有自己的担忧。她很关心环境问题，经常发表关于全球变暖的言论。但是如果说一个世纪以前，施特赖谢尔夫妇和他们的邻居也关心过“环境”，那他们担心的很可能就是大街上发出难闻的气味。在那个纽约城刚刚有机动车的年代，成千上万的客车、货车和担架车都是用马拉的。这些牲口每天都要向大街上排出 60 000 加仑[①] 的马尿和 2 500 000 磅的粪便。

今天的人们很难想象一个世纪以前的生活有多么地不同。那时不仅生活艰难的人多，人的寿命也比现在短不少。统计数字显示，100 年前，男人和女人的平均寿命分别是 46 岁和 48 岁；而现在男女的平均寿命则分别是 75 岁和 80 岁。

20 世纪，很多方面都发生了好的变化。然而，就像这一章解释的那样，社会变迁并不总是积极的。即便是主观向好的改变也可能产生负面结果，带来难以预料的新问题。这些工业革命带来的变迁，让早先的社会学家们对现代性的评估喜忧参半。同样，对于由信息革命和后工业经济带来的后现代化，今天的社会学家也能够看到正负两个方面。不管是变得更好还是变得更糟糕，可以确定的是，其变化速度从未像现在这样快过。

① 1 美制加仑大约等于 3.7854 升。——译者注

什么是社会变迁

在前面的章节中，我们调查过相对固定或静止的社会模式，包括地位和角色、社会分层和社会制度。我们也分析过影响我们生活方式的动力，包括技术革新、官僚机构的增加和城市的扩张。这些都是社会变迁的不同方面，也就是随着时间推移而发生的文化和社会制度的变化。社会变迁的过程主要有以下四个特征。

1. **社会变迁时刻都在进行**。有句谚语说得好："除了死亡和缴税，没有不变的事物。"然而，我们对于死亡的理解发生了很大变化，因为在过去的一个世纪里，美国人的平均寿命翻了一倍。1900 年，施特赖谢尔夫妇和几乎所有的美国人一样，获得收入后只要缴很少的税，甚至不用缴。而在 20 世纪，随着政府的规模和范围的扩大，税收猛增。简言之，一切事物都随着社会的变迁而改变。

另外，一些社会比另一些变化得快。如同在第 2 章中解释的，狩猎和采集社会变化得较慢；相反，生活在当今综合技术社会中的人们，一生中都会经历重大的变化。

而且，在特定社会里，一些文化要素比另一些变化得快。威廉·奥格本的文化堕距理论（见第 2 章）声明物质文化（也就是物体）通常比非物质文化（思想和态度）变化得快。例如，使得科学家能够改变甚至制造生命的基因技术就比人类决定何时以及如何使用该技术的道德标准发展得快。

2. **社会变迁有时是蓄意的，但多数都是无计划的**。工业社会引起了很多变化。例如，汽车制造商开始寻找更有效的能源形式，广告商试图说服我们，如果没有一部 4G 手机或这样那样的新玩意，我们的生活将是不完整的。然而，很少有人能够想象不断进行着的变化会带来什么样的后果。

回到 1900 年，当整个国家都依赖马匹运输的时候，很多人都梦想能有一种机动车辆，可以载着他们一天内走完过去需要几周甚至几个月才能走完的旅程。但是没有人能够预知汽车在提供便利的同时，会在多大程度上改变美国人的生活，如家庭成员天各一方、影响环境、城市和郊区重新划分，等等。同样，推进汽车革命的先行者无法预测到仅仅在美国每年就有超过 33 000 人殒命于交通事故中。

3. **对于社会变迁的看法尚有争议**。汽车的发展史表明，社会变迁带来的结果好坏参半。资本家欢迎工业革命是因为新技术提高了生产力，提高了利润。但是，工人们担心机器会让他们的技术过时，因而抗拒推进这种"进步"。

今天，和过去一样，人们并未就应该如何生存和我们应该欢迎什么样的"进步"达成共识。这样造成的结果就是，面对黑人和白人之间、男女之间、同性恋和异性恋之间的社会互动模式的改变，仍然是有人欢喜有人愁。

4. **一些变化比另一些重要**。一些变化（如服装时尚）的重要性非常短暂；而另一些变化（如计算机的发明）历时长久并且可能会改变整个世界。信息革命会像工业革命一样重要吗？如同汽车和电视一样，电脑也有其正负效应；在提高新的就业机会的同时，也使原有的一些机会消失了；在让全世界的人们都通过互联网联系起来的同时，却让同一个办公室的人变得疏远；提供海量信息的同时也在威胁个人隐私。

社会变迁的原因

社会变迁有很多原因。在这样一个由复杂的交通和运输技术联系起来的世界中，某个地方的变化常常会导致另外的地方也跟着变化。

文化与变迁

第 2 章阐述了文化变迁的三个重要渠道。首先，发明创造了新事物、新观念和新的社会类型。始于 20 世纪 40 年代的火箭推进力的研究，使得人类制造了能够到达其他星球的宇宙飞船。如今我们理所当然地使用这种技术，在 21 世纪，相当多的人将会拥有在宇宙飞行的机会。

其次，当人们开始注意世界上存在的各种元素时，新的发现成为可能。例如，医学进步使得人类对自己的身体有了越来越多的了解。除了对人类健康有直接影响外，医学上的发现

◎这些年轻人正在参加在中国香港举行的 hip-hop 舞蹈马拉松比赛。Hip-hop 音乐、服饰和舞蹈已经在亚洲流行起来，这正是文化传播的最佳注脚。社会变迁如同文化类型在不同地区流传，但却不总是如其先前的含义一样。中国的年轻人对 hip-hop 的理解与创造该舞蹈的美国黑人会有什么不同？

还延长了人的平均寿命，也使美国社会步入老龄化的“银色”社会。

最后，当产品、人类和信息从一个社会向另一个社会扩展的时候，这种传播就会引起改变。拉尔夫·林顿（Ralph Linton）认为许多我们熟悉的文化因素来源于其他国家。例如，做衣服用的布来自亚洲；我们每天都看到的钟表是欧洲人发明的；我们装在口袋里的硬币最早是土耳其人开始使用的。

一般而言，物质传播得比文化观念快。譬如，在克隆科学上的突破就比我们对它的理解要快——何时以及究竟能否在伦理上为人们所接受。

冲突与变迁

社会上的不公正和冲突也会导致变化。卡尔·马克思认为阶级斗争是推动社会从一个历史时期向另一个历史时期前进的动力。他认为，在工业资本主义社会，资本家和工人之间的斗争会推动社会朝着社会主义生产制度前进。马克思成功地预见到了由不平等引起的社会冲突（不仅包括阶级不平等，还包括在种族和性别上的不平等）将促使每个社会发生变化，包括我们自己的社会，从而改善劳动人民的生活。

观念和变迁

马克斯·韦伯也为我们理解社会变迁做出了贡献。尽管韦伯同意冲突带来变化的观点，但他把大多数社会变迁的原因归结为观念的变化。比如，有巨大感召力的人（马丁·路德·金就是一个很好的例子）能传递一些有时会改变世界的信息。

为了强调观念的重要性，韦伯还举出了早期新教徒的宗教信仰是如何为工业资本主义的传播创造条件的例子（见第 13 章）。新教徒工作观念盛行的西欧是工业资本主义主要发展地的事实，就是观念的力量带来社会变迁的明证。

观念还会引导社会运动。当人们聚集在一起追求一个共同的目标时，比如整顿环境或改善受压迫的人群的生活，社会变迁就会发生。

人口变迁

人口模式也在社会变迁的过程中起到了重要的作用。如本章开头所述，一个世纪前，典型的美国家庭（4.8 人）几乎是现在家庭（2.6 人）规模的两倍。如今，妇女生的小孩越来越少，越来越多的人选择独身。而且，当美国人口越来越老龄化，变化就出现了。如第 3 章所解释的，2015 年，14.9% 的美国人口超过 65 岁，这个数字是 1900 年时的三倍。到 2035 年，老年人将达到总人口的 21%。美国医学研究和卫生保健部门已经广泛关注老年人了。他们的生活将在难以数计的方面发生变化，如居家产品正在重新设计以满足老年消费者的要求等。

社会内部和不同社会之间的移民是另一个导致社会变化人口方面的因素。1870—1930 年，数百万的外国移民进入美国的工业城市。另外，数百万生活在农村的人也加入了这个行列中。其结果是农业社区衰落，城市迅速扩张。至 1920 年，美国第一次成了一个人口大部分集中在城市的国家。类似地，当今天的人们从冰雪地带移到阳光地带，和来自拉丁美洲和亚洲的移民杂居在一起时，变化也在进行着。

集体行为和变迁

社会学家研究各种类型的集体行为，这些

集群　临时聚集的一群人。这些人拥有共同的关注焦点并且相互影响	群氓　情绪高度激动且追求暴力的或破坏性的目标的人群	骚乱　高度情绪化、暴力和盲目的社会爆发

集体行为会导致社会变迁。集体行为会涉及很多计划外的人，这通常是有争议的，而且会导致变迁。集体行为使集体中的人受到影响，这与社会群体不同，因为许多人可能被卷入其中，而身在其中的大部分人与其他人之间没有任何直接的互动。

集群

集体行为的一种类型就是**集群**（crowd），是指临时聚集的一群人，这些人拥有共同的关注焦点并且相互影响。集群是一个相当新的发展：我们的大部分祖先从未见过大的集群。

比如，在中世纪的欧洲，唯一能使大量的人聚集在同一个地方的情况是军队在战场上准备战斗。然而，如今在摇滚演唱会和重大的体育赛事，甚至是在大学的登记大厅里，随处可见人数达到 25 000 甚至更多的人群。一些政治事件和游行示威，包括某些城市的公众集会，达到了 100 000 人次或者更多。关于奥巴马总统在华盛顿的第一次就职典礼的参与人数的估算约是 1 500 000 人次。鉴于其庞大的数量，集群拥有能够导致社会变迁的力量。

群氓和骚乱

有时人群会变得很暴力，从而转变成一帮**群氓**（mob），即情绪高度激动且追求暴力的或破坏性的目标的人群。在美国历史上，私刑处死可能是关于群氓行为最臭名昭著的范例。美国内战结束之后，所谓的私刑处死群氓试图恐吓新获自由的美国黑人，从而阻止以种族为基础的、白种人拥有特权的种姓制度的破裂。任何敢于挑战白种人优越性的有色人种都面临在充满仇恨的白种人手里送命的风险。

同样地，**骚乱**（riot）是指一场高度情绪化、暴力和盲目的社会爆发。骚乱是一种典型的方式，被一部分受挫的人用于表达对社会运作方式的极度不满。人们用骚乱回应他们看到的社会不公正，就好像是在说："我们不会再忍受了！"不同于一帮群氓的行动，骚乱通常没有明确的目标，除非是想表达不满。大部分骚乱的原因是一些长期忍受的愤怒或不满。作为一种"暴力情形正在等待发生"，骚乱的导火索一贯是一些使得人们开始摧毁财产或伤害他人的次要或主要的事件。多年来，工人们用骚乱摆平了不公平的工作环境，就像少数派用骚乱回应伤害了他们的制度。

骚乱达到了怎样的目的？一个答案是"权力"。正如当前世界各地的事件所示，当普通人集体行动时，他们就能获得权力。挑战现状的群体力量，有时会迫使社会变迁的出现，这也是集群遭受争议的原因。回顾历史，现状的捍卫者恐惧"群氓"，将群氓视为威胁。相反，寻求变革的人则支持这样的集体行动。

谣言

谣言（rumor），即指人们口口相传或使用电子设备非正式传播的未经证实的消息，有时可以引发集体行为。当人们关心某些问题但又对事实不确定时，不确定性就是谣言的温床。过去几年，在一些城市中，有关警方可能采取行动的谣言在街头迅速蔓延，人们游行抗议他们所看到的警方对美国黑人公民所施加的过度压迫。谣言是不稳定的，不仅是因为人们对事实的不确定，还因为个体在传递中可能给谣言一个"倾向性的编造"。谣言还很难停止。局部的问题和事件可以通过大众传媒和互联网迅速传播到全国和世界各地。因为谣言可以触发集群的形成并给他们的行动做出指示。在关键时期，政府官员和抗议组织的领导者都会成立谣言控制中心，以管控消息。

流行和时尚

集体行为能够影响社会变迁进程的最后一个途径是流行和时尚。流行和时尚需要人们广泛地参与并在很大的区域内扩散。**流行**（fashion）是指受到大量的人喜爱的社会模式。人们对于服装、音乐和汽车的品位，还有对于政治的观点，经常发生改变，来得快，去得也快。

时尚（fad）是指人们简单而热情地接受的不落俗套的社会模式。时尚，有时被称为风靡，在高收入的上层社会是很常见的，很多人有闲钱花费在娱乐上。20 世纪 50 年代，两个加利福尼亚的年轻人生产出一种色彩鲜艳的塑料环——一种在澳大利亚流行的玩具，人们可以通过转动臀部让它在腰部摆动。于是，“呼啦圈”（hula hoop）开始在全美范围内风靡。在不到一年的时间内，呼啦圈就消失了，只有时不时地会再次出现。神奇宝贝卡（Pokémon cards）同样如此，它见证了一种时尚的发展和衰落。贾斯汀·比伯（Justin Bieber）大概不会希望自己变成一种时尚。

时尚和流行有什么区别呢？时尚捕获公众的想象力，但很快就会消失殆尽。由于反映了基本的文化价值观，例如个体特征和性吸引力，流行往往能持续一段时间。因此，一种流行——但几乎不是一种时尚——在大众文化中持续得更久。例如，裸奔作为一种时尚凭空出现又很快消失；然而，作为一个流行的范例，牛仔服饰起源于 19 世纪 70 年代加利福尼亚淘金期间简陋的开采营地，直至今日仍然广受欢迎。

社会运动和变迁

社会变迁的最终原因在于像我们这样的芸芸众生的努力。人们通常聚集在一起形成一种有组织的行动，即**社会运动**（social movement），来推动或阻碍社会变迁。社会运动在现代社会是很常见的。美国的历史包括所有形式的社会运动，从推翻殖民的独立运动到今天支持或反对堕胎、同性恋和死刑的组织。

社会运动将一些拥有相同政治目标的人联系起来。电脑科技，包括手机和社交网站，使得大量人员之间的联系变得比以往任何时候都要简单。

社会运动的类型

研究者根据人们追求的改变来划分社会运动的类型。其中一个变量是，谁被改变了？有些社会运动有既定的目标人选，而有些运动则试图改变所有人。另一个变量是，改变了多少？有些社会运动寻求在我们生活中做有限度的改变，而有些运动则追求一种激进的社会转变。将这些变量答案结合起来就形成了以下四种社会运动类型（见图 16–2）。

蚀变型社会运动对地位现状威胁最小，因为他们追求的仅仅是部分人有限度的改变。他们的目的是为了帮助特定人群来选择他们的生活。秘密保守者就是一种蚀变社会运动的例子，它鼓励男性成为家庭中精神和经济支柱。

救赎型社会运动也把特殊个体作为目标，但是他们寻求的是更彻底的改变。他们的目标是帮助特定人群恢复他们的生活。例如，“匿名酒鬼会”就是帮助酒精成瘾者获得一种清醒生活的组织。

改革型社会运动把目标定位在对所有人的有限度的改变上。环境的改变运动寻求让所有人乐于保护自然环境。

革命型社会运动是所有变迁中最极端的，为整个社会的主要转型服务。有时追求特殊的目标，有时追寻乌托邦式的梦想。这些社会运动，同时包括左翼共产党（推动政府对整个经济的控制）和右翼民兵组织（追求打破“大政府”），以寻求一种生活方式的彻底改变。

宣告活动

在 1981 年，美国疾病控制和预防中心发

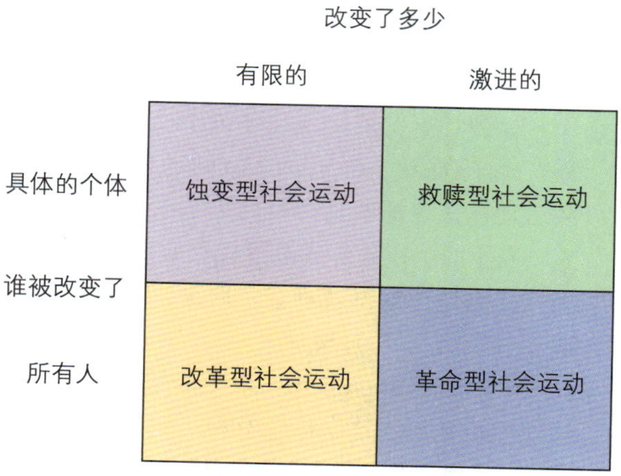

图 16–2　四种社会运动类型

◎这四种类型的社会运动反映出谁被改变了，改变了多少。

资料来源：Based on Aberle（1966）.

现一种正在危及人们生命的怪病，其中大部分得病的人都是男同性恋者。这种疾病就是后来为大家所认知的艾滋病（获得性免疫缺乏综合征）。尽管艾滋病很明确的是一种死亡性疾病，但它只获得了很少的公众和媒体的关注。大约五年后，公众才开始关注死亡率的上升，并开始认识到艾滋病是一种严重的社会威胁。

公众认识的改变是**宣告活动**（claims making）的结果。宣告活动就是使公众和官员认识到加入社会运动中探讨特定议题的重要性的过程。换句话说，对社会运动的形成而言，特定事件必须被定义为需要公众关注的问题。通常，宣告活动是从小部分人开始的。以艾滋病为例，对大城市中的同性恋社区（尤其是旧金山和纽约）进行动员，使人们相信这种死亡疾病传染的危险性。随着时间的流逝，如果大量媒体给予这件事足够的关注，公众官员为这个问题而发声，那社会运动很可能获得力量。

现在艾滋病已经获得较多的公众关注，并且许多研究都已经在进行，旨在发现治疗方法。宣告活动的进程中始终要面对众多需要处理的问题。在今天，比如，一项禁止在车内使用移动电话的运动已经指向成千上万宗因开车打电话导致的车祸；目前，14 个国家已经通过了禁止开车时使用手持电话的法律，其他 38 个国家禁止新手开车时使用手机，共有 45 个国家禁止所有司机在驾驶过程中发信息；而在其他国家，这仍在持续争论中。

解释社会运动

社会学家发展出了几种关于社会运动的解释。剥夺理论（deprivation theory）认为，社会运动往往在那些觉得自己失去了东西，如收入、安全的工作条件或政治权利的人群中产生。当然，你是否觉得被剥夺，取决于你对生活的期望。因此，人们聚集在一起回应**相对剥夺**（relative deprivation），即一种在特定比较中对不利处境的觉察。这个概念有助于解释为什么社会运动不管时代好坏都只有表面的改变。它不在于人们占有（资源）的绝对数量，而在于人们如何看待自己与他人的不同处境。

社会运动 人们聚集在一起形成一种有组织的行动，来推动或阻碍社会变迁

宣告活动 使公众和官员认识到加入社会运动中探讨特定议题的重要性的过程

作为第二种解释，大众-社会理论认为社会运动是吸引被社会隔离的人参加的运动，以获得一种认同感和使命感。从这个角度来看，社会运动有个人和政治的议程。

文化理论是第三种理论方案，社会运动不仅仅依靠金钱和其他物质资源，还要依靠文化符号。人们必须有一个对世界不公正的共同理

◎宣告活动是一个试图让别人认识到某些问题的重要性和为对特定变化的需要的过程。2015 年，美国联邦战旗最终从南卡罗来纳州州府撤离。过去为撤下这面旗帜所做的努力——有些人是具有军事勇气，而许多其他人是与奴隶制和种族主义有关——全都失败了。这次发生了什么改变？一个曾与这面旗帜合影的问题青年在教堂服务期间残忍地杀害了九名美国黑人，这一事件足以使公众的观点动摇——是时候放弃这面旗帜了。

解，才会采取运动以谋求变化。此外，具体的符号（如“9·11”恐怖袭击后燃烧的世界贸易中心的照片）能帮助动员人们支持美国在阿富汗和伊拉克的军事行动。

第四种解释是资源动员理论。它认为任何社会运动的成功都离不开实质性资源，包括资金、人力、办公和通信设备、大众媒体通道，以及正面的公众形象。因为大多数社会运动都是从小规模起步，它们必须超越自己，调动取得成功所需的一切资源。

第五，新社会运动理论指出了后工业社会新近的社会运动的显著特征。这些运动通常着眼于国家或国际范围而非地区性的问题。其大部分集中在生活质量议题方面，如自然环境、世界和平或动物权利，而不是传统的经济问题。因为，随着大众媒体和新信息技术的发展，政府之间、世界普通民众之间的联系更加密切，当下社会运动范围也变得更为宽广。

第六条也是最后一条，马克思主义的政治经济学理论认为，社会运动的兴起是因为资本主义经济系统不能满足大部分人的需求。在最近的经济衰退中，政府在营救一些被认为“大而不倒”的银行，但是数千万民众却找不到工作，只能靠自己的储蓄养活自己。而且，他们还没有医疗保险。社会运动的兴起是因为工人要组织起来争取更高的工资；公民集会是为了保障所有人的健康政策；社群的聚集是为了反对政策暴力，包括宣告“黑人的命也是命”。

社会运动的阶段

社会运动主要分为四个阶段：突现、联合、官僚化和衰退。当人们开始认为很多事情都不如人意的时候，社会运动的初始阶段就开始了，比如民事权利和妇女运动，都来自人们的普遍不满。另外一些突现表现为试图动员民众的小群体，正如同性恋群体引起了公众对艾滋病的关注一样。

当一个社会运动自我界定，并形成吸引新成员的策略，“公然上市”的时候，联合就出现了。领导们决定的方针和选定的策略可能会包括示威游行或集会，以吸引传媒的注意力。

随着它吸引新成员和资源，一个社会运动可能会经历官僚化阶段。当一个运动稳固起来的时候，它很少依赖于少数领导人的个人魅力和才能，会更多地依靠职业化的工作人员，这样才能使运动增加长期存在的机会。

最后，当资源枯竭的时候，社会运动便会衰退。团体会面临势不可挡的衰落，领导层被系统内的金钱或权力收买，或者是成员完成了他们的目标而失去了兴趣。一些社会运动由于建立了良好的组织，完成既定目标后仍然存在，于是就开始了新的改革运动；另外一些运动已经和最初的改变社会的理念相脱节，反而变成了系统中的一部分。

灾难：意想不到的变化

有时候变化来源于那些出乎意料和不受欢迎的事情。**灾难**（disaster）就是一种出乎意料地对我们人身财产造成伤害和损失的事件。灾难有三种类型。第一种是自然灾害，洪水、地震、森林火灾和飓风（比如 2005 年摧残墨西哥湾的卡特里娜）是自然灾难的典型例子。第二种类型是技术灾难，它被广泛地认为是意外事故，但更多的是因我们对技术无法掌控而引起的。2011 年的日本福岛第一核电站核辐射泄露事件就属于技术灾难。第三种就是蓄意性灾难，在这种灾难中，一个及多个由组织的群体故意伤害其他人。战争、恐怖主义袭击、发生在叙利亚（2012—2013）、利比亚（2011）的战争，南斯拉夫（1992—1995）、卢旺达的大屠杀（1994），以及苏丹的达尔富尔地区（2003—2010）都是蓄意性灾难的例子。

由灾难造成的全方位的危害，很多年后可能才成为明显的事件。全球化的思考框中描述的技术灾难，仍然在灾难发生后的 50 多年里影响着人们和他们的后代。

凯·埃里克森（Kai Erikson）调查了各类灾难，并对灾难的社会后果总结出了三个主要结论。第一，我们都知道，灾难对人造成伤害，毁坏财产，但是直到最近才有分析者开始讨论灾难对人类安全的威胁。这个概念指出灾难还造成了破坏人类社会的社会危害。1972 年水坝

◎ 社会学家将灾难分为三种类型。给新奥尔良市带来大规模洪水的卡特里娜飓风是自然灾难的一个典型。1989年的埃克森石油公司“瓦尔迪兹”号油轮搁浅导致向阿拉斯拉沿岸泄露了1100万加仑的天然油，这是一个技术灾难。自2003年以来，在苏丹的达尔富尔地区，成千上万人被屠杀以及千万人被迫离乡背井，这是一个蓄意性灾难的例子。

决堤，给美国西弗吉尼亚州的布法罗带了洪灾，它夺走了125人的生命，摧毁了1000个家庭，并让4000人无家可归。当洪水退去，援助队伍涌入这个地区时，人们已因家庭成员和朋友的丧失，以及生活方式的丧失而变得麻木了。甚至在40多年后的今天，他们也无力重建他们曾经熟悉的社区生活。埃里克森指出，我们能知道灾难何时开始，但我们不可能知道它们何时结束。日本核辐射泄漏的全部后果已经再次让人吸取教训了。

第二，埃里克森解释说，当有毒物质卷入某一事件时，社会危害更为严重，如同技术灾难，比如在乌蒂里克（Utirik）岛的辐射事件中，当人们感受“中毒”时，他们已经被暴露在一个危险的让他们害怕并且无力控制的污染源中了。

第三，由他人的行为引起的灾难所带来的社会危害最严重。这样的灾难可能因疏忽或者粗心（如技术灾难）而发生，或者因蓄意行为（如蓄意性灾难）而发生。埃里克森认为，我们关于“其他人于我们无害”的信仰是社会生活的基础。但当其他人无意的行为（如阿拉斯加的石油喷溅事件）或者以蓄意方式伤害我们，幸存者会丧失对他人的信任，并且可能永远无法恢复。

现代性的想象

社会变迁研究的一个核心概念是**现代性**（modernity），即工业化导致的社会类型。在日常使用中，现代性指的是与过去相对的现在。社会学家运用这个包罗万象的概念把所有始于18世纪50年代的西欧工业革命所引起的社会类型都包括了进来。那么，**现代化**（modernization）就是由工业化开启的社会变迁的过程。时间年表突出了标志现代性出现的重要事件。表16-1简要描述了美国近一个世纪以来的社会变迁。

彼得·伯格（Peter Berger）指出了现代化具有以下四个主要特征。

1. **小的、传统社区的衰落**。现代性意味着“在人类历史进程的大部分时间里，人们通过居住在一些相对内聚的社区而认识了团结和意义。如果不毁灭，这些社区将持续衰落下去”。几千年以来，在捕猎和采集者的营地以及欧洲和北美的农村，人们生活在很小的社区里，社会生活以家庭和社区为重要内容。如此传统的生活方式使得每个人都有一个明确的位置，尽管选择范围有限，但人们都可以强烈地感觉到身份、归属和目的。

当然，在美国的边远地区仍然存在着一些小而封闭的社区，但它们只是一小部分美国人

现代性 工业化导致的社会类型

现代化 由工业化开启的社会变迁的过程

全球性思考

一个从未结束的原子灾难

1954 年 3 月 1 日，黎明破晓，乌蒂里克岛上已经变得暖和了，乌蒂里克岛是位于南太平洋上马绍尔（Marshall）群岛上的一块很小的珊瑚礁和火山岩。这个岛上居住着 159 人，几个世纪以来，这些人像他们祖先那样靠捕鱼为生。这些人对外面的世界所知甚少——一个来自美国的传教士负责教当地的孩子，还有 24 名军人全部都住在一个很小的美国气象站里，气象站旁边的飞机跑道每周能接待一架飞机。

早上 6 点 45 分，小岛西边的天空突然变得比以往人们看见的还亮，过了数秒后，一阵轰隆隆的声音像一个巨大的地震一样摇动着整个小岛。岛上的一些人认为到了世界末日，他们生活的世界，至少据他们所知，已经永远地被改变了。

往西 160 英里处，在比基尼（Bikini）岛上，美军刚刚引爆了一枚原子弹，这枚原子弹携带的能量比在第二次世界大战末期美军摧毁日本广岛的那枚原子弹还要高 1000 倍。爆炸引起的巨大冲击波蒸发了整个小岛，并向空气中释放了大量的浓烟和辐射。军方预期风会将这些烟雾带到海上的空旷地带，但是这些烟雾却被吹到了东边。到了正午，带有辐射的烟雾吞没了一艘日本渔船，那艘船的名字叫“幸运龙”。甲板上的 23 个人遭遇了辐射，他们最终全部生病或者死亡了。到下午即将结束之时，这些死亡烟雾在整个小岛上扩散。

这些烟雾是由珊瑚和岩石灰组成的，都是从比基尼岛上遗留下来的。岛上的灰层软软的，孩子们想起那位传教士老师给他们展示的雪的图片，于是纷纷跑向那些到处都是的白色粉末。没有人能够意识到这些烟雾中弥漫着足以令人死亡的辐射。

三天半过后，美军空降乌蒂里克岛，并警告岛上的人立即撤离，什么都不要带。经过了三个月，岛上的人被转移到另一个军事基地，后来他们终于返回家乡。

岛上的许多人经历了那个有重大意义的早晨，并且他们死得都很早，主要的原因是由于长期暴露在辐射中而引起的癌症或其他疾病。但是直到今天，那些经历了有毒的辐射却生存下来的人，仍然相信这些毒气永远不会离开。辐射或许在、也或许不在他们的身体中，但是它却以另外一种方式深深地植入了他们的文化当中。在那次爆炸发生了半个世纪以后，岛上的人们仍然在谈论那个清晨，“一切都已经改变了”。这个灾难造成的伤害开始变成一种高于物质上的伤害。它是一种社会转变，这种转变给人们植入了一种深深的信念：他们都生病了，生活也不会回到从前了，而居住在世界另一端的人们原本可以阻止灾难的发生的，但他们却没有。

你怎么想

1. 在什么样的情况下，像 2011 年日本核辐射泄漏一样的灾难永远都不会消失？
2. 原子弹爆炸会以怎样的方式来改变乌蒂里克岛上的人的文化？
3. 美国政府不会正式地对乌蒂里克岛上的人所经历的事件负责。在这场灾难中，你看到了全球分层的哪些元素？

资料来源：Based on Erikson（2005a）.

的家园。他们与外界的隔绝主要体现在地理位置上：除了其中一些极度贫穷或因为宗教信仰而拒绝现代性的人，汽车、电话、电视和电脑让农村的家庭能获知大型社会里所发生的一切，并把他们与整个世界联系起来。

2. **个人选择的扩大**。生活在传统的、前工业化社会的人们把自己的生活看成超自然的力量——上帝、灵魂或者干脆就是命运——控制的结果。随着传统力量的逐渐削弱，人们开始把自己的生活看成一系列永不休止的选择的过程，这个过程被彼得·伯格称作个性化的过程。例如，很多美国人（有时候不断地）选择一种不断变化的“生活方式”。事实上，现代文化的

表 16–1 美国一个世纪以来的社会变迁

	1910 年	2010 年
美国人口	9200 万	3.09 亿
城市居住人口比例	46%	84%
平均寿命	48 岁（男） 52 岁（女）	76 岁（男） 81 岁（女）
年龄中位数	24.1 岁	37.2 岁
平均家庭收入	8000 美元（以 2010 年美元价格计算）	60 395 美元（以 2010 年美元价格计算）
食品消费支出比	43%	13%
家庭拥有抽水马桶比例	10%	99.4%
平均拥有轿车数	每 64 个家庭有 1 辆	每个家庭有 2.2 辆
离婚率	每 20 对夫妻有 1 对离婚	每 20 对夫妻有 6 对离婚
石油产品平均消费量（加仑）	每人每年消费 34 加仑	每人每年消费 1100 加仑

一个共识就是人们应该掌控自己的生活。

对更大的个人选择的广泛支持具有政治后果。对更大的个人主义的文化导向而言，现代的、高收入社会（与传统的、低收入社会相比）可能意味着民主社会。

3. **社会分化的加剧**。在前工业化社会里，牢固的家庭纽带和强大的宗教信仰加强了统一性，阻止了社会分化和变迁。当传统失去其控制作用，人们拥有越来越多的个人选择时，现代化便促进了一种更合理、更科学的世界观的形成。城市的扩张、非个人的官僚机构的增多，以及来自不同背景的人们的融合，这些因素共同促进了不同信仰和行为方式的产生。

4. **对未来的关注和正在增强的时间意识**。在现代社会之前，人们总是关注过去，但现代社会的人们则更多地考虑未来。现代社会的人们不仅向前看，而且对新发明和新发现能改善他们的生活这一点深信不疑。

现代社会的人们按照分钟来安排每日例行公事。自从中世纪晚期引进钟表以来，欧洲人就不再按照阳光和季节的变化来考虑问题，而是按天、小时甚至分钟来考虑问题了。由于现代社会的人们很关心个人得失，因此他们要求精确计量时间，倾向于同意“时间就是金钱”的说法。彼得·伯格指出，一个社会现代化程度高低的标志之一是有多少人戴手表（如今，是他们的手机）。

回想一下，现代化也促进了社会学的发展。如同第 1 章所解释的，这个学科起源于西欧发生工业革命之后，而西欧的社会变迁进展得最为迅速。早期的欧洲和美国的社会学家试图对现代社会兴起的原因及其正面或负面的影响进行分析。

最后，在对比工业社会与之前社会的过程中，我们发现，人们会轻易地认为世界上的所有事物都是新的。情况并非如此，“日常生活中的社会学”专栏中所解释的，以历史的眼光看待一种最喜欢的现代服饰——牛仔裤就是一个很好的例子。

费迪南德·滕尼斯：共同体的消失

在其共同体和社会理论（见第 15 章）中，德国社会学家滕尼斯提出了对现代化有持久影响的阐述。滕尼斯的研究曾对彼得·伯格产生过影响，滕尼斯也把现代化看成共同体或者人类社区的消失的过程。如同滕尼斯所见，工业革命通过引入商业化的方式强调事实、效率和金钱，削弱了家庭和传统的社会结构。当欧洲人和北美人主要以个人利益为出发点去与别人打交道时，他们的社会就渐渐变得缺乏人情味和无法生根，形成一种被滕尼斯称为共同体的状态。

20 世纪早期，至少美国的部分地区的情况接近滕尼斯的共同体的概念。在小村庄和城镇生活了几辈子的家庭通过勤劳、慢节奏的生活方式维系着。几乎没有电话（发明于 1876 年），直到 1915 年才有人打了第一个越洋电话。生活中没有电视（1933 年发明，1950 年后才比较普遍），每个家庭都有自己的娱乐方式，经常

日常生活中的社会学
Society: The Basics

传统和现代：牛仔裤的历史

社会学家喜欢对比“传统”和“现代性”。滕尼斯、迪尔凯姆，还有马克思都发展了相关理论，对比“当时”存在的社会模式和“现在”存在的社会模式。此类理论具有启迪作用。但是“传统 VS. 现代”的想法促使我们认为过去和现在几乎完全不同。

这里所讨论的思想家都认为过去和现在有着明显的不同。但是不可否认的是，若干现代社会的元素——从宗教到战争——已经在人类社会存在了很久。同样的情况是，许多我们认为是“现代”的文化元素实际上比我们想象的要久远得多。

牛仔裤就是一个我们确信为现代的文化元素。这种服装非常平常，几乎被视作年轻人的一种“制服”，在 20 世纪 60 年代后期开始风靡大学校园，进入流行文化的中心圈。

但是许多人会惊讶地发现，牛仔裤实际上已经存在了几个世纪了。“dungaree”（形容一种粗棉布）一词，在 20 世纪 60 年代之前，是人们对牛仔裤的普遍称呼。这个词语发源于印地语“dungri”，印度城市孟买（曾用名为“Bombay”）的一个区域被视为粗布衣料的起源地。从那里开始织布往西方传播到了欧洲。“jeans”一词可以追溯到意大利的一座城市“Genoa”的名称。17 世纪 50 年代，在这座城市里，人们广泛穿着棉织布。另一个用来描述布的词语“denim”（斜纹粗棉布 / 劳动布），是指法国城市“Nîmes”，事实上，此后不久人们就用“de Nîmes”来形容这种布料。

艺术史学家从 16 世纪的画作中辨认出了人们——尤其是穷人——穿着牛仔裤。18 世纪，英国的水手们不仅用这种织布做船帆，而且还会用它做吊床和流行的船服。

从 16 世纪的艺术品来看，我们得知穷人穿粗棉布面料的衣服。19 世纪，牛仔裤成为西部牛仔的制服，到了 20 世纪 60 年代，牛仔裤成为校园学生的服饰。近代，企业管理层（尤其是在技术公司）开始在工作场所穿着牛仔裤。

一个多世纪以后，1853 年，美国服饰生产商李维·斯特劳斯（Levi Strauss）将牛仔布卖给参与加利福尼亚淘金热的矿工们。因为结实、耐穿，牛仔裤成为从事体力劳动而经济能力有限的人的穿衣选择。

美国西部的牛仔们很快采用了这种实用的新风格，到了 20 世纪初，几乎所有的工人都穿牛仔裤。到 20 世纪 30 年代，大部分监狱犯也都穿上了牛仔裤。

这一现象使得牛仔裤成了社会地位低下的象征，许多中产阶级的人们看不起穿牛仔裤的人。尤其是在高收入社区，公立学校的官员下令禁止穿牛仔服。

然而，到了 20 世纪 60 年代，一种以年轻人为主的反主流文化兴起，拒绝模仿名流富人的风格和“向上层看齐”的老旧模式。相反，流行开始“向下看齐”，采用工人甚至是落魄的装扮。到 20 世纪 60 年代末，摇滚明星、好莱坞名流和大学生都偏爱牛仔裤，并以这种形式宣告自己与工人是同等的——某种程度上显示了那个时代更加左倾的政治态度。

当然，新趋势下也有商机可寻。20 世纪 80 年代，时尚产业从风行的牛仔裤中牟利，在有钱人中推出“名牌牛仔裤”，这些有钱人可能从未走进过一家工厂。1980 年，还是少女的波姬·小丝（Brooke Shields）帮助服装品牌 Calvin Klein jeans 成功上市，使之在一些人群中风靡一时。这些人在一条裤子上的消费可以是一条普通牛仔裤价格的三到四倍。

21 世纪初，牛仔

◎乔治·图克（George Tooker）1950年的画作《地铁》描绘出了现代生活的一个常见问题：弱化的社会关系和受侵蚀的传统造就了人们的普遍特性，即每个人都很相像，却彼此都是人群中令人担心的陌生人。

资料来源：George Tooker, *The Subway*,1950,egg empera on gesso panel,181/8 × 361/8,Whitney Museum of American Art, New York. Purchased with funds from the Juliana Force Purchase Award,50.23. Photograph Whitney Museum of American Art.

裤成为一种既能在学校也能在公司范围内接受的装扮形式。许多美国公司的CEO——尤其是在高科技领域——现在常规都穿牛仔裤上班，甚至出席公众活动。

正如你所见，牛仔裤实际上有很长的一段历史。牛仔裤既存在于“当时”，也存在于“现在”，而又具有新的、不同的含义。这揭示了在一直创造和重塑生活方式的社会中仅用“传统”和“现代”来表征文化元素的局限性。

你怎么想

1. 你对待牛仔裤的态度和你父母对待牛仔裤的态度有区别吗？如果有，区别是什么？为什么会存在这种区别？

2. 你是否认为牛仔裤流行趋势的改变暗示了我们社会在20世纪60年代前后更为广泛的变化？请解释。

3. 在你的学校里，牛仔裤流行的流行程度如何？在教授中的流行程度又如何？你可以解释这些现象吗？

资料来源：Brazilian（2011）.

是在夜晚的时候，朋友们聚在一起，或分享见闻，或分担苦痛，或载歌载舞。没有迅速的交通（福特汽车生产线在1908年才开始出现，但汽车直到第二次世界大战后才变得普通），很多人对世界的了解就是自己的家乡。

过去的这些共同体会因为难以避免的紧张局面和冲突而分裂。但根据滕尼斯的观点，由于共同体的传统精神，人们“仍然十分团结，尽管有各种各样的因素会导致分裂”。

现代性使得社会发生了彻底的改变，以致（就像滕尼斯所说的）人们“尽管有很多使之联合的因素，但本质上还是会发生分裂”。这就是被称作“社会”的世界，大多数人——特别是在大城市——和陌生人生活在一起，对路过的人们冷面以待。在一个流动性很大、人们之间相互陌生的社会中，人们倾向于把个人需要凌驾于对集体的忠诚之上，越来越多的成年人在与人打交道的时候相信“再小心也不为过”的说法。所以，当研究人员得出这样的结论——即使我们变得更富有，现代社会的健康度还是在下降，也就不足为奇了。

评价

滕尼斯的“共同体”和“社会”理论是被引用最多的现代性模式。该理论的优点在于把变化的很多方面综合起来考虑，如人口的增长、城市的兴起以及人际交往过程中越发冷漠的现状。但是，尽管现代生活缺乏人情味，还是具有一定程度上的“共同体”的特征的。即使生活在一群陌生人中间，现代社会里的友谊仍然可以很牢固、持久。一些分析家还认为滕尼斯更喜欢——或许甚至有点理想化了——传统社会，而忽略了来自家庭、共同体和友谊的纽带，而他们在现代社会还是一样地有活力。

埃米尔·迪尔凯姆：劳动分工

法国社会学家埃米尔·迪尔凯姆（Emile Durkheim）与滕尼斯一样，对工业革命引起的重要社会变迁很感兴趣。对迪尔凯姆来说，现代化以不断的劳动分工，或者专门化的经济活动为主要特征。传统社会里的每个人的日常活动都或多或少地相似；现代社会的运转是以人们的细化分工为基础的。

迪尔凯姆认为，工业化之前的社会是通过机械团结或相同的道德情操而存在的。换言之，工业化之前的人们认为每个人都差不多，做着相同的工作，属于同一个集体。迪尔凯姆的机械团结的概念和滕尼斯的“共同体”概念基本相同。

随着现代化的进行，劳动分工变得越来越显著。对于迪尔凯姆而言，这种变化意味着更少的机械团结，更多的是另外一种联系——有机团结，或者是从事具体工作的人们之间的相互依赖。简言之，现代社会不是由于相似性而是由于相异性而存在的。所有人都必须依赖别人来满足自己的需求。有机团结与滕尼斯的“社会”概念相一致。

尽管迪尔凯姆和滕尼斯的思想有很多相似之处，但他们对现代性的理解还是有所不同的。对滕尼斯而言，现代的“社会”意味着社会团结的消失，因为现代社会的人们失去了农村里的“自然”和“有机”的纽带，而只剩下大型工业化城市的“人造的”和“机械的”纽带。迪尔凯姆的观点则不同，甚至到了彻底颠倒滕尼斯的描述来把自己解释清楚的地步。迪尔凯姆给现代社会贴上“有机的”标签，认为在自然性方面，现代社会并不比任何社会差；它把传统社会描述为“机械的”，因为其管制得太严格了。在迪尔凯姆看来，现代性不是共同体的消失，而是由建立在相似性基础上的共同体（亲属和邻里关系）向以经济上相互依赖（劳动分工）为基础的共同体转变。因此，迪尔凯姆对现代性的认识较之滕尼斯更复杂、更积极。

评价

迪尔凯姆的研究与滕尼斯的研究很相像，是对现代性很有影响的分析。在两者之中，迪尔凯姆更乐观。他也担心现代社会如此多样化以致终有一天会堕入一种失范状态。在那样的环境里，规范和价值观会变得无力而不协调，社会也无法再为个人提供道德导向。生活在这样道德规范如此苍白无力的社会，人们会变得自私自利，把自己的需求置于其他人之上，迷失了生活的方向。

自杀率——迪尔凯姆认为衡量失范状态的重要指标——在20世纪的美国确实出现了增长。很大一部分成年美国人陈述，他们无法用是非标准来判断道德问题，而是常常感到一些令人迷惑的“灰暗的阴影”。然而，共同的规范的价值观似乎仍然足够强大，每个人也会因此而获得对生命的意义和目标的认识。不管失范状态会带来什么危险，大部分人们看上去都很珍惜现代社会化赋予他们的个人自由。

马克斯·韦伯：理性化

在马克斯·韦伯看来，现代性意味着以一种理性的思维方式取代传统世界观。在前工业社会，传统总是变化的阻力。对传统社会的人们来说，“真理”基本等同于“以前是什么样”。而对于现代社会的人，“真理”是理性思考的结果。由于看重效率，不太受过去的羁绊，现代社会的人们更能接受任何让他们实现目标的社会模式。

同滕尼斯和迪尔凯姆的工业化削弱传统的观点相呼应的是，韦伯宣称现代社会是“清醒的”。在以前是不容置疑的真理受到了理性思考的挑战。简言之，现代社会不再允许神的存在。韦伯在一生中研究各种现代“类型”——科学家、资本家和官僚，所以这些人都具有清醒的世界观，韦伯认为这种世界观是主宰人性的。

评价

与滕尼斯和迪尔凯姆，尤其是与后者相比，韦伯对现代社会持评判态度。他深知科学可以创造技术和组织上的奇迹，但他担心科学的发展会使我们不再关注更基本的问题：人类存在的意义和目标是什么。韦伯担心理性化的过程，特别是在官僚机构方面，会用无穷无尽的制度和规则腐蚀人类精神。

◎ 马克斯·韦伯认为现代社会的显著特征是理性的世界观。韦伯对现代性的所有研究基本上都集中在他认为能代表其所处时代的不同类型的人身上——科学家、资本家和官僚。每一类人都是极端理性的：科学家孜孜以求于发现真理；资本家热衷于追逐利润；官僚则要维护制度体系的一致性。

一些批评韦伯的人认为，韦伯以为是由官僚机构引起的疏远，其实起源于社会的不平等。这样的批评将把我们引向卡尔·马克思的观点。

卡尔·马克思：资本主义

对卡尔·马克思而言，现代社会就是资本主义的同义词；他认为工业革命主要是资本主义革命。马克思把资产阶级的起源追溯到中世纪欧洲的商业扩张。当工业革命为社会带来强大的新的生产制度时，资产阶级渐渐地取代了封建贵族。

马克思同意以下观点：现代性削弱了共同体（如滕尼斯所述），加剧了劳动分工（如迪尔凯姆所述），形成了理性的世界观（如韦伯所述）。但他把这一切仅仅看成资本主义走向繁荣的必要条件。根据马克思的观点，资本主义把生活在农场和小城市的人口引向集中在城市中的不断扩张的市场体系。工厂要提高生产效率就需要劳动分工；而资本家对利润永恒不变的追逐则证明了理性化的特征。

前面的一些章节把马克思描绘成一个强烈批评资本主义社会的人，但他对现代性的未来却持乐观态度。马克思不像韦伯那样把现代社会看成官僚机构的“铁笼子”，他相信资本主义社会的社会冲突会为革命性的变化埋下种子，最终进入平等的社会主义社会。在他看来，社会主义社会将利用工业技术创造的奇迹丰富人们的生活，而且，这样的社会将不再有阶级——这个社会冲突和苦难之源。尽管马克思毫无疑问是批评现代社会的，但是他为人们设想了一幅充满自由、创造力和一切归公的未来景象。

现代性的理论

如同前几章的叙述和表16–2中的回顾一样，现代性的兴起是一个复杂的过程，它涉及很多方面的变化。我们如何能理解这么多正在进行的变迁呢？社会学家研究出对现代社会的两种基本的解释：一个受结构–功能理论指引，另一个建立在社会冲突理论之上。

结构–功能理论：作为大众社会的现代性

11月11日，275号州际线公路。我们透过车窗看到了众多大企业，有英国石油公司、太阳加油站、凯马特零售公司、沃尔玛超市，艾美丽酒店、鲍勃埃文斯餐厅、Chi-Chi’s墨西哥餐馆和麦当劳。很巧的是，这条路环绕着俄亥俄州的辛辛那提市，在美国的其他地方，如波士顿、圣路易斯、丹佛、圣地亚哥，同样能看到这些企业。

对现代性的第一种解释——根据结构–功能理论，依照费迪南德·滕尼斯、埃米尔·迪尔凯姆和马克斯·韦伯的观点——把现代性理解成大众社会的出现。**大众社会**（mass society）是指传统社会纽带受到繁荣和官僚主义削弱的社会。大众社会的生产力水平非常高，而且总的来说，人们的收入比任何时候都高。同时，它又有着亲缘关系疏远、邻里之间缺乏人情味等特征，因此，人们常感到与社会隔绝了。尽管许多人在物质上很富有，但是他们的内心很虚弱，常常在考虑该如何生活的问题时，不能获得明确的道德指引。

现代生活的大众尺度

大众社会理论认为，首先，现代生活的规模大大地扩大了。工业革命之前，欧洲和北美形成了星罗棋布的村庄和小城镇。在那些小共同体（滕尼斯的“共同体”的概念就是受此启

表 16-2 传统社会与现代社会概览

社会要素	传统社会	现代社会
文化模式		
价值	同质性；宗教性；几乎没有反文化和亚文化	异质性；世俗性；很多亚文化和反文化
规范	巨大的道德性；难以容忍差异性	变化的道德性；对差异性高度容忍
时间导向	当前与过去相联系	当前与未来相联系
技术	未工业化的；依赖人和动物体能	工业化的；高级能量来源
社会结构		
身份和角色	身份很少；多是先赋的；很少专业化的角色	很多身份；有些是先赋的，有些是自致的；很多专业角色
关系	典型的首属关系；缺乏匿名性和隐私性	典型的次级关系；很多匿名性和隐私性
沟通	面对面的	面对面的交流被通过大众媒体沟通的方式所替代
社会控制	流言	正式的法律制度
社会分层	僵化的不平等模式；几乎没有流动	流动的不平等模式；高流动
性别模式	父权制；女性都以家庭为中心	父权制式微；女性参加有偿工作比例上升
集居模式	小规模；人口多小规模地集中居住在乡村和小镇上	大规模；大规模的人口集居在城市
社会制度		
经济	以农业为基础；多是家庭手工制造业；几乎没有白领工作	以大规模的工业化生产为基础；工厂成为生产中心；白领工作增多
政府	政府规模小；政府几乎不干预社会	政府规模大；政府干预社会
家庭	扩大的家庭是经济生产和社会化的首要单位	核心家庭仍然担负一些社会化功能，但它更多的是一个消费单位而不是生产单位
宗教	宗教指引世界观；没有宗教多元主义	宗教随着科学的兴起而衰落；广泛的多元主义宗教
教育	针对少数精英的正规学校教育	大众化的学校基础教育，越来越多的人能受到高等教育
健康	高出生率、高死亡率；低水准的生活和医疗技术所致的较低平均寿命	低出生率、低死亡率；高水准的生活和医疗技术所致的较高平均寿命
社会变迁	缓慢；经历几代人才有明显变迁迹象	迅速；一代中就有明显变迁迹象

发的）里，人们的一生都是在与亲人团聚、接受相同的传统中度过的。流言是一种不正式但却高度有效的手段，可以确保共同体标准的一致性。这些有着很强的道德取向、很难容忍社会分化的小共同体，证明了迪尔凯姆所描述的机械团结的状态。

比如，1690 年前，英格兰法律要求每个人都要定期参加圣餐礼的基督教仪式。在北美大陆所有新英格兰殖民地当中，只有罗德岛没有遵守这种规定。为了达到对约定俗成的规范的遵守，社会分歧受到压制，亚文化和反传统文化的现象极少，变化进行得缓慢。

工业革命带来的人口增加、城市扩张和经济活动的细化渐渐地改变了这种模式。人们开始通过所从事的工作（例如，“这名医生”或“那名银行职员”），而不是因为是亲戚或者住在同一个地方，而相互认识。人们把绝大多数的其他人看作陌生人。以前在农村里进行的面对面的交谈，被没有人情味的大众媒体取代——报纸、收音机、电视和基于电脑的社会媒介，可以将世界各地的人联系起来。原先由家庭成员、朋友和邻里承担的日常事务越来越多地指望巨型组织承担；公众教育让越来越多的人走进学校；警察、律师和法庭监督着刑事司法体系的正常运转。甚至慈善也成了各类大型社会福利机构千人一面的官僚工作。

地理位置上的流动性、大众通信，以及不断接触不同的生活方式都削弱了传统价值观。人们对社会分化更宽容、更注重维护个人利益和选择自由。因为人们因种族、性别或者宗教信仰不同而加以区别对待，被视为落后的和不公平的。在这一过程中，生活在社会边缘的少数群体获得更多的权利和更多参与公众生活的机会。奥巴马——一名非裔美国人——当选美国总统，绝对是我们如今身处现代社会的一个象征。

大众媒体促进了全民族文化的产生，各地区之间的传统差异被消除。正如一个分析家所说："甚至在洛杉矶的巴吞鲁日（Baton Rouge），当地孩子不再说'y'all'，而是会像电视节目中所的那样说'you guys'。"持大众社会理论者担心，把具有不同背景的人们变成同一类型的大众，可以呈现更好的道德自由，但也可能以丢失人性而告终。

不断扩张的政府

在工业化前的小型欧洲社会中，政府基本和一个地方贵族差不多。一个皇室家族正式地统治着整个国家，但是由于缺乏有效的交通和通信手段，即使最有权威的君主的权力也远不及当今的政治领袖。

因为技术革新使得政府得以扩张，中央政府的规模和重要性都得到增强。当美国赢得独立而不再是英国的殖民地时，联邦政府不过是一个主要以国防为目的的小机构。自那以后，政府承担起了来自社会生活更多方面的责任：国民教育、规定工资和工作条件、制定各种产品的标准，以及对生病和失业人群提供经济援助。为了支付用于这些方面的费用，政府税收激增：今天的普通工人每年将近有四个月的收入用于支付政府提高的各种各样的服务。

在大众社会，权力集中在庞大的官僚机构手中，地方共同体的老百姓对自己生活的支配权很少。比如说，政府官员要求各地学校必须有标准的教育方案，各地的产品必须获得政府认可，每个市民必须保留各种缴税记录。虽然这些规定或许能保护人们，促进社会平等，但它也迫使我们越来越多地与来自远方且毫无人情可言的官僚机构的人打交道，这些人我们连名字都叫不上来。这削弱了家庭和地方共同体的自主权。

评价

现代生活的规模不断扩大当然有其积极的一面，但这些好处是以牺牲一些人类的文化遗产为代价的。现代社会加剧了个人权利、容忍度更大的社会分化，提高了人们的生活水平，但也出现了韦伯最担心的官僚机构过度扩张，以及滕尼斯担心的自私自利和迪尔凯姆担心的反常倾向。现代社会的规模、复杂性和对社会分化的宽容都注定了传统价值观和家庭模式的消亡，使得人们处于孤立、无权和信仰唯物主义的境地。如同第12章中所指出的，美国投票人的冷漠是个严重的问题。当生活在巨大、没有人情味的社会里的人们认为任何个人都不会对事情的发展产生多大影响的时候，我们是否应该感到吃惊？

有时批评家会说，大众社会理论把过去理想化了。他们提醒我们，很多生活在小城镇的人其实很渴望在城市里过更好的生活。而且，大众社会理论忽略了社会不平等问题。批评家说这种理论会吸引保守人士的兴趣，这些人维护传统道德观而忽视妇女和其他少数群体遭受的不平等待遇。

社会冲突理论：现代性意味着阶级社会

对现代性的第二种解释主要源于卡尔·马克思的观点。从社会冲突的视角看，现代性是

大众社会 传统社会纽带受到繁荣和官僚主义剥削的社会

阶级社会 有着明显的社会层化的资本主义社会

以**阶级社会**（class society）的形式——一个有着明显的社会层化的资本主义社会——存在的。也就是说，尽管这个理论同意现代社会已经扩张到很大的规模，但是它把现代性的核心看成一个不断扩张的、以不平等为标志的资本主义经济。

资本主义

阶级-社会理论同意马克思的说法：现代社会的社会生活不断扩大是由于资本主义的增长及其释放的贪婪所致。因为资本主义经济追逐利润最大化，生产和消费都稳步增长。

在马克思看来，资本主义建立在“赤裸裸的利己主义的基础上”。这种利己主义削弱了曾经让小的共同体团结在一起的社会纽带。资本主义把人也看成商品：人是劳动力的来源和资本家生产出来的产品的消费市场。

资本主义支持科学的发展，不仅因为它是提高生产力的关键，而且因为它是维持现状的意识形态。也就是说，现代社会鼓励人们把人类的幸福看成需要工程师和其他专家解决的技术难题，而不是通过追求社会公正能办到的。例如，资本主义文化寻求通过医药科学而不是消除贫困来提高人们的健康水平，而贫困却是健康状况低下的核心原因。

商业也在宣扬科学逻辑，通过提高效率来增加利润。就像在 12 章中解释的，随着全球化的扩展，作为跨国公司的资本主义公司已经达到巨大的规模，掌握了难以想象的财富。依据阶级-社会理论的观点，不断扩张的生活规模与其说是“共同体”的作用，还不如说是资本主义不可避免的破坏性结果。

持续的不平等

现代性渐渐地消磨了工业化前社会里严格的等级制度：贵族不同于普通人。但是，阶级-社会理论认为，不同于以前的贵族可以生而坐拥财富和权力，现在的精英人群是那些资本主义的百万富翁。在美国，并没有君主世袭制，但 1% 的富人却控制了 37% 的私有财产。

政府又是怎样的？大众社会的理论家们认为，政府在努力促进平等，解决社会问题。马克思不同意这种观点，他怀疑政府除了进行一些影响不大的改革，还能做些什么。因为在他看来，真正的权力在控制着经济的资本家手中。其他阶级-社会理论家补充说，至于劳动人民和少数族群享有更多的政治权利和更好的生活，那是政治斗争的结果，而非政府的意愿所致。总之，他们的结论是：尽管我们看上去享有民主，其实大部分人在面对那些富有的社会精英时是处于无权地位的。

评价

阶级-社会理论没有考虑迪尔凯姆所认为的现代社会的人们正遭受陷入失范状态之痛，而是宣称他们的痛苦来自疏远和无权。毫无疑问，阶级-社会理论对现代性的解释在自由主义者和激进分子中间获得了广泛的支持，因为这些人希望获得更大的平等，期许更多的规范或抛弃资本主义市场体制。

一个对阶级-社会理论的最基本的批评是，它忽视了现代社会的日益繁荣，以及这样的事

© 社会冲突理论将现代性视作阶级社会而非大众社会。在这样的社会中，有些人属于二等公民。这个美洲原住民家庭居住在美国南达科他州的松岭印第安居留地，这里很贫困而且很多家庭都生活在没有电、没有活水的环境中。

实——基于人种、族群、宗教和性别的歧视行为现在已属非法，并被普遍视为社会问题。而且，多数美国人并不希望生活在一个奉行平均主义的社会里；他们更喜欢能通过不同的回报制度，反映人与人之间的才智和所付出努力的差异。

社会品格 见诸特定社会成员的共同人格模式

传统导向的社会品格 遵守历史悠久的生活方式

他人导向的社会品格 常常通过模仿他人表达出来的对最新潮流和时尚的开放性

表 16-3 对比了关于现代性的两种观点。大众社会理论关注的是生活规模的扩张和政府机构的扩大；阶级-社会理论则强调资本主义的扩张和持续的不平等状态。

表 16-3　　对现代性的两种理解

	大众社会	阶级社会
现代化过程	工业化；官僚制的增长	资本主义兴起
现代化后果	生活规模的扩大；政府和其他正式组织的发展	资本主义经济的膨胀；社会不平等的持续

现代性和个人

大众社会和阶级-社会理论都对工业革命之后发生的巨大社会变化很关注。但从这些宏观层面的方法出发，我们也能对现代性如何影响普通人的生活进行一些微观的观察。

大众社会：身份的问题

现代性使人们不再生活在过去小型的、联系密切的共同体中。现代社会的大部分人都拥有表达个性的隐私和自由。然而，大众社会理论暗示，如此多的社会分化、广泛存在的孤立状态和迅速的社会变化使很多人根本难以确定任何一致的身份。

第 3 章解释说，人们的个性主要是其社会经历的结果。过去那种小型的、同一的、变化缓慢的社会为人们确定身份提供了或许狭小但却坚实的基础。即使是今天，活跃在美国和加拿大的阿米什人和门诺派教徒共同体（Amish and Mennonite communities）还在教年轻人“正确的”为人处事方法。并不是每个出生在阿米什和门诺派教徒共同体的人都能够忍受这种对一致性的严格要求，但大多数人还是以此确定了相当完整且令人满意的身份。

大众社会的情况则不同。社会不断分化且变化很快，个人确立身份所需的基础就如同流沙一样不牢靠。人们需要自己做很多决定，很多人——特别是拥有巨额财富的人——常常在选择面前不知所措。在没有标准指引的选择过程中，选择的自由毫无价值。在宽容的大众社会，人们感到应该选择这样而不是那样的时候，并没有太多理由可言。结果是很多人的身份摇摆不定，不断改变生活方式、与他人的关系，甚至宗教信仰，以期看清那捉摸不定的“真我”。“相对论”的广泛存在使得人们在没有道德标准的情况下，失去了传统赋予他们的安全感和确定性。

对大卫·里斯曼（David Riesman）而言，现代化引起了**社会品格**（social character），即见诸特定社会成员的共同人格模式）的改变。前工业化的社会鼓励被里斯曼称为**传统导向的社会品格**（tradition-directedness），即遵守历史悠久的生活方式。传统社会的人们依照祖先的模式过自己的生活，以至于到了“好好生活”就等于“做人们一直在做的事情”的地步。

传统导向与滕尼斯的“共同体”和迪尔凯姆的机械团结理论一致。由于文化上的保守，传统导向指导下的人们的行为处事方式都差不多。有时候，我们也会在现代社会发现某种一致，但传统导向下的一致与此不同，它并不是为了模仿某个名人或赶时髦。相反，人们之间有相似之处是因为受相同的文化基础的影响。阿米什人和门诺派教徒就是传统导向的例证：在阿米什人和门诺派教徒文化里，传统成了把世世代代联系在一种牢不可破的正直的生活方式下的纽带。

经历社会分化和剧烈变化的现代社会的人

们认为传统导向下的个性是不正常的，因为它的要求太苛刻了。总的来说，现代社会的人们很看重个性上的灵活性，如适应能力、对他人的敏感度。里斯曼把这种社会品格称作**他人导向的社会品格**（other-directedness），即常常通过模仿他人表达出来的对最新潮流和时尚的开放性。因为其他导向下的人们的社会化是在不断变化着的社会中进行的，他们也形成了不稳定的身份，其主要特点是表面化、不一致和变化。他们像穿新衣服一样表现出不同的“自我”，寻找自己效法的榜样，随着场景的变换而上演不同的“表现”。在传统社会里，这样的多变性会让人觉得你不可靠，但在一个不断变化的现代社会，这种变色龙似的适应各种环境的能力却很有用。

如果一个社会里，人们重视现在而非传统，渴望获得别人的认可，在自己的同时代的人中，而不仅仅是长者中，寻找自己榜样。在没有很明确的标准的指引下，来自同辈人的压力是不可避免的。我们的社会希望每个人做真实的自我。可是当社会环境变化太快的时候，人们如何能做回自我呢？这个问题的根源在于，当今的工业社会中的身份危机太普遍了。不断有人在问“我是谁”并试图得到答案。事实上，这个问题对我们所生活的变动不定的大众社会而言并不算什么。

阶级社会：无力的问题

阶级-社会理论关于现代性对个人的影响的描述很不一样。这种视角认为，持续的社会不平等破坏了现代社会个人自由的基础。对一些人来说，现代性带来很多特权，但对于许多人而言，日常生活就是处理经济上的不确定和一种越来越强烈的无力感。

对于种族和少数群体，相对不利的问题更加突出。同样地，虽然妇女更广泛地参与到现代社会中，但她们仍然在为破除传统的性别歧视的障碍而奔走疾呼。这种视角不同意大众社会关于人们因为有太多自由而饱受痛苦的观点。根据阶级-社会理论，我们的社会仍然没能做到让大多数人充分参与到社会生活中来。

就像第 9 章中解释的，世界资本主义的范围的扩大使这个星球上更多的人生活在跨国公司的影响之下。结果是，世界上 75% 的收入集中在人口只占世界 22% 的高收入国家。所以，当阶级-社会理论家呼吁穷国的人们应争取更多的权力才能主宰自己的生活时，我们还会感到奇怪吗？

广泛存在的无力问题使得赫伯特 · 马尔库塞（Herbert Marcuse）对马克斯 · 韦伯的现代社会是理性的说法提出了挑战。马尔库塞谴责现代社会的不理性，因为其无法满足许多人的要求。尽管现代资本主义社会创造了无可比拟的财富，但贫困仍是十亿多人每天必须面对的痛苦。马尔库塞进一步说，技术进步使人们更加无法控制自己的生活。高端技术使一小部分专家，而不是大多数人，获得了很多权力。前者

◎ 大众社会理论将现代世界的焦虑感和意义缺失与快速的社会变迁相联，认为社会变迁消除了传统。这种现代空虚无知感在左侧的照片中被捕捉到。与此相比，阶级-社会理论将这种感觉与社会不平等相联，认为这种感觉让一些人群变成二等公民（或者根本就不是公民），这一观点在右侧的图片中有所反映。

全球性思考

“现代性”意味着“进步”吗：亚马孙的卡亚波部落和佐治亚嘎勒黑人社区

四周一片漆黑，点点火光摇曳。堪荷克（Kanhonk）村长坐在那里，为其精彩的晚间故事时间做准备。这些年来，他每个夜晚都是如此。这样的夜晚对于繁荣的巴西亚马孙地区的一个小部落卡亚波来说，是一个享受文化遗产的好时光。因为传统的卡亚波人没有书面语，长者就依靠这样的夜晚就着火光的照明，来向后世子孙传承部族文化。过去，村民们听到的故事都是卡亚波勇士如何击退前来寻找奴隶和黄金的葡萄牙商人。

但随着时间的推移，只有一小部分年长的村民前来参加这种仪式了。“都是那大魔头惹的祸。”在解释来听故事的人那么少的时候，一个人抱怨道。“大魔头”确实把他们打了个措手不及，整个村庄的很多窗户里都能看到其发出的蓝光——卡亚波部落的小孩，包括很多大人，正在看电视里播放的连续剧。前几年，村里安装了卫星天线，而此举带来的后果是任何人都无法想象的。最终，他们的敌人用枪炮没能做到的，卡亚波村民自己做到了：越来越多的人开始收看黄金时间的电视节目，而不是去听长者讲晚间故事。

卡亚波村民是230 000原居民的一部分。他们以身上独特的的彩绘和华丽的节日服装而闻名。20世纪80年代，他们因为开采金矿和收获了很多桃花心木而变得富有。现在他们必须认真考虑这些新发现的财富到底是福还是祸。

对一些人来说，拥有财富意味着有机会通过旅游和收看电视来了解外面的世界。而对于像族长堪荷克那样的人而言，却是不确定的。坐在火边，他自言自语道：“我一直在说，应该买些像刀子、鱼钩之类有用的东西，电视又不能当饭吃。它只不过让我们的子孙看到白人的生活。”村庄里最老的牧师伯特帕普（Bebtopup）点点头附和道：“夜晚是老年人教导年轻人的世界，但是现在电视把这个世界偷走了。”

在美国的最北端，从佐治亚的海边坐半个小时的轮渡，能够到达一个满是沼泽的小岛——霍格哈莫克（Hog Hammock）共同体。住在岛上的是70名非裔美国人，他们在小岛上的历史可以追溯到1802年第一批黑奴到来的时候。

每当走过坐落在长满西班牙苔藓的松树丛时，旅游者都时常会感到回到了遥远的过去。当地的嘎勒人（Gullah，有些地方叫Geechees）操着一种英语和西非语言的混合语。他们靠打鱼为生，在这里生活了好几百年。

但这种生活方式的未来却不容乐观。生活在霍格哈莫克岛上的年轻人，除了打鱼和制作传统手工艺品以外，几乎找不到别的工作。“我们已经在这里生活了九代了，现在还在这里。”一个当地人说道。然后，在谈到小岛上的19个孩子的时候，她又说：“并不是他们不想待在这里，而是他们在这里无事可做——他们需要工作啊！”

同样重要的是，大陆上的人想要在海边寻找可以度假或长期居住的地方，于是这个小岛如今摇身变成了上佳的房地产市场。不久前，一所大房子被拿来出售，当岛上的人得知房主开出的价格竟然超过百万美元时，大家都吃惊不小。当地人太清楚了，高价财产意味着高额税款，没几个人买得起。总之，霍格哈莫克岛很有可能成为另一个希尔顿头岛（Hilton Head），后者曾经是南卡罗来纳州海边的一个嘎勒人社区，现在已经成了大陆来的有钱人的度假之所了。

奇怪的是，在很久以前，霍格哈莫克人很可能卖掉自己的房子，移到内陆去。但没什么人愿意那样做，尽管房子能卖个好价钱。相反，从这里迁走就意味他们的文化遗产的消失。

卡亚波和霍格哈莫克的故事告诉我们，变迁不一定意味着“进步”。这些人可能会向现代性前进，但这个过程带来的结果有好有坏。最终，这两群人都可能会有更好的生活、有更好的住所、更好的服饰，以及新技术。另一方面，他们的新财富将是以牺牲传统为代价的。全世界很多地方都在上演这一幕，越来越多的传统文化在财富和富有社会的物质主义的诱惑下放弃了自己的文化遗产。

你怎么想

1. 为什么社会变迁对于传统社区的人们而言既是得到也是失去？
2. 这里介绍的变化提高了卡亚波部落的生活水平吗？嘎勒社区又如何呢？
3. 在现代性面前，传统社区的人们还有别的选择吗？回答并解释。

控制着对诸如计算机运用、能源制造和医疗卫生等问题的讨论。一种普遍的看法是技术解决了很多问题。但马尔库塞却不这么认为，他认为科学是导致这些问题的原因。总之，阶级-社会理论声称，人们遭受痛苦是因为现代社会把财富和权力都集中在少数特权阶层手中。

现代化与进步

在现代社会，大多数人期待且欢迎社会变迁。我们把现代性同进步的观点联系起来，那是一种不断提高的状态。与此相对，我们把稳定看作停滞不前。

由于我们对变迁的偏好，我们的社会倾向于把传统文化看成落后的。但是变迁，特别是朝着物质财富方向的变迁，却是好坏参半的事情。如同下面“全球性思考”专栏中所示的，社会变迁太复杂了，不能简单地将其等同于进步。

卡亚波部落（Kaiapo）和嘎勒人（Gullah）的例子已经表明，即使变得富有也是有利有弊的。从历史的角度看，在美国，生活水平的提高使人的寿命更长，物质上更安逸。同时，很多人怀疑每天的例行公事带来的压力太大了，以致一家人都没时间在一起放松，或者聚在一起都很难。也许这就是为什么在收入最高的国家，最近几十年来，人们的幸福感呈下降的趋势的原因。

科学也是一样有利有弊。和其他国家的人比起来，美国人对科学改善生活这一点更深信不疑。但是调查也显示，很多美国成年人感到科学使人们的生活方式改变得太快了。

新技术总是会引发争议。一个世纪以前，汽车和电话的发明使得更迅捷的交通和更有效的通信成为可能。但同时，这些技术也使得对传统的家乡，甚至家庭的依附变得更弱了。今天，人们怀疑计算机技术会不会带来同样的问题：把人们和世界联系起来的同时，却把我们与门外的共同体隔离开来；提供更多信息的同时，也威胁到了个人隐私。简言之，我们都意识到社会变化来得更快了，但至于某个变化到底是好是坏，可能还要因人而异。

现代性：全球各异

10 月 1 日，日本神户。乘坐电脑控制的单轨列车在神户的街头高速驶过，或者坐在时速 200 英里开往东京的子弹头列车里，我们认为日本代表着社会的未来，其国民深爱高科技。然而，日本人在其他方面却仍然很传统：公司极少有女性领导，几乎没有女政治家，年轻人对长辈尊重有加，社会井然有序，与美国很多城市的混乱状态形成鲜明对比。

日本是一个既传统又现代的国家。这种矛盾提醒我们尽管对比传统和现代社会很有意义，但新旧社会常以难以预料的方式共存着。在沙特阿拉伯和卡塔尔，对现代技术的利用与尊重古老的伊斯兰文明并行不悖。类似地，在墨西哥和拉美的很多地区，即使人们希望经济不断发展，也不妨碍他们尊重有着好几百年历史的基督教仪式。总之，尽管我们可能认为传统和现代化是对立的，传统与现代的结合也绝不是想象中的那么不同寻常；而且我们在全世界都能发现它们。

后现代性

如果说现代性是工业革命的产物，那么信息革命能够创造一个后现代时代吗？许多学者是这么认为的，他们使用**后现代性**

◎基于你在本章阅读到的各种事实，总的来说，你认为我们的社会正变得越来越好，还是越来越糟？为什么？

(postmodernity)这一术语来指称以后工业社会为主要特征的社会模式。

关于后现代性到底指的是什么，尚有争论。这一术语已经在文学、哲学甚至建筑圈里使用了好几十年。这一术语是自20世纪60年代以来，随着左倾政治学的传播而掀起的社会批评浪潮进入社会学的。尽管后现代性思想有很多的变体，但所有这些变体都有以下五个主题。

1. **在很多重要方面，现代性已经失败**。现代性的前景是生活中不再有物品短缺的情况。然而，正如后现代主义批评家所看到的，在解决诸如贫穷的社会问题方面，20世纪并不成功，因为高失业率并且很多人仍然缺乏经济上的安全感。

2. **"进步"的光环在消失**。现代社会的人们在展望未来的时候，总是期待自己的生活会有很大的进步。但是，后现代社会的人们(甚至领导)对未来却不再那么充满信心。一个多世纪以前，让人类社会进入到现代社会的强烈的乐观心理已经被彻底的悲观情绪取代。多数美国人认为生活在变糟。

3. **科学不再把持解决问题的途径**。现代社会的重要特征是科学的世界观，和人们坚信科学技术会让生活变得更好。但后现代批评家认为，科学并不能解决很多老问题(如健康状况差)，却带来了一些新问题(如污染和全球变暖)。

后现代主义思想家怀疑科学，认为其宣扬绝对真理。在他们看来，不同的人可以看到不同的事实，现实世界是由多重路径的社会建构。

4. **文化争论加剧**。在人们得到他们真正想要的物质享受后，思想就变得更加重要。从这个意义上讲，后现代性也是后物质时代。在这样的时代下，更多的职业跟某种象征有关，如社会正义、环境和动物权利的社会问题越来越引人关注。

5. **社会制度在改变**。就如同工业化给社会制度带来翻天覆地的变化一样，后工业社会的兴起又要再次改变社会。例如，后现代家庭不再恪守某一种家庭模式；相反，每个人都可以从各种新的家庭形式中进行选择。

评价

分析家们认为，美国和其他高收入社会正进入后现代时期，他们批评现代性未能满足人类的要求。而在过去一个世纪中，人类寿命的延长和生活水平的提高则可以说明现代性的优势。即使我们接受后现代主义者的观点——科学已经无能为力，进步不过是谎言，那我们又有什么可以替代它们呢?

现代化和全球未来

假如我们把整个世界设想成一个1000人的村庄。这个"地球村"中有90人赚取了所有收入的一半，另外有113人则是一贫如洗，生活困难。

全世界穷人的艰难处境表明世界急需改变。第9章对为什么世界上有10亿穷人的问题呈现出了两个针锋相对的观点。现代化理论宣称，过去，全世界都很贫穷，技术革新，特别是工业革命，提高了人类的生产力，使许多国家的生活水平改善了。从这一观点出发，解决全球贫困的办法是在全世界范围内推进市场经济和技术发展。

然而，由于前面提到过的原因，全球现代化实现起来很难。回忆一下大卫·里斯曼对前工业化社会人们的描述吧。他把他们描述成传统导向的人，常常对变化持抵制的态度。因此，现代化理论家倡导世界上的富裕社会帮助穷国实现经济增长。工业国家可以通过向贫穷地区出口技术、吸引这些国家的留学生，以及提高外国援助等措施刺激经济增长。

对第9章现代化理论的回顾，预示着这些政策在拉美的成功，以及在一些小型的亚洲国家(如韩国、新加坡)和地区(如中国香港特别行政区)有获得更大成功的可能性。但是，在世界上最贫穷的国家推动经济发展的困难更多。即使在已经发生巨大变化的地方，现代化还涉及协调问题。例如，生活在巴西卡亚波的传统的人们可能通过发展经济获得了财富。但是，当他们被卷入建立在西方唯物主义、流行音乐、时髦服饰和快餐基础上的全球化的“麦当劳文化”同时，他们便失去了自己的文化身份和价值观。一位巴西人类学家表达了其对卡亚波人的未来的期待：“至少他们能迅速明白看电视的后果……现在（他们）可以做个选择。”

但并不是所有人都认为现代化真的是一种选择。根据全球分层理论的第二种方法——依附理论，如今，很多贫穷社会即使它们希望也没有能力实现现代化。按照这种观点，经济发展的主义障碍不是传统观念，而是富有资本主义社会在全球的统治地位。

依附理论声称，富有国家实现现代化是以穷国的牺牲为代价的，它们掠夺穷国的自然资源和劳动力。即使在今天，世界上最穷的国家在与富有国家的经济关系中仍然处于不利地位：依靠富国购买其原材料，然后向其出售它们能买得起的各种产品。根据这种观点，与富国继续这种贸易关系只是全球不平等的延续。

不管你认为哪种分析更合理，应该记住这样一点：发生在美国的变化不再是独立进行的，不是与其他国家没有丝毫关系的。20 世纪初，如今的高收入国家的大部分人都生活在相对较小的区域，对外面的世界知之甚少。如今，一个世纪以后，整个世界成了一个大村庄，因为所有的人生活都日益紧密地联系起来了。

20 世纪见证了人类取得的空前成就。然而，与人类生存相关的很多问题——包括寻找生命的意义、平息国与国之间的冲突以及消除贫困——依然存在。以下“日常生活的社会学”专栏显示出了一个两难的问题：如何平衡个人自由和责任。棘手的问题尚未解决，新的烦恼又来了：如何控制人口增长、如何建立环境可持续发展的社会。在下一个百年里，我们必须准备好以极大的想象力、同情心和决心来解决这些问题。随着我们对人类社会了解的增多，我们有理由相信我们能够很好地解决问题。

日常生活中的社会学
Society: The Basics

传统与现代性是相对的吗

从概念上来看，传统与现代化可能是相对的。但是就像本章所解释的一样，在我们的日常生活中，传统和现代社会模式以很多有趣的方式相互结合。看看下面的图片，从中找到传统和现代元素。它们看起来是一个整体还是彼此冲突？为什么？

◎这些女孩生活在土耳其的伊斯坦布尔市。在那里，长期存在着对传统和现代生活的优点的争论。是什么东西引起了传统和现代着装的分化？你认为这种着装差异会影响友谊模式吗？这种情况在美国是否也存在？

◎当第一家麦当劳餐馆在乌克兰首都基辅市开业时，许多人去光顾以尝尝什么是汉堡，看看快餐是怎么回事。作为一家全球扩张的大公司，它们有没有打破传统和现代之间的平衡？是怎样打破的？

◎在沙特阿拉伯首都利雅得市，这些年轻人生活在一个古老的传统和最新型的技术并行不悖的世界里。这些现代科技威胁到社会传统了吗？

提示

尽管社会学家将传统和现代性作为相对的概念进行分析，但每个社会都以各种不同形式综合了两方面的元素。人们也许会争论传统和现代的各自优点，但是这两种模式几乎可以在任何地方都能发现。技术的改变总是会产生社会后果，比如，手机的应用改变了人们的社会网络和经济机会；类似地，麦当劳改变的不仅是人们吃什么，还有他们在何处与谁一起共餐。

从你的日常生活中发现社会学

1. 在你的生活中，传统和现代性是如何结合的？请指出你几种传统的做法和几种完全现代的做法。

2. 你认为生活在现代社会的好处是什么？坏处是什么？

Postscript
译后记

本书是美国大学中普遍采用的社会学入门教材之一。该书自 1992 年出版第一版以来，受到越来越多的社会学教师和大学生的欢迎。20 多年中，每隔两年便会进行修订和出版新的版本，至今已是第 14 版。该书体系科学，内容全面，资料丰富，信息量非常大，不仅很好地涵盖了社会学学科的基本内容，而且提供了大量的统计图表、研究案例、思考提示，为广大读者学习和实践提供了很好的途径。全书语言生动活泼，图文并茂，对于初学者了解和掌握社会学是什么、社会学研究什么、社会学家如何研究社会、社会学如何看待我们所熟悉的世界等问题，都有着很好的帮助。我们将此书翻译出来，既可以为我国高等院校社会学专业以及社会科学相关专业的教学增加一本新的参考书，也可以帮助更多的对探索社会现象感兴趣的读者了解和学习社会学的基础知识。

感谢承担本书各章翻译工作的老师：

第 1 章：风笑天（南京大学社会学院教授、社会学博士）；

第 2 章、第 11 章：方纲（西南交通大学马克思主义学院副教授、社会学博士）；

第 3 章：甘雪慧（内蒙古师范大学马克思主义学院讲师、社会学博士）；

第 4 章：李芬（武汉市委党校讲师、社会学博士）；

第 5 章：肖洁（南京工业大学社会工作与管理学系副教授、社会学博士）；

第 6 章、第 10 章、前言：李学斌（南京理工大学社会学系副教授、社会学博士）；

第 7 章、第 9 章：肖富群（广西师范大学政治与公共管理学院教授、社会学博士）；

第 8 章：朱慧劼（南京农业大学社会学系讲师、社会学博士）；

第 12 章：王晓焘（南京师范大学社会学系讲师、社会学博士）；

第 13 章：刘珊（上海工程技术大学社会科学学院副教授、管理学博士）；

第 14 章：刘婷婷（武汉大学社会学院讲师、社会工作博士）；

第 15 章：祝建华（浙江工业大学政治与公共管理学院副教授、管理学博士）；

第 16 章：童宗斌（南京工业大学社会学系副教授、社会学博士）。

另外，李学斌还协助我承担了大量的校译、编辑、补充和整理的工作。

由于译者的水平所限，译稿中难免存在错误和疏漏之处，敬请读者批评指正。

风笑天
2019 年 7 月于南京

《优雅的辩论：关于 15 个社会热点问题的激辩》

- 辩论的真谛不在于辨明是非曲直，而在于缓和言论，避免曲解。
- 辩论的最高境界不在于输赢高低，而在于发人深省，以开放的心态达成妥协。

《逆商：我们该如何应对坏事件》

- 北大徐凯文博士作序推荐，樊登老师倾情解读，武志红等多位心理学大咖在其论著中屡屡提及。逆商理论纳入哈佛商学院、麻省理工 MBA 课程。
- 众多世界 500 强企业关注员工“耐挫力”培养，本书成为提升员工抗压内训首选。

《原生家庭：影响人一生的心理动力》

- 全面解析原生家庭的种种问题及其背后的成因，帮助读者学到更多“与自己和解”的智慧。
- 让我们自己和下一代能够拥有一个更加完美幸福的人生。
- 清华大学学生心理发展指导中心副主任刘丹、中国心理卫生协会家庭治疗学组组长陈向一、中国心理卫生协会精神分析专业委员会副主任委员曾奇峰、上海市精神卫生中心临床心理科主任医师陈珏联袂推荐。

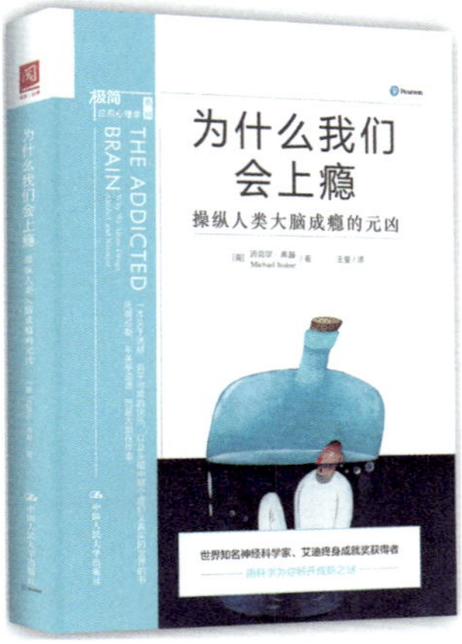

《为什么我们会上瘾：操纵人类大脑成瘾的元凶》

- 一本关于诱惑、异乎寻常的快乐，以及头脑中那个虚幻又真实的世界的书。
- 所谓成瘾，不关乎道德，而是大脑在作祟。
- 世界知名神经科学家、艾迪终身成就奖获得者用科学为你解开成瘾之谜。